Robert Gugutzer

Leib, Körper und Identität

Robert Gugutzer

Leib, Körper und Identität

Eine phänomenologisch-soziologische
Untersuchung zur personalen
Identität

Springer Fachmedien Wiesbaden GmbH

Die Deutsche Bibliothek – CIP-Einheitsaufnahme
Ein Titeldatensatz für diese Publikation ist bei
Der Deutschen Bibliothek erhältlich

1. Auflage Januar 2002

Alle Rechte vorbehalten

ISBN 978-3-531-13719-3   ISBN 978-3-322-90147-7 (eBook)
DOI 10.1007/978-3-322-90147-7

© Springer Fachmedien Wiesbaden 2002
Ursprünglich erschienen bei Westdeutscher Verlag GmbH, Wiesbaden 2002 .

Lektorat: Nadine Kinne

www.westdeutschervlg.de

Umschlaggestaltung: Horst Dieter Bürkle, Darmstadt

Gedruckt auf säurefreiem und chlorfrei gebleichtem Papier

Für Beate

Inhalt

Teil 4:
Theoretische und empirische Schlussfolgerungen 275

Vorwort

Dieses Buch ist die geringfügig überarbeitete Dissertation, die ich im Januar 2001 an der Fakultät für Philosophie der Martin-Luther-Universität Halle-Wittenberg eingereicht hatte. Dass der Großteil des Buchs gerade an dieser Universität entstanden ist, verdanke ich einem dreijährigen Promotionsstipendium, das ich im Rahmen des von der DFG finanzierten Graduiertenkollegs „Identitätsforschung" erhielt. Meinem Hallenser ‚Doktorvater', Prof. Reinhard Kreckel, bin ich für seine Offenheit gegenüber der Thematik und meinem Vorgehen sowie für seine subtil-ironischen, gleichwohl ungemein wertvollen Anmerkungen dankbar. Prof. Reiner Enskat möchte ich danken für sein großes Interesse an meiner Arbeit, deren kritische Lektüre und insbesondere für seine feinsinnige Art, mir beim Ausmerzen einiger Unebenheiten im philosophischen Gelände zu helfen. Mein besonderer Dank, der nicht nur aufs Fachliche begrenzt ist, gilt meinen MitstreiterInnen im Graduiertenkolleg Monika Kubrova, Ümit Öztoprak, Connie Schäfer, Gitta Teubner-Mangue und insbesondere Esther von Bruchhausen, die mich durch ihre hartnäckige Weigerung einzusehen, wie wichtig Leib und Körper nun mal für die Identität eines jeden Menschen sind, immer wieder dazu zwang, meine Argumentationsweise zu schärfen.

Parallel zur sowie nach der Zeit in Halle entstand das Buch in München. Hier gilt mein besonderer Dank meinem zweiten ‚Doktorvater', Prof. Heiner Keupp. Sein Wissen zur Identitätsforschung, seine unkonventionelle und spontane Hilfsbereitschaft sowie sein sehr persönliches und schon seit langem vorhandenes Interesse an meiner Arbeit waren mir eine große Unterstützung. Das gilt auch für sein Doktorandenkolloquium, das mir ein kritisches und anregendes Diskussionsforum bot. Danken möchte ich außerdem Steffi Handschuh-Heiß für ihre spontane Lesebereitschaft sowie meinen Freunden aus meinem ‚Theorie-Arbeitskreis', Cordula Kropp, Marion Dreyer und Thomas Wex, für ihre ‚quer liegenden' Diskussionen, Fragen und Kommentare. Meinen Eltern danke ich für ihre materielle Unterstützung und ihr wohlwollendes Nachbohren, ‚ob das wohl jemals 'was werden wird, mit der Doktorarbeit?'. Dass die Arbeit dann irgendwann ein Ende und ich das (nicht immer vorhandene) gute Gefühl hatte, ein in vielerlei Hinsicht wichtiges Thema bearbeitet zu haben, verdanke ich Beate Ertel. Mein Dank an dich reicht weit darüber hinaus und hat nicht zuletzt damit zu tun, dass es mit dir möglich ist, das hier theoretisch Abgehandelte auf sehr konkrete Weise zu (er)leben – die Gleichzeitigkeit von Leib und Seele, Gefühl und Verstand, Sinnlichkeit und Intellekt. Von ganzem Herzen widme ich dir dieses Buch.

München, im November 2001   Robert Gugutzer

Einleitung

Jede Zeit hat ihre eigenen, sie kennzeichnenden und prägenden Themen. Für westlich-moderne Gegenwartsgesellschaften scheint *Identität* ein solches zeitspezifisches Thema zu sein. Ein Blick in Tages- und Wochenzeitschriften, in Fernseh- und Kinoprogramme, in die Texte der Pop-Kultur oder der Belletristik vermittelt jedenfalls nicht weniger als die Durchsicht sozialwissenschaftlicher Fachzeitschriften und Monographien den Eindruck, dass das Identitätsthema allgegenwärtig ist. Dabei macht es keinen Unterschied, ob es sich um kollektive Identität handelt oder um personale Identität, die Identität von menschlichen Individuen. Auf die Frage nach der Ursache für diese intensive Auseinandersetzung mit dem Thema Identität findet sich schnell eine generelle Antwort: Identität wird offensichtlich dann thematisiert, wenn sie zur Disposition steht, wenn oder weil sie zum Problem geworden ist. Nicht wenige sozialwissenschaftliche Identitätsforscher sind der Ansicht, dass über personale Identität – um die es in dieser Arbeit gehen wird – nachzudenken sich überhaupt erst aus dem Umstand ergeben habe, dass sie nicht mehr selbstverständlich ist, sondern im Zuge eines gesellschaftlichen Modernisierungsprozesses vom Subjekt eigenverantwortlich hergestellt werden muss (vgl. z.B. Bauman 1994: 389; Kellner 1994: 215; Giddens 1991: 74; Luckmann 1979a: 293; Straub 1998: 87). Der Modernisierungsprozess habe zur Erosion vormoderner Gewissheiten und Sicherheiten, Bindungen und Gemeinschaftsformen, Weltbilder und Interpretationsschemata geführt und damit auch die Fraglosigkeit vorgegebener politischer, religiöser, beruflicher, Alters- oder Geschlechtsidentitäten aufgehoben.

Eine andere dieser fraglosen Gegebenheiten, die im Zuge des Modernisierungsprozesses den Individuen abhanden gekommen zu sein scheint, ist der *Körper*. Was der Körper ist, wie mit ihm umzugehen ist bzw. dass mit ihm umgegangen werden muss und er nicht mehr als biologisches Faktum schlicht hingenommen werden kann, sind typische Fragen bzw. Aspekte moderner Lebensführung. In der fortgeschrittenen Moderne wird dieser Verlust der schicksalshaften Gegebenheit des Körpers aber keineswegs bedauert. Ganz im Gegenteil, die Vorstellung und vor allem die Möglichkeit, den eigenen Körper nach individuellen Interessen und Bedürfnissen zu gestalten, stößt in weiten Bevölkerungskreisen auf äußerst positive Resonanz. Dies hat unterschiedliche Gründe, von denen das Streben nach Gesundheit, Wohlbefinden und Fitness sicherlich eine hervorgehobene Rolle einnimmt. Das absichtsvolle und gestaltende Einwirken auf den eigenen Körper dürfte nicht zuletzt aber auch damit zu tun haben, dass dem Körper ein besonderes Identitätspotenzial innewohnt, das nunmehr erkannt worden ist und daher verstärkt genutzt wird. Wie kaum ein anderes Medium der Identitätsbildung ist der Körper nämlich geeignet, durch unmittelbaren Zugriff zu sichtbaren und schnellen Identitätsgewinnen beizutragen.

Man denke beispielsweise an die Körperarbeit von BodybuilderInnen, die Körperinszenierungen diverser Jugend- und Subkulturen, die vielfältigen Formen der Körperästhetisierung (Peircing, Branding, Tätowieren, ästhetische Chirurgie) oder der Körperdisziplinierung (Diäten, bis hin zur Magersucht) – allesamt Körperpraktiken, mit denen Identitätsgewinne wie z.B. soziale Anerkennung oder ein positiver Selbstwert scheinbar einfach zu verbuchen sind.

Vergleicht man diese empirische Beobachtung, dass in fortgeschrittenen modernen Gesellschaften offensichtlich immer mehr Menschen ihren Körper als Objekt der Identitätskonstruktion absichtsvoll einsetzen, mit Ansätzen der sozialwissenschaftlichen Identitätsforschung, stellt man allerdings ein erstaunliches Missverhältnis fest. So sehr die lebensweltliche Relevanz des Körpers als Medium der Identitätsbildung evident ist, so sehr mangelt es der sozialwissenschaftlichen Identitätsforschung an einer *systematischen* Berücksichtigung des Körpers in ihren Theorien und Konzepten. Die Vernachlässigung des Körpers zeigt sich noch deutlicher, wenn man den Körper nicht nur als Gegenstand und Medium personaler Identität begreift, sondern den Blick auf den spürbaren eigenen Körper, den *Leib,* richtet. Denn untersucht man, inwieweit die Identitätsrelevanz des Leibes von sozialwissenschaftlichen Identitätstheorien systematisch ausgearbeitet worden ist, zeigt sich, dass der Leib stärker noch als der Körper in sozialwissenschaftlichen Identitätstheorien als zentrale Kategorie marginalisiert wurde und wird. Die *Ausgangsthese* der vorliegenden Arbeit lautet daher: Sozialwissenschaftlichen Identitätstheorien und –konzepten mangelt es an der systematischen Berücksichtigung von Leib und Körper. Die Begründung dieser Ausgangsthese erfolgt anhand eines kritischen Überblicks über den Stand der psychologischen und soziologischen Identitätsforschung (Teil 1).

Die Notwendigkeit, sich mit der Frage der Bedeutung von Leib und Körper für die personale Identität auseinander zu setzen, stellt sich auf Grund aktueller gesellschaftlicher und kultureller Phänomene zwar besonders drängend, doch ist diese Frage von zeitloser Gültigkeit. Folgt man Helmuth Plessner, gehört es nämlich zu den anthropologischen Bedingungen des Menschseins, einen Ausgleich herzustellen zwischen dem Leib, der man ist, und dem Körper, den man hat. Dass dieser zeitlosen Frage in der sozialwissenschaftlichen Identitätsforschung dennoch nicht nachgegangen wurde, liegt primär daran, dass die Sozialwissenschaften als ‚Kind der Moderne' überwiegend dem von René Descartes geprägten dualistischen Menschenbild folgten. Nach Descartes besteht der Mensch aus zwei ontologisch getrennten Substanzen, der „res extensa" und der „res cogitans". Res extensa bezeichnet die körperliche, res cogitans die seelische Substanz des Menschen, wobei Descartes Seele mit Geist und Bewusstsein gleichsetzt (vgl. Hirschberger 2000: 108f.). Zwischen Seele/Geist und Körper sieht Descartes eine Wechselwirkung, allerdings handelt es sich hierbei nicht um ein ausgewogenes Verhältnis, sondern um eine hierarchische Relation: Die Seele bzw. der Geist hat die Macht über den Körper. Seele/Geist beherrschen den lebendigen Körper (= Leib), der nichts anderes als eine Maschine sei und vergleichbar einer aufgezogenen Uhr funktioniere (ebd.: 113).

Der cartesianische Leib-Seele-Dualismus prägte die moderne Philosophie und Wissenschaft und daher auch die sozialwissenschaftliche Identitätsforschung. Die sozialwissenschaftliche Identitätsforschung hat das Erbe des cartesianischen Leib-Seele-Dualismus in der Weise angetreten, dass sie personale Identität als eine primär auf Denken, Vernunft und Sprache basierende Leistung des Individuums konzipierte. Dies aber ist ein ungerechtfertigter Reduktionismus, da er die leiblichen und körperlichen Anteile an der Identitätsbildung und -aufrechterhaltung unterschlägt. Zur Behebung dieses Reduktionismus soll in der vorliegenden Arbeit ein alternativer, nicht an der kognitiven Ausstattung des Menschen ansetzender Zugang zur Identitätsproblematik gewählt werden, ohne dabei die kognitiven Anteile an der Identitätskonstruktion zu vernachlässigen.

Um die zentrale Fragestellung dieser Arbeit, auf welche Weise Leib und Körper für die personale Identität von Bedeutung sind, so grundlegend wie möglich zu beantworten, wird daher an dem schon erwähnten philosophisch-anthropologischen Grundsatz angesetzt, dass der Mensch zugleich ein Leib ist und einen Körper hat. Die Auseinandersetzung mit der Philosophischen Anthropologie Helmuth Plessners (Teil 2, Kap. 1) wird zeigen, dass es dem Menschen auf Grund der Spannung zwischen Leibsein und Körperhaben, in der er beständig lebt, auferlegt ist, sein Leben zu führen und sein Selbst zu gestalten. Mit Plessner werden damit auch die beiden für diese Arbeit entscheidenden Begriffe Leib und Körper eingeführt. Präzisiert werden sie im Zuge der Diskussion der leibphänomenologischen Ansätze von Maurice Merleau-Ponty und Hermann Schmitz (Teil 2, Kap. 2). Als Arbeitsdefinition soll im Moment die begriffliche Unterscheidung genügen, dass mit *Körper* der Körper als Gegenstand, als Ding unter Dingen („Körperding"), das von außen wahrnehmbar und wie ein Instrument oder Werkzeug gebraucht werden kann, gemeint ist, mit Leib dagegen der lebendige, spürbare und – im Sinne Husserls – „fungierende" Körper („Leibkörper").

Die phänomenologische Konkretisierung der Begriffe Leib und Körper hat den Vorteil, eine größere Bandbreite dessen in den Blick nehmen zu können, was in den Sozialwissenschaften üblicherweise mit Körper gemeint ist. Ist in den Sozialwissenschaften nämlich vom Körper die Rede, dann wird damit in aller Regel der gegenständliche Körper bezeichnet, nicht aber das eigenleibliche Spüren. Eine der zentralen Intentionen des hier gewählten phänomenologischen Zugangs zur Identitätsproblematik liegt deshalb darin, den Nachweis zu erbringen, dass und in welcher Weise gerade das Spüren von entscheidender Identitätsrelevanz ist. Der phänomenologische Zugang wird in dieser Arbeit darüber hinaus aus dem zweiten Grund gewählt, dass im Mittelpunkt der Phänomenologie der Begriff der Erfahrung steht, und Erfahrungen gemeinhin als Grundeinheit personaler Identität gelten: Eine Person, so kann fürs Erste gesagt werden, erwirbt eine Identität, indem sie ihre persönlichen und sozialen Erfahrungen selbstreflexiv zu einem subjektiv stimmigen Ganzen organisiert. Mit der Phänomenologie lässt sich zeigen, dass Erfahrungen immer leibliche Erfahrungen sind.

Sind mit den anthropologischen und phänomenologischen Ausführungen bereits zwei Schritte in Richtung eines Identitätsmodells getan, das an der leiblichen Verfasstheit des Menschen ansetzt, so folgt dem ein dritter, soziologischer Schritt. Die soziologische Einbettung des anthropologisch-phänomenologischen Zugangs zur

Identitätsproblematik ist notwendig, um die in Anthropologie und Phänomenologie eher am Rande abgehandelten gesellschaftlichen und kulturellen Einflüsse auf Leib und Körper aufweisen zu können. Dazu wird auf die Habitus-Theorie von Pierre Bourdieu zurückgegriffen (Teil 2, Kap. 3). Die Auseinandersetzung mit der Habitus-Theorie verfolgt primär den Zweck, die strukturelle, das heißt, gesellschaftliche und kulturelle Prägung von Leib und Körper theoretisch in den Blick zu bekommen. Der sodann vollzogene Dreischritt wird abgeschlossen mit einer Zusammenfassung (Teil 2, Kap. 4), in der die bis dahin entwickelten Kategorien zu einem Leib-Körper-fundierten Identitätsmodell aufeinander bezogen werden.

Dieses Modell dient im Weiteren als heuristischer Bezugsrahmen und als Interpretationsfolie für die empirische Untersuchung (Teil 3). Die Studie ist dabei nicht als empirische Überprüfung der theoretischen Überlegungen angelegt, sondern soll diese vielmehr ergänzen. Um das zu leisten, ist es notwendig, im Unterschied zu den theoretischen Ausführungen eine andere Schwerpunktsetzung vorzunehmen. Da in Teil 2 insbesondere die Identitätsrelevanz leiblicher Erfahrungen und des Spürens thematisiert werden, wird es hier vor allem um die subjektiven Einstellungen zum und Umgangsweisen mit der eigenen Leiblichkeit und Körperlichkeit gehen. Gegenstand der empirischen Studie sind deshalb zwei Personengruppen, die sich, so die Ausgangsüberlegung, in Hinblick auf ihre Leib- und Körpereinstellungen sowie ihre Körperpraxis möglichst stark voneinander unterscheiden: *Ordensschwestern und Ordensbrüder* auf der einen, *Ballett-Tänzerinnen und Ballett-Tänzer* auf der anderen Seite. Auf der Grundlage von 14 leitfadengestützten Interviews wird dann zum einen der sozio-kulturelle Einfluss auf Leib und Körper herausgearbeitet. Dies geschieht hier beispielhaft anhand einer Analyse der von den beiden Gruppen benutzten Körpermetaphern, womit die kollektive, hier milieuspezifische Prägung von Körpereinstellungen verdeutlicht werden soll (Teil 3, Kap. 4). Die primäre Funktion der beiden Untersuchungsgruppen besteht jedoch darin, zur Ausformulierung gruppenübergreifender, verallgemeinerbarer Aussagen über die Bedeutung von Leib und Körper für die Identität eines Individuums beizutragen. Im Zentrum der empirischen Untersuchung wird daher die Ausarbeitung empirisch begründeter, formaler Kategorien stehen, die als Leib-Körper-Dimensionen personaler Identität das Identitätsmodell aus Teil 2 ergänzen werden (Teil 3, Kap. 5).

Die Zusammenführung der theoretisch entwickelten mit den empirisch gewonnenen Kategorien erfolgt in Teil 4, Kapitel 1. Nach einer kritischen Reflexion über das bis dato Geleistete (Teil 4, Kap. 2) wird die Arbeit mit einem modernisierungssoziologischer Ausblick abgeschlossen. Mit ihm soll der Blick dafür geschärft werden, unter welchen gesellschaftlichen Bedingungen Identitätskonstruktionen am Beginn des 21. Jahrhunderts geleistet werden müssen bzw. können und welche Rolle hierbei Leib und Körper spielen (Teil 4, Kap. 3).

Am Ende der Untersuchung sollte offenkundig sein, wie vielschichtig die Rolle von Leib und Körper für den Prozess der Identitätsbildung ist. Es müsste klar geworden sein, von welch entscheidender Relevanz Leib und Körper für das Individuum sind, um jenen Halt, jene Sicherheit und Orientierung im eigenen Leben zu finden, die gemeinhin als Ausdruck personaler Identität bezeichnet werden. Damit kann bzw. soll dieses am ‚Leitfaden des Leibes‘ entwickelte Identitätsmodell gewissermaßen als spätmoderne identitätstheoretische Übersetzung der Worte Zarathustras verstanden werden, die dieser an die „Verächter des Leibes" richtet: „‚Ich‘ sagst du und bist stolz auf dies Wort. Aber das Größere ist – woran du nicht glauben willst – dein Leib und seine große Vernunft: die sagt nicht Ich, aber tut Ich" (Nietzsche 1994: 119f.).

Teil 1: Leib und Körper in sozialwissenschaftlichen Identitätstheorien. Ein kritischer Überblick

Die sozialwissenschaftliche Literatur zur Identität des Individuums hat inzwischen einen Umfang angenommen, der kaum mehr zu überblicken ist[1]. Jede Diskussion des Forschungsstandes muss daher notgedrungen ein mehr oder weniger grober Überblick über die wichtigsten Ansätze sein. Was jedoch ein ‚wichtiger‘ Ansatz ist, lässt sich so einfach natürlich nicht sagen. In der folgenden Auseinandersetzung mit sozialwissenschaftlichen Identitätstheorien wurden zwei generelle Kriterien herangezogen: Zum einen gelten hier als wichtig die in der scientific community als ‚Klassiker‘ gehandelten Ansätze; deshalb werden die Identitätskonzepte von Erik H. Erikson und George H. Mead am gründlichsten diskutiert werden. Zum Zweiten leitet sich die Wichtigkeit der vorhandenen Identitätstheorien aus der Fragestellung bzw. der These der vorliegenden Arbeit ab. Wie einleitend gesagt, lautet die Ausgangsthese dieser Arbeit, dass der Großteil der sozialwissenschaftlichen Identitätstheorien Leib und Körper systematisch übergangen hat und in diesem Sinne kognitiv verengt ist. Ziel des Überblicks über den Forschungsstand muss daher sein, diese These zu plausibilisieren und intersubjektiv nachvollziehbar zu machen. Um dieses Ziel zu erreichen, wurde das Forschungsfeld mit Hilfe von vier Selektionskriterien strukturiert.

1. Wenn in dieser Arbeit von sozialwissenschaftlicher Identitätsforschung die Rede ist, dann ist damit die *soziologische und psychologische Identitätsforschung* gemeint. Untersuchungsgegenstand ist also weder die politologische, ökonomische oder ethnologische Identitätsforschung, obgleich z.B. auch in der Ethnologie Identität als „Basiskonzept der ethnologischen Theoriebildung" bezeichnet wird (Müller 1987, in: Straub 1998: 73), noch geht es hier um den philosophischen, genauer: logischen Identitätsbegriff wie auch nicht um den epistemischen Identitätsbegriff (vgl. zu dieser Differenzierung Belgrad 1992: 10ff.).

---

1   Ein Blick in die einschlägige Forschungsliteratur der vergangenen gut dreißig Jahre erweckt den Eindruck, dass die Verwendung des Terminus Identität inflationäre Ausmaße angenommen und zu einer Begriffsverwirrung geführt hat, die geradezu als Identitätsmerkmal der Identitätsforschung bezeichnet werden kann: Sprach etwa 1965 de Levita (1971: 9) in seiner Monographie zum Identitätsbegriff von einer „Gefahr der Begriffsverwirrung", so monierte 1979 Henrich (1979: 133) den „sehr hohen Grad an Dunkelheit und Problemverwirrung, welche gegenwärtig den Gebrauch des Identitätsbegriffs kennzeichnen - ganz besonders in den Sozialwissenschaften"; 1987 dann konstatierten Frey und Haußer (Frey/Haußer 1987: 3), dass es nach wie vor keine allgemein gültige Definition von Identität gäbe, ganz „im Gegenteil", und schließlich wiesen 1995 Keupp und Höfer daraufhin, dass noch immer „großer Klärungsbedarf" bezüglich des Identitätsbegriffs herrsche bzw. sich keinerlei „konsensfähige Klärungen" erkennen ließen (Keupp/Höfer 1997: 7).

2. *Keiner* Betrachtung werden solche Identitätskonzepte unterzogen, die sich als *explizit kognitivistisch* verstehen. Da hier von der (im Weiteren zu explizierenden) These ausgegangen wird, dass der Großteil sozialwissenschaftlicher Identitätstheorien kognitivistisch verengt ist, erübrigt sich eine tiefer gehende Auseinandersetzung mit Ansätzen, die auf Grund ihrer theoretischen und methodischen Anlage Leib und Körper von vornherein kategorial ausschließen. Dazu zählen zum einen jene Identitätskonzepte, die sich auf die kognitivistische Entwicklungspsychologie (insbesondere von Piaget) stützen (z.B. Kegan 1986). Zum Zweiten zählt hierzu das, folgt man Karl Haußer, zweite große Lager innerhalb der Identitätspsychologie[2], nämlich die Selbstkonzeptforschung (vgl. Breakwell 1992; Filipp 1979; Haußer 1995), da mit „Selbstkonzept" ein „aufs Kognitive begrenzte(r)" Forschungsansatz gemeint ist (Haußer 1995: 2). Die Begrenzung auf das Kognitive kennzeichnet des Weiteren auch die Selbst-Theorie-Forschung (z.B. Berzonsky 1988, 1990) wie auch all jene Ansätze, die man zusammenfassend als Ausdruck des ‚linguistic turn' in der sozialwissenschaftlichen Identitätsforschung bezeichnen kann. Damit sind insbesondere diskursanalytische und narrative Konzepte gemeint. Da sie im ‚postmodernen' Identitätsdiskurs eine dominante Rolle spielen, werde ich in Kapitel 4 kurz auf sie eingehen. Hingegen verzichte ich auf eine Auseinandersetzung mit systemtheoretischen Ansätzen zur personalen Identität (z.B. Bilden 1997; Vester 1984), da sie *implizit* kognitivistisch angelegt sind, insofern sie sich auf die kognitiven Leistungen konzentrieren, die das Individuum zur Integration seiner Teil-Selbste aufbringen muss.

3. Nach der Festlegung, welche Literatur nicht zur Darstellung kommen soll, bleibt immer noch die Aufgabe zu entscheiden, welche wissenschaftlichen Theorien und Konzepte einer kritischen Diskussion unterzogen werden sollen. Um etwas Ordnung in die Unübersichtlichkeit der Forschungsliteratur zu bringen, habe ich die ‚verbliebenen' Ansätze nach *wissenschaftlichen Zugangsweisen zur Identitätsproblematik* systematisiert. Danach lassen sich vier wissenschaftliche Quellen, aus denen sich Theorien zur personalen Identität speisen, kenntlich machen: Eine erste Quelle ist die psychoanalytisch ausgerichtete Ich- und Entwicklungspsychologie (Kap. 1), eine zweite stellt der symbolische Interaktionismus dar (Kap. 2), eine dritte die Sozialpsychologie (Kap. 3) und als vierte Quelle fungieren sog. postmoderne Ansätze (Kap. 4). In jeder dieser vier Gruppen wird, wiederum aus Platzgründen, eine Auswahl auf den bzw. die zenralen Ansätze vorgenommen.

4. Dienten die ersten beiden Selektionskriterien dazu, die sozialwissenschaftliche Literatur zur Identitätsforschung insgesamt einzugrenzen, so wird mit dem vierten Selektionskriterium eine Eingrenzung innerhalb der ausgewählten Literatur vorgenommen. Dies geschieht in der Weise, dass sich die Diskussion der Ansätze um die *Frage* dreht, *wo und wie sie Leib und Körper thematisieren*. Anstelle einer exegetischen erfolgt hier also eine thematisch eng fokussierte Auseinandersetzung mit den einzelnen Identitätskonzepten. Dies hat den Zweck, die kognitivistische Verengung

---

2 Das erste „große Lager" in der Identitätspsychologie bilden Haußer zufolge jene AutorInnen, die sich auf das Identitätskonzept von Erik H. Erikson stützen (Haußer 1995: 2). Mit dieser Gruppe werde ich mich in Kapitel 1 auseinander setzen.

– die Fokussierung auf Denken und Sprache – des Großteils sozialwissenschaftlicher Identitätstheorien aufzudecken und die Notwendigkeit der kategorialen Berücksichtigung von Leib und Körper zu plausibilisieren. Diesem Ziel liegt die Überlegung zu Grunde, wie man mit Keupp et al. sagen kann, dass „erst eine kritische Revision der kulturell tief eingebetteten Identitätskonstruktionen der Moderne die theoretischen Möglichkeitsbedingungen schafft, neu über Identitätsbildung heute zu forschen" (Keupp et al. 1999: 16). Das heißt, erst wenn offensichtlich wird, dass zu den „kulturell tief eingebetteten Identitätskonstruktionen der Moderne" die Ausklammerung von Leib und Körper aus Theorien personaler Identität gehört (einem Erbe der cartesianischen Trennung zwischen Körper und Geist), ist es möglich und gerechtfertigt, ein alternatives Identitätsmodell vorzuschlagen, das Leib und Körper ins Zentrum rückt.

Am Ende des nun folgenden Ritts durch die Forschungslandschaft sollte offensichtlich sein, dass die Architekten dieser Landschaft halbfertige Entwürfe vorgelegt haben. Es sollte einsichtig sein, dass diesen Entwürfen nicht bloß ein bisschen schmückendes Beiwerk fehlt, sondern etwas ganz Wesentliches. Wer mit wachen Sinnen und ein wenig Ausdauer seinen Ritt antritt, sollte der Evidenz dieses Fehlens ohne weiteres gewahr werden. Da den meisten Lesern und Leserinnen hierfür aber vermutlich nicht das Steckenpferd zur Verfügung steht, auf dem der Autor durch die Forschungslandschaft galoppiert (besser wohl: trabt), mag aus dem wahrgenommenen *Fehlen* nicht zwangsläufig die Erkenntnis folgen, hierbei handele es sich um ein *Manko*, das schleunigst beseitigt werden müsse. Dies zu leisten, ist allerdings auch nicht Aufgabe von Teil 1. Teil 1 ist vielmehr die Hürde, die der Leser überspringen muss, um das vollständige Landschaftsbild am Ende der Arbeit zu Gesicht zu bekommen. Mit anderen Worten und weniger metaphorisch, die Argumente für die Behauptung, dass die Marginalisierung von Leib und Körper in den sozialwissenschaftlichen Identitätskonzepten sachlich ungerechtfertigt ist, werden erst im Laufe der weiteren Arbeit entwickelt. Von daher begleitet den oder die Leserin mein Wunsch, erst einmal interessante Eindrücke zu sammeln, um neugierig zu sein auf das, was am Ende der theoretischen und empirischen Ausführungen als Beleg für die ‚Manko-These‘ angeführt werden wird.

1. Identitätstheorien in der Tradition analytischer Ich- und Entwicklungspsychologie

Von Sigmund Freud stammt der berühmte Satz: „Das Ich ist vor allem ein körperliches (...)" (Freud 1992d: 266). Dieser Satz deutet an, dass in der Freudschen Psychoanalyse der Körper für die menschliche Psyche eine wichtige Rolle spielt[3], bzw.

---

3   Dies gilt dagegen nicht für die Psychoanalyse als Therapieform. Der Mainstream der Psychoanalyse hatte und hat den Körper nämlich aus dem therapeutischen Setting ausgeschlossen. In den letzten Jahren kommt es jedoch zunehmend zu Versuchen, den Körper in die psychoanalytische Praxis zu integrieren, analytische Psychotherapie und Körpertherapie zu verbinden (vgl. Geißler/Rückert 1998, Polenz 1994).

zwischen körperlicher und seelischer Entwicklung ein enger Zusammenhang gesehen wird (Polenz 1994: 63). So sehr sich Freud mit dem menschlichen Körper, vor allem den Trieben und der Sexualität, und der menschlichen Psyche beschäftigt hat, so wenig hat er sich explizit mit dem Thema der personalen Identität auseinander gesetzt. Eine psychoanalytisch orientierte Identitätsforschung ist vielmehr erst nach Freud entstanden. Der wegbereitende Autor hierfür war Erik H. Erikson. So meint Werner Bohleber: „Erikson hat den Begriff ‚Identität‘ ins psychoanalytische Denken eingeführt" (Bohleber 1992: 338). Auf Grund der zentralen Bedeutung des Identitätskonzepts von Erikson (nicht nur) für die psychoanalytisch orientierte Identitätsforschung (vgl. hierzu de Levita 1971; Bohleber 1992: 338-345, 1999: 512-517), soll dieses zuerst dargestellt werden. Daran schließt sich die Diskussion der Fortführung des Eriksonschen Modells durch James E. Marcia an sowie, als neueste Entwicklung, eine Auseinandersetzung mit der jüngsten Säuglingsforschung.

Im Rahmen psychoanalytischer und psychologischer Ansätze zur personalen Identität nimmt das Identitätskonzept von *Erik H. Erikson* den Status eines Klassikers ein: „Erik H. Eriksons Werk kann auch heute noch als der bekannteste und meist gelesenste Ansatz einer Psychologie der Identitätsentwicklung gelten" (Haußer 1995: 75). Erikson hat sein psychosoziales Modell der Identitätsentwicklung in der Mitte des 20. Jahrhunderts auf der Grundlage der Psychoanalyse Freuds, eigenen Erfahrungen als Psychoanalytiker sowie von kulturanthropologischen Studien entworfen (Erikson 1965, 1973, 1981). Psychosozial nennt Erikson seinen Ansatz, weil er Identitätsentwicklung als einen lebenslang andauernden Wechselwirkungsprozess zwischen Individuum und Gesellschaft versteht. Diese psychosoziale Entwicklung der Identität verläuft Erikson zufolge nach dem „epigenetischen Prinzip" (Erikson 1973b: 57), das heißt, nach einem anthropologisch-universellen „Grundplan", dem zufolge sich Identität im Durchlauf einzelner, aufeinander folgender Lebensphasen entwickelt (wobei die vorangegangenen Phasen der jeweils aktuellen immanent sind). In jeder Entwicklungsphase dominiere dabei ein Grundkonflikt (z.B. Urvertrauen gegen Mißtrauen im Säuglingsalter), den das Individuum erfolgreich bewältigen müsse, um zu einer „gesunden Persönlichkeit" (ebd.) zu reifen. Der Grundkonflikt entspricht in den Worten Eriksons einer „potenziellen Krise", der durch die Anforderungen und Erwartungen der sozialen Umwelt ausgelöst werde. Diese Krise müsse jedes Individuum durchlaufen, selbständig verarbeiten und lösen. Dabei geht Erikson davon aus, dass am Ende der jeweiligen Phase eine „bleibende Lösung" der Krise erfolge (ebd.: 60). Erikson hat schließlich acht Phasen der psychosozialen Identitätsentwicklung identifiziert, beginnend im Säuglingsalter bis hin zum reifen Erwachsenenalter, wobei sein Hauptaugenmerk der Entwicklung bis zur Adoleszenz galt. Denn, obwohl Erikson Identitätsbildung als einen lebenslang andauernden Prozess bezeichnet, ist er doch auch der Ansicht, dass mit der Adoleszenz die Identitätsentwicklung in einem entscheidenden Maße bzw., wie er sagt, „endgültig" (Erikson 1973c: 139) zum Abschluss gekommen sei[4]. Folgt man einer der bekanntesten Definitionen Eriksons[5], dann versteht er unter Identität schließlich folgendes:

> „Das bewusste Gefühl, eine persönliche Identität zu besitzen, beruht auf zwei gleichzeitigen Beobachtungen: der unmittelbaren Wahrnehmung der eigenen Gleichheit und Kontinuität in der Zeit, und der damit verbundenen Wahrnehmung, dass auch andere diese Gleichheit und Kontinuität erkennen. (...) So ist Ich-Identität unter diesem subjektiven Aspekt das Gewahrwerden der Tatsache, dass in den synthetisierenden Methoden des Ichs eine Gleichheit und Kontinuierlichkeit herrscht, und dass diese Methoden wirksam dazu dienen, die eigene Gleichheit und Kontinuität auch in den Augen der anderen zu gewährleisten" (Erikson 1973a: 18).

Diesem Zitat lässt sich entnehmen, dass Erikson für die persönliche Identität vier Aspekte als entscheidend ansieht: 1. Identität ist ein *bewusstes Gefühl*, 2. beruht Identität auf der eigenen Wahrnehmung biographischer *Gleichheit und Kontinuität* wie 3. auch *andere* diese Gleichheit und Kontinuität wahrnehmen müssen, und 4. resultiert persönliche Identität aus einer *synthetisierenden Leistung des Ich*, eben der subjektiven Konstruktion biographischer Kontinuität. Diese Begriffsbestimmung verdeutlicht noch einmal Eriksons psychosoziale Konzeption von Identität: Identität ist einerseits eine psychische, genauer: kognitive Leistung des Ich, insofern das Ich die Erfahrungen, die ein Individuum von klein auf macht, zu einer Einheit integriert (Erikson 1973a: 17). Und Identität ist zugleich abhängig von der Anerkennung anderer, da jede Person einen bestimmten Platz in der Gesellschaft einzunehmen habe (vgl. Krappmann 1997: 71). Gelingt dem Individuum diese sozial-kognitive Identitätsleistung[6], macht sich das für das Individuum affektiv bemerkbar, nämlich als Gefühl der Ich-Identität (worauf ich weiter unten zu sprechen kommen werde.)

Um nun die Frage zu beantworten, ob, und wenn ja, in welcher Weise Leib und Körper im Identitätskonzept von Erikson eine Rolle spielen, ist es am günstigsten, Eriksons Phasenmodell der Identitätsentwicklung nachzuzeichnen. Eriksons Ausgangspunkt hierfür war Freuds Theorie der psychosexuellen Entwicklung sowie dessen Annahme, „dass der neurotische Konflikt inhaltlich nicht sehr verschieden ist von den Konflikten, die jeder Mensch während seiner Kindheit bestehen muss, und dass jeder Erwachsene diese Konflikte in den dunklen Winkeln seiner Persönlichkeit mit sich herumschleppt. Ich trage dieser Tatsache insofern Rechnung, als ich für jedes Stadium der Kindheit die speziellen kritischen psychologischen Konflikte dar-

---

4   Diese Ansicht Eriksons, dass der Prozess der Identitätsbildung mit der Adoleszenz mehr oder weniger abgeschlossen sei, ist nicht unwidersprochen geblieben (z.B. Haußer 1997). Ebenso wurde an Erikson die Annahme universeller Entwicklungsphasen, die „Irreversibilität einmal erfolgter Krisenlösungen" (Haußer 1995: 79) und die inhaltliche Festlegung von Identität (Keupp 1988; Sampson 1985) kritisiert.

5   Erikson hat seinen Identitätsbegriff nie eindeutig definiert, sondern, wie de Levita nachgewiesen hat, eine Vielzahl von Bestimmungen verwendet (de Levita 1971, Kap. II).

6   Dieses Gelingen besteht Erikson zufolge bspw. darin, „eine kräftige, normale Ich-Identität" zu entwickeln. An Ausdrücken wie „Gelingen" und der „normalen" Identität zeigt sich, dass Erikson ein normatives Identitätsmodell vor Augen hat. Damit steht er allerdings keinesfalls allein, im Gegenteil weisen nahezu alle ‚klassischen' Identitätstheorien diesen normativen Bias auf (vgl. Joas 1996: 361; Straub 1998: 87).

stelle" (Erikson 1973b: 56). Wie gesagt, unterscheidet Erikson insgesamt acht Stadien der Identitätsentwicklung (vgl. Erikson 1965: 241-270, 1973b: 62-120):

1. Ur-Vertrauen gegen Ur-Misstrauen. In der ersten, der „oralen Phase", muss der Säugling eine ungestörte Einheit mit der Mutter erleben, um das Gefühl eines Ur-Vertrauens entwickeln zu können. „Oral" nennt Erikson in Anlehnung an Freud diese Phase, weil für den Säugling „der Mund das Zentrum einer ersten allgemeinen Annäherung an das Leben (ist), und zwar auf dem Wege der *Einverleibung*" (Erikson 1973b: 63; Herv. im Orig.). Die Mutter sorgt für die sinnliche Befriedigung (nicht nur hinsichtlich der Nahrung) der individuellen Bedürfnisse des Kindes. Auf Grund der existenziellen Abhängigkeit des Säuglings von seiner Mutter besteht die Krise für den Säugling in den ersten beiden Lebensjahren darin, angesichts der wiederkehrenden räumlich-zeitlichen Abwesenheit seiner Mutter ein Gefühl von Trennung und Verlust bewältigen zu müssen. „Gegen diese sich häufenden Eindrücke von Enttäuschung, Trennung und Verlassenwerden, die zusammen einen Niederschlag von Ur-Misstrauen bilden können, muss das Ur-Vertrauen aufrechterhalten und gefestigt werden" (ebd.: 69). Unter dem hier interessierenden Gesichtspunkt heißt das, Eriksons Ausgangspunkt der Identitätsentwicklung ist der menschliche *Organismus*, dessen *Grundbedürfnisse* befriedigt sein müssen, damit ein Ur-Vertrauen entstehen kann.

2. Autonomie gegen Scham und Zweifel. Die zweite Phase bezeichnet Erikson als „anale Phase". „Der Hauptakzent liegt in dieser Phase auf der Reifung des Muskelsystems, der daraus erwachsenden Fähigkeit (und doppelt empfundenen Unfähigkeit), eine Anzahl höchst komplizierter Akte wie ‚Festhalten' und ‚Loslassen' zu koordinieren, ferner auf dem enormen Wert, den das immer höchst abhängige Kind auf seinen autonomen Willen zu legen beginnt" (ebd.: 76). Das Kind muss sich in dieser Phase aus der Symbiose mit seiner Mutter herauslösen, um autonom zu werden. Der Psychoanalyse zufolge beginnt das Kleinkind ein eigenes Selbst zu werden, wenn es lernt, seine Ausscheidungen zu regulieren, sie also willentlich festhalten bzw. loslassen zu können. Hieraus resultiert für das Kind der Konflikt, einerseits den Eltern demonstrieren zu wollen, dass es zu Selbstbeherrschung und Selbstkontrolle fähig und willens ist, andererseits hierzu noch nicht vollständig in der Lage und von den Eltern weiterhin abhängig zu sein. Während aus ersterem „ein dauerndes Gefühl von Autonomie und Stolz" entstehen kann, führt zweiteres zu einem dauernden „Gefühl von Zweifel und Scham" (ebd.: 78f.). Die Entwicklung zu einer autonomen Persönlichkeit basiert Erikson zufolge also auf der *Regulierung körperlicher Ausscheidungsvorgänge*. (Voraussetzung für die Entwicklung von Autonomie ist, dem epigenetischen Prinzip entsprechend, dass das Kind die Krise der vorangegangen Phase mit der Entwicklung eines Ur-Vertrauens abgeschlossen hat. Dieses Prinzip gilt für alle weiteren Phasen.)

3. Initiative gegen Schuldgefühle. In der dritten, der „infantil-genitalen" Phase, erweitert das Kind seinen Bewegungsraum, indem es Gehen lernt, sein Sprachvermögen vervollkommnet und seine Vorstellungswelt ausbaut. Dadurch erobert sich das Kind seine Umwelt, „dringt ein" in die Welt, ist neugierig, will wissen, kurz: entfaltet Initiativen. Dies ist zudem die Phase erster genitaler Erfahrungen, Vorstellungen und Spiele. Entsprechend der psychosexuellen Entwicklungslehre Freuds spielen hier nun ödipale Konflikte eine Rolle. Die Rivalität mit den Eltern im ödipalen Konflikt aber auch gegenüber all jenen, „die zuerst da waren und die deshalb mit ihrer überlegenen Ausrüstung das Feld besetzt halten könnten, auf welches sich die eigene Initiative richtet" (ebd.: 93), können beim Kind Schuldgefühle hervorrufen, da es ein Gewissen zu entwickeln beginnt. Oder wie Erikson sagt: „In diesem Stadium beginnt nun die Herrschaft des großen Lenkers der Initiative, nämlich das Gewissen" (ebd.: 94; Herv. weggel.). Die Krise dieser Phase besteht entsprechend darin, dass das Kind aktiv und initiativ versucht herauszufinden, „was für eine Art Person es werden will" (ebd.: 87), dabei aber gegen sein Gewissen anzukämpfen hat. Wie gesagt, hat dies Erikson zufolge eine körperlich-leibliche Basis, nämlich im *Gehenlernen*, der Vervollkommnung der *Sprache*, in der *Phantasie* und der *infantilen Genitalität*.

4. Werksinn gegen Minderwertigkeitsgefühl. In der vierten Phase, der Latenzzeit, „will das Kind, dass man ihm zeigt, wie es sich mit etwas beschäftigen und wie es mit anderen zusammen tätig sein kann" (ebd.: 98). Das Kind eignet sich in dieser Phase die „Kulturtechniken" seiner Gesellschaft an, will „nützlich" sein und lernen, strebt danach, Sachen „gut zu machen" und „entwickelt eine Lust an der Vollendung eines Werkes durch Stetigkeit und ausdauernden Fleiß" (ebd.: 103). In eine Krise gerät das Kind, wenn ihm die Anerkennung für seine Tätigkeiten versagt bleibt. Fehlt die Anerkennung, entwickelt das Kind ein Gefühl „von Unzulänglichkeit und Minderwertigkeit" (ebd.). – Den Körper thematisiert Erikson auf dieser Entwicklungsstufe nicht, zumindest nicht explizit; implizit spielt er eine Rolle als Medium zur Realisierung des Werksinns.

5. Identität gegen Identitätsdiffusion. Mit dem Beginn der Pubertät, der fünften Phase, setzt das für Erikson entscheidende Stadium in der Identitätsentwicklung ein. Dies hat mit dem körperlichen und vor allem dem geschlechtlichen Reifungsprozess zu tun.

> „Aber in der Pubertät werden alle Identifizierungen und alle Sicherungen, auf die man sich früher verlassen konnte, erneut in Frage gestellt, und zwar wegen des raschen Körperwachstums, das sich nur mit dem in der frühen Kindheit vergleichen lässt und dem sich jetzt die gänzlich neue Eigenschaft der physischen Geschlechtsreife zugesellt. Der wachsende und sich entwickelnde Jugendliche ist nun, angesichts der physischen Revolution in ihm, in erster Linie damit beschäftigt, seine soziale Rolle zu festigen" (ebd.: 106).

Der Jugendliche muss jetzt alle früheren und gegenwärtigen Erfahrungen zu einer Einheit integrieren und am Ende der Adoleszenz den Prozess der Identitätsbildung vollzogen haben, weil ansonsten die nicht gelösten Identitätskrisen im Erwachsenenalter nachwirken. „Identität wird am Ende der Adoleszenz phasen-spezifisch (..), d.h. das Identitätsproblem muss an dieser Stelle seine Integration als relativ konfliktfreier psychosozialer Kompromiss finden – oder es bleibt unerledigt und konfliktbelastet" (Erikson 1973c: 149). Gelingt diese Integration, erfährt der Jugendlich dies als „Identitätsgefühl". Dem Jugendlichen wird für die Integrationsleistung von der Gesellschaft ein „psychosoziales Moratorium" gestattet – analog dem „psychosexuellen Moratorium", von dem Freud bezüglich der Latenzzeit spricht (ebd.: 137) –, während dessen er „seinen Platz" in der Gesellschaft finden kann und soll. Als Krise präsentiert sich dem Jugendlichen die Adoleszenz gerade unter diesem sozialen Gesichtspunkt. So sei es für Jugendliche bspw. beunruhigend, unfähig zu sein, „sich für eine Berufs-Identität zu entscheiden" (Erikson 1973b: 110); auch sei es „schwer, tolerant zu sein, wenn man im tiefsten Innern noch nicht ganz sicher ist, ob man ein richtiger Mann (eine richtige Frau) ist, ob man jemals einen Zusammenhang in sich finden und liebenswert erscheinen wird, ob man imstande sein wird, seine Triebe zu beherrschen, (...) und ob man jemals verstehen wird, die richtigen Entscheidungen zu treffen, ohne sich ein für allemal mit dem falschen Mädchen, Geschlechtspartner, Führer oder Beruf anzulegen" (ebd.: 111f.)[7]. Diese Bedrohungen, gegen die sich Jugendliche zu wehren haben, nennt Erikson „Identitätsdiffusion", womit er eine „Zersplitterung des Selbst-Bildes", einen „Verlust der Mitte, ein Gefühl der Verwirrung" meint (Erikson 1973c: 154, Fn. 6). Der Identitätsdiffusion kann sich kein Jugendlicher entziehen, sie ist konstitutiv für die Phase der Adoleszenz. Entscheidend sei deshalb, dass sich der Jugendliche intensiv mit ihr auseinandersetze, wobei ihm hierbei hilft, wenn er die vorangegangenen Krisen erfolgreich bewältigt hat.

Wie zu sehen, räumt Erikson dem Körper in der Adoleszenz eine wichtige Rolle ein: ‚In Form' *körperlichen Wachstums* und *sexueller Reifung* liegt der Körper dem Konflikt zwischen Identität(sbildung) und Identitätsdiffusion als biologische Ursache zu Grunde. Den Leib thematisiert Erikson dagegen nicht. Jedoch ließe sich der Leib ohne große Mühe in diese Phase seines Identitätsmodells integrieren. Erikson spricht bekanntlich vom *Gefühl* der Ich-Identität, das sich als Resultat der erfolgreichen Bewältigung dieser Krise einstelle. Was er unter dem Identitätsgefühl genau meint, führt Erikson lediglich an einer Stelle kurz aus. Hier spricht Erikson davon, dass „das sich bildende Identitätsgefühl (...) vorbewusst als psychosoziales Wohlbefinden erlebt" wird (Erikson 1973c: 147). „Die erkennbarsten Begleitumstände sind das Gefühl, Herr seines Körpers zu sein, zu wissen, dass man ‚auf dem rechten Weg ist', und eine innere Gewissheit, der Anerkennung derer, auf die es ankommt, sicher sein zu dürfen" (ebd.). Identitätsgefühl, verstanden als „Wohlbefinden", deutet an, dass Erikson hierunter etwas Leiblich-Affektives, Spürbares verstehen könnte[8]. Auch die Rede von der „inneren Gewissheit" deutet dies an, wenn man sie als spürbare Gewissheit (vgl. Teil 2, Kap. 2.2.3) interpretiert. Aber Erikson belässt es bei diesen Andeutungen. Er geht auf das Identitätsgefühl nicht näher ein, da es für sein Identitätsmodell keine kategoriale Rolle spielt. Es ist gewissermaßen das Nebenprodukt gelungener Identitätsbildung.

---

7   Auf Grund solcher, sehr konkreter Beispiele, die Erikson reichlich anbringt, gilt sein Identitätsmodell als inhaltlich-materiell konzipiert und als nicht mehr zeitgemäß.

8   Ich bezweifle allerdings, dass sich ein Identitätsgefühl nur als Wohlbefinden bemerkbar macht. Die weiteren Ausführungen, insbesondere jene im empirischen Teil dieser Arbeit, werden zeigen, dass auch (bzw. gerade) negative oder unangenehme Empfindungen einem Individuum das sichere Gefühl vermitteln können: ‚das oder so bin ich' (so z.B. auch de Levita 1971: 201).

6. Intimität gegen Isolierung. Nach der Jugendzeit sollte der Jugendliche ein „einigermaßen sicheres Gefühl der Identität" erreicht haben, weil nur dann „eine wirkliche Intimität mit dem anderen Geschlecht[9] (wie übrigens auch mit jedem anderen Menschen und sogar mit sich selber) möglich" sei (Erikson 1973b: 114). Intimität versteht Erikson hierbei als „psychologische Intimität" (ebd.), im Sinne von Vertrautheit, Freundschaft, Zutrauen, Offenheit, stabile Partnerschaft. Wer zu solch einer intimen Beziehung im frühen Erwachsenenalter nicht fähig ist, dem drohe, sich selbst zu isolieren und von anderen Menschen zu distanzieren. Der Körper spielt in dieser Phase insofern eine Rolle, als der Einzelne hier seine *„sexuelle Identität"* zu entwickeln habe (Erikson 1973c: 156ff.).

7. Generativität gegen Stagnierung. Erikson geht davon aus, dass mit der Erwachsenensexualität der Wunsch nach Elternschaft verbunden ist. „Diesen Wunsch habe ich das Streben nach Generativität genannt, weil es sich (durch Genitalität und die Gene) auf die nächste Generation richtet" (Erikson 1973b: 117). Dieses Streben bzw. dieser „Trieb" könne sich ‚alternativ' auf eine „andere schöpferische Leistung richten, die ihren Teil an elterlicher Verantwortung absorbieren kann" (ebd.). Krisenhaft wird diese Phase für den, der weder Elternschaft noch – die sublimierte Variante – schöpferische Leistungen vollbringe. Denn dies würde, so Erikson, zu einem Gefühl der Stagnation führen. Den Körper thematisiert Erikson in diesem Stadium ebenso wenig wie auf der letzten Stufe.

8. Integrität gegen Verzweiflung und Ekel. In der letzten Lebensphase steht der Einzelne vor der Aufgabe, sein Leben in eine harmonische Einheit zu integrieren und mit dem eigenen Leben zufrieden zu sein. Wem eine solche Integration des Lebens zu einer gelungen Einheit nicht gelinge, erfahre diese als „Verzweiflung und einer oft unbewussten Todesfurcht" (ebd.: 119).

Unter der hier interessierenden Fragestellung lässt sich Eriksons psychosoziales Modell der Identitätsentwicklung wie folgt zusammenfassen: Der *Körper* spielt in diesem Ansatz zunächst eine zentrale Rolle insofern, als sich Erikson an Freuds psychosexuelle Entwicklungslehre anlehnt. Ausgehend vom menschlichen Organismus und Triebhaushalt entwickelt Erikson sein Identitätskonzept. Dies kommt allerdings einem biologisierten Verständnis der Identitätsentwicklung gleich[10]. Identitätsentwicklung lediglich auf den Körper in seiner sexuellen Konstitution und Funktion zurückzuführen, erscheint als unangemessener Reduktionismus. Hinzu kommt, dass Erikson den Körper in dieser grundlegenden Form nur bis zur Phase der Adoleszenz in den Blick nimmt[11]. Dass der Körper auch im Erwachsenenalter eine wichtige, ak-

---

9 Zu den Normalitätsvorstellungen Eriksons gehört die Heterosexualität. Homosexualität thematisiert er ebenso wenig, wie in seinen Ausführungen Mädchen eine Rolle spielen.

10 Der Biologismus Eriksons wird nur unwesentlich relativiert durch seine Betonung auf die Eingebundenheit des Menschen in seine soziale Umwelt. So meint denn auch Bohleber, dass Erikson auf Grund seiner Anlehnung an das Anpassungskonzept von Heinz Hartmann „doch einem biologisch-ethologischen Umweltbegriff verhaftet bleibt und damit bei ihm weithin ein harmonistischer ‚Einpassungs'-Positivismus vorherrscht" (Bohleber 1992: 339).

11 Haußer kritisiert an Erikson, dass er „seine ersten Phasen an Freuds Theorie der psychosexuellen Entwicklung festmacht (...), dann aber, wo diese endet, die letzten drei Phasen eher deskriptiv am Lebensalter orientiert" (Haußer 1997: 124).

tive Rolle für die Identitätsentwicklung spielen könnte, wird von Erikson nicht in den Blick genommen (abgesehen davon, dass er kurz auf die Erwachsenensexualität zu sprechen kommt). So, wie er dem Körper als Medium der Identitätsbildung keine Aufmerksamkeit schenkt, wird von Erikson auch der *Leib* nicht als kategorialer Bestandteil der Identitätsentwicklung thematisiert. Der Leib taucht höchstens diffus als Identitätsgefühl auf, aber eine Auseinandersetzung mit ihm führt Erikson nicht. Letztlich ist auch für Erikson Identität eine kognitive Leistung des Individuums bzw., in seiner Terminologie, des Ich, nämlich die durch Reflexionen vollzogene Synthese vergangener Erfahrungen, Konflikte und Krisenbewältigungen zu einem einheitlichen und kontinuierlichen Ganzen.

Eriksons Identitätskonzept wurde in der sozialwissenschaftlichen Identitätsforschung viel diskutiert und z.T. heftig kritisiert, fand andererseits aber auch mindestens ebenso viele Anhänger und Forscher, die sich in ihren Arbeiten auf seinen Ansatz stützen[12]. Als prominentester Versuch, Eriksons Identitätsmodell weiterzuentwickeln, kann dabei das Identitätskonzept des Entwicklungspsychologen und Jugendforschers *James E. Marcia* gelten (Marcia 1966, 1993a). Marcia hat Eriksons theoretische Überlegungen operationalisiert und einer empirischen Überprüfung unterzogen. Dazu hat er das zentrale Gegensatzpaar in Eriksons Phasenmodell, „Identität gegen Identitätsdiffusion", durch das Hinzufügen zweier Variablen – „innere Verpflichtung" („commitment") und „Exploration von Alternativen" bzw. „Krise" (exploration of alternatives) – ausdifferenziert und ist so zu vier Identitätszuständen bzw. Typen von Identitätsstatus gelangt:

1. Den Status *Erarbeitete Identität* („identity achievement") weist er Personen zu, die nach einer explorativen, krisenhaften Phase, in der sie sich kritisch mit ihren Eltern und anderen engen Bezugspersonen auseinander gesetzt haben, zu festen Standpunkten und Überzeugungen gelangt sind, denen sie sich verpflichtet fühlen. Dieser Status entspricht dem Pol (gelungene) Identität in Eriksons bipolarem Modell.

2. Den Status *Moratorium* („moratorium") nehmen Marcia zufolge Personen ein, die sich gegenwärtig in einer Krise bzw. explorativen Lebensphase befinden, weil sie zwischen verschiedenen Lebensalternativen zu wählen haben, ohne sich verbindlich festlegen zu können. Da sie ihre Krise sehr ernst nehmen, gehen sie im Sinne Marcias eine vage Verpflichtung ein.

3. Den dritten Identitätsstatus bezeichnet Marcia als *Übernommene Identität* („foreclosure"). In diesem Status befindet sich eine Person, die feste, zumeist von den Eltern übernommene Überzeugungen hat. Sie hat sich diese Anschauungen, denen sie sich eng verpflichtet fühlt, ohne Exploration von Alternativen angeeignet.

4. Wer sich im Status *Diffuse Identität* („identity diffusion") befindet, ist desorientiert und bezüglich Berufswahl, politischen Ideologien und/oder persönlichen Wertvorstellungen keine innere Verpflichtung eingegangen. Eine solche Person kann sich in einer Krise befinden, muss dies aber nicht.

---

12 In der deutschsprachigen Identitätsforschung ist bspw. Jürgen Straub einer der vehementesten Verteidiger Eriksons (vgl. Straub 1991, 1998).

Im Unterschied zu Eriksons Phasenmodell der Identitätsentwicklung handelt es sich bei den vier Identitätsstatus-Typen nicht um aufeinander folgende Stufen, die das Individuum in einer bestimmten Richtung durchlaufen müsse, um zu einer gelungenen Identität zu gelangen. Marcia zufolge ist es prinzipiell möglich und empirisch auch sehr wahrscheinlich, dass eine Person im Laufe ihres Lebens mal den einen, mal den anderen Identitätsstatus innehat. So kann bspw. „eine Frau mit 60 Jahren (..), ausgelöst durch den Tod ihres Mannes, aus dem Zustand Übernommener Identität in die schwere Krise eines Moratoriums gelangen. Und ein junges Mädchen kann in der Partnerschaft zu ihrem Freund in Erarbeiteter Identität stehen, auf Grund ihres ausgesprochen unsicheren Arbeitsplatzes sich aber in einer Diffusen beruflichen Identität befinden." (Haußer 1995: 82).

Empirische Grundlage seiner Untersuchungen waren halbstrukturierte, leitfadengestützte Interviews, die Marcia zunächst nach den thematischen Bereichen Beruf (occupation) sowie politische und religiöse Ideologien (ideology) strukturierte (Marcia 1993a: 10ff.) und später um den Bereich Partnerschaft/Sexualität (interpersonality/sexuality) ergänzte (ebd.: 14f.). An der Auswahl dieser Bereiche lässt sich erkennen, dass der *Körper* im Identitätskonzept von Marcia eine vernachlässigenswerte Rolle spielt. Wie sein Überblick über die Studien zeigt, die auf der Basis seines Modells durchgeführt worden sind, wird dem Körper selbst in jenen Untersuchungen, die sich explizit mit der Thematik Partnerschaft/Sexualität befassen, kaum Bedeutung beigemessen. Hier stehen Fragen zur Geschlechtsspezifität der Identitätsentwicklung im Mittelpunkt, bspw. das Verhältnis von Familien- und Karriereplanung, der Identifikation mit Geschlechterrollen oder der Bedeutung des Geschlechts in den Bereichen Arbeit und Beruf (Marcia 1993b: 37ff.); von einer Thematisierung des Körpers kann hier nur schwerlich die Rede sein. Dies gilt in gesteigertem Maße auch für den *Leib*. Um empirisch etwas über die Leiblichkeit von Personen und deren Bedeutung für den Prozess der Identitätsbildung zu erfahren, hätte Marcia nicht nur andere thematische Schwerpunktsetzungen vornehmen, sondern auch ein anderes methodisches Instrumentarium anwenden müssen (vgl. Teil 3, Kap. 1 und 2.2). So spielen Leib und Körper in Marcias Untersuchungen keine Rolle, und ein theoretisches Modell, in dem Leib und Körper einen zentralen Platz einnehmen könnten, hat er nicht entwickelt[13]. Im Vergleich zu Erikson, der stärker als Marcia an Freuds psychosexueller Entwicklungslehre orientiert war, ist Marcias Ansatz damit unter der in dieser Arbeit verfolgten theoretischen Fragestellung ein Rückschritt.

Marcias und Eriksons Ansätze zur Identitätsbildung haben im Vergleich zur klassischen psychoanalytischen Theorie den Vorteil, dass ihnen kein intrapsychi-

---

13 An Marcia wird allgemein kritisiert, dass er kein theoretisches Modell entwickelt habe. So meinen z.B. Kraus und Mitzscherlich: „Marcia hat eben kein umfassendes theoretisches Modell vorgelegt. Er hat vielmehr versucht, ein vorliegendes Modell in ein empirisches Vorgehen umzusetzen. Es gibt also kein modelltheoretisches Surplus über die Empirie hinaus. Allerdings gibt es eine andere Form des Surplus, nämlich einen Überschuss an empirischen Daten, die in hohem Maße erklärungsbedürftig sind und damit eine Elaboration des Modells einfordern" (Kraus/Mitzscherlich 1997: 158). Erklärungsbedürftig sind Kraus und Mitzscherlich zufolge insbesondere die impliziten normativen Annahmen von Marcias Modell.

sches, sondern ein interaktives Entwicklungsmodell zu Grunde liegt[14]. Die Ausbildung einer Identität wird hier zwar auch als eine intrapsychische, eine Ich-Leistung angesehen, zugleich betonen sie aber, dass die Ich-Leistung immer in Auseinandersetzung mit der Umwelt vollbracht wird. Dieser Aspekt der Intersubjektivität bzw. Interaktion hat insgesamt in neueren psychologischen und psychoanalytischen Entwicklungsmodellen an Einfluss gewonnen. Insbesondere in der jüngeren *Säuglingsforschung* hat sich „das interaktive Paradigma beim Verständnis der seelischen Entwicklung als von herausragender Bedeutung erwiesen" (Bohleber 1992: 337). Die psychoanalytisch orientierte Säuglingsforschung ist für die in dieser Arbeit verfolgte Fragestellung allerdings nicht so sehr wegen ihres interaktiven Paradigmas (das auch für spätere psychische Entwicklungs- und Identitätsbildungsprozesse relevant sei; ebd.) von besonderem Interesse, sondern vor allem wegen ihrer Beschäftigung mit dem *Identitätsgefühl*. In der neueren Säuglingsforschung wird, zumindest bei einigen Autoren, die schon von Erikson als wichtig angesehene, aber nicht näher verfolgte Kategorie des Identitätsgefühls aufgegriffen, in ihrer Genese aus der Mutter-Kind-Interaktion heraus erklärt und ins Zentrum der psychosozialen Entwicklung gerückt.

Wie Bohleber in seiner Auseinandersetzung mit der neueren Säuglingsforschung gezeigt hat, wird dort von einem angeborenen[15], wenngleich „rudimentären Identitätsgefühl" ausgegangen (Bohleber 1992: 349), das der Entstehung des reflexiven Selbst zu Grunde liegt. Damit das Kleinkind ein Bewusstsein von sich selbst entwickeln könne, müsse ein Identitätsgefühl bereits existieren, „damit das Kind die Identität des Spiegelbildes mit sich selbst erschließen kann" (ebd.). Der erste Spiegel für das Kind ist seine Mutter. Die ersten Erfahrungen des Selbst liegen entsprechend in den „gegenseitig sich widerspiegelnden Interaktionssequenzen zwischen Mutter und Kind" (ebd.: 350). In der psychoanalytischen Literatur werden solche Spiegelungs-Interaktionen als „mirroring" beschrieben (ebd.). Indem die Mutter einen Gefühlszustand des Kindes zurückspiegelt, trägt sie dazu bei, dass das Kind seine eigene Affektivität kennenlernt und ein bis dato nur vage vorhandenes Selbstgefühl zu entwickeln beginnt.

> „Austauschprozesse, mirroring und die regulierende Aktivität der Mutter erzeugen zwischen dem zweiten und dem sechsten Monat ein prä-repräsentationales Kern-Selbstgefühl (vgl. Stern 1985), das kein kognitives Konstrukt ist, sondern ein Gefühl, das durch die Erfahrung des Interaktionsprozesses entsteht. Später ist dieses Kern-Selbstgefühl so unser eigenes geworden, dass wir annehmen, wir

---

14 In meiner Darstellung von Eriksons psychosozialem Entwicklungsmodell sollte das unmittelbar deutlich geworden sein, in der Beschreibung des Ansatzes von Marcia ist es dies vermutlich nicht. Deshalb sei angemerkt, dass Marcia seinen Begriff der Identitätsdiffusion ausdifferenziert und u.a. um das Konstrukt der „kulturell adaptiven Diffusion" erweitert hat. Damit will Marcia zeigen, „dass Identitätsentwicklung nicht einfach ein vorstrukturierter Ablauf ist, sondern dass dieser Prozess ganz wesentlich von der konkreten gesellschaftlichen Situation bestimmt ist" (Kraus/Mitzscherlich 1997: 162).

15 In Anlehnung an Emde meint Bohleber, „dass vor allem der *von Geburt an gleichbleibende* Affektausdruck (Freude, Ärger, Trauer etc.) unserem Selbst ein affektiv verankertes Kern-Identitätsgefühl ermögliche" (ebd.: 348; Herv.: R.G.).

hätten es immer gehabt. Damit entgeht uns, dass auch dieses Kern-Selbstgefühl eine Geschichte hat. In ihm steckt die regulierende Aktivität der Mutter" (Bohleber 1997: 104).

Die über die Mutter vermittelte Spiegelerfahrung wird später abgelöst durch reale Spiegelerfahrungen. Durch den Blick des Kindes in den Spiegel nimmt es sich zunächst als jemand anderes wahr, erkennt dann aber sich selbst im Spiegel (vgl. Lacan 1975). Das „mirroring" kann somit als Vorläufer späterer Reflexionsprozesse angesehen werden. Wichtig an dieser Stelle ist, dass der reflexiven Selbsterfahrung eine affektive Selbsterfahrung, die Daniel Stern als Kern-Selbstgefühl bezeichnet[16], entwicklungslogisch vorgängig ist[17]. Das Kern-Selbstgefühl ist, so Bohleber, die Grundlage des späteren Identitätsgefühls, insofern es dafür verantwortlich zeichnet, dass man sich ungeachtet aller biographischer Veränderungen über die Zeit hinweg als dieselbe Person wahrnimmt. Seinen Ursprung hat es in den Triebbefriedigungen und Verschmelzungserfahrungen[18] mit der Mutter.

> „Grundlegend für die Identität und das Identitätsgefühl ist das Empfinden von Kontinuität. Trotz aller Veränderungen bleiben wir doch immer dieselben. Dies wird durch ein gleich bleibendes ‚Kern-Gefühl' oder ‚Existenzgefühl' ermöglicht, das nur umschreibend und gänzlich unzureichend in Sprache zu fassen ist. Das Kern-Gefühl gründet in der vorsprachlichen Mutter-Kind-Beziehung" (Bohleber 1992: 357f.).

Neben der Funktion, dem Individuum seine biographische Identität zu (ver)sichern, hat das im Kern-Selbstgefühl wurzelnde Identitätsgefühl Bohleber zufolge vor allem eine regulative Funktion, die ich weiter unten als Spürsinn bezeichnen werde (vgl. Teil 2, Kap. 2.2.3):

> „Das Identitätsgefühl ist ein aktives inneres Regulationsprinzip. (...) Das Identitätsgefühl stellt eine übergeordnete Regulationsinstanz dar, die Handlungen und Erfahrungen daraufhin überprüft, ob sie zu einem passen, das heißt, ob sie in die zentralen Selbst-Repräsentanzen, die für das Identitätsgefühl den Bezugsrahmen abgeben, integrierbar sind" (ebd.: 361).

Als Hauptstrategien, die das Identitätsgefühl ‚wählt', um diese „Passungsarbeit" (vgl. Keupp et al. 1999) zu vollbringen, nennt Bohleber die „Verdrängung" unpassender Selbst-Repräsentanzen aus der Identität sowie die „Aktualisierung" bislang ausgegrenzter Selbst-Anteile (Bohleber 1992: 362).

Zusammenfassend lässt sich zur psychoanalytisch orientierten Säuglingsforschung sagen, dass der von ihr erbrachte empirische Nachweis der Genese des Identitätsgefühls für die sozialwissenschaftliche Identitätsforschung ein großer Gewinn ist. Die Kategorie des Identitätsgefühls taucht zwar immer wieder in den unter-

---

16 Neben dem Kern-Selbstgefühl unterscheidet Stern noch drei weitere Arten von Selbstgefühlen: das Gefühl eines auftauchenden Selbst, das Gefühl des subjektiven Selbst und das Gefühl des sprachlichen Selbst (Stern 1992; Bohleber 1997: 97).

17 Dies kann als empirische Widerlegung der Annahme George H. Meads verstanden werden, dass sich erst ein reflexives Selbst-Bewusstsein entwickelt haben müsse, damit eine leiblich-affektive Selbsterfahrung möglich sei (s.u., Kap. 2).

18 Zur Bedeutung von Verschmelzungserfahrungen für das Empfinden des eigenen Selbst siehe Erazo (1997).

schiedlichsten Identitätstheorien auf, mitunter sogar an zentraler Stelle, wurde und wird aber selten näher in den Blick genommen. Die Säuglingsforschung hat einen wichtigen Teil dazu beigetragen, dass dieser blinde Fleck der Identitätsforschung zumindest ansatzweise beseitigt worden ist. Indem sie die Affektivität der Selbsterfahrung thematisiert, hat sie zudem einen Aspekt der *Leiblichkeit* des Menschen in den Mittelpunkt gerückt. Diesen Vorzügen der Säuglingsforschung korrespondieren allerdings einige Nachteile. Zum einen muss sich die Säuglingsforschung einen Biologismus-Vorwurf gefallen lassen. Die Behauptung nämlich, das Selbstgefühl sei „angeboren" (s.o.), ist eben nicht mehr als eine Behauptung; empirisch begründet bzw. nachgewiesen wird diese Aussage jedenfalls nicht. Eng damit zusammen hängt eine substanzialistische Haltung: Die Ansicht, dass es ein *Kern*-Selbstgefühl gäbe, das obendrein „gleichbleibend" sei (s.o.), hört sich sehr nach einer anthropologischen bzw. biologisierenden Wesenszuschreibung an; auch hier wäre es angebracht, diese These empirisch zu begründen. Ein weiterer Vorwurf ist weniger der Säuglingsforschung als jenen Autoren zu machen, die sich hinsichtlich der Identitätsfrage auf deren Ergebnisse stützen. Denn der Säuglingsforschung vorzuwerfen, sie beschäftige sich lediglich mit der Identität von Säuglingen und nicht von Jugendlichen und Erwachsenen, ist natürlich viel zu billig. Hingegen muss sich jemand wie Bohleber die Frage gefallen lassen, ob sein Versuch, die Erkenntnisse der Säuglingsforschung auf die Identitätsbildung von Jugendlichen (Bohleber 1999) und Erwachsenen anzuwenden, überzeugend ist. Meiner Einschätzung nach ist er das nur bedingt. Bohlebers Transfer gleicht eher einer Postulierung denn einer überzeugenden Begründung, da er z.B. nicht erläutert, wie das Kern-Selbstgefühl des Säuglings ins Jugend- und Erwachsenenalter ‚hinübergerettet' wird; ebenso wenig führt Bohleber aus, wie eine Person mit Erschütterungen bzw. Verletzungen des Kern-Selbstgefühls umgeht (oder gibt es so etwas seiner Ansicht nach nicht?), oder wie ein Individuum es schafft, ein Identitätsgefühl aufzubauen, wenn es im Säuglingsalter – bspw., um auf Erikson zurückzukommen, auf Grund der nicht gelungenen Ausbildung eines Ur-Vertrauens – kein Kern-Selbstgefühl entwickelt hat. Trotz dieser Einschränkungen sind aber auch Bohlebers Ausführungen zum Identitätsgefühl, allen voran sein Hinweis auf die Sicherung der biographischen Identität durch das Identitätsgefühl, für die sozialwissenschaftliche Identitätsforschung durchaus ein Gewinn.

2. Identitätstheorien in der Tradition des symbolischen Interaktionismus

Eine zweite große Quelle sozialwissenschaftlicher Identitätstheorien stellt der symbolische Interaktionismus dar. Er unterscheidet sich von entwicklungspsychologischen (und auch von den noch darzustellenden sozialpsychologischen) Identitätskonzepten generell in der Hinsicht, dass hier das sozial situierte Wechselverhältnis von Individuum und Umwelt im Mittelpunkt steht. Das heißt, Identitätsbildung wird hier im Kontext sozialer Interaktionen untersucht[19]. Die folgende Auseinandersetzung mit symbolisch-interaktionistischen Identitätstheorien setzt an am ‚Klassiker' dieser Forschungstradition, George H. Mead, wird fortgesetzt mit dem Ansatz von Erving Goffman und führt zur Weiterentwicklung dieser Konzepte durch Lothar Krappmann und dem Integrationsversuch von Jürgen Habermas[20].

So, wie in der Identitätspsychologie Erik H. Erikson als der einflussreichste Autor gilt, mit dem man als sich als psychologische/r Identitätsforscher/in auseinander setzen muss, so gilt dies in der sozialpsychologischen und soziologischen Identitätsforschung für *George Herbert Mead*. Meads herausragendes Verdienst für die sozialwissenschaftliche Identitätsforschung ist es, aufgezeigt zu haben, dass sich die Genese des menschlichen Selbst[21] durch das Medium symbolisch vermittelter sozialer Interaktionen vollzieht. Das Selbst des Individuums entwickelt sich aus dem Zusammenspiel und der Integration gesellschaftlicher und individueller Komponenten („Me" und „I"), und dieses Zusammenspiel findet statt in sozialen, insbesondere sprachlich vermittelten Interaktionen. Diese Position ist heute ein Gemeinplatz, in den ersten Jahrzehnten des 20. Jahrhunderts, in denen Mead seine Identitätstheorie entwickelte, war es das ganz und gar nicht. Auf Grund des besonderen Stellenwerts von Meads Identitätstheorie werde ich sie zunächst in wenigen Zügen skizzieren (a), bevor ich untersuche, welche Rolle hierin Leib und Körper spielen (b).

(a) Mead beschäftigt sich mit dem Thema Identität bzw. Selbst aus einer behavioristisch[22] eingefärbten, sozialpsychologischen Perspektive. Als das entscheidende psychologische Problem des Selbst gilt Mead die Frage: „Wie kann ein Einzelner (erfahrungsgemäß) so aus sich heraustreten, dass er für sich selbst zum Objekt wird?" (Mead 1988: 180). Er beantwortet diese Frage auch sogleich, und zwar so-

---

19 Die Begrenzung auf soziale Interaktionen und damit die Vernachlässigung eines situationsübergreifenden, auf Dauerhaftigkeit und Struktur angelegten Identitätskonzepts im Rahmen des (‚klassischen') symbolischen Interaktionismus wurde vielfach kritisiert, inzwischen aber von einigen, sich der Tradition des symbolischen Interaktionismus verpflichtet fühlenden Autoren korrigiert (vgl. Hewitt 1989; Hage/Powers 1992). Interessant sind auch die Anwendungen des interaktionistischen Identitätskonzepts von Weigert et al. auf Geschlechter, pränatale und postmortale Identitäten (Weigert/Teitge/Teitge 1986), und von Joas, der dafür plädiert, Meads Ansatz (zusammen mit Eriksons) um die Aspekte Autonomie, Macht und Ausgrenzung zu erweitern (Joas 1996).

20 Habermas' Identitätskonzept in die Kategorie ‚Symbolischer Interaktionismus' zu platzieren, ist eigentlich nicht ganz richtig, da Habermas sich auch mit der kognitiven Entwicklungspsychologie und der Ich-Psychologie auseinander setzt (s.u.). Zur Rechtfertigung der hier vorgenommenen Einordnung sei angeführt, dass Habermas' Zugang zur Identitätsproblematik entscheidend durch seine Beschäftigung mit der Sozialphilosophie und –psychologie George H. Meads bestimmt ist (siehe hierzu auch Habermas 1981 Bd. I, 1988).

21 Ich werde im Weiteren den Terminus ‚Selbst' gebrauchen und nicht, wie in der deutschen Übersetzung von *Mind, Self and Society*, den Ausdruck ‚Identität', da es sich hierbei eindeutig um eine falsche Übersetzung handelt. Ebenso wie ich ‚Identität' durch ‚Selbst' ersetzen werde, werde ich dies für die beiden deutschen Ausdrücke ‚Ich' und ‚ICH' tun und sie, wie im Original, als ‚I' und ‚Me' bezeichnen.

22 Behavioristisch bezeichnet Mead seine Sozialpsychologie aus dem Grund, weil er mit einer „beobachtbaren Aktivität", dem sozialen Handeln, seine Analyse beginnt. Im Unterschied zum klassischen Behaviorismus eines James Watson nimmt er in seine Sozialpsychologie auch die inneren Erfahrungen des Individuums auf (ebd.: 46).

ziologisch: „(...) die Lösung ergibt sich dadurch, dass man sich an den gesellschaftlichen Verhaltensprozess hält, in den die jeweilige Person eingeschaltet ist" (ebd.). Zu einem Selbst entwickelt sich ein Individuum also dadurch, dass es „sich selbst zum Objekt wird". Diese Selbstdistanznahme oder Selbstreflexion ist keine bloß subjektive Angelegenheit des Individuums, sondern ist eingebettet in den gesellschaftlichen Rahmen, innerhalb dessen die Person lebt. Genauer gesagt findet die Selbstverobjektivierung, so Mead, auf der Basis *symbolisch vermittelter Interaktionen* statt. Als das für soziale Interaktionen wichtigste Symbol bezeichnet Mead die *Sprache*.

> „Für das Selbst-Bewusstsein ist es notwendig, dass die Person auf sich selbst reagiert. Dieses gesellschaftliche Verhalten liefert das Verhalten, in dem Identität auftritt. Außer dem sprachlichen kenne ich kein Verhalten, in dem der Einzelne sich selbst Objekt ist, und soweit ich sehen kann, ist der Einzelne solange kein Selbst im reflektiven Sinn, als er nicht sich selbst Objekt ist" (ebd.: 184).

Mead zufolge entwickelt sich das Selbst ausschließlich innerhalb eines kommunikativen Prozesses, der entwicklungslogisch zunächst die Übermittlung nicht-vokaler Gesten beinhalte, die im weiteren Sozialisationsverlauf durch vokale Gesten zunehmend ersetzt werden. Für die Selbst-Entwicklung seien gerade die vokalen Gesten besonders bedeutsam[23], und zwar vor allem dann, wenn sie zu einem *signifikanten Symbol* geworden sind. Zu einem signifikanten Symbol wird eine Geste, wenn sie auf das diese Geste ausführende Individuum die gleiche Wirkung ausübt (bzw. Bedeutung hat) wie auf das Individuum, an das die Geste gerichtet ist (ebd.: 85). Die hervorgehobene Stellung signifikanter Gesten für den Prozess der Identitätsbildung sieht Mead darin, dass sie einen effektiveren Anpassungsmechanismus in sozialen Handlungen darstellen als dies einfache, nicht-signifikante Gesten tun, da sie voraussetzen, dass jedes in einer sozialen Situation „tätige Individuum die Haltungen der anderen sich selbst gegenüber übernimmt" (ebd.: 86). Und hierfür eignen sich, wie gesagt, insbesondere vokale Gesten, weil man sich beim Sprechen selbst am besten wahrnehmen und damit auf die eigenen Reize so wie andere reagieren kann (ebd.: 105). Der Sinn vokaler Gesten (also Sprache) besteht somit darin, auf das Gesagte tendenziell so wie jene zu reagieren, an die das Gesagte adressiert ist.

Dass Sprache das entscheidende Medium der Herausbildung personaler Identität ist, liegt daran, dass nur sie Selbstreflexion ermöglicht. Ergänzend zur Sprache sieht Mead zwei weitere gesellschaftliche Voraussetzungen, unter denen sich das Selbst entwickelt: das *Spiel* und den *Wettkampf*. Das entscheidende gemeinsame Charakteristikum von Spiel und Wettkampf ist die *Übernahme der Haltungen anderer*, das so genannte „role taking". Im (nachahmenden) Spiel übe das Kind die Haltungen einer konkreten Person, die Mead als *signifikanten Anderen* bezeichnet, ein und übernehme sie damit. Im organisierten Spiel, dem Wettkampf, übernehme es hingegen die

---

23 Mead hebt kontinuierlich die Bedeutung vokaler, also sprachlicher Gesten für das Selbst hervor. Gleichzeitig verdeutlicht er seine diesbezüglichen Überlegungen immer wieder an Beispielen mit nicht-vokalen, d.h. körperlichen Gesten! Es erscheint mir überdies durchaus vorstellbar, sein Konzept vokaler Gesten auf körperliche Gesten zu übertragen.

Haltungen aller am Spiel[24] beteiligten Mitglieder, das heißt, die organisierten Haltungen der für es relevanten gesellschaftlichen Gruppe, die Mead den *generalisierten Anderen* nennt. Die Übernahme sowohl der Rollen des oder der signifikanten
wie des generalisierten Anderen erfolgt wiederum über die Sprache. Für die volle
Entwicklung der Identität, so Mead, sei insbesondere der verallgemeinerte Andere
entscheidend:

> „(...) nur insoweit er [der Einzelne; R.G.] die Haltungen der organisierten gesellschaftlichen Gruppe,
> zu der er gehört, gegenüber der organisierten, auf Zusammenarbeit beruhenden gesellschaftlichen
> Tätigkeiten, mit denen sich diese Gruppe befasst, annimmt, kann er eine vollständige Identität ent-
> wickeln und die, die er entwickelt hat, besitzen" (ebd.: 197).

Mit Hilfe der Unterscheidung zwischen Spiel und Wettkampf formuliert Mead sein
Stufenschema des Selbst. Eine andere Differenzierung wählt Mead, um die phasen-
spezifische Entwicklung personaler Identität aufzuzeigen: „I" und „Me" (ebd.: 216-
221). *Me* meint den *gesellschaftlichen* und *I* den *individuellen* Teil des Selbst, wobei
Me und I in einem wechselseitigen Abhängigkeitsverhältnis stehen und so erst das
Selbst ‚in toto' konstituieren. Als Sozialbehaviorist stellt sich Mead die Frage, wo
im Verhalten des Individuums das Individuelle (I) im Gegensatz zum Gesellschaftlichen (Me) zu finden sei. Sein Antwort hierauf:

> „Das I tritt nicht in das Rampenlicht; wir sprechen zu uns selbst, aber wir sehen uns nicht selbst. Das
> I reagiert auf das Selbst, das sich durch die Übernahme der Haltungen anderer entwickelt. Indem wir
> diese Haltungen übernehmen, führen wir das Me ein und reagieren darauf als ein I" (ebd.: 217). „Das
> I ist die Reaktion des Organismus auf die Haltungen anderer; das Me ist die organisierte Gruppe von
> Haltungen anderer, die man selbst einnimmt. Die Haltungen der anderen bilden das organisierte Me,
> und man reagiert darauf als ein I" (ebd.: 218).

Man kann sagen, das Me repräsentiert den konventionellen, gewohnheitsmäßigen,
sozialen Teil der Identität, jenen, den man mit den anderen Gesellschaftsmitgliedern
gemein hat, während das I den spontanen, kreativen, individuellen Teil der Identität
ausmacht. Kein Selbst besteht nur aus I oder Me, sondern I und Me zusammen bilden die ‚komplette' Identität einer Person.

(b) Meads interaktionistisches Identitätsmodell, in dessen Zentrum Sprache und
Bewusstsein stehen, hat neben vielen Vorzügen eine entscheidende Schwachstelle:
Es schließt den Körper und vor allem den Leib aus dem Prozess der Identitätsbildung *kategorial* aus. Der Körper wird von Mead zwar immer wieder thematisiert,
doch räumt ihm Mead keinerlei konstitutive Bedeutung für die Genese und Aufrechterhaltung des Selbst ein. Dies hat damit zu tun, dass Mead zwischen Körper,

---

24 Mead untersucht die Entwicklung der Identität zwar am Kind, bringt selbst aber immer wieder Beispiele von Erwachsenen, wo er den Unterschied zwischen diesen beiden Spielarten aufzeigt. Insofern
handelt es sich um einen Spiel-Begriff, der mit dem von Wittgenstein durchaus vergleichbar ist (vgl.
z.B. Habermas 1981, Bd. I: 39ff.). Auch für Mead sind Regeln wesentlich für die Organisation des
(agonistischen) Spiels. So meint er, dass es im Wettspiel Reaktionen der an diesem Spiel beteiligten
Akteure gibt, „die so organisiert sind, dass die Haltung des einen Spielers die passende Haltung des
anderen auslöst. Diese Organisation [der Reaktionen bzw. Haltungen, R.G.] ist in der Form von
Spielregeln niedergelegt" (ebd.: 194).

den er meist mit Organismus gleichsetzt, und Selbst eine klare Trennung vornimmt. „Dieser scharfe Schnitt zwischen Organismus und Selbst erklärt sich daraus, dass das entwickelte Selbst ‚reflexiv‘ ist: es ist, wie Mead sich ausdrückt (...), ‚an object *to itself*‘" (Nagel 1998: 93; Herv. im Orig.). So kann Mead denn auch sagen, dass „der physiologische Organismus (..) für sie [die Identität bzw. das Selbst, R.G.] zwar von entscheidender Bedeutung (ist), doch können wir uns ein Selbst ohne einen solchen zumindest vorstellen" (Mead 1988: 181f.). Entscheidend ist der Organismus für das Selbst zwar in der Hinsicht, dass nur lebende Menschen ein Selbst entwickeln können. Ein körperloses Selbst ist für Mead aber dennoch vorstellbar – in der zitierten Passage verweist er auf Menschen, denen es durch Meditation gelingt, sich von ihrem Körper zu trennen –, da für die Genese des Selbst, wie oben dargelegt, allein der reflexive Akt der Selbstdistanzierung konstitutiv sei. Dies erscheint mir als eine axiomatische Setzung, durch die Mead eine mögliche Identitätsrelevanz von Leib und Körper von vornherein kategorial ausschließt. Ob dieses Axiom gerechtfertigt ist, kann – wie diese Arbeit zeigen soll – jedoch bezweifelt werden.

Die Differenz, die Mead zwischen Selbst und Körper zieht, lässt sich auch an seinem Begriff des Bewusstseins festmachen, den er, wenngleich in unterschiedlicher Weise, sowohl auf das Selbst als auch auf den Körper bezieht. So impliziere das *Selbst*-Bewusstsein das Denken bzw. eine „reflektive Intelligenz" (ebd.: 207), das *Körper*-Bewusstsein – im Sinne von Körper-Erfahrung, Körper-Empfindung – jedoch nicht. Genauer meint Mead damit, dass es sinnliche und emotionale Erfahrungen geben könne, die keinen Einfluss auf das Selbst haben bzw. in keinem Zusammenhang mit ihm stehen (ebd.: 208f.). Dass leiblich-affektive Erfahrungen mitunter keinen Einfluss auf das Selbst haben, ist womöglich richtig; dass sie jedoch in keinem Zusammenhang mit dem Selbst stehen und kein reflexives Moment enthalten sollten, erscheint hingegen äußerst fragwürdig. Meines Erachtens kann Mead zu dieser Annahme nur auf Grund seines sehr spezifischen, reduktionistischen Verständnisses von Körper kommen. Körper meint bei Mead entweder Organismus oder, wie es in der Phänomenologie heißt, Körperding (vgl. z.B. Waldenfels 2000: 22ff.). Das zeigt sich z.B. daran, dass er den Körper als Objekt bezeichnet, das, wie andere Objekte auch, in der „Außenwelt" des Individuums ‚zu Hause‘ sei, weshalb es auch möglich sei, dass ein Individuum Körperteile verliert, ohne dass dies für deren Identität von Bedeutung sein müsse (Mead 1988: 178f.) – eine, wie ich finde, zumindest fragwürdige These. Mead kann diese These nur vertreten, weil er den Körper als Körperding und nicht auch als *Leibkörper bzw. Leib* auffasst. Als Leib unterscheidet sich der Körper des Menschen vom bloßen Körperding nämlich u.a. durch das Merkmal der „Doppelempfindung" und insofern durch ein reflexives Moment; es gibt, wie Waldenfels sagt, im Phänomen der Doppelempfindung „einen *Selbstbezug* (..) bis in die Sinnlichkeit hinein" (ebd.: 36; Herv. im Orig.)[25]. Als Leib-

---

25 Waldenfels spricht in Anlehnung an Husserl vom Leib und dessen Merkmal der „Doppelempfindung" auch davon, dass es hierbei zu einer „Art Reflexion in der Leiblichkeit" komme, kurz: zu einer „leiblichen Reflexion" (Waldenfels 2000: 36). Im Schlusskapitel dieser Arbeit (Teil 4, Kap. 3) werde ich ein Konzept von *reflexiver Leiblichkeit* vorstellen, allerdings weniger im Sinne Waldenfels‘, dafür mehr im Sinne einer reflexiv-leiblichen Intelligenz, wie es sie bei Mead gerade nicht gibt.

körper ist dem Körper ein reflexives, bewusstseinsmäßiges Moment immanent, wodurch der Gegensatz zwischen Körper und Geist/Selbst aufgehoben ist. Mead hingegen postuliert eine klare Entgegensetzung von Selbst- und Körperbewusstsein:

> „Unsere Körper sind Teil unserer Umwelt. Es ist für den Einzelnen möglich, die Realität seines Körpers und körperlicher Empfindungen zu erfahren und sich ihrer bewusst zu werden, ohne sich seiner selbst bewusst zu werden – in anderen Worten, ohne die Haltung der anderen sich selbst gegenüber einzunehmen" (ebd.: 214).

Dieses Argument Meads, sich seines Körper bewusst zu werden bliebe ohne Einfluss auf das eigene Selbstbewusstsein, ist unzutreffend, wenn man den Körper nicht bloß als Körperding versteht, sondern als Leib. Aber auch unter dem Gesichtspunkt, dass Mead mit Bewusstsein meint, „die Haltung der anderen sich selbst gegenüber einzunehmen", scheint diese Annahme wenig plausibel. Beispielsweise kann es die körperliche Selbstwahrnehmung ‚zu dick', ‚zu groß', ‚zu unattraktiv' zu sein ja nur deshalb geben, weil es ein gesellschaftlich normiertes und in Diskursen (re)produziertes Körperideal gibt, das vorgibt, wie dick oder wie groß man sein darf bzw. soll, wer oder was unattraktiv ist usw.. Sich als zu dick zu empfinden ist nur in Relation zu den organisierten Haltungen der anderen Individuen, mit denen zusammen man eine Gesellschaft/Kultur teilt, möglich.

Damit der Körper für die eigene Identität von Bedeutung wird, muss Mead zufolge ein Kriterium erfüllt sein: Erst müsse sich ein Selbst entwickelt haben, damit leibliche Empfindungen und Erfahrungen in das Selbst ‚eingehen' können:

> „Bis zum Auftreten eines Selbst-Bewusstseins im gesellschaftlichen Erfahrungsprozess erfährt der Einzelne seinen Körper – dessen[26] Gefühle und Empfindungen – nur als unmittelbaren Teil seiner Umwelt, nicht als zu ihm gehörig, nicht im Rahmen eines Selbst-Bewusstseins. Erst wenn sich Selbst und sein Bewusstsein entwickelt haben, können diese Erfahrungen eindeutig mit dem Selbst verknüpft oder diesem zugeschrieben werden. Um dieses Erbe der Erfahrung antreten zu können, muss sich das Selbst zunächst einmal innerhalb des gesellschaftlichen Prozesses, aus dem es sich ableitet, entwickelt haben" (ebd.: 215).

Sollte damit wirklich gemeint sein, dass ohne Selbst keine leiblichen Empfindungen als zu einem selbst zugehörig wahrgenommen werden können? Wie die jüngere Säuglingsforschung gezeigt hat (siehe Kap. 1), scheint das genaue Gegenteil der Fall zu sein: Dem reflexiven Selbst geht entwicklungslogisch ein leibliches Empfinden des eigenen Selbst, ein rudimentäres Identitätsgefühl, voraus. In diesem Sinne lässt sich die „primäre Identität" von Säuglingen auch als ausschließlich leibhaft bezeichnen (vgl. Habermas 1976a).

Eine explizit identitätsrelevante Funktion spricht Mead dem Körper nur an sehr wenigen Stellen zu, ohne darauf besonders einzugehen. Der Körper sei insofern für das Selbst einer Person relevant, als es dem Individuum durch *„körperliche Erinnerungen"* möglich sei, sich mit sich selbst zu identifizieren (Mead 1988: 185). Mit Hilfe körperlicher Erinnerungen sei es möglich, Erfahrungen aus der Vergangenheit

---

26 sic! Gefühle und Empfindungen gehören zum Körper („dessen") und nicht zur Person.

in eine einheitliche Körpergeschichte zu integrieren und so ein Identitätsgefühl zu entwickeln. Dem ist uneingeschränkt zuzustimmen (vgl. hierzu Teil 2, Kap. 2.2.4 und Teil 3, Kap. 5.4.4). Aber, wie gesagt, Mead führt diesen von ihm selbst aufgeworfenen Gedanken nicht näher aus. Leibliche Erfahrungen, Körpergeschichte oder das leibliche Selbst sind sein Thema nicht. Wenn Mead den Körper in Hinblick auf die Selbstentwicklung thematisiert, dann vor allem in der Weise, dass die Konstitution des Selbst im Biologischen bzw. Organischen wurzelt, oder in der Form nonvokaler Gesten; im Wesentlichen aber konzipiert er die Genese des Selbst als einen Prozess, der auf den antizipierten Übernahmen der Erwartungshaltungen Anderer basiert. Da Mead in seinem Identitätskonzept der unmittelbaren Gegebenheit und Erfahrbarkeit des Leibes keinen Platz einräumt, erscheint es als sozial-kognitiv verengt. Das Selbst setzt Mead, wie das abschließende Zitat noch einmal verdeutlichen soll, letztendlich mit einer gesellschaftlich bedingten, sprachlich vermittelten Denk- oder Geistesleistung gleich:

> „Selbst-Bewusstsein liefert im Gegensatz zur affektiven Erfahrung mit ihren motorischen Begleiterscheinungen den Kern und die primäre Struktur des Selbst, das daher vielmehr ein kognitives als ein emotionales Phänomen ist. Das Denken oder der intellektuelle Prozess (...) ist die früheste Erfahrungsphase in der Genesis und Entwicklung des Selbst. (...) Das Wesen des Selbst ist (...) kognitiv. Es liegt in der nach innen verlegten Übermittlung von Gesten, die das Denken ausmacht oder in deren Rahmen Denken oder Reflexion abläuft. Daher ist der Ursprung und die Grundlage des Selbst ebenso wie die des Denkens gesellschaftlicher Natur" (ebd.: 216).

Neben George H. Mead kann *Erving Goffman* als einer der für die interaktionistische Identitätstheorien einflussreichsten Autoren gelten. Dabei hat Goffman einen gänzlich anderen Zugang zur Identitätsthematik als Mead: Während Mead explizit die Genese des Selbst vom Kleinkind bis zum Erwachsenen untersucht und dabei die entscheidende Rolle symbolisch vermittelter Interaktionen in den Blick nimmt, setzt Goffman umgekehrt an sozialen Interaktionen an, vor allem an der Rolle des Körpers der Akteure in sozialen Situationen, und kommt über diesen ‚Umweg‘ zur Identitätsthematik. Der unterschiedliche Zugang verweist bereits auf einen wichtigen Aspekt, der bei vielen AutorInnen, die sich mit Goffmans Identitätskonzept beschäftigen, immer wieder übersehen wird: Goffman befasst sich mit der Identität von Individuen aus einer *Außenperspektive*, und nicht, wie bspw. Mead oder psychologische Identitätstheoretiker, aus einer Innenperspektive[27]. Diese Außenperspektive ist der Hauptgrund, weshalb Goffman für die vorliegende Arbeit nur eine Nebenrolle spielt, da es hier primär um die Innenperspektive des Individuums geht. Dass Goffman sich mit der Identität aus einer Außenperspektive auseinander setzt, ist selbstverständlich legitim und hier auch nicht als Kritik gemeint.

Für die sozialwissenschaftliche Identitätstheorie ist Goffman insbesondere wegen seiner begrifflichen Differenzierung zwischen *persönlicher* und *sozialer Identität* von Bedeutung. So wird unter Rückgriff auf Goffman (1975) mit persönlicher bzw. personaler Identität häufig die biographisch-vertikale Identitätsdimension be-

---

27 Auf diese Missinterpretation Goffmans weist bspw. auch Nunner-Winkler (1985: 468, Anm. 3) hin.

zeichnet, das heißt, die Sicherung der lebensgeschichtlichen *Kontinuität*, während mit sozialer Identität der sozial-horizontale Identitätsaspekt thematisiert wird, nämlich die Leistung des Individuums, trotz der Zugehörigkeit zu verschiedenen, mitunter unvereinbaren Rollenkontexten eine *konsistente*, einheitliche Person zu bleiben (vgl. Belgrad 1992: 66ff.). Dass sich dieses Verständnis von persönlicher und sozialer Identität nicht exakt mit jenem von Goffman deckt, was mit dem Unterschied von Innen- und Außenperspektive zu tun hat, wurde und wird oftmals nicht gesehen. Vermutlich hat das mit dem zweifelsohne hohen heuristischen Wert dieser beiden Termini zu tun.

Soziale Identität ist bei Goffman im Zusammenhang mit sozialen Institutionen zu sehen, die normalerweise einen bestimmten Typus von Menschen umfassen, dem auf Grund einer gewissen Regel- und Routinehaftigkeit in diesen Institutionen auch bestimmte, kennzeichenhafte Begriffe, Vorstellungen oder Images zugewiesen werden können, so dass die soziale Identifizierung von Personen ein Leichtes ist: „Wenn ein Fremder uns vor Augen tritt, dürfte uns der erste Anblick befähigen, seine Kategorie und seine Eigenschaften, seine ‚soziale Identität' zu antizipieren – um einen Terminus zu gebrauchen, der besser ist als ‚sozialer Status', weil persönliche Charaktereigenschaften wie zum Beispiel ‚Ehrenhaftigkeit' ebenso einbezogen sind wie strukturelle Merkmale von Art des ‚Berufs'" (Goffman 1975: 10). Soziale Identität[28] meint bei Goffman damit die Subsumtion von Personen unter Kategorien, die Zuschreibung von typischen Eigenschaftskombinationen, und ist daher mit *sozialer Identifizierung* gleichzusetzen. Analog hierzu versteht er *persönliche Identität* als *persönliche Identifizierung* und Unterscheidbarkeit, bzw. als das „Erkennen und Wiedererkennen der einzelnen Personen, kurz: ihre Einzigartigkeit" (Reck 1981: 14). Goffman selbst spricht von persönlicher Identität als

„positive Kennzeichen oder Identitätsaufhänger und die einzigartige Kombination von Daten der Lebensgeschichte, die mit Hilfe dieser Identitätsaufhänger an dem Individuum festgemacht wird. Persönliche Identität hat folglich mit der Annahme zu tun, dass das Individuum von allen anderen differenziert werden kann und dass rings um dies Mittel der Differenzierung eine einzige kontinuierliche Liste sozialer Fakten festgemacht werden kann, herumgewickelt wie Zuckerwatte, was dann die klebrige Substanz ergibt, an der noch andere biographische Fakten festgemacht werden können" (1975: 74).

Soziale wie auch persönliche Identität sind für Goffman letztlich Kategorien, die einer Person von anderen zugewiesen werden: Kennt man die betreffende Person und kann sie somit persönlich identifizieren, weist man ihr eine persönliche Identität zu, ist sie hingegen persönlich unbekannt, kann man sie immer noch sozial kategorisieren, ihr also eine soziale Identität zuschreiben.

---

28 Nach Goffman lässt sich soziale Identität differenzieren in „*virtuale*" und „*aktuale*" soziale Identität, je nachdem, ob es um den „Charakter" geht, der einem Individuum auf Grund der normativen Erwartungen, die aus den Antizipationen hervorgegangen sind, zugeschrieben wird, oder um jene „Kategorie" und „Attribute, deren Besitz dem Individuum tatsächlich bewiesen werden konnte" (ebd.; siehe auch Daniel 1981: 187f. und Reck 1981: 12f.).

Dass für Goffmann die Außenperspektive, also die Zuschreibung einer Identität durch andere, entscheidend ist, lässt sich auch daran erkennen, dass er den Techniken und Taktiken der Selbstdarstellung, Fassadenarbeit oder Imagepflege, die das Individuum auf der Bühne des Alltags immer wieder anzuwenden habe, große Aufmerksamkeit schenkt (z.B. Goffman 1980, 1983; vgl. Daniel 1981: 189f.). Eine entscheidende Rolle bei diesen Identitätstechniken weist er dabei dem Körper zu. Der Körper ist bei Goffman das prädestinierte Medium für gezielte „Identitätsarbeit" (Cohen/Taylor 1977), um in sozialen Interaktionen den intendierten Effekt zu erreichen. Goffman hat sich in zahlreichen seiner Arbeiten diesem dramaturgischen Identitätspotenzial des Körpers gewidmet. So hat er in seiner Studie über stigmatisierte Personen und deren „Techniken der Bewältigung beschädigter Identität" (Goffman 1975) gezeigt, dass der körperlichen Präsentation und Inszenierung in sozialen Situationen eine wichtige Rolle in der Fremdidentifikation zukommt. Stigmatisierte Personen haben, so Goffman, permanentes „Stigma-Management" zu betreiben, um die gewünschte soziale Anerkennung zu erhalten. Dabei sei das Stigma-Management gerade für die persönliche Identität von Relevanz, insofern „das ganze Problem des Managements eines Stigmas von der Frage beeinflusst (ist), ob die stigmatisierte Person uns persönlich bekannt ist oder nicht" (ebd.: 73). Sein primäres Anliegen in *Stigma* war es jedoch zu zeigen, dass nicht nur körperlich stigmatisierte Personen permanentes „Identitäts-Management" betreiben müssen, damit ihnen die für die Identität wichtige soziale Anerkennung zuteil wird, sondern dass dies auch für jede nicht-stigmatisierte Person gelte. Dies habe damit zu tun, dass soziale Anerkennung am ehesten der erhält, der sich den gesellschaftlichen „Identitätsnormen" – den an bestimmte soziale Rollen gebundenen normativen Erwartungen – gemäß verhält (ebd.: 160f.). Da es oftmals jedoch sehr schwierig ist, den (impliziten) Erwartungen an die zugeschriebene „virtuale soziale Identität" (ebd.: 11) zu entsprechen, muss der Einzelne immer wieder auf Identitätstechniken zurückgreifen (z.B. Täuschungsmanöver), um zumindest „Schein-Akzeptanz" zu erhalten (ebd.: 152).

Goffmans Arbeiten zur Bedeutung des Körpers für persönliche und soziale Identitätszuschreibungen sind ohne Zweifel höchst instruktiv. Sie haben für die hier anvisierte Identitätstheorie nur einen Makel: So sehr sich Goffman mit dem gegenständlichen, sichtbaren Körper und seiner Relevanz für Fremdidentifikationen beschäftigt, so sehr vernachlässigt er den Leib und dessen Identitätsrelevanz. Leiberfahrungen und Identität aus der Innenperspektive waren sein Thema nicht. Das zeigt sich nicht zuletzt daran, dass er neben der persönlichen und sozialen Identität zwar auch noch von der „Ich-Identität" spricht, womit er – in Anlehnung an Erikson – das „subjektive Empfinden" eines Individuums von „seiner eigenen Situation und seiner eigenen Kontinuität und Eigenart" (ebd.: 132) meint, sich aber weder mit der Ich-Identität noch mit der Leiblichkeit des „subjektiven Identitäts-Empfindens" an irgendeiner Stelle beschäftigt. Identität und Körper sind für ihn Kategorien, die er aus einer rein sozialen (bzw. soziologistischen) Perspektive behandelt.

Auf der Grundlage der Identitätstheorien von Mead und Goffman (und weiteren amerikanischen Identitätsforschern) hat *Lothar Krappmann* einen für die interaktionistische Identitätsforschung wichtigen Integrationsversuch unternommen (Krappmann 1969)[29]. Krappmanns zentrales Interesse galt dabei der Frage, welche Identitätsarbeit ein Individuum in einer sozialen Interaktion zu leisten habe, um diese Interaktion aufrechtzuerhalten. Insofern liegt sein Ansatz näher an Goffman als an Mead, da es ihm primär um Interaktionsprozesse und den strukturellen Bedingungen geht, die diese am Laufen halten. Eine dieser strukturellen Bedingungen sieht Krappmann in der Aufgabe des Individuums, seine Identität (v.a. sprachlich) darzustellen. Die Wahrung und Präsentation der individuellen Identität sei die Bedingung für eine „erfolgreiche soziale Interaktion" (ebd. 10). Dabei müsse das Individuum seine Identitäts- und damit Interaktionsstrategien zwar entsprechend den strukturellen Bedingungen der Interaktion wählen (ebd.: 15), könne sich aber und müsse sich auch den strukturellen Zwängen entziehen, weil es sonst seine persönliche Identität (im Sinne von Einzigartigkeit, Individualität) verlöre. Die Strategie, die das Individuum in sozialen Interaktionen zu wählen habe, um seine Identität zu wahren, nennt Krappmann „*Identitätsbalance*". Diesen Balanceakt habe es dabei in dreierlei Hinsichten zu leisten: Zum einen müsse das Individuum seine *soziale Identität* balancieren, indem es zwischen den unterschiedlichen Rollenerwartungen, mit denen es zu einer bestimmten Zeit auf Grund seiner Teilhabe an verschiedenen sozialen Kontexten konfrontiert ist, einen Ausgleich herstellt. Die Lösung dieses Identitätsproblems bezeichnet Krappmann im Anschluss an Goffman als Herstellung einer „Scheinnormalität" („phantom normalcy"), welche darin besteht, „dass das Individuum durch seine ‚als-ob'-Übernahme angesonnener Erwartungen mehr von sich ausdrückt, als die gerade aktuelle Interaktionssituation verlangt". Dadurch eröffnet diese als-ob-Handlung „dem Individuum die Chance, in den nebeneinander stehenden Interaktionsprozessen als dasselbe aufzutreten beziehungsweise wiedererkennbar zu sein" (ebd.: 74). Eine Identitätsbalance habe das Individuum zum Zweiten auch hinsichtlich seiner *persönlichen Identität* herzustellen. In der vertikalen bzw. zeitlichen Identitätsdimension stehe der Einzelne, so Krappmann, vor der Frage, „wie er seinen Lebenslauf als kontinuierlich zu interpretieren und darzustellen vermag, obwohl er in verschiedenen Lebensphasen auf sehr unterschiedliche Art versucht hat, die Balance einer Ich-Identität aufrechtzuerhalten" (ebd.: 75). Auch diese Frage beantwortet das Individuum durch eine als-ob-Strategie, nämlich durch die Präsentation einer, wie Krappmann in Anlehnung an Habermas sagt, „Schein-Einzigartigkeit" („phantom uniqueness"). Diese Strategie ermöglicht es dem Einzelnen, in Interaktionen „Einzigartigkeit und Kontinuität zu wahren und doch wandlungsfähig zu bleiben" (ebd.: 78). Schließlich habe das Individuum – zum Dritten – eine Balance zwischen sozialer und persönlicher Identität herzustellen. Resultat dieser Identitätsbalance ist die *Ich-Identität*.

> „Der vom Individuum verlangte Balanceakt ist also eine Leistung, die zwei Dimensionen der Handlungsorientierung zu berücksichtigen hat: ein Ausgleich zwischen den divergierenden Erwartungen der Beteiligten muss sowohl in der gleichsam horizontalen Dimension der ‚social identity' und ‚phantom normalcy' als auch in der vertikalen Zeitdimension von ‚personal identity' und ‚phantom

---

29 Inzwischen hat sich Krappmann in seiner Beschäftigung mit der personalen Identität von den amerikanischen Interaktionisten eher weg- und zu Erikson hingewandt (vgl. Krappmann 1997).

uniqueness' erreicht werden, wobei *die Balance in jeder der Dimensionen durch die, die in der anderen eingenommen werden muss, mitbestimmt wird. Diese Balance aufrechtzuerhalten, ist die Bedingung für Ich-Identität.* Ich-Identität wird dem Individuum zuerkannt, das gerade unter Ausnutzung der Identitätsnormen der anderen und im Medium gemeinsamer Symbolsysteme seine besondere Indi̇vidualität festhalten kann" (ebd.:79; Herv.: R.G.).

Das Identitätsmodell von Krappmann, in dessen Mittelpunkt das Konzept der „Identitätsbalance"[30] steht und das er in großer Nähe zu Mead und Goffman entwickelt hat, erscheint gerade im Vergleich zu diesen beiden Autoren als kognitivistische Zuspitzung. Während bei Mead und Goffman der Körper hinsichtlich der Identitätsfrage zumindest thematisiert wurde, ohne eine kategoriale Bedeutung zu erhalten, ist bei Krappmann der Körper nicht mal mehr ein Thema. Persönliche, soziale und Ich-Identität gewinnt das Individuum, indem es die eben dargestellten Balanceleistungen vollbringt. Dazu bedarf es kognitiver Fähigkeiten (z.B. zur Organisation biographischer Erfahrungen in eine konsistente Lebensgeschichte) und einer Sprachkompetenz[31]. Dass aber gerade in sozialen Interaktionen, auf die allein Krappmann die Identitätskonstruktion beschränkt, Leib und Körper eine bedeutsame Rolle spielen, wird von ihm nicht angesprochen. Unter den interaktionistischen Identitätstheoretikern befindet sich Krappmann damit allerdings in guter Gesellschaft.

So zählt bspw. auch *Jürgen Habermas* zu jenen Autoren, die sich aus einer soziologischen Perspektive mit der Frage der personalen Identität beschäftigen und dabei Leib und Körper im Großen und Ganzen ignoriert haben. Habermas' Identitätskonzept verdient dabei besondere Aufmerksamkeit, weil es als eines der am differenziertesten ausgearbeiteten und profiliertesten Identitätsmodelle angesehen werden kann. Habermas integriert hierin nämlich die „drei verschiedenen Theorietraditionen" zum Identitätsbegriff (Habermas 1976b: 67) – analytische Ich-Psychologie, kognitivistische Entwicklungspsychologie, symbolischer Interaktionismus – zu einer umfassenden, „erklärungskräftigen Entwicklungstheorie" der Identität (ebd.: 69). Genauer gesagt, formuliert er drei Stufen der Identitätsbildung, „über die das Kind in die allgemeinen Strukturen des kommunikativen Handelns hineinwächst" (ebd.: 79).

Die Konzeption der ersten Identitätsstufe scheint zunächst der Behauptung, Habermas ignoriere Leib und Körper, zu widersprechen. Habermas bezeichnet sie in Anlehnung an Plessner als *„natürliche Identität"* (Habermas 1976a: 23), die sich in der Vorschulphase entwickle, und in der das Kind lerne, zwischen sich (als Leib) und seiner Umwelt zu differenzieren.

---

30 Das Konzept der „Identitätsbalance" wird inzwischen stark kritisiert. Manchen Autoren gilt es als ‚typisch' modernes Identitätsmodell, das unter den gesellschaftlichen Bedingungen der Spät- oder Postmoderne nicht mehr zeitgemäß sei. So bezweifelt z.B. Helsper, „ob die Bestimmung, dass Ich-Identität und damit Autonomie und Kohärenz wesentliche Voraussetzung gesellschaftlicher Interaktion sind, historisch noch zutrifft" (Helsper 1989: 78; zur Kritik an Krappmann siehe auch Bolay/Trieb 1988: 156ff. und Reck 1981: 134ff.).

31 Die besondere Bedeutung, die Krappmann der Sprache bzw. sprachlichen Darstellungen zuweist, resultiert daraus, dass „vor allem im Medium verbaler Kommunikation (...) die Diskussion der Situationsinterpretationen und die Auseinandersetzung über gegenseitige Erwartungen zwischen Interaktionspartnern" statt(findet), in der diese Identität sich zu behaupten sucht" (ebd.: 12).

„Indem das Kind lernt, seinen Leib von der noch nicht nach physischen und sozialen Objekten unterschiedlichen Umgebung abzugrenzen, gewinnt es eine, wie wir sagen können, ‚natürliche' Identität, die sich dem zeitüberwindenden Charakter eines grenzerhaltenden Organismus' verdankt" (Habermas 1976c: 94).

Diese Abgrenzung von der Umwelt erfolge noch nicht objektiv; sie ist in dieser Phase noch ausschließlich an die egozentrische Sichtweise des Kindes gebunden: „(...) das Kind kann Situationen nicht unabhängig von seinem eigenen Standpunkt wahrnehmen, verstehen und beurteilen: es denkt und handelt aus leibgebundener Perspektive" (1976a: 15). Das Kind ist, so Habermas, auf dieser Stufe zwar noch kein Subjekt, auf Grund seiner Körpergebundenheit besitze es aber eine (erste) Identität; es ist in diesem Stadium mit seinem Körper (bzw. Organismus) identisch.

Nimmt der Körper auf dieser ersten Stufe der Identitätsbildung noch eine zentrale Position ein, so verschwindet er in Habermas' Konzept auf den nachfolgenden Stufen vollkommen. So wird auf der zweiten Stufe

„(...) die Identität von der körperlichen Erscheinung abgelöst. In dem Maße wie sich das Kind die symbolischen Allgemeinheiten weniger fundamentaler Rollen seiner Familienumgebung und später die Handlungsnormen erweiterter Gruppen einverleibt, wird seine natürliche Identität durch eine symbolisch gestützte *Rollenidentität* überformt" (Habermas 1976b: 79; Herv.: R.G.).

Ab dem siebten Lebensjahr ungefähr lerne das Kind, sich der Perspektivität des eigenen Standpunkts bewusst zu werden, Bezugspersonen und sich selbst als Rollenträger zu verstehen und so in vollständige Interaktionen, das heißt, in ein „vollständig reziprokes" Verhältnis mit anderen Personen (ebd.: 82) einzutreten. Mit der Adoleszenzphase, der dritten Stufe der Identitätsbildung, zerbricht dann diese Rollenidentität, da der Jugendliche lernt, zwischen Normen einerseits und andererseits allgemeinen Grundsätzen bzw. Prinzipien, nach denen Normen erzeugt werden, zu unterscheiden. Weil der Jugendliche die Fähigkeit erwirbt zu urteilen,

„muss er sein Ich hinter die Linie aller besonderen Normen und Rollen zurücknehmen und einzig über die abstrakte Fähigkeit stabilisieren, sich in beliebigen Situationen als jemand glaubwürdig darzustellen, der auch angesichts unvereinbarer Rollenerwartungen und im Durchgang durch eine Folge widersprüchlicher Lebensabschnitte den Forderungen nach Konsistenz genügen kann. Die Rollenidentität wird durch *Ich-Identität* abgelöst; die Akteure begegnen sich, sozusagen durch ihre objektiven Lebenszusammenhänge hindurch, als Individuen" (ebd.: 80; Herv.: R.G.).

Ich-Identität lässt sich also dadurch entwickeln und aufrechterhalten, dass man übergeordnete Prinzipien verinnerlicht und flexibel anwendet, wobei diese Prinzipien bei Habermas einer „universalistischen Moral" (Habermas 1976c: 96) entsprechen[32]. Erst auf dieser Stufe ist „Autonomisierung und zugleich Individuierung" möglich, was meint, mit sich identisch zu sein trotz des „paradoxen Verhältnisses", mit allen anderen Personen absolut gleich und gleichzeitig von ihnen absolut verschieden zu sein (ebd.: 95).

---

32 Siehe hierzu auch die Arbeiten der ehemaligen Habermas-Mitarbeiter Rainer Döbert und Gertrud Nunner-Winkler (Döbert/Nunner-Winkler 1975; Döbert/Habermas/Nunner-Winkler 1980)

Die kurzen Ausführungen zur dreistufigen Identitätstheorie von Habermas sollten deutlich gemacht haben, dass außer auf der Stufe der „natürlichen Identität" dem Körper keine identitätsrelevante Funktion beigemessen wird. Dies gilt selbst dann, wenn man Habermas' Erweiterung seines vorrangig an kognitiven Leistungen orientierten Begriffs der Ich-Identität um eine „motivationale Seite" (Habermas 1976b: 85) in Rechnung stellt. Diese konzeptionelle Erweiterung der Ich-Identität um die „innere Natur" (ebd.: 88), das heißt, um Triebe und Bedürfnisse, kann nur schwerlich als Hereinnahme des Körpers in die Identitätstheorie bezeichnet werden, da es sich bei der „inneren Natur" immer schon um eine „kommunikativ verflüssigte" Natur (ebd.) handelt. Triebe und Bedürfnisse – nebenbei: ein sehr restringiertes Verständnis von Körper – finden bei Habermas nur insofern Aufnahme in sein Modell, als sie „sprachfähig" und „transparent" gemacht werden, das heißt, in den Diskurs miteinfließen können. Im kommunikativen Handeln und in Diskursen geht es nun aber vor allem um die Verarbeitung von Konflikten bzw. um Konsensfindung, wofür Habermas die Herausbildung eines moralischen Bewusstseins bzw. – auf der Stufe der Ich-Identität – einer universalistischen Moral als notwendig erachtet. Da allem Körperlichen ein gewisses, mehr oder weniger starkes subversives Potenzial bzw. ein Potenzial des Normverletzenden und des Konsensgefährdenden innewohnt, muss der Körper qua moralische Prinzipien beherrschbar gemacht werden. Diesen Eindruck vermittelt Habermas jedenfalls, wenn er von der „kommunikativen Verflüssigung der inneren Natur" spricht.

Im Zentrum des Identitätsmodells von Habermas steht letztendlich ein „sprach- und handlungsfähiges Subjekt", das die durch „Vergesellschaftung" erworbene Fähigkeit besitzt, „bestimmten Konsistenzforderungen zu genügen" (Habermas 1976a: 68). Würde das Individuum diese Konsistenzforderungen ignorieren, hätte das eine Beschädigung der Identität bzw. eine „Identitätsdiffusion" zur Folge (Habermas 1976b: 93). So konzipiert, erweist sich auch Habermas' Identitätsmodell ähnlich wie jenes von Krappmann als einseitig auf sprachliche und kognitive Kompetenzen sozialer Akteure begrenzt. Dass er auf der ersten Identitätsstufe den Körper, verstanden als physischer Organismus, in den Mittelpunkt rückt, relativiert diese Einschätzung nicht. Denn die „natürliche Identität" ist ja lediglich eine kurz andauernde Vorstufe hin zur Entwicklung der ‚eigentlichen' Identität, der Ich-Identität. Daher muss auch Habermas der Vorwurf gemacht werden, Leib und Körper aus seinem Identitätskonzept kategorial ausgeschlossen zu haben[33]. Unter einem empirischen Gesichtspunkt kann man Habermas' Identitätskonzept obendrein, wie Jürgen Belgrad dies in seiner Habermas-Kritik getan hat, als unzeitgemäß bezeichnen, weil in seiner Theorie die (potenzielle) Relevanz des Körpers für Selbstverwirklichungsstrategien von Individuen unberücksichtigt bleibt: „Ein solcher ‚körperloser' Entwurf kann kaum Selbstverwirklichung beanspruchen, nehmen doch die Bereiche der gesamten

---

33 So stellt sich bspw. auch für Barkhaus et al. bezogen auf das Identitätskonzept von Habermas die Frage, „ob die Verortung von *leiblichen* Merkmalen auf der Stufe der natürlichen Identität und ihre Exklusion von den konstitutiven Merkmalen der reifen Identität nicht schlicht falsch ist" (Barkhaus et al. 1996: 24; Herv. im Orig.).

Sinnlichkeit (sinnliche Wahrnehmungen, Empfindungen, bis hin zur sicherlich nicht den Prinzipien sich fügenden Erotik und Sexualität) einen zu breiten Raum schon im Alltagsleben ein, als dass der schmale Bereich der Prinzipien und des moralischen Bewusstseins sich zu solcher Wichtigkeit aufblähen dürfte" (Belgrad 1992: 126).

3. Sozialpsychologische Identitätstheorien

Sozialpsychologischen Identitätstheorien geht es im Vergleich zu psychoanalytisch orientierten Entwicklungsmodellen nicht so sehr um die Ich-Leistung des Individuums im Prozess der Identitätsbildung, wenngleich auch hier Identität aus der Innenperspektive des Individuums betrachtet wird[34], und noch viel weniger geht es ihnen um die Rolle, die hierbei die Triebausstattung des heranwachsenden Kindes spielt. Ähnlich aber wie die dargestellten entwicklungspsychologischen und vor allem wie die interaktionistischen Identitätskonzepte gehen sozialpsychologische Identitätstheorien davon aus, dass sich die Identität des Individuums im Austausch mit seiner sozialen Umwelt entwickelt. Die Interaktion zwischen Person und sozialer Umwelt steht hier im Zentrum. Im Vergleich mit interaktionistischen Theorien wird dabei allerdings ,Umwelt' nicht so sehr mikrosoziologisch verstanden, als soziale Interaktion, sondern eher makrosoziologisch, als ,Gesellschaft'. Und in Bezug auf entwicklungspsychologische Identitätsmodelle könnte man sagen, dass diese eher den vertikalen (zeitlichen) Aspekt der Identitätsbildung in den Fokus nehmen, sozialpsychologische Identitätstheorien hingegen den horizontalen (räumlich-sozialen) Aspekt; beide Zugänge sind daher als komplementär und nicht als konkurrierend zu verstehen.

Im Folgenden soll für die sozialpsychologische Identitätsforschung exemplarisch der Ansatz von *Heiner Keupp* diskutiert werden, da dessen Identitätskonzept aktuelle soziologische und psychologische Identitätstheorien integriert und darüber hinaus empirisch fundiert ist.

Keupp begann Ende der 1980er Jahre, sich mit der Identitätsfrage intensiv zu befassen (z.B. Keupp 1988, 1990a,b). Im Laufe der Jahre scharte er ein Team von zumeist PsychologInnen um sich, mit denen er seinen Ansatz ausbaute (z.B. Keupp 1997; Straus/Höfer 1997) und ihn schließlich in einer umfassenden Identitätstheorie zu einem vorläufigen Ende brachte (Keupp et al. 1999). Da Keupp diese letzte Monographie selbst als eine Art Resümee bzw. Rechenschaftsbericht seiner über zehnjährigen Identitätsforschung bezeichnet (ebd.: 7), werde ich mich in der Darstellung und Kritik seines Konzepts hauptsächlich auf dieses Buch konzentrieren.

---

34 Dies gilt natürlich nur für jene sozialpsychologischen Identitätstheorien, die die personale Identität zum Thema haben und nicht die soziale Identität, wie z.B. Gruppenidentitäten (vgl. hierzu bspw. Tajfel 1982; Abrams/Hogg 1990).

Keupp et al.[35] entwickeln ihr Identitätsmodell in Auseinandersetzung mit den aktuellen sozial-philosophischen, psychologischen und soziologischen Identitäts- theorien. Patcheworkartig, so könnte man in Anlehnung an einen von Keupp ge- prägten Begriff – „Patchework-Identität" (z.B. Keupp 1988: 146) – sagen, integrie- ren sie unterschiedlichste Ansätze zu einem theoretisch elaborierten sozialpsycholo- gischen Identitätsmodell, dessen empirische Tragfähigkeit durch eine Langzeitunter- suchung von 152 jungen Erwachsenen in Ost- und Westdeutschland plausibilisiert wird. Im Mittelpunkt ihres Ansatzes steht dabei das Konzept der *„alltäglichen Iden- titätsarbeit"* (Keupp 1997: 12). Identität verstehen Keupp et al. „als einen fort- schreitenden Prozess eigener Lebensgestaltung, der sich zudem in jeder alltäglichen Handlung (neu) konstituiert. Identität wird also nicht ‚ab und zu' gebildet (...). Sub- jekte arbeiten (indem sie handeln) permanent an ihrer Identität" (Keupp et al. 1999: 215). Den alltäglichen Herstellungsprozess personaler Identität untersuchen sie aus einer prozessualen, konstruktiven und synthetischen Perspektive.

Unter dem *prozessualen* Gesichtspunkt beleuchten sie vier zentrale Koordinati- onsleistungen, die ein Individuum bei seiner alltäglichen Identitätsarbeit vollbringe (ebd.: 190-217): Identität stelle erstens. eine reflexive „Verknüpfungsarbeit" unter- schiedlichster Formen von Selbsterfahrung dar. Zweitens impliziere Identitätsarbeit unumgänglicherweise „Konfliktaushandlungen", bei denen es um die Herstellung und das Aushalten „eines konfliktorientierten Spannungszustandes" gehe. Drittens, Identitätsarbeit werde erleichtert bzw. erschwert in Abhängigkeit ökonomischer, kultureller und sozialer „Ressourcen", und viertens, das entscheidende Medium der Identitätsarbeit sei die „Narrationsarbeit" des Individuums, also die „Selbstnarratio- nen", die es sich und anderen mitteilt.

Dieser Prozess der Identitätsarbeit führe, so Keupp et al., im Wesentlichen zu vier Ergebnissen bzw. *subjektiven Konstruktionen* (ebd.: 217-242): Erstens, aus der Reflexion, Evaluation und Integration der Selbsterfahrungen resultierten unter- schiedliche „Teilidentitäten", das heißt, „ein Bild des Subjekts von sich selbst, in dem viele Facetten seines Tuns übersituative Konturen erhalten" (ebd.: 218). Zwei- tens entstehe „aus der Verdichtung sämtlicher biographischer Erfahrungen und Be- wertungen der eigenen Person auf der Folie zunehmender Generalisierungen der Selbstthematisierung und der Teilidentitäten" ein so genanntes „Identitätsgefühl" (ebd.: 225), welches sich zusammensetzt aus dem „Selbstgefühl" (Bewertungen hin- sichtlich der Selbst-Beziehung) und dem „Kohärenzgefühl" (Bewertungen hinsicht- lich der Bewältigung von Alltagsanforderungen). Drittens, aus den Selbstnarrationen konstruiere sich das Individuum „biographische Kernnarrationen", und viertens fol- ge aus diesen drei Identitätskonstruktionen „ein Gefühl und Wissen subjektiver Handlungsfähigkeit" (ebd.: 235).

Die zeitdiagnostische Folgerung, die Keupp et al. aus ihren Ausführungen zur prozessualen und konstruktiven Identitätsarbeit ziehen, lautet, dass hiermit „drei

---

35 Der sprachlichen Einfachheit halber werde ich anstelle der Namensnennung aller an dem Buch von 1999 beteiligten AutorInnen (Heiner Keupp, Thomas Ahbe, Wolfgang Gmür, Renate Höfer, Beate Mitzscherlich, Wolfgang Kraus und Florian Straus) von Keupp et al. sprechen.

wichtige *Syntheseleistungen* der Identitätsarbeit unter den gegenwärtigen gesell-schaftlichen Bedingungen" (ebd.: 243; Herv.: R.G.) verbunden seien, nämlich er-stens die „Herstellung von Kohärenz", welche für das Subjekt eine „offene Struktur" habe und sich als Gefühl „subjektiver Stimmigkeit" (Kohärenzgefühl) bemerkbar mache; zweitens „Anerkennung" als eines der zentralen Identitätsziele (ebd.: 261), und drittens „Authentizität" als Gefühl des Individuums, die prozessuale und kon-struktive Identitätsarbeit in ein „stimmiges" „Passungsverhältnis" gebracht zu haben (ebd.: 263).

Zusammengefasst, besteht das theoretische Identitätsmodell von Keupp et al. aus den zentralen Elementen „Kohärenz, Anerkennung, Authentizität, Handlungsfähig-keit, Ressourcen und Narrationen" (ebd.: 270). Die Aufzählung dieser sechs forma-len Kategorien und die Kurzdarstellung des Identitätskonzepts von Keupp et al. sollten deutlich machen, dass Leib und Körper hierin *keine* Rolle spielen. Diesem auf soziale, kognitive und evaluative Aspekte begrenzten Identitätsmodell scheint mithin ein Subjektverständnis zu Grunde zu liegen, das Subjekte als in sozialen Zu-sammenhängen eingebettet sieht, wo sie auf die Befriedigung ihres Grundbedürfnis-ses nach Anerkennung hoffen, sich durch Selbstreflexionen und vor allem Selbstnar-rationen eine subjektiv stimmige Identität konstruieren und diese durch Selbstbe-wertungen zu stabilisieren versuchen. Das ist zwar alles sicherlich zutreffend. Doch erscheint dieses „spätmoderne" Subjekt in dem Identitätsmodell von Keupp et al. als körper- und leibloses Geschöpf und insofern das Modell als sozial-kognitiv-evaluativ verengt. Dass aber Körper und Leib in der alltäglichen Identitätsarbeit kei-ne Rolle spielen sollten, und zwar gerade unter spätmodernen Bedingungen, halte ich aus empirischer Sicht für ausgesprochen unrealistisch und unter theoretischen Gesichtspunkten als einen sachlich unangemessenen Reduktionismus. Das Auto-renteam scheint das am Ende ihrer Arbeit aber auch selbst erkannt zu haben, denn als eine der anstehenden Aufgaben für die Weiterentwicklung ihres Modells betonen sie, „andere Überlegungen, bspw. den körperbezogenen Teil der Identitätsarbeit ge-nauer zu fassen" (ebd.: 271)[36]. Dass ihr Identitätskonzept hierfür durchaus Anknüp-fungspunkte bietet, sei an fünf Punkten thesenartig dargelegt. Zwei davon beziehen sich auf den Körper, drei auf den Leib.

1. Keupp et al. verstehen ihre Identitätstheorie als gegenwartsbezogen, weshalb sie vom „Patchwork der Identitäten in der Spätmoderne" sprechen. Die Epochenbe-zeichnung „Spätmoderne" übernehmen sie von Anthony Giddens (1991). Giddens ist nun aber einer der wenigen Soziologen, der sich nicht nur mit der personalen Identität beschäftigt hat, sondern auch mit dem Körper. Bei Giddens läuft dies auf die These hinaus, dass in spätmodernen Gesellschaften die Thematisierung des Selbst immer häufiger die Form einer Thematisierung des Körpers annehme (siehe Kap. 5). In die Terminologie von Keupp et al. übersetzt heißt das, *Identitätsarbeit vollzieht sich immer häufiger als Arbeit am Körper* (vgl. Teil 2, Kap. 3.3). Es bietet

---

36 Keupp selbst hat bereits eine erste Skizze vorgelegt, wie der Körper in das Projekt alltäglicher Iden-titätsarbeit integriert werden könnte (Keupp 2000). Vom Leib (in einem phänomenologischen Sinne) spricht er hingegen nicht.

sich deshalb an bzw. drängt sich geradezu auf, den Körper als Medium der Identitätsbildung als eine der „Schlüsselfragen der Identitätsarbeit" (Keupp et al.: 109ff.) zu verstehen und zu untersuchen.

2. Ein wichtiges Konzept in dem hier vorgestellten Identitätsmodell ist das der „Ressourcenarbeit". Keupp et al. entwickeln ihre Kategorie der Ressourcenarbeit auf der Grundlage der Kapitaltheorie von Pierre Bourdieu (ebd.: 198ff.; siehe auch Ahbe 1997). Als für die Identitätsarbeit entscheidende Ressourcen bezeichnen sie ökonomische, kulturelle und soziale Ressourcen. Vom Körper als Ressource für Identitätsarbeit ist hingegen nicht die Rede. Das aber erstaunt, da Bourdieu, wenngleich nicht allzu häufig, auch vom „*körperlichen Kapital*" spricht (z.B. Bourdieu 1982: 329, 345; siehe auch Shilling 1997: 88ff.). Auch der Körper stellt m.a.W. eine Ressource dar, die für die Identitätsarbeit unterstützend sein kann (siehe hierzu Teil 2, Kap. 3.3). Insofern gelte es, die Ressourcen-Kategorie um den Körper zu erweitern.

3. Keupp et al. gebrauchen an vielen, und zwar durchaus zentralen Stellen die Ausdrücke „subjektive Stimmigkeit" und „Passung". So gehe es bspw. unter dem Gesichtspunkt von Identität als Konfliktaushandlung „um das Gefühl, dass das jeweils gefundene Passungsverhältnis subjektiv stimmig ist" (ebd.: 197); oder: „Identität ist stets eine Passungsarbeit" (ebd.: 215); oder: es gelte, die „Ambivalenzen und Veränderungen in einer Identitätsbiographie in ein für die Person ‚stimmiges‘, d.h. in ein im positiven Sinn akzeptables Spannungsverhältnis zu bringen" (ebd.: 268) etc. Die Identitätsrelevanz der Aspekte Stimmigkeit und Passung teile ich voll und ganz. Allerdings bleiben sie bei Keupp et al. sehr diffus, werden nicht erläutert, so dass man nur erahnen kann, was mit ihnen gemeint ist; bezeichnenderweise sind sie oftmals in Anführungsstriche gesetzt oder werden umschrieben. Für mehr Klarheit wäre gesorgt, wenn das *leibliche Moment subjektiver Stimmigkeit und Passung* und damit deren konkrete Erfahrbarkeit hervorgehoben würde. Wenn etwas subjektiv stimmig ist oder passt, dann spürt man das. Man könnte dies, wie ich es an späterer Stelle tun werde, als spürbare Gewissheit bezeichnen (vgl. Teil 2, Kap. 2.2.3).

4. Keupp et al. versuchen, als „Maß" für die subjektive Stimmigkeit und Passung das „Gefühl der Authentizität" (ebd.: 198) zu bestimmen. Das erweckt auf den ersten Blick den Eindruck, als sei hiermit etwas Leibliches, Spürbares gemeint, eben ein Gefühl. Dies ist hinsichtlich des Authentizitätsgefühls allerdings genauso wenig der Fall wie bezüglich der anderen ‚Gefühlsarten‘, von denen immer wieder die Rede ist: dem „Identitätsgefühl" bzw. dem „Selbst- und Kohärenzgefühl". Wenn die AutorInnen von Gefühl sprechen, dann meinen sie damit – ganz in der Tradition kognitivistischer Psychologie stehend (vgl. Lupton 1998: 13f.) – Urteile oder Bewertungen. So richtig es in meinen Augen ist, das Identitätsgefühl als „Basis" für die personale Identität zu bezeichnen (Keupp et al. 1999: 29), so unzutreffend scheint es mir, Identitäts-, Selbst- und Kohärenzgefühl lediglich als Ausdruck der „Bewertungen der eigenen Person" (ebd.: 225) zu kennzeichnen. *Gefühle* sind immer auch *leiblich-affektive Erfahrungen* (vgl. Teil 2, Kap. 2.2.1)[37]. Wenn die AutorInnen ab-

---

37 Möglicherweise steckt hinter dieser leib- und affektlosen Konzeption von Gefühl bei Keupp et al. nur ein Übersetzungsproblem. So greifen die AutorInnen bspw. für ihren zentralen Begriff des Kohä-

schließend meinen, dass es ein „Identitätsgefühl" bzw. ein „sense of identity" sei, der die Frage beantworte, „wie es zu dieser ‚inneren Stimme' kommt, die vermittelt, dass etwas ‚stimmt', ‚stimmig' oder ‚authentisch' ist", zugleich aber die Frage nachschieben: „Aber woher hat dieses [Identitätsgefühl; R.G.] seine Autorität, über Stimmigkeit zu entscheiden?", und zugleich konzedieren, mit dieser Frage an die „Grenze" ihres Projekts zu stoßen (ebd.: 298), dann würde ich sagen: Die Autorität des Identitätsgefühls – ist der Leib![38]

5. Als zentrales Medium der Herstellung einer personalen Identität bezeichnen Keupp et al. die „Selbstnarration". „Damit meinen wir die Art und Weise, wie das Subjekt selbstrelevante Ereignisse aufeinander bezieht und ‚sich' und anderen mitteilt" (ebd.: 216). Ohne Zweifel spielen Selbsterzählungen, durch die das Individuum seine Erfahrungen in eine subjektiv konsistente Biographie organisiert, eine wesentliche Rolle im Prozess der Identitätskonstruktion. Dennoch scheint mir das hierfür lediglich eine notwendige, keinesfalls aber eine hinreichende Bedingung zu sein. Denn, salopp gesagt, sich und insbesondere anderen kann man viel erzählen; damit die Selbstnarration aber zur Selbstidentifikation wird, bedarf es m.E. eines leiblichen Korrelats, durch das die „biographischen Kernnarrationen" gestützt werden. Ich werde diese These, dass die narrative Identitätskonstruktion einer *spürbaren Stützung* bedarf, um das subjektive Empfinden, mit sich selbst identisch zu sein, hervorzubringen, weiter unten ausführen (siehe Teil 2, Kap. 2.2.3 und 4.2).

4. Postmoderne Identitätskonzepte

Ausgangspunkt postmoderner sozialwissenschaftlicher Identitätskonzepte ist zumeist die soziologische Wahrnehmung, dass sich die gesellschaftlichen und kulturellen Bedingungen, unter denen Menschen heute leben, so sehr gewandelt haben, dass sie ihre Identität anders konstruieren (müssen), als dies vor vierzig oder fünfzig Jahren der Fall gewesen ist. Schlagwörter, die diesen sozio-kulturellen Wandel auf den Punkt bringen sollen, sind z.B. Globalisierung, Pluralisierung, Individualisierung, Enttraditionalisierung oder Ästhetisierung. Als postmodern lassen sich einige der zeitgenössischen Ansätze zur personalen Identität aber auch aus einer identitätstheoretischen Perspektive bezeichnen. Das Adjektiv postmodern kann nämlich als eine Art Ober- oder Sammelbegriff für solche Identitätskonzepte verwandt wer-

---

renzgefühls auf das Salutogenese-Modell von Aron Antonovsky zurück (ebd.: 227ff.; siehe auch Höfer 1999). Im englischen Original spricht Antonovsky vom „sense of coherence", der sich durch drei wesentliche Komponenten auszeichne, nämlich dem „sense of meaningfulness" (Sinnhaftigkeit), dem „sense of manageability" (Machbarkeit) und dem „sense of comprehensibility" (Verstehbarkeit). Von Gefühlen, Affekten oder Spürensmomenten ist hier nicht die Rede. Im Gegenteil, handelt es sich beim Konzept des „sense of coherence" ziemlich offensichtlich um ein kognitives Modell. „Sense" mit Gefühl zu übersetzen, scheint mir daher als unangemessen; treffender wäre wohl Sinn.

38 Keupp et al. überlegen, ihren Ansatz deshalb mit Hilfe der psychoanalytisch inspirierten Entwicklungspsychologie zu ergänzen (ebd. 299; vgl. Kap. 1). Vielleicht trägt die vorliegende Arbeit ja dazu bei, die AutorInnen davon zu überzeugen, dass ein leibphänomenologischer Ansatz eine andere Alternative wäre, die den Vorteil hätte, nicht auf das Säuglingsalter beschränkt zu sein.

den, die mit formal-theoretischen und/oder inhaltlich-materiellen Annahmen moderner Identitätstheorien brechen. Innerhalb solcher als postmodern etikettierter Ansätze zur Identitätskonstruktion lassen sich dann grob drei Gruppen identifizieren[39]. Die erste Gruppe postmoderner Identitätskonzepte bricht mit formal-theoretischen Annahmen in der Hinsicht, dass sie den Identitätsbegriff verabschiedet, *Selbst und Subjekt dekonstruiert* und dabei *Identität als Effekt von Sprache und ‚Texten'* versteht. Eine zweite Gruppe postmoderner Identitätstheoretiker ist nicht ganz so radikal und hält mehr oder weniger am Identitätsbegriff fest, betont jedoch, dass Identität auf *Differenz* basiere und als *fragmentiert, pluralisiert, ambivalent* oder *multipel* verstanden werden müsse; Identität wird hier auch im Plural gedacht. Eine dritte Gruppe unterscheidet sich schließlich von modernen Identitätstheorien inhaltlich-materiell, insofern sie *neue Themen* ins Zentrum ihrer Aufmerksamkeit rückt. Eines der neu ins Blickfeld genommenen Themen ist dabei der Körper[40].

(1) Die erste Gruppe postmoderner Identitätstheoretiker verabschiedet die Vorstellung, dass es so etwas wie eine Identität der Person im Sinne eines einheitlichen, kohärenten Selbst gäbe. Sie distanziert sich von der Idee traditioneller sozialwissenschaftlicher Identitätstheorien, Identität „sei eine faktisch existierende, in ihrem So-Sein prinzipiell erfassbare Wesenheit" (Vaassen 1996: 168). Postmoderne Identitätstheorien zeichnen sich im Gegensatz dazu durch einen Anti-Essenzialismus bzw. Anti-Substanzialismus aus (vgl. Burr 1995), der sich der Annahme eines Wesens oder Kerns der Identität widersetzt. Gestützt auf den französischen Strukturalismus und Poststrukturalismus – der einflussreichsten theoretischen Position innerhalb des postmodernen Denkens – gehen diese Ansätze davon aus, dass Identität „not from inside the person, but from the social realm" entstehe, wobei der soziale Bereich als „a sea of language and other signs" verstanden wird (ebd.: 53). Postmoderne Identitätstheorien dieser Provenienz sehen m.a.W. *Sprache* und andere *Zeichensysteme* als den primären Ort der Identitätskonstruktion (vgl. ebd.: 33). Aus diesem Verständnis heraus wird Identität – analog zum ‚Leben' oder zur ‚Welt' – dann auch als zeichenhafter, sprachlicher *Text* verstanden (vgl. Shotter/Gergen 1989). Da jedes Zeichensystem bzw. jeder Text wiederum als in eine Vielzahl von Diskursen strukturiert angesehen wird (Burr 1995: 46), gilt Identität letztlich als aus Diskursen konstruiert. Diskurse – kulturell verfügbare Sets von Bedeutungen, Mythen, Metaphern, Geschichten, Konzepten, Weltbildern etc. – liegen Zeichensystemen zu Grunde (z.B. der Sprache), auf die das Individuum auf Grund seiner Zugehörigkeit zu seiner Kultur zugreifen muss, wenn es seine Welt- und Selbsterfahrungen strukturiert. Insofern diese symbolischen Systeme der Erfahrung vorgängig sind, ist Identität – verstanden als subjektive Organisation von Erfahrungen – dem postmodernen Denken zufolge keine Leistung, die das Individuum ‚von innen' heraus vollbringt, sondern

---

39 Diese Strukturierung nimmt in Kauf, einigen der AutorInnen gegen ihren Willen das Etikett ‚postmodern' aufzukleben. Ich hoffe, die angeführten Begründungen rechtfertigen diese Zwangszuordnung.

40 Neben dem Körper sind Emotionen (vgl. Greenwood 1994; Lupton 1998 und, mit Einschränkung, Lohauß 1995) und Geschlecht Themen in der sozialwissenschaftlichen Identitätsforschung, die erst in jüngerer Vergangenheit breiter diskutiert werden.

ist vermittelt über zeichenhafte Texte (vgl. Harré 1983, 1989). Wenn postmoderne Autoren von der *Dekonstruktion* oder *Dezentrierung* des Subjekts bzw. des Selbst sprechen (z.B. Sampson 1985, 1989), dann meinen sie diesen Sachverhalt, dass die der Erfahrung vorgängige symbolische Ordnung von Texten die Autonomie des Subjekts beschneide, da es untrennbar mit seinen es umgebenden symbolischen Kon-Texten verknüpft ist, womit es diese symbolischen Kon-Texte sind, die das Subjekt als dezentriertes, multiples Selbst konstituieren (vgl. Wenzel 1995: 124). Zusammenfassend hierzu Harald Wenzel:

> „Das postmoderne Denken – allen voran der französische Strukturalismus und Poststrukturalismus – führt in eine Dekonstruktion des Subjekts. Noch die wertvollsten Errungenschaften individueller Identität – wie Handlungsfreiheit, Zurechnungsfähigkeit, Autonomie – erscheinen hier als Elemente eines Textes, eines Zeichensystems, in dem das Subjekt keine zentrale und herausragende Stellung mehr hat, das es zu einem bloßen Epiphänomen werden lässt oder gar ganz zum Verschwinden bringt" (Wenzel 1995: 114).

Dieser postmoderne, text- und sprachbasierte Ansatz, der die Dekonstruktion und Dezentrierung des Selbst postuliert, hat seine Heimstatt primär in der Philosophie. In der sozialwissenschaftlichen Identitätsforschung hat er seinen Niederschlag insbesondere in sozialkonstruktivistischen Identitätskonzepten gefunden (vgl. zusammenfassend Burr 1995). In der sozialkonstruktivistisch ausgerichteten Psychologie liegt der Schwerpunkt dabei auf der *narrativen* Konstruktion von Identität (vgl. Gergen/Gergen 1988; Kraus 1996; Sarbin 1986; Vaassen 1996), während in der sich sozialkonstruktivistisch verstehenden Soziologie und Sozialpsychologie vorzugsweise von der *diskursiven* Konstruktion der Identität die Rede ist (vgl. Potter/Wetherell 1987; Shotter/Gergen 1989; Wetherell/Maybin 1996). Die beiden Zugänge schließen sich nicht aus, ergänzen sich vielmehr in der Form, dass narrative Identitätskonstruktionen auf den gesellschaftlich verfügbaren Diskursen fußen. Ihr Fokus auf Sprache lässt sie jedenfalls als eine weitere Variante kognitiver Identitätskonzepte verstehen, in denen Leib und Körper keine Rolle spielen.

(2) Die zweite Gruppe postmoderner Identitätskonzepte stimmt mit der ersten in der anti-essenzialistischen Haltung überein, dass es eine wesenhafte (Kern-) Identität nicht mehr gibt. Im Unterschied zu jener hält diese aber doch mehr oder weniger am Identitätsbegriff fest, allerdings in einem anderen als dem modernen Sinne. Dafür rückt sie, verallgemeinert gesagt, anstelle des Identitäts- den *Differenz*begriff in den Mittelpunkt. Identität versteht diese Gruppe, genauer gesagt, als auf der Basis von Differenz konstituiert (vgl. Woodward 1997; siehe auch Straub 1991: 61ff; Wagner 1998: 55ff.). Anhänger des Differenz-Gedankens[41] reagieren hiermit auf einige aus ihrer Sicht konzeptionelle Einseitigkeiten moderner Identitätstheorien. Als theoretisch unangemessen sehen sie vor allem deren Einheits-Denken und damit zusam-

---

41 Anstelle von Differenz sprechen einige Autoren auch vom Nicht-Identischen. Dieser Ausdruck wurde von Adorno geprägt (vgl. Wellmer 1985) und z.B. von Bohleber bezüglich der psychoanalytischen Identitätsforschung übernommen. So meint Bohleber: „Die Psychoanalyse (...) macht damit hinsichtlich der Identitätsbildung (...) immer das im Unbewussten aufbewahrte Nicht-Identische zum Thema. Darin liegt einer ihrer genuinen Beiträge zur Identitätsdebatte" (Bohleber 1997: 94).

menhängende Kategorien wie Kontinuität, Konsistenz und Rationalität. In diesem Sinne meint z.B. Straub:

> „Zweifellos lag (und liegt) der Akzent in vielen Identitätstheorien nicht auf der Beachtung des Differenten, Heterogenen, Disparaten, sondern eher auf der Analyse (der Funktion) der Synthese und Integration sowie auf der Idee einer an Kontinuität, Konsistenz/Kohärenz und Autonomie gebundenen Einheit und Selbigkeit des Subjektes, das dazu noch ‚rationalistisch' überzeichnet wurde und (wird)" (Straub 1991: 65).[42]

Was genau mit Differenz und ihrer Relevanz für die Identitätsbildung gemeint ist, variiert von Autor zu Autor. So versteht *Kathryn Woodward* unter Differenz bzw. Differenz-basierter Identität, dass Identität *„relational"* konstruiert sei (Woodward 1997a: 12). Um seine Identität als Einzelner oder als Zugehöriger einer sozialen Gruppe herauszubilden, sei es unabdingbar, sich in Relation zu Anderen zu setzen. Woodward beschäftigt sich vorzugsweise mit kollektiver Identität und betont in diesem Zusammenhang, dass Differenzsetzungen vor allem auf der Grundlage binärer Oppositionen (Mann/Frau, Weißer/Schwarzer) vorgenommen und durch Symbolisierungen reproduziert würden[43]. Dadurch komme eine politische Dimension ins Spiel, die sie und andere AutorInnen als „identity politics" (ebd.: 24) bezeichnen. Denkt man an soziale Bewegungen wie die Frauen-, Schwulen- oder Schwarzen-Bewegung, dann zeigt sich, dass der ‚Bezugspunkt' oder der ‚Kern' solcher Identitätspolitiken oftmals der Körper ist.

Ähnlich wie Woodward spricht auch *Kenneth J. Gergen* von einem *relationalen* Selbst (Gergen 1996). Gergen versteht darunter „ein Selbst, das von Beziehungen getragen und niemals vom fundamentaleren Zustand des Bezogenseins getrennt ist" (Gergen 1994: 34). Gergen zufolge ist die postmoderne Gesellschaft geprägt von neuen Kommunikationstechnologien, die zu einer kommunikativen „sozialen Sättigung" des Selbst führe. Damit meint er, dass der Einzelne Teil eines immer umfangreicher werdenden Netzes von Beziehungen sei, wozu neben direkten zwischenmenschlichen immer öfter „elektronische", über Kommunikationstechnologien zu Stande gekommene Beziehungen zählten. Diese Übersättigung mit Kommunikationspartnern und deren Teilidentitäten führe dazu, dass das postmoderne Individuum in einer Vielfalt unterschiedlichster, disparater und unzusammenhängender sozialer Beziehungen bzw. Teil-Selbste aufgehe. Ein einheitliches, kohärentes Selbst gibt es Gergen zufolge nicht mehr; es wird ersetzt durch eben dieses relationale bzw. das *„multiphrene"* Selbst, das „auf die Spaltung des Individuums in eine Vielfalt von Selbstinvestitionen" verweise (Gergen 1996: 131). Gergen sieht die Situation des multiphrenen Selbst sehr skeptisch, hält sie aber für unvermeidlich. Demgegenüber

---

42 Meines Erachtens tun die postmodernen Differenztheoretiker den modernen Identitätstheoretikern unrecht, wenn sie ihnen unterstellen, Identität differenzlos konzipiert zu haben. Denn, wie z.B. die Ansätze von Erikson oder Mead zeigen, hatten auch diese Autoren erkannt und in ihre Identitätskonzepte integriert, dass für die Entwicklung einer Identität das Individuum jemanden oder etwas benötigt, der oder das es nicht selbst ist. In den frühen Lebensphasen sind dies signifikante Andere, v.a. die Mutter, später kommt der generalisierte Andere hinzu.

43 Zur Verkörperung sozialer Differenz siehe auch Shilling (1997).

bewertet *Robert J. Lifton* die Differenzerfahrungen des postmodernen Selbst durchaus auch positiv. Liftons *„proteanisches* Selbst" [44] (Lifton 1993) ist ebenfalls ein fragmentiertes, an vielen sozialen Optionen teilhabendes und sich in ständigem Wandel befindendes Individuum, dem es jedoch gelinge, seine Teil-Selbste zu einem kohärenten Ganzen zu integrieren. „Die Kohärenz des proteanischen Selbst ist allerdings nicht mehr linear, alles Verhalten an einem internalisierten Zielpunkt justierend, sie ist nichtlinear, zielt auf ein Gleichgewicht, das andauernd, episodisch, erneuert werden muss, das fließend und durch statische Formen bedroht ist" (Wenzel 1995: 122).

Eine andere Vorstellung differenter Identität wird mit dem Begriff der *pluralen* Identität benannt. So meint z.B. *Wolfgang Welsch* (1993), dass die pluralisierten Lebensbedingungen in postmodernen Gesellschaften sich in den Identitätskonstruktionen der Individuen niederschlagen müssten bzw. – Welsch ist hier sehr normativ – sollten. Postmodernes Leben heißt für Welsch, die Pluralisierung von Lebensformen und -optionen zu bejahen, ein „Leben im Übergang" zu führen (ebd.: 171) und die Vorstellung einer „monolithischen" (ebd.), substanzhaften Identität aufzugeben. Stattdessen gelte es, „seine Identität so auszubilden, dass sie der aktuellen Pluralität gewachsen, Identität in Übergängen ist" (ebd.). Vorbilder für solche pluralen Identitäten findet Welsch vor allem unter Künstlern, z.B. Cindy Sherman, aber auch in der Psychopathologie. So meint er, „dass die Identitätspluralisierung, die manche Kranke verkörpern, zunehmend zur Matrix heutiger Individuen wird und vor allem: dass sie Chancen der Lebbarkeit eröffnen kann" (ebd.: 199)[45]. Welsch sieht aber auch, dass das Leben dieser Übergänge von einer zur nächsten (Teil-) Identität so einfach nicht ist, da es u.a. bedeute, „Ambivalenzen" auszuhalten[46].

An diesem Problem der Ambivalenz macht auch *Zygmunt Bauman* die postmoderne Identitätsthematik fest. Bestand in der Moderne das Identitätsproblem darin, so Bauman, „wie Identität konstruiert und bewahrt werden könne, so geht es beim postmodernen ‚Identitätsproblem' vor allem darum, wie Festlegungen vermieden und Optionen offengehalten werden können" (Bauman 1994: 389). Genauer gesagt, changiere diese postmoderne, *ambivalente* Identität zwischen dem Festlegen und Loslassen von Bindungen, Zugehörigkeiten, Interessen, Idealen etc. Als positive Metapher für die postmoderne Identität wählt Bauman den „Touristen", da dieser

---

44 Den griechischen Meeresgott Proteus wählt auch Hitzler (1991) als postmoderne Subjekt-Metapher.

45 Mit seiner Annahme, psychisch Kranke könnten die „Matrix" postmoderner Identitätskonstruktion abgeben, steht Welsch keineswegs alleine. Unter den postmodernen bzw. poststrukturalistischen Autoren vertreten bspw. Deleuze und Guattari die These, dass die Idee der Geisteskrankheit unangebracht sei und das multiple, fragmentierte Selbst von Schizophrenen als Leitbild angesehen werden müsse (vgl. Wenzel 1995: 123). Diese Position wurde bspw. von James M. Glass heftig kritisiert. Wie Glass (1993) in seiner Untersuchung von Personen mit multipler Persönlichkeitsstörung gezeigt hat, sind die Schmerzen und das Leiden von Menschen, die ein solches „zersplittertes Selbst" haben, so groß, dass es nur noch zynisch sei, sie als Vorbilder einer postmodernen Identität heranzuziehen.

46 Hier zeigt sich eine Nähe zu Keupps Konzept der „patchwork-Identität". Auch Keupp geht davon aus, dass in der post- oder spätmodernen Gesellschaft die Individuen unterschiedlichste Teil-Identitäten leben, sie zu einer patchwork-Identität zusammenfügen und dafür als psychische Ressource eine gewisses Maß an „Ambiguitätstoleranz" (Keupp 1990: 18) aufbringen müssten.

der „Inbegriff eines solchen Vermeidens" endgültiger Festlegungen sei (Bauman 1999: 160), als negatives Alter Ego zum Touristen den „Vagabunden", weil dieser im Unterschied zum Touristen nicht freiwillig herumziehe (ebd.: 164f.). Tourist und Vagabund sind für Bauman Metaphern des heutigen Lebens insgesamt. Sie bezeichnen das Phänomen, dass in postmodernen Gesellschaften „alle unterwegs" sind – „in unterschiedlichem Maße, körperlich oder im Geiste, hier und jetzt oder in der gedachten Zukunft, freiwillig oder unfreiwillig; keiner von uns kann sicher sein, ein für allemal das Recht auf einen bestimmten Platz erworben zu haben, und niemand nimmt ernstlich an, dass er oder sie immer am selben Ort bleiben wird" (ebd.: 166). Ob jemand seine Identität als Tourist oder als Vagabund entwirft, hänge vom Grad der Wahlfreiheit ab. Aber auch hier zeige sich die Ambivalenz postmoderner Identität, da der individuellen Freiheit der Wahl, so Bauman, die „Abhängigkeit des Individuums von expertengeleiteter Führung" korrespondiere (Bauman 1994: 390).

Der Großteil der postmodernen Identitätstheorien, die die Pluralität, Ambivalenz, Multiphrenie, Fragmentierung oder Zersplitterung der personalen Identität als kennzeichnend für das Leben in postmodernen Gesellschaften bezeichnen, und die man, vielleicht etwas grobschlächtig, unter den Terminus ‚Differenztheorien' zusammenfassen kann, setzen sich mit Leib und Körper nicht auseinander[47]. Ihr Schwerpunkt liegt in aller Regel im Nachweis, dass es ein „Entsprechungsverhältnis von Gesellschafts- und Identitätsform" (Schimank 1985) gibt, den gegenwärtigen sozialstrukturellen und sozio-kulturellen Bedingungen m.a.W. eine bestimmte Art der Identitätskonstruktion korreliert. Was hier primär interessiert, ist der Prozess der Identitätsbildung in einer postmodernen Gesellschaft – und damit kognitive, motivationale und praktische Aspekte. Auch wenn vereinzelt, wie bspw. bei Glass, die emotionalen Kosten des Umgangs mit einem zersplitterten Selbst Thema sind, so ist das nicht gleichbedeutend mit der Integration von Leib und Körper in das Identitätskonzept. Nach solchen Ansätzen muss man bislang noch mit der Lupe suchen. Ganz erfolglos ist diese Suche allerdings nicht.

(3) Unter den postmodernen Identitätskonzepten lässt sich eine Gruppe finden, die den Körper als ein bislang in der Identitätsforschung vernachlässigtes *Thema* ‚entdeckt' hat und ihn identitätstheoretisch in den Blick zu nehmen versucht. Beispielhaft sei hier der Ansatz von *Anthony Giddens* skizziert (Giddens 1991). Giddens' Ausgangspunkt ist die Beschreibung der sozialen Verfasstheit von „spät-" oder „hochmodernen" Gesellschaften. Diese ließen sich vor allem durch den Prozess der Globalisierung, die „Entbettung" („disembedding") sozialer Institutionen und das Reflexivwerden von Institutionen charakterisieren. Die gesellschaftlichen Rahmenbedingungen verlangen vom Individuum eine entsprechend spätmoderne Form der Identitätskonstruktion. Giddens nennt hierfür zehn Punkte (ebd: 75-80): Im Zentrum (bzw. an erster Stelle) steht, dass das Selbst nicht mehr etwas Gegebenes,

---

47 Unter den genannten Autoren bildet Bauman eine kleine Ausnahme, da er seine Überlegungen zur postmodernen Identität um das Thema Fitness erweitert hat. Fitness dient Bauman dabei als eine weitere Metapher für das postmoderne Mobil-, Flexibel-, Nichtfestgelegtsein (vgl. Bauman 1994: 395; 1995). Allerdings handelt es sich hierbei in der Tat um nicht mehr als Überlegungen, die von einer Identitäts*theorie* weit entfernt sind.

sondern zu einem reflexiven Projekt geworden ist, für das das Individuum selbst verantwortlich ist. Und diese Reflexivität des Selbst, so Giddens' sechster Punkt, schließe nunmehr den Körper mit ein.[48] Die *Reflexivität des Selbst* erstrecke sich auf die *Reflexivität des Körpers*. Dabei impliziere die Reflexivität des Körpers Körperkontrollen und –disziplinierungen (ebd.: 56f.), die Herstellung des Gefühls körperlicher Integrität – dem Gefühl „of the self being safely ‚in‘ the body" (ebd.: 58) –, eine bewusste und aufmerksame Haltung dem Körper gegenüber (ebd.: 77), das öffentliche Auftreten und Benehmen sowie eine Sensibilität für den Körper (ebd.: 99). Giddens fasst das Verhältnis von Selbst und Körper wie folgt zusammen:

> „(...) the body is not just a physical entity which we ‚possess‘, it is an action-system, a mode of praxis, and its practical immersion in the interactions of day-to-day life is an essential part of the sustaining of a coherent sense of self-identity.
>
> Several aspects of the body having special relevance to the self and self-identity can be distinguished. Bodily *appearance* concerns all those features of the surface of the body, including modes of dress and adornment, which are visible to the individual and to other agents, and which are ordinarily used as clues to interpret actions. *Demeanour* determines how appearance is used by the individual within generic settings of day-to-day activities: it is how the body is mobilised in relation to constitutive conventions of daily life. The *sensuality* of the body refers to the dispositional handling of pleasure and pain. Finally we have the *regimes* to which the bodies are subject" (ebd.: 99; Herv. im Orig.).

In Giddens' Ansatz wird der Körper in das Identitätskonzept ‚herein geholt', indem gesagt wird, in spätmodernen Gesellschaften sei das Selbst ein reflexives Projekt und der Körper sei dies auch. Die reflexive Auseinandersetzung mit dem Körper sei m.a.W. gleichbedeutend mit der Reflexivität des Selbst. Dem ist sicherlich zuzustimmen (vgl. Teil 4, Kap. 3). Dass Giddens dem Körper in dieser Weise einen zentralen Platz in der Konstruktion spätmoderner Identitäten zuweist, ist sein großer Verdienst. Aus der Sicht des in dieser Arbeit unternommenen Versuchs, möglichst die ganze Bandbreite der Identitätsrelevanz des Körpers aufzuzeigen, ist Giddens' Ansatz dennoch zu kritisieren. Auch Giddens' Identitätskonzept ist letztlich sozialkognitiv verengt. Entscheidend für die Ausbildung einer Identität sind ihm zufolge Selbstreflexion, Selbstnarration und Selbstkontrolle – allesamt kognitive Kategorien. Wenn er sich dem Körper zuwendet, dann ebenfalls unter diesem kognitiven Gesichtspunkt. Entsprechend greift er etwa zur Illustration seiner Ausführungen des Öfteren auf das Beispiel der Anorexie zurück, weil sich hier das Moment der Reflexivität des Körpers besonders gut veranschaulichen lässt (ebd.: 103-108). Was in Giddens' Ansatz also fehlt, ist der *Leib*. Sein Hauptaugenmerk gilt eindeutig dem,

---

48 Als weitere Punkte nennt Giddens folgende: 2. Die Reflexivität des Selbst schließt ein, die eigene Lebensgeschichte in eine kohärente „Laufbahn" zu organisieren. 3. Die Reflexivität des Selbst ist kontinuierlich und alles durchdringend. 4. Die Konstruktion zu einem kohärenten Selbst unternimmt das Individuum in Form von Selbstnarrationen bzw. autobiographischen Erzählungen. 5. Selbstverwirklichung impliziert die Kontrolle über Zeit und die Etablierung persönlicher Zeitzonen. 7. Selbstverwirklichung ist als Balance zwischen Chancen und Risiken zu verstehen. 8. Der moralische Leitfaden von Selbstverwirklichung ist Authentizität, im Sinne von ‚sich selbst treu sein'. 9. Der Lebenslauf ist als eine Serie von nicht-institutionalisierten Passagen zu sehen. 10. Der Entwicklungsverlauf des Selbst ist selbstreferentiell, was meint, dass das Individuum aus seiner „Innensicht" eine kontinuierliche Lebenslinie knüpft.

wie es weiter unten heißen wird, Körperhaben, das Leibsein vernachlässigt er dagegen fast vollkommen. Seine Hinweise auf Empfindungen, Sensualisierungen oder dem Identitätsgefühl bleiben zu rudimentär und die „reflexive Aneignung" des Körpers (ebd.: 218) zu dominant, als dass man sagen könnte, Körper *und* Leib spielen eine gleichwertige Rolle in Giddens' Konzeption spätmoderner Identität.

In anderer Weise als Giddens und weitere Soziologen (z.B. Burkitt 1999; Craig 1999; Melucci 1996) haben *feministische* AutorInnen den Körper in Hinblick auf die Identitätsfrage thematisiert. Die von feministischen AutorInnen vorgenommene Unterscheidung zwischen (biologischem) *sex* und (sozialem) *gender* zur Kennzeichnung dessen, was eine weibliche Identität ist, legt nahe, dass der Körper dabei eine wichtige Rolle spielt. Ohne die in der feministischen Literatur herausgearbeitete Bedeutung des Körpers für die Geschlechtsidentität an dieser Stelle nachzeichnen zu können (vgl. z.B. Angerer 1995; Butler 1990; Davis 1997; Grosz 1994), kann jedoch gesagt werden, dass hier vom Ansatz her bereits eine Einseitigkeit vorliegt. In feministischen Arbeiten geht es nämlich nicht um personale Identität, sondern um Geschlechtsidentität, bzw. wird beides gleichgesetzt. Entsprechend wird unterstellt, dass die Bedeutung des Körpers für die Geschlechtsidentität gleichbedeutend sei mit seiner Bedeutung für die personale Identität. Dass es sich hierbei um ein verengtes, auf das Geschlechtsein reduziertes Verständnis von personaler Identität handelt, kann man sich bspw. an den Identitätsproblemen von Transsexuellen vergegenwärtigen (vgl. Lindemann 1993). An Transsexuellen lässt sich zeigen, dass zwischen sex und gender mitunter *kein* Zusammenhang besteht, dass m.a.W. die biologische Realität, die man/frau ist, nicht mit dem Geschlechtsempfinden bzw. der leiblichen Erfahrung, dieses sex auch zu sein, übereinstimmt. Die Beispiele von Transsexuellen weisen darauf hin, dass die Gleichsetzung von Körper (sex), Geschlechtsidentität (gender) und personaler Identität unangemessen weil reduktionistisch ist (vgl. Teil 3, Kap. 5.2.5). Personale Identität ist ‚mehr' als ‚nur' Geschlechtsidentität, und die Identitätsfrage ‚Wer bin ich und wer will ich sein?' nicht *allein* mit Verweis auf sozial geprägte leiblich-körperliche Erfahrungen des Geschlechtseins zu beantworten.

5. Zusammenfassung

Der Überblick über zentrale sozialwissenschaftliche Ansätze zur personalen Identität war angelegt als Kritik an deren Marginalisierung von Leib und/oder Körper. Die Kritik sollte dabei nicht die Erkenntnisgewinne dieser Identitätskonzepte unterschlagen. So werden in dieser Arbeit z.B. die Erkenntnisse entwicklungspsychologischer Identitätstheorien, dass die Identitätsentwicklung spätestens mit der Geburt des Säuglings einsetzt, unter anderem vom Aufbau eines Urvertrauens abhängt und in der Adoleszenz besonders krisenhaft wird, nicht in Abrede gestellt. Das gilt in gleichem Maße für die Ergebnisse der Säuglingsforschung, denen zufolge sich das Identitätsgefühl im Kleinkindalter zu entwickeln beginnt, wie auch für Erkenntnisse interaktionistischer Ansätze, wonach (bspw. für eben die Entwicklung des Identitätsgefühls) die Interaktion mit signifikanten und generalisierten Anderen sowie das Zusammenspiel von individuellen und gesellschaftlichen Anteilen im Selbst für die Identitätsbildung von entscheidender Bedeutung sind. Ebenso wenig wird die grundlegende Annahme sozialwissenschaftlicher Identitätskonzepte bestritten, dass Identität keine rein innerpsychische Leistung des Individuums ist, sondern, wie vor allem in sozialpsychologischen und auch postmodernen Konzepten deutlich gemacht wird, ausschließlich im Wechselspiel von Individuum und gesellschaftlicher Umwelt zu Stande kommt. Schließlich soll auch nicht in Abrede gestellt werden, dass formale Kategorien wie Kontinuität, Konsistenz, Authentizität, Anerkennung, Reflexivität und Narration von entscheidender Bedeutung sind für die Entwicklung und Aufrechterhaltung einer personalen Identität.

Dennoch sollte deutlich geworden sein, dass der Großteil der sozialwissenschaftlichen Identitätstheorien nach wie vor am Erbe des Cartesianismus partizipiert und an der Trennung zwischen Körper und Geist, Leib und Seele, Vernunft und Emotion festhält. Dies zeigt sich konkret daran, dass im Zentrum dieser Ansätze Denken (bzw. Reflexion) und Sprache (bzw. Narration) stehen. Berücksichtigt man die von ihnen durchwegs vorgenommene gesellschaftliche Einbettung (soziale Umwelt, Interaktionen) von Denken und Sprache, dann lässt sich zusammenfassend sagen, dass der *Großteil sozialwissenschaftlicher Identitätstheorien eine sozialkognitive Verengung* aufweist. Es wäre zwar falsch zu behaupten, Leib und Körper würden überhaupt nicht thematisiert, doch von einer *systematischen* Integration kann nicht die Rede sein. Zwar wird in manchen Ansätzen der Körper zum Thema, etwa als Organismus oder Triebhaushalt, während in anderen wiederum die Leiblichkeit der Subjekte in Form von Gefühlen oder Affekten irgendwie zum Vorschein kommt. Doch wenn Leib und/oder Körper in dieser Weise thematisiert werden, dann eher nebenbei als „Definitionsraum" (Frey/Haußer) oder implizit als biologische Grundlage, jedenfalls nicht als *zentrale Identitätskategorien*. Umgekehrt kann man den Ansätzen, die sich explizit mit dem Körper auseinander setzen, vorhalten, dass sie sich nur en passant mit personaler Identität befassen, von einer Identitätstheorie jedenfalls weit entfernt sind.

So bleibt nach dem Überblick über den Forschungsstand als Zielvorgabe für die weitere Arbeit zweierlei: Am Ende dieser Arbeit soll ein zeitgemäßes Identitätsmodell stehen, das erstens die Erkenntnisse der sozialwissenschaftlichen Identitätsforschung in der Weise integriert, dass es die zentralen formalen Identitätskriterien (Kontinuität, Anerkennung etc.) in Relation zu Leib und Körper setzt, so dass z.B. offensichtlich wird, welche Bedeutung dem Leib für das Kontinuitätsempfinden oder dem Körper für soziale Anerkennung zukommt. Darüber hinausgehend soll zweitens die Breite und Vielfalt der Identitätsrelevanz von Leib und Körper aufgezeigt werden, indem die bisherigen (dann Leib-Körper-theoretisch fundierten) Identitätskategorien durch spezifische Körperkategorien personaler Identität ergänzt werden. Wird das erste Ziel hauptsächlich in Teil 2 angegangen, so das zweite in

Teil 3; in Teil 4 erfolgt eine Synthese der erzielten Ergebnisse. Spätestens dann sollte offensichtlich sein, dass die Nichtberücksichtigung von Leib und Körper in sozialwissenschaftlichen Identitätskonzepten nicht bloß ein Fehlen von Aspekten ist, die auch ‚irgendwie' identitätsrelevant sind, sondern ein sachlich nicht zu rechtfertigendes Versäumnis.

Teil 2: Leib- und körpertheoretische Annäherungen an die personale Identität

Wie das vorangegangene Kapitel gezeigt hat, weist der Großteil der sozialwissenschaftlichen Ansätze zur Identität des Individuums eine sozial-kognitive Verengung auf. Damit ist ein Reduktionismus verbunden, der sich nur schwer rechtfertigen lässt. Der Mensch wird in diesen Ansätzen auf ein denkendes, mit kognitiven, vor allem sprachlichen Fähigkeiten ausgestattetes Lebewesen begrenzt, das zur Ausbildung und Aufrechterhaltung seiner Identität nicht mehr als seiner Kognition bedarf. Um diesen Reduktionismus, der Leib und Körper aus dem Prozess der Identitätsbildung ausklammert, zu beheben und nicht zugleich einem neuen Reduktionismus zu verfallen, der die kognitive Seite des Menschseins unterschlägt würde, soll nun ein alternativer Zugang zur Konzeption personaler Identität vorgestellt werden. Ausgangspunkt hierfür ist die leiblich-körperliche Verfasstheit des Menschen. Ausgehend von ihr soll im Folgenden ein Identitätsmodell skizziert werden, das erstens zeigt, inwiefern die leiblich-körperliche Verfasstheit des Menschen die Möglichkeitsbedingung personaler Identität ist, zweitens, wie Leib und Körper mit Kerndimensionen personaler Identität verwoben sind, und drittens, in welcher Weise Leib und Körper Medium personaler Identität sind. In diesem Identitätsmodell werden Leib und Körper den sozial-kognitivistisch verengten Identitätstheorien damit nicht bloß als zusätzliche Themen hinzugefügt, sondern Identität wird ‚von der Leib-Körper-Seite her' entworfen und den gängigen sozialwissenschaftlichen Identitätstheorien zu Grunde gelegt.

Dazu wird im Folgenden in drei Schritten vorgegangen werden, und dies (frei nach Robert K. Merton) auf den Schultern von vier Riesen der Leib- und Körpertheorie. Bei den vier Autoren handelt es sich um *Helmuth Plessner, Maurice Merleau-Ponty, Hermann Schmitz* und *Pierre Bourdieu*. Die Auswahl dieser Autoren begründet sich aus dem Dreischritt, der in Richtung eines Leib-Körperfundierten Identitätskonzepts unternommen wird. Um so grundlegend wie möglich anzusetzen, ist ein anthropologischer Zugang notwendig. Mit der philosophischen Anthropologie von *Helmuth Plessner* wird das identitätstheoretische Fundament gelegt, insofern hier das Mensch- und Personsein von der organischen Ausstattung des Menschen her und seiner Beziehung zu der ihn umgebenden Umwelt begründet wird. Mit Plessner werden auch die beiden für diese Arbeit entscheidenden Begriffe Leib und Körper eingeführt (Kap. 1). Im zweiten Schritt erfolgt eine leibphänomenologische Konkretisierung des philosophisch-anthropologischen Zugangs (Kap. 2). Die Phänomenologie bietet sich deshalb an, weil für die Entwicklung und Aufrechterhaltung einer Identität die Organisation von Erfahrungen grundlegend ist, und in

der Phänomenologie der Begriff der Erfahrung im Zentrum steht. Mit den Leibphänomenologien von Maurice Merleau-Ponty und Hermann Schmitz soll der Nachweis
erbracht werden, dass Erfahrungen immer leiblich sind. *Maurice Merleau-Pontys*
Leib-theorie dient vor allem dazu, die mediale Funktion des Leibes zu bestimmen:
Es ist der Leib mit seinen Wahrnehmungsorganen, der dem Menschen seinen Zugang zur Welt und damit auch zu sich selbst vermittelt (Kap. 2.1). Steht bei Merleau-Ponty insbesondere die visuelle und taktile Wahrnehmung im Mittelpunkt, so
mit *Hermann Schmitz* vor allem die eigenleibliche Erfahrung, das heißt, das Sich-
selbst-Spüren. Mit der Schmitzschen Leibtheorie kann zudem das für die Identität so
wichtige Kriterium des Identitätsgefühls auf seine spürbare, leiblich-affektive Basis
zurückgeführt werden (Kap. 2.2). Im dritten Schritt werden schließlich die anthropologisch-phänomenologischen Ausführungen in einen soziologischen Rahmen eingebettet. Mit Hilfe der Habitus-Theorie von *Pierre Bourdieu* soll zum einen der
Aspekt des Körperhabens noch einmal aufgegriffen und gezeigt werden, wie der
Körper als materielles und symbolisches Kapital als Medium für personale Identität
fungieren kann. Zum anderen dient die Habitus-Theorie dazu, die soziale und kulturelle Prägung leiblicher Selbsterfahrungen sowie des Umgangs mit der eigenen
Leiblichkeit und Körperlichkeit aufzuweisen (Kap. 3). Den Abschluss bildet
schließlich eine Systematisierung dieses Dreischritts in Form des Entwurfs eines
Leib-Körper-fundierten Identitätsmodells (Kap. 4), das im Weiteren als heuristischer
Bezugsrahmen für die empirische Untersuchung dienen wird.

Die Rezeption der vier Autoren wird – dies sei vorweg geschickt – in einer Weise erfolgen, die primär den Zweck verfolgt, deren Gewinn für die sozialwissenschaftliche Identitätstheorie deutlich zu machen. Weder Plessner und Merleau-
Ponty, noch Schmitz und Bourdieu haben sich selbst explizit mit dieser Thematik
befasst. Deshalb war das Selektionskriterium für die Auseinandersetzung mit diesen
Autoren die Frage, welche Aspekte ihrer Ansätze für die Fragestellung dieser Arbeit
von Nutzen sind. Um die Lesbarkeit der Kapitel zu erleichtern, wurde versucht, die
einzelnen Argumente und Begriffe in einen Gesamtzusammenhang zu stellen, der
sich aus dem Werk des jeweiligen Autors ergibt. Die Darstellung wird daher einen
affirmativen Charakter haben und Kritik vorzugsweise in den Fußnoten platziert
sein.

1. Der Mensch im Spannungsfeld von Leibsein und Körperhaben (Helmuth Plessner)

Als Grundlage des anthropologischen Zugangs zur Identitätsproblematik dient mir Helmuth Plessners philosophische Anthropologie[1]. Mit ihr ist die Möglichkeit gegeben, an der Leiblichkeit und Körperlichkeit des Menschen ansetzend das Fundament einer Leib-Körper-Theorie der Identität zu legen. Um diesen Ausgangspunkt so grundlegend wie möglich zu wählen, ist es notwendig, die spezifische Daseinsweise des Menschen in den Rahmen des organischen Lebens insgesamt einzubetten. Ein solcher Ansatz ermöglicht es, den Menschen nicht als Tier plus irgendeine besondere Eigenschaft, vorzugsweise Geist oder Vernunft, auffassen zu müssen. Das hat den Vorteil, auf klassische und in der Philosophie (wie auch in einigen Wissenschaftsdisziplinen) längst zum Problem gewordene Dichotomien verzichten zu können. Im ersten Schritt wird deshalb entlang des Prinzips der „Doppelaspektivität", das Plessners Theorie des Lebendigen zu Grunde liegt, die Einheit des Menschen als körperliches, geistiges und seelisches Wesen aufgezeigt (Kap. 1.1). Im Anschluss daran folgt die Kennzeichnung der besonderen Seinsweise des Menschen, die Plessner als „exzentrisch positioniert" bezeichnet. Im Rahmen dieser Darstellung werden die beiden für die hier vorliegende Arbeit entscheidenden Begriffe Leib und Körper eingeführt. Es wird sich zeigen, in welcher Weise Leib und Körper ineinander verschränkt sind, die Bedingung der Möglichkeit von Reflexivität darstellen, und dass der Mensch auf Grund seiner Exzentrizität permanent vor der Aufgabe steht, einen Ausgleich zu schaffen zwischen dem Leib, der er ist, und dem Körper, den er hat. Nur so ist es ihm möglich, eine Identität zu entwickeln (Kap. 1.2). Die exzentrische Positionsform bedingt, dass dem Menschen seine Identität zur unabwendbaren Aufgabe wird, und sie bedingt auch, dass sie intersubjektiv konstituiert ist (Kap. 1.3). Den Abschluss dieses Kapitels bildet eine nochmalige Auseinandersetzung mit dem anthropologischen Spannungsfeld, in dem sich der Mensch befindet, eben das Verhältnis von Leibsein und Körperhaben. Am Beispiel der humanspezifischen Ausdrucksweisen Lachen und Weinen wird gezeigt, wie fragil dieses Spannungsverhältnis ist (Kap. 1.4).

1.1 Menschsein als Einheit-in-der-Zweiheit

Helmuth Plessner entwickelt in *Die Stufen des Organischen und der Mensch* eine Theorie des Lebendigen, die er unter den fundamentalen Gesichtspunkt der „Doppelaspektivität" stellt. Ausgangspunkt seiner Untersuchung ist die Auseinandersetzung mit der Zwei-Substanzen-Lehre von René Descartes. Dieser Lehre zufolge zer-

---

1   Ich werde mich im Folgenden insbesondere auf Plessners 1928 erschienenes Hauptwerk *Die Stufen des Organischen und der Mensch* (Plessner 1975) beziehen, das ich als SOM mit Seitenzahl versehen zitieren werde. Des Weiteren werde ich die beiden Arbeiten *Lachen und Weinen* (Plessner 1982a) und *Conditio Humana* (Plessner 1964) heranziehen, die erste dabei als LuW zitieren und die zweite als CH.

fällt der Mensch in zwei Wesensheiten, die durch eine ontologisch unüberbrückbare Kluft getrennt sind: in „res extensa" (Körper, ausgedehntes Ding, Äußerlichkeit) einerseits und „res cogitans" (Seele, Geist, unausgedehntes Ding, Innerlichkeit) andererseits. Aus dieser ontologischen Differenzierung resultierte im Anschluss an Descartes auch eine methodologische, die dazu führte, dass fortan der Mensch entweder aus der Perspektive der Naturwissenschaften oder aus der Perspektive der Geisteswissenschaften untersucht worden ist. Mit seiner philosophischen Anthropologie, die er auch als philosophische Biologie begreift (SOM: 76), unternimmt Plessner den Versuch, den cartesianischen Dualismus zu überwinden und die Einheit von Körper und Geist, Naturwissenschaft und Geisteswissenschaft wiederherzustellen.

Seine Hauptkritik am cartesianischen Dualismus richtet sich dagegen, dass der Doppelaspekt von Innen und Außen, von Körper und Geist (oder Ich, Selbst, wie Plessner auch sagt) zu einem Fundamentalgegensatz erklärt wird, der eine Überführung dieser beiden Aspekte nicht mehr zulässt (bestenfalls ihre Wechselwirkung). Das Problem einer solchen Konzeption sieht Plessner darin, dass damit nicht geklärt werden kann, wie das in der naiven, unmittelbaren Erfahrung – z.B. im Lachen und Weinen, in der Wut oder der Freude, überhaupt im Bereich leiblichen Empfindens und Verhaltens – selbstverständliche, weil schlicht gegebene Zusammentreffen von Körper und Geist/Seele zu Stande kommt[2]. Wie der Mensch sich als unhinterfragte Einheit von Körper und Geist erfährt, bleibt im Cartesianismus eine offene Frage. Das Prinzip der Doppelaspektivität löst dieses Problem.

Hierzu ersetzt Plessner die philosophiegeschichtlich vorbelasteten Begriffe „res extensa" und „res cogitans" durch die Termini ausgedehnte „Äußerlichkeit" und unausgedehnte „Innerlichkeit" (SOM: 38ff.). Um das Verhältnis der Innen-Außen-Doppelaspektivität genauer bestimmen zu können, führt Plessner dann den Begriff der „Grenze" ein (SOM: 99ff.). Für seine Theorie des Lebendigen ist dieser Begriff insofern wichtig, da er mit ihm zwischen belebten (organischen) und unbelebten (anorganischen) Körpern unterscheiden kann. Die Differenz besteht darin, dass bei anorganischen Wesen wie etwa einem Stein die Grenze zwischen Körper und Welt *zwischen* Körper und Umwelt liegt, der Stein also einen eindeutigen Anfang und ein eindeutiges Ende hat, die von seinem Außen radikal getrennt sind. Bei lebendigen Wesen hingegen ist die Grenze, die Körper und Welt trennt, *Teil* des Körpers selbst, bzw. ist der Körper die Grenze seiner selbst und seiner Außenwelt. Die Körpergrenze ist selbst der „Übergang" (SOM: 103) zwischen dem Innen und dem Außen des Körpers. „Die Grenze wird zur Umschlagzone einer absoluten Innen-Außen-Richtungsdivergenz (d.i. Doppelaspektivität); in seiner Begrenzung ist der lebendige Körper auf Grund seines besonderen Verhältnisses zu seiner Grenze dieser Übergang von Innen und Außen selbst und erscheint damit in seiner Doppelaspektivität als Einheit von Innen und Außen" (Pietrowicz 1992: 351f.). Das cartesianische Al-

---

2   Descartes hat dieses Zusammentreffen von Körper und Seele in die Zirbeldrüse platziert. „Die Zirbeldrüse dürfte weder Geist noch Natur sein, doch offensichtlich gehört sie zum physiologischen Apparat. Descartes versucht, an der Körperlichkeit eine Stelle ausfindig zu machen, wo beide Bereiche zusammenhängen, aber das bleibt ein sehr spekulatives Unterfangen, weil dieses Mittelding in keinen der beiden Bereiche hineinpasst und sie auch nicht umschließt" (Waldenfels 2000: 19).

ternativprinzip von anschaulichem Außen („„res extensa") und unanschaulichem Innen („„res cogitans"), das Descartes für den Menschen aufgestellt hatte, überwindet
Plessner somit dadurch, dass er die beiden Aspekte als eine Einheit auffasst, die, und
das gilt nicht nur für Menschen sondern für das organische Leben insgesamt, durch
die Grenze des lebendigen Körpers hergestellt wird.

Auf das Verhältnis von Körper und (Um-) Welt und die Vermittlung von Innen
und Außen werde ich in meinen leibphänomenologischen Konkretisierungen ausführlich zu sprechen kommen (vgl. Kap. 2.2). An dieser Stelle soll stattdessen der
Frage nachgegangen werden, was die Doppelaspektivität von Innen und Außen für
den Menschen bedeutet. Auch wenn Plessner mit diesem Prinzip die belebten Körper insgesamt und in ihrer Unterscheidung von den unbelebten meint, so sagt er
doch auch, dass „streng genommen (..) im Doppelaspekt nur das Wesen (steht), welches als Selbst *und* körperliches Ding manifest ist; als körperliches Ding wie andere
wirkt, zugleich aber als Selbst sich bekundet und gegebenenfalls weiß. Dies soll (...)
nur ich selbst sein" (SOM: 70; Herv. im Orig.), und mit diesem „Ich" meint Plessner
den Menschen. Mit der Aussage, der Mensch sei unter dem Gesichtspunkt der Doppelaspektivität zu verstehen, ist also gemeint, dass er eine *Einheit-in-Zweiheit* darstellt, nämlich die *Einheit von Körper und Selbst*. Zur menschlichen Existenz gehört
es, der Doppelaspekt von Körper und Selbst zu sein. Hieraus ergibt sich das spezifische Selbstverhältnis, in dem sich der Mensch befindet. Denn als diese besondere
Form von Doppelaspekt existiert der Mensch *vor* jeder theoretischen oder (selbst-)
reflexiven Auseinandersetzung in einem doppelten Verhältnis zu sich selbst: Im unmittelbaren Vollzug des Lebens – im Verhalten, Empfinden, Wahrnehmen, Handeln,
Phantasieren – steht der Mensch als ein mit Sinnen ausgestattetes Wesen zu seiner
Außenwelt und zu seiner Innenwelt in einer indirekt-direkten Relation[3]. Direkt ist
seine Beziehung zur Innen- und Außenwelt, insofern sie von seiner physischen Existenz ausgeht (vergleichbar dem, was Merleau-Ponty als „leibliches *Zur-Welt-Sein*"
bezeichnet), indirekt ist sie deshalb, weil sie über die Sinne vermittelt ist[4]. Redeker
weist in diesem Zusammenhang auf Plessners Nähe zur Phänomenologie hin, wenn
er meint, dass Plessner mit dem Prinzip der Doppelaspektivität einen Ausgangspunkt gewählt habe, der „identisch" sei mit jenem von Sartres *Sein und Nichts*,
nämlich „das ‚präreflexive cogito' als die Art und Weise, in der der Mensch ein präreflexives Verhältnis zu sich selbst innerhalb seiner prätheoretischen Verhältnisse zu
dem anderen hat" (Redeker 1993: 86).

Als Ausgangspunkt für die Art und Weise, in der der Mensch sich selbst und andere erfährt, fungiert der Doppelaspekt von Innen und Außen, Körper und Geist,
Subjekt und Objekt nicht nur als fundamentaler Gesichtspunkt, unter dem Plessner
seine Theorie belebter Körper entfaltet, sondern auch für den hier unternommenen

---

3   Der Mensch steht Plessner zufolge mit Allem und Jedem in einer indirekt-direkten bzw. „vermittelt-
unmittelbaren" Beziehung; er nennt dies das „zweite anthropologische Gesetz" (SOM: 323ff.).

4   Auf die sinnliche Wahrnehmung der Innenwelt geht Plessner nur am Rande ein. Im Zentrum seiner
Untersuchung steht der anschauliche, sicht- und tastbare Körper, und nicht der ohne die äußeren Sinne gespürte Leib. Siehe hierzu Abschnitt 2.2.

Versuch, eine Leibtheorie der Identität zu formulieren. Dies wird deutlich werden, wenn die spezifische Seinsweise des Menschen genauer analysiert wird, wie dies im nachfolgenden Abschnitt geschieht, weil sich dann zeigen wird, dass und wie diese „regulative Idee" (ebd.: 83) der Doppelaspektivität auch im Leib-Körper-Verhältnis des Menschen zum Wirken kommt.

1.2 Identität als humanspezifische Aufgabe

Zur genaueren Kennzeichnung der Seinsweisen des Lebendigen führt Plessner den Begriff der „Positionalität" ein, mit dem die Form der wechselseitigen Beziehung lebender Organismen zu ihrem Umfeld bezeichnet ist: „Ein Lebewesen erscheint gegen seine Umgebung gestellt. Von ihm aus geht die Beziehung auf das Feld, in dem es ist, und im Gegensinne die Beziehung zu ihm zurück" (SOM: 131). Die Umweltbeziehung von Pflanzen nennt Plessner „offen", die von Tieren „zentrisch geschlossen" und die des Menschen „exzentrisch"[5]. Gemäß dem Prinzip des Stufenaufbaus, „wonach das Moment der niederen Stufe, als Prinzip gefasst, die nächsthöhere ergibt und zugleich als Moment in ihr auftritt (‚erhalten' bleibt)" (SOM: 290), ist der Mensch im Vergleich zum Tier als das entwicklungshöhere organische Wesen einerseits zentrisch positioniert, andererseits tritt er aus dieser Zentrierung heraus und nimmt insofern eine ex-zentrische Position ein:

> „Ist das Leben des Tieres zentrisch, so ist das Leben des Menschen, ohne die Zentrierung durchbrechen zu können, zugleich aus ihr heraus, exzentrisch. *Exzentrizität* ist die für den Menschen charakteristische Form seiner frontalen Gestelltheit gegen das Umfeld" (SOM: 291f.; Herv. im Orig.).

Das Leben des Tieres ist deshalb zentrisch, weil es ausschließlich auf sich selbst gestellt ist, ohne diese Selbststellung verlassen und in eine Gegenstandsstellung zu sich treten zu können. Es geht im Hier-Jetzt auf. Dieses Hier-Jetzt-Sein „wird ihm jedoch nicht gegenständlich, hebt sich nicht von ihm ab, bleibt Zustand, vermittelndes Hindurch konkret lebendigen Vollzugs. Das Tier lebt aus seiner Mitte heraus, in seine Mitte hinein, aber es lebt nicht als Mitte. (...) es erlebt nicht – sich" (SOM: 288). Das *Sich*-Erleben ist dem Menschen vorbehalten. Denn Sich-Erleben bedeutet, die eigene Mitte, das eigene Hier-Jetzt-Sein überschreiten und zu sich selbst in Distanz treten zu können. Es heißt, sich der Zentralität der eigenen Existenz bewusst zu werden, zu wissen, dass man Hier-Jetzt lebt, und in diesem Sich-Bewusstsein und Wissen ein reflexives Selbst-Verhältnis einzunehmen. Zwar erlebt der Mensch die Bindung an das Hier-Jetzt, die „Totalkonvergenz des Umfeldes und des eigenen Leibes"

---

5   Unter der „offenen" Positionsform, wie sie für Pflanzen kennzeichnend ist, versteht Plessner „diejenige Form, welche den Organismus in allen seinen Lebensäußerungen unmittelbar seiner Umgebung eingliedert und ihn zum unselbständigen Abschnitt des ihm entsprechenden Lebenskreises macht" (SOM: 219). Die die Seinsweise von Tieren darstellende „geschlossene" Positionsform ist jene Organisationsform, „welche den Organismus in allen seinen Lebensäußerungen mittelbar seiner Umgebung eingliedert und ihn zum selbständigen Abschnitt des ihm entsprechenden Lebenskreises macht" (ebd.: 226).

(SOM: 291) genauso wie das Tier, doch überschreitet der Mensch das Tiersein auf Grund des ihm als einzigem Lebewesen gegebenen Vermögens, sich selbst zum Gegenstand zu machen. Erst durch seine Fähigkeit zur Verobjektivierung bzw. *Reflexivität* ist es dem Menschen möglich, ein Selbst, ein „Ich" zu entwickeln. Der Mensch hat sich selbst, er weiß um sich, er ist sich seiner selbst bewusst, und darin ist er „Ich, der ‚hinter' ihm liegende Fluchtpunkt der eigenen Innerlichkeit, (...) der nicht mehr objektivierbare, nicht mehr in Gegenstandsstellung zu rückende Subjektpol" (SOM: 290). Die *Identität des Ich* basiert auf dem Wechselspiel von Selbst- und Gegenstandsstellung:

> „Zum Wesen der Selbststellung gehört die Spaltung in das Ich, auf das Bezug genommen wird, und in das Ich, welches Bezug nimmt. (...) Identität als Dieselbigkeit besteht geradezu in dem Fortgehen ‚von' dem Etwas, was identisch (mit ‚sich') sein soll, als Rückgang ‚zu' ihm. Um identisch zu sein, braucht also auch das Selbst, genauso gut wie jedes Etwas, den Fortgang ‚von' ihm als Rückgang ‚zu' ihm. Das Selbst steht im Doppelaspekt des Fortgangs ‚von' ihm (Akt, reiner Blick, cogitatio) als des Rückgangs ‚zu' ihm (Ich als Vollzugszentrum der Akte, Blicksender, res cogitans)" (SOM: 47).

Reflexivität ist ohne Zweifel eine der wichtigsten Bedingungen für die Herstellung und Aufrechterhaltung einer Identität. Plessners Auseinandersetzung mit dem Identitätsmerkmal Reflexivität bietet im Unterschied zu den meisten sozialwissenschaftlichen Identitätstheorien allerdings den theoretischen Vorteil, dass er die Identitätsrelevanz von Reflexivität nicht lediglich behauptet, sondern „apriorisch" begründet. Die Bedingung der Möglichkeit – das versteht Plessner unter ‚apriorisch' (SOM: XX) – von Reflexivität ist die körperliche (organische) Verfasstheit des Menschen. Es ist, genauer gesagt, die durch einen spezifischen Doppelaspekt gekennzeichnete exzentrische Positionsform des Menschen: Einerseits ist der Mensch körperlich (Leibsein) und damit an ein nicht-relativierbares Hier-Jetzt gebunden, worin er dem Tier gleich gestellt ist. Andererseits besitzt er als einziges Lebewesen die Fähigkeit, seine raumzeitliche Gebundenheit „hinter" sich zu lassen, „außersich" zu sein, und sich selbst zu reflektieren (Ich, Selbst). Dem Menschen, so Plessner,

> „ist der Umschlag vom Sein innerhalb des eigenen Leibes zum Sein außerhalb des Leibes ein unaufhebbarer Doppelaspekt der Existenz, ein wirklicher Bruch seiner Natur. Er lebt diesseits und jenseits des Bruchs, als Seele und Körper *und* als die psychophysisch neutrale Einheit dieser Sphären. Die Einheit überdeckt jedoch nicht den Doppelaspekt, sie lässt ihn nicht aus sich hervorgehen, sie ist nicht das den Gegensatz versöhnende Dritte, das in die entgegengesetzten Sphären überleitet, sie bildet keine selbständige Sphäre. *Sie* ist der Bruch, der Hiatus, das leere Hindurch der Vermittlung, die für den Lebendigen selber dem absoluten Doppelcharakter und Doppelaspekt von Körperleib und Seele gleichkommt, in der er ihn erlebt" (SOM: 292; Herv. im Orig.).

Die exzentrische Struktur des Menschen weist genaugenommen also eine dreifache Positionalität auf (vgl. zusammenfassend Tabelle 1): ein Sein innerhalb des Leibes (Leibsein), ein Sein außerhalb des Leibes (Körperhaben) und die Einheit dieser beiden Aspekte (Selbst)[6]. Plessner nennt ein Individuum, „welches positional derart

---

6 Analog zur dreifachen Person-Charakterisierung differenziert Plessner die Welt, in der sich der Mensch befindet, analytisch in Innen-, Außen- und Mitwelt (SOM: 293ff). Dem Sein innerhalb des Leibes entspricht die Innenwelt, die sich durch den Doppelaspekt von Seele und Erleben auszeichnet.

dreifach charakterisiert ist, (..) *Person*"[7] (SOM: 293; Herv. im Orig.). Und an anderer Stelle schreibt er. „Personalität ist offenbar zunächst ein formaler Grundzug unserer leiblichen Existenz, welche zwischen körperlichem Sein und dem Zwang, dieses körperliche Sein zu beherrschen, das heißt es zu haben, einen Ausgleich finden muss" (CH: 54). Einerseits *ist* der Mensch also sein Leib, da er, wie die Tiere auch, auf Grund seiner physischen Existenz, seiner biologischen Konstitution, raumzeitlich absolut festgelegt ist, nämlich auf das Hier-und-Jetzt. Wenngleich der Mensch sein Tiersein auf Grund seiner Fähigkeit zur Reflexion ‚hinter' sich lassen kann, so ist er doch andererseits unaufhörlich an sein Leibsein gebunden; sein Leibsein ist die Basis für seine Exzentrizität. Zugleich *hat* der Mensch aber auch seinen Körper, auf den er als ein Körperding wie auf andere physische Körper zugreifen kann und auf Grund dessen er sich in einem relativen, nicht-festgelegten Raum-Zeit-Kontinuum befindet. Durch das Körperhaben unterscheidet sich der Mensch vom Tier. Nur hat er seinen Körper nicht von Geburt an, vielmehr stellt sich ihm das Körperhaben als eine lebenslange (Lern-) Aufgabe. „‘Ich bin, aber ich habe mich nicht', charakterisiert die menschliche Situation in ihrem leiblichen Dasein", schreibt Plessner (CH: 49). Das meint, ich bin zwar mein biologischer Körper, aber weil ich es erst lernen muss, ihn zu beherrschen und zu kontrollieren, habe ich ihn nicht (per se). Meine körperliche Existenz ist mir zwar zuständlich gegeben, gegenständlich wird sie mir aber erst durch sozialisatorische Prozesse.

> „Das Ziel der Beherrschung, entweder im Dienst der Bejahung körperlichen Daseins und dann bald auf Spitzenleistung, bald auf völlige Entspanntheit, d.h. Grazie gerichtet, oder aber im Dienst der Körperverneinung, der Askese und Weltflucht, ist dem Menschen durch seine physische Existenz gestellt: *als* Leib *im* Körper. Mit dieser Doppelrolle muss sich jeder vom Tage seiner Geburt an abfinden. Jedes Lernen: zu greifen und die Sehdistanzen den Greifleistungen anzupassen, zu stehen, zu

---

Unter „Seele" versteht Plessner eine „vorgegebene Wirklichkeit der Anlagen, die sich entwickelt und Gesetzen unterworfen ist" (SOM: 296), also eine Art psychische Disposition; und als „Erlebnis" bezeichnet Plessner die „durchzumachende Wirklichkeit des eigenen Selbst im Hier-Jetzt, worin mich keiner ersetzen kann" (ebd.). In meinen Ausführungen zu Hermann Schmitz werde ich anhand der Begriffe „leibliche Disposition" und „affektives Betroffensein" zeigen, wie die beiden Termini „Seele" und „Erlebnis" leibphänomenologisch konkretisiert werden können (Kap. 2.2). Aus leibphänomenologischer Perspektive ist zudem zu beachten, dass Plessner den Doppelaspekt der menschlichen Existenz als Körper und Seele (oder Ich/Selbst – für Plessner der Kern der Innenwelt) fasst, und damit den Aspekt des Erlebens übergeht. Genauer wäre es, vom Doppelaspekt der Innen- und Außenwelt zu sprechen. Die Außenwelt – das Sein außerhalb des Leibes – ist nämlich der Körper, und das heißt, der Mensch im Doppelaspekt von Leib und Körperding. Leib meint dabei die absolute Mitte, in der der Mensch steht, das Hier-Jetzt-Sein, die physische Erscheinung, in der sich die Innenwelt befindet; Körper ist dagegen der relativ-örtliche, instrumentell einsetzbare Körper (SOM: 294f.). Auf das Leibsein und Körperhaben komme ich gleich zu sprechen, auf die Mitwelt als die „Sphäre des Geistes" gehe ich im nachfolgenden Abschnitt 1.3 ein.

7   In seinen mehr soziologischen Arbeiten führt Plessner den anthropologisch verstandenen und dem Gesichtspunkt der Doppelaspektivität angelehnten Begriff der „sozialen Rolle" als Kriterium für die Bestimmung von „Person" ein (vgl. Plessner 1983). Zur Person wird hiernach der Mensch auf Grund seines „Doppelgängertums", nämlich zugleich Privat- und öffentliche Person zu sein. Die Einnahme einer sozialen Rolle ermöglicht es dem Individuum, gleichzeitig ein privates Wesen (auf Grund dessen, dass man sich ein persönliches Bewusstsein von der eingenommenen Rolle verschafft) und ein öffentliches Wesen (auf Grund dessen, dass andere einen selbst als Träger einer Rolle wahrnehmen) zu sein, wodurch es eine Person wird.

laufen usw. vollzieht sich auf Grund und im Rahmen dieser Doppelrolle. Der Rahmen selbst wird nie gesprengt. Ein Mensch *ist* immer zugleich Leib (Kopf, Rumpf, Extremitäten mit allem, was darin ist) – auch wenn er von seiner irgendwie ‚darin' seienden Seele überzeugt ist – und *hat* diesen Leib als diesen Körper" (LuW: 238; Hervor. im Orig.).

Dabei kann es sich der Mensch nicht aussuchen, mal den einen Aspekt, mal den anderen Aspekt zu leben. Leibsein und Körperhaben sind ihm ein unaufhebbarer Doppelaspekt seiner menschlicher Existenz, weshalb er in jedem Moment seines Daseins genötigt ist, eine *Balance zwischen Leibsein und Körperhaben* herzustellen.

Struktur der exzentrischen Positionalität	Charakteristika	Welt-Bezug	Doppelaspektivität
Leibsein	- Sein innerhalb des Leibes - biologisch-organische Existenz (Gliedmaßen, Rumpf, Sinne etc.) - Hier-Jetzt-Sein - Zustandsstellung	Innenwelt	Seele und Erleben
Körperhaben	- Sein außerhalb des Leibes - Instrumenteller und expressiver Umgang mit dem Leibsein - Außersichsein - Gegenstandsstellung	Außenwelt	Leib und Körperding
Selbst (Ich)	- Einheit von Leibsein und Körperhaben - Selbststellung	Einheit von Innen- und Außenwelt, Balance von Leibsein und Körperhaben	Seele, Erleben, Leib, Körperding
Person			

Tabelle 1: Die exzentrische Positionalität des Menschen

Ich komme auf das Spannungsverhältnis von Leibsein und Körperhaben, in dem sich der Mensch permanent befindet, im Abschnitt 1.4 noch einmal zu sprechen. Zunächst möchte ich der Frage nachgehen, was es für die *personale Identität* bedeutet, dass der Mensch in einer exzentrischen Positionsform lebt.

Aus der Struktur der menschlichen Lebensweise folgt, wie eben ausgeführt, dass „ich bin, mich aber nicht habe". Dadurch jedoch wird dem Menschen sein Leben zum Problem. Er kann nicht, wie die Pflanze, nur vegetieren, und er kann auch nicht, wie das Tier, ausschließlich im Hier-Jetzt leben. Der Mensch ist auf Grund seiner Exzentrizität gezwungen, sein Leben zu *führen*, zu gestalten, und damit auch sich selbst zu realisieren. „Als exzentrisch organisiertes Wesen muss er [der Mensch, R.G.] sich zu dem, was er *schon ist, erst machen.* (...) Der Mensch lebt nur, indem er ein Leben führt" (SOM: 309f.; Herv. im Orig.). Es ist der Bruch im Doppelaspekt seines Seins, Leib-zu-sein und zugleich seinen Körper-zu-haben, der den Menschen zu den ‚klassischen' Lebensfragen führt: ‚Wer bin ich und wer will ich sein?', ‚Wie soll und wie will ich leben?'. Auf Grund seiner Exzentrizität ist der Mensch, wie Plessner sagt, „ortlos, zeitlos, im Nichts stehend" (SOM: 310). Ins Nichts gestellt, ist es ihm existenziell auferlegt, sich sein Sein, sein Selbstsein zu schaffen[8]. Dieser Aufgabe kann sich der Mensch nicht entziehen. Er muss sich zu dem, was er ist, selbst machen. Seine *Identität* stellt sich ihm als *anthropologisch begründete Notwendigkeit* dar. Konstruktivistisch gewendet und in eine sozialwissenschaftliche Terminologie gekleidet heißt das, der Mensch steht auf Grund seiner leibkörperlichen Verfasstheit vor der Aufgabe, seine Identität selbst zu konstruieren, zu „basteln" (Ronald Hitzler). Diese anthropologische und damit universelle Begründung der Identität-als-Aufgabe darf nun allerdings nicht mit dem Argument etwa von Berger, Berger und Kellner (1975: 83), Luckmann (1979a: 293) oder Giddens (1991: 74) verwechselt werden, wonach die Suche nach Identität ein spezifisch *modernes* Phänomen sei. Die *Suche* nach der eigenen Identität ist zweifellos eine soziale Erscheinung, die insbesondere – aber sicherlich auch nicht ausschließlich – in funktional ausdifferenzierten, ein bestimmtes Niveau an ökonomischem Wohlstand, pluralisierte Lebensformen und kulturelle Heterogenität aufweisenden Gesellschaften anzutreffen ist. In diesen Gesellschaften findet sich auch eine entsprechende Vielfalt an Sinnstiftungs- und Identitätsangeboten. Doch das hat nichts damit zu tun, dass die Aufgabe der Identitäts- oder Selbstfindung eine humanspezifische ist, derer sich in jeder Kultur und zu jeder historischen Epoche die Menschen zu stellen haben. Wenn dem nicht so wäre, gäbe es überhaupt keine Kultur, ist doch Kultur letztlich nichts anderes als das Resultat der Auseinandersetzung von Menschen mit der (selbstverständlich nicht notwendigerweise explizit gestellten) Frage, wie sie ihr Leben bewältigen und gestalten wollen.

Das heißt nun wiederum nicht, dass Kultur im Belieben des Menschen läge. Vielmehr ist Kultur das anthropologische Korrelat zur humanspezifischen Aufgabe der Identitätskonstruktion. Identität und Kultur bedingen sich wechselseitig. Plessner bezeichnet es als das „erste anthropologische Gesetz", dass der *Mensch von Natur ein Kulturwesen* ist.

> „Weil dem Menschen durch seinen Existenztyp aufgezwungen ist, das Leben zu führen, welches er lebt, das heißt zu machen, was er ist – eben weil er nur ist, wenn er vollzieht – braucht er ein Komplement nicht-natürlicher, nichtgewachsener Art. Darum ist er von Natur, aus Gründen seiner Existenzform, *künstlich*" (SOM: 310; Herv. im Orig.).

---

8   Hier zeigt sich eine offensichtliche Nähe zwischen Plessners philosophischer Anthropologie und der Existenzphilosophie Sartres (vgl. Sartre 1993). Auf die Parallelen und Gegensätzlichkeiten zwischen Plessner und Sartre weist immer wieder Redeker (1993) in seiner Darstellung der Plessnerschen Philosophischen Anthropologie hin.

Der Mensch muss gewissermaßen seine ihm eigene Natur, seinen Körper, der ihm im Doppelaspekt von Sein und Haben gegeben ist, kultivieren, um er selbst zu werden, und dazu benötigt er die von ihm bearbeitete äußere Natur. Plessner bezeichnet Kultur darum auch als die „zweite Natur" des Menschen (SOM: 311), da sie in seiner Natur als organisches Wesen angelegt ist[9]. Es ist die Unausgeglichenheit der exzentrischen Position, die den Menschen dazu zwingt, so Redeker, „Normen, Werte, Werkzeuge, Kunstwerke, Gesetze, Gesellschaftsstrukturen, äußere Formen und Codes, ein ganzes kulturelles Netzwerk zur Vervollständigung seiner eigenen Unvollkommenheit (zu) schaffen" (Redeker 1993: 156). Selbstsein[10], Selbstwerdung und Kultur gehen, anthropologisch gesehen, somit Hand in Hand. Aus soziologischer Sicht bedeutet das, dass sozio-kulturelle Veränderungsprozesse, wie sie derzeit bspw. mit Begriffen wie Pluralisierung, Individualisierung oder Ästhetisierung bezeichnet werden, notwendigerweise Auswirkungen auf den Prozess der Selbstwerdung bzw. der Identitätsbildung haben müssen. Seinen zeitgenössischen Ausdruck findet dieses anthropologisch begründete Verhältnis von Identität und Kultur bspw. in postmodernen Identitätskonzepten (vgl. Teil 1, Kap. 4).

1.3 Zur anthropologischen Begründung der intersubjektiven Konstitution personaler Identität

Wie die letzten Ausführungen gezeigt haben, ist Identitätsbildung keine rein individualistische Angelegenheit, sondern, aus anthropologischen Gründen, über Kultur vermittelt. Eine der ersten Erfahrungen, die der neugeborene Mensch mit der Kultur macht, ist dabei die Wahrnehmung anderer Menschen. Wie Plessner sagt, ist in der exzentrischen Positionsform angelegt, dass der Mensch in einer seinem Sein vorgängigen *intersubjektiven* Welt lebt: der Mensch wächst in eine von anderen Menschen bereits bewohnte Welt hinein. Plessner nennt diese intersubjektive, von Mitmenschen bewohnte Welt „Mitwelt". Sie ist die anthropologische Bedingung dafür, dass eine Person sich überhaupt als ein Selbst erfassen kann.

---

9   Sinngleich spricht auch Arnold Gehlen von der „Natürlichkeit des Kulturellen" (Gehlen 1993c: 78), vom „Mängelwesen" Mensch, das sich seine Kultur durch handelndes Einwirken auf seine eigene sowie die ihn umgebende Natur schaffe (Gehlen 1993a: 21), und wörtlich wie Plessner von der Kultur als „zweite Natur" des Menschen: „Der Mensch ist also organisch ‚Mängelwesen' (Herder), er wäre in jeder natürlichen Umwelt lebensfähig, und so muss er sich eine zweite Natur, eine künstlich bearbeitete und passend gemachte Ersatzwelt, die seiner versagenden organischen Ausstattung entgegenkommt, erst schaffen, und er tut dies überall, wo wir ihn sehen. Er lebt sozusagen in einer künstlich entgifteten, handlich gemachten und von ihm ins Lebensdienliche veränderten Natur, die eben die Kultursphäre ist. Man kann auch sagen, dass er biologisch zur Naturbeherrschung gezwungen ist" (Gehlen 1993b: 48). (Die These vom Menschen als Mängelwesen ist inzwischen heftig kritisiert und z.B. von Walter L. Bühl als „Fiktion" bezeichnet worden [Bühl 1987: 35].)

10   Für den weiteren Fortgang der Arbeit ist es von Bedeutung, dass Plessner das *Selbstsein* als die *spürbare* Innenwelt bezeichnet, als das, was man „in sich spürt, erleidet, durchmacht, bemerkt und welches man ist" (SOM: 299). Plessner selbst geht auf diesen leiblichen Aspekt des Selbstseins nicht weiter ein; mit Hermann Schmitz werde ich deshalb mein Augenmerk genau hierauf richten.

„Jeder Realsetzung eines Ichs, einer Person in einem einzelnen Körper", so Plessner, „ist die Sphäre des Du, Er, Wir vorgegeben. Dass der einzelne Mensch sozusagen auf die Idee verfällt, ja dass er von allem Anfang an davon durchdrungen ist, nicht allein zu sein und nicht nur Dinge, sondern fühlende Wesen wie er als Genossen zu haben, beruht nicht auf einem besonderen Akt, die eigene Lebensform nach außen zu projizieren, sondern gehört zu den Vorbedingungen der Sphäre menschlicher Existenz" (SOM: 301).

Dass der je individuellen menschlichen Existenz das Dasein anderer vorgängig ist, hat zur Folge, dass sie sich mit diesen anderen auseinander setzen *muss*. Diese Auseinandersetzung ist in einem konkret empirischen Sinne gemeint, aber auch in einem anthropologischen: Andere existieren für mich nicht nur als konkret erfahrbare Bezugspersonen, vielmehr sind sie mir als mein Universum, das sich in Ideen, Weltdeutungsmustern, Vorstellungen, Glaubensformen etc. manifestiert, gegeben. In diesem Sinne spricht Plessner von der Mitwelt auch als der „Sphäre des Geistes" (SOM: 303). Ich wachse in die mich umgebende geistige Wir-Sphäre hinein, nehme anderes und andere wahr und in mich auf und kann erst dadurch mich selbst objektivieren. Die Konsequenz, die sich aus der existenziellen Vorgegebenheit – in den Worten Meads – von signifikanten und des generalisierten Anderen für den Menschen ergibt, ist, dass er sich nur *vermittelt durch diese anderen selbst erfassen* kann. „Selbstdeutung und Selbsterfahrung gehen über andere und anderes. Der Weg nach Innen bedarf des Außenhalts. Wie er gegangen wird (...) entspricht stets der Auffassung der Außenwelt und der sozialen Verfassung. Dass er gegangen werden musste und muss, liegt jedoch in der menschlichen Positionalität als Zwang und Chance begründet, die sich dem direkten Zugriff nur öffnet, wenn sie vollzogen wird" (CH: 54). Plessner bezeichnet dies auch als „Gesetz der vermittelten Unmittelbarkeit" – das zweite anthropologische Gesetz – bzw. als indirekte Direktheit (SOM: 323ff.): Der Mensch kann eine eigene Unmittelbarkeit oder Direktheit nur durch die Möglichkeit gewinnen, eine Distanz zu sich selbst (und anderen) einzunehmen; und diese Selbstdistanzierung erfolgt notwendigerweise vermittels des Umwegs über andere.

Sich selbst zu erfahren und eine Identität zu entwickeln hat also immer die Gesellschaft zur Voraussetzung. Identität bedarf der *intersubjektiven* Konstitution. Das erinnert an die Identitätstheorie von George Herbert Mead. Zwischen Plessner und Mead besteht hier eine Gemeinsamkeit darin, dass sie beide Individuum und Gesellschaft als gleichberechtigte Bestandteile des Selbst auffassen: Während Mead die Struktur des Selbst in ein individuelles „I" und ein gesellschaftliches „Me" gliedert, spricht Plessner von einem „individuellen" und einem „allgemeinen" Ich, welche das Individuum an sich unterscheiden müsse (SOM: 300); zusammen ergeben I und Me bzw. individuelles und allgemeines Ich das Selbst.[11]

---

11 Angesichts dieser Gemeinsamkeit – bei weitem nicht die einzige – erstaunt es, dass sich Plessner im Gegensatz zum zweiten Protagonisten der philosophischen Anthropologie, Arnold Gehlen in seinen Arbeiten nie auf Mead bezogen oder sich mit ihm auseinander gesetzt hat. Siehe hierzu Rehberg (1985), der weitere Gemeinsamkeiten wie auch Unterschiede zwischen Plessner und Mead aufzeigt.

1.4 Die Verschränktheit von Leibsein und Körperhaben am Beispiel von Lachen und Weinen

Das menschliche Dasein, so wurde gesagt, bewegt sich permanent im Spannungsfeld von Leibsein und Körperhaben. Der Mensch *ist* sein Leib in dem Sinne, dass er seine Gliedmaßen, seine Organe, seine Sinne und seine Motorik ist, und er *hat* diesen seinen Leib, wodurch er ihm zum Körper wird, indem er ihn beherrscht, gebraucht oder darstellt. Wegen der zentralen Bedeutung, die die Kategorien Leibsein und Körperhaben für das hier anvisierte Identitätsmodell haben, möchte ich auf das humanspezifische Leib-Körper-Verhältnis noch einmal gesondert eingehen. Zur Explikation wähle ich Plessners Analyse von Lachen und Weinen, weil sich im Lachen und Weinen wie „in keiner anderen Äußerungsform (...) die geheime Komposition der menschlichen Natur unmittelbar (enthüllt)" (LuW: 236). Genau genommen handelt es sich hier um ein ex negativo Beispiel für „die Komposition der menschlichen Natur", weil, wie sich gleich zeigen wird, im Lachen und Weinen der Ausgleich zwischen Leibsein und Körperhaben gerade *nicht* gelingt.

Lachen und Weinen sind Ausdrucksformen, über die allein der Mensch verfügt; sie gehören zu den menschlichen Monopolen wie auch Sprache, Kleidung, Religion oder Gebärden. Sie sind eine Form von Expressivität[12] – neben bzw. zwischen Sprache, Gestik und Mimik liegend (vgl. LuW: 255ff.; Honneth/Joas 1980: 77ff.) – und insofern „eine ursprüngliche Weise, damit fertig zu werden, dass man einen Leib bewohnt und zugleich ein Leib ist" (LuW: 249). Sie sind mit anderen Worten ein Ausdruck dafür, dass der Mensch mit der Spannung zwischen seinem Leibsein und Körperhaben leben und sie beständig neu ausgleichen muss. Dieser Spannung wird man im unmittelbaren Lebensvollzug gar nicht gewahr, sie zeigt sich explizit erst in Situationen, in denen die exzentrische Positionalität des Menschen *gestört* ist.

Im normalen Vollzug der Existenz sind Leibsein und Körperhaben ineinander verschränkt und gehen beständig ineinander über. Der Mensch kann zwischen diesen beiden Daseinsweisen nicht nach Belieben wählen, da es sich um keine Alternativen handelt. Dies zu glauben hieße, „die *Notwendigkeit ihrer gegenseitigen Verschränkung* missverstehen. Ohne Gewissheit der Binnenlage meiner selbst in meinem Körper keine Gewissheit unmittelbaren Ausgeliefertseins meiner selbst als Körper an Wirkung und Gegenwirkung der anderen körperlichen Dinge. Und umgekehrt: Ohne die Gewissheit des Draußenseins meiner selbst als Körper im Raum der körperlichen Dinge keine Gewissheit des Drinseins meiner selbst in meinem Leib, d.h. keine Beherrschung des eigenen Körpers, keine Abstimmung seiner Motorik auf die Umgebung, keine ‚richtige Auffassung' von der Umgebung" (LuW: 373; Herv.: R.G.). In *normalen* Situationen, also solchen, die bewältigbar sind, bedient der Mensch sich seines Körpers bewusst oder unbewusst, willkürlich oder unwillkürlich

---

12 Expressivität bildet zusammen mit Instrumentalität die zwei Weisen, in denen der Mensch seinen Leib gegenständlich erfährt, das heißt, seines Körperhabens. „Der Mensch setzt den Körper entweder als Instrument seiner Interaktionen ein, in der kommunikativen oder instrumentalen Handlung, oder er gibt ihn als Ausdrucksmittel seiner Gefühle und Absichten frei, in der Geste, dem mimischen Ausdrucksverhalten und der Sprache" (Honneth/Joas 1980: 76f.).

als Instrument. Indem er auf die Anforderungen der Situation handelnd, sprechend, in Form von Gesten oder Gebärden antwortet, hält der Mensch das Verhältnis zu seinem Körper aufrecht. Wenn jedoch die Anforderungen und Erwartungen der Situation unerfüllbar sind, die Situation unbeantwortbar wird, ist es dem Menschen nicht mehr möglich, sprechend oder handelnd, durch Gesten oder Gebärden zu reagieren. Er ist sprachlos und handlungsunfähig, weil er die Situation nicht mehr ernst nehmen und ihrer Mehrsinnigkeit nicht entkommen kann, oder weil er verlegen, ergriffen, innerlich getroffen, gerührt, erschüttert ist. In solchen unbeantwortbaren und nicht bedrohlichen[13] Situationen „verfällt" der Mensch ins Lachen oder lässt sich ins Weinen „fallen" (LuW: 273). Das (scheinbare) Paradox hierbei ist, dass der *Mensch* in Situationen des Lachens und Weinens sein Verhältnis zu seinem Körper verliert, seine Selbst-Beherrschung aufgeben muss, und sich gerade dadurch aber als *Person* behauptet. „Der Mensch kapituliert als Leib-Seele-Einheit, d.h. als Lebewesen, er verliert das Verhältnis zu seiner physischen Existenz, aber er kapituliert nicht als Person. Er verliert nicht den Kopf. Auf die unbeantwortbare Lage findet er gleichwohl – kraft seiner exzentrischen Position, durch die er in keiner Lage aufgeht – die einzig noch mögliche Antwort: von ihr Abstand zu nehmen und sich zu lösen" (LuW: 276). Der Mensch antwortet als Körper, und gerade dadurch erweist er sich – als Person – der Situation als gewachsen.

Lachen und Weinen ist also *gemein*, dass sie das passende Verhalten auf Situationen sind, die durch eine instrumentelle Verwendung des Körpers nicht beantwortbar sind[14]. Vor dem Hintergrund, dass das Verhältnis des Menschen zu seinem Körper im normalen Lebensvollzug – in dem er sich zu orientieren weiß, der ihm einen gewissen Handlungsspielraum sowie Sinn erkennen lässt (LuW: 360f.) – instrumentellen Charakter hat, sind Lachen und Weinen *expressive Reaktionen auf Grenzen, an die das normale Verhalten stößt* (vgl. CH: 62). Sie sind Antworten auf eine Grenzlage, in die allein der Mensch kommen kann. Das *Gegensätzliche* von Lachen und Weinen ist in den Anlässen begründet, die diese beiden Ausdrucksformen hervorrufen. Da ich hierauf nicht näher eingehen will, sei nur in allgemeiner Form auf den Unterschied hingewiesen. Er besteht darin, dass der Anlass des Lachens in der „Unterbindung des Verhaltens durch unausgleichbare Mehrsinnigkeit der Anknüpfungspunkte" besteht, wohingegen das Weinen auf Grund einer „Unterbindung des Verhaltens durch Aufhebung der Verhältnismäßigkeit des Daseins" ausgelöst wird (LuW: 379).

Das hier Interessante am Lachen und Weinen besteht darin, dass sie in expliziter Form – ex negativo – die Verschränktheit von Leibsein und Körperhaben verdeutlichen. Zeichnet sich das normale menschliche Dasein durch die Notwendigkeit aus, beständig einen Ausgleich zwischen diesen beiden Daseinsweisen herzustellen, so

---

13 Unbeantwortbare und zugleich bedrohliche Situationen, so Plessner, „erregen Schwindel. Der Mensch kapituliert als Person, er verliert den Kopf" (LuW: 275).

14 Damit soll natürlich nicht gesagt sein, dass es nicht auch *instrumentell eingesetztes* Lachen und Weinen gibt. Man denke z.B. an das Auslachen von jemandem oder an das ‚professionelle' Weinen von Klageweibern.

wird im Lachen und Weinen dessen Zerbrechlichkeit deutlich. Im unwillkürlichen
Lachen und Weinen emanzipiert sich der Körper von der Person (LuW: 375), Körper und Person divergieren voneinander, der Körper übernimmt das Handlungsregi-
ment. Im Lachen wie im Weinen ist der Mensch nur noch Leib, aber er hat ihn nicht
mehr als seinen Körper; ein Haben liegt lediglich in der Weise vor, dass jetzt der
Körper den Menschen hat, nicht mehr aber der Mensch seinen Körper. Mit Schmitz
(vgl. Kap. 2.2) könnte man sagen, der Mensch „regrediert" im Lachen und Weinen
auf seine leibliche Basis, ist nur noch Leib, weil er keine Distanz mehr zu sich hat.
Und gleichwohl behauptet er sich als Person, ja, sichert mitunter seine personale
Identität gerade dadurch, dass ihn körperliche Vorgänge übermannen. Dies deshalb,
weil Lachen und Weinen je konkrete Antworten auf je konkrete Situationen sind,
und die Art und Weise, in der ich auf die je gegebene situationale Anforderung reagiere, sagt etwas aus darüber, wer ich bin, und zwar für andere wie auch für mich
selbst. In bestimmten Situationen nicht zu lachen, schon zu lachen, zu laut oder zu
leise zu lachen, und dies in ähnlichen Situationen immer wieder zu tun, genauso wie
typischerweise in bestimmten Situationen nicht zu weinen oder eben schon zu weinen, oft oder praktisch nie zu weinen, das eignet sehr wohl zur Selbst- und Fremdidentifikation. Ich und andere erkennen mich, weil ich über eine bestimmte Sorte von
Witzen immer lachen muss, und zwar herzhaft, weil ich immer, wenn ich verlegen
bin, lachen muss, oder weil ich von der seichtesten Soap-Opera zu Tränen gerührt
werde. Da es der eigene Leib ist, der automatisch die Rolle des Antwortenden in
solchen Situationen übernimmt, in denen die zwischen dem Leibsein und dem Körperhaben vorherrschende Spannung nicht mehr aufrechtzuhalten ist, ist dieses Verhalten ein um so authentischerer Verweis auf das Selbst der betroffenen Person. Der
Körper lügt nicht, da Lachen und Weinen unwillkürliche Akte sind (abgesehen von
den Situationen, in denen sie zu strategischen Zwecken eingesetzt werden). Oder
wie Plessner sagt: „Lachend und weinend ist er [der Mensch] das Opfer seiner exzentrischen Höhe" (CH: 65)[15].

2. Leibliche Erfahrung als Basis personaler Identität

Die Auseinandersetzung mit Plessners philosophischer Anthropologie hat gezeigt,
dass die Herstellung einer Identität für den Menschen eine Aufgabe darstellt, der er
sich auf Grund seiner organischen Ausstattung nicht entziehen kann. Der Mensch
muss sein Leben führen, was heißt, eine Balance zwischen seinem zuständlichen
Leibsein und seinem gegenständlichen Körperhaben herstellen; in dieser Balance
konstituiert das menschliche Individuum sein Selbst. In Hinblick auf die Identitätsfrage ist festzuhalten, dass Körperhaben bedeutet, sich selbst zum Gegenstand zu
machen, sich zu reflektieren, wobei diese Fähigkeit zur Selbstreflexion vermittelt ist
durch die intersubjektive Welt, in der der Mensch von Geburt an lebt. Körperhaben

---

15 Und Plessner fügt dieser Aussage noch hinzu: „lächelnd gibt er ihr Ausdruck". Zum Lächeln siehe
     Plessner (1982b: 419-434).

meint darüber hinaus den instrumentellen und/oder expressiven Umgang mit dem eigenen Körper, was auf den Körper als Medium für die Identität des Individuums verweist. Dem Körperhaben ist das Leibsein ontogenetisch vorgängig. Daher kann das Leibsein als Basis personaler Identität bezeichnet werden. Das zeigt sich auch darin (bzw. wird sich noch zeigen), dass für das Individuum seine personale Identität erst durch die Erfahrung der eigenen Zuständlichkeit zur sicheren Gewissheit wird. Um diesen Aspekt, den Plessner nur am Rande thematisiert hat, deutlich zu machen, soll nun die Kategorie der leiblichen Erfahrung als Basis personaler Identität in den Blick genommen werden.

Worum es in diesem Kapitel gehen wird, ist die Frage nach der *Funktion* des Leibseins für die personale Identität[16]. Die Beantwortung dieser Frage soll auf phänomenologischem Wege unternommen werden. Ausgangspunkt ist dabei Plessners Auffassung vom Leibsein als dem ontologischen ‚Ort‘ der *Innenwelt* des Menschen (s.o.). Der Leib ist die Innenwelt, die sich durch den Doppelaspekt von Seele und Erleben auszeichnet. Mit der Innenwelt bzw. mit der Seele und dem Erleben hatte sich Plessner jedoch nicht weiter beschäftigt, da sein vorrangiges Interesse dem gegenständlichen Körper lebender Wesen und dessen Beziehung zur Umwelt galt. In Hinblick auf die Identität des Individuums interessiert jedoch gerade der Aspekt der Innenwelt. Die Innenwelt wird im Folgenden allerdings nicht als Seele und Erleben thematisiert, sondern unter dem Gesichtspunkt der *Erfahrung*. Das hat zwei Gründe: Plessners Verständnis von Seele als „vorgegebene Wirklichkeit der Anlagen, die sich entwickelt und Gesetzen unterworfen ist" und von Erlebnis als „durchzumachende Wirklichkeit des eigenen Selbst im Hier-Jetzt, worin mich keiner ersetzen kann" (SOM: 296), lässt sich zum einen phänomenologisch konkretisieren, indem man den Leibgehalt der ‚vorgegebenen Anlagen‘ und der ‚durchzumachenden Realität‘ hervorhebt. Die Seele entspricht dann dem, was Hermann Schmitz die erfahrungsstrukturierende „leibliche Disposition" nennt (s.u.), während sich Erlebnis mit unmittelbarer Erfahrung übersetzen lässt, die Merleau-Ponty auch als Wahrnehmung und Schmitz als Spüren bezeichnet (s.u.). Diese leibphänomenologische Konkretisierung hat zum anderen den Vorteil, das leibliche Fundament der personalen Identität genauer aufzeigen zu können. Eingangs wurde gesagt, Identität sei – in einem allgemeinen Sinne – als das immer nur vorläufige Resultat der Organisation von Erfahrungen zu verstehen, weshalb Erfahrungen als Basis von Identität anzusehen sind. Mit Hilfe der Leibphänomenologien von Merleau-Ponty und Schmitz wird sich nun zeigen, dass Erfahrungen immer leiblich sind[17]. Ziel dieses zweiten Schrittes in Richtung einer Leib-Körpertheorie personaler Identität ist es damit, die Bedeutung *leiblicher Erfahrungen* für die Ausbildung und Aufrechterhaltung einer personalen Identität herauszuarbeiten.

---

16 Der Aspekt des Körperhabens steht im Kapitel zu Pierre Bourdieu und vor allem im empirischen Teil dieser Arbeit im Mittelpunkt.

17 Vgl. hierzu auch Stopczyk (1998: 117).

2.1 Der Leib in seiner Wahrnehmungsfunktion (Maurice Merleau-Ponty)

Mit der Leibphänomenologie von Maurice Merleau-Ponty soll nun gezeigt werden, wie der Mensch auf Grund seiner leiblichen Verfasstheit zugleich in ein Selbst- und ein Weltverhältnis tritt. Es ist der Leib[18] mit seinen Wahrnehmungsorganen, der dem Menschen seinen Zugang zur Welt und damit auch zu sich selbst vermittelt. Die Wahrnehmung ist für Merleau-Ponty ein „Grundphänomen" (Merleau-Ponty 1966: 66), weil sie den allerersten, unaufhebbaren Kontakt mit der Wirklichkeit ermöglicht. Sie ist ein grundlegendes Phänomen, da erst durch Wahrnehmungserfahrungen – ein von Merleau-Ponty häufig verwendeter Ausdruck – ein Zugang zu allem Erscheinungsmäßigen möglich ist, und da sie die Grundbedingung aller Erlebnis- und Verhaltensweisen darstellt. Insofern kann man vom ontologischen „Primat der Wahrnehmung" (Meyer-Drawe 1984: 142; Waldenfels 1983: 160) sprechen. Merleau-Ponty hat dieses Primat der Wahrnehmung insbesondere in seinem 1945 erschienenen Werk Die Phänomenologie der Wahrnehmung aufgezeigt, und dabei seiner Theorie der Wahrnehmung eine Theorie des Leibes zu Grunde gelegt. Aus diesem Grund stütze ich mich vorrangig auf dieses Werk[19]. Dabei werde ich mich auf vier Aspekte konzentrieren. Zunächst soll die Funktion des Leibes als Vermittler zwischen Ich und Welt dargelegt werden (Kap. 2.1.1), daran schließen sich Ausführungen zur Leiblichkeit der Wahrnehmung (Kap. 2.1.2) sowie zur Dialektik von Erfahrung und Reflexion an, wobei gezeigt werden soll, das letztere in ersterer fundiert ist (Kap. 2.1.3). Schließlich geht es darum, die Bedeutung der leiblichen Existenz für die Konstituierung intersubjektiven Sinns aufzuzeigen (Kap. 2.1.4).

2.1.1 Der Leib als Vermittler zwischen Ich und Welt

Merleau-Pontys Auseinandersetzung mit dem Leib gründet in seiner Unzufriedenheit mit der dualistischen Herangehensweise an menschliche Phänomene in Wissenschaft und Philosophie. In Hinblick auf die Leiblichkeit des Menschen hält er weder die objektivistische, den Leib zum bloßen Körperding naturalisierende Sichtweise für angemessen, noch den subjektivistischen Ansatz, der den Leib zum bloßen Bewusstsein vom Leib reduziert. Sein Bemühen in seinen beiden ersten großen Werken, der Struktur des Verhaltens und der Phänomenologie der Wahrnehmung, galt

---

18   Das deutsche Wort „Leib" hat im Französischen kein Äquivalent. Wenn in den deutschen Texten von Merleau-Ponty von Leib die Rede ist, heißt es im französischen Original in aller Regel „corps propre", eigener Leib (vgl. Waldenfels 1976: VII). Da Bernhard Waldenfels einer der bedeutendsten Kenner der französischen Phänomenologie ist (vgl. Waldenfels 1983), z.T. selbst Werke von Merleau-Ponty ins Deutsche übersetzt hat (z.B. Waldenfels 1976) und dabei immer den Begriff „Leib" gebraucht, stütze ich mich auf die deutschen Übersetzungen von Merleau-Ponty und nicht auf die Originaltexte. (Im Englischen existiert dasselbe Problem: Auch hier gibt es kein Äquivalent zu dem Ausdruck Leib. Übersetzt wird es im Regelfall mit „lived body" [vgl. z.B. Zaner 1964, Williams/Bendelow 1998]).

19   Ich zitiere im Folgenden Die Phänomenologie der Wahrnehmung als PdW und mit Seitenzahl versehen.

deshalb der Suche nach einer „dritten Dimension" (Waldenfels 1976: IX). Er fand diese dritte Dimension, in der der Gegensatz von Natur und Bewusstsein, Innen und Außen, Subjekt und Objekt, Körper und Geist aufgehoben ist, im Rückgang auf die gelebte und erlebte Einheit des Menschen, und das heißt, im Rückgang auf seine Leiblichkeit. Das Subjekt wird von Merleau-Ponty als ein immer schon leiblich verfasstes gedacht, wobei diese leibliche Verfasstheit des Subjekts die das Ich und die Welt zusammenhaltende apriorische Struktur ist (vgl. Thomas 1996: 101). Dies bedeutet, dass die Leiblichkeit des Menschen ein notwendiges und konstitutives Moment seines „Zur-Welt-Seins" ist.

Das leibliche Zur-Welt-Sein (être-au-monde) ist gewissermaßen der anthropologische Ausgangspunkt der Philosophie Merleau-Pontys. Die Existenz[20] des Menschen ist durch das leibliche Verankertsein in der Welt charakterisiert, wobei der Leib Ausdruck der Existenz ist, die sich wiederum im Leib realisiert. „Weder der Leib *noch auch die Existenz* können als das Original des Menschseins gelten, da sie einander wechselseitig voraussetzen, der Leib geronnene oder verallgemeinerte Existenz, die Existenz unaufhörliche Verleiblichung ist" (PdW: 199; Herv. im Orig.). Von Geburt an ist der Mensch-als-Leib in der ihn umgebenden physischen und sozialen (Um-) Welt „verankert" (PdW: 174). In diesem Sinne kennzeichnet die menschliche Existenz zugleich die leibliche Verfasstheit und die Orientierung zur Welt hin. Deshalb spricht Merleau-Ponty auch im Unterschied zu Heidegger und Sartre von der menschlichen Existenz nicht als einem *In*-der-Welt-Sein, sondern als dem *Zur*-Welt-Sein: „Existieren heißt Zur-Welt-Sein" (PdW: 413). *Zur* Welt ist der Mensch, weil er in einem bestimmten „Milieu" bzw. einer bestimmten „Situation" verankert ist, wobei die je konkrete Situation bestimmte Anforderungen an das Ich richtet, die vom Leib „instinktiv" beantwortet werden (ebd.). Als *Medium* des Zur-Welt-Seins fungiert der Leib dadurch, dass er dem Ich die Welt sinnlich-wahrnehmend vermittelt. Leibliches Zur-Welt-Sein heißt damit, die eigene (Um-) Welt mittels des eigenen Leibes – der eigenen Sinne – wahrzunehmen, ihr gegenüber geöffnet zu sein und auf sie hin zu handeln.

In der Formulierung vom Leib als dem Medium des Zur-Welt-Seins bzw. als dem „Mittel", überhaupt „eine Welt zu haben" (PdW: 176), kommt die zentrale *Funktion* des Leibes – nicht: des Körpers[21] – für das menschliche Dasein zum Ausdruck. Diese Funktion des Leibes besteht darin, *zwischen dem Ich und der Welt zu*

---

20 In seinen frühen Schriften setzte Merleau-Ponty den Ausdruck des Zur-Welt-Seins mit dem der Existenz mehr oder weniger synonym, in seinen späteren Arbeiten verwendete er hierfür v.a. den Begriff des „Wohnens". Für das Leib-Welt-Verhältnis heißt das, dass der Leib nicht *im* Raum und *in* der Zeit ist, sondern ihnen „einwohnt" (PdW: 169), der Leib sich Raum und Zeit m.a.W. einverleibt hat bzw. Raum und Zeit im Leib eingeschlossen sind (zum „Wohnverhältnis" vgl. Maier 1964, v.a. 72-101).

21 Merleau-Ponty verwendet diese Unterscheidung zwischen Leib und Körper in dem Sinne, dass Körper einen Gegenstand meint, der von außen wahrnehmbar ist, während Leib den eigenen, sinnlich empfundenen, Welt eröffnenden Leib meint (vgl. Merleau-Ponty 1967b: 52). Die sinnliche Erfahrung des eigenen Leibes beschränkt Merleau-Ponty in seinen phänomenologischen Analysen allerdings vorwiegend auf das Sehen und Tasten, wohingegen das eigenleibliche Spüren erstaunlicherweise fast überhaupt keine Rolle spielt. (Zum „Sehen", im Zusammenhang mit der Malerei, vgl. Merleau-Ponty 1967a.)

vermitteln. Dabei gilt es zu beachten, dass der Leib diese Funktion im leiblichen Vollzug, in der Leiberfahrung ausübt: „Die Funktion des lebendigen Leibes kann ich nur verstehen, indem ich sie selbst vollziehe, und in dem Maße, in dem ich selbst dieser einer Welt sich zuwendende Leib bin" (PdW: 99). Indem ich mich verhalte, etwas tue, wünsche oder beabsichtige, verhalte ich mich ‚durch' meinen Leib ‚hindurch' zur Welt; *meine* Welt, das ist, aus der Sicht des eigenen Leibes, nicht etwas mir Gegenüberstehendes, sondern „das *Feld* all unserer Erfahrungen", und ich selbst bin „nichts anderes (..) als eine Sicht der Welt" (PdW: 462; Herv. im Orig.). Mein Leib ermöglicht mir den Zugang zu meiner Welt, zu den anderen Menschen, Dingen, Landschaften oder Ideen, und umgekehrt erreicht mich diese Welt nur ‚durch' oder ‚über' meinen Leib. In diesem Sinne spricht Merleau-Ponty in Anlehnung an Husserl auch vom *fungierenden* Leib. Ich und Welt sind vermittels des Leibes verschränkt, insofern es der Leib ist, durch den sich – in Form von Wahrnehmungserfahrungen – mir die Welt eröffnet. Leibverhältnis (Ich – Leib) und Weltverhältnis (Ich – Welt) stehen somit in unmittelbarer Beziehung (Ich – Leib – Welt) (vgl. hierzu auch Grupe 1984: 58ff.).

Die mediale Rolle als Vermittler zwischen Ich und Welt spielt der Leib um so besser, je weniger auffällig er wird. Im alltäglichen, ungestörten Lebensvollzug nimmt man die Vermittlerrolle des eigenen Leibes zumeist gar nicht wahr, weil *Ich und Leib* eine *Einheit* bilden, die der Welt zugewandt ist. Das eigene Leibsein wird einem im Normalfall nicht bewusst, da man bei jedem Tun und Wahrnehmen immer schon zur Welt und nicht bei sich ist[22]. Ich *bin* mein Leib, als eine alltäglich erfahrbare Realität, wenn ich mir die Zähne putze, einen Brief schreibe, jemandem die Hand schüttele, beim Fußballspielen einen Sololauf starte oder in der Diskothek ausgelassen zur Musik tanze: In jedem dieser Beispiele ist es mein Leib, der die Bewegung vollführt[23]. Trotzdem sage ich nicht, meine Hand putzt die Zähne oder schreibt einen Brief etc., sondern *ich* putze mir die Zähne und *ich* schreibe einen Brief, was so viel heißt wie, ich *bin* meine Hand als das „Vermögen" (PdW: 187), als die „Möglichkeitsbedingung" (Merleau-Ponty 1967b: 59), Zähne zu putzen oder Briefe zu schreiben. In diesem Sinne der Verschränkung von Ich und Leib ist es mein Leib, der als nicht-bewusstseinsmäßiges Medium der Welthabe fungiert. Der eigenen Leiblichkeit wird man sich erst dann bewusst, wenn der Leib *stört* oder *Widerstand* leistet (Merleau-Ponty 1976: 219). In solch einem Fall ‚wechselt' der unmittelbar erfahrene Leib, der ich bin, zum mittelbar erlebten Körper, den ich habe. Dies ist etwa der Fall, wenn ich mit meinem Kopf an etwas stoße, mich in den Finger schneide, von einem Niesanfall heimgesucht werde, oder in Situationen, in de-

---

22　So meint z.B. Plügge, der sich in seiner medizinischen Anthropologie stark auf Merleau-Ponty stützt: „Ich bin als Gesunder im alltäglichen Tun und Lassen gar nicht bei mir. Ich bin ‚dort', im Geplanten, Gewollten. Können, Mögen, Wünschen, Erstreben sind dann Akte meines leiblichen Ichs" (Plügge 1967b: 72). Im normalen Alltag sind wir stets „außer uns. Bei jedem Tun, bei jedem Wahrnehmen, jeder Kommunikation finden wir uns vereinigt und uns auseinander setzend mit weit außerhalb unseres Körpers befindlichen Menschen, Dingen und Vorgängen" (ebd.: 88).

23　Es ist die Bewegung bzw. „Motorik", so Merleau-Ponty, in der sich die Leiberfahrung am unmittelbarsten zeigt (vgl. PdW: 166f., 170).

nen mir etwas *zu* schwer ist, ich *zu* klein oder *zu* alt bin, sowie insbesondere bei Krankheit und Schmerz. Es ist die Störung, die mir meine Leiblichkeit entdeckt. In diesen Fällen zerbricht der ungehinderte Weltbezug, und das Ich wird sich seiner Leiblichkeit bewusst.

Die Funktion des Leibes als Medium der Welthabe erläutert Merleau-Ponty anhand seiner Ausführungen zum Körperschema (PdW: 123-127)[24]. Er grenzt sich hierbei einerseits von der klassischen Physiologie ab, derzufolge das Körperschema den ständigen bewusstseinsmäßigen Hintergrund abgibt, vor dem die Wahrnehmung von Teilen des Körpers bzw. von neuen Körperstellungen erfolge. Andererseits distanziert sich Merleau-Ponty auch von der klassischen Psychologie, insbesondere der Gestaltpsychologie, da diese die Ansicht vertrete, dass der Körper eine Gestalt sei, die als Ganzheit den Teilen im Bewusstsein vorausgehe. Beide Ansätze vertreten Merleau-Ponty zufolge eine Auffassung vom Körperschema, die er als „Positionsräumlichkeit" bezeichnet, weil sie vom Körper bzw. dessen Teilen als positional angeordnet ausgehen[25]. Merleau-Ponty setzt demgegenüber sein Verständnis vom Leib als einer *„Situationsräumlichkeit"*, d.h. einer Räumlichkeit, die auf eine situationsspezifische Aufgabe hin orientiert ist: Der Begriff Körperschema besagt,

> „dass mein Leib mir als Bereitstellung für diese oder jene wirkliche oder mögliche Aufgabe erscheint. Und in der Tat ist seine Räumlichkeit nicht, wie die äußerer Gegenstände oder auch die der ‚Raumempfindungen', eine *Positionsräumlichkeit*, vielmehr *Situationsräumlichkeit*. (...) Halte ich, aufrecht stehend, in der geschlossenen Hand meine Pfeife, so ist die Lage meiner Hand nicht analytisch bestimmt etwa durch die von Hand und Unterarm, Unter- und Oberarm, Arm und Rumpf und endlich Rumpf und Boden gebildeten Winkel. Vielmehr weiß ich mit einem absoluten Wissen, wo meine Pfeife ist, und *daher* weiß ich, wo meine Hand, wo mein Körper ist (...)" (PdW: 125; Herv. im Orig.).

Wenn der Leib durch seine Situationsräumlichkeit definiert ist, also dadurch, dass er nur durch die Orientierung auf Aufgaben hin existiert und damit das Mittel der Welthabe ist, dann, so Merleau-Ponty, „ist das Körperschema letztlich nur ein anderes Wort für das Zur-Welt-Sein meines Leibes" (PdW: 126). Meine Hand ist das Mittel, mit dem ich Zugang zur Welt (des Rauchens, beispielsweise) habe, wobei es die Welt bzw. die konkrete Situation ist, die bestimmte Anforderungen an mich richtet, auf die ich, vermittelt über meinen Leib, reagiere.

Der Leib als Körperschema entspricht insofern einem praktischen Vermögen[26], das als Medium der Welteröffnung fungiert. Dieses praktische Vermögen, eine

---

24 Einen kurzen, aber sehr prägnanten Überblick über die Geschichte der Auseinandersetzung mit dem Begriff und dem Phänomen „Körperschema", beginnend bei den Neurophysiologen der Jahrhundertwende, zu den grundlegenden Arbeiten von Paul Schilder, über Merleau-Ponty bis hin zur intersubjektiven Konstitution des Körperschemas bei Mead, gibt Joas (1992: 257-269). Zum Körperschema bei Merleau-Ponty vgl. insbesondere Thomas (1996: 105ff.) und Zaner (1964: 164ff.).

25 Hier zeigt sich eine gewisse Nähe zur Leibdefinition bei Schmitz, da Schmitz Körper durch ihre „relative Örtlichkeit", was heißt, durch ihre relationale Positionierung bestimmt. Sein Verständnis vom Leib als „absolute Örtlichkeit" unterscheidet sich dagegen von Merleau-Pontys Leibdefinition (siehe nachfolgend Kap. 2.2.1).

26 Eine soziologisierte Variante des „praktischen Vermögens" findet sich bei Bourdieu und dessen Konzeption des Habitus als eines leiblich-praktischen Sinns (siehe hierzu Teil 2, Kap. 3).

praktische Welt zu eröffnen, kann sich Merleau-Ponty zufolge dabei auf immer neue praktische Räume ausdehnen.

> „Habe ich die Gewohnheit, einen Wagen zu führen, so sehe ich, in einen Durchgang einfahrend, dass ich ‚vorbei kann‘, ohne erst die Breite des Weges mit dem Abstand meiner Kotflügel vergleichen zu müssen, so wie ich eine Tür durchschreite, ohne deren Breite mit der meines Körpers zu vergleichen. Hut und Automobil sind hier nicht mehr Gegenstände, deren Größe und Volumen sich durch Vergleich mit anderen Gegenständen bestimmte. Sie sind zu voluminösen Vermögen geworden, zum Erfordernis eines bestimmten Spielraums[27]“ (PdW: 172f.).

In solchen Situationen, in denen ich in einem Auto sitzend durch eine enge Gasse fahre oder einen Hut tragend durch eine niedrige Tür eintrete, weitet sich das räumliche Empfinden meines Leibes auf die Begrenzung des Autos oder des Hutes aus. Auto und Hut sind hier keine Gegenstände ‚an sich‘ mehr, die mir gegenüberstehen, vielmehr ‚verschmelzen‘ sie mit meinem Leib – ich einverleibe sie mir. Es ist mein Leib als Situationsräumlichkeit, das heißt, als praktisches Vermögen, der es mir ermöglicht, die in diesen Situationen mir entgegentretenden Aufgaben ‚instinktiv‘ zu erfüllen (zwischen den Bäumen bzw. durch die Tür durchzukommen), und dies in diesen Fällen deshalb, weil die Grenze meines (empfundenen) Leibes über den Umfang meines („objektiven“) Körpers hinaus auf die jeweiligen Gegenstände sich ausweiten kann. Das leibliche Vermögen, eine praktische Welt zu öffnen, kann sich somit auf immer neue praktische Räume ausdehnen (vgl. Thomas 1996: 109).

Die mediale Rolle des Leibes besteht also darin, dem Ich (s)eine Welt zu erschließen. Damit müsste einsichtig sein, dass die Identität bzw., wie es in den Sozialwissenschaften häufig heißt, die *Ich*-Identität des Individuums auf der Funktionsfähigkeit des fungierenden Leibes basiert. Wenn in interaktionistischen Identitätstheorien zu Recht die Rede davon ist, dass sich die Identität des Selbst nur über den ‚Umweg‘ anderer Menschen entwickeln kann, dann heißt das eben auch, dass dieser Um-Weg leiblich gepflastert ist (siehe hierzu auch Teil 2, Kap. 2.2.4) Die nachfolgenden Abschnitte werden das noch deutlicher machen.

2.1.2 Leibliche Wahrnehmung

Eingangs wurde gesagt, dass für die Herstellung und Aufrechterhaltung einer Identität die Auseinandersetzung mit Erfahrungen entscheidend ist. Bei Merleau-Ponty heißt es sinnverwandt, der Mensch sei „definiert (...) durch seine Erfahrung, d.h. durch seine eigenste Weise, der Welt Gestalt zu geben“ (PdW: 203). Erfahrung kann man als ein Geschehen bezeichnen, in dem sich ein Phänomen zeigt oder erscheint[28].

---

27 „Spielraum“ kann man mit Plügge als den potenziellen Charakter von Welt bezeichnen (vgl. Plügge 1967a: 8).

28 Nach Waldenfels (1997: 18ff.) ist unter Erfahrung allgemein ein Dreifaches zu verstehen: Erstens ist Erfahrung ein „*Geschehen*, in dem die ‚Sachen selbst‘, von denen jeweils die Rede ist, zutage treten“. Erfahrung meint hier ‚Erfahrung machen‘, also etwas durchmachen; es meint einen Prozess, dem ein Sinn implizit ist und in dem das Phänomen Struktur und Gestalt hat. Zweitens weist das Erfahrungsgeschehen eine Struktur auf, die Husserl *Intentionalität* nennt. Erfahrungen sind intentional in dem

Formulierungen wie ‚was sich zeigt' oder ‚was erscheint' verweisen mittelbar darauf, dass hier *etwas* von *jemanden* wahrgenommen wird[29]. Dies findet sich auch bei Merleau-Ponty, der Erfahrung mehr oder weniger synonym mit Wahrnehmung setzt, was man u.a. daran erkennen kann, dass er immer wieder von „Wahrnehmungserfahrungen" spricht. Anders als in der Psychologie, wo Wahrnehmungen einen kognitiven Vorgang bedeuten, stellen Wahrnehmungen in der Phänomenologie Merleau-Pontys einen leiblichen Akt dar, in dem kognitives Erkennen und Empfinden eine Einheit bilden. Am deutlichsten wird dieser Gesichtspunkt *leiblicher Wahrnehmung*, wie ich ihn nennen möchte, an den Ausführungen Merleau-Pontys zum Leib als *„natürlichem Ich"* bzw. als *„ursprüngliche Intentionalität"*.

Dazu Merleau-Pontys Resümee seiner Theorie des Leibes, die zugleich eine Einleitung in seine Theorie der Wahrnehmung ist:

> „Die Theorie des Körperschemas ist implicite schon eine Theorie der Wahrnehmung. Wir haben aufs Neue gelernt, unseren eigenen Leib zu empfinden, wir haben, dem objektiven, distanzierten Wissen vom Leib zu Grunde liegend, ein anderes Wissen gefunden, das wir je schon haben, da der Leib immer schon mit uns ist und wir dieser Leib sind. In gleicher Weise werden wir eine Erfahrung der Welt zu neuem Leben zu erwecken haben, so wie sie uns erscheint, insofern wir zur Welt sind durch unseren Leib und mit ihm sie wahrnehmen. Doch also ein neues Verhältnis zu unserem Leib wie zur Welt findend, werden wir auch uns selbst wiederfinden, da der Leib, mit dem wir wahrnehmen, gleichsam ein natürliches Ich und selbst das Subjekt der Wahrnehmung ist" (PdW: 242f.).

Mein Leib ist ein *natürliches* Ich, insofern ich immer schon ‚von Natur aus' einen Leib habe bzw. leiblich bin, und zugleich ist er ein *Ich* deshalb, weil er es ist, mit dem ich wahrnehme, mein Leib also „Subjekt der Wahrnehmung" ist. Es ist mein Leib als natürliches Ich, der unter der unerträglichen Sommerhitze schwitzend leidet, dessen Herz beim ersehnten Wiedersehen des geliebten Partners vor Freude zerspringen will, oder dem beim Anblick und Duft des Abendessens das Wasser im Mund zusammenläuft. In all diesen Fällen ist es mein Leib (Ich-Leib-Einheit), der etwas (Welt) wahrnimmt, und der zu diesem wahrgenommenen Etwas instinktiv oder automatisch („natürlich") Stellung bezieht[30].

Das natürliche Ich bezeichnet Merleau-Ponty auch als „ursprüngliche Intentionalität", die leiblich ist. Diese ursprüngliche Intentionalität zeigt sich insbesondere

---

Sinne, „dass uns etwas als etwas, also in einem bestimmten Sinn, einer bestimmten Gestalt, Struktur oder Regelung erscheint". (Diesen Punkt teilen z.B. Pothast [1998: 82ff.] und Schmitz nicht. Vergleiche hierzu die nachfolgende Fußnote und Kap. 2.2.) Und drittens „verweist die Erfahrung auf *Ordnungen*, die in bestimmten Grenzen variieren". Jede Erfahrung von etwas, z.B. von sich selbst, basiert auf Selektionen und Exklusionen, weshalb die Ordnung, die sie aufweist, gleichzeitig kontingent ist. (Eine ausführlichere Erläuterung des Erfahrungsbegriffs findet sich in Waldenfels 1993.)

29 Diesem Verständnis von Erfahrung bzw. Wahrnehmung liegt der Intentionalitätsbegriff von Husserl zu Grunde. Eine so verstandene Wahrnehmung trifft aber nur auf die so genannte ‚äußere' Wahrnehmung zu, in der es ein Subjekt gibt, das wahrnimmt, und ein Objekt, das wahrgenommen wird. Für die üblicherweise als ‚innere' Wahrnehmung bezeichnete eigenleibliche Erfahrung – dem Spüren – gilt dies jedoch nicht. Im Spüren ist die Trennung von Subjekt und Objekt aufgehoben (vgl. Teil 2, Kap. 2.2).

30 Sinngleich spricht Pothast z.B. von „spürender Stellungnahme", die als „spürende Zustimmung" oder „spürende Ablehnung" erfahren werden kann (Pothast 1998: 33 und öfters).

in der *Bewegung*. In der Bewegung ist der Leib nicht ausführendes Medium oder Transporteur für das Bewusstsein, sondern in der Bewegung agiert der Leib ohne den Umweg über eine Vorstellung oder eine reflektierte Auseinandersetzung mit dem Etwas, auf das hin er sich bewegt.

> „Die Geste der Hand, die sich auf einen Gegenstand zu bewegt, impliziert einen Verweis auf den Ge-
> genstand nicht als solchen der Vorstellung, sondern als dieses sehr bestimmte Ding, auf das hin wir
> uns entwerfen, bei dem wir vorgreifend schon sind und das wir gleichsam umgeistern. (...) seinen
> Leib bewegen heißt immer, durch ihn hindurch auf die Dinge abzielen, ihn einer Aufforderung ent-
> sprechen lassen, die an ihn ohne den Umweg über irgendeine Vorstellung ergeht. Die Motorik steht
> also nicht solcherart im Dienste des Bewusstseins, als transportiere sie den Leib an einen Raum-
> punkt, den wir uns zuvor vorgestellt hätten" (PdW: 167f.).

Die ursprüngliche Intentionalität ist m.a.W. das leibliche, praktische Vermögen, zur Welt zu sein, was heißt, in je konkreter Situation deren Anforderungen vorreflexiv zu erkennen und situationsgemäß zu handeln. Intentionalität bezieht sich hier also nicht auf eine freie, bewusste, zielgerichtete Handlung des Subjekts, sondern Intentionalität meint das einer bewussten Absicht Zugrundeliegende, Vorgängige oder eben, in den Worten Merleau-Pontys, Ursprüngliche. Eine ursprünglich intentionale Handlung ist somit zwar auch gerichtet, sinnhaft und also intentional, jedoch basiert diese Gerichtetheit nicht auf einer Bewusstseinsleistung, sondern auf dem leiblichen Vermögen, den Sinn einer Situation vorreflexiv zu erfassen. Das eigene Handeln ist in einer Sphäre ursprünglicher Intentionalität fundiert, und zwar dergestalt, dass in der Wahrnehmung bereits Sinn vorliegt, der der eigenen, aktiven, willentlichen Setzung vorausgeht. Merleau-Ponty bringt das auf den Punkt, wenn er die Anonymität des ursprünglichen Wahrnehmungsimpulses betont und sagt: „Wollte ich (..) die Wahrnehmungserfahrung in aller Strenge zum Ausdruck bringen, so müsste ich sagen, dass *man* in mir wahrnimmt, nicht, dass ich wahrnehme" (PdW: 253; Herv. im Orig.).

Merleau-Ponty hat diesen Aspekt der leiblichen Wahrnehmung am Beispiel der Geschlechtlichkeit verdeutlicht (PdW: 185-189). Bei gesunden Menschen, so Merleau-Ponty, ist Geschlechtlichkeit eine ursprüngliche Intentionalität, die als „Atmosphäre"[31] beständig gegeben ist. Dies bedeutet, eine Situation als erotisch oder sexuell empfinden zu können, weil der eigene Leib das Vermögen ist, einen anderen Körper zu begehren.

> „Ein Anblick hat (..) dann für mich sexuelle Bedeutung", so Merleau-Ponty, „sofern er existiert für
> meinen Leib und dessen beständig bereites Vermögen, gegebene Reize in eine erotische Situation zu
> fügen und dieser in sexuellem Verhalten zu entsprechen. Es gibt ein ‚erotisches Verstehen', das von
> anderer Art ist als das Verstehen des Verstandes; der Verstand versteht, indem er eine Erfahrung un-
> ter einer Idee erfasst, der Begierde aber eignet ein Verstehen, das ‚blindlings' Körper mit Körper ver-
> bindet" (PdW: 188).

---

31 Atmosphäre im Sinne von Merleau-Ponty darf nicht verwechselt werden mit dem Verständnis von
   Atmosphäre, das Schmitz hat, wenn er von Gefühlen als Atmosphären spricht (vgl. Teil 2, Kap
   2.2.1).

Dieses blinde Verstehen zweier Leiber in einer Situation, der sie beide die Bedeutung ‚erotisch‘ zuweisen, entspricht einer ursprünglichen Intentionalität, weil hier
unwillentlich oder vorreflexiv in der unmittelbaren Erfahrung der Situation dieser
die Bedeutung ‚erotisch‘ entnommen wird. Der Leib ist (nicht: hat) das Vermögen,
Anblicke oder Berührungen so wahrzunehmen, dass sie sich in eine erotische Situation einpassen, auf die der Leib mit einem entsprechenden Verhalten antwortet.
Wenn dem nicht so wäre, wenn das sexuelle Begehren also kein leibliches Wahrnehmen oder Verstehen wäre, dann müsste es ein Leichtes sein, mittels eines Be-
wusstseins- bzw. Willensaktes ein solches Verlangen hervorzubringen. Dem aber ist,
erfahrungsgemäß, mitnichten so.

Was Merleau-Ponty hier als leibliches Verstehen bezeichnet, könnte man mit
Bourdieu auch als „Gespür" für die Situation (Bourdieu 1985: 18) übersetzen, als
eine Art leiblichen Wissens, auf das der Leib spontan zugreift, wenn es die Situation
gebietet. Dieses leibliche Wissen ist nun, wie Merleau-Ponty sagt, zu jeder Zeit geprägt durch ein „habituelles Wissen von der Welt, diese implizite oder sedimentierte
Wissenschaft" (PdW: 278)[32]. Die Anonymität der Wahrnehmung besteht ja gerade
darin, dass sie nie nur eigene Wahrnehmung, sondern historisch-kulturell geprägt ist.
„Derjenige, der wahrnimmt, ist nicht vor sich ausgebreitet, wie ein Bewusstsein es
sein soll, er hat seine geschichtliche Dichtigkeit, übernimmt eine Wahrneh-
mungstradition und sieht sich konfrontiert mit einer Gegenwart" (PdW: 278f.). Das
natürliche Ich ist „niemals voll und ganz ein individuelles Ich" (Waldenfels 1985:
165), weil jede Wahrnehmung vor dem Hintergrund tradierten Wissens und biographischer Erfahrungen („geschichtliche Dichtigkeit") erfolgt. Für das Erleben des eigenen Leibes gebraucht Merleau-Ponty in diesem Zusammenhang auch die Unterscheidung zwischen „habituellem" und „aktuellem" Leib (PdW: 107). Mit habituellem Leib meint er den durch seine vergangenen Erfahrungen geformten Leib, der die
Erfahrungen des aktuellen, im Hier-Jetzt gegebenen Leibes prägt. Merleau-Ponty
verdeutlicht dies am Beispiel des Phantomglieds. Ein Mensch mit einem Phantomglied ist jemand, der z.B. einen Arm von sich spürt, obwohl er ihm fehlt. Dieses
Phänomen ist so zu beschreiben, dass diese Person dort, wo jetzt ein Stumpf ist (=
aktueller Leib), diesen ihren ehemaligen Arm (= habitueller Leib) so wahrnimmt, als
hätte sie ihn noch:

> „Der Phantomarm selbst ist keine Erinnerung, sondern ein Gleichsam-Gegenwärtiges, jetzt fühlt der
> Verstümmelte ihn an seiner Brust liegen, ohne jede Spur eines Vergangenheitsmoments. (...) Der
> Phantomarm ist derselbe Arm, den einst Granatsplitter zerrissen und dessen sichtbare Hülle längst ir-
> gendwo verbrannt ist, der aber jetzt noch im gegenwärtigen Leib herumspukt, ohne sich doch mit ihm
> zu vereinigen. Der Phantomarm ist so, einer verdrängten Erfahrung gleich, einstige Gegenwart, die
> sich weigert, zur Vergangenheit zu werden" (PdW: 109).

---

32 Bei Merleau-Ponty bezieht sich das Wissen vom oder über den Leib insbesondere auf „wissenschaft-
    liche" Erfahrungen, während das leibliche Wissen sich auf „lebensweltliche" Erfahrungen bezieht
    (vgl. Maraun 1983: 27; diese Unterscheidung geht auf Husserl zurück; vgl. hierzu Meinberg 1986:
    142ff. und Merleau-Pontys Auseinandersetzung mit Husserl in Merleau-Ponty 1967b und 1973: 129-
    188). Dies ist vor dem Hintergrund zu sehen, dass Merleau-Ponty seine Phänomenologie auch als
    Kritik an den zu seiner Zeit vorherrschenden wissenschaftlichen Paradigmen, Empirismus und Intel-
    lektualismus, entwickelt hatte (vgl. Maier 1964: 23).

Dass frühere Erfahrungen sich weigern, Vergangenheit zu werden und in der Gegenwart weiter wirken, zeigt sich an so einem Extremfall wie dem Phantomglied zwar besonders gut, ist jedoch ein alltägliches, im Habitus zum Ausdruck kommendes Phänomen (vgl. hierzu auch Teil 2, Kap 3).

Gleichwohl Merleau-Ponty darauf hinweist, dass in der leiblichen Wahrnehmung immer schon – soziologisch gesprochen – wissenschaftliche Diskurse, kulturelle Deutungsmuster und biographische Erfahrungen Eingang gefunden haben, führt er diesen Punkt nicht näher aus. Ich schließe mich hier der Kritik von Waldenfels an, der bei Merleau-Ponty eine Einseitigkeit dahingehend feststellt, dass sein Hauptinteresse der Rückbeziehung von z.B. Wissenschaft, philosophischem Denken, Ethik und Ästhetik „auf den Boden lebendiger Erfahrung, dem sie entspringen" (Waldenfels 1985: 165), gelte. Das heißt, Merleau-Ponty beschäftigt sich vorrangig mit dem Nachweis, dass Wissen und Handeln ihren Ursprung in der leiblichen Erfahrung haben, aber „die umgekehrte Bewegung von der leiblichen Existenz zum Wissen um den Leib und Wirken auf den Leib wird nicht ebenso dringlich bedacht" (ebd.)[33]. In Hinblick auf die in dieser Arbeit interessierende Frage nach der Bedeutung des Leibes für die personale Identität ist jedoch gerade dies von besonderem Interesse: Welches Wissen haben Individuen von ihrem Leib und ihrem Körper, wie sind sie zu diesem Wissen gekommen und wie wirken soziale Strukturen und kulturelle Deutungsmuster auf den Leib? Da Merleau-Ponty diese soziologischen Fragen offen lässt, werde ich versuchen, sie mit Bourdieus[34] Habitus-Konzept zu beantworten (vgl. Teil 2, Kap. 3).

2.1.3 Zur Dialektik von Erfahrung und Reflexion

In den vorangegangenen Abschnitten tauchte immer wieder eine Formulierung auf, der eine stillschweigende Gleichsetzung zu Grunde lag. Gemeint ist die Rede von der unmittelbaren, vorreflexiven Erfahrung. Diese Gleichsetzung von unmittelbarer Erfahrung mit Vorreflexivität, die gleichbedeutend ist mit der Gegenüberstellung von Erfahrung und Reflexivität, gilt es nun zu explizieren, da sie für die Identitätsproblematik eine wichtige Rolle spielt.

Eine unmittelbare – auch ursprünglich oder originär genannte – Erfahrung ist Merleau-Ponty zufolge dann gegeben, wenn die Wahrnehmung vor einer Bewusstseinsaktivität auftritt, wenn sie dem Denkprozess vorausgeht bzw. nicht durch das Denken unterbrochen ist. „In der Wahrnehmung denken wir nicht den Gegenstand und denken nicht uns als ihn denkend, wir sind vielmehr zum Gegenstand und gehen

---

33 Auch in dem Kapitel zur „Zeitlichkeit" (PdW: 466-492) geht Merleau-Ponty nicht weiter auf die Leib- oder Körpergeschichte, das heißt, auf den durch vergangene Erfahrungen gewordenen Leib ein. Dort unternimmt er eine phänomenologische Analyse der Zeit und ihrer Dimensionen Vergangenheit, Gegenwart und Zukunft. Es ist der Leib, der von diesen Zeitdimensionen „Besitz" ergreift, was heißt, er „vollbringt die Zeit" (PdW: 280). Zum Leib-Zeit-Verhältnis siehe auch Zaner (1964: 189ff.).

34 Bourdieu bietet sich nicht zuletzt deshalb an, weil er, wie Wacquant bemerkt, als „soziologischer Erbe" Merleau-Pontys angesehen werden kann (Wacquant 1996: 41, Fn. 34).

auf in unserem Leib, der mehr als wir selbst von der Welt und von den Mitteln und Motiven weiß, sie zur Synthese zu bringen" (PdW: 279). Eine unmittelbare Erfahrung entspricht einem Wahrnehmungsakt, der „mich in *Beschlag nimmt*, und zwar so sehr, dass ich nicht, während ich wirklich den Tisch wahrnehme, mich als ihn Wahrnehmenden apperzipieren kann" (PdW: 278; Herv. im Orig.)[35]. Mit „Unmittelbarkeit" ist dabei nicht eine reine Impression gemeint, „das mit dem Subjekt zusammenfallende Objekt, sondern der Sinn, die Struktur, der spontane Zusammenhang der Teile" (PdW: 82). In der sinnlichen Wahrnehmung wird dem Wahrgenommenen nicht durch eine bewusste, intellektuelle Leistung ein Sinn zugewiesen, sondern Sinn und Bedeutung sind dem sinnlich Gegebenen bereits immanent. In der unmittelbaren Erfahrung bin ich im Hier-Jetzt gefangen, bin auf mein leibliches Dasein zurückgeworfen – weshalb Schmitz auch von „personaler Regression" spricht (siehe Teil 2, Kap. 2.2) – und gar nicht in der Lage, eine aktive Bewusstseinsleistung zu vollbringen. Selbsterfahrung und Selbstbewusstsein sind damit voneinander losgelöste Phänomene: Während Selbstbewusstsein die reflexive Auseinandersetzung mit dem eigenen Ich betrifft, meint Selbsterfahrung, die immer eine leibliche ist (auf Grund des leiblichen Zur-Welt-Seins), dass ich mir selbst als sinnhaftes leibliches Geschehen gegeben bin. In der Wollust etwa, beim Bungee-Jumping oder Techno-Tanzen erfahre ich meinen Leib spürbar in seiner erotischen, erregenden und lustvollen Bedeutung. Diese Möglichkeit der leiblichen Selbsterfahrung ist Merleau-Ponty zufolge in der „Zweideutigkeit" des Leibes, genauer gesagt, in der „metaphysischen" oder „dialektischen Struktur des Leibes" (PdW: 113, 199f.; Merleau-Ponty 1967a: 21) angelegt. Damit ist gemeint, dass der Leib zugleich wahrnehmender und wahrnehmbarer, sehender und sichtbarer, bewegender und bewegungsempfindender Leib ist (vgl. Merleau-Ponty 1967a: 16f.). Dies kommt paradigmatisch im Phänomen der „Doppelempfindung" (PdW: 118f.) zum Ausdruck, wo ich in der Selbstberührung meinen Leib zugleich als wahrnehmendes Subjekt und wahrgenommenes Objekt spüre[36]. Man könnte hier auch von einer leiblichen Reflexivität sprechen, da es sich in der Doppelempfindung um einen „Selbstbezug bis in die Sinnlichkeit hinein handelt" (Waldenfels 2000: 36).

So wie jede Selbsterfahrung an das leibliche Dasein gebunden ist, nimmt auch jede Dingerfahrung die Wahrnehmungsfunktion des Leibes in Anspruch (vgl. Waldenfels 1985: 155). Und weil der Leib die Bedingung der Möglichkeit der Welt- und Selbsterfahrung ist, ist das leibliche Selbst auch Ausgangspunkt des reflexiven Selbstbewusstseins. In diesem Sinne ist das ontologische Primat der Wahrnehmung, von dem eingangs schon die Rede war, gemeint: Der Leib (mit seinen Wahrnehmungsorganen) ist das ontologische Fundament aller reflexiven Akte. Nicht das Bewusstsein ist dem Leib vorgängig und sorgt für die Erfahrung des Leibes und für

---

35 Das Mich-in-Beschlag-Nehmen entspricht bei Schmitz dem leiblich-affektiven Betroffensein, das dieser im Vergleich zu Merleau-Ponty weiter phänomenologisch ausführt und vor allem seiner Theorie der Person zu Grunde legt (siehe Teil 2, Kap. 2.2.3).

36 Ein anderes Beispiel, in dem die dialektische Struktur des Leibes erfahrbar wird, ist das Angeblickt-werden. Zum Blick vgl. auch Sartre (1993: 457-538) und Schmitz (SP III,2: 378-389).

leibliche Erfahrungen, sondern umgekehrt fußt das Bewusstsein auf dem leiblichen Zur-Welt-Sein. Nichtsdestotrotz stehen Leib und Bewusstsein, lebendige Erfahrung und Reflexion in einem wechselseitigen Verhältnis, das Waldenfels mit Merleau-Ponty als „unaufhebbare Dialektik" bezeichnet (Waldenfels 1985: 169, Fn. 8). Die *Dialektik von Erfahrung und Reflexion* bedeutet, dass die Erfahrung der Reflexion zu Grunde liegt, und dass die reflektierten Erfahrungen sich im Leib ablagern und so neue Erfahrungen strukturieren. Erfahrung und Reflexion stehen mithin in einer unaufhebbaren Relation, durchdringen sich wechselseitig und sind, wie man verkürzt sagen könnte, als *reflexive Leiblichkeit* das entscheidende generelle Moment jeder Identitätsbildung.

Identität als reflexive Leiblichkeit (vgl. hierzu auch Teil 4, Kap. 3), das heißt, als dialektisches Verhältnis von leiblicher Erfahrung und Reflexion, meint in diesem Kontext zweierlei: Zum einen hängt die Identitätsrelevanz des Leibes (als natürliches Ich) davon ab, ob, und wenn ja, wie sehr man sich mit den eigenen leiblichen Erfahrungen identifiziert. Denn es ist klar, dass nicht jede leibliche Selbsterfahrung für die Entwicklung oder Aufrechterhaltung der eigenen Identität gleich bedeutsam ist. Mit manchen Erfahrungen identifiziert man sich stärker, andere hingegen sind bspw. viel zu flüchtig, um sich mit ihnen zu identifizieren. Die Identifikation aber ist ein reflexiver Akt, der auf der Basis der leiblichen Existenz möglich wird und die Leiberfahrung zum Gegenstand hat. Zum anderen folgt aus dem ontologischen Vorrang der Erfahrung ganz allgemein, dass die Identität des Individuums leiblich fundiert ist. Wenn in sozialwissenschaftlichen Identitätstheorien die Rede ist von der narrativen oder diskursiven Konstruktion der Identität, dann ist darin häufig mehr oder weniger offen die Annahme eines ontologischen Primats des Bewusstseins versteckt. Dies macht sich dann unter anderem daran bemerkbar, dass von Leib und lebendiger Erfahrung kaum mehr oder gar nicht gesprochen wird. Dass die Interpretation von Selbsterfahrungen in Form von Selbsterzählungen von entscheidender Wichtigkeit für die personale Identität ist, soll natürlich nicht in Abrede gestellt werden. Es darf jedoch nicht vergessen werden, dass es der Leib als Medium der Welthabe ist, der Selbstnarrationen bedingend ermöglicht.

2.1.4 Leibliche Intersubjektivität I: Zwischenleiblichkeit

Es wurde gesagt, dass das menschliche Dasein in grundlegender Weise durch seine Leiblichkeit gekennzeichnet ist. Nun gilt es hinzuzufügen, dass die leibliche Existenz eine immer schon leibliche Koexistenz ist. Von der ersten Stunde seines Daseins an lebt man in einer von Mitmenschen bewohnten „Mitwelt", wie es þei Plessner heißt (siehe Teil 2, Kap. 1.3). Merleau-Ponty spricht anstelle von Mitwelt von der Sozial- und Kulturwelt, in die der Mensch einerseits hineinwächst, die er andererseits aber auch konstituiert. Mit ersterem ist gemeint, dass die leibliche Welthabe des Menschen nicht nur physischer, vielmehr auch und zugleich sozialer und kultureller Art ist:

„So wie die Natur mein personales Leben bis in sein Zentrum durchdringt und mit ihm sich verflicht, so steigen meine Verhaltungen in die Natur wieder herab und schlagen sich nieder in Gestalt einer Kulturwelt. Ich habe nicht nur eine physische Welt, lebe nicht nur in einer Umwelt von Erde, Luft und Wasser, mich umgeben Wege, Forste, Dörfer, Straßen, Kirchen, Werkzeuge, eine Klingel, ein Löffel, eine Pfeife. Jeder dieser Gegenstände ist in sich gekennzeichnet von dem menschlichen Tun, zu dem er bestimmt ist. Jeder umgibt sich mit einer menschlichen Atmosphäre (...)" (PdW: 398f.).

Dabei beschränkt sich die Wahrnehmung der Kulturwelt nicht nur auf Gegenstände, sondern betrifft auch und sogar zu allererst Menschen, da der wahrnehmbare Körper ein kulturelles Symbol darstellt. „Der erste aller Kulturgegenstände, derjenige, dem alle anderen ihr Dasein verdanken, ist der Leib eines Anderen, als Träger eines Verhaltens" (PdW: 400). Da sich jede Person von Anbeginn ihres Lebens an in einer sozialen und kulturellen Welt befindet, erfährt sie sich selbst ausschließlich vor dem (Hinter-) Grund – wie Merleau-Ponty in Anlehnung an eine Begrifflichkeit der Gestaltpsychologie meint (vgl. Métraux 1976: 142) – ihrer sozio-kulturellen Welt. Die Sozial- oder Kulturwelt kann als „beständiges Feld oder Dimension der Existenz" verstanden werden, von der man sich zwar distanzieren kann, jedoch „nie aufhören, in Bezug zu ihr situiert zu sein. Wie unser Bezug zur Welt überhaupt, ist unser Bezug zum Sozialen tiefer als jede ausdrückliche Wahrnehmung und jedes Urteil" (PdW: 414). In diesem Sinne, dass die Einbettung des Subjekts in die Sozial- und Kulturwelt ursprünglich, der Wahrnehmung und dem Bewusstsein vorgängig ist, ist jede eigen- und fremdleibliche Erfahrung geprägt von den Normen, Werten, Traditionen, Deutungsmustern, religiösen Grundsätzen, strukturellen Zwängen, Kontrollen, Erwartungen etc. jener Gesellschaft und Kultur, zu der das jeweilige Subjekt gehört. Eine unmittelbare Leiberfahrung, verstanden als unabhängig von gesellschaftlicher und kultureller Prägung, gibt es also auch nach Merleau-Ponty nicht. Unmittelbar ist eine Leib- und Selbsterfahrung nur in dem Sinne, dass sie dem Bewusstsein vorausgeht, dabei aber von der Sozial- und Kulturwelt (z.B. in Form von „habituellem Wissen") geprägt ist.

Das Verhältnis von Leiblichkeit und Sozialität betrifft nun nicht nur die Einbettung der leiblichen Existenz in eine soziale und kulturelle Welt, vielmehr bezieht es sich auf die Konstitution von Sozialität überhaupt. Dabei beantwortet Merleau-Ponty die Frage nach der Sozialität bzw. Intersubjektivität von der Leiblichkeit her (vgl. Métraux 1976: 143)[37]. Genauer gesagt, ist sein Ausgangspunkt die Zweideutigkeit des Leibes, die darin besteht, dass der Leib zugleich wahrnehmender und wahrnehmbarer, sehender und sichtbarer Leib ist. So wie andere für mich nur deshalb existieren, weil ich einen Leib habe, mit dem ich sie als körperliches Ausdrucksverhalten wahrnehmen kann, existiere auch ich für andere nur aus dem Grund, dass sie einen Leib haben, mit dem sie mich als körperliche Erscheinungs- und Verhaltensweise wahrnehmen können. Andere können mir – und ich ihnen – begegnen, weil

---

37 Métraux verdeutlicht nicht nur den Zusammenhang zwischen der Leib- und Intersubjektivitätsproblematik, er verweist zudem auf die hierfür bedeutsame Geschichtlichkeit des Daseins (Métraux 1976, v.a. 146ff.). Zur Intersubjektivität bei Merleau-Ponty siehe auch Meyer-Drawe (1984: 133-155) und Crossley (1994, 1996).

sie und ich leiblich verfasst sind[38]. Es ist der Leib als „ontologisches Fundament"
bzw. als „Prototyp ontologischer Ambiguität" (Meyer-Drawe 1984: 144), der Intersubjektivität konstituiert; in diesem Sinne spricht Merleau-Ponty auch von „leiblicher Intersubjektivität" (z.B. Merleau-Ponty 1967b: 58ff.) bzw. von Intersubjektivität als „Zwischenleiblichkeit" (intercorporéité) (vgl. Métraux 1976: 145; Meyer-
Drawe 1984: 147ff.). Eine gemeinsame, mit anderen Subjekten geteilte (intersubjektive) Welt gibt es also auf Grund des ontologischen Primats der Wahrnehmung. So schreibt Merleau-Ponty:

> „Schon durch den Besitz sensorischer Funktionen, eines visuellen, auditiven, taktilen Feldes kommu-
> niziere ich mit Anderen, als psychophysische Subjekte genommen. Mein Blick fällt auf einen leben-
> digen, in Tätigkeit begriffenen Leib, und sogleich empfangen die ihn umgebenden Objekte eine neue
> Bedeutungsschicht: sie sind nicht mehr nur, was ich selbst mit ihnen tun könnte, sie sind, was jenes
> Verhalten mit ihnen zu tun im Begriff ist. Um den wahrgenommenen Leib herum bildet sich ein Wir-
> bel, von dem meine Welt angezogen und gleichsam angesaugt wird: und insofern ist sie nicht mehr
> nur meine, ist sie nicht mehr nur mir gegenwärtig, sondern für X gegenwärtig, für jenes andere Ver-
> halten, das sich in ihr abzuzeichnen beginnt. (...) und eben mein Leib ist es, der den Leib des Anderen
> wahrnimmt, und er findet in ihm so etwas wie eine wunderbare Fortsetzung seiner eigenen Intentio-
> nalität, eine vertraute Weise des Umgangs mit der Welt; und wie die Teile meines Leibes ein zusam-
> menhängendes System bilden, bilden somit auch der fremde Leib und der meinige ein einziges Gan-
> zes, zwei Seiten eines einzigen Phänomens (...)" (PdW: 405).

Es ist das Faktum der Ambiguität der leiblichen Existenz, das die Verbundenheit
zwischen Subjekten herstellt[39]. Intersubjektivität bezeichnet Merleau-Ponty auch als
„transzendentale Subjektivität" (PdW: 413), womit er meint, dass sich das menschliche Dasein einerseits durch Subjektivität auszeichne bzw. durch „meine Freiheit,
mein fundamentales Vermögen, Subjekt all meiner Erfahrungen zu sein" (PdW:
412). Meine Schmerzen erfahre nur ich, es sind immer meine Schmerzen, ich kann
sie mit niemanden teilen; aus diesem Grund hält er den Solipsismus auch für eine
unwiderlegbare „Wahrheit" (ebd.). Andererseits hat der Mensch auf Grund seiner
Leiblichkeit das Vermögen (bzw. ist dieses Vermögen), seine Subjektivität „auf den
Anderen hin" zu transzendieren, was heißt, aus sich selbst herauszugehen und andere wahrzunehmen, wodurch sich ein „transzendentales Feld", ein gemeinsam mit
anderen geteiltes Feld eröffnet.

Die Gedanken Merleau-Pontys zur leiblichen Intersubjektivität bzw. zur Intersubjektivität als Zwischenleiblichkeit sind auch in Hinblick auf die Problematik des
Verhältnisses von Leib und Identität von Relevanz. Dadurch nämlich, dass der eigene Körper für andere sicht- und wahrnehmbar ist, ist er zur Zuschreibung bestimmter sozialer Identitäten geradezu prädestiniert. Alter, Haut- und Haarfarbe, Kleidung,
Größe, Geschlecht fungieren als Identitätsmarkierungen, die andere zur sozialen
Klassifizierung und Identifizierung verwenden. Gestik und Mimik wiederum stellen
körperliche Ausdrucksweisen dar, in denen eine „ursprüngliche Leistung des Be-

---

38 Zum Verhältnis von Leib und Andere bei Husserl, Heidegger und Sartre siehe Yuasa (1976: 81-121).

39 Mit der Herstellung von Sozialität auf Grund oder vermittels der leiblichen Anwesenheit von Akteu-
    ren hat sich Schmitz noch stärker als Merleau-Ponty befasst; er hat hierfür den Begriff der „Einlei-
    bung" geprägt (siehe Teil 2, Kap. 2.2.4).

deutens" erkennbar ist, „in der das Ausgedrückte nicht neben dem Ausdruck existiert, vielmehr die Zeichen selbst ihren Sinn ins Außen hineintragen. Und auf diese Weise ist der Leib Ausdruck der gesamten Existenz, nicht als deren äußere Begleiterscheinung, sondern weil sie in ihm sich realisiert" (PdW: 198). Gestik und Mimik wohnt m.a.W. eine Bedeutung inne, die von Angehörigen der selben Kultur unmittelbar verstanden werden kann und sich deshalb zur Selbst- und Fremdeinschätzung eignet. Leibliche Intersubjektivität weist schließlich auch darauf hin, dass die *personale* Identität sich nur im Wechselspiel mit anderen entwickeln kann: Ich bin immer schon eingebettet in einen sozialen und kulturellen Raum, abhängig von anderen Menschen, von meiner „Vor- und Mitwelt" (Alfred Schütz), so dass sich meine Identität nur in der leiblichen Interaktion zwischen mir und den anderen herausbilden kann[40]. Um zu erfahren, wer ich bin, brauche ich andere, brauche ich Menschen, die für mich mein Spiegel sind (vgl. Merleau-Ponty 1967a: 22)[41], und das heißt, ich brauche leibliche Kommunikation. Leib, Intersubjektivität und Identität bilden ein zusammengehöriges Ganzes, deren Teile sich parallel entwickeln (vgl. Meyer-Drawe 1984: 151f.).

2.2 Die Bedeutung des Spürens für die personale Identität (Hermann Schmitz)

Im vorangegangenen Kapitel wurde der für die Identität als grundlegend ausgewiesene Begriff der Erfahrung unter dem Gesichtspunkt der sinnlichen Wahrnehmung diskutiert. Es ist der Leib mit seinen fünf Sinnen – Sehen, Hören, Tasten, Riechen, Schmecken –, so wurde mit Merleau-Ponty gesagt, durch den das Ich in ein Welt- und Selbstverhältnis tritt. Wahrnehmung meinte dabei in aller Regel die so genannte ‚äußere' Wahrnehmung. Dass sich Merleau-Ponty vorrangig mit der äußeren Wahrnehmung beschäftigte, vor allem mit dem Sehen, ist unter anderem an den Titeln seiner Bücher zu erkennen, die z.B. *Das Auge und der Geist* (Merleau-Ponty 1967) oder *Das Sichtbare und das Unsichtbare* (Merleau-Ponty 1994) heißen, oder an seinem Interesse an der Malerei. Womit sich Merleau-Ponty jedoch kaum befasst hat, ist Erfahrung verstanden als *eigenleibliche* Erfahrung, das heißt, als *Spüren*. Das

---

40 In seinem Vortrag zu den Fortschritten und Veränderungen philosophischer und literarischer Reflexionen über den Menschen und seinem Körper meint Merleau-Ponty: „Wenn der Mensch darauf schwört, universell zu *sein*, gibt es für ihn keinen Unterschied, ob er sich mit sich selbst oder mit den anderen beschäftigt: er ist eine Person unter den anderen Personen, und die anderen sind andere Er selbst. Aber wenn er dagegen erkennt, inwiefern das Leben in einem Körper einmalig ist, erscheint ihm der andere notwendig als Qual, Neid oder zumindest als Beunruhigung. Durch seine Körperlichkeit gezwungen, einem anderen unter die Augen zu treten und sich vor ihm zu rechtfertigen und dennoch durch eben dieselbe Körperlichkeit an seine eigene Situation gekettet, fähig, Mangel und Bedürfnis des anderen zu empfinden, aber unfähig, im anderen seine Ruhe zu finden, ist er in dem Hin und Her des Für-sich-Seins und des Für-den-anderen-Seins befangen, was die Tragik der Liebe bei Proust ausmacht und was vielleicht am ergreifendsten im ‚*Tagebuch'* von Gide ist" (Merleau-Ponty 1967c: 122; Herv. im Orig.).

41 Die Bedeutung des Spiegels für die Entwicklung der Identität hat nicht zuletzt Lacan (1975) gezeigt. Vgl. hierzu auch Küchenhoff (1992: 42ff.) und O'Neill (1986), die beide einen Vergleich von Merleau-Ponty und Lacan anstellen.

mag damit zu tun haben, dass er den Begriff der Intentionalität von Husserl[42] in der Weise übernommen hat, dass er Wahrnehmung als ein sinnhaftes Geschehen versteht, in dem *jemand etwas* wahrnimmt. Diese Auffassung von der Intentionalität der Erfahrung, derzufolge in der Erfahrung ein erfahrendes Subjekt und ein Objekt, das erfahren wird, zusammentreffen, scheint nach wie vor in der Phänomenologie vorherrschend zu sein (vgl. für viele: Waldenfels 1993). Dem kann man jedoch entgegenhalten, dass es Erfahrungen gibt, die nicht-objektbezogen sind[43], bzw. in denen die Trennung von wahrnehmenden Subjekt und wahrgenommenen Objekt aufgehoben ist. Diese Ansicht vertritt auch Hermann Schmitz. Ihm zufolge ist es das *Spüren*, welches diese Qualität aufweist, eine Erfahrung diesseits der Subjekt-Objekt-Trennung zu sein. Da sich Schmitz im Vergleich mit anderen Philosophen (nicht nur Phänomenologen) am ausführlichsten mit dem Spüren auseinander gesetzt hat, rekurriere ich auf seine Leibphänomenologie.

Meine Auseinandersetzung mit Schmitz ist sowohl als Ergänzung zu Merleau-Ponty als auch zu Plessner zu verstehen. In Bezug auf Plessner verstehe ich die Leibtheorie von Schmitz als eine phänomenologische Konkretisierung, die an Plessners Konzeption des Leibseins als Zuständlichkeit ansetzt. Leibsein bedeutet, als Ich im Hier-Jetzt zu leben. Was bei Plessner Hier-Jetzt heißt, nennt Schmitz „Gegenwart", wobei er dieser im Unterschied zu Plessner die Aspekte „Dasein" und „Dieses" hinzufügt (s.u. Kap. 2.2.3). Der Mensch lebt im Hier und Jetzt in einer konkreten Situation, und so lange er lebendig ist, ist ihm seine Gegenwart auch spürbar gegeben. „Spüren ist das Medium, in dem sich Orientierung und Steuerung unseres Lebens in sehr wesentlichem Umfang vollziehen (wir leben *spürend*)" (Pothast 1998: 94; Herv. im Orig.). *Wir leben spürend* – auf diese Formel könnte man die wechselseitige Ergänzung der Theorie des Lebendigen von Plessner mit der Theorie des Leibes von Schmitz, die eine Theorie des Spürens ist, bringen[44]. Den Anschluss von Schmitz an Merleau-Ponty wiederum sehe ich darin, dessen Wahrnehmungstheorie um einen Sinn zu ergänzen, den man als *Spürsinn* oder „Leibsinn"[45] bezeichnen könnte. Dieser Spürsinn, oder kurz: das Spüren, scheint mir eine nicht nur in der Philosophie[46], sondern auch in der sozialwissenschaftlichen Identitätstheorie

---

42 Zum Einstieg vgl. Husserl (1993: 40-60).

43 So etwa Pothast (1998: 82) im Anschluss an J. R. Searle, oder Thomas (1996) anknüpfend an Schmitz.

44 Es ist das große Verdienst von Hermann Schmitz, den Bereich des leiblichen Befindens und Spürens für Philosophie und Wissenschaft entdeckt im Sinne von systematisch ausgearbeitet zu haben. Diese Konzentration auf den gespürten Leib ging allerdings auf Kosten des Körpers. Mit dem Körper als Organismus, sichtbarer Körper sowie als expressives und instrumentelles Medium hat er sich kaum beschäftigt. Schmitz hat Leib und Körper nicht nur methodisch entkoppelt, was ja durchaus sinnvoll ist, sondern auch systematisch. Dass und wie spürbarer Leib und sichtbarer Körper ineinander verschränkt sind, was bei Plessner Thema war, dazu hat Schmitz kaum etwas gesagt (vgl. die diesbezügliche Kritik von Soentgen [1998: 58ff.] und Waldenfels [1998: 186]).

45 Zum Ausdruck „Leibsinn" siehe Stopczyk (1998), die ihn in Anlehnung an Ludwig Feuerbach und Friedrich Nietzsche entwickelt und ihrer Leibphilosophie zu Grunde gelegt hat.

46 Für die Philosophie kann als eine Ausnahme Wilhem Schmid genannt werden, der in seinem Buch zur *Philosohpie der Lebenskunst* auf zwei Seiten Anmerkungen zur Relevanz des Spürsinns für die

übergangene Kategorie zu sein. Den unterschiedlichen Weisen des Spürens, der phänomenologischen Analyse des Spürens und der Relevanz des Spürens für die Ausbildung und Aufrechterhaltung einer Identität gilt deshalb im nachfolgenden Kapitel mein Augenmerk.

Meine Vorgehensweise wird darin bestehen, zunächst den Leib als spürbare Erfahrung vorzustellen, und dies in Abgrenzung von Körper und Gefühl (Kap. 2.2.1). Daran schließt sich die Beschäftigung mit einer leiblichen Befindlichkeit an, die gewissermaßen im Hintergrund fungiert und die Schmitz „leibliche Disposition" nennt (Kap. 2.2.2). Dass leibliche Regungen und leibliche Disposition allein nicht ausreichen, um eine Identität auszubilden, ist offensichtlich. Im dritten Abschnitt soll daher anhand der „Theorie der Person" von Schmitz dargelegt werden, dass sich die Identität des Individuums im Schnittfeld von Spüren *und* Kognition (bzw. Denken, Reflexion) entwickelt (Kap. 2.2.3). Mit der Bedeutung des Leibes für das, was in den Sozialwissenschaften unter biographischer Identität verstanden wird, beschäftige ich mich in dem anschließenden Abschnitt (Kap. 2.2.4). Und schließlich gehe ich auf die soziale Relevanz leiblichen Befindens ein sowie auf die Rolle, die diese für die personale Identität zu spielen vermag (Kap. 2.2.5).

2.2.1 Der Leib als spürbare Erfahrung

Wenn ich vom Leib als spürbare Erfahrung spreche, dann liegt dem die Abgrenzung zu Körper und Gefühl zu Grunde. Mit Schmitz kann man als erstes Kriterium für diese begriffliche Klärung das Kriterium der „Örtlichkeit" einführen. Schmitz unterscheidet dabei zwischen „absoluter" und „relativer Örtlichkeit":

> „Relativ heißt (..) ein Ort, wenn er durch räumliche Orientierung bestimmt ist, d.h. durch ein System von Lage- und Abstandsbeziehungen, wodurch mehrere Orte einander wechselseitig identifizierbar werden lassen. Absolut heißt ein Ort dagegen, wenn er unabhängig von räumlicher Orientierung bestimmt oder identifizierbar ist" (SP II, 1: 6)[47].

Mit Hilfe dieser Begriffsbestimmung definiert Schmitz den „reinen Leib" des Menschen als absolute Örtlichkeit[48], den „reinen Körper" als relative Örtlichkeit und die

---

alltägliche Lebenspraxis macht (Schmid 1999: 198ff.), im Weiteren dann vorzugsweise vom „Gespür" oder der „leiblichen Intelligenz" spricht (siehe auch Teil 4, Kap. 3).

47 Zur Zitationsweise: Im Wesentlichen stütze ich mich in meiner Auseinandersetzung mit der Leibphänomenologie von Schmitz auf dessen *System der Philosophie*, das fünf Bände umfasst, die aus zehn Teilen bestehen (Schmitz 1964-1980). Der Einfachheit halber zitiere ich die einzelnen Teilbände als SP (= System der Philosophie), römische Ziffer (= Bandnummer), arabische Ziffer (= Teilband) und Seitenzahl. Das erste Zitat stammt also aus dem zweiten Band, Teil eins aus *System der Philosophie*.

48 Schmitz zufolge hatten bereits Plessner und Merleau-Ponty „gespürt", dass zur Charakterisierung des Leiblichen das Kriterium „relative Örtlichkeit" nicht ausreiche. Er kritisiert an ihnen jedoch, dass sie sich nicht zur „absoluten Örtlichkeit" als Definitionsmerkmal haben durchringen können. Den Grund dafür sieht Schmitz in deren Verständnis vom Leib als aktiven, nach außen gerichteten, handelnden Leib (SP II, 1: 10f.). Diese handlungstheoretisch zu nennende Konzeption des Leiblichen bei Plessner und Merleau-Ponty markiert in der Tat einen wichtigen Unterschied zwischen Plessner und Merleau-Ponty einerseits, Schmitz andererseits (vgl. auch Lindemann 1996: 161f., Fn. 38).

(seelischen) Gefühle als „ortlos" (SP II, 2: 18). In einer Begrüßungssituation bspw. begegnen sich zwei Körper, die in einer bestimmten Lage- und Abstandsbeziehung zueinander stehen. Das Schütteln der Hände, die Umarmung oder der Kuss auf die Wange, das sind in der Terminologie von Schmitz Körper, die sich mehr oder weniger nahekommen. Das Kribbeln im Bauch, der schneller schlagende Puls, die Trockenheit im Mund oder der als Enge empfundene Kloß im Hals hingegen stellen eigenleibliche Regungen dar, die an konkret lokalisierbaren Regionen des Leibes gespürt werden. Dieses Spüren ist absolut und damit leiblich, da es von der betroffenen Person unmittelbar erlebt wird, wobei ‚unmittelbar erlebt' meint, den eigenen Leib unabhängig von den äußeren Sinnen zu spüren[49] (vgl. SP II, 1: 24).

Die Unterscheidung von absoluter und relativer Örtlichkeit wendet Schmitz auch auf den Leib selbst an. Er nennt diesen Leib, der sich durch eine absolute (Leib) und zugleich relative (Körper) Örtlichkeit auszeichnet und der den Normalfall des alltäglichen Leiberlebens ausmacht, „körperlicher Leib" (SP II, 1: 24). Der Hunger, das Jucken zwischen den Schulterblättern oder das Seitenstechen sind Empfindungen, die an einem relativen, weil durch Lage- und Abstandsbeziehungen feststellbaren Ort gespürt werden: Das Ziehen in der Magengegend liegt deutlich unterhalb des Juckens in der Schulter; insofern sind sie körperlich. Zugleich sind das Jucken, der Hunger und das Stechen auch leiblich, weil sie fraglos im eigenen Leib unmittelbar gespürt werden. Diese in bestimmten Gegenden des eigenen Leibes gespürten Regungen nennt Schmitz „teilheitliche Regungen", und die je konkret gespürten Gegenden „Leibesinseln" (SP II, 2: 12ff.). Jede Leibesinsel ist ein absoluter Ort im Leib. Wie aber ist es möglich, „den eigenen körperlichen Leib trotz seiner diskreten Organisation [in Leibesinseln] schon im unmittelbaren Spüren, ohne erst nachsehen oder nachtasten zu müssen, als Einheit zu erfassen und anzuerkennen?" (SP II, 1: 36). Die Antwort lautet: Die spürbare Einheit des Leibes wird deshalb aufrechterhalten, weil der Leib als absoluter Ort unteilbar ausgedehnt ist (SP II, 1: 40ff.). Ausgedehntheit ist das zweite Unterscheidungskriterium – neben Örtlichkeit – zwischen Leib und Körper: *Alles Leibliche* ist im Gegensatz zu allem Körperlichen *unteilbar ausgedehnt*.[50] An wie vielen Gegenden im eigenen Leib (Leibesinseln) auch immer man sich spürt, man wird im Normalfall keinen Zweifel haben, dass die einzelnen, teilheitlichen leiblichen Regungen im eigenen Leib als Ganzem gespürt werden. Dasselbe gilt für die „ganzheitlichen leiblichen Regungen", wie Frische, Müdigkeit, Schlappheit, Wohlbehagen, die die spürbare leibliche Gesamtverfassung prägen: Die

---

49 Das unmittelbare Erleben des eigenen Leibes meint damit *nicht*, wie von soziologischer Seite eingeworfen werden könnte, unabhängig von sozialen und kulturellen Bedingungen wie z.B. soziale Herkunft oder Milieuzugehörigkeit. Wie, das heißt, in welcher Weise Gesellschaft und Kultur das unmittelbare Leiberleben beeinflussen, ist allerdings ein Aspekt, den Schmitz nicht zum Gegenstand seiner Untersuchungen macht. Sowohl im Kapitel zu Bourdieu (Teil 2, Kap.3) als auch im dritten, dem empirischen Teil dieser Arbeit, werde ich hierauf mein Augenmerk richten.

50 Mit diesem Definitionsmerkmal ist es Schmitz möglich zu zeigen, dass es, wie die „ältere Psychologie" meinte, keine Organempfindungen gibt: Den Herzschmerz gibt es im wörtlichen Sinne deshalb nicht, weil das Herz ein physisches Organ, also Körper und somit teilbar ausgedehnt ist – es kann in mehrere Stücke zerschnitten werden –, wohingegen das Schmerzempfinden in der Herzgegend unteilbar ausgedehnt ist – es kann nicht in zwei, drei Schmerzen zerteilt werden (SP II, 1: 55).

Frische, die man nach der Morgendusche oder dem Frische-Luft-Schnappen empfindet, ist nicht zerlegbar und auf verschiedene Orte im Leib verteilbar, sondern wird im Leib als Ganzem gespürt (SP II, 2: 12f.).

Von Leib und Körper grenzt Schmitz die Gefühle ab. Das Neue seiner Gefühlstheorie (SP III, 2: 91-402) besteht darin, zwischen dem Gefühl selbst und dessen leiblich-affektiver Betroffenheit zu unterscheiden. Schmitz distanziert sich von der üblichen Auffassung, Gefühle hätten ihren Platz in der Seele. Er versteht Gefühle als „Atmosphären", in die man hineingerät und die entweder ohne oder mit leiblich-affektivem Betroffensein erfahren werden können. Bloß wahrnehmende Gefühle sind etwa Sorge, Kummer, Traurigkeit oder Schwermut, die sich bspw. von Freude, Angst oder Wut dadurch unterscheiden, dass ihnen die affektive Betroffenheit oder Ergriffenheit, die immer eine leibliche ist, fehlt. Damit hängt der weitere Unterschied zusammen, dass bloß wahrgenommene Gefühle „ortlos" sind, wohingegen solche Gefühle, die ergriffen oder betroffen machen, auf Grund ihres leiblichen Korrelats örtlich lokalisierbar sind. Dabei können die leiblichen Regungen, in denen sich das affektive Betroffensein von Gefühlen abspielt, teilheitlich (in einzelnen Körpergegenden lokalisiert) oder ganzheitlich sein. Ob teilheitlich oder ganzheitlich gespürt, es ist in jedem Fall die leiblich-affektive Betroffenheit von Gefühlen, die der Person einerseits das Gefühl gibt, dass es um sie selbst geht, und andererseits dazu beiträgt, sich situationsgemäß zu verhalten. Wer wirklich wütend oder freudig ist, und das heißt, wer von der Wut oder der Freude spürbar ergriffen ist, der muss nicht überlegen, wie er sich zu verhalten hat, sondern handelt quasi automatisch, so wie er ist, so wie ihm die Situation erscheint. (Dass andere dieses Verhalten als unangemessen bewerten können, ist damit natürlich nicht ausgeschlossen.)

Der Leib als spürbare Erfahrung lässt sich nach dem bisher Gesagten wie folgt charakterisieren (vgl. zusammenfassend Tabelle 2): Das Spüren des eigenen Leibes, das – vor dem Hintergrund der Ich-Leib-Einheit – immer ein *sich*-Spüren ist, ist eine Erfahrung, die entweder auf konkrete Stellen (Leibesinseln) im Körper begrenzt ist (teilheitliche leibliche Regungen), oder den gesamten Körper durchzieht (ganzheitliche leibliche Regungen). Im letzteren Fall prägt das Spüren die Gesamtbefindlichkeit der betroffenen Person. Bei teilheitlichen leiblichen Regungen und bei Gefühlen mit einem Betroffenheitsmoment ist das Spüren eine bewusste Erfahrung. Angst, Schmerz, Hunger, Müdigkeit, Freude oder Lust sind leibliche Erfahrungen, die man spürbar wahrnimmt. Aber nicht jede leibliche Erfahrung kommt der betroffenen Person auch zu Bewusstsein. Diese Art des Spürens, die im Hintergrund wirkt, hat Schmitz „leibliche Disposition" genannt. Bevor ich darauf im nachfolgenden Abschnitt zu sprechen komme, möchte ich zunächst zeigen, wie mit Schmitz die unterschiedlichen Arten und Weisen des Spürens streng methodisch[51] analysiert werden können.

---

51 Zur phänomenologischen Dreistadienmethode von Schmitz siehe Schmitz (1980c).

Leib	Körper	Gefühl
- absolute Örtlichkeit (eindeutig lokalisierbar) - unteilbar ausgedehnt - Zustand (leibliches Befinden) - Spüren/spürbare Erfahrung (ohne äußere Sinne) - teilheitlich (an konkreten Gegenden = Leibesinseln gespürt; Hunger, Jucken, Wut, Freude) - ganzheitlich (prägt die spürbare Gesamtverfassung; Frische, Müdigkeit, Wohlbehagen) - universelle Strukturalität: grundlegendes Kategorienpaar = Enge und Weite - leibliche Disposition ('unbewusst'; „Klima" ganzheitlicher leiblicher Regungen)	- relative Örtlichkeit (Lage- und Abstandsbeziehung) - teilbar ausgedehnt - Körperding - durch äußere Sinne wahrnehmbar (sicht- und tastbar; Gliedmaßen, Organe, Haare)	- ortlos - Atmosphäre (in die man hineingerät) - mit leiblich-affektivem Betroffensein (Freude, Angst, Begehren, Hass); = Kriterium für Subjektivität ('es geht um mich') - ohne leiblich-affektives Betroffensein (bloß wahrnehmend; Sorge, Kummer, Trauer, Schwermut)
Körperlicher Leib - Normalfall der alltäglichen Leiberfahrung - Leibliche Erfahrung, die an einem durch Lage- und Abstandsbeziehung feststellbaren (relativen) Ort eindeutig (absolut) gespürt wird		- die meisten Gefühle haben ein leibliches Korrelat

Tabelle 2: Leib, Körper und Gefühl

Einen Großteil seiner phänomenologischen Analysen widmet Schmitz der unübersehbaren Vielfalt leiblicher Regungen. Er entwickelt hierfür ein Kategoriensystem, dessen Bauteile er wie die Buchstaben des Alphabets – Schmitz spricht auch vom „Alphabet der Leiblichkeit" – so kombiniert, dass sich eindeutig beschreibbare leibliche Regungen ergeben, so wie aus der Zusammenstellung von Buchstaben in aller Regel eindeutig les- oder hörbare Wörter resultieren (SP II, 1: 170). Das Alphabet bzw. die *Struktur des Leiblichen* ist die Gesamtheit der Kategorien der Leiblichkeit:

> „Die Momente oder Bausteine dieser Struktur sind die *Kategorien* des Leiblichen. Ich zähle sie nochmals auf: Enge, Weite, Engung, Weitung, Richtung, Spannung, Schwellung, Intensität, Rhythmus, (leibliche Ökonomie als das Ganze von Intensität und Rhythmus), privative Weitung, privative Engung, protopathische Tendenz, epikritische Tendenz, Leibinselbildung, Leibinselschwund" (SP II, 1: 170; Herv. im Orig.).

Die einzelnen Kategorien des Leibes sind selbst wiederum leibliche Regungen, die nicht unverbunden nebeneinander stehen, sondern in einem komplexen Gefüge zusammenhängen. Mit Hilfe dieses Kategoriensystems (ausführlich entwickelt in SP II, 1: 73-172) gelingt es Schmitz, alle leiblichen Regungen kombinatorisch nachzubuchstabieren (vgl. zusammenfassend Abbildung 1). Dieses begriffliche Inventar eignet sich dafür, auf phänomenologisch genaue Weise das sonst nur schwer zu verbalisierende Feld leiblichen Befindens zu thematisieren[52]. Die für meine weitere Arbeit wichtigsten Kategorien möchte ich kurz erläutern.

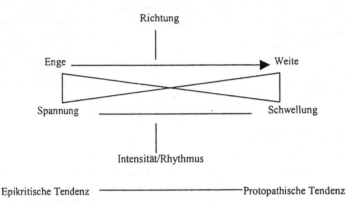

Abbildung 1: Kategoriales Instrumentarium zur Analyse des leiblichen Befindens
            (aus: Soentgen 1998: 23)

Das grundlegende leibliche Kategorienpaar[53] ist der Gegensatz von *Enge und Weite*[54]. Jedes spürbare leibliche Befinden bewegt sich zwischen diesen beiden Polen:

52 Es fällt vielleicht auf, dass Schmitz in seinem Alphabet der Leiblichkeit den Geschlechtsunterschied zwischen Männern und Frauen nicht berücksichtigt. In der Tat geht Schmitz davon aus, dass die *Struktur* leiblichen Befindens geschlechtsneutral ist. Das heißt nun aber nicht, Schmitz übersehe die unterschiedlichen *Weisen* leiblichen Befindens und Spürens von Männern und Frauen. Er nimmt sie nur nicht zum Anlass, geschlechtsspezifische Kategorien in sein Leibalphabet einzuführen.

53 Unabhängig von diesem Kategorienpaar der Leiblichkeit existiert nur das der „protopathischen" und „epikritischen Tendenz". Erstere zeichnet sich durch eine spürbare Tendenz hin zum Stumpfen, Diffusen, Strahlenden, Umrisse Verschwemmenden aus, zweitere durch die gegenläufige Tendenz hin zum Scharfen, Spitzen, Umrisse Setzenden (SP II, 1: 143-151).

54 Man könnte hier gegen Schmitz einwenden, dass es sich bei den Begriffen Enge und Weite eher um Metaphern denn um Kategorien handele, die obendrein kulturgebunden sind, weshalb der universaltheoretische Anspruch seiner Leibphilosophie unhaltbar sei. Um diesen Einwand vollständig entkräften zu können, müsste eine kulturvergleichende Untersuchung durchgeführt werden. Dies kann hier natürlich nicht geschehen. Zur Verteidigung von Schmitz sei jedoch darauf hingewiesen, dass es sich bei Enge und Weite zwar um räumliche Metaphern handelt, diese offensichtlich aber von kultur- und zeitübergreifender Bedeutung sind. Denn zum einen entwickelt Schmitz sein Alphabet der Leiblichkeit aus einer Auseinandersetzung mit den Philosophen der griechischen Antike, zum anderen wird seine Leibphänomenologie im asiatischen Raum, insbesondere in Japan, sehr stark rezipiert. Schmitz zufolge ist Japan jene Kultur, in der seine Philosophie der Gegenwart und des Leibes eine lebenspraktische Anwendungsform gefunden habe: „So kann die Neue Phänomenologie auf bedeutende Ausformungen der japanischen Kultur als ihre naturgemäße Ergänzung hinweisen" (Schmitz 1997: 46).

„Leiblich spüren wir uns stets eng oder weit in wechselnden Graden und Mischungsverhältnissen, zwischen Enge und Weite durch Engung (zur Enge hin) und Weitung (zur Weite hin) pendelnd. Die Engung überwiegt z.B. bei Schreck, Angst, Schmerz, gespannter Aufmerksamkeit, Beklommenheit, Hunger, dumpfem Zumutesein, die Weitung etwa dann, wenn es uns weit ums Herz wird, in tiefer Entspannung, bei Freude, die hüpfen lässt, in Stimmungen schwerelosen Schwebens, beim Einschlafen, beim Dösen in der Sonne, in der Wollust und wohligen Müdigkeit" (Schmitz 1985: 82).

Die als mehr oder weniger latente Spannung empfundene Enge des Leibes tritt nicht nur in Situationen wie etwa des Schrecks oder der Angst auf, sondern durchzieht den Leib bereits im ganz normalen leiblichen Befinden. Sie ist es, durch die der Leib als Einheit zusammengehalten wird, die es verhindert, dass er in eine Vielzahl von Leibesinseln zerfällt. Maximale Enge (ohne Weite) ist dabei genauso wenig zu erreichen wie maximale Weite (ohne Enge), da dies bedeuten würde, nicht mehr bei Bewusstsein zu sein (SP II, 2: 24). Die im Wachzustand immer schon durch Weite relativierte Enge des Leibes ist damit die „Wurzel des Ich (..), des Gegenstandes des Selbstbewusstseins" (SP II, 1: 85), wobei Selbstbewusstsein bei Schmitz das Sich-seiner-selbst-bewusst-Sein auf Grund eines leiblich-affektiven Betroffenseins meint (siehe unten Kap. 2.2.3).

Das in der konkreten leiblichen Regung vorfindbare dynamische Zusammenspiel zwischen Enge und Weite bzw. zwischen Engung und Weitung kann Schmitz zufolge auf zwei Weisen stattfinden (ausführlich hierzu: SP II, 1: 89-142): Zum einen können Engung und Weitung, und das ist der gewöhnliche Fall, in einem Konkurrenzverhältnis zueinander stehen, zum anderen können sie sich tendenziell voneinander lösen. Wenn Engung und Weitung miteinander um die Vorherrschaft konkurrieren, wird jene zur „Spannung" und diese zur „Schwellung". In der Angst bspw. konkurrieren Spannung und Schwellung, wobei die Spannung überwiegt; „bei wollüstiger Erregung überwiegt umgekehrt die Schwellung, so dass der Leib vor strotzender Fülle zu bersten, d.h. die Spannung, die ihn zusammenhält, zu zerreißen scheint" (SP II, 2: 25). Im zweiten Fall, der tendenziellen Lösung von Engung und Weitung, wird jene zur „privativen Engung" (z.B. im heftigen Erschrecken) und diese zur „privativen Weitung" (wie etwa beim Einschlafen). Die Konkurrenz von Spannung und Schwellung wiederum kann gleichzeitig bzw. „simultan" erfolgen, wodurch sie sich durch leibliche „Intensität" auszeichnet (wie z.B. in der sexuellen Ekstase oder einer Kraftanstrengung), und sie kann aufeinander folgend bzw. „sukzessiv" auftreten, woraus ein „rhythmisches" leibliches Befinden resultiert (etwa in der Fluchtangst). Schließlich führt Schmitz für die Verknüpfung von leiblicher Intensität und leiblichem Rhythmus als Oberbegriff die „leibliche Ökonomie" ein, welche besagt, „dass Intensität und Rhythmus für eine gewisse Ausgewogenheit der beiden leiblichen Urimpulse, also sozusagen für Ökonomie im Haushalt des Leibes sorgen. Leibliche Ökonomie ist also: der teils simultane (intensive), teils sukzessive (rhythmische) Verband von Spannung und Schwellung des Leibes" (SP II, 1: 125).

Durch die Verknüpfung dieser Kategorien des Leiblichen ist Schmitz in der Lage, Unterschiede leiblicher Regungen aufzuzeigen, wo frühere Leibphänomenologen und auch Psychologen keine Differenzierungen vorgenommen haben bzw. nach wie vor nicht vornehmen (vgl. Thomas 1996: 124, Fn. 2). Diese leiblichen Regungen, die zusammengenommen das bewusste Spüren ausmachen, stellen einen Aspekt der menschlichen Leiblichkeit dar. Ihnen gewissermaßen vorgängig ist die „leibliche Disposition" (SP IV: 291-296, 315-346). Auf sie komme ich nun zu sprechen.

2.2.2 Leibliche Disposition und spürendes Wahrnehmen

Unter leiblicher Disposition versteht Schmitz „ein relativ beharrendes, obwohl der Wandlung fähiges ‚Klima' ganzheitlicher leiblicher Regungen, das das leibliche Befinden einer Person eigentümlich tönt und für diese schicksalshaft ist" (Schmitz 1985: 101). An anderer Stelle spricht er von ihr als einer „ganzheitlich alle leiblichen Regungen durchdringenden und umhüllenden Atmosphäre" (SP IV: 292). Die leibliche Disposition meint die *basale leiblich-affektive Anlage* einer Person[55], eine lang andauernde, mitunter lebenslange leibliche Grundstimmung, die nicht nur das jeweilige leibliche Befinden einer Person prägt, sondern darüber hinaus auch deren „Persönlichkeit" (SP IV: 318). Sie ist nicht mit einer biologischen Veranlagung zu verwechseln, vielmehr beruht die leibliche Disposition auf der prinzipiell wandelbaren, je individuellen Struktur des Leibes[56], das heißt, dem Hin und Her von Engung und Weitung, Spannung und Schwellung, Intensität und Rhythmus, kurz: der leiblichen Ökonomie (SP IV: 316, Schmitz 1992f: 339). Die Wandelbarkeit der leiblichen Disposition hängt dabei insbesondere von sozialisatorischen Bedingungen, gesellschaftlichen Einflüssen und sozialen Interaktionen ab (worauf Schmitz sein Augenmerk jedoch nur selten richtet).

Bezogen auf das Verhältnis von Leib und Identität ist die Kategorie der leiblichen Disposition in zweierlei Hinsicht von Bedeutung. Der erste Aspekt betrifft die *soziale Identität* einer Person. Die leibliche Disposition ist nämlich nicht nur am eigenen Leib erfahrbar, sie ist zugleich am eigenen Körper als *Habitus* im Sinne Bourdieus wahrnehmbar. Sie findet ihren wahrnehmbaren Ausdruck in Form eines individuellen Ganges, der Körperhaltung, individueller Mimik, Gestik, Stimm- und Tonlage und sonstiger individueller körperlicher „Eigenarten" (Schmitz 1992e: 322). Im gewohnheitsmäßigen oder habitualisierten Verhalten findet die leibliche

---

55 Schmitz spricht nicht nur von einer „persönlichen leiblichen Disposition", sondern auch von einer „kollektiven leiblichen Disposition" (Schmitz 1992e, 1992f.). Ich halte die Übertragung des Begriffs „leibliche Disposition" von der individuellen auf die kollektive Ebene für nicht besonders gelungen. Entgegen Schmitz' eigenem methodischen Anliegen kann es sicherlich nicht von „jedermann (...) verstanden werden" (Schmitz 1992: 30), wie eine Gesellschaft oder Kultur eine leibliche Disposition haben sollte. Worauf Schmitz mit dem Ausdruck „kollektive leibliche Disposition" hinweisen will, ist der „prägende Zeitstil" und das emotionale Klima einer Gesellschaft oder Kultur zu einer bestimmten Zeit. Und dieser Hinweis macht natürlich Sinn.

56 In Anlehnung an die Konstitutionstypen von Kretschmer und Veit unterscheidet Schmitz drei „typische leibliche Dispositionen": den Typ des „Bathmothymikers", des „Zyklothymikers" und des „Schizothymikers" (Schmitz 1992c: 231ff.). Diese Unterscheidung in drei „charakteristische Menschentypen" (Schmitz 1992f: 339) erscheint mir nicht besonders überzeugend. Wenn die persönliche leibliche Disposition auf der Dynamik der leiblichen Ökonomie beruht, warum sollte es dann nur drei idealtypische leibliche Dispositionen geben? Schmitz jedenfalls liefert hierfür keine (überzeugende) Begründung.

Disposition ihren symbolischen Niederschlag. Und in der Gestalt eines Habitus ist die leibliche Disposition die Bedingung der Möglichkeit sozialer Identifizierung im Sinne Goffmans.

In zweiter Hinsicht ist die „Persönlichkeit" eines Individuums[57] betroffen. Wenngleich Persönlichkeit und Identität etwas Verschiedenes bezeichnen, so würde ich in diesem Fall doch über den von Schmitz verwendeten Begriff der Persönlichkeit hinausgehen und grundsätzlicher von *personaler Identität* sprechen wollen. Versteht man Identität allgemein als immer nur vorläufiges Resultat der mehr oder weniger bewussten Verarbeitung von Erfahrungen, dann kann mit Schmitz gesagt werden, dass die leibliche Disposition von besonderer Bedeutung für die Identität einer Person ist, insofern sie die Grundlage dafür ist, *wie* persönliche Lebenserfahrungen und -ereignisse gemacht und verarbeitet werden. Sie prägt in einem entscheidenden Maße die Art und Weise, wie ein Individuum von Erfahrungen leiblich-affektiv betroffen werden kann und wie es mit dieser Betroffenheit umgeht. Die leibliche Disposition drückt der leiblich-affektiven Betroffenheit

> „ihr Gepräge auf und bestimmt damit namentlich über die Ansprechbarkeit für Herausforderungen, die Lebhaftigkeit, Nachhaltigkeit und Rhythmik der Auseinandersetzung mit solchen und die Weckbarkeit von Impulsen der Auseinandersetzung in beträchtlichem Ausmaß. Sie ist der Stil leiblicher Resonanz auf Anregungen und Eindrücke, d.h. die der Person auf Grund ihres leiblichen Befindens eigene Weise, mit solchen mehr oder weniger fertig zu werden. In dieser Hinsicht ist sie etwa das, wofür Tradition und Umgangssprache das Wort ‚Temperament'[58] bereithalten" (SP IV: 296).

Wenn die leibliche Disposition wesentlichen Anteil an der Art und Weise des Umgangs mit Ereignissen („Eindrücken") und Erfahrungen („Herausforderungen") hat, und die Verarbeitung von Erfahrungen wiederum die Grundbedingung für Identität ist, dann ist die persönliche leibliche Disposition von grundlegender Relevanz für die Identität des Individuums.

Schmitz greift gelegentlich auf eine Musik-Metapher zurück, um diese wichtige Bedeutung der leiblichen Disposition für die Identität plastisch zum Ausdruck zu bringen: Die persönliche leibliche Disposition ist „die eigenständige Unterstimme, von der die (...) lebensgeschichtlichen Prozesse der Verarbeitung von Eindrücken (...) getragen werden, so wie der Bass in der Musik der tragende Grund für das variantenreichere dramatische Spiel der Oberstimme ist" (Schmitz 1992c: 228). Der Leib, verstanden als persönliche leibliche Disposition, trägt als „Unterstimme" der Person wesentlich zur Verarbeitung lebensgeschichtlicher Ereignisse („Oberstimme") bei. Die leibliche Disposition unterstützt aber nicht nur die Verarbeitung von Erfahrungen, sondern prägt bereits die Art und Weise, in der man Erfahrungen macht. Denn wie man Situationen erlebt und Eindrücke realisiert, hängt davon ab,

---

57 Schmitz spricht vorzugsweise von „persönlicher Situation" und meint damit das Hin und Her zwischen „primitiver" und „entfalteter Gegenwart" (SP IV: 287); ich komme hierauf im nächsten Abschnitt näher zu sprechen (Kap. 2.3.3). Persönlichkeit setzt er außerdem mit der Individualität einer Person synonym (ebd.).

58 Der Temperamentbegriff dient Schmitz lediglich zur Anschaulichkeit, ansonsten misst er ihm einen deskriptiv und theoretisch „fragwürdigen" Wert bei (Schmitz 1985: 102).

wie man seine Umwelt wahrnimmt. Die Wahrnehmung der Umwelt aber ist ein leibliches Geschehen. Das hatte bereits Merleau-Ponty gezeigt, doch meinte er damit die Wahrnehmung mit den ‚äußeren' Sinnen, wohingegen es sich bei Schmitz auf die leiblich-affektive Grundstimmung bezieht, auf der der *Spürsinn* fußt. Die Wahrnehmung von Welt erfolgt in vielen Situationen nicht nur mit den ‚äußeren' Sinnen, geschweige denn ausschließlich auf kognitive oder rationale Weise, sondern in der Art eines *spürenden Hinachtens, Aufmerkens oder Wahrnehmens*. In nicht wenigen Fällen fungiert gerade das Spüren als Wahrnehmungsinstanz, die es ermöglicht, die Anforderungen der Situation zu bewältigen. Insbesondere in Situationen, die etwas Fremdes, Unbekanntes oder Widerständiges für einen haben, und in denen eine rationale Einschätzung der Situation nicht möglich ist, weil z.B. das notwendige Wissen oder die Zeit dazu fehlt, man gleichwohl aber handeln muss, in solchen Situationen orientiert man sich am eigenen Spüren bzw. an der spürenden Einschätzung der Situation. Pothast spricht in diesem Zusammenhang, wobei er sich hier an Blaise Pascal anlehnt, auch vom Spüren als einem grundlegenden „Orientierungsmuster" (Pothast 1998: 80ff.), dessen der Mensch zur Bewältigung seines Lebens bedürfe[59]. Spürend orientiert man sich in seinem Leben, und das mindestens genauso oft und genauso zuverlässig wie durch rationale Überlegung.

Die leibliche Disposition nimmt also über die Art – dem *Wie* – der spürenden Wahrnehmung der Umwelt und der Verarbeitung von Erfahrungen Einfluss auf die personale Identität. Sie kann dies auch noch auf eine andere Weise. Das hängt damit zusammen, dass weder die Identität noch die leibliche Disposition starr und unveränderlich, sondern vielmehr dynamisch und wandelbar sind. Insofern kann nämlich eine Veränderung der leiblichen Disposition einen Wandel der Identität bewirken. Für Schmitz liegt gerade in der „qualitativen Umstimmung der leiblichen Disposition", die „nach allen, durch die Struktur des Leibes, das ‚Alphabet der Leiblichkeit', vorgezeichneten Richtungen möglich" ist (SP IV: 294), die entscheidende Bedeutung für die Persönlichkeit (in meinem Sinne: Identität) einer Person. Anhand der psychischen Folgen einer solchen Umstimmung der leiblichen Disposition lässt sich „die tiefe Verwurzelung des Seelischen im Körperlichen anschaulich erleben" (SP IV: 320). Schmitz bringt hierfür die Beispiele des Schocks und der Erfahrung, die ein Europäer macht, wenn er in ein tropisches Klima überwechselt (ebd.: 319f.); andere mögliche Beispiele für die u.U. tief greifende Veränderung des seelisch-geistigen Zustands auf Grund von Brüchen in der leiblichen Disposition sind Krankheiten, die Einnahme von Rauschmitteln oder der Verlust eines geliebten Menschen. In diesen Fällen ist ein Einschnitt in die personale Identität ‚von der Leibseite her' – wenngleich von unterschiedlicher Dauer – sehr wahrscheinlich. Wenn man also davon ausgehen kann, dass Menschen vor einem ganzheitlich-leiblichen Hintergrund (sich) erleben und handeln, dann kann eine Erschütterung oder Zerstörung dieses Hintergrunds einschneidende Folgen für die Identität der hiervon betroffenen Person nach sich ziehen. Umgekehrt liegt in der Möglichkeit, auf die leibliche Disposition

---

59 Neben dem Spüren bezeichnet Pothast das Sprechen bzw. die Sprachverwendung als die zweite Orientierungsinstanz für das menschliche Leben (Pothast 1998: 81ff.).

absichtsvoll einzuwirken, auch ein großes Identitätspotenzial. Die diversen Schulen der Leib- oder Körpertherapie machen sich dies zu Nutze, indem sie versuchen, psychische Probleme oder Störungen vermittels einer Arbeit an der leiblichen Selbsterfahrung, an körperlichen Symptomen und an Spürenszuständen zu beheben (vgl. bspw. Görlitz 2001; Hausmann/Neddermeyer 1995).

2.2.3 Identität im Schnittfeld von Spüren, Selbstdistanzierung und spürbarer Selbstgewissheit

Bereits in den beiden vorangegangenen Kapiteln zu Plessner und Merleau-Ponty war die Rede davon, dass die Entwicklung und Aufrechterhaltung einer Identität nicht ein bloß leibliches Geschehen bzw. Resultat ist. Bei Plessner kam zum Leibsein das Körperhaben hinzu, das heißt, die Fähigkeit des Menschen, sich selbst zum Gegenstand zu werden; und mit Merleau-Ponty wurde Identität als Ausdruck der Dialektik von sinnlicher Wahrnehmung und Reflexivität bezeichnet. Mit Schmitz lässt sich nun noch einen Schritt weitergehen, da mit ihm gezeigt werden kann, wie dieses *dialektische Verhältnis von leiblicher Erfahrung und Selbstobjektivierung* wiederum einer *spürbaren Verankerung bedarf,* um für das Individuum die Handlungs- und Orientierungssicherheit darzustellen, die gemeinhin als Ausdruck dafür gilt, dass dieses Individuum mit sich selbst identisch ist. Um dies zu zeigen, greife ich auf seine „Theorie der Person" zurück.

Die Theorie der Person von Schmitz basiert auf dem Moment der „Gegenwart", die er als neues „Prinzip der Philosophie" einführt (SP I: 149)[60]. In Hinblick auf das Personsein unterscheidet Schmitz zwei Arten von Gegenwart, die in einem wechselseitigen Verhältnis zueinander stehen: „primitive" und „entfaltete Gegenwart" (SP IV: 1-8, SP I: 204f., Schmitz 1985: 100f.). *Primitive* Gegenwart zeichnet sich durch das Gefangensein des Subjekts im Hier-Jetzt aus, wie es in Situationen der Fall ist, in denen man auf elementare Weise leiblich-affektiv betroffen ist, hervorgerufen etwa durch heftigen Schreck, panische Angst oder grenzenloser, orgiastischer Ekstase. In diesen Situationen erfährt man die Wirklichkeit (das Dasein) unmittelbar und eindeutig (das Dieses der Gegenwart). Man ist Subjekt-für-sich, die Möglichkeit der Selbstdistanzierung ist nicht gegeben. „In diesem Sinne ist primitive Gegenwart:

---

60 Gegenwart bezeichnet Schmitz als das „absolut Eindeutige und Sichere" (Thomas 1996: 131); sie muss immer zugänglich, eindeutig und unverwechselbar sein (SP I: 150). Er unterscheidet fünf Aspekte von Gegenwart: Hier, Jetzt, Dasein, Dieses und Ich. In der Gegenwart zu sein, heißt demnach, hier zu sein (Raum), jetzt zu sein (Zeit), überhaupt zu sein, also da(zu)sein (Wirklichkeit), in dieser oder jener Situation zu sein (Situation, Kontext) und ein Ich zu sein (Subjektivität) (vgl. SP I: 207-232). Thomas fasst das Prinzip der Gegenwart am Beispiel der panischen Angst wie folgt zusammen: „In einer solchen Situation, etwa unmittelbar vor einer schwierigen Operation, kann ich nicht weg von hier, ich bin an diesen Ort gebunden. Gerade im Wunsch, von hier zu fliehen, wird mir besonders deutlich, dass und wie unausweichlich ich *hier* bin. Schmitz nennt diesen ‚Teil' der Gegenwart das *Hier.* Weiterhin kann ich in der Situation der Angst nicht weg aus diesem Augenblick (das *Jetzt*), ich existiere und kann nicht plötzlich nicht sein (das *Dasein*), ich kann, so sehr ich auch wollte, das, was ‚jetzt los ist', nicht mit irgendetwas anderem verwechseln (das *Dieses*), und ich kann mit niemandem tauschen (das Moment des *Ich*)" (Thomas 1996: 131; Herv. im Orig.).

Hier-Jetzt-Dasein-Dieses-Ich" (Schmitz 1992d: 76), und sie ist die spürbare Enge des Leibes. In der primitiven Gegenwart sind entsprechend Ich und Leib eins, identisch, da die Betroffenheit etwa im Schreck mir leiblich unmittelbar nahegeht.

Primitive Gegenwart ist das Gemeinsame menschlichen und tierischen Lebens[61], die *Entfaltung* der Gegenwart dagegen das Unterscheidungsmerkmal von Tier und Mensch. Die Entfaltung der Gegenwart geschieht immer dann, wenn die in der primitiven Gegenwart verschmolzenen fünf Elemente auseinander treten, „wodurch diese gegeneinander beweglich werden, ohne sich voneinander zu lösen" (SP IV: 5). Das bewusste Ich tritt den anderen Momenten der Gegenwart gegenüber, indem es z.B. über das Dasein reflektiert, das eigene Leben in Sport- und Freizeitaktivitäten aufs Spiel setzt oder sein Hier-Jetzt in Form von Träumen oder Phantasien ‚hinter sich lässt'. In der entfalteten Gegenwart ist das Ich nicht mehr gefangen in reiner leiblicher Betroffenheit und somit nicht mehr bloß Subjekt-für-sich, sondern es ist *Objekt*-für-sich, das heißt, es tritt zu sich in ein selbst-distanzierendes Verhältnis. Schmitz bezeichnet diesen Moment der Selbst-Objektivierung in der Entfaltung der Gegenwart als die Entstehung des personalen Subjekts bzw. der Person (ebd.: 13f.). Hier zeigt sich im Übrigen eine Übereinstimmung zwischen Schmitz und Plessner, auf die Schmitz selbst aufmerksam macht: In der Entfaltung der Gegenwart, zu der bspw. auch die Möglichkeit zählt, sich von seinem eigenen Körper zu distanzieren bzw. ihn zu objektivieren, befindet sich das personale Subjekt „in einer stets labilen und prekären ‚exzentrischen Position' (Plessner)" (ebd.: 14). Die entfaltete Gegenwart entspricht ziemlich genau dem, was Plessner als exzentrische Positionalität bezeichnet, wie auch die primitive Gegenwart mit dem Begriff der „zentrischen Positionalität" gleichgesetzt werden kann.

Die Nähe zwischen Schmitz und Plessner, die in ihrem Verständnis von Person festzustellen ist, zeigt sich noch deutlicher, wenn man den *dynamischen* Aspekt des Personseins in Betracht zieht. Schmitz beschreibt diese Dynamik als das Hin und Her von personaler Emanzipation und personaler Regression (SP IV: 14f., 19ff., 287ff.):

> „Die Person ereignet sich nur im Spielraum zwischen primitiver und entfalteter Gegenwart; deshalb ist personale Regression für sie genauso wichtig wie personale Emanzipation" (Schmitz 1992d: 80).

Personale Regression ist das Auftauchen in die primitive Gegenwart aus dem Zustand des Dösens, Dahindämmerns oder der „Rückfall" (SP IV: 14) in sie aus entfalteter Gegenwart. Personale Regression kommt dem Zustand gleich, den Plessner Leibsein nennt. Sie ist der Rückfall in das reine Leibsein etwa im Lachen oder Weinen, im heftigen Schreck, in der plötzlichen Überraschung und der Panik, im Rausch und der Ekstase, oder in „Atmosphären des Karnevals und der Tanzparty, wenn man sich mitreißen lässt und aus sich herausgeht" (Schmitz 1992d: 81). In der personalen Regression geht das Subjekt – willentlich oder unwillentlich – in seiner Leiblichkeit auf, Ich und Leib sind eins. In der *personalen Emanzipation* hingegen – dem Kör-

---

61   Sie unterscheiden sich damit vom ununterbrochenen Vegetieren der Pflanzen (Schmitz 1985: 100).

perhaben bei Plessner – löst sich das Subjekt aus seiner leiblichen Betroffenheit in primitiver Gegenwart und wird sich selbst zum Objekt, wobei dies u.U. bis zur Selbstentfremdung reichen kann. In minder dramatischen, ‚normalen‘ alltäglichen Fällen findet in der personalen Emanzipation eine Abstandnahme zu sich selbst statt, etwa in Form einer bewussten Selbstreflexion oder eines objektivierenden Umgangs mit dem eigenen Körper. So wie bei Plessner die Person bzw. personale Identität aus dem Wechselspiel von Leibsein und Körperhaben resultiert, gehört zur Person bei Schmitz das Hin und Her zwischen personaler Emanzipation und personaler Regression. Personale Emanzipation kennzeichnet gewissermaßen den bewussten, reflexiven, selbstdistanzierenden Aspekt personaler Identität, und personale Regression den leiblich-empfindenden, spürbaren Teil. Auf eine Formel gebracht, könnte man in Anlehnung an Schmitz sagen: *Personale Identität resultiert aus dem Zusammenspiel von Selbstdistanzierung und Selbstempfinden*[62].

Der Aspekt der Selbstdistanzierung (oder Selbstobjektivierung, -reflexivität u.Ä.) hat in der sozialwissenschaftlichen Forschung zur Identität des Individuums eine lange Tradition. Für den Aspekt des Selbstempfindens kann man dies nicht gerade behaupten. Das leibliche Empfinden und Spüren ist in Hinblick auf seine identitätsrelevante Rolle nahezu unberücksichtigt geblieben. Diese Relevanz besteht darin, wie eben dargestellt, als vorbewusste und vorsprachliche Erfahrung der Selbstreflexion und Selbstnarration zu Grunde zu liegen und im Zusammenspiel mit diesen kognitiven Prozessen an der Entwicklung und Aufrechterhaltung der Identität mitzuwirken. Der spürbare Leib hat jedoch noch eine weitere Bedeutung für die Identität, die mir als letztlich entscheidende erscheint. Mit sich identisch zu sein, heißt m.E. in ausschlaggebendem Maße, sich als mit sich selbst-identisch zu *empfinden* – mehr jedenfalls, als es heißt zu *wissen*, wer man ist. Dieses Selbstempfinden, das ein leibliches ist, macht sich für das Individuum in dem bemerkbar, was ich als *spürbare Selbstgewissheit* bezeichnen möchte. Zur Herleitung dieses Arguments dient mir der schon öfter gefallene Schmitzsche Begriff des „leiblich-affektiven Betroffenseins“.

Mit leiblich-affektivem Betroffensein meint Schmitz das Empfinden, dass es um einen selbst geht, dass man selbst betroffen ist oder dass man Subjekt-für-sich ist (SP IV: 31f.; vgl. auch Schmitz 1992d). Es ist das spürbare affektive Betroffensein, das für ein Subjekt aus einer „objektiven Tatsache“ eine „subjektive Tatsache“ macht (Schmitz 1992d: 239-244; siehe insbesondere auch Schmitz 1968: 95-108). Aus der Sicht des Individuums und in Hinblick auf die Identitätsfrage ‚Wer bin ich?‘ bedeutet das folgendes: Ich kann die Identitätsfrage für mich durch sprachliche Selbstzuschreibungen objektiver Tatsachen wie ‚Ich bin Deutscher‘, ‚Ich bin ein Mann‘ oder ‚Ich bin Soziologe‘ beantworten, wobei diese sozialen Rollen ‚objektiv‘ in dem Sinne sind, dass sie eindeutig zu belegen und auch von anderen erkennbar sind. Mit-sich-identisch-Sein meint in diesem Fall zu *wissen*, dass man Deutscher,

---

62　In ähnlicher Weise unterscheidet Thomas in Anlehnung an Schmitz zwischen einem „Ichgefühl (Ichhaftigkeit der leiblichen Betroffenheit)“ und einem „Ichbewusstsein (Subjektsein der intentionalen Akte)“ (Thomas 1996: 136).

Mann und Soziologe ist. Aber reicht dieses Wissen hin, um *für sich selbst* die Gewissheit zu haben, *wirklich* Deutscher, Mann oder Soziologe zu sein (was immer das für den Einzelnen konkret heißen mag)? Bietet dieses Wissen für die in Frage stehende Person die sichere, unzweifelhafte Gewähr, tatsächlich Deutscher etc. zu *sein*? Ich denke nicht. Um glaubhaft für sich selbst, also ohne sich selbst etwas vorzumachen, sich selbst oder andere zu täuschen, sagen zu können – wobei sagen wörtlich und im übertragenen Sinne gemeint ist, letzteres in der Art eines inneren Dialogs, der nicht notwendigerweise bewusst ablaufen muss –, man hätte sich mit einer objektiven Tatsache wirklich identifiziert, ist es unabdingbar, von dieser objektiven Tatsache so affektiv betroffen zu sein, dass sie zu einer subjektiven Tatsache wird. Eine aus der Sicht des Individuums echte *Selbstidentifikation bedarf der Stützung durch ein leibliches Selbstempfinden*, damit die einzelnen Eigenschaften, Rollen, Überzeugungen usw. nicht nur an-sich, sondern auch für-sich, das heißt, für-mich gegeben sind.

Fehlt dieses leibliche Selbstempfinden, kann es zu mitunter existenziellen Identitätsproblemen kommen, wie etwa Beispiele von Transsexuellen zeigen (vgl. Hirschauer 1993; Lindemann 1993). Für Transsexuelle resultieren aus dem Wissen um die Zugehörigkeit zu einer der beiden sozialen Geschlechterkategorien deshalb Identitätsprobleme, weil sie sich als dem anderen Geschlecht zugehörig empfinden. Offensichtlich sind Transsexuelle von ihrem Herkunftsgeschlecht nicht in dem Maße leiblich-affektiv betroffen, dass sie sich mit ihm identifizieren könnten. Das Geschlecht, das sie bei ihrer Geburt qua primärer Geschlechtsmerkmale hatten bzw. waren, empfinden sie nicht als das Ihrige, als ihnen nicht zugehörig. Es ist ihnen fremd in der Weise, dass zwischen dem *Wissen* um das ursprüngliche Geschlecht und dem *Empfinden*, dieses Geschlecht zu sein, eine unüberbrückbare Kluft liegt. Was diesem Wissen fehlt, um identitätsrelevant zu sein, ist, mit Pothast (1998: 89ff., 115ff. und öfter) gesprochen, dessen *spürende Stützung*. Ohne der aus dem leiblich-affektiven Betroffensein her rührenden spürbaren Stützung bewusster Selbsteinschätzungen oder Selbstzuschreibungen wird es wohl kaum einer transsexuellen Person – selbstredend gilt das nicht nur für Transsexuelle – gelingen, eine glaubhafte Selbstidentifikation zu erlangen.

Das leiblich-affektive Betroffensein von einer objektiven Tatsache bedeutet also, dass diese für das davon spürbar betroffene Individuum zu einer subjektiven Tatsache wird, von der es dann sagen kann, sie gehöre zu ihr, sei eins mit ihr oder identifiziere sich mit ihr. Das *leiblich-affektive Betroffensein* ist damit die *Grundlage für das Empfinden, mit sich selbst identisch zu sein*. Das Entscheidende für die personale Identität scheint mir nun zu sein, dass sich für ein Individuum, welches sich mit Eigenschaften, Fähigkeiten, sozialen Rollen, Einstellungen oder Überzeugungen solchermaßen empfindend identifiziert, dieses Selbstempfinden vor allem als *spürbare Gewissheit* bemerkbar macht. Über etwas, das ich wirklich als Teil von mir betrachte, wenn ich über es nachdenke, brauche ich mich im ungehinderten Alltagsleben gerade nicht versichern; viel eher bin ich mir dessen in meinem normalen Lebensvollzug spürbar gewiss. Natürlich kann auch über das eigene Selbstempfinden nachgedacht werden, es kann überprüft, interpretiert, begrüßt, akzeptiert oder abgelehnt werden. Aber selbst wenn diese reflexive Auseinandersetzung erfolgt und das Resultat sein sollte, sich von der Selbstempfindung zu distanzieren, bedarf diese Distanznahme einer leiblich-affektiven, das heißt: spürbaren Stützung, soll es sich – aus der Sicht des Subjekts – um eine echte Identifikation handeln. Ist dies der Fall, habe ich also z.B. meinen Irrtum eingesehen, doch kein zweiter Thomas Mann zu sein, wie ich lange Zeit mit Leidenschaft und Inbrunst sowohl mir als auch anderen glaubhaft zu machen versucht hatte, dann kommt diese Einsicht wohl weniger einer rationalen Erkenntnis gleich als vielmehr einer spürbaren Gewissheit. Aber selbst wenn diese Selbsterkenntnis durch langes Nachdenken gewonnen worden wäre, muss sie in die spürbare Gewissheit übergehen, nicht dazu berufen zu sein, einen neuen *Doktor Faustus* zu schreiben, da es sich ansonsten um eine bloß halbherzig, nicht ernsthaft gemeinte Einsicht handelte. Erst die *spürbare Gewissheit* – sei sie nun Resultat eines rationalen Erkenntnisprozesses oder eines unhinterfragten Selbstempfindens –, dieses oder jenes zu sein, zu wollen, zu können oder zu mögen, ist Ausdruck dafür, wirklich mit sich selbst identisch zu sein. Umgekehrt bedeutet das, dass sich das Fehlen der spürbaren Gewissheit für die betreffende Person als mehr oder weniger großes Identitätsproblem bemerkbar machen dürfte. Einer alternden Filmdiva bspw., die gerne jung, schön und begehrenswert sein möchte, zugleich jedoch realisiert, dass sie altert und an Attraktivität verliert, dies aber nicht wahrhaben will, mangelt es an der spürbaren Gewissheit, jung und attraktiv zu sein, und diese Divergenz zwischen imaginiertem Selbstbild und mangelnder spürbarer Gewissheit dürfte für sie mit einem Identitätsproblem verbunden sein.

Zusammenfassend kann gesagt werden: Wurde weiter oben dargelegt, dass personale Identität aus dem *Zusammenspiel von Selbstempfinden und Selbstdistanzierung* resultiert, so kann jetzt ergänzt werden: Erst wenn dieses Zusammenspiel zu einer *spürbaren Selbstgewissheit* führt, was per se ja nicht garantiert ist, kann ernsthaft davon gesprochen, dass ein Individuum für und mit sich selbst identisch ist.

2.2.4 Leiblich-biographische Identität qua leiblicher Erinnerung

In der sozialwissenschaftlichen Identitätsforschung herrscht Konsens darüber, dass die Identität des Individuums vor allem aus dem Sich-selbst-Gleichsein über die Zeit hinweg resultiert; das diesbezügliche formale Kriterium lautet Kontinuität (vgl. Nunner-Winkler 1985). In der Theorie der Person von Schmitz ist ein solches *zeitliches* Moment ebenfalls enthalten. Wie im vorangegangenen Abschnitt gesagt worden ist, ist eine Person als ein dynamisches Geschehen zu verstehen – das Hin und Her von personaler Emanzipation und personaler Regression –, und eben dieses Verständnis impliziert eine zeitliche Dimension: die Entwicklung der Person in der Zeit. Schmitz nennt den immer nur temporären, weil beständig sich wandelnden „Niederschlag dieser Auseinandersetzung" zwischen Emanzipation und Regression „persönliche Situation" bzw. „Persönlichkeit" (SP IV: 20, ausführlich in: SP IV: 287-473):

„Im beständigen Kreisprozess der Erhebung aus primitiver Gegenwart (personale Emanzipation) und des Zurücksinkens in sie (personale Regression, leibliches Betroffensein, in dem sich primitive Gegenwart als Enge des Leibes meldet) wird aus diesem Hof, der persönlichen Situation geschöpft und Niederschlag in ihn wieder eingebracht. Die Weltanschauung, das persönliche ‚Lebensgefühl‘ mit seinem Kern in Gestalt der (...) leiblichen Disposition, die Erinnerung als das ganzheitlich und chaotisch-mannigfaltig gewordene Nachschwingen der Lebensgeschichte, also als Spur der die jeweilige Persönlichkeit prägenden Erfahrungen: Dergleichen findet seinen Platz in der persönlichen Situation" (SP IV: 20).

Was Schmitz in diesem Zitat anspricht, ist letztlich das, was in den Sozialwissenschaften üblicherweise als *biographische Identitätsbildung* bezeichnet wird (siehe hierzu auch Thomas 1996: 138f.): Jedes Subjekt macht Erfahrungen immer nur vor dem Hintergrund seiner persönlichen Lebensgeschichte (vgl. dazu SP IV: 496-501), wobei diese – im Unterschied zum Lebenslauf – der subjektiven Aneignung der es prägenden Erfahrungen gleichkommt. Für die biographische Identität spielt hierbei die *Erinnerung*[63] (vgl. SP IV: 359-367) eine besonders bedeutsame Rolle. Die in der Vergangenheit gemachten Erfahrungen werden insbesondere – wenngleich nicht ausschließlich[64] – durch die Erinnerung lebensgeschichtlich und damit auch für die Gegenwart des Individuums relevant. Die in der Erinnerung aktualisierten vergangenen Erfahrungen und Erlebnisse dürften dabei um so wichtiger für die Identität sein bzw. werden, je stärker das Individuum *von* diesen Erlebnissen wie auch von der Erinnerung *an* sie leiblich-affektiv betroffen (gewesen) ist.

Woran erinnert man sich? Wodurch zeichnen sich die Ereignisse und Erlebnisse aus, an die man sich z.B. besonders oft oder besonders lebhaft erinnert? Was haben die Erinnerung an die Geburt des eigenen Kindes, die bestandene Abiturprüfung, Gewalterfahrungen in der Familie, den Tod eines geliebten Menschen, das entscheidende Tor in einem wichtigen Fußballspiel, die erste Liebe, das Unverständnis der Eltern, den letzten Streit mit dem Vorgesetzten, das Wiedersehen mit einem Freund, von dem man lange Zeit nichts gehört hat usw. gemein? Solche erinnerten Erfahrungen zeichnen sich dadurch aus, dass sie der betroffenen Person in der konkreten Situation spürbar nahe gegangen sind. Sie haben sie nicht ‚kalt‘ gelassen, wie es alltagssprachlich heißt, vielmehr war sie von ihnen leiblich-affektiv betroffen. Und deshalb sind sie im Gedächtnis haften geblieben[65]. Meine *These* ist: Je stärker man von einem Ereignis leiblich-affektiv betroffen gewesen ist, desto lebhafter ist die

---

63 Die Erinnerung ist bei Schmitz ein Teil des „Charakters" der Person (vgl. SP IV: 297ff., 346-358), der zusammen mit der persönlichen leiblichen Disposition die Person ‚insgesamt‘ kennzeichnet.

64 Auch Erfahrungen, die nicht erinnert werden, können selbstverständlich identitätsrelevant sein. Aus leibphänomenologischer Perspektive handelt es sich hierbei um eine Ablagerung von Erfahrungen in die leibliche Disposition, psychoanalytisch gesprochen um deren „Verdrängung" ins Unterbewusstsein. Aus psychoanalytischer Sicht zeigen verdrängte Erfahrungen, die nicht erinnert und also nicht ins Bewusstsein gelangen, ihre Wirkmächtigkeit auf andere, für den Einzelnen und seine Identität(sarbeit) mithin nicht weniger bedeutsame Weise. Dazu zählen z.B. neurotische oder psychotische Symptome, Träume oder Fehlleistungen, aber auch künstlerische oder andere kreative Tätigkeiten (vgl. Rattner/Danzer 2000: 49ff.)

65 Sinngleich spricht Dreitzel (1998: 97) davon, dass „der emotionale Gehalt zumindest bei Ich-nahen Erlebnissen von großer Bedeutung für die Frage sein (dürfte), wie gut und wie lange etwas erinnert wird."

Erinnerung daran und desto bedeutsamer ist dieses Erlebnis für die eigene Identi-
tät(sarbeit). Wenn hier von der Lebhaftigkeit des Erinnerns die Rede ist, dann ist das
ein Verweis auf das leibliche Moment, das die Erinnerung begleitet. Das Sich-
Erinnern ist kein rein kognitives Geschehen, sondern es ist *auch* eine leibliche Erfahrung. Man kann sich das wieder an einem extremen Beispiel vergegenwärtigen:
Jemand, dessen Kind bei einem Autounfall ums Leben gekommen ist, wird vermutlich für sehr lange Zeit, möglicherweise sein Leben lang bei jeder Gelegenheit, in
der er sich an dieses Unglück erinnert bzw. erinnert wird, leiblich-affektiv betroffen
sein. (Das konkrete leibliche Empfinden kann natürlich variieren: Trauer, Verzweiflung, Schmerz, Wut, Sehnsucht etc..) Auch in weniger extremen Fällen ist die
Erinnerung ein leibliches Geschehen. Die gespürte Lebhaftigkeit einer Erinnerung
scheint mir jedenfalls ein ausgezeichnetes Kriterium für die Beantwortung der Frage
zu sein, inwieweit das erinnerte Erlebnis für die Identität(sarbeit) von Gewicht ist[66].

Erinnerung ist also in zweifacher Weise an den Leib gebunden: *Leibliche Erinnerung* meint zum einen die Erinnerung *an* ein Ereignis, das einem in der damaligen
Situation spürbar nahe gegangen ist, zum anderen das leiblich-affektive Betroffensein *in* der Erinnerung, das um so intensiver sein dürfte, je subjektiv bedeutsamer
das erinnerte Ereignis gewesen ist[67]. Da in der Erinnerung das Individuum Vergangenheit und Gegenwart verknüpft, woraus sich die biographische Identität ergibt,
kann man sagen: Die aktuelle leibliche Erinnerung *an* und die leiblich-affektive Betroffenheit *von* vergangenen Erfahrungen ist eine wichtige Bedingung dafür, dass
sich ein Individuum über die Zeit hinweg als dieselbe Person empfindet.

2.2.5 Leibliche Intersubjektivität II: Leibliche Kommunikation

Zum Abschluss dieses Kapitels sei noch einmal auf die eingangs dargestellte Struktur des Leibes eingegangen und von dieser ausgehend die *soziale* Bedeutung des
Leibes aufgezeigt. Schmitz hat die soziale Relevanz leiblichen Befindens unter dem
Begriff der „leiblichen Kommunikation" bzw. „Einleibung" zusammengefasst (SP
III, 5: 75-109, SP V: 23-74, Schmitz 1992b). Ausgangspunkt hierfür ist das individuelle leibliche Befinden, das sich, wie in Kapitel 2.2.1 dargelegt, zwischen den
beiden Polen Enge und Weite bewegt. Der „innerleibliche Dialog" zwischen Engung
und Weitung bzw. Spannung und Schwellung macht sich im einsamen leiblichen

---

66 Die Identitätsrelevanz leiblicher Erinnerung zeigt sich besonders aus psychotherapeutischer Sicht. In
verschiedenen Körpertherapien wie auch der Gestalttherapie ist es ein Hauptziel, durch psychothera-
peutische Techniken das Leibgedächtnis zu aktivieren und leibliche Erinnerungen auszulösen, um
frühere Erfahrungen, z.T. bis ins pränatale Erleben zurückreichend, bewusst zu machen (vgl. Dreitzel
1998: 99 und 311f., Fn. 48).

67 Ein literarisches Beispiel für leibliche Erinnerung findet sich in Dostojewskis Roman *Der Idiot*: „Da
stand sie ihm nun zum ersten Mal nach ihrer Trennung von Angesicht zu Angesicht gegenüber. Sie
sagte auch etwas zu ihm, er aber starrte sie nur wortlos an: Sein Herz schwoll an und es stach in ihm
vor Schmerz. Oh, so oft er an diese Begegnung später noch zurückdachte, die er nicht vergessen
konnte, jedesmal empfand er denselben unerträglichen Schmerz" (S. 699). Dostojewskis Romane
sind insgesamt eine wahre Fundgrube für alle Aspekte, die mit dem leiblichen Befinden zu tun haben.

Befinden bemerkbar etwa dann, „wenn Schmerz den Gequälten beengt und zu motorischen und akustischen Ausbruchsversuchen treibt, oder wenn Schwere den Stürzenden reißt" (Schmitz 1992: 13). Ein anderes Beispiel ist der Orgasmus, dem ein durch das Wechselspiel von Spannung und Schwellung hervorgerufenes, sich intensivierendes Spüren vorangeht und der als ein Verströmen oder Weggleiten in die Weite empfunden wird. Dieser innerleibliche Dialog findet nun nicht nur im Individuum, sondern auch *zwischen* zwei und mehreren Akteuren statt. In solchen Fällen, in denen

> „der sonst immanent leibliche Dialog gleichsam herausgekehrt und an Partner – zwei oder mehr als zwei, darunter eventuell auch leblose, keines eigenen Spürens fähige Dinge oder Halbdinge, wie im Fall des Knäuels oder Balles, womit die Katze spielt – verteilt ist, bildet sich ad hoc so etwas wie ein übergreifender Leib, in dem die Rolle der Enge, die zugleich Quelle des den Leib durchziehenden und ordnenden Richtungsgefüges ist, jeweils von einem der Partner übernommen wird; das ist *Einleibung*. Wenn die dominierende Rolle, Träger der Enge des übergreifenden Leibes zu sein, konstant bei einem Partner bleibt, wie meist in der einseitigen (z.B. hypnotischen) Suggestion, ist die Einleibung *einseitig*, sonst, wenn die Partner sie einander oszillierend zuspielen, *wechselseitig*" (SP V: 24; Herv. im Orig.).

Unter Einleibung versteht Schmitz also eine nonverbale Kommunikation zwischen mindestens zwei Akteuren – wobei der zweite Akteur nicht notwendigerweise ein Mensch sein muss –, bei der die Art und Weise des eigenleiblichen Spürens von dem oder den anderen geprägt wird. Man spürt den oder die anderen unmittelbar am eigenen Leib. Ist dies wechselseitig der Fall, handelt es sich um „wechselseitige Einleibung" und es entsteht ein quasi übergreifender, überindividueller Leib (nicht: Körper!). Als nonverbale Form der Kommunikation, die Schmitz auch als „leibliche Kommunikation"[68] bezeichnet, liegt die wechselseitige Einleibung, und darauf kommt es hier besonders an, den meisten sozialen Begegnungen zu Grunde. Wie Schmitz sagt, ist „echte Partnerschaft" – soziologisch gesprochen: echte Interaktion – erst dann gegeben, wenn wechselseitige Einleibung vorliegt (SP V: 27). Die Hypnose z.B. ist demnach keine Interaktion, also kein Handeln *zwischen* zwei Partnern, weil es sich hierbei um eine einseitige leibliche Kommunikation handelt, die vom Hypnotiseur ausgeht. In den meisten sozialen Begegnungen[69] jedoch kommt es in Form des Gesprächs, des Austausches von Blicken, Berührungen oder der schlichten leiblichen Anwesenheit anderer zu wechselseitiger Einleibung, wie flüchtig sie auch

---

68 Am Beispiel von Säuglingen zeigt Haneberg (1995) die entscheidende Bedeutung leiblicher Kommunikation für die Herausbildung der sozialen Identität. (Er spricht allerdings fälschlicherweise von sozialer Identität, denn tatsächlich geht es ihm um personale Identität.)

69 Nichtsdestoweniger ist auch *einseitige* Einleibung ein alltägliches Phänomen, dem man sich z.T. nur sehr schwer entziehen kann – wie z.B. der suggestiven Kraft der Werbung, dem Anblick einer schönen Landschaft oder spielender kleiner Hunde –, das vor allen Dingen aber sehr oft bewusst aufgesucht wird, und zwar immer dann, wenn man sich auf Situationen einlässt, die Spannung und Faszination versprechen, wie etwa ein Kino- oder Diskothekenbesuch, das Lesen eines Kriminalromans oder das Verfolgen eines Fußballspiels. Um Einleibung handelt es sich in diesen und ähnlichen Fällen immer dann, wenn es die Suggestion der Werbung, des Kinofilms etc. schafft, einen so sehr ,gefangen' zu nehmen, zu ,fesseln', dass man ,sich vergisst' und mit ,Haut und Haar' vom Sog des Buches, des Spiels oder der Landschaft ,mitgerissen' wird. In solchen Momenten entsteht, im Sinne Schmitz', ein übergreifender Leib, in dem das Ich mit der Landschaft, dem Krimi etc. verschmilzt.

sein mag. Ob man es mit Menschen oder Tieren zu tun hat, man gewinnt in einer sozialen Situation in aller Regel einen Eindruck von dem oder den anderen, der leiblich spürbar ist: Eine Situation, in die man hineingerät, empfindet man z.B. als eisig oder vergiftet, und diese Atmosphäre macht einen frösteln, oder sie ist ausgelassen und freudig, was dazu führen kann, dass man selbst beschwingt und locker wird. Der Blick eines anderen wiederum kann so liebevoll sein, dass es einem warm ums Herz wird, er kann aber auch ‚töten‘, wobei man das Gefühl hat, das Blut gefriere in den Adern. Ein Gespräch kann man als so anregend und erfrischend empfinden, dass die eigene Lethargie oder Müdigkeit wie weggeblasen ist. Und wer kennt nicht die Situation, dass man einem Menschen das erste Mal begegnet und noch bevor dieser Mensch irgendetwas gesagt oder getan hat, findet man ihn sympathisch bzw. unsympathisch? Oder man ist von jemanden auf Anhieb fasziniert, oder fühlt sich eingeschüchtert, ohne mit dieser Person einen Blick, geschweige denn ein Wort gewechselt zu haben? Als Begründung für das Fasziniert- oder Eingeschüchtertsein wird in solchen Fällen oftmals angeführt, es läge an der (z.B. charismatischen oder arroganten) Ausstrahlung dieser Person. Aber was ist ‚Ausstrahlung‘? Es ist das, was Schmitz als leibliche Kommunikation oder wechselseitige Einleibung bezeichnet, in der man den anderen am eigenen Leib spürt, spürbar von ihm berührt ist, wodurch, wie Schmitz es nennt, ad hoc ein übergreifender Leib entsteht.

Dass solch ein durch leibliche Kommunikation spontan zu Stande gekommener gemeinsamer, überindividueller Leib Auswirkungen auf den Beginn oder Fortgang einer Interaktion hat, scheint nahe liegend. Die soziale Relevanz einer leiblichen Kommunikation (bzw. wechselseitigen Einleibung) besteht somit darin, dass die Interaktionspartner das, was sie vom anderen am eigenen Leib spüren, auf irgendeine Weise in ihr Handeln aufnehmen. Oftmals fungiert der spürbare Leib dabei als eine Art Sensor für die Verhaltensabstimmung zwischen den Akteuren, etwa dergestalt, dass man spürt, wie nahe man bestimmten Personen aus sozialen und/oder individuellen Gründen körperlich kommen darf. Schmitz bezeichnet diese Art von Spüren als „kommunikative Kompetenz erster Stufe“, und unterscheidet davon eine „kommunikative Kompetenz zweiter Ordnung“, die letztlich genau das meint, was etwa bei Mead und anderen Interaktionisten Perspektiven- oder Rollenübernahme heißt, nur dass diese nicht auf einer kognitiven, sondern auf einer leiblichen Ebene stattfindet. Dieser *leibliche Perspektivenwechsel* vollzieht sich bspw. im Blickkontakt auf öffentlichen Plätzen, wo sich Menschen begegnen und aneinander vorbeigehen, ohne aneinander zu stoßen (vgl. hierzu auch Goffman 1974) Dazu Schmitz:

„In einem Sekunden oder gar nur deren Bruchteile dauernden Blicktausch ereignet sich hiernach das für wechselseitige Einleibung charakteristische Oszillieren der Dominanzrolle, das Maßnehmen aneinander, wobei jedem Partner sein Signal gleichsam als Messfühler dient, dessen Abwandlung am anderen für ihn die Rückmeldung ist, die ihm gestattet, sich auf dessen unwillkürliche Ankündigung einzustellen; das Ergebnis ist die hohe Kunst, das eigene Verhalten auf das erwartbare Verhalten anderer vorgreifend so abzustimmen, dass ein Zusammenstoß mit diesen sogar auf ziemlich schmalem und bevölkertem Gehweg wie von selbst vermieden wird. Ebenso funktioniert die vorgreifende Abgestimmtheit aufeinander bei gut zusammen eingespielten Antagonisten im sportlichen Wettkampf (…)“ (SP V: 58).

Weitere Beispiele für leiblichen Perspektivenwechsel finden sich insbesondere im Bereich intimer Situationen, in denen man dem, der oder den anderen gegenüber so vertraut ist, dass man spürt, was das der Situation angemessene Verhalten ist.

Wenn nun aber, wie Mead und andere überzeugend nachgewiesen haben, die Übernahme der Verhaltenserwartungen anderer in das eigene Handeln konstitutiv ist für die Identität einer Person, dann reicht es m.E. nicht hin, diese fundamentale Bedeutung des Perspektivenwechsels für personale Identität[70] auf die kognitive Ebene zu beschränken. Eine Perspektivenübernahme findet in zahlreichen sozialen Situationen auch auf leiblicher Ebene statt. Die spürende Wahrnehmung der Verhaltenserwartung anderer (= Einleibung) muss dabei dem betroffenen Individuum nicht notwendigerweise zu Bewusstsein kommen, um wirksam zu werden. Möglicherweise ist dies in westlich-modernen Gesellschaften empirisch gesehen sogar der Regelfall, haben es hier die Menschen doch scheinbar verlernt, dem eigenen Spüren gegenüber besonders aufmerksam zu sein (vgl. hierzu Teil 4, Kap. 3). Durch die Unterordnung des Leibes im Allgemeinen und der spürenden Wahrnehmung im Besonderen unter die Vernunftherrschaft hat sich der westlich-moderne Mensch aber möglicherweise selbst einer Quelle für seine Identitätsbildung beraubt. Zumindest scheint mir im spürenden Hinachten auf andere ein Potenzial für die Selbstentwicklung zu liegen, das noch keinesfalls ausgeschöpft ist.

3. Die gesellschaftliche Prägung von Leiberfahrung und Körperthematisierung (Pierre Bourdieu)

In den vorangegangenen drei Kapiteln ging es darum, über einen anthropologisch-phänomenologischen Zugang die Bedeutung des Leibes für die personale Identität aufzuzeigen. Anthropologischen und phänomenologischen Ansätzen ist es nun aber zu eigen, sich vorrangig auf das Individuum, das Verhältnis von Ich und Anderem und/oder die Einbindung des Individuums in soziale Situationen zu konzentrieren. Was eher am Rande oder gar nicht angesprochen wird, ist die Thematisierung des Einflusses gesellschaftlicher Strukturen und kultureller Ordnungsmuster auf Leib

---

70 Mit Schmitz lässt sich auch zeigen, wie leibliche Kommunikation in zahlreichen Situationen auch Ursprung *kollektiver* Identitätsbildung ist. Dies ist vor allem in flüchtigen, kurzlebigen gemeinsamen Situationen der Fall, in denen eine oder mehrere Personen durch einen Einzelnen oder mehrere andere mitgerissen wird bzw. werden, sodass ein gemeinschaftliches Klima entsteht, das alle Beteiligten gefangen hält. Beispiele hierfür können gesellige Veranstaltungen sein wie eine Tanzparty (vgl. SP V: 52ff.), eine Messe oder politische Veranstaltung, ein Fußballspiel, mitunter sogar eine wissenschaftliche Diskussion usw.. Die (u.U. zeitlich eng begrenzte) kollektive Identitätsbildung kommt in diesen und ähnlichen Beispielen durch wechselseitige Einleibung zu Stande, also dadurch, dass sich die Beteiligten gegenseitig leiblich-affektiv ‚anstecken‘ und so eine (vielleicht verschworene) Gemeinschaft bilden, die durchaus über die konkrete Situation hinaus als Kollektiv-Leib Bestand haben kann, wie etwa nach einer gelungenen Party, wo „das integrative Milieu oder die Geselligkeit, die sich eingestellt hat, (nicht) mit den ersten Aufbrüchen verschwindet und schwächer wird; ganz im Gegenteil, über dem ‚heiligen‘ Ort liegt bis zum nächsten Tag eine Art magischer Aura, die den nächsten Tagen nach dem Fest ihren so charakteristischen Charme verleiht" (Lacrosse 1978: 386, zit. n. SP V: 53).

und Körper. Aus diesem Grund möchte ich nun – das ist der dritte Schritt in Richtung eines Leib-Körper-theoretischen Identitätsmodells – eine soziologische Einbettung der anthropologisch-phänomenologischen Überlegungen vornehmen. Dazu greife ich auf *Pierre Bourdieus Habitus-Konzept* zurück[71]. Mit dem Habitus-Konzept von Bourdieu wird es möglich sein, die soziale und kulturelle Prägung von Formen der Körperthematisierung und der Leiberfahrung in den Blick zu bekommen. Worum es in diesem Abschnitt also geht, ist der Nachweis, dass und vor allem *wie* die Bedeutung des Leibes und des Körpers für die Identität eines Individuums gesellschaftlich vermittelt ist[72].

Dazu werde ich zunächst das Habitus-Konzept unter der in der Literatur nach wie vor eher selten vorgenommenen besonderen Berücksichtigung von Leib und Körper[73] vorstellen. Das heißt, der Habitus rückt hier als Einverleibung und Verkörperung gesellschaftlicher Strukturen in den Mittelpunkt (Kap. 3.1). Daran schließt sich die Betrachtung des Habitus in seiner handlungsgenerierenden Wahrnehmungsfunktion an. Das meint, den Habitus als eine Art Spürsinn für die soziale Praxis zu verstehen, der gesellschaftlich geprägt ist und gerade wegen seiner Vorreflexivität zu situationsadäquatem Handeln führt. Identitätsrelevanz gewinnt der so verstandene Habitus auf Grund seiner Eigenschaft, Routinehandlungen anzuleiten (Kap. 3.2). Abschließend soll gezeigt werden, dass der eigene Körper eine Kapitalform darstellt, mit der man Investitionen tätigen und Identitätsgewinne für sich verbuchen kann (Kap. 3.3).

---

71 Pierre Bourdieu ist selbstverständlich nicht der einzige Autor, der sich mit dem Verhältnis von Gesellschaft, Kultur und Körper beschäftigt hat. So hat etwa Norbert Elias (1976) in seinen Studien zum Prozess der Zivilisation dessen Einfluss auf die heutigen Weisen des leiblichen Erlebens aufgezeigt; Mary Douglas (1974) wies in ihren ethnologischen Untersuchungen auf die soziale Determiniertheit des „natürlichen Symbols" Körper hin; ähnlich Erving Goffman (1980), der anhand zahlreicher Beispiele die Abhängigkeit körperlicher Ausdrucksweisen von den je gegebenen sozialen Rahmungen demonstrierte; Barbara Duden (1991) zeigte, wie das Körperempfinden vom naturwissenschaftlich-medizinisch produzierten Körperwissen abhängt; Foucault (1976) hat die körperdisziplinierenden Mechanismen moderner Institutionen wie Gefängnis, Schule oder Armee nachgewiesen; es wären noch genügend andere Autoren zu nennen. (Zusammenfassend und nur für die Soziologie vgl. die Monographien von Falk [1994], O'Neill [1990], Shilling [1993], Synott [1993], Turner [1996] und die Sammelbände von Kamper/Wulf [1982] sowie Featherstone/Hepworth/Turner [1991].)

72 Ich werde die für mich wichtigsten Monographien Bourdieus abgekürzt und mit Seitenzahl versehen zitieren: TdP = *Entwurf einer Theorie der Praxis auf der ethnologischen Grundlage der kabylischen Gesellschaft*, FU = *Die feinen Unterschiede*, SRK = *Sozialer Raum und Klassen*, SS = *Sozialer Sinn*.

73 Wenn ich im Zusammenhang mit Bourdieus Arbeiten von Leib und Körper spreche, dann auf der Grundlage der deutschen Übersetzungen seiner Texte. Das ist nicht ganz unproblematisch, weil Bourdieu im Original nahezu ausschließlich von „corps", also Körper spricht, und praktisch nie von „corps propre", also mein Körper = Leib. Rechtfertigen lässt sich die deutsche Verwendung insofern, als dort, wo in den deutschen Texten von Bourdieu Leib steht, dies eindeutig in dem hier vertretenen leibphänomenologischen Verständnis geschieht. Das gilt insbesondere für das sehr wichtige vierte Kapitel „Glaube und Leib" („la croyance et le corps") in *Sozialer Sinn*. (Zu Bourdieus Bezug zur Phänomenologie siehe die folgende Fußnote sowie Fußnote 34 in Teil 2).

3.1 Leib, Körper und die Sozialgenese des Habitus

Bourdieu entwickelte das Habitus-Konzept im Rahmen seiner *Theorie der Praxis*[74]. Sucht man nach einer möglichst kurzen und prägnanten Zusammenfassung der *Theorie der Praxis*, dann bietet sich die Formel *Struktur – Habitus – Praxis* an (vgl. TdP: 139-202, SS: 97-121). Unter *Praxis* versteht Bourdieu die Schnittstelle, an der Struktur und Habitus zusammentreffen: „Praxis (ist) der Ort der Dialektik von *opus operatum* und *modus operandi*, von objektivierten und einverleibten Ergebnissen der historischen Praxis, von Strukturen und Habitusformen (..)" (SS: 98; Herv. im Orig.). Der *Habitus* wiederum stellt die Vermittlungsinstanz dar zwischen den objektiven – sozialen, ökonomischen und kulturellen – Existenzbedingungen einerseits und den konkreten, kontextabhängigen Handlungen andererseits:

> „Die Konditionierungen, die mit einer bestimmten Klasse von Existenzbedingungen verknüpft sind, erzeugen die *Habitusformen* als Systeme dauerhafter und übertragbarer *Dispositionen*, als strukturierte Strukturen, die wie geschaffen sind, als strukturierende Strukturen zu fungieren, d.h. als Erzeugungs- und Ordnungsgrundlagen für Praktiken und Vorstellungen, die objektiv an ihr Ziel angepasst sein können, ohne jedoch bewusstes Anstreben von Zwecken und ausdrückliche Beherrschung der zu deren Erreichung erforderlichen Operationen vorauszusetzen (...)" (SS: 98f.; Herv. im Orig.).

Der Habitus meint also ein *System von Dispositionen*, das in der Alltagspraxis als Denk-, Wahrnehmungs- und Handlungsschemata wirkt (vgl. auch FU: 277-286). Er ist *strukturierte* Struktur insofern, als es die objektiven, sozio-ökonomischen Daseinsbedingungen (v.a. des Herkunftsmilieus) sind, auf deren Grundlage sich die gruppenspezifischen und individuellen Dispositionen[75] herausbilden. Gleichzeitig ist

---

74 Die *Theorie der Praxis* ist in ihrem Kern eine *Kritik der theoretischen Vernunft* – so der deutsche Untertitel des Buchs *Sozialer Sinn* – und enthält eine kritische Reflexion der Grenzen wissenschaftlicher Erkenntnis. Bourdieu geht es zum einen darum, die Differenz zwischen der *theoretischen* Erkenntnis der Wissenschaftler und der *praktischen* Erkenntnis handelnder Individuen herauszuarbeiten und auf die sie auszeichnenden unterschiedlichen Logiken hinzuweisen. Verwechsele oder vermische man diese beiden Erkenntnisweisen, wie dies Bourdieu zufolge der so genannte Objektivismus immer wieder tue (vgl. SS: 68ff., 148), habe das fatale erkenntnistheoretische Folgen. Zum anderen richtet sich Bourdieus Kritik an die Sozialwissenschaften selbst, indem er deren künstliche Spaltung in subjektivistische und objektivistische Erkenntnisweisen als einen ihrer größten Fehler beanstandet (vgl. TdP: 146-164, SS: 47-96). Eine Wissenschaft, die die Sozialwelt zum Untersuchungsgegenstand habe, dürfe sich weder darauf beschränken, allein die individuelle Primärerfahrung der Sozialwelt (als unmittelbares, unreflektiertes Verstehen) zu beschreiben, wie es die Phänomenologie tue, noch dürfe sie sich mit der bloßen Ermittlung der vom individuellen Bewusstsein und Willen unabhängigen objektiven Gesetzmäßigkeiten und Strukturen zufrieden geben, wie dies im Strukturalismus geschehe. Aufgabe einer umfassenden Sozialtheorie müsse es vielmehr sein, beide Erkenntnisweisen in ein Modell zu integrieren. Eben dies unternimmt Bourdieu in seiner *Theorie der Praxis*, in der die Analyse des dialektischen Verhältnisses von objektiven Strukturen und subjektiven Erfahrungen einen zentralen Platz einnimmt. (Zur praxeologischen Erkenntnistheorie Bourdieus im Kontext der Erkenntnistheorien des 20. Jahrhunderts siehe Schneider [1998: 219-227].)

75 Das Verhältnis von individuellem und Klassen- bzw. Gruppenhabitus gestaltet sich – in aller Kürze – wie folgt (vgl. SS: 113): Der Klassenhabitus ergibt sich aus der „Homologie" der individuellen Habitusformen jener Individuen, die auf Grund gleicher oder ähnlicher Existenzbedingungen zur selben sozialen Klasse gehören. Jeder individuelle Habitus – am sichtbarsten manifestiert im „persönlichen Stil" – ist eine „strukturale Variante" der anderen, zur gleichen Klasse gehörenden individuellen Habitusformen. Als entscheidende Komponente für die unterschiedlichen Habitusformen von Individu-

der Habitus *strukturierende* Struktur ("Erzeugungsmodus") in dem Sinne, dass er strukturell angepasste, das heißt, feldspezifische[76] Praxisformen und Produkte hervorbringt. Der Habitus stellt damit das Medium dar für eine systematische Relation zwischen bestimmten sozialstrukturellen Lebensbedingungen einerseits und bestimmten kollektiven wie individuellen Handlungen andererseits. In dieser Hinsicht spricht Bourdieu auch von der "bedingten Freiheit", die im Habitus angelegt ist (SS: 103), da er *innerhalb* struktureller Begrenzungen *völlige* Handlungsfreiheit gewährleistet.

Bourdieus Kennzeichnung des Habitus als ein System von *Dispositionen* legt die Frage nahe, ob sich das, was er darunter versteht, mit dem im vorangegangenen Kapitel 2.2.2 eingeführten Begriff der *leiblichen Disposition* von Schmitz deckt oder zumindest verbinden lässt. Auf den ersten Blick mag es den Anschein haben, als handele es sich um zwei unvereinbare Termini: Einmal ist von kognitiven Denk-, Wahrnehmungs- und Handlungsschemata (Bourdieu) die Rede, das andere Mal von einer basalen leiblich-affektiven Anlage einer Person, einer lang andauernden, mitunter lebenslangen leiblichen Grundstimmung (Schmitz). Aber der Schein trügt, es bieten sich m.E. zwei Verknüpfungspunkte an. Eine erste Schnittstelle tut sich dort auf, wo Schmitz davon spricht, dass die leibliche Disposition einer Person an deren Körper als ihre Eigenart des Gehens, Lachens, der Gestik und Mimik, der Körperhaltung, der Bewegung etc. sichtbar wird (vgl. Schmitz 1992e: 322), was nichts anderes heißt, als an ihrem Habitus. Fragt man nach den Entstehungsbedingungen dieser Verkörperungsformen der leiblichen Disposition, drängt sich das Habitus-Konzept von Bourdieu geradezu auf. Es sind die gesellschaftlichen Zwänge, Kontrollen, Erwartungen, Anforderungen etc. – die strukturierende Struktur –, die die Übersetzung der leiblichen Disposition in einen individuellen Habitus entscheidend beeinflussen. Von der anderen, der Bourdieuschen Seite wiederum betrachtet, ergibt sich eine Verbindung der beiden Dispositionsbegriffe dergestalt, dass durch die Hereinnahme der leiblichen Disposition in das Habitus-Konzept diesem ein leibliches Fundament zu Grunde gelegt wird. Denk-, Wahrnehmungs- und Handlungsmuster werden auf der Grundlage der leiblichen Disposition realisiert. Das heißt, die Art und Weise, in der die Denk-, Wahrnehmungs- und Handlungsschemata in der Praxis

---

en ein- und derselben Klasse erweist sich der soziale Lebenslauf. Wenn ich im Weiteren von Habitus spreche, dann meine ich – falls nicht anders gekennzeichnet – den individuellen Habitus.

76 Habitus und Feld stehen, so Bourdieu, in einem wechselseitigem Bedingungsverhältnis, das "eine Art vorbewusste und vorreflexive ontologische Komplizität" (Bourdieu 1989: 397) darstellt. Die Komplizenschaft dieser "beiden Existenzweisen des Sozialen" (SRK: 69) meint, dass einerseits soziale Felder nicht ohne Habitus, das heißt, ohne sozial prädisponierte Akteure, die die ‚Spielregeln' kennen und in das Spiel investieren, funktionieren, und andererseits sich der Habitus ausschließlich in der Beziehung zu einem sozialen Feld realisiert und aktualisiert, indem er Praktiken erzeugt, die der Logik des Feldes angepasst sind. Wer in ein Feld – z.B. in das ökonomische, religiöse oder kulturelle Feld, das Feld der Mode, des Sports oder der Wissenschaft (vgl. Bohn 1991: 27; zur Kritik am Feld-Begriff vgl. Krais 1989: 55ff.) – eintritt, muss die Regeln (Normen, Werte, Pflichten, Rechte etc.) kennen, um mitspielen zu können. Dies wird dem Einzelnen um so besser gelingen, je besser er diese Regeln internalisiert und inkorporiert hat, je besser sein Habitus den strukturellen Anforderungen des Feldes entspricht.

wirksam werden, hängt nicht zuletzt von der leiblichen Disposition des Individuums ab.

Die Erweiterung des Habitus-Konzepts um den Aspekt der leiblichen Disposition ist die erste Perspektive, unter der man den Leib-Aspekt des Habitus betrachten kann. Ein zweiter Gesichtspunkt resultiert daraus, dass Bourdieu, wenn er vom Habitus als strukturierte Struktur spricht, hinzufügt, dass im Habitus die *Einverleibung gesellschaftlicher Strukturen* zum Ausdruck komme:

> „Als einverleibte, zur Natur gewordene und damit als solche vergessene Geschichte ist der Habitus die wirkende Präsenz der gesamten Vergangenheit, die ihn erzeugt hat" (SS: 105; vgl. auch TdP: 171).

Der Habitus eines Individuums ist einverleibte Geschichte in dem Sinne, dass das Individuum im Laufe seiner Sozialisation sowie weiterer Erfahrungs- und Lernprozesse die gesellschaftlichen Strukturen (Normen, Werte, Machtverhältnisse, Interaktionsmuster etc.), innerhalb derer es lebt, nicht nur kognitiv verinnerlicht, sondern dass ihm diese in einem durchaus wörtlichen Sinne in Fleisch und Blut übergehen. Soziale Erwartungen wie ‚Halte Dich gerade!', ‚Fass das nicht an!' oder ‚Iss mit der rechten Hand!' werden von klein auf nicht nur in einem psychologischen Sinne verinnerlicht, sondern auch in einem phänomenologischen Sinne einverleibt, das heißt, zu einer festen oder zumindest schwer abänderbaren leiblichen Disposition. Auch wie man sich gegenüber bestimmten Personen (LehrerInnen, PolizistInnen, ProfessorInnen, der/dem Geliebten, den Großeltern, Behinderten usw.) zu verhalten hat, um die „Interaktionsordnung" (Goffman) nicht zu zerstören, eignet man sich nicht bloß kognitiv an, vielmehr und viel effektiver tut man dies auf leiblichem Wege. Effektiver dürfte die leibliche Aneignung gesellschaftlicher Strukturen deshalb sein, weil sie en passant geschieht, also weniger Resultat bewussten Lernens denn unbeabsichtigte Nebenfolge alltäglicher Praxis[77] ist. Weil der Prozess der Einverleibung, so Bourdieu, vor allem in der alltäglichen Praxis abläuft (TdP: 189), als „praktische Mimesis"[78] (SS: 135) bzw. als „praktisches Lernen" (SS: 31), gewinnen die auf diesem Wege angeeigneten Schemata ihren selbstverständlichen, unhinterfragten, quasi-natürlichen Charakter. Was der Leib auf diese (mimetische) Weise gelernt hat, „das besitzt man nicht wie ein wiederbetrachtbares Wissen, sondern das *ist* man" (ebd.; Herv.: R.G.). Man *ist* das ausgelassene Lachen in der Kneipe und das Weinen auf der Beerdigung, so wie man das langsame Schreiten in der Kirche, das Herumtoben und Herumschreien im Fußballstadion oder das Ruhigsitzen in der Oper *ist*. Diese Einheit von Ich und Leib – von der auch schon bei Plessner, Merleau-Ponty und Schmitz die Rede gewesen war – lässt sich mit Bourdieu in ihrer ge-

---

77 Es geht hier um die Einverleibung sozialer Strukturen in der *alltäglichen* Praxis, und nicht um *nicht*-alltägliche Praxis, wie z.B. das Sich-Aneignen der richtigen Tanzschritte in einem Tanzkurs, das Erlernen eines Instruments oder richtiger Umgangsformen etwa in Volkshochschulkursen (à la ‚Was mache ich, wenn mein Chef zu mir nach Hause zum Essen kommt?' ‚Wie flirtet man richtig?' etc.).

78 Praktische Mimesis darf nicht mit Nachahmung verwechselt werden, weil diese im Unterschied zu jener „ein bewusstes Bemühen um Reproduktion eines explizit zum Modell gemachten Aktes, Objektes oder Sprechens" voraussetzt (SS: 135).

sellschaftlichen Bedingtheit aufzeigen, wenn man den Leib als Gedächtnis oder „Speicher" (SS: 127) versteht, in dem die vergangenen Erfahrungen enthalten sind, und die im Handeln wirkmächtig werden, ohne dass auf sie bewusst zurückgegriffen wird. Oder wie Bourdieu sagt: Der Leib „ruft sich nicht die Vergangenheit ins Gedächtnis, sondern agiert die Vergangenheit aus, die damit als solche aufgehoben wird, erlebt sie wieder" (SS: 135)[79]. Leib und Geschichte (bzw. Vergangenheit), und zwar individuelle wie kollektive Geschichte, sind ineinander verwoben, durchdringen sich wechselseitig.

> „Der Leib ist Teil der Sozialwelt - wie die Sozialwelt Teil des Leibes. Die in den Lernprozessen vollzogene Einverleibung des Sozialen bildet die Grundlage jener Präsenz in der Sozialwelt, die Voraussetzung gelungenen sozialen Handelns wie der Alltagserfahrung von dieser Welt als fraglos gegebene ist" (SRK: 69; vgl. auch Bourdieu/Wacquant 1996: 161).

Zwei Aspekte sind in diesem Zusammenhang besonders interessant: Zum einen die Frage, inwiefern es sich in einem leibphänomenologischen Verständnis tatsächlich um eine Einver*leib*ung von Geschichte handelt, zum anderen die Frage nach der spezifischen Identitätsrelevanz des so verstandenen Habitus. Die erste der beiden Fragen unterstellt, dass Bourdieus Rede von der Einverleibung nicht wörtlich zu nehmen ist, weil er den Prozess der Aneignung historisch gewachsener gesellschaftlicher Strukturen primär als einen kognitiven oder mentalen Vorgang sehe. Mehr oder weniger implizit ist dies die gängige Meinung in der Sekundärliteratur zu Bourdieus Habitus-Konzept[80]. Bourdieu selbst leistet dieser Ansicht Vorschub, indem er gelegentlich Verinnerlichung und Inkorporierung synonym verwendet (z.B. TdP: 170, FU: 730, 1983: 185) und zum Teil von Einverleibung spricht, wenn er de facto Verinnerlichung meint (dies insbesondere im Zusammenhang mit der „Inkorporierung" kulturellen Kapitals; vgl. Bourdieu 1983). Dass der Habitus *auch* eine psychische Disposition ist, soll nicht in Abrede gestellt werden; wenn damit jedoch die Ansicht einhergeht, der Habitus sei nicht *zugleich* eine leibliche Disposition, die aus der Einschreibung sozialer Strukturen in Leib und Körper resultiere, dann tut man Bourdieu damit unrecht. Denn Bourdieus Rede vom Leib als „Gedächtnisstütze"[81] bzw. als „Speicher" (SS: 126f.; TdP: 199f.) darf man durchaus wörtlich nehmen: Es gibt Erfahrungen und Erlebnisse, die sich gewissermaßen in den Körper ‚einbrennen' und bei entsprechendem Anlass spürbar bemerkbar machen. In diesem

---

79 Ähnlich argumentiert auch Merleau-Ponty, wenn er die Unterscheidung von „habituellem" und „aktuellem" Leib einführt und damit meint, dass der durch seine vergangenen Erfahrungen geformte Leib die Erfahrungen des aktuellen, das heißt, des in gegenwärtiger Situation gegebenen Leibes prägt (vgl. Teil 2, Kap. 2.1.2).

80 So z.B. bei Janning (1991: 101ff.), Müller (1986: 163f.), Willems (1997: 181ff.), und selbst Schwingel (1993: 66), obwohl er als einer der wenigen Autoren auf den Leibaspekt des Habitus-Konzepts hinweist. (Zu letzteren zählen auch Lindemann [1992: 333] und Rittner [1984: 376].)

81 Eine Art *kollektives* Gedächtnis stellt der Körper, vor allem seine „scheinbar unbedeutendsten Äußerungen", insofern dar, als im bzw. am Körper „die tief sitzenden Werte einer Gruppe, deren grundlegende ‚Überzeugungen' gespeichert sind" (FU: 308). Vor dem Hintergrund der Klassenstruktur der französischen Gesellschaft verweist Bourdieu beispielhaft auf das ‚vornehme' gegenüber dem ‚derben' Schneuzen, und auf das ‚distinguierte' Schmunzeln gegenüber dem ‚schallenden' Lachen.

Sinne kann man von einem *Leibgedächtnis* sprechen, das solche, sich im Moment ihres Geschehens vermutlich durch eine hohe leiblich-affektive Betroffenheit auszeichnenden Erfahrungen aufbewahrt. Gewalt- und Katastrophenerlebnisse etwa, Erfahrungen sexuellen Missbrauchs, Angstsituationen, aber auch Glücks- und ekstatische Erlebnisse können sich im Leibgedächtnis manifestieren, in einer der ursprünglichen Erlebnissituation ähnlichen Situation als spürbare Erinnerung an die ‚Oberfläche' treten und so das konkrete Handeln entscheidend prägen. Insofern stellt der Habitus die einverleibte, zur Natur[82] gewordene (Lebens-) Geschichte dar.

Die Identitätsrelevanz des Habitus zeigt sich darin, dass er als „Produkt der Geschichte" das *Resultat von vergangenen* (und in der Praxis gesammelten) *Erfahrungen* ist, als welches er die *Wahrnehmung und Beurteilung neuer Erfahrungen prägt.* Der Habitus

> „gewährleistet die aktive Präsenz früherer Erfahrungen, die sich in jedem Organismus in Gestalt von Wahrnehmungs-, Denk- und Handlungsschemata niederschlagen und die Übereinstimmung und Konstantheit der Praktiken im Zeitverlauf viel sicherer als alle formalen Regeln und expliziten Normen zu gewährleisten suchen" (SS: 101).

Der Habitus, verstanden als Ort und Ausdruck früherer Erfahrungen, sichert im Regelfall den Anschluss von Erfahrungen, die zu der bisherigen Biographie passen; insofern gewährleistet er eine gewisse *Kontinuität* im Leben des Einzelnen. Bourdieu zufolge resultiert diese Tendenz zur Kontinuität aus einer spezifischen Selektionsneigung des Habitus: Als eine Struktur von Erfahrungen neige der Habitus zur „Homogamie" (SS: 114), das heißt, dazu, solche Informationen, Orte, Personen etc. auszuwählen, die den Habitus eher verstärken als gefährden[83]. Unbewusst, weil über den Habitus vermittelt, ent- bzw. umgeht das Individuum Identitätskrisen dadurch, dass es Situationen und Ereignisse vermeidet, die bedrohlich sein könnten. Als unbewusstes und nicht intendiertes „Meidungsverhalten" hat der Habitus die implizite Tendenz, Erfahrungen zu präferieren, die die eigene Kontinuität und Konsistenz sicherstellen[84].

Der Habitus ermöglicht aber nicht nur die Sicherstellung der Identität für das Individuum selbst, sondern auch zur Herstellung einer Identität durch andere. Wenn der Habitus die „einverleibte, zur Natur gewordene und damit als solche vergessene Geschichte" bezeichnet, und er als eine Art „akkumuliertes Kapital" fungiert, das „Geschichte aus Geschichte erzeugt und damit die *Dauerhaftigkeit im Wandel* gewährleistet" (SS: 105; Herv.: R.G.), dann ist er einerseits ein potenzieller Garant für das individuelle Identitätsempfinden, das heißt, für das Empfinden, über die Zeit hinweg dieselbe Person zu sein. Andererseits ist der Habitus jedoch nicht nur einverleibte, sondern, worauf bislang nur am Rande hingewiesen worden war, auch

---

82   Mit Gernot Böhme (1992) kann man hier den Leib als die Natur, die man selbst ist, verstehen.

83   Bourdieu führt hier als Beispiel die „empirisch belegte Tatsache (an), dass man über Politik am liebsten mit Leuten diskutiert, die ohnehin gleicher Meinung sind" (SS: 114).

84   Diese Neigung des Habitus, „nicht ausgewählte() Grundlage aller ‚Auswahlentscheidungen'" zu sein, bezeichnet Bourdieu auch als die „paradoxeste() Eigenschaft des Habitus" (SS: 114).

verkörperte Geschichte. Damit ist gemeint, dass die soziale Ordnung im körperlichen Habitus ihren *sichtbaren* Niederschlag findet (TdP: 195). Der körperliche Habitus – die Art und Weise des Gehens, Sitzens, Lachens, Sprechens, Kleidens, Begrüßens, der Körperhaltung, Gestik, Mimik etc. – ist die „realisierte, einverleibte, zur dauerhaften Disposition, zur stabilen Art und Weise der Körperhaltung, des Redens, Gehens und damit des Fühlens gewordene politische Mythologie" (SS: 129). Vor allem an der Körperhaltung („Hexis") könne man, so Bourdieu, die gesellschaftlichen Verhältnisse, z.B. die Geschlechterordnung[85], besonders gut ablesen, weshalb der Körper auch als Symbol der Gesellschaftsordnung[86] aufgefasst werden könne (TdP: 200). Freilich ist der Körper nicht nur ein Symbol für das soziale Ordnungsgefüge, sondern er ist zugleich auch ein individuelles Symbol, das heißt, ein Zeichen zur – mit Goffman gesprochen – *persönlichen Identifizierung.* Man erkennt eine andere Person als dieselbe auf Grund ihres mehr oder weniger unveränderten sichtbaren Erscheinungsbildes, ihres Verhaltens, ihrer Gestik und Mimik etc., die sich immer irgendwie ähneln, und schreibt ihr deshalb eine persönliche Identität zu, nämlich genau *diese* Person zu sein. In diesem Sinne fungiert der körperliche Habitus als ein durch die gesellschaftlichen Verhältnisse geprägtes, von außen wahrnehmbares Zeichen, das sich zur Zuschreibung einer Identität eignet.

3.2 Der Habitus als praxisgenerierender Spürsinn

Habitus und Feld, so wurde im vorangegangenen Abschnitt kurz angedeutet, stehen in einem wechselseitigen Bedingungsverhältnis. Dabei wurde gesagt, dass der Einzelne im Feld dann ‚zu Hause' ist, wenn er die Spielregeln des Feldes inkorporiert hat. Jetzt soll untersucht werden, *wie* dieser Anpassungsprozess der habituell geprägten Praktiken an die Logik des Feldes konkret vonstatten geht und inwiefern hierbei der Leib eine Rolle spielt. Diese Frage interessiert hier vor dem Hintergrund, dass, wie schon mehrfach dargelegt, für die Herausbildung einer Identität die *Wahrnehmung* ein wesentliches Moment darstellt.

Bourdieus Antwort auf diese Frage lautet, dass es ein praktisches, unbewusstes oder vorreflexives Wissen ist, welches die selbstverständliche und unhinterfragte Abstimmung alltäglicher Praktiken auf die vom jeweiligen Feld gestellten Anforde-

---

85 Für die Geschlechterordnung in der kabylischen Gesellschaft, aus der die meisten seiner empirischen Beispiele stammen (was deshalb die Frage ihrer Übertragbarkeit auf moderne oder gar postmoderne Gesellschaften aufwirft), berichtet Bourdieu folgendes: „Der Gegensatz zwischen dem Männlichen und dem Weiblichen realisiert sich darin, wie man *sich hält*, in der Körperhaltung, im Verhalten, und zwar in Gestalt des Gegensatzes zwischen dem Geraden und dem Krummen (Verbeugung), zwischen Festigkeit, Geradheit, Freimut (ins Gesicht sehen, die Stirn bieten und geradewegs aufs Ziel blicken oder losschlagen) einerseits und Bescheidenheit, Zurückhaltung, Nachgiebigkeit andererseits. Wie schon dadurch belegt wird, dass die meisten Worte zur Bezeichnung von Körperhaltungen auf Tugenden und Gemützustände anspielen, sind in diesen beiden Verhältnissen zum Leib zwei Verhältnisse zu anderen, zu Ort und Zeit mitenthalten, also zwei Wertsysteme" (SS: 129; Herv. im Orig.).

86 Ganz ähnlich argumentiert Mary Douglas, wenn sie von der Homologie zwischen dem sozialen und dem physischen Körper spricht (Douglas 1974: 99ff.).

rungen ermöglicht. Er nennt diese Seite des Habitus den natürlichen Sinn für die Praxis bzw. den „praktischen Sinn".

> „Der praktische Sinn als Natur gewordene, in motorische Schemata und automatische Körperreaktio-
> nen verwandelte Notwendigkeit sorgt dafür, dass Praktiken in dem, was an ihnen dem Auge ihrer Er-
> zeuger verborgen bleibt und eben die über das einzelne Subjekt hinausreichenden Grundlagen ihrer
> Erzeugung verrät, *sinnvoll*, d.h. mit Alltagsverstand ausgestattet sind. Weil die Handelnden nie ganz
> genau wissen, was sie tun, hat ihr Tun mehr Sinn, als sie selber wissen" (SS: 127; Herv. im Orig.).

Das durch den praktischen Sinn[87] angeleitete Handeln ist also selbst dann sinnvoll, wenn kein Sinn intendiert war, bzw. ist zweckmäßig, ohne zweckgerichtet zu sein, weil er für die „praktische Beherrschung" (TdP: 207, SRK: 17) der im Feld gelten-den Spielregeln sorgt. Durch den praktischen Sinn erfolgt die Wahrnehmung der konkreten Situation und damit die Entscheidung dafür, welche Objekte und situati-ven Aspekte handlungsrelevant sind, ohne dass dies einen Reflexionsprozess vor-aussetzte; die Wahrnehmung erfolgt vielmehr im habituellen Vollzug der Praxis. Der in der Praxis erworbene und auf Praxis hin ausgerichtete „Sinn für das Spiel" sichert damit das quasi-automatische „Zusammentreffen von Habitus und Feld[88], von einverleibter und objektivierter Geschichte, das die fast perfekte Vorwegnahme der Zukunft in allen konkreten Spielsituationen ermöglicht" (SS: 122).

Dieser *praktische Sinn* ist nun in entscheidendem Maße als *leiblich* verfasst zu verstehen, wofür ich den bereits im vorangegangenen Unterkapitel erwähnten Aus-druck *Spürsinn* gebrauchen möchte. Bourdieu bezeichnet den praktischen Sinn gele-gentlich als eine „leibliche Absicht auf die Welt", als „Innewohnendes (immanence) der Welt, durch das die Welt ihr Bevorstehendes (imminence) durchsetzt als das, was gesagt oder getan werden muss und Gebärde und Sprache unmittelbar be-herrscht" (SS: 122). Das weist eine Nähe auf zu dem, was Merleau-Ponty als „leibli-ches Zur-Welt-Sein" und als „ursprüngliche Intentionalität" bezeichnet (vgl. Teil 2, Kap. 2.1.1 und 2.1.2). Der Mensch ist, so Merleau-Ponty, in jedem Moment seines Daseins in einer je konkreten Situation („Welt") leiblich verankert, welche spezifi-sche Anforderungen an ihn richtet, auf die sein Leib „instinktiv" reagiert. Der Leib

---

87 Dem praktischen Sinn sehr nahe ist der von Giddens verwendete Begriff des „praktischen Bewusst-
    seins" (Giddens 1992: 91-95 und öfters). Erstaunlicherweise rekurriert Giddens in diesem Zusam-
    menhang nicht auf Bourdieu, obwohl er dessen Arbeiten sicherlich kennt und Bourdieu deutlich frü-
    her seine Praxistheorie als er seine Theorie der Strukturierung entwickelt hat.

88 Der praktische Sinn (Habitus) zeichnet auch dafür verantwortlich, dass soziale Institutionen (Feld)
    langfristig existieren. So meint Bourdieu, dass der Habitus als praktischer Sinn es nicht nur ermög-
    licht, „Institutionen zu bewohnen (habiter), sie sich praktisch anzueignen und sie damit in Funktion,
    am Leben, in Kraft zu halten", sondern, „besser noch, erst durch den Habitus findet die Institution ih-
    re volle Erfüllung: der Vorzug der Einverleibung, der die Fähigkeit des Leibes ausnutzt, die perfor-
    mative Magie des Sozialen ernst zu nehmen, macht, dass König, Priester, Bankier menschgewordene
    Erbmonarchie, Kirche und menschgewordenes Finanzkapital sind" (SS: 107). Eine Institution kann
    sich also nur dann über die Zeit hinweg erhalten, wenn sie sich sowohl in Regeln objektiviert als
    auch in leiblichen und kognitiven Dispositionen der in ihr agierenden Individuen manifestiert. (Vgl.
    hierzu auch die Institutionentheorien von Gehlen [1986] und Berger/Luckmann [1969], die auf die
    Handlungsentlastung von Gewohnheiten, Habitualisierungen und Institutionen – als sozial geronnene
    Habitualisierungen – hinweisen.)

als ursprüngliche Intentionalität wiederum ist das praktische „Vermögen", in einer konkreten Situation deren implizite Erwartungen, Notwendigkeiten und Optionen vorreflexiv zu erkennen und situationsgemäß zu handeln. Vor diesem phänomenologischen Hintergrund ist der praktische Sinn ein *leiblich*-praktischer Sinn (so auch Schwingel 1993: 65ff.) bzw. – im Anschluss an Schmitz – ein *Spürsinn*. Gemäß der Formel Struktur – Habitus – Praxis ist der Habitus-als-Spürsinn sozial strukturiert und wirkt handlungsgenerierend.

Diese handlungsgenerierende Funktion des Spürsinns bezieht sich auf ein Handeln – man könnte es *leibliche Praxis* nennen –, das durch die sinnliche (Merleau-Ponty) und spürende (Schmitz) Wahrnehmung einer Situation angeleitet wird und spontan, quasi-automatisch abläuft. Und gerade dadurch erweist es sich als situationsangemessen. Dies etwa in dem Fall, wo ein kleines Kind, das gerade hingefallen ist, sich weh getan hat und deshalb weint, in den Arm genommen und getröstet wird. Eltern verhalten sich in aller Regel so, ohne lange nachdenken zu müssen. Das Verhalten der Eltern entspricht einer *spürenden Orientierung zur Welt*, die sinnhaft ist, ohne dass ihr ein Reflexionsprozess vorausgegangen wäre. Diese sinnlich-spürende Orientierung ist gemeint, wenn Bourdieu die Wahrnehmung bzw. Erfahrung der Sozialwelt als einen Vorgang bezeichnet, der „sich wesentlich in der Praxis, *jenseits* expliziter Vorstellung und verbalem Ausdruck" vollzieht (SRK: 17; Herv.: R.G.), oder wenn er den Wahrnehmungs- und Beurteilungsschemata einen „praktischen, vorreflexiven und impliziten Charakter" (SRK: 18) zuspricht. Die leibliche, sinnlich-spürende Wahrnehmung der sozialen Welt meint auch eine Art „Gespür dafür, was man ‚sich erlauben' darf und was nicht" (ebd.)[89], es drückt sich aus in dem, was man „Takt, Fingerspitzengefühl, Feinfühligkeit, Gewandtheit oder Lebensart" nennt (SS: 147).

Um die Bedeutung des Habitus als Spürsinn sowie der leiblichen Praxis für die personale Identität aufzeigen zu können, ist es erforderlich, auf die spezifische *Logik der Praxis* einzugehen. Die Logik der Praxis bzw. die praktische Logik zeichnet sich im Gegensatz zur wissenschaftlichen Logik vor allem durch zwei Aspekte aus: erstens durch ihre *Ökonomie*, zweitens durch ihr Verhältnis zur *Zeit* (wobei beide Aspekte zusammenhängen). Das normale, alltägliche Handeln folgt, so Bourdieu, dem „Prinzip der Ökonomie", welches darin besteht, „nicht mehr Logik einzusetzen, als für die Bedürfnisse der Praxis nötig ist" (TdP: 249). In dieser Hinsicht weist die Praxis eine Logik auf, die als „praktische Schlüssigkeit" (SS: 157) bezeichnet werden kann. Mit ihr ist gemeint, dass in aller Regel der Handelnde versucht, ohne großen Aufwand, auf möglichst einfache und bequeme Weise („praktisch") den Anforderungen der sozialen Situation gerecht zu werden („schlüssig"). Dass dem so ist, hat mit der spezifischen Eingebundenheit der Praxis in die Zeit zu tun: Jedes von der

---

89 Bourdieu nennt dies auch den „Realitätssinn", eine Art Sinn dafür, wo die eigenen sozialen Grenzen liegen (‚da gehöre ich nicht dazu', ‚das sind nicht meine Leute') (vgl. TdP: 324). In einem ganz ähnlichen Sinne spricht Georg Simmel in seinem *Exkurs über den Adel* davon, dass Aristokraten ein besseres „Gefühl für den Punkt, an dem sie innerhalb der Gesellschaftsordnung stehen" (Simmel 1992: 821), hätten als andere soziale Gruppen. Dies führe dazu, „dass Adelige sich oft an einem Abend besser kennen lernen, als Bürgerliche in einem Monat" (ebd.).

praktischen Logik geleitete Handeln erfolgt in der Gegenwart, was heißt, „ohne bewusste Überlegung oder logische Überprüfung", es ist voll und ganz „gefangen von dem, um was es geht" (SS: 167)[90]. Weil es in der Praxis fast immer ‚um etwas geht', ist eines ihrer wesentlichsten Merkmale die „Dringlichkeit" (SS: 150)[91]. Alltägliches Handeln geschieht normalerweise unter Zeitdruck, oder in zumindest so engen Zeitgrenzen, dass ein übermäßiges Abwägen oder Überlegen ausgeschlossen ist. Die Ökonomie der praktischen Logik bzw. der Praxis meint somit vor allem eine *Zeitersparnis, die der leiblich-praktische Sinn ermöglicht*, weil dieser „mit der automatischen Sicherheit eines Instinkts funktioniert" und es gestattet, „augenblicklich auf alle möglichen ungewissen Situationen und Mehrdeutigkeiten der Praxis zu reagieren" (SS: 191).

Die Identitätsrelevanz des Spürsinns besteht zum einen darin, dass er dem Individuum anzeigt, welche Handlungen und Erfahrungen zu ihm passen und welche nicht. Er fungiert gewissermaßen als *Instanz der Selbstvergewisserung*, indem er auf spürbare Weise deutlich macht, was für einen selbst stimmig, angemessen, authentisch ist. Zum anderen leitet der Spürsinn *Routinehandlungen* an und sorgt dadurch für *psychische Entlastung*. Die Entlastungsfunktion des Spürsinns ist allein schon aus quantitativen Gründen nicht gering zu schätzen. Man kann wohl sagen, dass der Großteil sozialer Handlungen Routinehandlungen[92] sind, Handlungen also, die auf Routinewissen[93] basieren und auf eine mehr oder weniger identische Weise mehr oder weniger regelmäßig ausgeführt werden, und die sich in manchen Fällen zu Alltagsritualen verfestigen. Im Zentrum von Routinehandlungen steht dabei der sinnlich-spürende Leib als Wahrnehmungs- oder Orientierungsinstanz. Man kann sich das bspw. am allmorgendlichen Kaffeemachen verdeutlichen. Den Weg aus dem Bett in die Küche kennt man genauso gut wie man weiß, wo der Kaffee, der Filter und die Kaffeemaschine stehen. Und auch wie die Maschine zu bedienen ist, hat man gelernt, so dass es möglich ist, diese Tätigkeit jeden Tag aufs Neue zu wiederholen, ohne dass dies jedesmal einen Denkprozess voraussetzen würde. Man macht das automatisch so, ‚blindlings', ohne auch nur einen Gedanken daran zu verschwenden, was man da gerade macht, geschweige denn, warum man diese Handlung vollführt. (Ins Denken gerät man in aller Regel erst dann, wenn man auf Widerstand stößt, z.B. weil kein Kaffeepulver mehr in der Dose ist.) Diese Handlung wird geleitet durch ein *einverleibtes Wissen*, das in der Situation *orientierungs-* und damit *handlungsleitend* wirkt. Wenn dem nicht so wäre, wenn statt dessen auch jede routinemäßige Handlung – vom Zähneputzen, dem Schnürsenkelbinden, über den tägli-

---

90   Eine Reflexion über das eigene Handeln setzt normalerweise erst dann ein, wenn die gewohnten Automatismen versagen.

91   Weitere die zeitliche Struktur der Praxis kennzeichnende Eigenschaften sind die Unumkehrbarkeit, der Rhythmus, das Tempo und die Richtung (SS: 149).

92   Vgl. hierzu auch Giddens (1992: 116ff.), der im Anschluss an Goffman von Routinehandlungen spricht.

93   Routinewissen ist Teil des subjektiven Wissensvorrats eines Individuums und lässt sich – folgt man Schütz/Luckmann (1979: 139ff.) – in Fertigkeiten, Gebrauchswissen und Rezeptwissen analytisch unterteilen.

chen Gang ins Büro, der förmlichen Begrüßung des Chefs mit Handschlag, dem ‚rechts stehen, links gehen' auf der Rolltreppe, bis hin zum Essen mit Messer und Gabel und dem Abspülen und Abtrocknen des Geschirrs – eine denkende, möglicherweise gar rationale Auseinandersetzung voraussetzen würde, stünde das Individuum unter einem Entscheidungsdruck, der wohl nur schwer leiblich-psychisch auszuhalten wäre. Ohne routinemäßiges Handeln, das heißt, ohne „Akte, die man ausführt, weil ‚es sich so gehört', weil ‚das halt so gemacht wird', bisweilen aber auch, weil man schlicht nicht anders kann", wobei „man nicht zu wissen (braucht), warum und für wen man sie ausführt" (SS: 39), ohne diese Routinehandlungen wäre das Leben auf Grund der wiederholten psychischen Belastungen kaum zu bewältigen. Aufgrund dieser psychischen Entlastungsfunktion, die dem Habitus als einverleibtes Wissen innewohnt und vermittels dessen er leiblich-orientierend Routinehandlungen ermöglicht, trägt er dazu bei, dass der Einzelne nicht unentwegt sein eigenes Tun und Lassen überdenken oder gar in Frage stellen muss. In dieser Hinsicht hat der Habitus eine identitätsfördernde bzw. -unterstützende Bedeutung.

Im Zusammenhang mit dem Verständnis vom Habitus als einer leiblichen, das heißt, sinnlichen (= äußere Sinne) und spürenden (= Spürsinn) Wahrnehmungs- und Orientierungsinstanz sei noch auf einen Aspekt aufmerksam gemacht, der die *Wahrnehmung des eigenen Körpers* betrifft. Wenn von der sozialen und kulturellen Prägung des Habitus die Rede ist, dann meint das unter anderem, dass im Habitus Denkmuster und Wissensbestände verkörpert sind, die sich das Individuum über Sozialisations- und andere Lernprozesse angeeignet hat. Diese internalisierten und inkorporierten Denk- und Wissensmuster prägen nun nicht nur die Wahrnehmung der Sozialwelt, worüber bislang gesprochen wurde, sondern sie prägen auch die Wahrnehmung des eigenen Körpers. Wahrnehmung ist bei Bourdieu in diesem Fall nicht im Sinne Merleau-Pontys zu verstehen als eine über die Sinne vermittelte unmittelbare Erfahrung, sondern eher im Verständnis von *Vorstellung*. Mit Bourdieu kann man sagen, dass die Wahrnehmung des eigenen Körpers (wie auch der Körper anderer) von gesellschaftlich und kulturell dominanten Vorstellungsmustern abhängt (vgl. SS: 144). Die Wahrnehmung des eigenen Körpers als stark, ungeschickt, dünn, kräftig, attraktiv, sexy, empfindlich, ungelenk, hölzern, groß, klein, alt, schwach, schön, fett usw. ist von den in der Gesellschaft bzw. in den individuell relevanten sozialen Feldern vorherrschenden Diskursen und Wertmaßstäben geprägt (vgl. FU: 311, Fn. 22; siehe auch Teil 3, Kap. 5.1). Die *versprachlichte* Wahrnehmung – im engeren: die Bewertung – der eigenen Körperlichkeit und eigenleiblicher Erfahrungen ist m.a.W. stets Ausdruck der in einer Gesellschaft vorherrschenden Wissensbestände und Diskursmuster. Davon unbeeinträchtigt bleibt jedoch die *unmittelbare* Wahrnehmung. Die unmittelbare Erfahrung ist die Basis der versprachlichten Erfahrung.

Zusammengefasst lässt sich zum Habitus-Konzept von Bourdieu sagen, dass es drei Aspekte integriert: Der Habitus ist im Sinne von Denk-, Wahrnehmungs- und Interpretationsschemata ein *kognitives* Konzept, im Sinne der Verkörperung von Lebensgeschichte ein *körperliches* Konzept, und verstanden als leibliches Wissen oder Spürsinn ein *leibliches* Konzept.

3.3 Der Körper als Kapital und Medium für Identität

In den vorangegangenen zwei Abschnitten standen vor allem Aspekte wie leibliche Disposition, leibliche Erfahrung, Leibwahrnehmung oder Leibgedächtnis im Mittelpunkt, kurz: der Leib. Vom Körper hingegen war bislang weniger die Rede, lediglich im Zusammenhang mit dem Habitus als verkörperte Geschichte und der Wahrnehmung anderer Körper wurde er zum Thema. Dass jedoch auch der sicht- und tastbare, instrumentell und/oder expressiv einsetzbare Körper für die Identität eines Individuums von Bedeutung sein kann – das Körperhaben im Plessnerschen Sinne –, sollte offensichtlich sein. Anhand der Bourdieuschen Begriffe des „körperlichen Kapitals", des „symbolischen Kapitals" und der „Distinktion" soll jetzt gezeigt werden, in welcher Hinsicht der *Körper als Medium für die personale Identität* fungiert.

Bourdieu unterscheidet üblicherweise drei Arten von Kapital (bzw. Macht): ökonomisches, kulturelles und soziales Kapital (vgl. Bourdieu 1983). Seltener spricht er vom symbolischen oder gar vom körperlichen Kapital[94]. Mit dem *körperlichen Kapital* setzt Bourdieu sich hauptsächlich im Rahmen seiner Klassenstrukturanalyse der französischen Gesellschaft auseinander, wo er die klassenspezifischen Umgangsweisen mit dem Körper vor allem in Bezug auf Essen, Trinken, Kleidung, Make-up, Rede- und Verhaltensweisen, Diäten und Sport untersucht (FU: 288-354). Dabei kommt er zu dem Ergebnis, dass der Körper den Klassengeschmack am unwiderlegbarsten zum Ausdruck bringt –

> „zunächst einmal in seinen scheinbar natürlichsten Momenten – seinen Dimensionen (Umfang, Größe, Gewicht, etc.) und Formen (rundlich oder vierschrötig, steif oder geschmeidig, aufrecht oder gebeugt, etc.), seinem sichtbaren Muskelaufbau, worin sich auf tausenderlei Art ein ganzes Verhältnis zum Körper niederschlägt, mit anderen Worten, eine ganz bestimmte, die tief sitzenden Dispositionen und Einstellungen des Habitus offenbarende Weise, mit dem Körper umzugehen, ihn zu pflegen und zu ernähren. In der Tat erweist sich über kulinarische Vorlieben (...) und natürlich auch über den Gebrauch des Körpers im Arbeitsprozess wie in der Freizeit die klassenspezifische Verteilung der körperlichen Eigenschaften" (FU: 307).

Ob diese These vom Klassen-Körper heutzutage noch zutreffend ist, oder ob stattdessen nicht, zumindest für die bundesrepublikanische Gesellschaft, besser von einer Individualisierung des Körpers gesprochen werden sollte (vgl. Rittner/Mrazek 1986; Gugutzer 1998a), sei an dieser Stelle dahingestellt. Wichtiger ist hier Bourdieus Hinweis darauf, dass es so etwas wie ein *„körperliches Kapital"* (FU: 329, 345) gibt, welches wie die anderen Kapitalsorten auch behandelt werden kann. Das heißt, der Körper ist ein Kapital, das man besitzt, und in das man „Zeit, Aufmerksamkeit, Sorge und Mühe" (Bourdieu 1983: 196), kurz: Arbeit investieren kann. Dies gilt wohl ganz besonders für moderne oder spätmoderne Gesellschaften, in denen der Körper nicht mehr länger als bloßes Schicksal aufgefasst wird, mit dem man sich nun einmal abzufinden habe, sondern als ein gemäß den eigenen Wünschen ge-

---

94 Anknüpfend an Bourdieus Kapital-Theorie entwickelt Reay (2000) das Konzept des *emotionalen* Kapitals, das sie für die Erklärung einiger Klassen- und Geschlechtunterschiede in der Erziehung von Kindern durch ihre Eltern fruchtbar macht.

staltbares, „reflexives" Projekt (Giddens 1991; siehe auch Teil 3, Kap. 5.4.3 und Teil 4, Kap. 3). Als konkret fassbare, jederzeit direkt und schnell zugängliche Sinn-Instanz stellt der Körper eine Bezugsgröße für das Individuum dar, „bei der Wirkungen noch bewirkt, beobachtet und auch noch gefühlt werden können. Er ist zu einem wichtigen Symbol für eine noch kontrollierbare Wirklichkeit geworden. (...) Er bietet sich als Bezugspunkt des Erlebens und Handelns an, da er als unmittelbares und lebenslanges Begleitmedium psychischer Systeme in besonderer Weise dazu geeignet ist, Sicherheit zu konkretisieren" (Bette 1989: 31). Investitionen in das eigene Körperkapital scheinen also deshalb besonders lohnenswert zu sein, weil sich die Gewinne (innerhalb bestimmter Grenzen, versteht sich) individuell herstellen lassen und sie spürbar und sichtbar verbucht werden können. Insofern braucht es nicht zu verwundern, wenn gegenwärtig immer mehr Menschen die *Arbeit an und mit ihrem Körper als Identitätsarbeit* begreifen, oder umgekehrt, wenn *Selbst-Thematisierung* immer öfter die Form von *Körper-Thematisierung* annimmt.

Identitätsgewinne lassen sich über die Investition ins Körperkapital auch deshalb erzielen, weil dieses, gleich den anderen Kapitalsorten, konvertierbar ist. So ist es durchaus möglich, und wohl auch üblich, handwerkliches Geschick, künstlerisches oder sportliches Talent in ökonomisches (Einkommen) oder soziales Kapital (Beziehungen) zu transformieren und auf diese Weise z.B. zur Steigerung des eigenen Selbstwertgefühls beizutragen. Für die personale Identität dürfte jedoch die *Konvertierbarkeit des eigenen körperlichen Kapitals in symbolisches Kapital* noch entscheidender sein. Unter symbolischem Kapital versteht Bourdieu allgemein die „wahrgenommene", als „legitim anerkannte" und insofern „verkannte" Form der anderen Kapitalarten (SRK: 11, SS: 223), womit er konkret „Ehre", „Prestige" (TdP: 348), „Ansehen" (SS: 216), sozialen „Kredit" oder „Vertrauenskapital" (SS: 218) meint. Symbolisches Kapital erwirbt man dadurch, dass – in einem weiten Sinne – materielles Kapital (Geld, Schönheit, Titel etc.) als solches von anderen wahrgenommen wird, wodurch es anerkannt und ihm somit ein symbolischer Mehrwert zuteil wird (‚Schein'), der wiederum dazu führt, die materielle Basis (das ‚Sein') zu verkennen (vgl. SS: 215, 223). Aus Sein wird Schein und auch wieder Sein, wenn aus dem symbolischen Kapital erneut materielles Kapital geschlagen wird. Für die Identitätsfrage ist hierbei vor allem der erste Schritt wichtig, also vom materiellen zum symbolischen Kapital bzw. vom körperlichen Kapitel zur sozialen Anerkennung, weil soziale Anerkennung eine wichtige Bedingung für die Entwicklung der individuellen Identität ist (vgl. Teil 1, Kap. 2 und 3). Denn dass sich für soziale Anerkennung ganz besonders der Körper eignet, ist offensichtlich. In westlich-modernen Gesellschaften jedenfalls ist es, seitdem körpergebundene soziale Werte wie etwa Jugendlichkeit, Schönheit, Fitness, Gesundheit oder Attraktivität hoch angesehen sind, für den Einzelnen ein lohnenswertes Geschäft, in sein körperliches Kapital zu investieren. Die Aussichten auf hohe soziale Rendite haben sicherlich zu einigen der auffälligsten sozio-kulturellen Phänomenen der letzten Jahrzehnte beigetragen, wie der Versportlichung des Alltagslebens (vor allem hinsichtlich der Kleidung), dem Gesundheits- und Fitnessboom oder der plastischen Chirurgie. Soziale Gewinne verspricht man sich durch die Partizipation an diesen sozialen Erscheinungen etwa auf dem „Markt der Liebe" (Apraku/Nelles 1988: 8) oder auf dem Berufsmarkt, wo Aussehen und Fitness – zumindest ab der mittleren Führungsebene – zu wichtigen, sekundären Qualifikationen geworden sind[95].

Weil über den Körper soziale Anerkennung und Erfolg herzustellen sind, braucht es nicht zu verwundern, dass immer mehr Menschen gezielt versuchen, diese Erfolge zu erzielen. Dies entspricht der *Logik des Symbolischen*, die, wie Bourdieu sagt, eine „Logik der Hervorhebung" (SS: 256) bzw. eine *Logik der Distinktion* ist. Die Eigenlogik des Symbolischen gehorcht, so Bourdieu, „der Logik von Differenzen, von differentiellen Abständen, die damit zu signifikanten Unterscheidungen, Distinktionen werden" (SRK: 21); symbolisches Kapital ist letztlich nur ein „anderer Name für Distinktion" (SRK: 22). Jedes Handeln ist distinktiv im Sinne von Unterscheidungen setzend, und insofern ist Distinktion nicht notwendigerweise ein bewusstes Streben nach Distinktion (SRK: 21). Dies schließt selbstverständlich nicht aus, dass der oder die Einzelne nicht doch bewusst danach strebt, sich von anderen abzugrenzen oder abzuheben. Da Identität sich immer nur in Differenz zu anderen konstituiert, liegt das scheinbar geradezu auf der Hand. Und so mag es nicht wenige geben, deren absichtsvolles Bestreben dahin geht, sich durch die Arbeit am und mit dem eigenen Körperkapital von anderen zu unterscheiden und hervorzuheben in der Hoffnung, dadurch symbolisches Kapital zu erlangen. Bodybuilder und Personen, die sich einer Schönheitsoperation unterziehen oder sich Metallgegenstände durch alle nur erdenklichen Körperteile stechen bzw. unter die Haut schieben lassen, sind dabei sicher nur die in der medialen Öffentlichkeit auffälligsten Beispiele. Allein, die Sache mit dem bewussten Streben nach sozialer Anerkennung mittels des Einsatzes von Distinktionsmechanismen hat einen Haken: Wer nämlich versucht, sein mit mitunter viel Zeitaufwand und Mühe erarbeitetes Körperkapital in symbolisches Kapital zu konvertieren, riskiert schlicht, dass diese Übertragung nicht glückt. Es gibt ganz einfach keine Garantie, dass das durchaus sichtbare Resultat von 30 Wochenstunden im Fitness-Studio auch honoriert wird und sich in Ansehen oder Prestige niederschlägt. Das mag zu Enttäuschungen, Frustrationen, Selbstzweifeln und möglicherweise Identitätsproblemen führen, wenn sich trotz des u.U. hohen Körpereinsatzes auf der Bühne des Sozialen der erwartete Applaus des Publikums nicht einstellt. Allgemeiner gesagt heißt das, so wenig wie man symbolisches Kapital bzw. soziales Ansehen sich selbst aneignen kann, weil es etwas ist, das einem zugewiesen wird, so wenig kann man Identität absichtsvoll herstellen. Identität ist notwendig ein Nebenprodukt, man erwirbt sie en passant und behauptet sie, indem man sie gerade nicht zum Thema macht. Dient die Arbeit am und mit dem eigenen kör-

---

95 Dies sieht man etwa auch daran, dass sich mit dem ‚Manager' eine Sozialfigur etabliert hat, und zwar über den Unternehmensbereich hinaus, die als Prototyp für körpergebundene soziale Werte angesehen werden kann. „Die Sozialfigur des Managers (...) adaptiert nicht zufällig die Fitness-Semantik. Mit Bildern psycho-physischer Präsenz, die am Körper gewonnen werden, zeigt man Robustheit gegenüber widersprüchlichen Situationen, Reaktionsfähigkeit und Flexibilität, die Fähigkeit zum schnellen Verarbeiten von Informationen, ganz generell die körperliche Disposition zum geschmeidigen Umgang mit beschleunigten immateriellen Abläufen und Symbolen. Die präzisen Gesten, der schlanke Körper, eine dargestellte leichte, elastische Spannung wie Dynamik in den Bewegungen signalisieren die Eleganz der Problembewältigung" (Rittner 1989: 374).

perlichen Kapital der Erhöhung dieses Kapitalstocks (und fungiert sie insofern als Selbstzweck), etwa der Verbesserung der eigenen Fitness oder der Wiederherstellung der Gesundheit, dann übernimmt der Körper die Rolle eines Erfolg versprechenden Mediums für Identität; wird diese Arbeit hingegen primär eingesetzt zum Erwerb symbolischen Kapitals (Prestige, Anerkennung), ist sie also bloßes Mittel zum Zweck, dann dürfte die identitätsrelevante Funktion des Körpers zumindest fraglich sein.

4. Zusammenfassung: Ein Leib-Körper-fundiertes Identitätsmodell

Die Auseinandersetzung mit den Leibtheorien von Helmuth Plessner, Maurice Merleau-Ponty, Hermann Schmitz und Pierre Bourdieu hatte zum Ziel, die verschiedenartigen Facetten aufzuzeigen, unter denen Leib und Körper für die Identität eines Individuums von Bedeutung sind bzw. sein können. Durch den anthropologischen Ausgangspunkt, der phänomenologischen Konkretisierung und der soziologischen Rahmensetzung sollte ein Dreischritt hin zu einem leib- und körpertheoretischen Identitätsmodell getan werden, bei dem eine möglichst große Breite der Identitätsrelevanz von Leib und Körper deutlich wird. Aufgrund der Heterogenität der behandelten Theorieansätze wurden unterschiedlichste Aspekte angesprochen, deren Zusammenhang sich angesichts der Darstellung entlang der einzelnen Autoren möglicherweise nicht sofort erschlossen hat. Aus diesem Grund soll nun das bisher Gesagte systematisiert werden[96].

Im Mittelpunkt dieser Systematisierung stehen Leib und Körper. Mit der Konzentration auf die konstitutive Bedingung von Leib und Körper für die personale Identität soll natürlich nicht gesagt werden, dass für die Entwicklung und Aufrechterhaltung einer Identität nicht auch andere Aspekte wesentlich sind; ich fasse diese Aspekte als Denken/Sprache[97] (als moderne Übersetzung für das, was traditionell mit Geist bezeichnet wird), Andere und Gesellschaft/Kultur zusammen. Mit Hilfe dieser Begriffe lässt sich ein Beziehungsnetz spinnen, das als *Leib-Körper-fundiertes Identitätsmodell* zu verstehen ist, und welches als analytisch konstruierter, heuristischer Bezugsrahmen für das weitere Vorgehen dient (Kap. 4.2). Wegen der unterschiedlichen Verständnis- und Verwendungsweisen von Leib und Körper, die man bei Plessner, Merleau-Ponty, Schmitz und Bourdieu findet, stelle ich diesem

---

96 Ich werde in dieser Zusammenfassung in aller Regel den Rekurs auf die vier hier dargestellten Autoren und ihre Ansätze nicht explizit machen, sondern setze voraus, dass die einzelnen Kapitel gelesen worden sind und insofern der jeweilige Autoren-Bezug offensichtlich ist.

97 Im Anschluss an Joachim Israel (1990) verstehe ich Denken als innersprachliches Handeln. Wie Israel zeigt, wurde im Zuge des ‚linguistic turn' in der Philosophie, das heißt, im Übergang von der Bewusstseins- zur Sprachphilosophie, der Dualismus von Denken und Sprache aufgehoben. „Denken und Sprache stehen nicht in einer äußeren Beziehung, sondern in einer inneren. Was wir denken, kann sprachlich ausgedrückt werden, und was nicht sprachlich ausgedrückt werden kann, kann auch nicht gedacht werden" (Israel 1990: 63). Israel zitiert in diesem Zusammenhang Wittgenstein, der im *Tractatus logicus* schrieb: „Der Gedanke ist der sinnvolle Satz" (ebd.).

Identitätsmodell eine Systematisierung der Unterscheidungsmerkmale von Leib und Körper voran (Kap. 4.1).

4.1 Leib und Körper

Bei der Differenzierung zwischen Leib und Körper gilt es zu beachten, dass es sich um eine rein *analytische*, nicht um eine empirische Unterscheidung handelt. Im realen und ungestörten[98] Lebensvollzug sind Leib und Körper immer ineinander verschränkt. Zwischen Leib und Körper begrifflich-analytisch zu differenzieren, hat den methodischen Vorteil, Phänomene in den Blick bekommen zu können, die in den Sozialwissenschaften entweder vollkommen übersehen werden, weil sie z.B. als für soziales Handeln irrelevant gelten, oder aber unter den Begriff ‚Körper' subsumiert werden, obwohl sie (nicht nur) in der Erfahrung von Individuen etwas gänzlich anderes darstellen; gemeint sind eigenleibliche Erfahrungen bzw. Zustände des sich-Spürens. (Der methodische Nutzen dieser Unterscheidung wird sich insbesondere im nachfolgenden empirischen Teil dieser Arbeit zeigen.)

Einen Überblick über Differenzierungsaspekte der beiden Kategorien gibt Tabelle 3 (siehe nächste Seite).

(1) Ein erstes, grundsätzliches Unterscheidungsmerkmal besteht darin, dass mit Leib immer ein belebter, lebendiger Körper gemeint ist, während Körper auch unbelebt sein können. Ein Mensch, der tot ist, ist kein Leib mehr, sondern nur noch Körper. Der unbelebte Körper ist ein bloßer Körper, ein Körper*ding*, während der belebte Körper für den Menschen immer auch ein ganz besonderer Körper ist – ein „Ding besonderer Art", wie es bei Husserl heißt (vgl. Waldenfels 2000: 37) –, nämlich *sein* Leib.

(2) Für lebende Menschen ist kennzeichnend, dass ihr Leib *zugleich* ein Körperding und der eigene Leib ist. Wie es bei Plessner heißt, *ist* der lebende Mensch sein Leib, und er *hat* ihn als seinen Körper. *Leibsein* meint bei Plessner, eine biologisch-organische Existenz mit Gliedmaßen, Rumpf, Wahrnehmungsorganen etc. zu sein, und es meint auch, im Hier-Jetzt, das heißt, zuständlich zu sein. *Körperhaben* bezieht sich demgegenüber auf den Körper als Gegenstand, den man beherrschen lernen muss und den man als instrumentelles oder expressives Medium einsetzen kann. Körperhaben impliziert dabei die Fähigkeit des Individuums zur reflexiven Selbstdistanzierung.

Mit Schmitz lässt sich die Plessnersche Leib-Körper-Unterscheidung phänomenologisch weiter differenzieren. Schmitz führt zwei Kriterien zur Kennzeichnung von Leib und Körper ein (vgl. Teil 2, Kap. 2.2.1): Örtlichkeit und Ausgedehntheit.

---

98 Mit ‚ungestörtem Lebensvollzug' sind im Anschluss an Plessner Situationen gemeint, die für den Einzelnen bewältigbar sind (vgl. Teil 2, Kap. 1.4).

Körper	Leib	Verschränkung von Körper und Leib
(1) unbelebt: Körperding (2) Haben (Körper als Gegenständlichkeit und Medium) ---------------- (3) relative Örtlichkeit (4) teilbar ausgedehnt (5) durch äußere Sinne wahrnehmbar (v.a. Sehen und Tasten) (6) sozial und kulturell geprägt (Wissen) ----------------	(1) belebt: mein Leib (2) Sein (Organismus und Leib als Zuständlichkeit) ---------------- (3) absolute Örtlichkeit (4) unteilbar ausgedehnt (5) Spüren (nicht anschaulich, affektiv erfahrbar) (6) universelle Struktur (Grundgegensatz: Enge und Weite) ---------------- (7) im unmittelbaren Lebensvollzug: Körper-Geist-Dualismus aufgehoben	eigenleibliches Spüren ist verbunden mit dem Körper, den man hat

Tabelle 3: Leib und Körper

(3) *Körperlich* ist all das, was eine *relative Örtlichkeit* aufweist, während alles *Leibliche absolut örtlich*, das heißt, ohne räumliche Orientierung identifizierbar ist. In einer Begrüßungssituation bspw. begegnen sich zwei Körper, die in einer bestimmten Lage- und Abstandsbeziehung zueinander stehen. Das Schütteln der Hände, die Umarmung oder der Kuss auf die Wange, das sind Körper, die sich mehr oder weniger nahe kommen. Das Kribbeln im Bauch, der schneller schlagende Puls, die Trokkenheit im Mund oder der als Enge empfundene Kloß im Hals hingegen stellen eigenleibliche Regungen dar, die an konkret lokalisierbaren Regionen des Leibes – von Schmitz „Leibesinseln" genannt – gespürt werden.

(4) Alles *Körperliche* zeichnet sich darüber hinaus dadurch aus, *teilbar ausgedehnt* zu sein. Die Hand kann man genau so in Teile zerlegen wie das Bein oder den gesamten Körper. Demgegenüber ist alles *Leibliche unteilbar ausgedehnt*. Angst, Freude, Bauchweh, Wut, Hunger, Jucken, Lust etc., all diese leiblichen Regungen lassen sich nicht zerlegen in zwei Ängste, zwei Freuden, zwei Bauchweh etc..

(5) Wie diese Beispiele zeigen, ist mit *Leib* ein *Zustand eigenleiblichen Befindens* gemeint ist, der *gespürt* wird. Dies ist die phänomenologische Konkretisierung Plessners durch Schmitz: Die Zuständlichkeit des Leibes ist spürbar. Dem Spüren des eigenen Leibes korrespondiert dabei in aller Regel ein affektives Moment, wie auch umgekehrt der affektive Bezug zur Umwelt zumeist leiblich erfahrbar ist. Da sich Leiblichkeit und Affektivität bzw. Leib und Gefühl kaum voneinander trennen lassen, werde ich im Weiteren immer wieder auch von leiblich-affektiven Erfahrungen sprechen. Im Gegensatz zur leiblich-affektiven Erfahrung, die eine Selbstwahrnehmung ohne die so genannten äußeren Sinne meint, ist mit *Körper* der *von außen* wahrnehmbare, sicht- und tastbare Körper bezeichnet.

(6) Des Weiteren bietet sich mit Schmitz als zusätzliches Unterscheidungsmerkmal zwischen Leib und Körper der Gegensatz von *Universalismus* und *Kulturrelativismus* an. Schmitz versteht den Leib als ein Phänomen, das rein struktural, das heißt, durch Gegensatzpaare zu begreifen ist. Als grundlegendes Gegensatzpaar bestimmt er Enge und Weite: Leiblich befinden wir uns im Wachzustand stets irgendwie zwischen einem Enge- und einem Weitegefühl. Die *Strukturalität der Leiblichkeit* ist Schmitz zufolge ein *universelles* Phänomen. Demgegenüber ist der Körper ein *kulturelles* Phänomen. Körperhaltung, Umgangsformen mit dem Körper, Körperwissen oder Darstellungs- und Inszenierungsweisen des Körpers z.B. sind sozialstrukturell und von sozio-kulturellen Diskursen und Wissensbeständen geformt.

Wie gesagt, die Unterscheidung zwischen Leib und Körper ist rein analytisch zu verstehen. Im normalen, ungehinderten Lebensvollzug sind Leib und Körper ineinander verschränkt: Das Haben des eigenen Körpers geht einher mit einem irgendwie gearteten Spüren des eigenen Leibes.

(7) Schlussendlich ist der Leib, so Merleau-Ponty, jene „dritte Dimension", die den cartesianischen Dualismus von Körper und Geist überwindet. Im unmittelbaren Lebensvollzug agieren Körper und Geist nicht als zwei eigenständige Substanzen, die an irgendeinem Ort aufeinandertreffen, bei Descartes z.B. in der Zirbeldrüse, sondern Körper (als physiologisches Objekt) und Geist (bzw. Denken, Sprache) sind in der Leiberfahrung miteinander verschränkt.

4.2 Entwurf eines Leib-Körper fundierten Identitätsmodells

Die folgende Abbildung 2 (siehe nächste Seite) stellt ein Begriffsnetz dar, das aus den fünf Aspekten Leib, Körper, Denken/Sprache, Andere und Gesellschaft/Kultur geflochten ist. Im Mittelpunkt dieses Netzes stehen Leib und Körper. Setzt man die fünf Begriffe dieses Modells zueinander in Beziehung, ergeben sich zehn Relationen (R 1 – 10), die auf unterschiedliche Weise für die personale Identität bedeutsam sind:

R 1: Leib — Körper
R 2: Leib — Denken/Sprache
R 3: Leib — Andere
R 4: Leib — Gesellschaft/Kultur
R 5: Körper — Denken/Sprache
R 6: Körper — Andere
R 7: Körper — Gesellschaft/Kultur
R 8: Denken/Sprache — Andere
R 9: Denken/Sprache — Gesellschaft/Kultur
R 10: Andere — Gesellschaft/Kultur

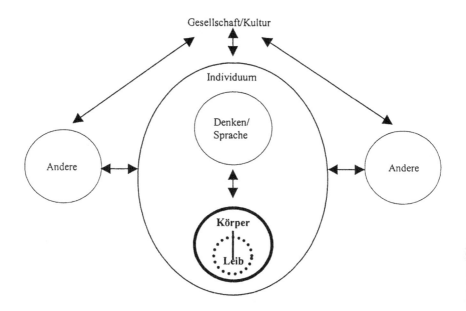

Abbildung 2: Entwurf eines Leib-Körper-fundierten Identitätsmodells

In den in der Soziologie dominierenden interaktionistischen Identitätstheorien stehen insbesondere R8 und R9 im Mittelpunkt. Folgt man diesen Theorien (vgl. Teil 1, Kap. 2), dann konstituiert sich die Identität des Individuums aus dessen Eingebundenheit in symbolische, vor allem sprachlich vermittelte Interaktionen, was heißt, in Auseinandersetzung mit signifikanten Anderen (konkreten Bezugspersonen) und dem generalisierten Anderen (gesellschaftlichen Werten, Normen etc.). Das Individuum wird hierbei auf ein geistiges, denkendes, Wesen reduziert. Wird der Körper hingegen explizit zum Thema gemacht, wie etwa bei Goffman, dann vorzugsweise als Mittel der Zuschreibung personaler und/oder sozialer Identität (R6). Die Relevanz des Leibes für die Identität eines Individuums thematisiert Goffman aber genauso wenig wie dies in anderen soziologischen Identitätstheorien der Fall ist. Aus diesem Grund wird in der folgenden Zusammenschau ein besonderes Augenmerk auf die spezifische Bedeutung des Leibes für die personale Identität gerichtet werden. Auf die Relationen 8, 9 und 10 werde ich dagegen nicht eingehen, da sie für die hier anvisierte Leib-Körper-fundierte Identitätstheorie eine untergeordnete Rolle spielen.

R 1: Leib — Körper
Der Mensch ist sein Leib, und er hat seinen Leib als Körper. Dies ist der anthropologische Ausgangspunkt der personalen Identität. Entwicklungsgeschichtlich gesehen geht das Leibsein dem Körperhaben voraus: Man ist zwar von Geburt an leib-

lich in dem (Plessnerschen) Sinne, dass man sein Organismus ist, aber man hat nicht seinen eigenen Körper, da man es erst lernen muss, ihn zu beherrschen und als instrumentelles und/oder expressives Medium einzusetzen. Wenn Habermas (1976a: 23) die erste Stufe der Identitätsentwicklung als „natürliche", leibgebundene Identität bezeichnet, dann meint das genau diesen Sachverhalt: Der Säugling ist sein Leib, und sonst nichts. Der Säugling lebt im Hier-Jetzt als ein Wesen, das mit seinen Sinnen sich und die ihn umgebende Außenwelt wahrnimmt. Er lebt in einer Zustandsstellung, wie es bei Plessner heißt. Zum Gegenstand wird er sich erst im Laufe von Lernerfahrungen, die er zunächst im Rahmen primärer Sozialisationsprozesse macht. Er lernt, seinen Körper zu beherrschen, ihn als Werkzeug und Ausdrucksmittel (Geste, Mimik, Sprache) einzusetzen, und er lernt, sich selbst zum Objekt seines Handelns und Denkens zu machen. Sobald der Mensch das Vermögen erworben hat, sich selbst zu objektivieren, lebt er in der Dialektik von Leibsein und Körperhaben. Erst ab dieser Entwicklungsstufe beginnt der eigentliche Identitätsbildungsprozess. Identität stellt sich nun als die unabwendbare Aufgabe dar, einen Ausgleich herzustellen zwischen dem sinnlich-spürenden Leib und dem zu beherrschenden und als Handlungs- und Reflexionsmedium fungierenden Körper.

R 2: Leib — Denken/Sprache

Denken und Sprache werden hier als Oberbegriffe verstanden, die kognitive Phänomene wie Reflexion, Erinnerung, Erkenntnis, Wünschen, Wissen, Erzählung oder Phantasie umfassen. Die Relation von Leib und Denken/Sprache bildet den Kern des Leib-Körper-fundierten Identitätsmodells. Weder kann zur Entwicklung und Aufrechterhaltung einer Identität auf das Denken verzichtet werden, noch auf den Leib. Erst im Wechselspiel von Leib und Denken/Sprache ist es dem Individuum möglich, seine Identität zu entwickeln und zu sichern.

So gilt *Reflexivität* gemeinhin als ein für die Identität ganz wesentliches formales Merkmal. Dabei wird aber in aller Regel übersehen, dass Reflexivität in einem dialektischen Verhältnis mit dem Leib steht. Der Leib mit seinen Wahrnehmungsorganen ist das ontologische Fundament aller reflexiven Akte. Nicht das Denken ist dem Leib vorgängig und sorgt für Erfahrungen, sondern umgekehrt fußt das Denken auf dem leiblichen Zur-Welt-Sein. Das ontologische Primat der Wahrnehmung besteht darin, dass dem Menschen sein Zugang zur Welt und zu sich selbst über seine Wahrnehmungsorgane vermittelt ist. Insofern ist die Wahrnehmung bzw. die Erfahrung die Grundbedingung aller Erlebnis- und Verhaltensweisen wie auch der Reflexion. Da das Individuum zugleich über seine leiblichen Erfahrungen reflektiert, die reflektierten Erfahrungen sich wiederum im Leib ‚ablagern' und so neuerliche Erfahrungen strukturieren, handelt es sich hier um ein dialektisches Verhältnis, bzw. um ein reflexiv-leibliches Selbstverhältnis (vgl. hierzu Teil 4, Kap. 3).

Ähnliches gilt für das Verhältnis von Leib und *Erinnerung*. Erinnerung ist für die Identität des Individuums insofern bedeutsam, als sie zu dem Empfinden beiträgt, mit sich selbst über die eigene Lebenszeit hinweg identisch zu sein. Die Erinnerung an vergangene Erfahrungen und Erlebnisse ist, anders gesagt, das Mittel, mit dem der Einzelne seine Lebensgeschichte in eine Ordnung zu bringen versucht und sich so eine biographische Identität konstruiert. Die Erinnerung ist dabei in zweifacher Weise an den Leib gebunden: Eine in der Erinnerung aktualisierte vergangene Erfahrung dürfte zum einen für die personale Identität um so bedeutsamer sein, je stärker das Individuum *von* diesem Erlebnis in der damaligen Situation leiblich-affektiv betroffen gewesen ist; zum anderen nimmt die Identitätsrelevanz der Erfahrung wohl auch mit der Intensität des leiblich-affektiven Betroffenseins *in* der Erinnerung zu (wobei das ‚in' vermutlich mit dem ‚von' zusammenhängt). Die gespürte Lebhaftigkeit einer Erinnerung – das Betroffensein von der vergangenen Erfahrung und im Moment der Erinnerung – scheint jedenfalls ein ausgezeichnetes Kriterium für die Beantwortung der Frage zu sein, inwiefern das erinnerte Erlebnis für die Identität bzw. für die Identitätsarbeit von Gewicht ist. Die These ist: Je intensiver die leibliche Erinnerung, desto bedeutsamer ist dieses Erlebnis für die Identität(sarbeit). (Es ist anzunehmen, dass die Identitäts*arbeit* um so notwendiger und anstrengender ist, je intensiver – z.B. traumatischer – die Erfahrung war.)

Versteht man Erinnerung als das Geschehen, durch das die Vergangenheit in die Gegenwart geholt wird, so ist das Gedächtnis gewissermaßen der Ort, an dem die vergangenen Erlebnisse abgespeichert sind, welche in der Erinnerung wachgerufen werden. Nicht alles aber, was im Gedächtnis abgelagert ist, muss auch bewusst erinnert werden. So sind im *Leibgedächtnis* Erfahrungen aufbewahrt, die sich gerade unbewusst, unwillentlich bemerkbar machen. Es sind dies Erfahrungen, die sich – metaphorisch gesprochen – in den Leib eingebrannt haben und unabhängig von einem Bewusstseinsakt wirkmächtig werden, und zwar spürbar wirkmächtig werden. Paradigmatisch hierfür ist das Schmerzgedächtnis, unter dem eine nicht geringe Zahl von Personen sogar chronisch leidet (vgl. Kohlmann/Raspe 1992). Im Schmerzgedächtnis sind Erfahrungen abgelagert, die für die betroffene Person schmerzhaft gewesen sind und die sich bemerkbar machen, ohne dass sich diese Person notwendigerweise an die auslösende Situation erinnert, vor allem aber, ohne dass aus neurologischer Sicht überhaupt ein Schmerz vorhanden ist. Der zu einem früheren Zeitpunkt erfahrene Schmerz tritt in der Gegenwart als ungewollte aber unleugbare Evidenz auf. In minder dramatischen Fällen macht sich das Leibgedächtnis als typisches Spüren in für den Einzelnen typischen Situationen bemerkbar, etwa als Angst in Prüfungssituationen. Das Leibgedächtnis fungiert in diesem Sinne als Aufbewahrungsort der eigenen Lebensgeschichte, die es unwillentlich aktualisiert.

Identitätsrelevant werden leibliche Erinnerung und Leibgedächtnis auch insofern, als das Individuum mit seinen erinnerten Erfahrungen ja irgendwie umgehen muss. Es tut dies vor allem in der Weise, dass sie die vergangenen Erlebnisse und die mit ihnen zusammenhängenden Empfindungen in einen Erzählzusammenhang bringt, das heißt, sprachlich organisiert. Erinnerung ist immer erzählte bzw. narrativ strukturierte Erinnerung. Resultat dieser *Selbstnarrationen* ist die Konstruktion der eigenen biographischen Identität. Damit die narrativ konstruierte biographische Identität aber auf ‚sicheren Beinen' steht, bedarf sie einer *spürbaren Stützung*. Sich selbst die eigene Lebensgeschichte erzählen und in eine Ordnung zu bringen, ist eine Sache, sich wirklich mit dieser Narration zu identifizieren, hingegen eine andere. Um eine aus der Sicht des Subjekts echte Selbst-Identifikation handelt es sich erst dann, wenn die konstruierte Kontinuität der eigenen Lebensgeschichte auch empfunden wird, wenn sie also eine spürbare Stützung erfährt. Ein besonderes Kennzeichen der spürbaren Stützung und deshalb auch der Identität, ist dabei ihre Unverfügbarkeit: Das Kontinuitätsempfinden kann nicht willentlich (zumindest dauerhaft) hervorgerufen werden, es entzieht sich der bewussten Hervorbringung. Über das Kontinuitätsempfinden kann das Individuum nicht verfügen wie es etwa über die rationale Bewertung lebensgeschichtlicher Ereignisse verfügen kann. Die spürende Stützung der biographischen Identität ist ‚da', wenn die Selbstnarration subjektiv stimmig ist, das heißt, wenn sie zur Person passt (wofür es kein objektives Kriterium gibt – es ist ein rein subjektives Moment). Gerade wegen ihrer Unverfügbarkeit aber ist die spürende Stützung ein besonders geeigneter Gradmesser für die Identitätsrelevanz des in die Biographie eingefügten Erlebnisses: Korrespondiert der Selbstnarration ein entsprechendes, sie stützendes Empfinden, ist die Identifikation mit der erzählten Geschichte größer bzw. authentischer als in dem Fall, wo die Narration ohne spürende Stützung bleibt und man sich z.B. selbst etwas vormacht, sich und auch andere täuscht.

Mit sich selbst identisch zu sein, heißt in einem entscheidenden Maße also, sich als selbst-identisch zu *empfinden*. Damit ist natürlich nicht gemeint, dass die Person das theoretische *Konzept* der Selbstidentität in ihrem kognitiven Repertoire enthalten haben müsste, um ein Identitätsempfinden entwickeln zu können. Entscheidend ist die authentische, spürbare, subjektive Empfindung, diese eine Person auf Grund genau dieser speziellen biographischen Erfahrungen zu sein. Identität verstanden als Selbstempfinden bezieht sich aber nicht nur auf die lebensgeschichtliche Dimension personaler Identität, sondern auch auf die Identifikation mit sozialen Rollen, Eigenschaften, Fähigkeiten, Einstellungen oder Überzeugungen. Damit ist auf das Verhältnis von Leib und *Wissen* abgezielt. Zu wissen, dass man Deutscher, Soziologe oder Wagner-Fan ist, dass man ein zuverlässiger, ehrgeiziger aber auch hilfsbereiter Mensch ist, der ein ausgeprägtes ökologisches Bewusstsein und eine Leidenschaft fürs Tanzen hat, dem Verfassungspatriotismus gegenüber kritisch eingestellt und der Ansicht ist, die doppelte Staatsbürgerschaft würde die Integration von Ausländern in die Gesellschaft erleichtern, all das Wissen um diese Rollen, Eigenschaften und Überzeugungen ist zwar eine notwendige, aber keine hinreichende Bedingung für eine echte Selbstidentifikation. Eine aus der Sicht des Subjekts echte, *glaubwürdige Selbstidentifikation* resultiert vielmehr aus dem Wechselspiel von *Wissen*, das versprachlicht wird (z.B. in Selbstnarrationen), und *Spüren* bzw. spürender Stützung. Im Falle einer glaubwürdigen Selbstidentifikation macht sich dieses Wechselspiel von Wissen und Spüren als *spürbare Selbstgewissheit* bemerkbar. So reicht es für eine echte Selbstidentifikation z.B. nicht hin zu wissen, man ist umweltbewusst, wenn sich dieses Wissen nicht bspw. darin äußert, einen spürbaren Widerstand dann zu empfinden, wenn man auf Menschen stößt, die Plastikflaschen in den Bio-Müll werfen. Die spürbare Selbstgewissheit (Identität) resultiert in diesem Fall ex negativo aus dem gespürten Widerstand (Differenz), den das Verhalten der anderen auslöst. Es ist auch keine hinreichende Bedingung für die Identifikation mit der Vater- oder Mutterrolle, wenn man weiß, dass man nun Vater oder Mutter ist, weil man ein

Kind hat, sondern die glaubwürdige Selbstidentifizierung mit dieser sozialen Rolle bedarf der spürbaren Stützung, durch die das Selbstempfinden sich als spürbare Selbstgewissheit (gerade in Momenten des inneren Widerstands, etwa der Angst um das Kind) bemerkbar macht. Erst die spürbare Gewissheit, dieses oder jenes zu sein, zu wollen, zu können oder zu mögen, ist m.a.W. Ausdruck dafür, wirklich mit sich selbst identisch zu sein.

Es ist wichtig, hinsichtlich der Relation von Leib und Wissen die Bedeutung der Sprache zu sehen. Zwar ist die spürbare Selbstgewissheit eine notwendige Bedingung für die personale Identität, jedoch bedarf sie selbst der *sprachlichen* Stützung, um sozusagen ihr ganzes Identitätspotenzial auszuspielen. Sehr oft ist es so, dass man hinsichtlich einer Frage oder Entscheidung nicht recht weiß, was man davon halten oder was man tun soll, man hat eher ein diffuses Gefühl, spürt, dass dieses oder jenes das Richtige sein könnte, aber sicher ist man sich nicht. Wie sich im empirischen Teil dieser Arbeit zeigen wird, ist dies z.B. bei Ordensbrüdern und – schwestern immer wieder in Berufungserlebnissen der Fall: Sie spüren, für das Ordensleben berufen zu sein, haben also eine spürbare Gewissheit; eine definitive Selbstgewissheit erlangen sie aber erst dann, wenn sie dieses Empfinden verbalisieren. In diesem Sinne bedarf die spürende Gewissheit einer sprachlichen Stützung, woraus im Fall der Ordensbrüder und –schwestern das Wissen resultiert, für das Ordensleben berufen zu sein. Sie vergewissern sich durch die Verbalisierung der Glaubwürdigkeit ihrer Empfindungen. Das über die Versprachlichung von Empfindungen erzielte Wissen ist notwendig, um sich mit dem neuen Leben und der neuen sozialen Rolle zu identifizieren. Dieses Wissen aber bedarf nun wieder, wie im eben ausgeführt, der spürenden Stützung, um zu einer echten Selbstidentifikation beizutragen. Wissen, genauer: versprachlichtes Wissen und Spüren stehen somit in einem sich wechselseitig tragenden Verhältnis.

Schließlich ein letzter Aspekt der Relation zwischen Leib und Denken/Sprache. Seine Identität entwickelt das Individuum nicht nur in Auseinandersetzung mit der eigenen Vergangenheit, sondern auch in Bezug auf die eigene Zukunft (vgl. Kraus 1996). Darauf weist z.B. die Identitätsfrage ‚Wer bin ich und wer will ich sein?‘ hin. Bezieht sich das ‚Wer bin ich?‘ auf die persönliche Lebensgeschichte in dem Sinne ‚Wer bin ich geworden‘, so das ‚Wer will ich sein?‘ auf zukünftige Lebensvorstellungen. Diese auf die Zukunft hin ausgerichteten Lebensvorstellungen nehmen zumeist nicht die Gestalt konkreter, gut durchdachter und versprachlichter Lebenspläne an, eher handelt es sich bei ihnen um diffuse *Wünsche* oder um ein nicht exakt verbalisierbares *Wollen*. Sowohl für das Wünschen wie auch für das Wollen ist kennzeichnend, dass sie leiblich-affektive Zustände sind, die „von der Realisierung des zukünftigen Sachverhalts" abhängen (Lindemann 1993: 69). Das gilt für die kleinen Wünsche des Alltagslebens (dem Wunsch, dass die geliebte Person endlich anrufe oder der Lieblingsverein das samstägliche Bundesligaspiel gewinne) genauso wie für die großen Lebenswünsche (nach dem richtigen Partner, einem ausfüllenden Beruf, Glück und Erfolg). Das zukünftige Leben kann nicht wie die eigene Lebensgeschichte rational geordnet werden, weil es offen und kontingent ist. Über die weitere Lebensgeschichte kann man nichts wissen und man kann sie auch nur in begrenztem Rahmen rational planen. Ist es durchaus möglich, über die eigene Biographie Gewissheit zu erlangen, indem man sie für sich selbst konsistent konstruiert, so kann man das für die Lebenszukunft nicht. Das ‚Wer will ich sein?' zeichnet sich stattdessen durch eine spürende Orientierung zur Zukunft hin aus, z.B. durch die Notwendigkeit, den Unwägbarkeiten und Ungewissheiten mit Selbstvertrauen zu begegnen, das heißt, einem Glauben an sich selbst, der sich leiblich-affektiv bemerkbar macht.

R3: Leib — Andere

Die Entwicklung und Aufrechterhaltung der eigenen Identität ist keine Leistung, die das Individuum alleine vollbringt; Identität ist vielmehr *intersubjektiv* konstituiert. Der Mensch ist von Geburt an in einer Welt, die von Menschen bewohnt ist, wobei es diese Mitwelt für ihn auf Grund des ontologischen Vorrangs der Wahrnehmung gibt: Die soziale Welt ist eine zwischenleibliche Welt, was meint, eine Welt, die über die leibliche Erfahrung anderer konstituiert wird. Für seine Identitätsbildung bedarf der Einzelne der anderen Menschen. Signifikante wie auch generalisierte Andere fungieren für das Individuum als Spiegel seiner selbst, und über diesen Umweg der Selbstbespiegelung bzw. Selbstobjektivierung entwickelt es seine Identität. Das heißt, das Individuum antizipiert die Verhaltenserwartungen der anderen und stellt sein Verhalten auf diese Antizipation ein. Dieser Vorgang des Perspektivenwechsels ist kein bloßer Denkprozess, sondern er findet *auch* auf einer leiblichen Ebene statt. In sozialen Situationen nehmen die Akteure ihre(n) Interaktionspartner nämlich auch auf sinnlich-spürende Weise wahr, und sie integrieren diese leibliche Wahrnehmung der anderen und deren Verhaltenserwartungen in das eigene Handeln. Man spürt z.B. die Kälte des anderen, seine erfrischende Art zu reden, seine sympathische Ausstrahlung oder sein Zunahekommen, und man reagiert darauf. Vor allem durch Blickkontakt und im Bereich intimer Situationen findet dieser leibliche Perspektivenwechsel statt. Jede soziale Interaktion zeichnet sich durch solche und andere Momente leiblicher Kommunikation aus, deren Bedeutung für den Beginn oder Fortgang der Interaktion keinesfalls unterschätzt werden darf.

R 4: Leib — Gesellschaft/Kultur

Eine der zentralen Funktionen des Leibes für die Identität des Individuums besteht darin, durch seine äußeren Sinne sowie dem Spürsinn zwischen dem Ich und der Welt zu vermitteln. Der Leib ist das praktische Vermögen bzw. der praktische Sinn, durch den das Individuum Zugang zu seiner sozialen und materiellen Umwelt gewinnt. Mit ‚praktisch' ist gemeint, dass sich die Erfahrung der Sozialwelt in entscheidendem Maße im unmittelbaren Handeln vollzieht, diesseits einer reflexiven Auseinandersetzung und einer Versprachlichung. Der leiblich-praktische Sinn – der Habitus im Bourdieuschen Sinne – fungiert in der Praxis als eine Orientierungsinstanz, die es dem Individuum ermöglicht, spontan oder automatisch und zugleich sinnhaft weil situationsangemessen zu handeln. So zeichnen sich viele alltägliche Situationen gerade dadurch aus, dass sie Anforderungen an das handelnde Individuum richten, auf die es z.B. aus Zeitgründen sehr schnell oder aus Gründen mangelnder Information dem eigenen ,Gefühl folgend' reagieren muss.

Die Identitätsrelevanz des leiblich-praktischen Sinns besteht zum einen darin, dass er dem Individuum anzeigt, welche Handlungen und Erfahrungen zu ihm passen und welche nicht. Er fungiert als *Instanz der Selbstvergewisserung*, indem er auf spürbare Weise deutlich macht, was für einen selbst ,stimmig' oder echt ist. Zum anderen liegt die Identitätsrelevanz des Spürsinns darin, *Routinehandlungen* anzuleiten und damit für psychische Entlastung zu sorgen. Routinehandlungen stellen einen Großteil sozialer Handlungen dar; sie zeichnen sich dadurch aus, auf der Basis von Routinewissen, das heißt, nicht-explizitem Wissen ,en passant' ausgeführt zu werden. Das Routinewissen entspricht einem einverleibten Wissen, das in Situationen quasi-automatisches, vorreflexives Handeln anleitet. Gäbe es die Vielzahl routinemäßig ausgeführter Handlungen nicht, stünde das Individuum unter permanentem Entscheidungsdruck. Ohne diese Routinehandlungen wäre das Leben auf Grund wiederholter psychischer Belastungen, die mit Entscheidungssituationen (oftmals) einhergehen, kaum zu bewältigen. Auf Grund der psychischen Entlastungsfunktion, die diesem einverleibten, zum Habitus gewordenen Wissen innewohnt, muss der Einzelne nicht unentwegt sein eigenes Tun und Lassen überdenken oder gar in Frage stellen. In dieser Hinsicht hat der leiblich-praktische Sinn eine identitätsfördernde bzw. –unterstützende Funktion.

R 5: Körper — Denken/Sprache
Das Verhältnis von Körper und Denken/Sprache ist für die Identität des Individuums in impliziter und expliziter Weise von Relevanz. Implizit zeigt sich die mediale Funktion des Körpers für die Identität darin, dass er mehr oder weniger intensiv *kontrolliert* und *beherrscht* wird. Den eigenen Körper zu beherrschen und zu kontrollieren ist eine Aufgabe, um die kein Individuum umhin kommt, weil es zu jeder Zeit gesellschaftliche Normen und Wertvorstellungen gibt, die den Rahmen für die Umgangsformen mit der eigenen Körperlichkeit abstecken. Die Lösungsangebote für diese Aufgabe sind kulturell verschieden, werden vor allem über Sozialisationsprozesse vermittelt und lagern sich als Habitualisierungen im Körper ab. Als Habitualisierungen sind die Formen der individuellen Auseinandersetzung mit dem eigenen Körper zwar von der Ebene des Geistes verschwunden, gleichwohl aber als Sediment desselben im Körper wirksam. In diesem Zusammenspiel von Körper und Geist bzw. Denken/Sprache, das sich im habituellen Umgang mit dem Körper manifestiert, steckt ein impliziter Verweis auf die Selbstbezüge des Individuums. Auch wenn man mit Interpretationen vorsichtig sein muss, so lassen sich doch Bezüge herstellen etwa zwischen einerseits einem ausgeprägten Sauberkeits- und Hygienebedürfnis, dem Ritual des allmorgendlichen Waldlaufs, dem regelmäßigen Genuss aller nur erdenklichen Sinnesfreuden oder, im Gegenteil dazu, einer asketischen und auf alles Leiblich-Sinnliche verzichtenden Lebensführung, und der Identität des In-

dividuums andererseits[99]. Selbstbild, Selbstwertgefühl, ja, Selbstkonstruktion realisieren sich immer auch an den Arten und Weisen, in denen der oder die Einzelne den eigenen Körper kontrolliert und Zwängen unterwirft.

Explizit zeigt sich die mediale Identitätsfunktion des Körpers darin, dass er bewusst als Projektionsfläche für Selbstentwürfe instrumentalisiert werden kann. Der Körper ist zumindest in westlich-modernen Gegenwartsgesellschaften längst kein unabwendbares Fatum mehr, sondern ein *reflexives Projekt,* das nach eigenen Wünschen und Vorlieben gestaltbar ist. Der Körper stellt eine konkret fassbare, jederzeit direkt und schnell zugängliche Sinn-Instanz für das Individuum dar und damit eine Bezugsgröße, mit der es Wirkungen erzielen kann, die spür- und sichtbar sind. Die reflexive Auseinandersetzung mit dem eigenen Körper trägt zu dem Gefühl bei, Kontrolle über die Wirklichkeit zu gewinnen, da es subjektiv gesehen nichts Wirklicheres (weil Unmittelbareres) als den eigenen Körper gibt. Der Körper als Bezugspunkt von Erfahrungen und Handlungen ist in besonderer Weise dazu geeignet, Sicherheit zu konkretisieren. Der Körper entspricht insofern einer *Kapitalform,* in die es sich lohnt zu investieren, weil sich Gewinne individuell herstellen lassen und außerdem spür- und sichtbar auf der Haben-Seite verbucht werden können. In diesem Sinne kann die Arbeit am eigenen Körper als Arbeit an der personalen Identität begriffen werden.

R 6: Körper —— Andere

Dass Körperarbeit für die Arbeit an der eigenen Identität genutzt werden kann, wird ersichtlich angesichts dessen, dass für die Entwicklung und Aufrechterhaltung einer Identität *soziale Anerkennung* ein entscheidendes Moment ist. Der Körper scheint hierfür ein ganz besonders geeignetes Medium zu sein. Zumindest in westeuropäischen und nordamerikanischen Gesellschaften, in denen seit geraumer Zeit körpergebundene soziale Werte einen hohen Stellenwert besitzen, scheint es für den Einzelnen ein lohnenswertes Geschäft zu sein, in sein Körperkapital zu investieren. Die Aussichten auf soziale Anerkennung durch oder mittels eines jugendliche Vitalität ausstrahlenden Körpers scheinen ausgesprochen günstig zu sein. Daher ist es auch nicht überraschend, dass immer mehr Menschen gezielt versuchen, sich durch die

---

99 Dass gerade die konsequente Unterwerfung und Kontrolle von Trieben, sinnlichen Empfindungen, Begehren und Lust, verbunden mit einem primär auf das Geistige ausgerichteten Leben keinesfalls dazu führt, dass Leib und Körper unbedeutend werden für die personale Identität, haben Gernot und Hartmut Böhme (1983: 427-495) in ihrer Kant-Studie eindrucksvoll gezeigt. So sehr Kant versucht hatte, Herrschaft über seine Körpervorgänge (bspw. Schwitzen), Sexualität und sonstigen leiblichen Regungen (z.B. Lust auf Kaffee) zu gewinnen, so sehr beschäftigte ihn kaum etwas mehr als eben dieses. „Obgleich Kant nie seinen Geist zum Gegenstand eines Gesprächs wählte und jedes Gespräch darüber absichtlich vermied, so sprach er desto mehr von seinem Körper", schreibt Jachmann in seiner Kant-Biographie (ebd.: 451). Es gab für Kant offenbar kaum ein wichtigeres Thema in seinem alltäglichen Leben als seine leiblich-körperlichen Vorgänge, die er Zeit seines Lebens unterdrückte. Erst im hohen Alter, als er immer hinfälliger wurde und die Kontrolle über seinen Leib und Körper nicht mehr ausüben konnte, gab er sich seinen bis dato verdrängten Lüsten und sinnlichen Wünschen hin, wie etwa dem Kaffeegenuss. Böhme und Böhme schlussfolgern für Kant: Philosophiegeschichtlich wäre es zu bedauern gewesen, hätte Kant seine Leiblichkeit und Körperlichkeit ausgelebt, dem Menschen Kant wäre es allerdings „zu gönnen gewesen" (ebd.: 469).

Arbeit am und mit dem eigenen Körperkapital in Differenz zu anderen zu setzen und
hervorzuheben in der Hoffnung, sich dadurch soziale Anerkennung und Erfolge zu
verschaffen. Damit ist aber ein Problem verbunden: So wenig wie man symbolisches
Kapital bzw. soziales Ansehen sich selbst aneignen kann, weil es etwas ist, das einem zugewiesen wird, so wenig kann man Identität absichtsvoll herstellen. Identität
ist notwendig ein Nebenprodukt, man erwirbt sie nebenbei und behauptet sie, indem
man sie gerade nicht zum Thema macht. Dient die Arbeit am und mit dem eigenen
körperlichen Kapital der Erhöhung dieses Kapitalstocks (und fungiert sie insofern
als Selbstzweck), etwa der Verbesserung der eigenen Fitness oder der Wiederherstellung der Gesundheit, dann übernimmt der Körper die Rolle eines Mediums für
Identität; wird diese Arbeit hingegen primär eingesetzt zum Erwerb symbolischen
Kapitals (Prestige, Anerkennung, Ehre), ist sie also bloßes Mittel zum Zweck, dann
dürfte die identitätssichernde Funktion des Körpers zumindest fraglich sein.

R 7: Körper — Gesellschaft/Kultur
Für die Identität jedes Individuums sind die Umgangsweisen mit dem eigenen Körper, die Einstellungen und Wertschätzungen sowie das Wissen über den Körper von
Bedeutung, wenngleich sich das von Person zu Person selbstverständlich unterscheidet. Dem Körper als Medium der Identitätskonstruktion kommt zwar keinesfalls eine pauschale, überindividuell gleichgewichtige Bedeutung zu. Doch wie unterschiedlich bedeutsam für den Einzelnen sein Körper in Hinblick auf seine Identität auch sein mag – ob Körperasket oder Körperfetischist –, in jedem Fall bewegt
er/sie sich in der (Nicht-) Thematisierung des eigenen Körpers im Rahmen gesellschaftlich und kulturell vorhandener Wissensbestände, Deutungs- und Handlungsmuster. Die je individuellen Arten und Weisen des Körperhabens sind nie unmittelbar, sondern immer gesellschaftlich-kulturell vermittelt. Folglich sind auch die Formen der (nicht notwendigerweise bewussten) Identitätskonstruktion gesellschaftlich
und kulturell geprägt, wenn sie den Körper zum (nicht notwendigerweise bewussten) Gegenstand haben. Wie das Beispiel Kant zeigt (vgl. Fn. 98), hat selbst für Individuen, die ein primär geistiges Leben führen (wollen), der Körper eine gesellschaftlich vermittelte Identitätsrelevanz, auch wenn sie selbst dies womöglich anders
sehen.

Teil 3: Die Bedeutung von Leib und Körper für die personale Identität. Eine empirische Untersuchung von Ordensangehörigen und Ballett-TänzerInnen

Die im vorangegangenen Kapitel unternommenen Leib-Körper-theoretischen Annäherungen an die personale Identität haben den Boden bereitet, auf dem nun die Überlegungen zur Identitätsrelevanz von Leib und Körper empirisch fortgesetzt werden sollen. Die theoretischen Ausführungen hatten für das empirische Vorgehen eine zweifache Funktion. Zum einen dokumentieren sie das theoretische Wissen, das die empirische Arbeit angeleitet und begleitet hat. In Anlehnung an Barney Glaser und Anselm Strauss lässt sich sagen, der theoretische Hintergrund diente zur „theoretischen Sensibilisierung" für den Untersuchungsgegenstand (Glaser 1978; Glaser/Strauss 1967). Konkret heißt das, dass die leitfadengestützen, problemzentrierten Interviews der vorliegenden Untersuchung thematische Bereiche enthalten, die aus den theoretischen Vorüberlegungen gewonnen wurden (z.B. instrumenteller Umgang mit dem eigenen Körper, eigenleibliches Spüren, Inszenierung und Präsentation des eigenen Körpers, Arbeit am und mit dem Körper etc.). Die zweite Funktion des theoretischen, vor allem des phänomenologischen Zugangs bestand darin, für die Auswertung der Interviews ein begriffliches Instrumentarium zur Hand zu haben, das es ermöglicht, die in den Interviews verbalisierten Leiberfahrungen zu analysieren.

Der theoretische Vorspann hatte also *nicht* die Funktion, Hypothesen zu entwikkeln, die mit statistischen Methoden überprüft werden, um so die Theorie zu bestätigen. Die hier unternommene empirische Untersuchung wurde demgegenüber mit Methoden der qualitativen Sozialforschung durchgeführt (Kap. 2.2). Untersuchungsgegenstand waren zwei Personengruppen, die sich, so die Ausgangsüberlegung, in Hinblick auf ihre Einstellungen und ihren alltäglichen Umgang mit der eigenen Leiblichkeit und Körperlichkeit möglichst stark unterscheiden. So fiel die Entscheidung auf *Ordensschwestern und Ordensbrüder* einerseits, *Ballett-Tänzerinnen und -Tänzer* andererseits (Kap. 2.1). Mit dem Vergleich dieser beiden Personengruppen war zum einen beabsichtigt, die soziale und kulturelle Prägung der Körpereinstellungen und der Körperpraxis herauszuarbeiten. Zum anderen, und dies war die Hauptintention, sollte der Vergleich zu *empirisch begründeten, theoretischen Generalisierungen* führen und damit die allgemeine, gruppenunabhängige Identitätsrelevanz von Leib und Körper aufzeigen. Die Entwicklung dieser Kategorien bzw. Leib-Körper-Dimensionen personaler Identität (Kap. 5) stand im Zentrum der empirischen Untersuchung. Dass hier eine Kategorienanalyse vorgenommen wurde, hat einen identitätstheoretischen Grund. In der Identitätsforschung wird nämlich seit längerem davon ausgegangen, dass die Frage nach den konzeptionellen Bedingungen personaler Identität durch formale, inhaltsneutrale Prinzipien (z.B. Kontinuität, Kohärenz, Autonomie) beantwortet werden müsse. Dieser Forderung habe ich mich angeschlossen und entsprechend versucht, formale Kategorien aus dem empirischen Material heraus zu rekonstruieren.

Die empirische Untersuchung fußt zwar auf den theoretischen Überlegungen des zweiten Kapitels, will dennoch aber mehr sein als nur eine methodisch abgesicherte Anwendung des theoretischen Modells. Die empirischen Ergebnisse sollen vielmehr die theoretischen Resultate ergänzen und letztendlich zu einer Synthese zusammengeführt werden (vgl. Teil 4, Kap. 1). Aus diesem Grund standen in der empirischen Studie die subjektiven Einstellungen zum und Umgangsweisen mit dem eigenen Körper im Mittelpunkt, während die theoretischen Ausführungen leibliche Erfahrungen und das Spüren im Zentrum hatten. Methodisch wurde hierfür ein zweifacher Weg gewählt. Für die Ausarbeitung der Leib-Körper-Dimensionen waren vor allem (aber nicht ausschließlich) die verbalisierten Umgangsweisen mit dem Körper von Interesse; sie wurden, wie schon gesagt, mit Hilfe einer Kategorienanalyse rekonstruiert. Für die Analyse kollektiv geteilter, subjektiver Einstellungen zum Körper wurde dagegen die Metaphernanalyse angewandt (Kap. 4). Die Metaphernanalyse ist eine in den Sozialwissenschaften, insbesondere in der Soziologie noch recht selten benutzte Methode. Daher ist ein weiteres Ziel dieser Untersuchung, die Fruchtbarkeit dieser Methode für die Analyse kognitiver Konzepte und damit für die qualitative Sozialforschung insgesamt aufzuzeigen.

Die folgenden Ausführungen beginnen mit einigen methodologischen Überlegungen (Kap. 1). Mit ihnen wird zum einen das methodische Problem reflektiert, dass eine Untersuchung wie diese nicht konkrete Körper zum Gegenstand hat, sondern das Sprechen über Körper, und wie dieses methodische Problem angegangen werden kann; die Metaphernanalyse wird dabei als ein Lösungsweg vorgeschlagen. Zum anderen soll darauf hingewiesen werden, dass Sprache und Denken, die in der Identitätstheorie als entscheidend für die Konstitution von Identität bezeichnet werden, ein leibliches Erfahrungskorrelat haben. Daraus lässt sich folgern, dass sich die Identitätsrelevanz von Leib und Körper bis in die Kognition des Menschen hinein erstreckt.

1. Der Körper im Denken und in der Sprache. Methodologische Vorbemerkungen

Es war ein zentrales Anliegen des vorangegangenen Kapitels, die Leiblichkeit von Erfahrungen und deren grundlegende Bedeutung für die Konstruktion von Identität aufzuzeigen. Identität, so wurde gesagt, ist in einem allgemeinen Sinne als immer nur vorläufiges Resultat der Organisation von Erfahrungen zu verstehen: Erfahrungen stellen den Kern der Identitätsbildung dar und werden mittels Selbstreflexion (Denken) bzw. Selbstnarration (Sprache) in eine subjektiv konsistente Form gebracht. Diese reflexiv-narrativ hergestellte Identität wiederum bedarf einer leiblich-affektiven Stützung, damit sich ein Identitätsempfinden – spürbar z.B. als Selbstsicherheit oder Selbstgewissheit – einstellt.

In der sozialwissenschaftlichen Literatur zur Identität des Individuums gelten Reflexion und Narration nahezu einhellig als die entscheidenden Dimensionen der Herstellung von Identität. Identität erscheint hier als eine rein kognitiv-sprachliche Konstruktion, in der Leib und Körper eine vernachlässigenswerte Rolle spielen. Gerade in den diversen Varianten des Sozialkonstruktivismus in Psychologie und Soziologie gilt als kleinster gemeinsamer Nenner, dass die Erfahrung von Wirklichkeit und Selbst ihren Ursprung in der Sprache habe (vgl. Burr 1995: 32ff.; Wetherell/Maybin 1996). Die fundamentale Bedeutung der Sprache bestehe darin, dass sie den Individuen Konzepte und Kategorien bereitstelle, mit denen sie ihre Erfahrungen strukturieren. Sprache, in Form kulturspezifischer Wahrnehmungs-, Denk- und Handlungsschemata, prägt demnach nicht nur den Umgang und die Verarbeitung von Erfahrungen, sondern liegt diesen zu Grunde.

Im Folgenden soll keineswegs bestritten werden, dass Sprache im Prozess der Identitätsbildung eine entscheidende Rolle spielt. Im Gegenteil gehe ich mit der Grundannahme sozialkonstruktivistischer Identitätstheorien konform, dass sich die Identität des Individuums durch seine Teilnahme an symbolisch, das heißt vor allem, sprachlich strukturierten Interaktionen herausbildet. Allerdings halte ich es für fraglich, ob Sprache wirklich als *die* Grundlage von Welt- und Selbsterfahrung anzusehen ist. Eher scheint mir der gegenteilige Fall zuzutreffen, nämlich dass Sprache und Denken eine erfahrungsmäßige Basis haben. Die These, die ich im Anschluss an Mark Johnson und George Lakoff (Johnson 1987, 1991; Lakoff 1987; Lakoff/Johnson 1980; vgl. dazu Baldauf 1997; Buchholz 1996; Schmitt 1995) vertreten möchte, lautet: *Leibliche Erfahrungen bilden die vorbegriffliche Grundlage von Sprache und Denken*[1]. Auf diesen Aspekt hinzuweisen halte ich für wichtig, um die sprachlich-kognitive Einseitigkeit in der sozialwissenschaftlichen Identitäts- und Körperforschung zu korrigieren. Denn so wie in der Identitätsforschung dominiert auch in der Körperpsychologie[2] und Körpersoziologie[3] die Vorstellung, dass leibli-

---

1 In einer sinnverwandten Weise verweist Gendlin (1993) auf die „umfassende Rolle des Körpergefühls in Denken und Sprechen", während Buchholz und von Kleist zeigen, dass der „Körper als Bedeutungsspender" in Form von Metaphern in Denken und Sprechen enthalten ist (Buchholz/von Kleist 1997: 53, 94ff.).

2 Vgl. bspw. die Beiträge von Baumann, Bielefeld, Mrazek und Paulus in Bielefeld (1986) sowie diesen kognitiv-sprachlichen Bias in der Psychologie zusammenfassend, kritisierend und auf Möglichkeiten der Reintegration des Körpers in die Psychologie hinweisend Kempen (1996), Radley (1991, 1996) und Sampson (1996). Zu jüngsten Ansätzen der Integration des Körpers in die Psychoanalyse vgl. das Schwerpunktheft „Psychoanalyse und Körper" der Zeitschrift „psychosozial" (Geißler/Rückert 1998) sowie von Polenz (1994).

3 In der Soziologie ist seit Durkheim die Meinung vorherrschend, dass die Gesellschaft mittels der Sprache sowohl das Bewusstsein als auch den Körper steuert (vgl. Starobinski 1987: 20). So heißt es bei Durkheim, dass „die Welt der Vorstellungen, in der sich (...) das soziale Leben abspielt, sich über ihren materiellen Untergrund schiebt; aber sie stammt nicht von ihm ab (...)" (Durkheim 1994: 368f.). Diese Haltung vertreten nicht nur die im Gefolge von Durkheim entstandenen strukturalistischen und poststrukturalistischen Ansätze in der Soziologie (z.B. von Mauss, Bourdieu, Boltanski, Foucault), sondern auch interaktionistische (z.B. Goffman) und feministische (v.a. Butler) Theorien (vgl. als Überblick Featherstone et al. 1991; Shilling 1993, 1997; Turner 1996).

che Erfahrungen, Einstellungen zum und Umgangsweisen mit dem Körper durch Reflexion, Narration und Diskurse, also kognitiv-sprachlich geprägt, ja, geradezu determiniert sind. Wie umgekehrt Leib und Körper an Denken und Sprache beteiligt sind, wird fast nie zum Thema sozialwissenschaftlicher Reflexionen, und soll deshalb jetzt kurz dargestellt werden.

In seinem 1987 erschienenen Buch *The Body in the Mind* präsentiert Johnson einen sprachphilosophischen Ansatz, der in Abgrenzung zu objektivistischen Theorien die Körpergebundenheit von Kognition (Vernunft, Vorstellung) und Sprache (Bedeutung) in den Mittelpunkt rückt. Auf der Grundlage der von ihm zusammen mit Lakoff entwickelten erkenntnistheoretischen Position des „Erfahrungsrealismus" („experientialism", vgl. Lakoff/Johnson 1980: 226ff.) entwickelt Johnson seine Bildschemata-Theorie, mit der er zeigt, dass die Konzepte und Bilder, welche Sprache und Denken strukturieren, eine vorbegriffliche, nämlich erfahrungsmäßige Basis haben. Es sind vor allem körperliche Erfahrungen und gestalthafte Wahrnehmungen, so Johnson, die diesen Bildschemata zu Grunde liegen, die wiederum Wahrnehmungs- und Denkprozesse organisieren. Was es mit dem Zusammenhang von Erfahrung, Bildschemata, Denken und Sprache konkret auf sich hat, sei an einigen der am weitest verbreiteten Bildschemata verdeutlicht.

Unter Bildschemata („image schemata") versteht Johnson wiederkehrende dynamische Muster von physischen Erfahrungen, Sinneswahrnehmungen und motorischen Programmen, die für eine Kohärenz und Strukturierung von Erfahrungen sorgen (Johnson 1987: xiv). Bildschemata weisen (a) eine Erfahrungsbasis, (b) eine innere Struktur, (c) eine sich aus dieser Struktur ergebende Logik auf, und sie werden (d) insbesondere durch Metaphern in die Alltagssprache übertragen (vgl. Lakoff 1987: 272ff.). Ein wichtiges Bildschema ist z.B. das *Behälter-Schema* (Johnson 1987: 21ff.). (a) Die körperliche Erfahrung, auf die sich dieses Bild bezieht, ist die Erfahrung des eigenen Körpers als einem Behälter sowie als Objekt in anderen Behältern, z.B. in Räumen. (b) Die strukturellen Elemente des Bildschemas sind Innen, Außen und Grenze. (c) Ihre interne Logik besteht darin, dass etwas entweder im Behälter oder außerhalb des Behälters ist: Wenn Behälter A in Behälter B ist und Behälter X sich in Behälter A befindet, dann ist auch Behälter X in Behälter B. (d) Als metaphorische Übertragungen des Behälter-Schemas finden sich in unserer Sprache Formulierungen wie ‚aus sich heraus gehen', ‚in sich gehen', ‚vor Wut platzen', ‚die Toleranzgrenze überschreiten', ‚etwas nicht an sich herankommen lassen', ‚verschlossen/offen sein', ‚etwas ins Leben rufen', ‚aus dem Leben scheiden' etc. Dieses auf der Erfahrung eines körperlichen Innen und Außen sowie körperlicher Grenzen fußende Behälter-Schema liegt, wie diese Beispiele zeigen, der Verwendung der in/aus-Präposition zu Grunde und ist gegenwärtig in alltäglichen Erfahrungen mit Raum, Behältern jeder Art und dem menschlichen Körper selbst[4]. All diese Erfah-

---

4   Das Behälter-Schema fungiert auch als Grundlage wissenschaftlicher und philosophischer Theorien, so etwa bei Plessner, für dessen Theorie des Lebendigen der Begriff der Grenze entscheidend ist, insofern er ihm dazu dient, die Unterscheidung zwischen belebten und unbelebten Körpern aufzuzeigen (vgl. Teil 2, Kap. 1.1).

rungen basieren auf einem schematischen Behälterverständnis, das als fundamentales sprachliches Orientierungsprinzip fungiert (vgl. Baldauf 1997: 67).

Ein weiteres wichtiges Bildschema, das unsere Erfahrungen sprachlich-kognitiv strukturiert, ist das *Weg-Schema* (Johnson 1987: 28ff., 113ff.). (a) Die körperliche Erfahrung, die dem Weg-Schema zu Grunde liegt, ist die physische Bewegung, die vom ersten Lebensmoment an ein Fortbewegen von einem Punkt zu einem anderen ist. Der Säugling bewegt seine Augen und damit seinen Blick von einem Punkt im Raum zum nächsten, dreht seinen Kopf von links nach rechts und umgekehrt, strampelt mit Händen und Füßen, erwirbt dann die Fähigkeit, sich krabbelnd und robbend seine Welt zu erobern, lernt später aufrecht gehend sich durch den Raum zu bewegen, jemandem die Hand zu geben, Dinge von da nach dort zu bewegen usw.. Diese Bewegungen entsprechen einem schematischen Ablauf, der (b) aus den Elementen Ausgangspunkt A, Zielpunkt Z und dem Weg zwischen A und Z besteht. (c) Die interne Logik des Weg-Schemas besteht darin, dass, um von A nach Z zu kommen, jeder Punkt des Wegs berührt werden muss, und dass mit der Länge des Weges die Dauer der dafür aufgewendeten Zeit positiv korreliert. (d) Metaphorische Übertragungen des an unmittelbare Raumerfahrungen gebundenen Weg-Schemas finden sich insbesondere in Bereichen, die Handlungen und Vorgehensweisen bezeichnen: ‚Dieser Weg führt in die Irre‘, ‚Du bist auf dem Holzweg‘, ‚über Umwegen kam ich ans Ziel‘, ‚einen Gedankengang nachvollziehen‘, ‚eine Umkehr ist notwendig‘, ‚Du stehst Dir selbst im Weg‘, ‚in Gang kommen‘, ‚eine Krise durchlaufen‘, ‚nie ans Ende kommen‘ etc.

Andere Bild-Schemata, die Johnson näher ausführt (ohne damit einen Anspruch auf Vollständigkeit erheben zu wollen), sind das *Gleichgewichts-Schema* (Johnson 1987: 73ff.), sowie das *Verbindungs-, Zyklus-, Skalen-* und *Zentrum-Peripherie-Schema* (ebd.: 117ff.). Auch bei diesen Schemata handelt es sich nicht um konkrete Bilder, sondern um abstrakte kognitive Konzepte, die eine erfahrungsmäßige Basis haben und metaphorisch in die Alltagssprache übertragen werden:

- *Gleichgewichts-Schema*: (a) Seine Erfahrungsgrundlage ist das körperliche Gleichgewicht, das man als kleines Kind in unbewusster Auseinandersetzung mit der Schwerkraft durch wiederholtes Ausprobieren zu halten lernt. Die Gleichgewichtserfahrung resultiert m.a.W. aus einer vorbegrifflichen körperlichen Aktivität, und nicht aus einer kognitiven Leistung. (d) Metaphorische Übertragungen beziehen sich z.B. auf systemische Gleichgewichtzustände (‚sein Organismus ist zusammengebrochen‘, ‚die Macht ist ungleich verteilt‘, ‚das Ökosystem ist bedroht‘, ‚Identitätsbalance‘) oder auf psychische Zustände (‚seelisches Gleichgewicht‘, ‚emotionale Instabilität‘).
- *Verbindungs-Schema*: (a) Die erste Verbindungserfahrung ist mit der Nabelschnur gegeben. Neben dieser physischen Verbindung ist das Kleinkind auch leiblich-affektiv an Mutter und Vater gebunden. Das Händehalten oder Verknüpfen von Gegenständen mit einer Schnur sind weitere Verbindungserfahrungen. (d) In der Alltagssprache findet sich das Verbindungs-Schema in Bildern wie

‚Kontakt herstellen', ‚die Verbindung nicht abreißen lassen', ‚bindungsunfähig', ‚das soziale Band', ‚loslassen können', ‚eine Beziehung eingehen' usw..

- *Zyklus-Schema*: (a) Die physische Existenz basiert auf der regelmäßigen Wiederkehr von komplex interagierenden Zyklen: Herzschlag, Atmung, Verdauung, Menstruation, Schlafen und Wachsein, Kreislauf etc. Auch der Erfahrung von Welt liegen zyklische Prozesse zu Grunde: Tag und Nacht, Jahreszeiten, klimatischer Wandel, Lebenszyklus, Entwicklungsstufen von Pflanzen und Tieren. (d) Metaphorisch findet sich das Zyklus-Schema in Formulierungen wie ‚das ist der Lauf der Dinge', ‚etwas wiederholt sich in regelmäßigen Abständen', ‚der Lebensabend', ‚das Sommerloch', ‚in einen Winterschlaf fallen', ‚etwas ist schwer verdaulich' etc.

- *Skalen-Schema*: (a) Es ist die vertikale Ausrichtung des Menschen, sein aufrechter Gang und sein nach-oben-Wachsen, das die Erfahrungsgrundlage des Skalen-Schemas bildet. Der räumlichen oben/unten-Orientierung korrespondiert die Erfahrung quantifizierbarer Substanzen: füllt man etwas in einen Behälter, steigt der Pegel nach oben. (d) In der Alltagssprache findet sich diese Korrelation von mehr = oben und weniger = unten wider (vgl. hierzu auch Lakoff/Johnson 1980: 14ff.): ‚Die Kriminalitätsrate steigt', ‚die Anzahl der verkauften Bücher steigt von Jahr zu Jahr', ‚steigendes Einkommen', ‚abnehmende Fehlerquote', ‚niedrige Sterblichkeitsrate', ‚die Mietpreise sinken'. Metaphorische Übertragungen des Skalen-Schemas haben oft auch einen normativen Charakter, und zwar in dem Sinne, dass oben gut oder wertvoll und unten schlecht oder wertlos ist: ‚eine topp Position einnehmen', ‚die Karriereleiter hochklettern', ‚zur unteren sozialen Schicht gehören', ‚hohes Ansehen haben', ‚der kleine Mann von der Straße' etc.

- *Zentrum-Peripherie-Schema*: (a) Die Wahrnehmung des eigenen Körpers unterscheidet zwischen einem Zentrum (Kopf, Oberkörper) und der Peripherie (Finger, Füße, Haare). In Relation zur eigenen Welt ist der eigene phänomenale Körper (Leib) das Zentrum, von dem aus die Welt mit den Sinnen wahrgenommen wird. (d) Metaphorische Projektionen des Zentrum-Peripherie-Schemas sind bspw. ‚meine zentrale These ist', ‚das ist nur eine Randbemerkung', ‚im Mittelpunkt meiner Ausführungen steht', ‚eine Fußnote anbringen', ‚Randgruppen', ‚im Zentrum der Macht' etc.

Die Darstellung der Bildschemata und ihrer körperlichen Erfahrungsbasis ist selbstredend nicht vollständig. Dennoch sollte deutlich geworden sein, dass die Konzepte, die unsere Sprache und unser Denken strukturieren, eine vorbegriffliche Grundlage haben, nämlich den Bereich leiblich-körperlicher Erfahrungen. Diese Konzepte bzw. Bildschemata werden vorzugsweise mittels Metaphern in Bereiche übertragen, die für den Einzelnen relativ abstrakt weil erfahrungsfern sind. Metaphern kommt damit die Funktion zu, „Erfahrungen oder Sachverhalte, die vage, abstrakt und daher schwer fassbar sind, mit Hilfe konkreter, elementarer Erfahrungen zu strukturieren und sie somit fassbar und rational verfügbar zu machen" (Baldauf 1997: 18)[5]. Lakoff und Johnson gehen gar davon aus, dass Sprache, Denken und Handeln auf fundamentale Weise metaphorisch strukturiert sind:

> „We have found (...) that metaphor is pervasive in everyday life, not just in language but in thought and action. Our ordinary conceptual system, in terms of which we both think and act, is fundamentally metaphorical in nature. The concepts that govern our thought are not just matters of the intellect. They also govern our everyday functioning, down to the most mundane details. Our concepts structure what we perceive, how we get around in the world, and how we relate to other people. Our conceptual system thus plays a central role in defining our everyday realities[6]" (Lakoff/Johnson 1980: 3).

Etwas formelhaft kann man also sagen, leiblich-körperliche Erfahrungen gehen in Konzepte (Bildschemata) ein, die in Metaphern übersetzt werden, welche unser Denken und Sprechen strukturieren und, insofern sie intersubjektiv geteilt werden, zu festen Bestandteilen einer Sprache werden. Damit werden Metaphern auch Teil einer Kultur und der dazugehörigen Weltbilder und prägen so die Verarbeitung neuerlicher Erfahrungen des Einzelnen. Von daher sind Erfahrungen der Ausgangspunkt von Sprache und Denken und *zugleich* „cultural through and through" (ebd.: 57).

Für den weiteren Fortgang dieser Arbeit sind die eben angestellten Überlegungen zum Verhältnis von Körper, Sprache/Denken und Erfahrung zum einen auf Grund des in dieser Arbeit unternommenen Versuchs von Bedeutung, die Identitätsrelevanz von Leib und Körper in möglichst umfassender Weise aufzuzeigen. Insofern war es wichtig, darauf hinzuweisen, dass die kognitiven Identitätsmerkmale Narration und Reflexion eine leiblich-körperliche Basis haben. Zum anderen spielen diese Überlegungen für das empirisch-methodische Vorgehen eine wichtige Rolle. Zentraler Gegenstand der empirischen Untersuchung waren mündliche Interviews, was heißt, das Sprechen über den Körper und nicht die Beobachtung agierender Körper. Dabei zeigte sich, dass zur Beschreibung von Einstellungen zum Körper sowie von Körperbildern sehr oft Metaphern verwandt werden. Über Leib, Körper und Gefühle ‚direkt' zu sprechen, fällt offensichtlich vielen Menschen nicht leicht. In unserer christlich geprägten Kultur ist dies vermutlich Resultat gesellschaftlicher Tabuisierungen. Um dennoch über Leib und Körper sprechen zu können, greifen die Menschen auf nicht-körperliche und gleichwohl erfahrungsnahe Begriffe zurück. Solche nicht-körperlichen elementaren Erfahrungen scheinen in unserer Kultur u.a. Ausdruck der „systemischen Kolonialisierung der Lebenswelt" (Jürgen Habermas) zu sein, auf Grund derer bspw. Technik und Ökonomie einen festen Platz in Alltagserfahrungen und in Form von z.B. Maschinen-, Computer- oder Geld-Metaphern auch in der Alltagssprache haben. Auf Grund dieses metaphorischen Redens über den Körper lag es nahe, in die Datenauswertung eine Metaphernanalyse einzubauen. Wie in den Ausführungen zur Metaphernanalyse deutlich werden wird, kommt ihr dabei der Stellenwert einer Operationalisierung der Habitus-Theorie zu (siehe Kap. 2.2.1).

---

5   Auf weitere Funktionen von Metaphern werde ich in Kap. 2.2.1 eingehen.

6   Von der metaphorischen Konstruktion von Wirklichkeit spricht Wheeler (1987).

2. Methodische Vorgehensweise

2.1 Datenerhebung

Ausgangspunkt der empirischen Untersuchung war die Überlegung, dass für die Beantwortung der zentralen Fragestellung dieser Arbeit, worin die Bedeutung von Leib und Körper für die Identität eines Individuums bestehe, Methoden der *qualitativen* Sozialforschung[7] herangezogen werden müssen. Eine auf statistische Repräsentativität angelegte und mit standardisierten Methoden durchgeführte Studie schien wenig geeignet, der Komplexität dieser Fragestellung gerecht zu werden. So wäre es mit Methoden der quantitativen Sozialforschung unmöglich gewesen, eine vertiefende Analyse des subjektiv gemeinten Sinns zu leisten (vgl. Lamnek 1993: 33), den die Personen ihren Identitätskonstruktionen zu Grunde legen. Um die subjektive, in alltäglichen Handlungen vollzogene Identitätsarbeit zu rekonstruieren, und dies unter dem gesonderten Gesichtspunkt der Bedeutung von Leib und Körper, bedurfte es eines methodischen Vorgehens, das das „Verstehen" der Akteure (vgl. Soeffner/Hitzler 1994) in den Mittelpunkt rückt. Das methodische Vorgehen musste sich deshalb durch eine „Offenheit" (vgl. Lamnek 1993: 22) auszeichnen, die nicht lediglich bereits Bekanntes und z.B. in Theorien Vorformuliertes zu überprüfen (und zu erklären) gestattete, sondern es ermöglichte, Neues zu entdecken und zu empirisch begründeten theoretischen Schlussfolgerungen zu gelangen (Flick 1995: 14). In diesem Sinne bestand das primäre Ziel der empirischen Untersuchung darin, *empirisch begründete Leib-Körper-Kategorien personaler Identität* zu rekonstruieren. Methodologischer Hintergrund der empirischen Untersuchung ist damit die von Barney Glaser und Anselm Strauss entwickelte „grounded theory" (Glaser/Strauss 1967, 1974; Strauss 1991; Strauss/Corbin 1996), insofern es hier darum geht, aus der Empirie heraus eine Identitätstheorie zu entwickeln, wobei die Theorie aus den empirisch gewonnenen „begrifflichen Kategorien und Dimensionen" besteht (Lamnek 1993: 115). Das methodische Vorgehen zur Gewinnung dieser Kategorien ist dagegen weniger an Glaser und Strauss als an der von Uwe Flick (1995, 1996) vorgenommenen Weiterentwicklung der „grounded theory" sowie an der qualitativen Inhaltsanalyse von Philipp Mayring (1990, 1993, 2000) angelehnt (siehe Kap. 2.2.2).

DAS EMPIRISCHE FELD

Glaser und Strauss zufolge ist die zentrale Methode zur Entwicklung einer datenbasierten Theorie die vergleichende Analyse (Glaser/Strauss 1967: 1). Diesem Vorschlag schloss ich mich einerseits an, indem ich mich für den Vergleich zweier Personengruppen entschied, andererseits wich ich von ihrer Vorstellung des „theoretical

---

7   Vgl. hierzu als Überblick bspw. Flick (1995), Flick/von Kardorff/Steinke (2000), Hitzler/Honer (1997), Kleining (1994), Lamnek (1989, 1993).

sampling" ab[8]. Im Unterschied zum „theoretical sampling" erfolgte die Datenerhebung in dieser Arbeit nämlich durch eine theoretisch begründete Vorab-Festlegung der beiden Untersuchungsgruppen. Damit folge ich den Überlegungen von Uwe Flick, die er in seiner Auseinandersetzung mit der „grounded theory" aufgestellt hat (Flick 1995: 78ff., 1996: 155ff.). Der Auswahl der Untersuchungsgruppen lagen zunächst allgemeine Kriterien – im Unterschied zur „grounded theory", die sich an konkreten Kriterien orientiert (Flick 1995: 78f.) – zu Grunde, nämlich die Vorstellung, dass sich Personengruppen in ihren Einstellungen zum und Umgangsweisen mit dem eigenen Körper voneinander unterscheiden, und dass diese gruppenspezifische Divergenz der Körpereinstellungen und –praktiken vom sozialen und kulturellen Kontext abhängt. Um diesen Kriterien Rechnung zu tragen, sollten in die Untersuchung soziale Gruppen eingehen, die sich möglichst stark hinsichtlich ihres soziokulturellen Milieus voneinander unterscheiden, weil sie dadurch vermutlich auch, so die Annahme, sehr heterogene Körpereinstellungen und –umgangsweisen aufweisen. Durch den Vergleich zweier kontrastierender Personengruppen sollte es möglich sein, zu „empirischen Generalisierungen" zu gelangen, die in die Kategorienbildung eingehen: „By comparing where the facts are similar or different, we can generate properties of categories that increase the categories' generality and explanatory power" (Glaser/Strauss 1967: 24).

Zum Vergleich boten sich verschiedene Personengruppen an. Kriterium für die Auswahl war, wie eben gesagt, dass sie in ihren Körpereinstellungen und –praktiken stark divergieren. Es sollten m.a.W. soziale Gruppen sein, die sich – idealiter – auf der einen Seite durch eine *starke Körperorientierung* in ihrem alltäglichen Leben auszeichnen, auf der anderen Seite durch eine Lebensführung, die dem Körper kaum explizite Beachtung schenkt, also eher eine *Körperferne* aufweist[9]. Für den Vergleich schien es zudem von Vorteil, *Berufs- oder Tätigkeitsgruppen* heranzuziehen. Ähnlich wie Bourdieu, der seine Klassenstrukturanlaysen in Frankreich auf der Grundlage einer Untersuchung von Berufsgruppen durchgeführt hatte (Bourdieu 1982), dienten hier Berufs- oder Tätigkeitsgruppen als empirische Untersuchungs-

---

8   Diese Methode der Datensammlung sieht vor, Vergleichsgruppen auf der Grundlage bereits vorhandener, zu Beginn des Forschungsprozesses entstandener theoretischer Vorstellungen auszuwählen, zu analysieren, daraus neue theoretische Konzepte zu entwickeln, auf deren Grundlage dann wiederum neue Vergleichsgruppen ausgewählt werden, die für die Weiterentwicklung der „emergierenden Theorie" zentrale Gesichtspunkte abdecken; dieser abwechselnde Prozess der Datenerhebung und der Theorieentwicklung wird so lange fortgesetzt, bis die „theoretische Sättigung" der zu entwickelnden Kategorie erreicht ist (Glaser/Strauss 1967; Strauss/Corbin 1997: 148-165).

9   Diese Vorstellung von körperorientierten und körperfernen sozialen Gruppen war in einem gewissen Sinne naiv oder oberflächlich, da sie vom beobachtbaren Verhalten sowie dem Alltagsverständnis ausging, diese oder jene Personengruppe sei körperorientiert bzw. –distanziert. Das barg natürlich die Gefahr, mit den Annahmen falsch zu liegen. Wie die Ergebnisse der empirischen Untersuchung zeigen werden, wurden in der Tat manche der Vorannahmen widerlegt. Dies ist nun allerdings kein Argument für die Unangemessenheit der Samplestruktur. Solche *contra-intuitiven* Resultate verweisen auf den Unterschied zwischen Alltags- und wissenschaftlichem Wissen, stellen den heuristischen Nutzen des gewählten Gruppenvergleichs jedoch nicht in Frage. Erkenntnisziel war schließlich die Ausarbeitung gruppenübergreifender Kategorien und nicht die Verifizierung gruppenbezogener Hypothesen.

einheit sozialer Felder. Dies hatte den Vorteil, Personengruppen vergleichen zu können, die sich hinsichtlich solcher Dimensionen wie soziale Herkunft, Bildung, Alter, Wert- und moralischen Vorstellungen etc. einigermaßen ähnlich sind. Die Auswahl von Tätigkeitsgruppen, die obendrein in einem engen *räumlichen* Kontext arbeiten, sollte diese sozial-moralische Homologie unterstützen. Basierend auf diesem Kriterienkatalog – Berufs- oder Tätigkeitsgruppen, Körperferne vs. Körpernähe in Einstellung und Praxis, räumliche Einbindung – fiel die Entscheidung schließlich auf *Ordensschwestern und Ordensbrüder* als der körperfernen Tätigkeitsgruppe, sowie *Ballett-Tänzerinnen und –Tänzer* als der körpernahen Berufsgruppe. Ein paar Anmerkungen zu diesen beiden Personengruppen sollen diese Entscheidung plausibilisieren. (In den weiteren Ausführungen werde ich immer wieder auf den sozial-moralischen Kontext Bezug nehmen, so dass hier einige wenige Anmerkungen genügen sollen.)

Wer in einen Orden einzutreten beabsichtigt, muss zunächst eine Art Probezeit in einem Kloster absolvieren, das so genannte Postulat, das je nach Orden unterschiedlich lang dauert, in aller Regel aber nicht länger als ein Jahr. Dem Postulat folgt das Noviziat, eine mehrjährige Einführungs- und Probezeit in den Orden, in der z.B. die Ordensregeln, das Ordensgelübde oder die Gebetsformen angeeignet werden, und bei dessen Eintritt die Einkleidung erfolgt. Abschluss des Noviziats ist die zeitliche (einfache) Profess, bei der die Gelübde Keuschheit, Gehorsam und Armut abgelegt werden. Sie muss jedes Jahr verlängert werden. Wer sich schließlich auf Lebenszeit an den Orden binden will, legt die ewige (feierliche) Profess ab. Ordensangehörige haben sich damit auf ein ganz auf Gott ausgerichtetes Leben („Ordo") verpflichtet, das seinen Niederschlag im Klosteralltag findet. Dieser ist geprägt von der Ordensregel und den diese Regel präzisierenden Satzungen. Dazu zählt z.B. die Strukturierung des Tages in (in der Regel fünf) feststehende Gebets- und Meditationszeiten einerseits, Arbeitszeiten andererseits. Ordensangehörige führen ein streng reglementiertes, nach religiösen Wert- und Moralvorstellungen ausgerichtetes, primär geistliches Leben in einer festen Gemeinschaft, durch das sie danach streben, die abgelegten feierlichen Gelübde „so vollkommen als möglich (...) zu leben nach einer gemeinsamen Regel im Sinne des Evangeliums" (Lanczkowski 1997: 196). Meine Annahme im Vorfeld der Datenerhebung war, dass diesem klösterlichen Leben eine eher körperdistanzierte Einstellung und Praxis korrespondiert.

Ballett-Tänzerinnen und –Tänzer beginnen ihre Tanzausbildung üblicherweise mit ca. zehn Jahren. Die achtjährige Ballettschule[10], die sie nach der bestandenen Aufnahmeprüfung absolvieren, ist eine Kombination aus normalem Schulunterricht und der Ausbildung in klassischem Ballett. Letztere umfasst einerseits einen theoretischen Unterricht (z.B. Tanz- und Kunstgeschichte, Ästhetik), andererseits einen praktischen Unterricht, der mit dem Erlernen einfacher Grundschritte beginnt und in

---

10 Es gibt auch die Möglichkeit, eine Ballettausbildung in drei Jahren abzuschließen. Als „Dreijähriger", wie einer der von mir interviewten Tänzer meinte, ein Engagement an einem Opernhaus zu bekommen, geschweige denn dort eine Solistenrolle zu tanzen, ist allerdings selten. Leopold, der angesprochene „Dreijährige", ist dies jedoch gelungen.

einer weit reichenden Körperschulung (Bewegung, Stehen, Drehen, Repertoire) endet. Nach der Schule erfolgt in der Regel ein Engagement an einem Opernhaus. In den auf ein Jahr befristeten Verträgen zwischen Opernhaus und Ballett-TänzerInnen ist u.a. der Typ (Aussehen) festgehalten, was zur Folge hat, dass eine Typänderung (Frisur, Peircing) nur nach Genehmigung des Ballettchefs erfolgen darf. Vertraglich fixiert ist auch, ob man/frau als GruppentänzerIn oder als SolistIn engagiert ist. In einem Ballettensemble herrscht eine interne Hierarchie, die vom Gruppentänzer hoch bis zum ersten Solisten und – wo vorhanden – der Primaballerina bzw. dem Prinzipal reicht. Auf die jeweilige Position wird man/frau vom Ballettchef gehoben. Der Arbeitsalltag von Ballett-TänzerInnen sieht für GruppentänzerInnen eine sechseinhalb Tagewoche vor, für SolistInnen acht freie Tage pro Saison, und einen acht Stunden Arbeitstag mit Trainings- und Probezeiten zwischen zehn und vierzehn sowie achtzehn und zweiundzwanzig Uhr. Die in der Ausbildung begonnene Körperschulung wird an der Oper weiter perfektioniert, die Arbeit an Bewegungen, Drehungen und Sprüngen, gestischem und mimischem Ausdruck weiter verfeinert. Meine Hypothese vor der Datenerhebung war, dass Ballett-TänzerInnen, die an einem Opernhaus engagiert sind, auf Grund der täglichen Auseinandersetzung mit ihrem Körper ein enges, ‚positives' Verhältnis zu ihm haben.

Hinsichtlich der beiden Untersuchungsgruppen gilt es zu beachten, dass sie einen rein *heuristischen* Stellenwert besitzen. Es ging mir *nicht* darum, eine Studie über Ordensangehörige bzw. Ballett-TänzerInnen zu schreiben, sondern das primäre Ziel war, mit Hilfe dieser beiden Gruppen zu Erkenntnissen über die Bedeutung von Leib und Körper für die Identität eines Individuums unabhängig von seiner Gruppenzugehörigkeit[11] zu gelangen. Die Arbeit hätte also durchaus auch mit Angehörigen anderer sozialer Gruppen durchgeführt werden können, so z.B. mit Wissenschaftlern oder Computerspezialisten einerseits, Fotomodellen oder Prostituierten andererseits. Mit diesen Gruppen schienen mir jedoch einige Nachteile verbunden zu sein, auf Grund derer die Wahl letztlich auf Ordensangehörige und Ballett-TänzerInnen fiel. So wäre es bei Prostituierten vermutlich schwierig gewesen, Männer als Interviewpartner zu finden, insbesondere solche, die gemeinsam mit weiblichen Prostituierte in einem engen, räumlichen Umfeld (z.B. Club, Bordell) arbeiten; mit dieser Schwierigkeit wäre ich vermutlich auch hinsichtlich von Fotomodellen konfrontiert gewesen. Wissenschaftler wiederum schieden aus, weil meine persönliche Nähe zu dieser Berufsgruppe eventuell hinderlich gewesen wäre. Und ob Computerfachleute eine so enge sozial-moralische Bindung an ihren Beruf und Arbeitsort aufweisen, wie ich das Ordensangehörigen unterstellt habe, schien mir fraglich. Außerdem, das sei zugestanden, spielte für die getroffene Auswahl nicht zuletzt auch das persönliche Interesse an Ordensangehörigen und Ballett-TänzerInnen eine Rolle. Betonen möchte ich jedoch, dass ich bis zum Beginn der Untersuchung mit keiner der beiden

---

11 Ich würde nicht so weit gehen zu behaupten, dass die erzielten Ergebnisse universell gültig sind. Vermutlich ist das nicht der Fall. Die hier behauptete Gruppen- oder Milieuunabhängigkeit bezieht sich somit erst einmal, das heißt, solange keine entsprechenden interkulturellen Untersuchungen durchgeführt worden sind, auf den europäisch-amerikanischen Kulturkreis.

Gruppen weder in privater noch in wissenschaftlicher Hinsicht schon einmal in Berührung gekommen war. Sie waren mir von den Vorerfahrungen und dem Vorwissen her gleich fremd.

ERHEBUNGSINSTRUMENTE UND DATENERHEBUNG

In die Untersuchung gingen schließlich Interviews mit acht Ordensangehörigen – jeweils vier Ordensschwestern und Ordensbrüder, die dem Kapuziner-, Franziskaner-, Benedektiner- bzw. Karmeliterorden angehören[12] – sowie sechs Ballett-TänzerInnen – je drei Männer und drei Frauen aus zwei Opernhäusern – ein. Der Zugang erfolgte entweder über einen telefonischen Kontakt (ein Tänzer, vier Ordensschwestern), über ein persönliches Vorgespräch, durch das mir Interviewpartner vermittelt wurden (drei Ordensbrüder), oder durch ein persönliches Gespräch ,vor Ort' (ein Ordensbruder, zwei Tänzer, drei Tänzerinnen). Die Interviews mit den Ordensangehörigen fanden in deren Kloster statt, drei von den Interviews mit den Ballett-TänzerInnen im Opernhaus, drei bei ihnen zu Hause. Sie dauerten zwischen eineinviertel und zweieinhalb Stunden, wurden mit Tonband aufgezeichnet und anschließend vollständig transkribiert.

Als Hauptmethode der Datenerhebung wurde ein *offenes, leitfadengestütztes und problemzentriertes Interview* gewählt. Es handelt sich hierbei um ein Erhebungsinstrumentarium, das fester Bestandteil des Methodenkanons qualitativer Sozialforschung ist. Mit dem Charakteristikum der *Offenheit* (vgl. Kohli 1978) ist die Annahme verbunden, dass in einer relativ offenen Gesprächssituation die subjektiven Sichtweisen und Einstellungen des Interviewpartners besser zu erfahren sind, als dies in einem standardisierten und z.B. mit einem Fragebogen geführten Interview der Fall ist. Der *Interviewleitfaden* (vgl. Hopf 1978, 1991) dient zum einen als eine Art Orientierungshilfe oder Gedächtnisstütze für den (nicht seltenen) Fall, dass das Gespräch auf Grund der Themensetzungen, Rededauer, ,Ausschweifungen' des/r Interviewpartners/in dem Interviewer ,zu entgleiten' droht. Zum anderen erfüllt der Leitfaden die Funktion, die verschiedenen Interviews hinsichtlich der interessierenden Aspekte besser vergleichen zu können. Der Interviewleitfaden hat also nicht die Funktion, bestimmte Themen analog einem Fragebogen Punkt für Punkt abzufragen. Die *Problemzentrierung* des Interviews (vgl. Witzel 1985) schließlich meint, dass in den Leitfaden bestimmte, im Vorfeld der Datenerhebung als für die Studie wichtig erachtete Themen bzw. Problembereiche aufgenommen werden, die im Interview angesprochen werden sollen (wobei auch hier nicht auf ein stures Abfragen aller Themen abgezielt wird, da dies der Offenheit des Interviews zuwider laufen würde).

Der Interviewleitfaden wurde zunächst auf Grund des theoretischen Vorwissens erstellt, an drei Personen getestet und dann umformuliert. Diese drei Probeinterviews gingen nicht in die Auswertung ein. Der endgültige Leitfaden mit dem die vierzehn Interviews durchgeführt wurden, enthielt drei größere Frageblöcke. Im

---

12 Aus Anonymitätsgründen habe ich ausschließlich die männliche Form der Ordensbezeichnung gewählt.

biographischen Teil ging es darum zu erfahren, wie es dazu kam, dass der/die Gesprächspartnerln Ballett-Tänzerln bzw. Ordensangehörige/r wurde (das war auch die Einstiegsfrage). In diesem Kontext standen Fragen nach der Unterstützung für oder dem Widerstand gegen den Entschluss von familiärer und Freundesseite, nach möglichen Schlüsselerlebnissen (z.B. persönlicher Kontakt), der Dauer der Zugehörigkeit im Kloster/Opernensemble und der Zufriedenheit mit der Entscheidung. Des Weiteren wurde danach gefragt, wie die Ausbildung ablief und in welcher Weise hierbei der Körper eine Rolle spielte. Der zweite Frageblock betraf den *Körper* im engeren Sinn. Hier ging es um Fragen zur Körperwahrnehmung (des eigenen und des von anderen), dem Verhältnis zum eigenen Körper (Wertschätzung, Ablehnung, Bedeutung), dem Kennenlernen des Körpers (Pubertät, wichtige Erlebnisse), Veränderungen im Umgang und in der Einstellung zum Körper, dem Umgang mit Körperlichkeit im Elternhaus und die Bedeutung des Körpers für das Mann- bzw. Frau-Sein. Die InterviewpartnerInnen wurden hierbei immer wieder aufgefordert, konkrete Situationen und Beispiele zu erzählen. Dies galt auch für Fragen nach Körperempfindungen, Zeichen, die der Körper gibt und typischen Situationen des Spürens. Schließlich enthielt dieser zweite Fragekomplex auch Fragen nach Umgangsweisen mit dem eigenen Körper (Aussehen, Pflege, Fürsorge, Kleidung), dem Vergleich mit anderen sowie zum Körperwissen. Im dritten, dem in aller Regel abschließenden Frageteil stand der *Alltag* der GesprächspartnerInnen im Mittelpunkt. Die Fragen bezogen sich auf die Struktur eines ‚normalen' Arbeitstages bzw. einer ‚normalen' Arbeitswoche, auf feste Regelungen, das Verhältnis von Arbeit und Freizeit und wie letztere gestaltet wird, auf das Leben in der Gemeinschaft/dem Opernensemble, dem Verhältnis zu KollegInnen/Mitschwestern und –brüdern sowie auf Zukunftsvorstellungen und –wünsche. Den Abschluss bildete die Frage, ob aus der Sicht des/r Befragten etwas vergessen worden sei oder er/sie noch etwas (z.B. Kritik) anfügen möchte.

Im Anschluss an das Interview wurde ein *Interviewprotokoll* erstellt, in dem der Verlauf des Interviews, Schwierigkeiten, Unterbrechungen, Anmerkungen zum Erscheinungsbild, Gestik, Mimik, Stimme und Bewegungen der interviewten Person sowie zur Gesprächsatmosphäre festgehalten wurden.

Eine weitere Erhebungsmethode bestand in *teilnehmenden Beobachtungen* in den beiden sozialen Feldern. Ich habe für einige Tage in einem Kloster gelebt und an den Essenszeiten sowie an manchen der Gebetszeiten teilgenommen. Die Geschehnisse habe ich ebenso schriftlich festgehalten wie Teile der Gespräche, die ich zwischendurch mit Ordensbrüdern in dieser Zeit geführt habe. In der Oper habe ich mehrfach am Training, in Proben und in Aufführungen der Ballett-TänzerInnen teilgenommen und diese Beobachtungen im Anschluss notiert. Die Beobachtungsprotokolle gingen ebenso wie die Interviewprotokolle dort, wo sie die Aussagen in den Interviews ergänzen oder korrigieren bzw. einen Aspekt, der im Gespräch nicht thematisiert worden war, einbringen konnten, als Kontextwissen in die Datenauswertung mit ein.

2.2 Datenauswertung

Grundlage der Datenauswertung waren die 14 vollständig transkribierten Interviews. Sie umfassten zwischen 25 und 64 Din-A4 Seiten. Alle InterviewpartnerInnen erhielten Codenamen, genauso wurden alle weiteren Namen von Personen, Institutionen und Orten, die zur Identifizierung einzelner Interviewpartner führen könnten, anonymisiert. Neben den Interviewtexten wurden die nach den einzelnen Interviews verfertigten Interviewprotokolle berücksichtigt. Ebenso fanden die in den teilnehmenden Beobachtungen erhobenen Daten Eingang in die Auswertung, wenn sie zur Präzisierung oder Erläuterung der mündlichen Äußerungen beitragen konnten. Für die Datenauswertung wurde konkret auf zwei Methoden qualitativer Sozialforschung zurückgegriffen: Die *Metaphern-* und die *Kategorienanalyse*. Beide Verfahrensweisen sollen im Folgenden vorgestellt werden.

2.2.1 Metaphernanalyse

Die Metaphernanalyse zielt darauf ab, aus den transkribierten Interviews milieuspezifische[13] Einstellungen zum Körper herauszuarbeiten. Damit sind zwei grundlegende Überlegungen verbunden: Aus *identitätstheoretischer* Sicht ist dies die Annahme, dass es für die Identität einer Person von Relevanz ist, welche Einstellung sie zu ihrem Körper hat, und dass diese Körpereinstellung geprägt ist von dem gesellschaftlich-kulturellen Milieu, in dem diese Person lebt (vgl. die Einführung in Kapitel 4). Aus *methodischer* Perspektive stellt sich das Problem, dass die Frage nach der Bedeutung von Leib und Körper für die personale Identität nicht durch eine Untersuchung des konkreten Körpers und/oder Leibes beantwortet werden kann, sondern ‚nur‘ mittels einer Analyse des *Redens über* Körper und Leib. Nicht der Körper ist also genau genommen Untersuchungsgegenstand, vielmehr sind es transkribierte Interviews, das heißt, Texte, in denen die Einstellungen zu Körper und Leib sprachlich dokumentiert sind. Von daher ist es notwendig, auf eine Methode zuzugreifen, die sich zur Analyse *verbalisierter* Einstellungen eignet. Die Metaphernanalyse ist eine solche Methode. Sie kann als eine – wenngleich noch sehr selten benutzte – Variante der interpretativen Soziologie sowie als ein Ansatz der qualitativen, rekonstruktiv verfahrenden Sozialforschung verstanden werden.

Die Metaphernanalyse ist natürlich nicht die einzige Methode, mit der Einstellungen oder Deutungs- und Wahrnehmungsmuster untersucht werden können. Dazu eignen sich bspw. auch die Deutungsmusteranalyse (vgl. Lüders 1991; Lüders/Meuser 1997) oder – hinsichtlich latenter Sinnstrukturen – die objektive Hermeneutik (vgl. Oevermann 1993, Oevermann et al. 1979). Abgesehen davon, dass es zwischen diesen drei Ansätzen manch Parallelen gibt (vgl. Schmitt 1995: 110, Fn.

---

13 Ich hatte in Teil 2, Kap. 3.1 darauf hingewiesen, dass Bourdieu den Feld-Begriff nicht systematisch verwendet. Das werde ich mir im Weiteren insofern zunutze machen, als ich abwechselnd von *feld-* oder *milieu*spezifischer Prägung sprechen werde.

64), habe ich mich für die Metaphernanalyse insbesondere aus vier Gründen ent-
schieden: Es geht mir im Gegensatz zur Deutungsmusteranalyse oder der objektiven
Hermeneutik nicht darum, (1) Einzelfallanalysen (2) sequenzanalytisch durchzuführen, um so (3) eine generative Regelstruktur herauszuarbeiten. Sondern mein Anliegen ist es (4), die ,bildhaften Kerne' von Denken und Sprache aufzuzeigen (siehe
Teil 3, Kap. 1). Wie Lakoff und Johnson (1980) nachgewiesen haben, ist unsere
Sprache zwar in relativ unauffälliger, gleichwohl allgegenwärtiger Form durchsetzt
von Metaphern (und den ihnen zu Grunde liegenden Bildschemata). Darüber hinaus
haben sie aufgezeigt, „dass derartige, z.T. hochkonventionalisierte Metaphern *Systeme* bilden, d.h. größeren Gruppen von auf dem gleichen Bild beruhender Metaphern zugeordnet werden können, die einen bestimmten Erfahrungsbereich strukturieren, *ohne* dass sich die Sprecher der jeweiligen Sprache einer Systematik bewusst
sind" (Baldauf 1997: 15; Herv.: R.G.). Die Systematik von Metaphern und ihr unbewusster Gebrauch sind es, die die Metaphernanalyse als *sozial*wissenschaftliche
Textanalyse interessant machen: Insofern Metaphern nämlich in einer systematischen Relation stehen, handelt es sich bei ihnen um überindividuelle bzw. kollektiv
geteilte kognitive Konzepte der Erfahrungsbewältigung. Sie sind Bestandteil einer
Sprachgemeinschaft, von deren Mitgliedern sie – in aller Regel jedenfalls – vorreflexiv genutzt werden. Die hier anvisierte Analyse von Körper-Metaphern bietet
damit die Möglichkeit, die in zwei konkreten Sprachgemeinschaften (Kloster, Bal-
let-Tanz) gebräuchlichen und auf das Thema ,Körper' bezogenen kognitiven Konzepte (Vor- und Einstellungen) rekonstruktiv zu erfassen.

Wenn hier im Zusammenhang mit Metaphern von kognitiven Konzepten die Rede ist, dann impliziert das ein bestimmtes Metaphernverständnis. In der ,alten', bis
auf Aristoteles zurückgehenden Metapherntheorie wird die Metapher als ein ästhetisches oder rhetorisches Sprachinstrument aufgefasst. „Dem klassischen Metaphern-
begriff zufolge erschöpft sich die Aufgabe der Metapher in der poetisch-rhetorischen
Gestaltung der Rede, d.h. der Metapher wird lediglich ornamentale Funktion zugesprochen" (Baldauf 1997: 14). Mit der neueren Metapherntheorie, die sich in den
1970er Jahren zu etablieren begann und zu deren Protagonisten neben den schon erwähnten Mark Johnson und Georges Lakoff insbesondere Max Black (1983a,b)
zählt, verschob sich der Gegenstand metapherntheoretischer Überlegungen: Im
Mittelpunkt steht nun nicht mehr die bewusst eingesetzte Metaphorik der Kunstspra-
che, sondern so genannte ,tote' oder ,verblasste' Metaphern, das heißt, die un-
scheinbare, *alltägliche* Form der Metapher (ebd.: 15). Mit diesem Wandel ging einher, dass Metaphern nun nicht mehr als eine primär sprachliche Erscheinung aufgefasst wurden, sondern als ein Aspekt menschlicher Kognition. So schreiben Lakoff
und Johnson, dass „metaphor is not just a matter of language, that is, of mere words.
We shall argue that, on the contrary, human thought processes are largely metapho-
rical" (Lakoff/Johnson 1980: 6).

Aus diesem Metaphernverständnis, dem zufolge Metaphern nicht bloß schmük-
kende literarische Bilder, sondern kognitive Konzepte sind, folgt eine begriffliche
Unterscheidung, die auch für die hier durchgeführte Untersuchung von Bedeutung
ist, nämlich zwischen „manifester" und „konzeptueller" Metapher (vgl. z.B. Buch-

holz/von Kleist 1997: 53f., 57ff.). *Manifeste Metaphern* sind eindeutige, offensichtliche Sprachbilder, wie z.B. ‚der Himmel weint‘, ‚eine goldene Nase verdienen‘, ‚Liebe geht durch den Magen‘. Es handelt sich hier um sehr sinnfällige sprachliche Bezeichnungen, die nicht-wörtlich, sondern in einem übertragenen Sinne zu verstehen sind. Um solche manifesten Metaphern wird es in der Analyse der Körpermetaphorik von Ordensleuten und Ballett-TänzerInnen *nicht* gehen. Dies zum einen deshalb, weil sie relativ selten verwandt wurden, zum anderen, weil sich über die Identitätsrelevanz von Körpereinstellungen mehr oder besseres aussagen lässt, wenn diese in unscheinbaren und unbewusst benutzten metaphorischen Wendungen formuliert werden. Darum konzentriert sich die nachfolgende Untersuchung auf *konzeptuelle Metaphern*. Konzeptuelle Metaphern bezeichnen die in Redeformen latent enthaltenen metaphorischen Konzepte. „Konzepte sind Anschauungsformen, die einen Gegenstandsbereich strukturieren und situationsgerecht flexibel verwendet werden. Die manifeste sprachliche Äußerung indiziert das verwendete Konzept, das sich seinerseits in der Sprache dokumentiert" (ebd.: 59). Buchholz und von Kleist weisen bspw. darauf hin, dass es in unserer Sprache für Liebe keine eindeutige Definition gibt, dafür aber verschiedene Konzepte existieren, die sprachlich dokumentiert werden[14]: „LIEBE IST MACHT: Liebe ist *stärker* als der Tod; sie *haut* mich *um*; eine Sex*bombe*; wir wurden zueinander *hingezogen* (...). LIEBE IST EIN SPIEL: mal sehen, ob ich heute bei ihr zum *Zuge* komme; *ein Wort gab das andere*; Liebes*spiele*, Vor*spiel*; (...). LIEBE IST KRIEG: Er ist bekannt für seine *Eroberungen*; sie *becircte* ihn; er *floh* vor ihren Avancen; sie *ergab* sich ihm (...)" (ebd.; Herv.: R.G.). Die spezifische Leistung von Metaphern, wie sie beispielhaft in diesen Redewendungen zum Ausdruck kommt, besteht darin, ein „sehen ... als" zu ermöglichen (ebd.: 65): Liebe wird hier *als* Macht, *als* Spiel, *als* Krieg gesehen. Das IST in der Formel LIEBE IST MACHT etc. suggeriert zwar eine logische Identität (A = A) zwischen dem Zielbereich (LIEBE) und dem Quellbereich (MACHT), intendiert diese jedoch nicht. Es geht nicht um eine Gleichsetzung, sondern, wie gesagt, um ein „sehen als".

Dieses „sehen als" verweist auf die Kernfunktion konzeptueller Metaphorik: Konzeptuelle Metaphern ermöglichen „die Erschließung abstrakter, schwer fassbarer, aber dennoch für die Interaktion des Menschen mit seiner Umwelt relevanter Vorstellungen mit Hilfe elementarer, unmittelbarer und intersubjektiv geteilter Erfahrungen des Alltags. Abstrakte Subkonzepte komplexer Erfahrungen werden auf der Basis einer auf metaphorischem Wege geleisteten Konkretisierung rational wie sprachlich verfügbar und für eine kohärente Erfahrungsbewältigung nutzbar" (Baldauf 1997: 269)[15]. Zur Konkretisierung abstrakter Erfahrungsbereiche werden

---

14 In der Metaphernforschung werden konzeptuelle Metaphern konventionellerweise in Großbuchstaben geschrieben, die auf sie verweisenden sprachlichen Äußerungen kursiv hervorgehoben. Ich schließe mich im Weiteren dieser Konvention an.

15 Baldauf nennt im Anschluss an Andrew Ortony noch zwei weitere Funktionen konzeptueller Metaphoriken: Zum einen die Funktion „der Komprimierung größerer Erfahrungs- und Informationseinheiten (..), die als zusammenhängende Ganzheiten übermittelt werden können", zum Zweiten die Funktion, „einprägsame Bilder" zu evozieren, „die sowohl das Verständnis als auch die Speicherung

dabei sehr oft sprachliche Formulierungen verwendet, die aus dem Bereich des Körperlichen stammen, da dieser eine große Erfahrungsnähe aufweist. Von daher mag es überraschen, dass auch Konzepte wie Liebe oder selbst der Körper metaphorisch verbalisiert werden. Wie kann es sein, könnte man fragen, dass so konkrete Erfahrungen wie Liebe, Eifersucht, Sexualität, Krankheit oder Müdigkeit abstrakte Konzepte darstellen sollen, auf die zum besseren Verständnis andere, oftmals wesentlich erfahrungsfernere Begriffe (wie Maschine, Krieg, Werkzeug) übertragen werden? Wie in Kapitel 1 erwähnt, dürfte dieses scheinbare Paradox vorrangig mit kulturellen Tabus und Sozialisationserfahrungen zu tun haben. In unserer christlich geprägten Kultur ist der Körper mit zahlreichen Tabus belegt. Die Tradierung solcher Tabus hat dazu geführt, dass das quasi-natürliche Reden über das „Menschlich-Allzumenschliche" (Nietzsche), den eigenen Leib, im Laufe des Zivilisationsprozesses offensichtlich verlernt worden ist. Aus diesem Grund wohl greifen Individuen auf abstraktere, gleichwohl kulturell anerkannte und weit verbreitete Metaphern zurück, um über ihren Leib, Körper und ihre Gefühle zu sprechen. (Damit soll natürlich nicht gesagt sein, dass über Leib, Körper und Gefühl ausschließlich metaphorisch gesprochen wird.)

Das konkrete Vorgehen der Metaphernanalyse erfolgte in mehreren Etappen, wobei ich mich grob an den von Rudolf Schmitt vorgeschlagenen Analyseschritten orientierte (Schmitt 1995: 117).

- Zunächst wurde in jedem einzelnen Interview nach Textstellen gesucht, an denen die InterviewpartnerInnen bildhaft über den Körper sprechen. Diese Passagen wurden dann inklusive des unmittelbaren sprachlichen Kontextes in eine neue Datei kopiert. (Der Kontext umfasste maximal den vollständigen Satz, aus dem die Passage stammte.) Da es sich um 14 Interviews handelt, entstanden somit 14 neue Metapherndateien.
- Jede dieser 14 Dateien enthielt also mehrere Seiten voll metaphorischer Redewendungen. Diese wurden zum einen nach thematischen Feldern (Sexualität, Krankheit, Sport, Ernährung, Tanz, Arbeit, Körper im allgemeinen u.a.m.) sortiert, zum anderen wurde jeder Redewendung eine konzeptuelle Metapher zugewiesen.
- Innerhalb jeder einzelnen Metapherndatei wurden die themenzentrierten konzeptuellen Metaphern verglichen und, soweit möglich, zu übergreifenden konzeptuellen Metaphern, sog. „Wurzelmetaphern" (ebd.) oder Kernmetaphern zusammengefasst.
- Nachdem dies mit allen 14 Interviews durchgeführt worden war, wurden die konzeptuellen Metaphern aus den einzelnen Interviews – wiederum nach Themenfeldern sortiert – in eine große Gesamtmetapherndatei zusammengeführt.

---

von Informationen erleichtern" (Baldauf 1997: 269f.). Eine andere Systematik der Metaphern-Funktionen treffen Buchholz und von Kleist. Sie sprechen von der operativen (wechselseitige Verhaltenserwartungen steuernden), evaluativen (den angesprochenen Zielbereich bewertenden), selektiven (hervorhebenden oder versteckenden), kreativen (Ereignisse Sinn stiftend umwandelnden) und transzendentalen (auf etwas Unsagbares anspielenden) Funktion (Buchholz/von Kleist 1997: 89ff.).

- Innerhalb dieser Gesamtmetapherndatei wurden alle konzeptuellen Metaphern verglichen, hier allerdings nun themenübergreifend, und zu Metaphernfeldern zusammengefasst. Metaphern, die zu sporadisch auftauchten, wurden ab hier nicht weiter berücksichtigt.
- Die übrig gebliebenen Metaphern wurden dann in einen Verweisungszusammenhang gebracht, den ich als Metaphernnetz bezeichne.
- Die Darstellung der milieuspezifischen Körpermetaphern, wie sie in Kapitel 4 präsentiert wird, erfolgt entlang dieses Metaphernnetzes. Sie enthält zur Illustration Redewendungen aus den Interviews.

Abschließend noch zwei Anmerkungen. (1) Im Kapitel 1 dieses Teils der Arbeit, wo es darum ging zu zeigen, dass Denken und Sprache eine – metaphorisch vermittelte – körperliche Erfahrungsbasis haben, standen bildschematische Metaphern im Mittelpunkt der Ausführungen. Bildschematische Metaphern sind nun aber nicht die einzige Form von Metaphern. Baldauf (1997) bspw. unterscheidet noch „Attributsmetaphern" (z.B. dunkel/hell, warm/kalt, schwer/leicht) und „Konstellationsmetaphern" (z.B. Spiel-, Theater-, Handels- oder Bauwerk-Metapher). Gerade *Konstellationsmetaphern* finden sich häufig in den Interviews mit den Ordensleuten und TänzerInnen. (2) Mit der Metaphernanalyse wird hier gewissermaßen eine *Operationalisierung der Habitus-Theorie* angestrebt. Da Metaphern auf kognitiven Bildschemata fußen und der Habitus im Bourdieuschen Sinne als Denk-, Wahrnehmungs- und Handlungsschemata zu verstehen ist, kann nämlich gesagt werden, dass Metaphern Teil des Habitus und somit strukturierte wie auch strukturierende Struktur sind: Die individuelle Verwendung von Metaphern ist, so die These, die es anschließend empirisch zu überprüfen gilt, gesellschaftlich-kulturell (hier: milieuspezifisch) geprägt und beeinflusst das individuelle Handeln (hier: den – verbalisierten – Umgang mit dem eigenen Körper). Gleichwohl soll nicht verschwiegen werden, dass Ordensangehörige und Ballett-TänzerInnen z.T. auch identische konzeptuelle Metaphern benutzten, z.B. die Behälter-Metapher. Daran zeigt sich, dass diese beiden sozialen Felder, so unterschiedlich sie sonst strukturiert sind, eben auch Teil einer übergreifenden Sprach- und Wissensgemeinschaft sind. Wie die Untersuchung jedoch zeigen wird, halten sich die Gemeinsamkeiten in Grenzen bzw. überwiegen die feldspezifischen Unterschiede.

2.2.2 Kategorienanalyse

Das primäre Ziel der empirischen Untersuchung bestand in der Gewinnung von Kategorien, die die Bedeutung von Leib und Körper für die personale Identität bezeichnen. Für die Datenauswertung war es demnach notwendig, ein methodisches Instrumentarium heranzuziehen, das es ermöglicht, aus dem Interviewmaterial Kategorien zu rekonstruieren. Hierfür bot sich der Rückgriff auf zwei Ansätze an, die beide zum Methodenkanon der qualitativen Sozialforschung zählen: zum einen der Ansatz des *Thematischen Codierens* von Uwe Flick (Flick 1995, 1996), zum anderen die *Qualitative Inhaltsanalyse* nach Philipp Mayring (Mayring 1990, 1993, 2000). Beide Methoden der Datenauswertung haben als ein wesentliches Ziel die Entwicklung eines Kategoriensystems (Flick 1995: 207ff.; Mayring 1993: 86). Ihr konkretes methodisches Vorgehen zur Kategoriengewinnung unterscheidet sich zwar – Flick lehnt sich an das in der „grounded theory" vorgeschlagene Codierverfahren an, Mayring schlägt (neben „Zusammenfassung" und „Explikation") „Strukturierung" als zentrale inhaltsanalytische Technik vor –, ist für die vorliegende Arbeit aber nicht von Belang. Da es angesichts des zeitlichen und personellen Rahmens dieser Untersuchung[16] nämlich unumgänglich war, forschungspragmatisch vorzugehen, fand die Datenauswertung in Anlehnung an die beiden genannten Methoden statt, nicht aber in ihrem minutiösen Nachvollzug.

In Anlehnung an das Verfahren des thematischen Kodierens basiert die vorliegende Arbeit auf der Untersuchung zweier aus der Fragestellung und dem theoretischen Vorwissen abgeleiteter, vorab festgelegter Tätigkeitsgruppen (s.o., Kap. 2.1). Gegenstand der Datenauswertung waren dann die vollständig transkribierten Interviews mit den acht Ordensangehörigen und den sechs Ballett-TänzerInnen. Für das anvisierte Ziel, theoriegeleitete und zugleich am Material entwickelte Kategorien zu gewinnen (Mayring 1993: 86), wurde ein mehrstufiges Vorgehen gewählt.

- Der erste Schritt bezog sich auf die einzelnen Interviews (= Fälle). Jedes Interview wurde so zusammengefasst, dass die wichtigsten, auf die Fragestellung der Arbeit bezogenen Inhalte möglichst prägnant beschrieben sind. Diese *Kurzbeschreibungen* der einzelnen Fälle (vgl. Flick 1996: 157ff.) enthalten a) biographische Anmerkungen zur Person, vor allem Anmerkungen zur Art und Weise des Zugangs zum Beruf und der Identifikation mit ihm, sowie zum Selbstbild der Person; b) die zentralen verbalisierten Einstellungen zum und Umgangsweisen mit dem eigenen Körper sowie einen Kernsatz (ein Zitat aus dem Interview), der die ‚Essenz' der erzählten individuellen Haltungen und Handlungsstrategien auf den Punkt bringen soll. Die Kurzbeschreibungen hatten zunächst einen heuristischen, orientierenden Wert für die nachfolgenden Analysen. Nach Abschluss der Fallanalysen gingen sie in die Ergebnisdarstellung ein (vgl. Kap. 3).
- Im zweiten Schritt wurden vier Interviews (aus jedem Feld zwei und pro Geschlecht eins) *einzelfallanalytisch* bearbeitet. Jedes Interview wurde hierbei in Segmente (abgeschlossene Sinnzusammenhänge, die manchmal nur aus drei Wörtern, mitunter aber auch aus zehn Sätzen bestanden) untergliedert und jedes Segment mit einem Begriff bezeichnet. Dieses Vorgehen entspricht dem „offenen Kodieren" in der „grounded theory (Strauss/Corbin 1996: 43-55). Die Begriffe sollten ‚nah' am Inhalt der Textstelle sein, und konnten dabei entweder aus dem Fundus des theoretischen Vorwissens stammen oder „in-vivo-Kodes"

---

16 Wie ich im Vorwort erwähnt hatte, wurde diese Arbeit in einem auf drei Jahre angelegten Graduiertenkolleg begonnen und sollte in dieser Zeit auch abgeschlossen werden (was leider nicht ganz gelang). Und da es sich bei dieser Arbeit um ein Dissertationsprojekt handelt, ist klar, dass die personelle Ausstattung der Studie auf den Autor beschränkt war.

(Strauss 1991: 64), also unmittelbar aus dem Textsegment entnommen sein. Sie stellen erste Kategorien dar, die, nachdem die vier Interviews komplett kodiert waren, zu einem ersten Kategoriensystem zusammengefasst wurden. Das heißt, die Kategorien aus den vier Interviews wurden verglichen und neu gegliedert. Dies geschah in dreifacher Weise: 1) durch das Zusammenfügen von Kategorien, die Ähnliches bezeichneten, zu einer neuen Kategorie (z.B. Körperakzeptanz, Körperverneinung/-bejahung, Körperverhältnis, Körperablehnung u.a. zur Kategorie Körpereinstellung); 2) durch die Subsumption einzelner Kategorien unter eine bereits bestehende (z.B. Körperpflege, Körperbeobachtung, Veränderung im Körperumgang, Rücksichtnahme auf den Körper, Körperpotenzial ausprobieren u.a. unter die Kategorie Körperpraxis); und 3) durch die Ausdifferenzierung einer Kategorie in mehrere ‚kleinere' (Sub-) Kategorien (z.B. die Kategorie Leiberfahrung in Eigenleibwahrnehmung, Gotteserfahrung, Grenzerfahrungen, leibbezogene Schlüsselerlebnisse oder Spürenszustände). Die Neuanordnung und das In-Beziehung-Setzen der Kategorien ist dem „selektiven Kodieren" (Strauss/Corbin 1996: 95-117) verwandt, wie es Flick in seinen Untersuchungen gebraucht[17]. Selektives Kodieren zielt bei Flick, dem ich hier folge, auf die Entwicklung thematischer Kategorien zunächst für den einzelnen Fall. „Nach den ersten Fallanalysen werden die dabei entwickelten Kategorien und die thematischen Bereiche, auf die sie sich in den einzelnen Fällen beziehen, miteinander abgeglichen. Daraus resultiert eine thematische Struktur, die für die Analyse weiterer Fälle zu Grunde gelegt wird" (Flick 1995: 207f.).

- Im dritten Schritt wurde eben dieses Kategoriensystem – die „thematische Struktur" bei Flick – auf alle 14 Interviews (also inklusive der bereits analysierten vier Interviews aus dem vorhergegangenen Schritt) angewandt. Analog des zweiten Schritts wurden jetzt alle 14 Interviews Segment für Segment mit Kategorien versehen, wobei das bisherige Kategoriensystem auf Grund neu auftauchender Aspekte weiter modifiziert wurde. Ebenfalls analog zum vorhergegangenen Schritt wurde nach dem Kodieren (der Vergabe von Kategorien) der 14 Interviews das Kategoriensystem mittels Zusammenfügungen, Subsumptionen und Ausdifferenzierungen neu strukturiert. Ziel war es nun, einige wenige zentrale Kategorien – in Anlehnung an Strauss: „Kernkategorien" – und damit zusammenhängende Subkategorien zu entwickeln. Resultat dieses *kategorienbildenden* Schritts waren vier Leib-Körper-Dimensionen (Kategorien) personaler Identität und die dazugehörigen, die Dimensionen verfeinernden Aspekte (Subkategorien)[18] (vgl. Teil 3, Kap. 5).

---

17   Während bei Strauss das selektive Kodieren die Generierung einer „Kernkategorie" (und das In-Bezug-Setzen der Kernkategorie mit anderen Kategorien) über *alle* Fälle hinweg zum Ziel hat, meint es bei Flick, wie gesagt, die Entwicklung einer thematischen Struktur zunächst für den *Einzel*fall. Erst im zweiten Schritt entwickelt Flick eine thematische Struktur unter Einbezug aller Fälle.

18   Anzumerken ist, dass die Kategorienanalyse computerunterstützt mit dem Software-Programm *winMAX 98* durchgeführt wurde. Die digitalisierten Textdaten wurden in dieses Textanalysesystem eingelesen, archiviert und vercodet. Dank *winMax 98* war es aus *technischer* Sicht ein Leichtes, Kategorien zu kreieren und wieder zu löschen, Kategorien Textsegmenten zuzuordnen und diese zu kürzen oder zu strecken, an Kategorien oder Segmente ‚Erinnerungszettel' („memos") zu kleben, Kategorien

• Schließlich bestand der vierte Schritt der Datenauswertung in der *Darstellung der Ergebnisse*. In Anlehnung an die „Grundformen des Interpretierens" von Mayring – Zusammenfassung, Explikation, Strukturierung (Mayring 1990: 53) – wurden die Kategorien (a) zunächst definiert (ebd.: 77). Das heißt, jede der Leib-Körper-Dimensionen wurde zuerst begrifflich so eindeutig wie möglich bestimmt und z.B. von anderen, ähnlichen Kategorien abgegrenzt (bspw. die Kategorie Körperbild von Körpereinstellung, Körperzufriedenheit oder Körpermetapher). Für die daran anschließenden Ausführungen zu den Aspekten dieser Dimensionen (Subkategorien) wurde (b) auf Beispiele aus dem Interviewmaterial zurückgegriffen, um sie empirisch zu plausibilisieren („Ankerbeispiele" bei Mayring; ebd.). Außerdem wurden die Subkategorien dort, wo es aus Verständnisgründen notwendig erschien bzw. ein zusätzlicher Informationsgewinn zu erzielen war, durch „Explikationen" (ebd.: 70-76) ergänzt. Damit ist z.B. gemeint, den ethymologischen Ursprung eines Wortes mit Hilfe eines entsprechenden Lexikons zu bestimmen, zu einer interpretationsbedürftigen Textstelle einen anderen Interviewausschnitt heranzuziehen, um sie aus dem Kontext heraus verstehen zu können, oder aus den Protokollen zur teilnehmenden Beobachtung zusätzliches Kontextwissen einzubringen. (c) Schließlich wurde jede der formalen Kategorien mit Inhalt gefüllt, indem deren milieuspezifische Prägungen durch den Gruppenvergleich aufgezeigt wurde[19].

Mit der in dieser Arbeit vorgenommenen Kategorienanalyse wurde versucht, insbesondere die *Umgangsweisen* von Personen mit ihrem Körper auf der Grundlage von Interviewtexten zu rekonstruieren. Im Unterschied dazu zielte die Metaphernanalyse vorrangig auf die Rekonstruktion kollektiv geteilter, subjektiver *Einstellungen* zum Körper. Mit der Kombination dieser beiden Methoden wiederum war die Intention verbunden, die theoretische Frage nach der Bedeutung von Leib und Körper für die personale Identität empirisch umfassender beantworten zu können, als dies mit einer Methode allein möglich gewesen wäre. In diesem Sinne kann die „Triangulation" (Flick 1995: 249ff., 2000) der Metaphern- und Kategorienanalyse als ein Beitrag dazu verstanden werden, das Problem der Geltungsbegründung bei qualitativer Sozialforschung zu verringern. Jedenfalls sollte das dann der Fall sein, wenn die hier vorgenommene Triangulation zumindest annäherungsweise das erfüllt, was Flick darunter allgemein versteht: „Triangulation lässt sich als Ansatz der Geltungsbegründung der Erkenntnisse, die mit qualitativen Methoden gewonnen wurden, verwenden, wobei die Geltungsbegründung nicht in der Überprüfung von Resultaten, sondern in der systematischen Erweiterung und Vervollständigung von Erkenntnismöglichkeiten liegt. Triangulation wird damit weniger zu einer Strategie der Validierung

---

zusammenzufügen, zu kopieren oder untereinander anzuordnen und vieles mehr. Die technische Hilfe hat – überflüssig zu erwähnen – selbstredend nicht die *inhaltliche* Arbeit ersetzt, das Software-Programm m.a.W. die angeführten Analyseschritte natürlich *nicht* durchgeführt.

19   Dies entspricht der Zielsetzung des „thematischen Kodierens" nach Flick. Flick versteht seine Methode als ein Instrumentarium zur Theorieentwicklung „gruppenspezifischer Sicht- und Erfahrungsweisen bezüglich eines bestimmten Phänomens" (Flick 1996: 157).

der Ergebnisse und Vorgehensweisen als zu einer Alternative dazu (...), die Breite, Tiefe und Konsequenz im methodischen Vorgehen erhöht" (ebd.: 250f.; vgl. hierzu auch Teil 4, Kap. 2.3).

3. Kurzdarstellung der Fälle

Im Folgenden sollen die interviewten Personen in aller Kürze vorgestellt werden. Bei den verwandten Namen handelt es sich selbstverständlich um Codierungen, wie auch alle weiteren Namen von Personen, Institutionen und Orten anonymisiert sind. Zum besseren Vergleich sind die Beschreibungen der einzelnen Personen (= Fälle) strukturgleich aufgebaut: Nach der Nennung des Alters (zum Zeitpunkt des Interviews) folgen Anmerkungen zur beruflichen Biographie, vor allem zur Art und Weise des Zugangs zum Beruf und der Identifikation mit ihm, sowie zum Selbstbild der Person. Im zweiten Teil der Kurzcharakterisierung werden die zentralen Einstellungen zum und Umgangsweisen mit dem eigenen Körper, wie sie von den Interviewees dargestellt worden sind, zusammenfassend rekonstruiert. Ein Kernsatz (ein Zitat aus dem Interview) soll die ‚Essenz' der erzählten individuellen Haltungen und Handlungsstrategien auf den Punkt bringen.

ORDENSSCHWESTERN UND ORDENSBRÜDER

Schwester Hildegard
Schwester Hildegard ist 67 Jahre alt und seit ihrem 31. Lebensjahr Angehörige ihres Ordens. Sie wäre gern früher ins Kloster eingetreten, konnte dies aber nicht, weil sie nach dem Tod ihrer Mutter die Verantwortung für ihre kleineren Geschwister übernehmen musste. In der Zeit als Fürsorgerin für ihre Geschwister machte Schwester Hildegard eine Ausbildung zur Kindergärtnerin und realisierte sich einen „Kindheitstraum", indem sie Sport studierte. Nachdem ihre Geschwister „aus dem Gröbsten raus" waren, war „der Weg frei", sich voll und ganz dem zu widmen, was sie als den Sinn ihres Lebens bezeichnet: „Mit gestrandeten Kindern gemeinsam über eine Brücke gehen, damit sie wieder ein normales, schönes Leben führen können." Das Ordensleben schien ihr als die geeignetste Lebensform, um diesen (aus den Kriegserfahrungen hervorgegangenen) Wunsch Wirklichkeit werden zu lassen. Sie hätte sich zwar vorstellen können, eine eigene Familie zu gründen, vertraute aber der Führung Gottes, der ihr diesen Weg wies. Sie empfand diesen Weg immer als den „richtigen" bzw. hatte nach ihrer Entscheidung für das Ordensleben immer das Gefühl, „am rechten Platz" zu sein.

Ihren Körper betrachtet Schwester Hildegard als ein „Geschenk Gottes". Sie ist dankbar, einen Körper zu haben, mit dem sie sich bewegen kann, der ihr Freude bereitet und es ihr ermöglicht, das „Leben zu spüren" und die schönen Seiten des Lebens zu genießen. *„Die Freude an der Bewegung ist ein Geschenk Gottes"*, meint Schwester Hildegard, und sie erfährt diese Freude insbesondere beim Tanzen. Im Tanz spürt sie ihre Lebensfreude in jedem einzelnen Gliedmaß, und sie spürt, wie jede Bewegung von Gott durchdrungen ist. Das Tanzen stellt für sie die paradigmatische Situation ihres Lebens in „bewusster Leiblichkeit" dar, in der eine Beziehung zu Gott hergestellt wird. Man muss seinen Körper akzeptieren, ihn achten und richtig mit ihm umgehen, so Schwester Hildegard, um mit Gott ins Gespräch kommen zu können. So ist das Ordensleben ist für sie auch keine bloß geistige oder spirituelle Angelegenheit, sondern ein absolut gleichberechtigtes Neben- und Miteinander von Körper, Geist und Seele. Als Gymnastik- und Tanzlehrerin engagiert sie sich in ihrem Kloster dafür, dass ihre Mitschwestern ebenfalls dieses gleichberechtigte Wechselverhältnis von Körper, Geist und Seele anerkennen und auch erfahren. Schwester Hildegard hält es vor allem für wichtig, sich um den eigenen Körper zu kümmern, weil der Körper z.B. durch die richtige Gebetshaltung Einfluss auf die seelische und geistige Haltung nimmt.

Schwester Larissa
Schwester Larissa ist 65 Jahre alt. Sie trat mit 17 Jahren in den Orden ein, in einem, wie sie meint, „sicherlich sehr frühen Alter". Ihre Entscheidung für das Ordensleben wurde ausgelöst durch einen Klosterbesuch, bei dem es „sofort gefunkt hatte": Schwester Larissa war von den Ordensschwestern und der Atmosphäre im Kloster so angetan – sie beschreibt es als „Liebe auf den ersten Blick" -, dass sie die innere Gewissheit hatte, für das Ordensleben berufen zu sein. Dieses plötzliche Wissen, ihren Platz im Leben gefunden zu haben, war für sie unanfechtbar. Entschlossen verteidigte Schwester Larissa (auch ihren Eltern gegenüber) ihren Entschluss, und bereute ihn nie. Dies hat auch damit zu tun, dass das Kloster Schwester Larissa die Möglichkeit bot, ihre zwei wichtigsten Lebenswünsche zu realisieren: In einer Gemeinschaft zu leben und „ganz viele Kinder (zu) haben, mindestens 50". Die Arbeit als Säuglings- und Kindererzieherin im Kinderheim ihres Klosters wurde für sie zur Lebensaufgabe.

Für Schwester Larissa ist es kein Problem, über ihre Körperlichkeit zu reden, da *„ich mich eigentlich angenommen hab, wie ich bin"*. Ihrer Ansicht nach ist es entscheidend, eine „gesunde Einstellung" zur eigenen Körperlichkeit zu entwickeln, was sie getan habe. Voraussetzung dafür sei, sich selbst akzeptieren zu können. Als „christlich eingestellter Mensch" sehe sie zudem ihren Körper als „Tempel Gottes", und alles, was sich im Gottestempel befindet, sei gut. Deshalb stellt für Schwester Larissa z.B. die Tatsache ihrer sexuellen Regungen kein Problem dar, da diese zu dem gottgeschaffenen, „normalen Körper" gehören. Es sei überhaupt wichtig, so Schwester Larissa, eine „Normalität zum Körper" zu entwickeln. Sie sei in ihrer Körperlichkeit auch nicht anders, als alle anderen, nur in ihrem Umgang unterscheide sie sich von Nichtordensleuten. Schwester Larissa hält es für ihre Pflicht, mit ihrem Körper „fürsorglich", „aufmerksam" und „pflegend" umzugehen, und zwar aus Gründen der Verantwortung sich selbst wie auch der Gemeinschaft gegenüber. Ihre Hauptaufgabe, so Schwester Larissa, bestehe darin, „dem Körper zu geben, was er braucht, damit er sich wohl fühlt, damit er gedeihen kann". Weil sie ihren Körper für ihre Arbeit und ihr Dasein für andere brauche, müsse sie ihm die entsprechende

„Pflege angedeihen lassen". Und das heißt vor allem, ihm das zu geben, „was er nötig hat, damit er gesund bleibt".

Schwester Pia
Schwester Pia ist 34 Jahre alt. Sie trat mit 27 Jahren in den Orden ein. Ihre Entscheidung für das Ordensleben bezeichnet sie als „ziemlichen Kampf, aber ein fruchtbarer". Als Jugendliche und noch während ihres Studium hatte sich Schwester Pia um eine Entscheidung „gedrückt", was sie mit ihrem Leben anfangen solle: „Ich bin vor mir selbst davongelaufen". Ihre zahlreichen Suchstrategien fanden erst ein Ende, als sie in Exerzitien die „konkrete Anfrage" von Jesus in sich hörte, ob sie für und mit ihm leben wolle. Sie entschied sich nach weiteren „inneren Kämpfen" dafür, und bewertet dieses Kämpfen-Müssen als positiv, eben weil es kein spontaner oder leichtfertiger Entschluss war, sondern einer, der gut durchdacht, „in die Tiefe" gehend war, den „ich vor mir selbst rechtfertigen konnte". Sie hat ihre Entscheidung nicht bereut, ganz im Gegenteil, denn sie ist sehr froh über die „persönliche Wandlung", die sie seit ihrer Ordenszeit durchgemacht hat. Immer wieder betont Schwester Pia, dass sie im Orden ihre „persönliche Reifung" erfahren habe bzw. das Ordensleben als einen „Reifungsprozess" wahrnehme. Als zwei der wichtigsten Momente dieses Reifungsprozesses bezeichnet Schwester Pia, dass sie gelernt habe, sich als Frau zu akzeptieren, sowie ihr gewandeltes Körperverhältnis.

Es war insbesondere ihre Novizenmeisterin, dank derer Schwester Pia gelernt hat, sich „körperlich zu erfahren". Das Positive an diesen leiblichen Selbsterfahrungen formuliert Schwester Pia in den Worten: „Wenn ich körperlich was erfahren habe, dann war das ein Stück Reife für mich". Ihren „Körper zu erleben", musste sie allerdings „auch erst lernen", was Schwester Pia damit begründet, „eher ein Kopfmensch" zu sein. Zu ihren leiblichen Selbsterfahrungen gehört z.B., dass sie ihren „persönlichen Glauben" auf einem Tanzseminar gefunden hat, und dass sie Gott immer wieder spürbar wahrnimmt. Vor allem das Tanzen ist für Schwester Pia eine ausgezeichnete Möglichkeit, Gott zu erfahren. Sie erklärt das damit, dass sie durch die Bewegung beim Tanzen „offener" und damit auch die „Seele" offener sei. Als eine Art Resümee ihres veränderten, mit ihrer persönlichen Reifung zusammenhängenden Körperverhältnisses meint Schwester Pia, dass *„je mehr ich meinen Körper entdecke, desto zufriedener werde ich"*. Typische Momente, in denen sie ihren Körper entdeckt, sind Meditation, Bewegung, Gespräche oder „körperliche Kontakte". Ihren Körper entdeckt hat Schwester Pia auch durch ihre Zuckerkrankheit, die sie seit ihrem 17. Lebensjahr hat. Im Zusammenhang mit dieser Krankheit hatte sie eine „Todeserfahrung", auf Grund derer ihr „Leben eine neue Qualität" gewonnen und ihr Körperumgang sich verändert hat. Sie weiß seitdem zu schätzen, wie wichtig ihr Körper für ihr Leben ist, achtet auf die Zeichen, die er ihr gibt, und kontrolliert ihn stärker (z.B. in Form von Diäten).

Schwester Regina
Schwester Regina ist 53 Jahre alt. Sie trat mit 39 Jahren, d.h. „sehr spät", in den Orden ein. Davor hatte sie „keine Zeit" gehabt, „das Leben war einfach sehr bewegt".

Schwester Regina verließ mit ca. 20 Jahren ihr Heimatland, lebte, studierte und arbeitete in verschiedenen Ländern, lernte dabei u.a. die deutsche Sprache und konvertierte im Ausland zum Katholizismus. Es war für sie notwendig, Erfahrungen gesammelt zu haben, bevor sie sich darauf einlassen konnte, sich in einer „neuen geistigen Umgebung (...) zu beheimaten". Eine ‚Heimat finden‘ und ‚zu Hause sein‘, sind zwei Metaphern, die Schwester Regina immer wieder und in den unterschiedlichsten Kontexten gebraucht. Ihre Entscheidung für das Ordensleben führt Schwester Regina darauf zurück, irgendwann die Gewissheit gehabt zu haben, „in diesem Leben berufen zu sein", und zwar zu einem Leben mit Gott. Sie sagt dies in dem Zusammenhang, „körperliche Freundschaften" mit Männern gehabt zu haben, die zwar „befriedigend" gewesen seien, sie aber „letztlich nicht vollends befriedigt" hätten. Der „Autorität" Gottes habe sie sich deshalb anvertraut, so Schwester Regina, weil sie überzeugt gewesen ist, Gott könne mehr aus ihrem Leben machen als sie selbst. Schwester Regina bezeichnet ihre religiöse Haltung als „nüchterne Frömmigkeit" oder „naturwissenschaftliche Spiritualität", womit sie meint, jemand zu sein, die „Sachen" und „Fakten" lieber mag als „Atmosphären" (wie ihrer Ansicht nach die meisten ihrer Mitschwestern), die „eher kranial denn kordial" ist, und die hinter der Natur („Bewegung einer Schnecke", „tosendes Meer") immer einen Schöpfer sieht.

Schwester Reginas Einstellung zu ihrem Körper lässt sich wesentlich in zwei Aspekten zusammenfassen: Ihr Körper stellt ein „Ausdrucksmittel" dar, und er ist der Ort, „wo ich zu Hause bin". Es ist *dieser kraftvolle Ausdruck, den ich liebe, und wo ich wirklich dann zu Hause bin in meinem Körper"*, so Schwester Regina. Sie schätzt körperlichen, vor allem kraftvollen Ausdruck, wie etwa einen „kräftigen Händedruck", und sie „liebt" es, ihren Körper „kraftvoll" einzusetzen. Schwester Regina hat von sich das Bild, „relativ kräftig" und „relativ stark" zu sein, und sie weiß, dass sie ihre Kraft gegen andere einsetzen kann. Das Schöne am (kraftvollen) Körperausdruck ist für sie, sich, das „Leben" oder den anderen „als Menschen" zu spüren. Zu Hause in ihrem Körper fühlt sich Schwester Regina nicht nur dann, wenn sie kraftvoll mit ihm umgeht (sie tanzt „leidenschaftlich" gern und mag es, „körperlich zu arbeiten"), sondern z.B. auch im Gebet oder wenn sie ihren Habit anzieht. So schätzt sie die besonderen „Gebetsgebärden", die es in ihrem Kloster gibt, weil dadurch das Gebet zu einer besonderen Erfahrung wird: „es macht etwas mit mir". Als sie das erste Mal ihr Ordenskleid anzog, fühlte sie sich „behütet" und „umhüllt von einer Liebe", und die Empfindungen beim Tragen ihrer Kukulle beschreibt Schwester Regina voller Begeisterung: „wenn man da steht, in diesem Gewand, dann weiß man, man ist zu Hause". Schwester Regina betont immer wieder, wie wichtig ihr das „Körperempfinden" grundsätzlich ist – „Körperempfinden ist auch ein Geschenk, und mit Geschenken geht man besonders um" –, und sie vertritt die Ansicht, mit seinem Körper solle man „freundschaftlich umgehen".

Pater Florian
Pater Florian ist 39 Jahre alt. Er hatte seine ersten Kontakte mit dem Ordensleben während seiner Zeit im Internat, da dieses von Ordensbrüdern geleitet wurde. Als er sich gegen Ende seiner Schulzeit auf die „innere Suche" nach einer Möglichkeit be-

gab, ein sinnvolles Leben zu führen, war er schon so von der Lebensweise der Ordensbrüder im Internat „begeistert" und „fasziniert", dass er sich zum Eintritt in den
Orden entschied. Die Begeisterung und „Liebe" für das Ordensleben steigerte sich,
als er während seines Noviziats eine Reise nach Assisi unternahm. Er war beein-
druckt von der „brüderlichen Gemeinschaft" und der „Horizonterweiterung", die er
dort erlebte. Für Pater Florians Identifikation mit seinem Ordensleben sind die
Möglichkeit, in einer Gemeinschaft zu leben, und die „Offenheit" seines Ordens die
entscheidenden Momente. Das „Gemeinschaftsempfinden" hat seines Erachtens mit
seiner familiären Herkunft zu tun – er wuchs mit fünf Geschwistern auf. Abgren-
zend von seinem Elternhaus, das er als „eng" charakterisiert, genießt er in seinem
Orden dessen „Offenheit", „Weite" und „Grenzen überschreitendes" Denken. Pater
Florian hat seine Entscheidung für das Ordensleben „eigentlich nie bereut", trotz
gelegentlicher „innerer Kämpfe", die insbesondere mit der Frage zu tun haben, ob
ein Leben mit einer Frau nicht auch denkbar wäre. Wenngleich er meint, dass diese
Frage „nie endgültig" beantwortet werden könne, ist es „eigentlich nicht mein
Wunsch", auszutreten, da ihn das Leben im Orden „schon erfüllt".

Pater Florian befindet sich derzeit in einer Lebensphase, in der er seinen bisherigen Lebensweg bilanziert. Immer wieder betont er, „Ich gehe jetzt halt auf die 40
zu". Dieses Datum prägt die Art und Intensität seiner Selbstreflexionen, und es prägt
seine Einstellung zu seinem Körper. Pater Florian fühlt sich „eigentlich noch jung"
und hat das Gefühl, mit jungen Leuten mithalten zu können. Gleichzeitig spürt er
aber auch einen „Abstand" zu den Jüngeren, da er schneller müde wird und nicht
mehr so belastbar und so „fit" ist wie früher. Es beschäftigt Pater Florian, dass sein
Körper Ermüdungserscheinungen zeigt und ihm das Gefühl gibt, nicht mehr so voller „Energie" zu sein. Das Älterwerden bedeutet für ihn, an körperliche Grenzen zu
stoßen. Dadurch wird sein Selbstbild, jung und energievoll zu sein, relativiert. Pater
Florians Körperumgang wiederum steht unter dem Motto des Ausgleichs. Ob beim
Wandern, Fußballspielen oder der Gartenarbeit, immer dient ihm die körperliche
Betätigung als Ausgleich zum „Verkopften" seines sonstigen Alltags: *„Ich bin immer froh, wenn ich zum Ausgleich was machen kann oder wenn ich da etwas hab,
was ich ausarbeiten kann."* Pater Florian hat das Bedürfnis, körperlich aktiv zu sein
– „Ich spür ihn [seinen Körper, R.G.] schon, wenn ich keinen Ausgleich hab" –, und
er braucht die Aktivität wegen des „seelischen Gleichgewichts". Gleichwohl setzt er
sich „nicht systematisch" mit seinem Körper auseinander, sucht also nicht gezielt
und regelmäßig Körperaktivitäten. Er bezeichnet seinen Körperumgang als „nicht
künstlich".

Pater Ludwig
Pater Ludwig ist 35 Jahre alt. Er trat mit 24 Jahren in den Orden ein. Vor seinem
Ordenseintritt hatte er nach seinem Realschulabschluss eine Lehre gemacht, in seinem Beruf gearbeitet und parallel dazu das Abitur nachgeholt. Für seinen „schritt-
weise" erfolgten Entschluss, ins Kloster zu gehen, waren mehrere Faktoren bedeutsam: So war er mit dem Ordensleben schon ein wenig vertraut, da es in seiner Ver-
wandtschaft zwei Ordensangehörige gibt; im Jubiläumsjahr des Hl. Franziskus be-

geisterte er sich für dessen Leben und Wirken; in der Schule und in der Ausbildung merkte er, dass er mit dem „Leistungs- und Konkurrenzdenken" in der Gesellschaft seine Schwierigkeiten hat; weil er aus einer großen Familie stammt, so die Selbstinterpretation von Pater Ludwig, wollte er in einer Gemeinschaft leben; gegen Ende seiner Lehre stellte sich ihm immer drängender die Frage, was er mit seinem Leben anfangen solle. Der Eintritt in den Orden bot Pater Ludwig die Möglichkeit, sich „auf die Suche nach seinem rechten Weg" bzw. nach seinem „Platz im Leben" zu begeben. Mit dem Ordenseintritt hat er seinen Selbstfindungsprozess intensiviert. Er besucht sehr viele (v.a. psychologische) Fort- und Weiterbildungen, reflektiert sich stark und bezeichnet sich als „lernbereit" und „offen für neue Erfahrungen". Um sein Lebensziel zu erreichen, ein „harmonisches und ausgewogenes Leben" zu führen, das ihn im „hohen Alter zufrieden und gelassen" sein lässt, will Pater Ludwig sein vernunftorientiertes und auf „theoretischem Wissen" basiertes bisheriges Leben – er hält sich selbst für „verkopft" – durch „konkrete Erfahrungen" ergänzen.

Diese Lernbereitschaft und Offenheit für neue Erfahrungen zeigt Pater Ludwig auch im Umgang mit seinem Körper. Nachdem er erkannt habe, dass er jahrelang seinen Körper „unterdrückt" und ihm zu wenig Aufmerksamkeit geschenkt hat, ist er jetzt offen für Ratschläge und Verhaltensänderungen und geht „liebevoller" mit sich und seinem Körper um. Hatte er als „junger Mensch" alles Körperliche seinem Willen untergeordnet und „verdrängt", so hat er im Zuge seines „Älterwerdens" vor allem auf Grund körperlicher Grenzerfahrungen gelernt, dass sein Körper Eigenrechte besitzt. Wichtig war für ihn die Erfahrung lang andauernder Rückenschmerzen, die sein Selbstbild, immer Herr über seinen Körper zu sein, erschütterten. Er erkannte, dass es körperliche Grenzen gibt, die er nicht rationalisieren und durch „Selbstironie" quasi still stellen kann. So gelangte er zu der Einsicht, dass *„ich lernen muss, im Gleichklang von Seele, Geist* und *Körper zu leben".* Im Laufe seiner Ordenszugehörigkeit ist Pater Ludwig zu der Einstellung gelangt, dass auch sein Körper wichtig ist für ein harmonisches und ausgewogenes Leben. Immer nur gegen die eigene Körperlichkeit anzukämpfen, führe zu nichts, so Pater Ludwig; wichtig sei, eine „Gelassenheit" auch dem Körper gegenüber zu entwickeln. Dazu gehört z.B., leiblichen Bedürfnissen nach Süßigkeiten oder Schlaf nachgeben zu können, ohne ein schlechtes Gewissen zu haben, genauso wie dazu gehört, Sexualität „nicht zu wichtig zu nehmen". Sexuelle Regungen sind für ihn Ausdruck tiefer liegender Probleme, und um die gelte es sich zu kümmern. Ansonsten integriert Pater Ludwig in seinen Lern- und Selbstfindungsprozess immer stärker seine Sinnlichkeit, das heißt, die Wahrnehmung und das Genießen sinnlicher Freuden wie gutes Essen, trockenen (statt süßen) Wein und Musik hören.

Pater Michael

Pater Michael ist 36 Jahre alt. Er trat mit 21 Jahren in den Orden ein. Ausschlaggebend für seinen Entschluss, in den Orden einzutreten, waren insbesondere vier Faktoren: Zum einen sein während der Schulzeit und vor allem kurz vor dem Abitur verstärktes Nachdenken darüber, wie er seine Zukunft „sinnerfüllt und menschlich" gestalten und seinen „Glauben leben" könne. Diese Überlegungen wurden geprägt durch den Kontakt mit Ordensbrüdern, die auf seiner Schule unterrichteten (und in deren Orden er dann eintrat). Des Weiteren hatte er ein starkes Bedürfnis nach einem Leben in Gemeinschaft. Und schließlich hatte er ein Schlüsselerlebnis, als er einen Film über den Hl. Franziskus sah, da er sich im Leben des Franziskus zum Teil „wiedererkannte" und von ihm wichtige „Lebensimpulse" erhielt. Dessen ungeachtet ist Pater Michael seine Entscheidung für diese „alternative Lebensform" Kloster nicht leicht gefallen. Mehrfach spricht er von einem „langen Weg", vom „Unterwegssein" und einer „Entdeckungsreise", die er zurücklegen musste, bis er zu der Gewissheit gelangt ist, die richtige Lebensform gefunden zu haben. Diese Reise war immer wieder von Zweifeln und Unsicherheiten begleitet. Im Laufe der Jahre aber hat er sich immer enger an den Orden gebunden und trägt nun seine Lebensentscheidung voller Überzeugung. Er denkt von sich, durch das Klosterleben einerseits ein „anderer geworden" zu sein, gleichzeitig aber „nach wie vor derselbe" zu sein und erwartet von anderen „Respekt" für seine Art zu leben.

Die Einstellungen zu und Umgangsweisen mit seinem Körper lassen sich in der Aussage von Pater Michael zusammenfassen, man müsse „*der eigenen Lebendigkeit und Vitalität kreativ Ausdruck geben*". Für Pater Michael repräsentiert sein Körper das „Leben", das „in ihm" steckt, bzw. die Vitalität, die er in sich spürt. Diese Lebendigkeit und Lebenskraft ist er bestrebt, sowohl in den Dienst seiner Seele zu stellen als auch sie anderen Menschen zugute kommen zu lassen. Aus diesem Grund ist er seinem Körper aufmerksam gegenüber und pflegt ihn. Als Hauptaufgabe hinsichtlich seiner Körperlichkeit betrachtet er, das „Umgehen" mit der spürbaren Vitalität sowie mit den körperlichen Grenzen „zu lernen". Seine Vitalität zu spüren, ist ihm wichtig. Er hat diese Erfahrungen vor allem im Zusammenhang mit seinem Mannsein: Seine Lebendigkeit zu spüren, heißt, sich als Mann zu spüren, und das tut er in Bezug zu Frauen. In solchen Momenten ist sein Körper für Pater Michael nicht nur etwas „Positives", wie er ihn grundsätzlich einschätzt, sondern eine „Belastung". Mit der als Last empfundenen „Fruchtbarkeit" heißt es dann aber umzugehen und sie so einzusetzen, dass woanders „Neues wächst". Ebenso sieht er seine Aufgabe darin, andere Erfahrungen körperlicher Begrenztheit zu akzeptieren und kreativ mit ihnen umzugehen, z.B. im Sport, aber auch hinsichtlich der Endlichkeit des Lebens. Als Ziel formuliert er für sich, die eigene Vitalität ausleben zu wollen, um so ein reiches und erfülltes Leben zu führen.

Pater Paulus
Pater Paulus ist 67 Jahre alt. Als erste „Weichenstellung" für seinen späteren Ordenseintritt bezeichnet Pater Paulus seine Überlegungen kurz vor seinem Wechsel auf das Gymnasium, ob er „unter Umständen Priester" werden solle. Er teilte das seinem Vater mit, woraufhin dieser einen Ordensbruder kontaktierte, welcher Pater Paulus die Aufnahme in einem „Ordensseminar" ermöglichte. Die letzten beiden Jahre vor dem Abitur verließ Pater Paulus das von Ordensbrüdern geleitete Gymnasium, um „frei" zu sein und seinen Priesterwunsch zu überdenken. Zu dieser Zeit hatte er auch eine „Freundschaft" mit einer Frau. Aber nach „bewusstem Überlegen" stand für ihn fest, ins Noviziat zu gehen. Vom Noviziat bis zur endgültigen Profess

festigte sich seine Entscheidung für das Ordensleben immer mehr. Pater Paulus betont mehrmals, dass es „meine Entscheidung" gewesen ist, in den Orden einzutreten. Es stand für ihn auch immer fest, „nicht Diözesanpriester" zu werden, sondern innerhalb einer „brüderlichen Gemeinschaft" als Priester und Ordensbruder sich auf den „Weg der Christusnachfolge" zu begeben. „Es hat mit immer gut getan, eine Gemeinschaft zu haben."

Als für ihn besonders wichtigen Körperaspekt bezeichnet Pater Paulus seine Stimme. Da er als Priester den „Auftrag der Verkündigung" habe, brauche er eine gute Stimme. Dafür wiederum sei es nötig, dass der „ganze Körper richtig funktioniert" und dass man sich die „richtige Körperhaltung" beim öffentlichen Reden angeeignet habe. Wie ihn andere, vor allem Nichtordensleute wahrnehmen, ist Pater Paulus wichtig. Er will immer einen „positiven Eindruck hinterlassen". Um dies zu erreichen, bemüht er sich, „ordentlich" zu sein und „nicht unangenehm aufzufallen". Wenn er Kontakt mit anderen hat, „beobachtet" sich Pater Paulus sehr genau und auch „kritisch". So wie von sich, erwartet er von jedem anderen, sich „ehrliche Mühe" bezüglich des eigenen Erscheinungsbildes zu geben, „sich nicht gehen (zu) lassen" und „bestimmte Regeln des Anstands" zu erfüllen. Diese Einstellung zu seiner Körperlichkeit resultiert Pater Paulus zufolge weniger aus seinem Ordensleben, sondern geht auf seine familiäre Erziehung zurück. „Ich hab immer darauf geschaut, dass da keine Schlamperei einreißt, dass man sich selbst gegenüber nicht schlampig ist, sondern sauber, korrekt". Pater Paulus meint auch, dass er immer ein „positives Verhältnis" zu seinem Körper gehabt habe. Auf sein positives Körperverhältnis weist er mehrfach und eindringlich hin: „*Ich möchte ganz offen und klar sagen, dass ich ein positives Verhältnis hab, dass mir das wichtig ist, also ich spüre ich bin gesund, bin arbeitsfähig, bin einsatzfähig.*" In den letzten beiden Adjektiven drückt sich u.a. die grundlegende, durch seine Ordensbindung geprägte Körpereinstellung aus. Der eigene Körper ist dazu da, um etwas für andere zu leisten: „Man soll nicht seine Fähigkeiten, Kräfte, auch Gesundheit (...) vergeuden, sondern verantwortlich damit umgehen (...). Ich für andere, nicht nur für mich".

BALLETT-TÄNZERINNEN UND -TÄNZER

Anna

Anna ist 32 Jahre alt. Ihre Eltern brachten sie mit acht Jahren in ein Kinderballett, weil sie dachten, das sei das Richtige für so ein „zappeliges" und „unruhiges" Kind wie Anna. Mit elf Jahren begann Anna eine siebenjährige Tanzausbildung, obwohl sie sich damals nicht sicher war, ob sie überhaupt Tänzerin werden wolle. Ohne die Förderung und Unterstützung von LehrerInnen hätte sie die Ausbildung auch nicht fertig absolviert. Inzwischen aber hat sich Anna mit ihrem Beruf voll und ganz identifiziert: „Ich war schon immer Tänzerin, ich kann es mir gar nicht anders vorstellen". Sie schätzt sich selbst als „begabt" ein, vieles „fällt mir leicht", hält sich für konkurrenzlos an ihrem Opernhaus und präsentiert sich als ehrgeizige Tänzerin. Darauf weist z.B. hin, dass sich Anna mit 21 Jahren einer Operation unterzogen hat, bei der ihre Brüste verkleinert wurden. Sie tat dies, um die Rollen tanzen zu dürfen, die sie gern tanzen wollte. Auch wenn ihre Brüste nach der Operation kleiner waren, als sie sich das vorgestellt hatte, hat Anna diesen Schritt nicht bereut. Sie findet ihre Brüste jetzt „ästhetischer", und außerdem hat sie seitdem „eben halt richtig gute Rollen bekommen". Das Tanzen war für sie ab diesem Zeitpunkt wie ein „Neustart", sie „traute" sich „mehr zu", forderte sich selbst stärker und wurde „selbstbewusster".

Anna hat eine sehr positive Einstellung zu ihrem Körper. Sie ist „sehr zufrieden" mit ihm und findet ihn „eigentlich richtig gut". Sie kann auch sehr genau benennen, was ihr an ihrem Körper gefällt: Ihre Beine, dass ihre Schultern breiter sind als ihr Becken, und dass sie schlank ist. Gerade das Schlanksein ist Anna sehr wichtig. Sie hat „wahnsinnig Angst", dass sie nach ihrem Karriereende dick wird, wozu sie ihrer Ansicht nach eine familiäre Veranlagung hat. Mit ihrem in einem Jahr anstehenden Karriereende verbindet Anna außerdem die Vorstellung, „bald zu sterben". Diese „Macke von mir" rührt daher, dass Anna ihr Leben ganz eng mit der regelmäßigen und intensiven körperlichen Anforderung verbindet, die sie jetzt noch durch ihren Beruf hat. „*Es ist ein schönes Erlebnis, wenn ich körperlich gefordert bin*", so Anna, es scheint aber auch eine Notwendigkeit zu sein. Das Tanzen hält sie am Leben, weil sie in Bewegung ist und ihrem Körper die Belastung abverlangt wird, die er benötigt. Auf Grund ihrer Kreislaufprobleme denkt Anna, dass ohne regelmäßiges körperliches Gefordertsein ihr Kreislauf zusammenbrechen werde. Sie hält sich für „zu faul", um sich selbst zu körperlicher Aktivität motivieren zu können. Dazu braucht sie andere. Deshalb genießt sie es, wenn sie als Tänzerin so von ihren Trainern „bedient" wird, wie es ihren Anlagen und Talenten entspricht – man darf sie ruhig „richtig schamlos ausnützen".

Stefanie

Stefanie ist 25 Jahre alt. Sie hat als Fünfjährige mit dem Tanzen in einem Kinderballett begonnen. Ihre Mutter war der Ansicht, sie sollte das „mal ausprobieren", da sie so ein „agiles" und bewegungsfreudiges Kind sei. Mit elf Jahren begann Stefanie ihre achtjährige Tanzausbildung, musste diese aber nach einem Jahr wegen einer Verletzung unterbrechen. Mit 15 Jahren besuchte sie eine „Fachschule für Tanz", die sie nach fünf Jahren plus einem Zusatzjahr abschloss. Tänzerin zu werden, war immer ihr Wunsch, so Stefanie. Sie empfindet es als schön, „auf der Bühne zu stehen", „sich auszudrücken mit seinem Körper" und über Bewegungen zu „vermitteln, wie man ne Musik empfindet". Sie ist „stolz", Tänzerin zu sein, vor allem wenn sie von anderen als Tänzerin (z.B. wegen ihres „Watschelgangs" oder ihrer Art, sich zu bewegen) identifiziert wird. Für ihre Tänzeridentität grenzt sich Stefanie stark von anderen, den „normalen Menschen" ab, um zu beschreiben, wie sie „als Tänzer" etwas sieht oder sich verhält.

Ihre Distinktionsstrategien in Bezug auf Nichttänzer beziehen sich besonders auf den Umgang mit dem eigenen Körper. Stefanie meint, dadurch, dass sie mit ihrem Körper arbeiten müsse, beschäftige sie sich mehr mit ihm und beobachte ihn genauer als andere Menschen. Sie beobachte ihren Körper sehr intensiv, „weil es dein Werkzeug is und du den einfach brauchst und du musst den pflegen". Ihre Pflege zielt vor allem darauf, rechtzeitig, das heißt, wenn ihr Körper ihr Zeichen gibt, Vorbeugemaßnahmen zu ergreifen, sowie im Gegensteuern, wenn sie das Gefühl hat, sie könnte zunehmen. Schlanksein ist ihr sehr wichtig. Stefanie kontrolliert ihren Körper durch den berufsbedingten regelmäßigen Blick in den Spiegel. Sie gewinnt dadurch „ne gewisse Sicherheit, wie du wirkst". Ihre Einstellung zu ihrem Körper ist sehr positiv, Stefanie ist sehr zufrieden mit ihm. In der Aussage, *„kein Problem, alles ganz natürlich und normal"*, bringt Stefanie ihr Körperverhältnis auf den Punkt. Ob es der körperliche Umgang in ihrem Elternhaus ist, das harte und disziplinierende Training in der Ausbildung, regelmäßig auftretende Schmerzen und Verletzungen, ihre Einstellung zu Nacktheit oder zu ihrem körperlichen Frausein, alles bezeichnet Stefanie als „kein Problem" oder als „ganz normal". Gleichzeitig besonders und normal zu sein, so sieht sich Stefanie als Tänzerin. Exemplarisch kommt das in ihrer Bewertung der offenen, direkten Art der Begrüßung unter TänzerInnen zum Ausdruck: „Das isn bisschen verrückt, weil das ist normal".

Zoé

Zoé ist 28 Jahre alt. Als Kind und selbst noch während ihrer Ausbildung auf der Ballettschule, die sie ab ihrem zehnten Lebensjahr besuchte, war ihr Wunsch, Tänzerin zu werden, nicht besonders ausgeprägt. Sie kam eher zufällig zum Tanzen, als sie mit ihrer größeren Schwester in das örtliche Kinderballett ging und dort ihr Talent festgestellt wurde. Es war vor allem ihr Vater, der unbedingt wollte, dass sie das Tanzen „richtig" lerne. Zoé war dem Tanzen unter anderem deshalb reserviert gegenüber eingestellt, weil die Ballettschule weit von zu Hause weg war und sie darum ins Internat gehen musste, wozu sie keine Lust hatte. Die Zeit auf der Schule war nicht ganz leicht für sie, da sie sich immer wieder wegen Gewichts- und gesundheitlichen Problemen unter psychischen Druck gesetzt fühlte. Nach acht Jahren „mit Höhen und Tiefen" schloss sie die Schule ab, wobei sie der Ansicht ist, dass sie zum Teil „mit viel Glück" die einzelnen Klassen geschafft hat. Das Theater, an dem sie jetzt tanzt, ist das erste und, wenn es nach ihr geht, auch das letzte für sie. Sie hatte zwar durchaus Angebote von „größeren Häusern", nahm aber keines dieser Angebote an, weil sie ihrer kritischen Selbsteinschätzung zufolge dort nur kleinere Rollen hätte tanzen können, wohingegen sie an der jetzigen Oper auch größere und Solopartien tanzen darf. Das Schöne am Tanzen ist für sie unter anderem die Möglichkeit, durch das Hineinschlüpfen in fremde Rollen etwas über sich selbst erfahren zu können.

Am Tanzen gefällt Zoé außerdem die körperliche Arbeit und Belastung, durch die sie eine körperliche Befriedigung erzielt. Sie hat einen ausgesprochenen „Bewegungsdrang", den sie durch das Tanzen stillt. Schwierig sind für sie Zeiten, wie z.B. Urlaub, wo sie nicht gezwungen ist, ihren Körper zu fordern, weil sie dann dazu neigt, „faul" zu sein, wodurch sie sich unwohl fühlt. Zoé unterscheidet auch zwischen ihrem Berufs- und ihrem privaten Körper: Privat ist ihr Körperumgang deutlich weniger diszipliniert und kontrolliert als beruflich, er ist entspannter und lockerer und hat eine Regenerationsfunktion für ihren Berufskörper. Dies sei zum Teil auch deshalb nötig, weil sie, wenn sie auf der Bühne steht, schon mal körperliche Beschwerden und Verletzungen „völlig verdrängt". In dem beruflichen Umgang mit ihrem Körper sieht Zoé eine Veränderung, die sie mit ihrem Älterwerden verbindet: Sie geht inzwischen wesentlich überlegter und vorsichtiger mit ihrem Körper um, als sie dies „in jüngeren Tagen" tat, obwohl sie nach wie vor auch riskante Sachen tanzen mag. Ihre grundsätzliche Haltung dem Körper gegenüber lautet: *„Man muss seinen Körper akzeptieren und zufrieden mit ihm sein".* So müsse man z.B. seine Schmerzen akzeptieren, wie sie es bei ihren vielen Verletzungen getan hat, um mit ihnen umgehen und sie letztlich überwinden zu können. Den eigenen Körper akzeptieren ist für sie auch Voraussetzung dafür, „Ausstrahlung" zu haben. Ausstrahlung ist für sie als Tänzerin auf der Bühne wichtig, weil Technik alleine nicht ausreiche, um eine Rolle überzeugend zu spielen. Sie schätzt Ausstrahlung auch an anderen Menschen, die keineswegs schön im sozial normierten Sinne sein müssen. Wichtig ist ihr ein „natürlicher" Körperumgang (z.B. nicht schminken), bei dem man merkt, dass die Person zu ihrem Körper steht und ihn mag.

Adrian
Adrian ist 25 Jahre alt. Er kam durch seine Mutter zum Tanzen. Von ihr hat er sein „musikalisches Gehör", und vor allem war sie es, die ihm, weil sie ihn „immer vorm Fernseher rumhüpfen" sah, die Bewerbungsunterlagen für eine Tanzausbildung mit nach Hause brachte. Adrian begann mit zehn Jahren die achtjährige Tanzausbildung, bei der er zunächst „natürlich begeistert" und sehr „euphorisch" war. Im Laufe der Jahre wich diese Begeisterung einem Pragmatismus – „Wenn ich schon sechs Jahre hinter mir habe, wäre ich blöd, wenn ich aufhöre." –, der auch seiner derzeitigen Haltung zu seinem Beruf entspricht: Adrian meint, dass es „schon irgendwie das Richtige" für ihn gewesen sei. Er ist mit sich als Tänzer im großen und ganzen zufrieden, denkt, ein „relativ guter Tänzer" zu sein, wenngleich er immer wieder an sich „feilen" müsse, und ist der Ansicht, im Vergleich zu seinen Kollegen aus der Ausbildungszeit und „für mein Alter" relativ viel erreicht zu haben. Was er am Tanzen ganz besonders schätzt, ist zum einen, es irgendwann „geschafft zu haben", als Solist auf der Bühne zu stehen und die „eigene Art" des Tanzens zum Ausdruck bringen zu können. Zum anderen findet Adrian das Tanzen schön, weil es eine „Erfahrung (...) (ist), den Körper kennenzulernen, die du in anderen Situationen wahrscheinlich nicht gehabt hättest". Adrian versteht sich als „Bewegungskünstler", der im Vergleich zu Nichttänzern ein besseres „Körperverständnis" habe, womit er meint, besser mit ihm umgehen zu können und ihn häufiger zu empfinden (was er allerdings nicht nur als Vorteil sieht).

Adrian stellt hinsichtlich seines Körperverhältnisses eine Entwicklung fest von der Tanzausbildung bis zu seiner nunmehr siebenjährigen Berufserfahrung. In der Ausbildung werde der Körper von jedem, so Adrian, zu einem „ähnlich" „feinen", „keuschen" Körper „erzogen"; am Ende der Ausbildung stelle der Körper das „Rohmaterial" dar, mit dem nun „gearbeitet" werden könne. Am Theater bekomme der Körper dann seinen „individuellen Schliff", die Freiheit im Umgang mit dem eigenen Körper steige, aber auch die „Pflicht", „aufmerksam" seinem Körper gegenüber zu sein. Am Theater „hast du ein anderes Bewusstsein und ein anderes Empfinden für deinen Körper und du gehst auch anders mit ihm um". Als hauptsächliche Umgangsweise bezeichnet Adrian die Kontrolle des eigenen Körpers: *„Du musst aber immer wieder die Kontrolle über ihn haben. Ja, das ist das tägliche Training, die Kontrolle."* Dazu gehöre unter anderem, so Adrian, den eigenen Körper gelegentlich „zu überlisten", so dass er selbst dann noch Leistung bringe, wenn das eigentlich gar nicht mehr gehe. Dies bezeichnet Adrian auch als das tägliche „gegen den Körper arbeiten und ihn ausrauben". Das aber wiederum scheint Adrians Körper nur bis zu einem gewissen Punkt zuzulassen, irgendwann rächt sich nämlich sein Körper: „Dann reißt dir einfach mal die Achillessehne", so Adrian, schließlich sei der Körper „vorprogrammiert", sich gegen die permanenten Überforderungen zu wehren. Adrian spricht von seinem Körper wie von einem Partner, der kontinuierlich hintergangen wird und nur gelegentlich aufbegehrt. Der Regelfall im Umgang mit seinem eigenen Körper scheint zu sein: „Du verlangst mehr von deinem Körper, als er dir geben kann."

Leopold

Leopold ist 30 Jahre alt. Als 14-Jähriger trat er „aus Spaß" einem Jugendballett bei, zwei Jahre darauf begann er eine dreijährige Tanzausbildung. Seiner Einschätzung nach hat er „eigentlich zu spät" mit dem Tanzen begonnen. Gerade deshalb ist Leopold „stolz" auf das, was er mit seiner nur dreijährigen Ausbildung erreicht hat. Nachdem er zunächst gar nicht den Wunsch hatte, Tänzer zu werden, entwickelte Leopold während der Ausbildung den Ehrgeiz, diese abzuschließen und später Rollen zu tanzen, die eigentlich nur Tänzer mit einer achtjährigen Ausbildung tanzen können (weil sie bessere körperliche Voraussetzungen – z.B. Weichheit – und Techniken haben). Obwohl ihm das Tanzen „Spaß" mache und „schöne Momente" beschert habe, würde Leopold nicht noch einmal den Tänzerberuf ergreifen. Seine inzwischen distanzierte Haltung zum Tanzen als Beruf rührt daher, dass das Tanzen mit hohen gesundheitlichen Kosten verbunden sowie die Zeit nach dem Karriereende völlig unsicher sei.

Leopolds Einstellung zum und Umgangsweise mit seinem Körper hat entscheidend mit einem Erlebnis zu tun, das ausschlaggebend gewesen ist für seine Entscheidung, Tänzer zu werden. Als er während seiner Ausbildung zum ersten Mal „Romeo und Julia" sah, stand für ihn diese Entscheidung fest, genauso wie das Ziel, einmal die Hauptrolle des Romeo zu tanzen. Dieses Ziel erreichte er, doch passierte ihm in einer Vorstellung ein Unfall, bei dem er sich das Bein brach. In diesem Moment, so Leopold, nahm er zum ersten Mal seinen Körper bzw. dessen Bedeutung für sein Leben wahr: Leopold realisierte, dass sein Körper sein „Werkzeug" für seinen Lebensunterhalt sei. Seitdem ist er „aufmerksamer", „verantwortungsbewusster", auch „besorgter" und „ängstlicher" im Umgang mit seinem Körper. Leopold bringt sein verändertes Körperverhalten mit dem Älterwerden in Verbindung: *„Das ist eben das Leid, das man jetzt hat, dass man eben da noch mehr drauf achten muss, was man als Jugendlicher eben nicht hatte".* Leopold beobachtet jetzt „im Alter" seinen Körper genauer, achtet auf seine körperlichen Grenzen und respektiert diese. Trotz dieser gestiegenen Aufmerksamkeit seinem Körper gegenüber ist er sehr zufrieden mit ihm, vor allem mit seiner Figur. Als wichtigstes Kriterium für seinen Körperumgang formuliert Leopold, er müsse sich „halt wohlfühlen".

Rainer

Rainer ist 24 Jahre alt. Im Alter von „drei oder vier Jahren" sah er im Fernsehen ein Ballett tanzen und war davon so begeistert, dass ihm klar war, er wolle Tänzer werden. Der Wunsch, Tänzer zu werden, war „in mir" und „wollte unbedingt raus". Mit zehn Jahren begann Rainer eine achtjährige Tanzausbildung, in der er neben den technischen Fertigkeiten und dem „unnatürlichen Umgang" mit seinem Körper seine Identifikation mit dem Tänzersein festigte (z.B. durch vielfaches Inszenieren der besonderen Art, in der Tänzer gehen, vor Gleichaltrigen). Inzwischen beschreibt Rainer sein Haltung zum Tänzerberuf als eine „Hassliebe": Einerseits liebe er das Tanzen, weil er z.B. gern in andere Rollen schlüpft, in denen er sich anders kleiden sowie schminken könne, und in denen er durch ihre Andersartigkeit auch etwas über sich selbst erfahren könne. Ebenso liebt er es, auf der Bühne zu stehen, eine gelungene Vorstellung zu absolvieren, das Publikum mitzureißen und Applaus zu erhalten. Andererseits hat er auch eine sehr kritische Einstellung zum Tanzen. Denn das Tanzen impliziere, tagtäglich mit seinem Körper arbeiten und sich „verausgaben zu müssen", was ihm „keinen Spaß" bereite. Dazu gehören vor allem aber Schmerzen. Rainer spricht in diesem Zusammenhang vom „Masochismus", den alle Tänzer hätten: Er weiß, dass er durch den unnatürlichen Körperumgang seinem Körper „Schäden" zufügt, und trotzdem unterwirft er sich den körperlichen Anforderungen. Diesem Schicksal „fügt man sich halt", so Rainer.

Einen großen Vorteil in seiner Tanzausbildung sieht Rainer darin, überhaupt erst ein „Körpergefühl" entwickelt zu haben. Während er bis zu seiner Ausbildung einfach „mit ihm gelebt" habe, lernte er hier seinen Körper kennen, z.B. hinsichtlich dessen, was „physikalisch" beim Tanz möglich ist, und bestimmte „Zeichen", die ihm sein Körper gab, wahrzunehmen. Vor allem die Interpretation von Schmerzen und den Umgang mit ihnen, nämlich sie so weit als möglich „zu ignorieren", lernte er in dieser Zeit. Daneben entwickelte er in der Ausbildung ein Gefühl dafür, wie er sich zu bewegen hat, damit er sich „zu Hause fühlt" und seine Bewegung für ihn „stimmig" ist. Rainer bezeichnet sein Körpergefühl als „klassisch" und meint damit: „Ich bin beim klassischen Tanz einfach zu Hause. Das ist zwar irgendwie sone kalte Designerwohnung, aber ich fühl mich da einfach zu Hause. Weil, is alles eigentlich hochstilisiert, ist halt nichts Natürliches mehr". Inwieweit sich sein klassisches Körpergefühl auf seinen privaten Körperumgang erstreckt, wird allerdings nicht klar. Jedenfalls unterscheidet Rainer zwischen seinem privaten und beruflichen Körper. Der berufliche Körper ist der unnatürliche, „bearbeitete Körper", dessen Schmerzgrenzen ignoriert und Leistungsgrenzen „verdrängt" werden. Dagegen ist der private Körper der „faule" und „bequeme" Körper, der ein Recht aufs Nichtstun hat. Das Verhältnis zu seinem Körper bezeichnet Rainer insgesamt als partnerschaftlich: *„Mein Körper ist mein Partner, mit dem ich täglich kommuniziere"*. Er beschreibt dieses Empfinden, zweigeteilt zu sein in seinen Körper und sein Ich als „schizophren". Ich und Körper stehen sich oftmals als Antipoden gegenüber und bekämpfen sich. Diesen Kampf gewinnt „natürlich" meistens der Körper, so Rainer, da allein das Auftauchen von Schmerzen einen Sieg des Körpers über das Ich bedeute. Das Ich könne in diesem Fall den Körper nicht mehr so beherrschen, wie es dies wolle, stattdessen muss es sich mit dem Schmerz auseinander setzen.

4. Metaphern des Körpers. Kollektive Einstellungen zum Körper

In diesem Kapitel soll die Bedeutung des Körpers für die personale Identität mit Hilfe einer Analyse des metaphorischen Sprechens über den Körper untersucht werden. Dieser Vorgehensweise liegt die Annahme zu Grunde, dass im Metapherngebrauch ein *Selbstverhältnis und Selbstverständnis* der sich äußernden Person zum Ausdruck kommt. Dies ist in der „selektiven Funktion" von Metaphern begründet (s.o., Kap. 2.2.1). Wie Lakoff und Johnson gezeigt haben (Lakoff/Johnson 1980: 10ff.), zeichnen sich Metaphern u.a. dadurch aus, dass sie bestimmte Zusammenhänge hervorheben („highlighting") und andere verstecken („hiding"). Wer bspw. im Sprechen über seine Ehe konsequent die konzeptuelle Metapher BEZIEHUNG IST ARBEIT verwendet, hebt damit andere Aspekte von Beziehung hervor als jemand, der die Metapher BEZIEHUNG IST SPIEL gebraucht. Das Moment des „highlighting and hiding" im Metapherngebrauch lässt sich aus identitätstheoretischer Perspektive verstehen als das Zusammenspiel der beiden Kategorien Identität und Differenz: Identität, so heißt es in der Identitätsforschung, konstituiert sich notwendigerweise über Differenz. Bezogen auf die hier interessierende Fragestellung bedeutet das: Ich bin (= Identität/highlighting), was ich *nicht* sage (= Differenz/hiding). Die soziologische Hintergrundannahme hierbei ist, dass die Bilder, die jemand zur Bezeichnung von Körpereinstellungen und Körperpraktiken gebraucht, Teil eines sprachlichen Möglichkeitsraums sind, der kulturell vorgegeben ist und individuell genutzt wird. Von daher entspricht die Inanspruchnahme einer *bestimmten* Körpermetaphorik einem Hinweis auf die Identität des Individuums, weil mit ihr notwendig die *Nicht*inanspruchnahme anderer, ebenso möglicher Metaphoriken einhergeht.

Darauf weisen auch Buchholz und von Kleist hin, wenn sie vom Metapherngebrauch als einem Prozess der „Bedeutungsgebung" sprechen (Buchholz/von Kleist 1997: 35). Durch die sprachliche Bezeichnung eines Ereignisses mit einem bestimmten Bild, so Buchholz und von Kleist, wird auf dieses Ereignis eine bestimmte Sicht projiziert, wodurch dieses Ereignis subjektiviert und zum Erlebnis wird (ebd.: 34). Das heißt, einem Ereignis wird mittels der metaphorischen Bezeichnung ein spezifischer, subjektiver Sinn zugewiesen. Diese Sinnzuweisung aber ist zum einen kontingent – das Ereignis hätte auch mit einem anderen Bild bezeichnet und damit mit einer anderen Bedeutung versehen werden können. Zum anderen erfolgt der *alltagssprachliche* Gebrauch (insbesondere) konzeptueller Metaphern in aller Regel unreflektiert und unbewusst – Metaphern dokumentieren „unbewusste Konzeptualisierungen der Selbst- und Welterfahrung" (ebd.: 107). Vor diesem Hintergrund, dass der alltagssprachliche Gebrauch von Metaphern unbewusst und kontingent erfolgt, erklärt sich deren Funktion als Hinweis auf die Identität des Individuums. Als *These* formuliert: Die kontingente und unbewusste Verwendung von Metaphern zeigt einen subjektiv gemeinten Sinn an, hier: die subjektive Einstellung zum Körper. Diese im metaphorischen Reden zum Ausdruck kommende Einstellung ist um so *authentischer*, je unvermittelter, unreflektierter, selbstverständlicher dieses Reden erfolgt. Wer ohne lange Nachzudenken in bestimmter Weise einen Sachverhalt sprachlich bezeichnet, gibt damit einen plausiblen Anhaltspunkt für die Echtheit des von ihm Gemeinten zur Hand. Und diese Authentizität wiederum, die man dem selbstverständlichen metaphorischen Sprachgebrauch unterstellen darf, ist ein Hinweis auf die Identität der Person.

Ein zweites Anliegen dieses Abschnitts besteht darin, die kulturspezifische bzw., mit Bourdieu gesprochen, feldspezifische Prägung von Körpermetaphern aufzuzeigen. Metaphern sind „cultural through and through", heißt es bei Lakoff und Johnson (1980: 57). Metaphern eröffnen also nicht nur einen Zugang zu individuellen Erfahrungen und Einstellungen, sondern auch zu „kollektiven Erfahrungen einer Sprachgemeinschaft. Wir gehen von einem Grundbestand einfach strukturierter Erfahrungen aus, mit denen komplexe Wahrnehmungen strukturiert sind" (Schmitt 1995: 109). Der individuelle Gebrauch von Körpermetaphern verweist immer auch auf kollektive Denkmuster oder soziale Repräsentationen. Mit Hilfe einer Metaphernanalyse ist es deshalb möglich, auch kulturelle Deutungsmuster sowie die sprachliche Weise, in der in sozialen Institutionen gesellschaftliche Strukturen hergestellt werden (vgl. ebd.: 256), zu veranschaulichen. Aus diesem Grund habe ich in Kapitel 2.2.1 von der *metaphernanalytischen Operationalisierung der Habitus-Theorie* gesprochen: Metaphern sind einerseits habitueller Ausdruck soziokultureller Zugehörigkeit („strukturierte Struktur"), und leiten andererseits als habituelle Wahrnehmungs- und Denkschemata individuelles Handeln an („strukturierende Struktur"). Im Folgenden wird der erste Teil der Formel ‚Struktur – Habitus/Metapher – Praxis' im Mittelpunkt stehen, das heißt, die Relation ‚Struktur – Habitus/Metapher'. *Ziel* der Metaphernanalyse ist es, milieuspezifische Körpermetaphern und damit milieuspezifische Einstellungen zum Körper zu rekonstruieren. ‚Als' was also ‚sehen' Ordensleute und Ballett-TänzerInnen ihren Körper?

4.1 Die Körpermetaphorik von Ballett-Tänzerinnen und Ballett-Tänzern

Den Körpermetaphern von Ballett-Tänzerinnen und -Tänzern liegt eine spezifische Haltung zum *Tanzen* zu Grunde, die entscheidend ist für ihre Einstellung zum Körper: Tanzen bedeutet für sie primär *Arbeit*. Tanzen als Arbeit zu bezeichnen, ist nun allerdings keine Metapher. Die etymologische, bis ins Neuhochdeutsche reichende Bedeutung des Wortes „Arbeit" nämlich lautet „schwere körperliche Anstrengung, Mühsal, Plage" (Der Duden 1997: 43), und diese Bedeutung kann für das Tanzen wörtlich genommen werden. Dessen ungeachtet ist das Verständnis von Tanz als Arbeit prägend für eine Reihe von Körpermetaphern, die Ballett-Tänzerinnen und -Tänzer zur Verbalisierung ihrer Körpereinstellungen gebrauchen. Diese Metaphern lassen sich in zwei Gruppen aufteilen, wobei die eine Gruppe (A) Metaphern des

Körpers als *(technisches) Ding oder Sache* umfasst, die andere (B) solche als *wenig geliebte Person.*

A KÖRPER IST (TECHNISCHES) DING

Ballett-Tänzerinnen und -Tänzer bezeichnen ihren Körper sehr oft als etwas Technisches, Dinghaftes oder Gegenständliches. Die konkreten Erfahrungsbereiche, aus denen die von ihnen verwandten Wörter stammen, haben dabei allesamt einen engen Bezug zur Arbeitswelt. Eine der hierbei am häufigsten gebrauchten Metaphern ist die *Maschinen-Metapher.* Balett-TänzerInnen sprechen von ihrem Körper, als sei er eine Maschine, die ‚ein- und ausgeschaltet' bzw. ‚an- und abgestellt' werden könne, die hin und wieder ‚repariert' werden müsse, und zwar dann, wenn sie ‚kaputtge-gangen' sei oder nicht ‚funktioniere'. Vor allem der exorbitante Gebrauch des Verbs ‚funktionieren' indiziert das maschinenhafte Verständnis von ihrem Körper.

1 KÖRPER IST MASCHINE
(funktionieren, einschalten, abstellen, reparieren, ölen, zünden, programmieren, speichern)

1-1 KÖRPER IST MASCHINE

> Du musst dir das, was für deinen Körper das Beste ist und was bei dir am besten *funktioniert,* rauspulen (Adrian, 145f.)
> Ich weiß, was an meinem Körper *funktioniert* und was ich *einschalten* muss, um die Bewegung zu machen (Adrian, 150f.)
> Du hast dann eben Sachen, die *technisiert ablaufen* (Adrian, 585)
> Da sieht man nur hin und dann kann man sagen, das *funktioniert* nie (Rainer, 208f.)
> Dann auf der Bühne, wenn es *funktioniert* (Rainer, 533)
> wenn dann irgendwelche körperlichen Reaktionen in der Freizeit verlangt sind, dann (...) *springt es an* praktisch wie eine *Maschine,* die man *abstellt* und dann halt wieder *zündet* (Rainer, 276ff.)
> Mein Finger ist (...) voll *funktionstüchtig* (Stefanie, 346)
> Weil dein Körper einfach *kaputtgehen* kann (Stefanie, 162)
> Mein Körper bereitet mir jeden Tag Freude, wenn er *funktioniert* (Stefanie, 614f.)
> Dein Körper *funktioniert,* er ist wie *geölt,* sag ich mal (Stefanie, 642)
> Ob es dann irgendwann in einem gewissen Alter nicht mehr *funktioniert* [schlank zu bleiben], dann kann man sicherlich nichts mehr ändern daran (Anna, 925f.)
> Wenn der natürlich *kaputt* ist, kann ich auch nichts mehr [verdienen] (Leopold, 539)
> Knochen *gehen kaputt* (Leopold, 208)
> Die Wirbelsäule *geht* langsam *kaputt* (Leopold, 233)
> Manchmal *funktioniert* das tagelang nicht (Adrian, 636)
> Also die Risiken bin ich alle eingegangen, aber es [Empfinden in den Brustwarzen] *funktioniert* (Anna, 248)
> wenn es *funktioniert,* dann ist es o.k. (Rainer, 243)
> ich habe auch so ein paar *Schäden,* die nicht mehr *reparabel* sind (Zoé, ‚134f.)
> Vom Lehrer angefasst, der einem die Sachen auskorrigiert hat, die nicht ganz *funktioniert* haben (Rainer, 451f.)
> Müssen die Sehnen so ein bisschen gekürzt werden, das muss einfach *gerichtet* werden (Stefanie, 238f.)
> Du musst dich anders bewegen, dann wird wieder was *verbrannt* (Adrian, 1069f.)
> Gewichtsprobleme oder *funktionelle* Probleme, dass er [der Körper] einfach nicht so will (Stefanie, 942f.)
> Wie das mit meinem Körper mal aussieht, wenn (...) Schluss ist mit dem Tanzen, wie das mit meinem Körper dann *funktioniert* (Stefanie, 675ff.)

Eine spezielle Maschinen-Metaphorik, die Ausdruck einer selbstverständlich gewordenen kulturellen Alltagserfahrung ist, verwendet zusätzlich Adrian. Er beschreibt seinen Körper mit Bildern aus der Computerwelt:

1-2 KÖRPER IST COMPUTER

> Der [Körper] *speichert* ja nicht nur, der *löscht* auch solche Sachen (Adrian, 190)
> das ist ja alles *vorprogammiert* (Adrian, 540)
> Du musst ja immer wieder *speichern*, dass er die und die Bewegung behält (Adrian, 717f.)
> Das kann man ihm schon ein*programmieren* (Adrian, 724)

Neben der Maschinen-Metapher wurden zwei weitere Sprachbilder aus der Welt der Arbeit von den Ballett-TänzerInnen häufig benutzt: Die *Werkzeug-Metapher* und die *Arbeitsmaterial-Metapher*. Zum einen sehen Ballett-Tänzerinnen und -Tänzer ihren Körper als ein Werkzeug, mit dem sie ihre Arbeit verrichten. Werkzeug bedeutet ursprünglich „handwerkliches Gerät" (Der Duden 1997: 810) bzw. „einzelnes Arbeitsgerät" (Der Duden 1988: 817), und diesen Sinn legen wohl auch Ballett-Tänzerinnen und -Tänzer dem von ihnen verwandten Werkzeug-Begriff zu Grunde. Ihr Körper ist für sie das zentrale Arbeitsgerät, weil sie ohne ihn ihr ‚Produkt', den Tanz, ja gar nicht ‚herstellen' könnten.

2 KÖRPER IST WERKZEUG
(Werkzeug)

> das ist immerhin noch mein *Werkzeug*, mit dem ich umgehen muss (Leopold, 510f.)
> Das ist mein *Werkzeug* (Leopold, 540)
> Das [Nichtthematisieren des Körpers] liegt wahrscheinlich auch einfach daran, dass es [der Körper] ein *Werkzeug* ist (Rainer, 764f.)
> Beobachtest du deinen Körper, weil es dein *Werkzeug* ist (Stefanie, 242)
> dein Körper ist dein *Werkzeug* (Stefanie, 492)
> eigentlich ist der Körper mein *Werkzeug* (Zoé, 420)

Zum anderen sehen sie ihren Körper als Arbeits*material*, das durch das Tanzen bearbeitet wird. Seit der Tanzausbildung werde der Körper ‚bearbeitet' oder ‚mit ihm gearbeitet', er stelle das ‚Rohmaterial' dar, das ‚geschliffen', ‚gefeilt', ‚geformt' oder ‚verarbeitet' werden müsse, damit daraus ein ‚richtiger' Tanzkörper werde. Das Verständnis vom Körper als Arbeitsmaterial zeigt sich häufig auch in dem Gebrauch eines Verbs, dessen metaphorische Bedeutung leicht übersehen wird, weil es eine der geläufigsten und selbstverständlichsten Vokabeln in unserer Sprache ist: ‚machen'. Ballett-TänzerInnen reden immer wieder davon, dass sie ‚mit' ihrem Körper etwas ‚machen'. Vergegenwärtigt man sich die etymologischen Wurzeln von ‚machen' – herstellen, bewerkstelligen, tun, bewirken (vgl. Der Duden 1997: 431) –, so verweist dieses ‚mit dem eigenen Körper etwas machen' auf eine Einstellung, die dem Körper einen Materialcharakter zuspricht. Wer von seinem Körper als einem Etwas spricht, mit dem er oder sie etwas macht, drückt m.a.W. darin die Haltung aus

– ohne sich dessen bewusst sein zu müssen –, dass der Körper ein zu bearbeitendes Objekt ist.

3 KÖRPER IST ARBEITSMATERIAL
(machen, bearbeiten/verarbeiten/damit arbeiten, feilen, Rohmaterial, schleifen, formen)

> Wenn du nicht ständig daran denkst und daran *arbeitest* (Adrian, 190f.)
> die Art und Weise, wie ich *mit* meinem Körper *arbeite* (Rainer, 480)
> Finde ich es schön, mit meinem Körper zu *arbeiten* (Rainer, 329)
> Mit dem Körper kann man alles mögliche *machen* (Adrian, 490)
> Klar muss ich ständig an mir *rumfeilen* (Adrian, 411)
> genau zu wissen, was du alles *machen* kannst und was nicht (Adrian, 514)
> seinen Körper *formen* können (Adrian, 526)
> Hast deine Ausbildung erfolgreich beendet, und da ist dein Körper eigentlich *Rohmaterial*, jetzt muss mit dem richtig *gearbeitet* werden (Adrian, 668f.)
> die Leute, die von der Schule kommen, sind meistens Püppis (...) die sehen eben aus wie *Rohmaterial*, also die müssen erstmal *geschliffen* werden (Adrian, 688ff.)
> Mit 16 kannst du noch viel *machen* mit deinem Körper, aber der hört dann irgendwann auf zu *arbeiten* der Körper, also die Knochen (Leopold, 38ff.)
> ich muss ja damit *arbeiten* (Rainer, 260)
> Leute, die einfach mit ihrem Körper *arbeiten* müssen (Stefanie, 186)
> auch mit meinem Körper weiter *arbeiten* will (Zoé, 431)
> Wenn man jetzt so früh anfängt, sind ja auch noch die Knochen weicher, also die lassen sich jetzt also besser *verarbeiten* (Zoé, 690ff.)

In den Maschinen-, Werkzeug- und Arbeitsmaterial-Metaphern verbalisieren Ballett-Tänzerinnen und -Tänzer eine Einstellung zum Körper, die ihn als Objekt erscheinen lässt. Lakoff und Johnson bezeichnen solch ein sprachliches Verhalten, körperliche Erfahrungen und Umgangsweisen zu vergegenständlichen, als „ontologische Metaphorisierung" (Lakoff/Johnson 1980: 25ff.): Der Körper wird als Substanz, Entität oder eben als Gegenstand identifiziert, wodurch er sprachlich leichter handhabbar wird. Ballett-Tänzerinnen und -Tänzer benutzen solche ontologischen Körpermetaphern auch konkret in Form von *(Gebrauchs-) Gegenstands*-Metaphern. So bezeichnen sie ihren Körper als ‚Ding' oder ‚Sache', wobei von einer ‚Sache' vor allem bezüglich einzelner Körperteile und –regionen gesprochen wird. In einem anderen Sinne von Gegenstand wird der Körper auch als *Nutzobjekt* gesehen, das heißt, als Gegenstand, der ‚ausgeschöpft' oder ‚benutzt' wird und der sich ‚abnutzt'. Eine Tänzerin, Anna, formuliert ihre Einstellung zum Körper außerdem in Worten, die ihn als quantifizierbares *Mengenobjekt* erscheinen lässt. Sie spricht vom Körper als einem Gegenstand, der aus einzelnen ‚Portionen' bestehe, von denen man ‚mehr' oder ‚weniger' haben könne, und der sich ‚reduzieren' lasse.

4 KÖRPER IST (GEBRAUCHS)GEGENSTAND

(Sache, defekt, be-/aus-/abnutzen, ausschöpfen, gebrauchen, Ding, Schäden, reduzieren, mehr/viel, Portion)

4-1 KÖRPER IST SACHE/DING

Es gibt natürlich einige *Sachen*, die ich an mir ändern würde (Rainer, 700)
Vor der Knie*sache* (Rainer, 841)
Welche Funktionen so bestimmte *Sachen* haben (Zoé, 1355)
Weil ich das an meinem Körper erfahren habe, dass man viele *Sachen* überwinden kann (Zoé, 1366f.)
Auf Grund meiner Hüft*sachen* (Zoé, 1369)
da gibt es also Sportärzte und so weiter, die mindestens einmal im Jahr, wenn nicht mehrmals, bestimmte *Sachen* kontrollieren (Zoé, 124)
also die schlimmsten *Sachen* waren die Hüfte (Zoé, 142)
Dinge, die du halt anatomisch nicht mitgekriegt hast (Stefanie, 295)
Ich bin glücklich mit mir und meinem Körper, also ich leide nicht unter irgendwelchen *Dingen* (Stefanie, 654f.)
ich denke mal, Männer wissen genau, mit welchen *Dingen* die gegenüber einer Frau oder einem Mann reizen können (Zoé, 993)
ich stecke da drin in dem *Ding* (Adrian, 781)

4-2 KÖRPER IST NUTZOBJEKT

Weil du jedesmal ganz andere Muskeln *benutzt* (Adrian, 1043)
Meinen Körper kann ich viel besser *benutzen* als den Tisch (Adrian, 489)
Also der Körper ist bis zu einem gewissen Punkt *ausgeschöpft* (Leopold, 531f.)
Ich muss trotzdem gut aussehen auf der Bühne, das ist mir schon wichtig, aber jetzt für den privaten *Gebrauch*, also ist mir das egal (Leopold, 828f.)
der sich also nicht so schnell *abnutzt* (Anna, 1154)

4-3 KÖRPER IST MENGENOBJEKT

Ich habe von allem [körperliche Fähigkeiten] eine gute *Portion* bekommen (Anna, 787)
Hab mich [gemeint: die Brüste] also zu Ostzeiten richtig *reduzieren* lassen (Anna, 45)
Dass da letztendlich gar *nichts mehr* ist, das heißt, *nicht mehr* gar *so viel* (Anna, 200)

Schließlich greifen Ballett-TänzerInnen auf eine weitere ontologische Metapher zurück, um damit vor allem den dynamischen Aspekt ihrer Arbeit am und mit dem Körper zu beschreiben: die *Bauwerk-Metapher*. Bildschematischer Kern der Bauwerk-Metapher ist das Behälter-Schema, was bezogen auf den Körper bedeutet, ihn als einen spezifischen Behälter, ein Gebäude, zu sehen, das ein Außen und Innen hat, in das entsprechend etwas ,ein- oder ausgebaut' werden kann, das davor aber erst einmal ,aufgebaut' werden muss, und das auch wieder ,abgebaut' werden kann. Gerade dieses prozessuale Moment des Auf- und Abbaus scheint eine wichtige Rolle zu spielen in der Körpereinstellung von Ballett-TänzerInnen. Zumindest war der natürliche (Altern) und künstliche (Tanz) körperliche Leistungsabbau immer wieder ein Thema in den Interviews. Dies zum einen wohl deshalb, weil – was den altersbedingten Leistungsabbau angeht – er die offensichtliche Endlichkeit ihrer Existenzgrundlage bedeutet (womit wiederum Zukunftsunsicherheiten verbunden sind), zum anderen – hinsichtlich des künstlichen Leistungsabbaus –, weil ihnen die gesundheitlichen Folgen ihres Berufs bereits jetzt, zu ihrer aktiven Zeit, bewusst geworden sind.

5 KÖRPER IST BAUWERK
(abbauen, aufbauen, ausbauen, einbauen)

> Dass die Muskulatur sich viel mehr *aufgebaut* hat (Leopold, 553)
> ich bin zumindest froh, dass ich in den elf Jahren meinen Körper so *aufgebaut* habe, dass ich (...) ein bisschen so [V-förmiger Oberkörper] aussehe (Leopold, 549f.)
> Hat mein Körper ein bisschen nachgelassen und auch *abgebaut* (Anna, 572f.)
> Hat irgendein Tänzer Training gegeben, was ja dann auch nie kontinuierlich und *aufbauend* sein kann (Anna, 576f.)
> Dass ich in den zwei Jahren auf alle Fälle körperlich *abgebaut* habe (Anna, 579)
> Meine Schwestern sind alle sehr gut *gebaut* (Anna, 60)
> Irgendwelche Silikonkissen da *einzubauen* (Anna, 184)
> Da ist gar keine Möglichkeit, irgendwie eine erotische Spannung zu fühlen oder *aufzubauen* (Rainer, 471f.)

Ballett-Tänzerinnen und -Tänzer sehen ihren Körper nun nicht nur als Objekt, Ding oder Sache, sondern sprechen von ihm auch wie von einer *Person*. Den eigenen Körper zu personifizieren[20] – eine andere Form ontologischer Metaphorisierung – und von ihm in dritter Person singular zu sprechen, ist in unserer Kultur nichts Besonderes. Vermutlich ist dies ein Spracherbe des cartesianischen Körper-Geist-Dualismus, der das neuzeitliche Verständnis vom Körper als Maschine entscheidend prägte und damit auch zur Trennung von Ich und Körper beitrug. Das Spezifische an der Personifizierung des Körpers von Ballett-TänzerInnen scheint nun aber zu sein, dass sie ihn vorzugsweise als *wenig geliebte Person* sehen. Zwar betonen sie durchwegs, dass ihnen ihr Körper wichtig sei und sie ihn auch mögen, wobei sich letzteres weniger auf den ‚ganzen' Körper bezieht als vielmehr auf einzelne Teile (den schmalen Fuß, die langen Beine, den flachen Bauch, die ‚klassische' Nase, den knackigen Po) und besondere Talente (Sprungkraft, Ausstrahlung). Aber diese Wertschätzung wird noch im selben Atemzug funktionalistisch begründet: Sie mögen ihren Körper, *weil* er das Werkzeug ist, mit dem sie ihren Lebensunterhalt verdienen; ihr Körper ist ihnen wichtig, *weil* sie ohne ihn gar nicht tanzen könnten. Leistet der Körper diese Funktion nicht (mehr) – und Kritik am eigenen Körper zu üben, scheint für Ballett-TänzerInnen etwas Alltägliches und Selbstverständliches zu sein –, wird ihm auch sogleich die Liebe entzogen. Meines Erachtens ist diese funktionalistische Haltung zum Körper der Hauptgrund, warum die Interpretation der Interviews mit den Ballett-TänzerInnen zu dem – für manch einen vielleicht überra-

---

20 Personifizierung darf nicht mit Metonomy verwechselt werden: Personifizierung ist nach Lakoff und Johnson eine ontologische Metapher, in der eine Sache so bezeichnet wird, als sei sie eine Person, um sie dadurch (besser) zu verstehen: ‚diese *Theorie erklärt* überhaupt nichts', ‚das *Leben* hat mich *betrogen*'. Eine Metonomy ist demgegenüber der Gebrauch eines Ausdrucks, der für einen anderen steht: ‚Er liest gerne *Heidegger*' (statt: Bücher von Heidegger), ‚die *Süddeutsche* schreibt' (statt: dieser oder jener Autor der Süddeutschen Zeitung schreibt) (vgl. Lakoff/Johnson 1980: 33-40).

schenden – Ergebnis führt, dass sie eine wenig positive oder freudige Körpereinstellung zu haben scheinen.

B KÖRPER IST WENIG GELIEBTE PERSON

Eine Form der Personifizierung ihres Körpers, die Ballett-Tänzerinnen und -Tänzer
vornehmen, ist, ihn als *widerspenstiges Alter Ego* zu beschreiben. Sie sprechen von
ihrem Körper als einem Gesprächspartner, der ihnen ‚sagt‘, wo seine und damit ihre
Grenzen liegen, der ihnen widerspricht, sich beschwert oder sie über seinen Zustand
informiert. Der Körper erscheint so als das Andere des Ich, als Wesen mit eigenen
Bedürfnissen und eigenem Willen. Dies kann u.U. dazu führen, dass das Ich sein
Alter Ego, den Körper, zurechtweisen und ‚anschreien‘ muss, falls der Eigenwille
des Körpers – erfahrbar vor allem als Schmerzen – zu mächtig wird.

6 KÖRPER IST WIDERSPENSTIGES ALTER EGO
(sagen – im Sinne von widersprechen, beschweren, Einhalt gebieten, nahe bringen, informieren –, anschreien; Ich vs. Körper)

> wenn er *sagt*, ‚nein, das mach ich jetzt nicht‘ (Adrian, 830)
> dass irgendwann dein Körper *sagt* ‚ne, du bist jetzt so lange auf mir rumgeritten (Adrian, 540)
> Also der *sagt* dann irgendwann ‚Jetzt ist Schluss mit der Sauferei, ich heb einfach kein Bein‘ (Adri-
> an, 654ff.)
> Der *sagt* irgendwann ‚Bin müde‘ (Adrian, 959)
> Dass man dem Ballen *sagt*, das ist nicht das, was du gelernt hast (Rainer, 138)
> also dass ich zweigeteilt bin, *also zwei Personen in mir* habe. Das eine ist der Körper und das andere
> bin ich. Und also es gibt schon eine *Kommunikation* jeden Tag zwischen uns (Rainer, 252ff.)
> nur wenn Schmerzen da sind oder irgend etwas angeschwollen ist, dann wird der jeweilige Körperteil
> dann aber auch schon gleich *angeschrien* (Rainer, 257ff.)
> Also der Körper gibt schon *Signale* und ich *empfange* die durchaus (Rainer, 570)
> Erst wenn der Körper *sagt* ‚Stopp‘, gehe ich weiter (Leopold, 300f.)

So wie der Körper in der kommunikativen Auseinandersetzung als Widerpart beschrieben wird, sprechen Ballett-Tänzerinnen und -Tänzer von ihrem Körper hinsichtlich des Trainings und der Aufführung als *Gegner* oder gar als *Feind*. Im Training ‚kämpfen‘ Ich und Körper gegeneinander, und das Ich muss sich gehörig anstrengen, um diesen Kampf zu gewinnen. Dazu greift das Ich gelegentlich auf Tricks
zurück, um seinen Kontrahenten ‚zu überlisten‘ oder zumindest ‚abzulenken‘ und so
die Arbeit fortsetzen zu können. Dies scheitert allerdings oftmals, und zwar dann,
wenn der Körper seine besten Kämpfer ins Feld schickt, die Schmerzen – und mit
Schmerzen haben sich fast alle Ballett-TänzerInnen mehr oder weniger regelmäßig
auseinanderzusetzen. Es hat den Anschein, dass gerade die Alltäglichkeit und Normalität von Schmerzen eine entscheidende Rolle spielt für die grundsätzlichere Körpereinstellung von Ballett-TänzerInnen, den eigenen Körper als Gegner zu sehen,
den es zu bekämpfen gilt.

7 KÖRPER IST GEGNER/FEIND

(dagegen arbeiten/halten, überlisten, ablenken, aggressives Verhältnis, kämpfen, gewinnen)

> Wo ich den ganzen Tag sowieso *gegen* meinen Körper irgendwie *arbeite* oder fast immer *gegen* den Körper *arbeite* (Adrian, 918f.)
>
> Das lernst du ja, den eigentlich zu *überlisten* (Adrian, 491)
>
> Manchmal musst du ihm auch (...) ein bisschen *Zuckerbrot* hingeben und dann schnell *wegrennen* irgendwie, also wie mit einem Hund, also *ablenken*, dass er ja das Richtige macht (Adrian, 491ff.)
>
> Für mich bereitet mein Beruf immer noch richtig Spaß, weil ich damit [Schmerzen] ja nicht zu *kämpfen* habe (Anna, 686f.)
>
> Du hast zu deinem Körper, wenn er nicht funktioniert, gleich natürlich auch ein *aggressives Verhältnis* (Adrian, 632)
>
> manchmal ist es ein absoluter *Kampf*, also hab ich das Gefühl, ich *kämpfe* den ganzen Tag, also der Geist *gegen* den Körper, und dass meistens der Körper *gewinnt* (Rainer, 247ff)
>
> Dass ich schon nach der ersten Runde im *Kampf* Körper Geist k.o. gehe (Rainer, 573)
>
> Da muss ich dann [gegen das Dickwerden] halt etwas *dagegen tun* (Stefanie, 226)
>
> Wenn du eine klassische Ausbildung hast, das ist eine widernatürliche Sache, weil das ist alles irgendwie *gegen* den Körper (Rainer, 579f.)

Dieser konfrontativen Einstellung dem eigenen Körper gegenüber, die in den Körpermetaphern *widerspenstiges Alter Ego* und *Gegner/Feind* zum Ausdruck kommt, korrespondiert eine weitere Haltung, in der das distanzierte Körperverhältnis metaphorisch als *Objekt von Zwängen* projiziert wird. Es sind, genauer gesagt, die Kontexte von drei Sprachbildern, in die Ballett-Tänzerinnen und -Tänzer ihre Einstellung zum Körper als einer Person, auf die Zwang ausgeübt werden müsse, einordnen. Zum einen sehen sie ihren Körper als Kind, Schüler oder, wie man allgemeiner sagen könnte, als *Sozialisand*, den es zu ‚erziehen‘ und zu ‚schulen‘ gelte. Ihr Körper war ja nicht von Geburt an der eines Ballett-Tänzers bzw. einer Ballett-Tänzerin, sondern wurde erst durch eine mehrjährige Ausbildung und fortgesetztes Training dazu erzogen. Und so wie jede Form von Erziehung (in mehr oder weniger engen Grenzen) einer Zwangsausübung gleichkommt, gilt dies natürlich auch für die Erziehung des Körpers zum Tänzerkörper. Dieser kann zwar nun manches, was ‚normale‘ Körper nicht können und worauf Ballett-TänzerInnen auch stolz sind, nur sei dieser Gewinn z.B. mit dem Verlust einer ‚natürlichen‘ Körperbewegung und mit gesundheitlichen Schäden erkauft. Damit hängt zweitens die Vorstellung zusammen, der Körper könne jederzeit ‚kontrolliert‘ und ‚beherrscht‘ werden. Der Körper wird hier als eine Art *Sklave* gesehen, der zu gehorchen habe, und der (z.B. Müdigkeit, Schmerzen) auch schon mal ‚unterdrückt‘ werde. Drittens beschreiben Ballett-Tänzerinnen und -Tänzer ihren Körper mit Worten, die ihn als ein *Opfer* erscheinen lassen, das sie ‚ausnutzen‘ und ‚ausbeuten‘.

8 KÖRPER IST OBJEKT VON ZWÄNGEN

(erziehen, schulen, kontrollieren, beherrschen, ausbeuten, ausnutzen, unterdrücken, prügeln)

8-1 KÖRPER IST SOZIALISAND

> ich meine, ich bin ja *geschult* und wir laufen nicht wie jeder normale Mensch (Rainer, 291)
>
> Da ich in Stadt X war, bin ich halt vorwiegend klassisch *erzogen* worden (Rainer, 631)

Also es ist schon die Verfeinerung des Körpergefühls da gewesen oder *geschult* (Rainer, 240f.)
Das musst du dir alles *erziehen*, (...) aber du musst das *erziehen* (Adrian, 583f.)
Weil der Körper nicht von Anfang an so *erzogen* wurde (Adrian, 697)

8-2 KÖRPER IST SKLAVE

Dass man den Körper *beherrschen* kann (Zoé, 917)
wenn jetzt ne Krankheit im Anmarsch ist, die registriere ich zwar, aber *unterdrücke* sie bewusst (Zoé, 1276f.)
es ist aber eigentlich ein Traum eines jeden Menschen, seine Befindlichkeiten im Körper unter *Kontrolle* zu haben (Zoé, 1092)
[Man muss] seinen Körper fast immer unter *Kontrolle* haben (Adrian, 513)
Kannst natürlich auch deinen Körper machen lassen, wie er so will, musst aber immer wieder die *Kontrolle* über ihn haben (Adrian, 713ff.)
aber das kann man alles *kontrollieren* (Adrian, 507)

8-3 KÖRPER IST OPFER

wenn du den immer weiter *ausraubst* (Adrian, 548)
fast immer *gegen* den Körper arbeite und ihn *ausraube* (Adrian, 920)
Ich fühlte mich unterfordert, körperlich, der [Choreograph] hätte mich richtig schamlos *ausnutzen* können (Anna, 771f.)
beim Sport ist alles viel zu rein*geprügelt* (Adrian, 554)
Das *Ausnutzen* und Fördern liegt in dem Bewegungsablauf, den er mir bietet (Anna, 788)

Die Auswertung der verschriftlichten Interviews von Ballett-Tänzerinnen und -Tänzern hat, zusammengefasst, gezeigt, dass sie zur Beschreibung ihrer Körpereinstellungen wesentlich auf acht Metaphernbereiche, sogenannte Kern- oder „Wurzelmetaphern" (Schmitt 1995), zurückgreifen. Das waren selbstverständlich nicht die einzigen von ihnen verwendeten Sprachbilder, jedoch die am häufigsten und systematischsten benutzten. Mit systematisch ist gemeint, dass diese Wurzelmetaphern nicht wahllos und unzusammenhängend nebeneinander stehen, sondern ein gemeinsames Metaphernnetz bilden, das diese acht Metaphern miteinander verknüpft. Das Metaphernnetz ist Ausdruck dafür, dass es sich bei den benutzten Metaphern nicht um bloß individuelle, sondern um *kollektive* Sprachbilder handelt. Die folgende Abbildung 3 soll dies abschließend verdeutlichen. Die fett hervorgehobenen Metaphern repräsentieren die für Ballett-Tänzerinnen und -Tänzer signifikantesten Körpereinstellungen.

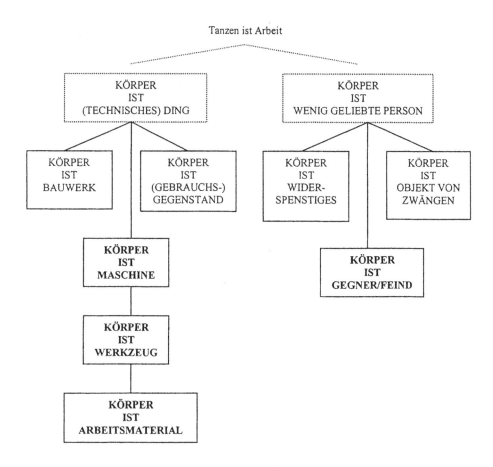

Abbildung 3: Die Körpermetaphorik von Ballett-Tänzerinnen und Ballett-Tänzern

4.2 Die Körpermetaphorik von Ordensschwestern und Ordensbrüdern

Eine milieuspezifische Prägung der Einstellungen zum Körper bei Ordensschwestern und Ordensbrüdern lässt sich bereits beim bloßen ‚Überfliegen' der transkribierten Interviews erkennen. Im Unterschied zu Ballett-Tänzerinnen und -Tänzern verwenden sie nämlich häufig den Begriff ‚Leib'[21]. In der deutschen Alltagssprache ist das Wort Leib nahezu verschwunden, und wenn es benutzt wird, dann vorwie-

---

21 Ich werde in diesem Kapitel nicht die in Teil 2 getroffene Unterscheidung von Leib und Körper aufgreifen, stattdessen nur vom Körper sprechen, weil der von mir benutzte Leib-Begriff im Gegensatz zu jenem von Ordensangehörigen keine religiös-sakrale Bedeutung impliziert (sondern auf das Spüren abzielt).

gend in einem eher negativen[22] oder aber in einem religiösen Sinne. Von daher überrascht es natürlich nicht, dass Ballett-TänzerInnen den Leib-Begriff nicht gebrauchen, hingegen Ordensleute dies wie selbstverständlich tun. Das Wort Leib ist fester
Bestandteil der Diskurs- und Sprachwelt von Ordensangehörigen. Insofern ist davon
auszugehen, dass Ordensschwestern und -brüder, wenn sie vom Leib und nicht vom
Körper sprechen, diesen religiös-theologischen Bedeutungskontext ‚im Hinterkopf‘
haben, sie also den Ausdruck ‚Leib‘ nicht Sinn-los benutzen. Das heißt, der individuelle Gebrauch des Leib-Begriffs impliziert bei Ordensangehörigen das kollektive
Wissen um die monastische Tradition in der Auseinandersetzung mit dem Körper.

Bei einer genaueren Analyse der Interviews zeigt sich der prägende Einfluss des
religiösen Feldes auf die Körpereinstellung in Form einer grundlegenden Metapher,
die durchgängig von Ordensschwestern und -brüdern gebraucht wird, und von der
aus sich weitere zentrale Körpermetaphern ableiten: KÖRPER IST GESCHENK
GOTTES. Ordensleute rekurrieren auf dieses Sprachbild insbesondere in zwei Kontexten. Zum einen sprechen sie vom Körper als Geschenk Gottes, wenn sie sozusagen das Fundament auf- bzw. vorstellen wollen, auf dem sie alles andere anordnen,
was mit dem Körper zu tun hat. Den Körper als Geschenk Gottes zu sehen, ist der
kognitive Hintergrund, vor dem es für sie erst Sinn macht, über andere Körperthe-
men zu reden. Zum Zweiten benutzen sie diese Geschenk-Metapher in Bezug auf ein
konkretes Körperthema, nämlich Sexualität. Auch Sexualität wird von Ordensschwestern und -brüdern als ein Geschenk Gottes angesehen. Darauf wurde in den
Interviews regelmäßig hingewiesen, was meines Erachtens mit der eben genannten
Funktion dieser Metapher zu tun hat, nämlich bewusst zu machen, auf welcher kognitiven Grundlage argumentiert und erzählt wird. Um nachvollziehen zu können,
welche Rolle Sexualität in einer Lebensgemeinschaft spielt, deren Angehörige das
Gelübde der Keuschheit abgelegt haben, ist es ihrem Verständnis nach unabdingbar
zu verstehen, dass Sexualität ein Geschenk Gottes (und nicht etwa Teufels Werk) ist.

Exkurs: Sexualität
Zum Thema Sexualität ist eine Anmerkung angebracht, weil sie ein weiteres Licht auf milieuspezifische Thematisierungsformen des Körpers wirft. Im Unterschied zu den Interviews mit
den Ballett-TänzerInnen, wo Sexualität ein vollkommen irrelevantes Thema war, es gerade
zweimal leicht gestreift wurde – hier stand der *Tanzkörper* eindeutig im Mittelpunkt –, nahm Sexualität in den Interviews mit den Ordensschwestern und -brüdern einen breiten Raum ein. In
sieben von acht Interviews wurde Sexualität ausführlich thematisiert, und in fünf Fällen wurde
von ihnen selbst das Gespräch darauf gebracht. Erklären lässt sich dieses Phänomen, dass Ordensleute öfters und zudem von sich aus über Sexualität redeten, vielleicht mit einer Bemerkung
Michel Foucaults, die er im Kontext seiner Auseinandersetzung mit der von ihm so genannten
„Repressionshypothese" gemacht hat. In *Sexualität und Wahrheit* (Foucault 1983) kritisiert
Foucault die gängige Hypothese, dass Sexualität seit Jahrhunderten unterdrückt worden und über
diese Unterdrückung an die Macht gebunden sei, weshalb Macht als etwas Negatives, Repressi-

---

22   Zum Beispiel: Am ganzen Leib frieren, lebendigen Leibes verbrennen, es besteht Gefahr für Leib
und Leben, sich sein Geld am eigenen Leib absparen, um Leib und Leben rennen, sich den Leib voll-
schlagen, etwas am eigenen Leib erfahren (=schmerzlich erfahren), sich etwas vom Leibe halten, jemandem auf den Leib rücken. Positive Konnotationen mit dem Leib-Begriff sind meines Erachtens
deutlich rarer; dazu zählt etwa: mit Leib und Seele etwas tun, gesegneten Leibes sein, etwas ist jemandem wie auf den Leib geschnitten.

ves angesehen werde und nicht auch als etwas Positives, Produktives. Tatsächlich sei es aber so, dass es seit dem 17. Jahrhundert zu einer zunehmenden „Diskursivierung des Sexes" gekommen sei, ja, Sexualität erst das Produkt dieser Diskursivierung sei. Mit diesem „unendlichen Reden" über den Sex sei dabei ein „Gewinn des Sprechers" verbunden, nämlich die Rückeroberung der Macht: „Wenn der Sex unterdrückt wird, wenn er dem Verbot, der Nichtexistenz und dem Schweigen ausgeliefert ist, so hat schon die einfache Tatsache, vom Sex und seiner Unterdrückung zu sprechen, etwas von einer entschlossenen Überschreitung. Wer diese Sprache spricht, entzieht sich bis zu einem gewissen Punkt der Macht, er kehrt das Gesetz um und antizipiert ein kleines Stück der künftigen Freiheit. Daher der feierliche Ernst, mit dem man heute vom Sex spricht" (ebd.: 15). Mit Foucault könnte man also sagen, dass das offensive (und z.T. durchaus auch „feierliche", ernsthafte) Sprechen der Ordensleute über Sexualität möglicherweise ihre Strategie war, entschlossen gegen die – von ihnen eventuell unterstellte – Laien-Haltung (in dem Fall: meine) anzugehen, die da lautet, Ordensangehörige unterdrücken ihre Sexualität. Der Gewinn des Sprechens über Sexualität würde für sie dann darin bestanden haben, sich in der Gesprächssituation aus der klösterlichen Repression zu befreien und die Macht über die Sexualität zumindest verbal zurückzuerobern[23].

In den Interviews zeigte sich, dass Sexualität ein ausführlich reflektiertes Körperthema ist, vielleicht das, mit welchem sich Ordensleute am intensivsten kognitiv auseinandergesetzt haben. Über Sexualität werden Ordensschwestern und Ordensbrüder im Noviziat (im Zusammenhang mit dem Keuschheitsgelübde) unterrichtet, sie ist Diskussionsgegenstand im Theologie-Studium sowie in verschiedenen ordensinternen Veranstaltungen. In der eigenen Lebensgemeinschaft selbst, das heißt, unter Mitbrüdern bzw. Mitschwestern, wird hingegen kaum über Sexualität gesprochen. Dennoch ist offensichtlich, dass und wie das z.T. jahrhundertealte klösterliche Wissen über das Thema Sexualität tradiert wird. Dieser Traditionsbestand findet sich in den verbalisierten Einstellungen zum Körper entsprechend wieder, und deshalb auch in den benutzten Sprachbildern. Sexualität (und den Körper ‚im Allgemeinen') als Geschenk Gottes zu sehen, ist offensichtlich solch ein tradiertes Sprachbild. Die von mir interviewten Ordensleute verwendeten hierfür vor allem Ausdrücke wie ‚gegeben', ‚anvertraut', ‚annehmen' oder direkt das Substantiv ‚Geschenk'.

1 KÖRPER IST GESCHENK GOTTES
(gegeben, anvertrauen, annehmen, Geschenk)

> Einen Leib hast du mir *gegeben* (S. Hildegard, 150)
> Dass unser Leib *Geschenk* ist (S. Hildegard, 172)
> Wenn ich davon ausgehe, dass die Geschlechtlichkeit oder die Sexualität dem Menschen *geschenkt* ist (P. Michael, 417)
> [Sexualität ist] eine von Gott *geschenkte* Fähigkeit (P. Michael, 419)
> alles an meinem Leib ist ja *Geschenk*, und alles an meinem Leib ist von ihm *erschaffen* (S. Hildegard, 453f.)

---

23 Auch wenn sich das „Projekt einer ‚Diskursivierung' des Sexes" in einer langen „asketischen und klösterlichen Tradition formiert" hatte und als „Geständnispflicht" seinen christlichen Ausdruck fand (Foucault 1983: 31), denke ich nicht, dass die Ordensangehörigen auf Grund eines ansozialisierten Geständniszwanges mit mir über ihre Sexualität gesprochen haben. Schließlich ist ein Interview keine Beichte. (Zu einer kritischen Auseinandersetzung mit Foucaults Buch *Sexualität und Wahrheit* siehe Giddens 1993: 28-47).

Ich sehe das schon auch als großes *Geschenk*, wenn Gott uns ein Aussehen gibt, dass nicht abstoßend wirkt (S. Hildegard, 692)

Dass es einem *anvertraut* ist, *geschenkt* ist, das Leben, Gesundheit (P. Paulus, 340)

dass ich mich [meinen Körper] *angenommen* eigentlich habe, wie ich bin (S. Larissa, 171)

[der Körper ist] was Positives, was uns *geschenkt* ist (S. Pia, 683)

etwas, was uns *geschenkt* ist und worauf wir aufpassen sollen (S. Regina, 460ff.)

Körperempfinden ist auch ein *Geschenk*, und mit Geschenken geht man besonders um (S. Regina, 883)

diese Disziplinierung des Körpers [im Tanz] ist uns *geschenkt* (S. Hildegard, 194)

Dein Leib ist ein *Geschenk* (S. Hildegard, 243)

„Euer Leib ist Euch *gegeben*, damit Eure Seele sich darin wohlfühle" (S. Hildegard, 246)

Gott hat mir diesen Leib *gegeben*, damit ich auch die Schönheit sinnenfällig erfahre (S. Hildegard, 372)

Davor die Augen zu verschließen, da würde ich mich selber um etwas beschneiden [um die Wahrnehmung schöner Frauen], was es gibt, und würde auch etwas nicht akzeptieren, was Gott mir *geschenkt* hat (P. Michael, 647)

Eng mit dieser Auffassung vom Körper als Geschenk Gottes ist eine zweite, grundlegende Kernmetapher verknüpft. In ihr kommt zum Ausdruck, dass Ordensschwestern und -brüder ihren Körper als *Leben* sehen. Vor dem metapherntheoretischen Hintergrund, dass eine der Funktionen von Metaphern darin besteht, abstrakte Bereiche zu konkretisieren, um sie kognitiv besser fassen zu können (vgl. Kap. 2.2), mag die Metapher KÖRPER IST LEBEN auf den ersten Blick verwundern. Eher möchte es plausibel erscheinen, den konkreten Begriff bzw. Erfahrungsbereich KÖRPER zur Spezifizierung des Abstraktums LEBEN heranzuziehen. Leben als Metapher zu betrachten, dafür spricht jedoch, dass sie im Leben von Ordensangehörigen eine fundamentale Rolle zu spielen scheint, da sie sie in die verschiedensten Erfahrungskontexte einbringen. Auf das Leben ‚als solches' – vor allem seiner Sinnhaftigkeit und Endlichkeit – wird immer wieder Bezug genommen. Hinsichtlich des Körpers zeigt sich das eben darin, dass vom Körper, der Bewegung, dem Tanz oder der Sexualität als ‚Leben' oder ‚Lebendigkeit' gesprochen wird. In einem spezifischeren Sinne, insbesondere im Zusammenhang mit der Sexualität, wird LEBEN durch Begriffe konkretisiert, die aus dem Bereich des Organismus und der Biologie entstammen, so z.B. ‚fruchtbar', ‚wachsen', ‚entwickeln', ‚organisch' oder ‚gedeihen'.

2 KÖRPER IST LEBEN

(gedeihen, wachsen, fruchtbar, vital, lebendig, organisch; spüren)

2-1 KÖRPER IST LEBEN

dem Körper zu geben, was er braucht, damit er sich wohlfühlt, dass er *gedeihen* kann (S. Larissa, 213)

ich möchte ihm [dem Körper] auch die Pflege *angedeihen* lassen (S. Larissa, 258)

und ihm auch wiederum *angedeihen* zu lassen, was jetzt auch an Linderung notwendig ist (S. Larissa, 312f.)

Wenn ich jetzt dem Körper entziehe, was er zum *Gedeihen* braucht, dann finde ich das nicht recht (S. Larissa, 328)

oder einfach zu merken, in dir stecken *Vitalitäten*, die auch *gelebt* werden möchten (P. Michael, 349)

2-2 SEXUALITÄT IST LEBEN

> Dann ist sie [Sexualität] angelegt auf jemand anderes, auf ein Gegenüber und *lebendig* und auch *fruchtbar* (P. Michael, 419)
> Meine Sexualität oder Geschlechtlichkeit soll *fruchtbar* sein (P. Michael, 424)
> also in der Begleitung von Menschen, das ist für mich auch ein Zeichen, dass ich *fruchtbar* bin, d.h. dass ich irgendwo anderen irgendwo auch ein Stück weit *Leben schenke* (P. Michael, 428)
> Das heißt, dass was in mir *lebt*, versuche ich auch umzusetzen (P. Michael, 430)
> Es müssen Bereiche da sein, wo deutlich wird, ich bin *fruchtbar* (P. Michael, 432)
> es gibt auch ganz andere Umgangsformen, wo Sexualität *gelebt* werden kann (P. Michael, 450)
> Dass das [Sexualität] einfach *lebendig* ist (P. Ludwig, 810)

2-3 BEWEGUNG/TANZ IST LEBEN

> Dass man auch erfährt, wie *organisch* eine Bewegung *wachsen* kann und sich *entwickelt* (S. Hildegard, 195)
> „bewegt Euch mit Freude, und jede Bewegung ist *Leben*" (S. Hildegard, 245)
> für mich war Tanz auch Dank und Gebet, war auch wieder *Leben*, inneres *Leben* (S. Hildegard, 354)

Die Leben-Metapher gebrauchen Ordensschwestern und Ordensbrüder auch für die Versprachlichung ihrer Einstellung zu einem Aspekt von Körperlichkeit – in meinem Sinne: von Leiblichkeit –, der von den Ballett-Tänzerinnen und -Tänzern nur sporadisch angesprochen wurde: das Spüren[24]. Das Besondere an der Metapher SPÜREN IST LEBEN ist dabei, dass Ziel- und Quellbereich, wie die Begriffe links bzw. rechts vom IST in der Metapherntheorie genannt werden (vgl. Kap. 2.2), austauschbar sind, was sonst nicht der Fall ist (der Körper wird als Geschenk Gottes gesehen, umgekehrt aber nicht Geschenke Gottes als Körper). *Sich* spüren, heißt für Ordensangehörige, das *Leben* spüren; das *Leben* erfahren wiederum heißt, es zu spüren, und das heißt, *sich* zu spüren. Spüren und Leben werden hier offensichtlich als identisch angesehen, die metaphorische Übertragung ist in beide Richtungen möglich.

2-4 SPÜREN IST LEBEN

> Wenn man spürt, es ist wieder *Leben* in einem (S. Hildegard, 556)
> überall hin, wo ich meine Gedanken schicke [in der Eutonie], *spüre* ich auch das Leben (S. Hildegard, 452)
> Wo ich es genieße, es *lebt* noch vieles *in mir*, Gott sei Dank (P. Michael, 625)
> oder auch diese *Fruchtbarkeit*, um das Wort von vorhin aufzugreifen, also dass *etwas in mir lebt* und dass es dann auch *fruchtbar* werden kann (P. Michael, 637)
> Dieses *Mannsein* spüren ist sicherlich, dass so Phantasien einfach da sind oder bestimmte Körperregungen einfach, wo *ich* merke, ja, das *lebt in mir* (P. Michael, 649f.)

---

24 Und wenn bei Ballett-TänzerInnen vom Spüren die Rede war, dann wurde es mitunter als etwas bezeichnet, das mit dem Körper gar nichts zu tun habe, sondern mit der Seele oder dem Geist. So meint z.B. Stefanie, dass der Wind, den sie beim Reiten spüre, keine körperliche Erfahrung sei: „Das [den Wind spüren] is aber nicht körperlich finde ich /I: Sondern?/ das hat damit ja nichts zu tun, auch wenn du den Wind spürst oder so dass - ich find das tut ja der Seele gut deinem Geist /I: Hmh/ da achtest du nicht auf dein - weniger auf deinen Körper. Wenn ich was weiß ich in der Sonne liege und mich entspanne oder im Schatten sitze und n Buch lese und mir Wind durchs Haar fährt oder so /I: Hmh/ Das is alles - das bezieh ich nicht körperlich das is für mich geistig" (Stefanie, 623-628).

Na einfach spüren, Leben *spüren* (P. Ludwig, 520)
Ich dusche mich kalt, also warm und dann aber letztendlich kalt, weil ich weiß dann, ich bin richtig *lebendig* (S. Regina, 558f.)
Dieses *Potenzial* spüren, was ich in mir habe an *Leben* (S. Regina, 831)

In den beiden Metaphern vom Körper als Geschenk Gottes sowie vom Körper als Leben äußert sich die grundlegende Körpereinstellung von Ordensangehörigen. Die weiteren, am häufigsten benutzten Metaphern lassen sich in zwei Gruppen aufteilen (wobei eine Metapher in beide Gruppen platzierbar ist, jedoch mit unterschiedlichem Themenbezug): In der einen Gruppe (A) finden sich Metaphern, die eine *positive* Körpereinstellung zum Ausdruck bringen, in der anderen (B) solche, die eine eher *negative* Haltung dem Körper gegenüber verbalisieren.

A KÖRPER IST POSITIVUM

Im Kontext der eben angeführten Leben-Metapher steht eine Metaper, in der sich eine positive Einstellung von Ordensleuten zu ihrem Körper äußert: Ordensschwestern und -brüder sehen ihren Körper als *Lebenspartner*, ‚mit' dem sie bewusst zusammen ‚leben', den sie ‚ernst nehmen', indem sie z.B. auf seine Beschwerden ‚antworten' statt sie zu ignorieren, und dem auch schon mal ‚gut zugeredet' wird. Sie versuchen, mit ihrem Körper ‚im Einklang' zu leben und eine gute ‚Partnerschaft' mit ihm zu führen. In diesen Sprachbildern kommt eine Wertschätzung des Körpers zum Ausdruck – wie auch z.B. in der Bezeichnung des eigenen Körpers als einer vornehmen Dame, einer ‚Lady' –, die sich so in den Interviews mit den Ballett-TänzerInnen kaum findet. Ballett-TänzerInnen sehen ihren Körper zwar auch als Partner, allerdings als einen, gegen den es anzukämpfen gilt. Ordensschwestern und Ordensbrüder hingegen vermitteln eine Haltung dem Körper gegenüber, die ihn als gleichberechtigten, anerkannten und wertgeschätzten Körper erscheinen lässt. Es scheint nahe liegend, dass dies Ausdruck der grundsätzlichen Einstellung ist, der Körper sei ein Geschenk Gottes. Wenn der Körper Geschenk Gottes ist, ist jeder Ordensangehörige wohl dazu verpflichtet, dieses Geschenk anzunehmen, zu achten und mit ihm zu leben. (Dass der Körper im alltäglichen Leben von Ordensleuten nicht nur der geliebte Partner ist, darauf komme ich weiter unten zu sprechen.)

3 KÖRPER IST LEBENSPARTNER
(sagen, antworten, mit ihm leben, ernst nehmen, Gespräch, Partnerschaft, Einklang)

dass ich versuche, *mit* meinem Körper zu *leben* und ihn nicht zu verdrängen (S. Pia, 704)
Bewusst *mit* dem Körper *leben* (S. Pia, 706)
Auch meinen Körper *ernst zu nehmen* (S. Pia, 452)
Schau ich früh in den Spiegel und *rede* ihm manchmal gut *zu*. (...) Dass ich ihm *sag* ja Gott, Du >Paulus<, (2) „Streich Deine Züge glatt, versuch einmal zu lachen! Und sag dir selber was Gutes!" (P. Paulus, 414ff.)
Im Einklang zu leben mit dem Körper (S. Regina, 569)
Das ist wie in einer *Partnerschaft* (P. Michael, 620)
Ich will auch *mit* ihm [dem eigenen Körper] *leben* (P. Florian, 1013)
Wobei mein Körper eine *Lady* ist (S. Regina, 580)

Ordensangehörige unterscheiden sich in ihrer Körpereinstellung von Ballett-TänzerInnen auch dadurch, dass sie die Funktion *körperlicher Aktivitäten* in der *Herstellung eines Gleichgewichtszustandes* sehen. Körperaktivitäten wie Sport, handwerkliche oder Gartenarbeit, Fahrradfahren oder Spazierengehen betrachten sie als ‚Ausgleich' zu ihrem spirituellen Leben. Obwohl sie diesen Ausgleich als Notwendigkeit sehen, um ein seelisch-körperliches ‚Gleichgewicht' bzw. eine ‚Balance' herzustellen, konstatieren sie doch unisono, in dieser Hinsicht zu wenig aktiv zu sein. Ballett-Tänzerinnen und -Tänzer sprechen diese Funktion körperlicher Aktivitäten, einen Ausgleich herzustellen, verständlicherweise nicht an. Dies vor allem, aber nicht nur, weil sie täglich höchst intensiv mit ihrem Körper arbeiten und es daher in ihrer Freizeit vorziehen, ihrem Körper Ruhe zu gönnen. Hinzu kommt meines Erachtens außerdem, dass das Gleichgewichtsdenken bei Ballett-Tänzerinnen und -Tänzern weniger verbreitet ist als bei Ordensschwestern und Ordensbrüdern. Ohne dies durch Textstellen aus den Interviews ausdrücklich belegen zu können, weil es derer zu wenige sind, scheint es mir so zu sein, dass bei Ordensangehörigen die Haltung, Körper und Seele müssten im Gleichgewicht sein, üblicher ist als bei Ballett-TänzerInnen. Dieser Eindruck resultiert auch aus dem gelegentlichen Hinweis von Ordensleuten darauf, der Mensch müsse als „ganzer" bzw. in seiner „Ganzheit" gesehen werden, was meint, als Einheit von Seele, Geist *und* Körper.

4 KÖRPERAKTIVITÄT IST HERSTELLUNG EINES GLEICHGEWICHTSZU-STANDES

(Ausgleich, Gleichgewicht, Balance)

> Ich hab immer schon gern auch zum *Ausgleich* im Garten gearbeitet (P. Florian, 489)
> Dann weil ich sag, das [Sport] tut mir auch gut, das brauche ich zum *Ausgleich* (P. Florian, 747)
> Körper ist ja verschiedenes (...) Sachen des Sports des *Ausgleichs* (P. Florian, 485f.)
> Körperlich heißt für mich im Augenblick auch, ja seelisch fast, oder wie soll ich sagen – für mein *Gleichgewicht innerlich* (P. Florian, 767)
> Erfahre das als *Ausgleich* einfach, den Körper (S. Pia, 397)
> Ich bin eigentlich ja aufgewachsen mehr als Kopfmensch, bin immer noch mehr ein Kopfmensch. Und erfahre das deswegen als *Ausgleich* einfach den Körper, ja bewusst zu erleben (S. Pia, 522ff.)
> Ich spüre jetzt z.B. das Bedürfnis, dass ich einen *Ausgleich* brauche, frische Luft oder Gartenarbeit oder auch mal dass ich mit dem Rad wieder hinausfahre oder vielleicht mal wieder Sport mache. Das spüre ich jetzt schon, jetzt spüre ich, das brauche ich oder bräuchte einfach einen *Ausgleich* (P. Florian, 763ff.)
> Das ist für mich wichtig, dieses *Gleichgewicht*, und da denke ich, dass ich am ehesten meinen Körper spüre (P. Ludwig, 1037)
> Sondern einfach bewusst umgehen [mit Verlangen], und (...) versuche, so die *Balance* zu halten (P. Ludwig, 1339f.)

Als Positivum sehen Ordensschwestern und -brüder ihren Körper des Weiteren in Bezug auf ihre Sexualität. Sie gebrauchen dafür die Metapher ENERGIE. Sexualität wird von ihnen als eine Energie ungefähr in dem Sinne verstanden, in dem Freud von der Libido bzw. vom Sexualtrieb sowie der Möglichkeit, diesen zu „verschieben" oder zu „sublimieren", spricht (vgl. z.B. Freud 1992b,c, 1994). Sie betonen, dass Sexualität nicht mit genitaler Sexualität gleichgesetzt werden dürfe, sondern als leiblich-seelische Energie zu verstehen sei, die auf andere Menschen hin ausgerichtet sei bzw. für andere eingesetzt werden könne. Sexualität wird als ein soziales Phänomen gesehen, insofern diese Energie in den Dienst an anderen Menschen transformiert ('umgepolt') werden könne. Und vor diesem Hintergrund, dass diese leibliche 'Kraft', dieser triebhafte 'Schub' in soziale Beziehungen eingebracht werden kann, wird Sexualität als etwas Positives gesehen. Negativ wird demgegenüber gewertet, wenn die 'Spannung', die der Sexualtrieb hervorruft, nicht für den sozialen Dienst genutzt wird, stattdessen der Trieb befriedigt und damit zum bloßen 'Ventil' für die angestaute, nicht verarbeitete Energie werde.

5 KÖRPER IST ENERGIE

(Energie, Kraft, Ventil, Motor, Spannung abbauen, Schub, altern, umpolen)

5-1 SEXUALITÄT IST ENERGIE

> Und diese *Kraft*, diese Liebe, diese *Kraft* der Sexualität ist etwas, was uns, also ich meine mich in diesem Fall, schon ein *Motor*. Es ist eine *Energie*, und ich denke, was ich hier tue, ist diese *Energie* vielleicht *umpolen*. (S. Regina, 700ff.)
> ich habe sehr viel *Kraft* und *Energie* eingesetzt für Kinder anderer Menschen (S. Regina, 705f.)
> bin überzeugt, dass diese *Energie*, die in einer Beziehung ist, *umgepolt* werden kann (S. Regina, 711)
> Also dass Sexualität dann ein *Ventil* ist, um irgendeine *Spannung* abzubauen (P. Ludwig, 789)
> Sondern der *Schub* muss woanders *hingehen* (P. Michael, 681)
> ich weiß, wie viel *Energie* ich da habe, um irgendwo anders einzusetzen (S. Regina, 726)
> ich weiß, wieviel *Energie* drinnen ist im Haus und verzichte darauf zugunsten einer anderen Möglichkeit (S. Regina, 733f.)

Die Metapher KÖRPER IST ENERGIE wird von Ordensangehörigen noch in einem zweiten Themenfeld benutzt. Dieser Gebrauch zielt – im Gegensatz zum Bereich Sexualität – darauf, eine eher negative Haltung zu einem spezifischen Aspekt der Körperlichkeit zu verbalisieren, nämlich dem Altern.

B KÖRPER IST NEGATIVUM

Als eine negative körperliche Erscheinung betrachten Ordensangehörige das Älterwerden. Vor dem Hintergrund, dass der Körper als Energie- oder Kraftpotenzial gesehen wird, das in Arbeit und in Dienstleistungen für andere Menschen eingesetzt werden soll, verstehen Ordensschwestern und -brüder den Prozess des Alterns als *Energieverlust*. In jungen Jahren seien sie noch 'voller Kraft' gewesen, ohne sich darüber Gedanken zu machen. Im Laufe des Älterwerdens fragen sie sich, wofür sie ihre 'Energie' eingesetzt hätten. Sie stellen fest, dass sie in jüngeren Jahren 'fitter' waren und scheinen es zu bedauern – obwohl der altersbedingte Energieverlust als natürlich angesehen wird –, dass sie mit zunehmenden Alter nicht mehr über die gewünschten Energiereserven verfügen.

5-2 ALTERN IST ENERGIEVERLUST

Ich merk ich war schon mal fitter, ich war schon mal, hab mehr *Energie* gehabt, das spüre ich (P. Florian, 610)

Nach 15, 16, 17 Jahren im Orden kommen plötzlich auch solche Fragen „Was hab ich bis jetzt gemacht?", „Wofür hab ich meine *Kraft* eingesetzt?", „meine *Energie?*" (...) „Wofür hab ich meine besten *Kräfte* eingesetzt?" (P. Florian, 627ff.)

und es gehört auch dieses Absteigen der *Kraft* oder eben auch der Beweglichkeit zu unserem Dasein (S. Hildegard, 402f.)

Der junge Mensch braucht Gestaltungsmöglichkeiten, wo er seine *Kräfte* messen kann (P. Michael, 258)

Zwischen 25 und 30, zwischen 30 und 40 diese Jahre, sind eigentlich die guten Jahre, die *energischen* Jahre (P. Florian, 632)

wo man dann so auch mit seiner *Energie* drinsteckt, oft „wofür?" (P. Florian, 650)

Weitere leibliche Erfahrungen, die von Ordensschwestern und Ordensbrüdern als negativ bewertet werden, bezeichnen sie mit der Metapher LAST. In den Interviews finden sich vor allem zwei Erfahrungsbereiche, auf die das Substantiv Last zur sprachlichen Konkretisierung metaphorisch übertragen wird: Müdigkeit und Sexualität. Metapherntheoretischer Hintergrund hierbei ist, Müdigkeit und Sexualität als Objekte (im Sinne der ontologischen Metapher) zu verstehen. Das Bedürfnis zu schlafen wie auch das Spüren sexueller Regungen werden von Ordensangehörigen so gesehen, als seien sie schwere, ‚belastende', auf ihnen liegende Gewichte. Müdigkeit erscheint als Last, die ‚mitgeschleppt' wird, ‚beschwerlich' ist oder wie ‚Blei' auf ihnen liegt, und Sexualität als eine leibliche Regung, die ‚belastet' und die es ‚auszuhalten' gilt.

6 KÖRPER IST LAST
(Last, belasten, mitschleppen, aushalten, schwer fallen, beschwerlich)

6-1 MÜDIGKEIT IST LAST

das Aufstehen in der Frühe, das *fällt mir* im Grunde schon oft *schwer* (P. Florian, 825)

die ganze Müdigkeit ist weg, die wir vorher *mitgeschleppt* haben (S. Hildegard, 742)

die Ermüdung, also diese *Bleischwere*, das spüre ich jetzt auch manchmal in allen Gliedern (S. Hildegard, 533)

wenn man sehr müde ist, dass es sehr *beschwerlich* werden kann (S. Larissa, 343)

6-2 SEXUALITÄT IST LAST

Wo das [sexuelle Regungen/Phantasien] dann auch irgendwo ein Stück weit eine *Last* ist, insofern als das es auszuhalten gilt (P. Michael, 679)

Zu schauen oder so zu leben, dass es [sexuelle Regungen] mich nicht permanent *belastet* (P. Michael, 680)

Je mehr ich mich eigentlich darauf konzentriere und darauf schaue, ja nicht in Versuchung zu fallen, desto schwieriger und *belastender* wird es (P. Michael, 681ff.)

Der Körper ist nicht nur das Schöne, sondern auch manchmal vielleicht in dem Bereich [Sexualität] manchmal eine *Last* (P. Ludwig, 688)

Dieses Mannsein spüren ist sicherlich, dass so Phantasien einfach da sind oder bestimmte Körperregungen (...) und was manchmal auch eine *Last* sein kann (P. Michael, 649)

Hinsichtlich der Sexualität ist interessant, dass sie hier als Negativum gesehen wird, während sie in der metaphorischen Projektion als ENERGIE als Positivum aufgefasst wird. Dieser Ambivalenz liegt meines Erachtens die Unterscheidung zwischen Theorie und Praxis zu Grunde. Ordensschwestern und -brüder scheinen zum einen eine eher theoretische Einstellung zu *der* Sexualität zu haben, die durch die klösterliche Sozialisation geprägt ist und Sexualität als Kraft oder Energie erscheinen lässt, welche zum Zwecke der Arbeit und zum Dienst an anderen Menschen eingesetzt wird. Zum anderen haben sie eine Haltung zu *ihrer* Sexualität, die aus der Notwendigkeit resultiert, konkret mit den eigenen sexuellen Regungen umgehen zu müssen. In der Praxis erfahren sie ihre Sexualität eben auch als eine Last, die beschwerlich auf ihrem religiös ausgerichteten Leben liegt. Aus dieser Ambivalenz folgt, wie in der nächsten Körpermetaphorik erkenntlich werden wird, dass Sexualität mithin auch als Kampf angesehen wird.

Die *Kampf-Metapher* gebrauchen Ordensschwestern und -brüder einerseits zur Versprachlichung ihrer Einstellung zur Sexualität, andererseits in Bezug auf die leibliche Erfahrung Müdigkeit. Da Sexualität und Müdigkeit, wie gerade dargestellt, immer wieder auch durch die Last-Metapher versprachlicht werden (und vor dem Hintergrund, dass die Themensetzung in den Interviews von den InterviewpartnerInnen selbst vorgenommen wurde), stellen sie offensichtlich zwei der zentralen körperlichen Erfahrungsbereiche dar, denen gegenüber Ordensangehörige (auch) eine negative Haltung einnehmen. Angesichts ihrer klösterlichen Lebensform erscheint das allerdings wenig überraschend. Dass Sexualität ein besonderes Thema für Ordensangehörige ist, liegt auf der Hand. Gerade weil sie kein Thema in der Hinsicht sein darf, dass das Keuschheitsgelübde Ordensschwestern und Ordensbrüder auf ein sexuell (im Sinne von genital) asketisches Leben verpflichtet, erweist sich der unvermeidliche Umgang mit den eigenen sexuellen Regungen für manch Ordensangehörige/n als Belastung oder Kampf. Und dass die Müdigkeit ziemlich regelmäßig als spürbarer Widerstand auftritt, gegen den es anzukämpfen gilt, hat seinen Grund in der Struktur des klösterlichen Tagesablaufs. Der Tag beginnt für Klosterangehörige um ca. fünf Uhr morgens und endet für die meisten gegen 23, 24 Uhr und dies an sieben Tagen der Woche. Die Zeitstruktur des klösterlichen Leben bringt somit fast zwangsläufig ein ausgeprägtes Schlafbedürfnis derer mit sich, die sich an dieses Leben gebunden haben[25].

7 KÖRPER IST KAMPF

(an-/durchkämpfen, Gewalt, abwehren, dagegen angehen)

7-1 MÜDIGKEIT IST KAMPF

> Hab ich auch erst nach und nach gelernt, dass es vielleicht gesünder ist, einen Mittagsschlaf zu machen, also kurze Pause, als gegen den Schlaf *anzukämpfen* (P. Ludwig, 420)
> Und wenn dann gerade Meditationszeit ist, dass ich mit dem Schlaf *kämpfe* (P. Ludwig, 1040)

---

25 Die meisten der von mir interviewten Ordensschwestern und Ordensbrüder meinten auch, dass sie ihre Freizeit und ihren Urlaub am liebsten zum Ausschlafen und Erholen nutzen.

Ich *kämpfe* da bloß mit dem Schlaf um (P. Ludwig, 1043)

Kann ich dann wieder anders zur Arbeit hin, als wenn ich mich da so *durchkämpfe* (P. Ludwig, 1008)

7-2 SEXUALITÄT IST KAMPF

und dass ich von daher nicht sagen kann, da muss ich jetzt mit eiserner *Gewalt* irgendwie was erreichen (P. Ludwig, 811f.)

Ja nicht krampfhaft *dagegen angeht* (P. Michael, 684)

Es hat keinen Sinn, das immer nur *abwehren* zu wollen, das muss man schon auch akzeptieren (P. Paulus, 679)

Manchmal ist das [Sexualität] eben auch ein *Kampf* (P. Florian, 1150)

Das [sexuelle Regungen] ist nicht immer einfach, da muss man schon mal dagegen *ankämpfen* (S. Hildegard, 512)

Zusammenfassend lässt sich sagen, dass Ordensschwestern und Ordensbrüder zur sprachlichen Bezeichnung ihrer Körpereinstellungen acht so genannte Wurzelmetaphern verwenden. Wie bei den Ballett-TänzerInnen auch, waren das selbstverständlich nicht die einzigen Körpermetaphern, die sich in den Interviews mit ihnen ausfindig machen ließen. Allerdings handelt es sich bei diesen Wurzelmetaphern um jene Sprachbilder, die am häufigsten benutzt wurden, und die ein zusammenhängendes Metaphernnetz bilden (siehe Abbildung 4 nächste Seite). Das Metaphernnetz soll verdeutlichen, dass die von Angehörigen des religiösen Feldes ‚Kloster' benutzten Sprachbilder in einer systematischen Relation stehen. Auf Grund dieses nicht-willkürlichen Zusammenhangs der acht Metaphern weist dieses Metaphernnetz auch darauf hin, dass es sich um feldspezifische, kollektive und nicht bloß idiosynkratische Metaphern handelt.

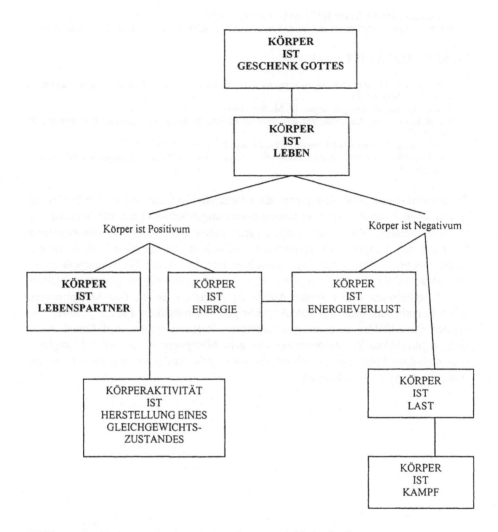

Abbildung 4: Die Körpermetaphorik von Ordensschwestern und Ordensbrüdern

4.3 Zusammenfassung

In diesem Kapitel sollte gezeigt werden, dass und wie die subjektiven Einstellungen zum Körper durch die Zugehörigkeit zu einem spezifischen sozio-kulturellen Feld geprägt sind. Die identitätstheoretische Hintergrundannahme hierbei war, dass die Körpereinstellung eine bedeutsame Rolle für die personale Identität spielt. Wie die vergleichende Metaphernanalyse ergeben hat, unterscheidet sich in der Tat die Weise, in der Angehörige eines religiösen Feldes über den Körper reden von jener, in der dies Mitglieder eines künstlerischen Feldes tun. In dem metaphorischen ‚Reden über den Körper' spiegeln sich die milieuspezifischen Körpereinstellungen wider. Und dies kann wiederum als ein Hinweis auf die Identität der interviewten Personen interpretiert werden, insofern der Gebrauch *konzeptueller* Metaphern in aller Regel unbewusst erfolgt, und die unbewusste, quasi-natürliche Verwendung bestimmter Körpermetaphern einen Hinweis auf die *Authentizität* – einem wichtigen Identitätsmerkmal – der Person gibt.

Die Körpereinstellung von *Ballett-Tänzerinnen und -Tänzern* kennzeichnet grundsätzlich zweierlei: Sie sehen ihren Körper zum einen als *technisches Ding*, zum anderen als eine *wenig wertgeschätzte Person*. Diese beiden Kernmetaphern resultieren aus dem Verständnis, das sie dem Tanzen gegenüber haben: Tanzen ist für sie harte, körperliche Arbeit, die viel Disziplin, Mühsal und Schmerztoleranz erfordert. Das Tanzen ist ihr Beruf, und dieser prägt ihre Haltung zum Körper auf umfassende Weise. Entsprechend stand in den Interviews mit den Ballett-TänzerInnen auch der *Tanz*körper im Mittelpunkt, während andere Felder des Körperlichen eher am Rande thematisiert wurden. Im Gegensatz dazu war die Bandbreite der angesprochenen Themen bei den *Ordensangehörigen* deutlich größer. Der Grund hierfür ist sicherlich darin zu sehen, dass sie im Vergleich zu den Ballett-TänzerInnen in einem weniger spezifischen körperorientierten sozialen Feld leben. Gleichwohl ist auch die Körpereinstellung von Ordensschwestern und Ordensbrüdern durch ihre Lebensform entscheidend geprägt. Die kognitive Basis ihrer Haltungen zum Körper bildet hierbei das tradierte klösterliche Wissen, wonach der Körper ein *Geschenk Gottes* sei, den es anzuerkennen und wertzuschätzen und als Aufgabe anzunehmen gilt. So wie das Leben insgesamt eine Aufgabe darstellt, deren Bewältigung mal leichter und mal schwerer fällt, sehen Ordensangehörige auch ihren Körper sowohl als Positivum wie auch als Negativum. Das Positive wie das Negative gehört zum Leben, und so überrascht es nicht, dass auch der Körper als *Leben* aufgefasst wird. Einen positiven Ausdruck findet das darin, den Körper als *Partner* zu verstehen, mit dem zusammen das *Leben* bewusst geführt wird. Auch die Sichtweise vom Körper, insbesondere der Sexualität, als *Energie*, die Leben spendend in dem Sinne ist, dass sie für den Dienst an anderen Menschen und für die Arbeit insgesamt eingesetzt werden kann, verweist auf den Körper als Positivum. Dies gilt schließlich auch für die Haltung, der aktive Umgang mit dem Körper habe die wichtige Funktion, das seelisch-körperliche *Gleichgewicht* herzustellen, weil dadurch erst die Ganzheitlichkeit des Menschen gewährleistet sei. Eine negative Einstellung zu ihrem Körper äußern Ordensangehörige in der Weise, dass sie den *Energieverlust*, der mit dem Prozess des Älterwerdens einhergeht, bedauern. Vor allem aber drückt sich die Vorstellung vom Körper als Negativum darin aus, ihn als *Last* und als Opponenten, gegen den es mithin zu *kämpfen* gilt, zu empfinden. Beide Bewertungen scheinen sich vorzugsweise auf zwei Bereiche leiblicher Erfahrung zu beschränken: der Müdigkeit und der Sexualität. Die Struktur des sozialen Feldes ‚Kloster' scheint dies nahe zu legen: Der Kampf mit dem Schlafbedürfnis ergibt sich aus dem streng reglementierten Tagesablauf im Kloster, der frühes Aufstehen und spätes Zu-Bett-Gehen mit sich bringt, die Auseinandersetzung mit den sexuellen Regungen steht in Zusammenhang mit dem beim Ordenseintritt abgelegten Gelübde der Ehelosigkeit bzw. Keuschheit.

Dieser auf den Kernmetaphern KÖRPER IST GESCHENK GOTTES und KÖR-PER IST LEBEN fußenden Ausdifferenzierung weiterer metaphorisch zum Ausdruck gebrachter Körpereinstellungen bei Ordensangehörigen steht das Metaphernnetz der Ballett-TänzerInnen gegenüber, das um die beiden Kernmetaphern KÖR-PER IST DING und KÖRPER IST WENIG GELIEBTE PERSON geknüpft ist. Ihre dinghafte Vorstellung vom Körper bringen Ballett-TänzerInnen mit Worten zur Sprache, die ihn als *Maschine, Werkzeug* und *Arbeitsmaterial* erscheinen lassen. Des Weiteren sehen sie ihn als *Gebrauchsgegenstand* sowie als *Bauwerk*. In ihren verbalisierten Einstellungen zum Körper als wenig geliebte Person scheint diese Objekthaftigkeit des Körpers ebenfalls durch. Die tägliche Arbeit mit dem Körper bedeutet nämlich auch, *gegen* ihn zu arbeiten und ihn mitunter als *Feind* zu bekämpfen. Sie sehen ihren Körper als ihr *widerspenstiges Alter Ego*, dessen eigener Wille (den es z.B. in Form von Schmerzen kundtut) gebrochen werden müsse. Der Körper habe zu gehorchen, schließlich sei er lange genug durch Ausbildung und Training erzogen worden. Der Körper von Ballett-Tänzerinnen und -Tänzern erscheint so als *Objekt von Zwängen*, als ein Gegenüber, das ausgebeutet und beherrscht werden müsse.

Liest man die metaphorisch versprachlichten Körpereinstellungen von Ballett-Tänzerinnen und -Tänzern sowie von Ordensschwestern und -brüdern auf der Folie der Leib-Körper-theoretischen Überlegungen aus Teil 2, dann lassen sich folgende Schlussfolgerungen ziehen:

- Wie die Metaphernanalyse gezeigt hat, hat die Struktur des jeweiligen sozialen Feldes (seine Normen, Werte, Traditionen, Regeln, sozialen Beziehungsmuster) einen prägenden Einfluss auf die individuellen Einstellungen zum Körper.
- Im Mittelpunkt der Auseinandersetzung mit dem eigenen Körper bei Ballett-Tänzerinnen und –Tänzern steht das Körperhaben. Durch die mehrjährige Tanzausbildung und das tägliche Training versuchen sie ihren Körper zu beherrschen und so zu perfektionieren, dass er genau das macht, was sie von ihm verlangen. Dies gelingt aber nicht immer, vor allem dann nicht, wenn der Körper in Form von Schmerzen als spürbarer Widerstand aufbegehrt. Hier wird die Verschränkung von Körperhaben und Leibsein (Plessner) bzw. von entfalteter und primitiver Gegenwart (Schmitz) offenbar: Im Schmerz fallen die Ballett-TänzerInnen auf ihr Leibsein bzw. in die primitive Gegenwart zurück. Sie sind gefangen im Hier-Jetzt, und dagegen kämpfen sie an. Diesen Kampf aber gegen das Leibsein können sie nie endgültig gewinnen.
- Nichtsdestotrotz sind die Investitionen von Ballett-TänzerInnen in ihr Körperkapital (Bourdieu) so hoch, dass sie ausreichend Identitätsgewinne, insbesondere soziale Anerkennung, abschöpfen können.
- Im Unterschied zu den Ballett-TänzerInnen hat das Leibsein bei Ordensschwestern und Ordensbrüdern auch einen deutlich positiveren Stellenwert. Dies bezieht sich vor allem auf Momente, in denen sie das Leben spüren und mit Gott in

Kontakt treten. In solchen Momenten erfahren sie sich leibhaftig gegenwärtig, und diese unleugbare Evidenz des spürbaren Hier-Jetzt-Seins interpretieren sie als positive Erfahrung.

- Ein gewissermaßen contra-intuitives Ergebnis zeigte die Metaphernanalyse in der Hinsicht, als eine der empirischen Vorannahmen darin bestand, dass Ordensangehörige ein eher distanziertes und Ballett-TänzerInnen ein eher enges und freundschaftliches Verhältnis zu ihrem Körper aufweisen. Wie die Metaphernanalyse ergab, scheint das Gegenteil der Fall zu sein: Die Ordensangehörigen haben ihrem Körper gegenüber eher die Einstellung eines freundschaftlichen Partners, während Ballett-TänzerInnen ihren Körper tendenziell als feindlichen Partner ansehen.

- Nicht zuletzt auf Grund des letztgenannten Resultats sollte sich die Fruchtbarkeit der Metaphernanalyse für die empirische Sozialforschung gezeigt haben. Von daher kann diese Arbeit als Plädoyer für eine stärkere Berücksichtigung metaphernanalytischer Instrumentarien im Rahmen qualitativer Sozialforschung verstanden werden.

5. Leib-Körper-Dimensionen personaler Identität

Nachdem im vorangegangenen Kapitel Körpereinstellungen im Mittelpunkt der Betrachtung standen, sollen nun vor allem Umgangsweisen mit Leib und Körper untersucht werden. Dies wird in der Weise geschehen, dass *formale* Leib-Körper-Dimensionen aus dem empirischen Material rekonstruiert werden. Formale Dimensionen werden hier aus zwei Gründen analysiert: Zum einen schließe ich mich damit an die in der sozialwissenschaftlichen Identitätsforschung vorherrschende Ansicht an, dass die Frage nach den konzeptionellen Bedingungen personaler Identität nicht mehr in Form inhaltlicher Bestimmungen beantwortet werden dürfe, wie das bspw. noch Erik H. Erikson getan hat, sondern durch formale, inhaltsneutrale und damit auch flexibel handhabbare Prinzipien; dies würde nicht zuletzt den konkreten Lebensbedingungen in spätmodernen Gesellschaften entsprechen (vgl. z.B. Nunner-Winkler 1987: 169, 1990: 674f.). Für eine Identitäts*theorie* wäre es ohnehin unangemessen, sich auf konkret-inhaltliche Dimensionen zu beschränken. Zum Zweiten sollen diese formalen Dimensionen personaler Identität die gruppenübergreifende Identitätsrelevanz von Leib und Körper aufzeigen. Die Beispiele aus den beiden Untersuchungsgruppen werden dann die einzelnen Kategorien mit Inhalt füllen und so eine möglichst große Bandbreite von Optionen verdeutlichen, wie diese Kategorien konkret gelebt werden können.

Aus identitätstheoretischer Perspektive ist mit diesem Kapitel insbesondere die Intention verbunden, die Gleichzeitigkeit von Leib/Körper und Selbst nachzuweisen. Da in den meisten sozialwissenschaftlichen Identitätsmodellen nach wie vor zwischen Leib/Körper und Selbst eine Trennung vollzogen wird, soll mit den folgenden Ausführungen gezeigt werden, dass der *kategoriale* Ausschluss von Leib und Körper aus dem Prozess der Identitätsbildung nicht zu rechtfertigen ist. Die Vorgehensweise in den einzelnen Unterkapiteln wird deshalb so aussehen, dass zuerst jeweils diese Gleichzeitigkeit von Leib/Körper und Selbst begründet wird. Mit ‚Selbst' werden hierbei einzelne Teilaspekte von Identität bezeichnet. Eine Person hat diesem Verständnis nach *eine* – und nicht mehrere oder eine multiple – Identität, die verschiedene Selbstaspekte (Selbstbild, Selbsterfahrung etc.) umfasst. Nach den einleitenden Bemerkungen werden unterschiedliche Gesichtspunkte der jeweiligen Leib-Körper-Dimension ausgearbeitet. Die Zitate aus den Interviews haben dabei einen eher illustrativen Charakter. Das heißt, die Interviewpassagen dienen dazu, die aus den Interviews gewonnenen Kategorien empirisch zu plausibilisieren. Damit soll nicht gesagt sein, dass sich auch jeder Gesichtspunkt in jedem Interview wiederfindet. Ein solches, auf statistische Repräsentativität abzielendes Erkenntnisziel wird in dieser Arbeit nicht verfolgt. Worum es in den folgenden Ausführungen gehen wird, ist, grundlegende Leib-Körper-Dimensionen personaler Identität aus dem vorhandenen Interviewmaterial zu rekonstruieren, die weder auf Einzelpersonen noch auf bestimmte soziale Tätigkeitsgruppen beschränkt sind. Die vier vorzustellenden Kategorien sind: Körperbild (Kap. 5.1), leiblich-körperliche Grenzerfahrung (Kap. 5.2), Leib-Körper-Kontrolle (Kap. 5.3) und Körpergeschichte (Kap. 5.4).

5.1 Körperbild

5.1.1 Körperbild als Selbstbild

Um die Identitätsrelevanz der Kategorie ‚Körperbild' darlegen zu können, sind zunächst einige begriffliche Abgrenzungen erforderlich. Das betrifft zum einen den im vorangegangenen Kapitel verwandten Terminus ‚Körpermetapher'. Mit Körpermetaphern waren Sprachbilder gemeint, die auf kognitiven Schemata aufsitzen und von Individuen in aller Regel unbewusst zur Verbalisierung ihrer Körpereinstellungen gebraucht werden[26]. Dabei handelt es sich um *kollektiv* geteilte Ausdrücke, die nicht in einem wortwörtlichen, sondern in einem übertragenen Sinn gemeint sind. Im Gegensatz dazu bezeichnen Körperbilder *individuelle*[27] *kognitiv-evaluative* Haltungen dem eigenen Körper gegenüber, die eine wörtlich zu nehmende Bedeutung haben und vom Individuum bewusst genutzt werden. Um diesen Unterschied an einem Beispiel zu verdeutlichen: „Und so glaub ich, kann ich nicht irgendwo etwas ausklammern. Alles an meinem Leib ist ja Geschenk. /I: Hmh/ Und alles an meinem Leib ist von ihm geschaffen. Und wird auch so gut sein. Es gibt nichts Minderwertiges und nichts Zweitrangiges an mir" (Schwester Hildegard, 591ff.). Schwester Hildegards Formulierung, dass alles an ihrem Leib ein „Geschenk" sei, und zwar ein

---

26 Um unbewusste Verbalisierungen handelt es sich bei konzeptuellen Metaphern. Sie waren Gegenstand der Metaphernanalyse im vorangegangenen Kapitel .4. Manifeste Metaphern werden demgegenüber wohl vorrangig bewusst verwandt (vgl. hierzu Teil 3, Kap. 2.2.2).

27 Dass und wie diese individuelle Bewertung des eigenen Körpers sozial geprägt ist, darauf komme ich weiter unten zu sprechen.

Geschenk Gottes („von ihm"), ist, wie im Kapitel 4.2 dargestellt, eine der zentralen Körpermetaphern von Ordensangehörigen. Den Leib als ein „Geschenk Gottes" zu sehen, spiegelt eine generelle, kollektiv geteilte Einstellung zum Körper in einem klösterlichen Milieu wider. Demgegenüber verweist die Aussage von Schwester Hildegard, dass es an ihr „nichts Minderwertiges und nichts Zweitrangiges" gibt, auf ein Bild von sich als Person, mit dem sie ihren Körper als gleichrangig oder gleichwertig neben Geist und Seele platziert. Dies ist zumindest eine mögliche Lesart; in ihr drückt sich eine wertende Haltung zum Körper aus. Eine andere Interpretation ergibt sich, wenn man die Formulierung „an mir" nicht im Sinne von ‚an mir als Person' versteht, sondern vor dem Hintergrund der Ich-Leib-Einheit liest. Dann nämlich bedeutet das „mir" ‚mein Leib', und daraus folgend, dass Schwester Hildegard nichts an ihrem Leib als minderwertig ansieht – etwa ihren altersbedingten Leistungsabbau oder ihre sexuellen Regungen. Ob diese zweite Lesart die zutreffendere ist, sei dahin gestellt. Wichtiger ist an dieser Stelle der Hinweis, dass sie ebenfalls den wertenden Aspekt von Körperbildern exemplifiziert. Während also Körpermetaphern kollektiv geteilte Einstellungen zum Körper bezeichnen, zielen Körperbilder auf sozial geprägte persönliche Einstellungen, Vorstellungen und Bewertungen des eigenen Körpers[28].

So wenig Körperbild mit Körpermetapher gleichgesetzt werden darf, so wenig darf es mit dem Konzept ‚Körperschema' identifiziert werden. Unter Körperschema kann man vereinfacht[29] die schematische, durch die Rückmeldung innerer und äußerer Wahrnehmungsreize gewonnene Vorstellung des Individuums von seinem eigenen Körper verstehen. Es meint die perzeptiv-motorische Wahrnehmung der eigenen Körperteile, -organe oder des gesamten Körpers. Dies deckt sich genauso wenig mit dem Verständnis von Körperbild wie dies Begriffe wie ‚Körperkonzept', ‚Körpervorstellung', ‚Körperbewusstsein' oder ‚Körperzufriedenheit' tun (vgl. als Überblick Bielefeld 1986). Da diese Termini selbst wiederum nicht eindeutig definiert sind, kommt es zwischen ihnen wie auch mit der Kategorie ‚Körperbild' an manchen Stellen zu Überschneidungen[30]. Um so notwendiger erscheint deshalb die möglichst genaue Festlegung dessen, was ‚Körperbild' hier meint. Anhand von fünf Merkmalen sollte dies gelingen: 1) Das entscheidende Kennzeichen wurde schon genannt: Das Körperbild entspricht einer *kognitiv-evaluativen Stellungnahme des Individuums zum eigenen Körper*. Mit ‚kognitiv' sind insbesondere Wahrnehmungs- und

---

28 Dass ich z.B. von mir das Bild habe, dick zu sein, ist meine persönliche Körperwahrnehmung (die eventuell vollkommen verzerrt ist), die ich gleichwohl im Rahmen der gesellschaftlich vorherrschenden Schönheitsvorstellungen von einem männlichen Körper treffe. ‚Ich bin dick' ist also ein Körperbild und keine Körpermetapher.

29 Das Konzept ‚Körperschema' weist eine Tradition auf, die bis zur Wende des 19. zum 20. Jahrhunderts zurückreicht. Entsprechend dieser langen Tradition hat sich auch sein genaues Verständnis immer wieder gewandelt. Als Überblick siehe S. Baumann (1986) und Joas (1992: 257-269). Zu Merleau-Pontys Verständnis von ‚Körperschema' siehe Teil 2, Kap. 2.2.1.

30 So etwa, wenn Mrazek körperbezogene Einstellungen unter anderem als positive oder negative Bewertungen des eigenen Körpers sowie seiner Teile und Funktionen versteht (Mrazek 1986: 227). Oder hinsichtlich des Aspekts ‚Körperzufriedenheit', insofern dieser ebenfalls ein evaluatives Moment enthält.

Vorstellungsmuster gemeint, mit ‚evaluativ' Bewertungen und Zuschreibungen. 2) Kognitiv-evaluative Stellungnahmen lassen sich grob in *positiv* und *negativ* unterscheiden, was aus der Sicht des Individuums heißt, *zufrieden* bzw. *unzufrieden* mit dem eigenen Körper zu sein. 3) Die wertende Haltung resultiert insbesondere aus den *Merkmals- oder Eigenschaftszuschreibungen* (dick, dünn, stark, grazil, sexy, ungelenk, leistungsfähig etc.), die das Individuum bezüglich seines Körpers vornimmt. 4) In die Zukunft projiziert, können sich diese Vorstellungen bzw. Körperbilder positiv als *Wünsche* oder *Träume*[31], negativ als *Befürchtungen* äußern. 5) Bei Körperbildern handelt es sich zwar um subjektive Bewertungen der eigenen Körperlichkeit, doch stellen diese keine bloßen Idiosynkrasien dar, vielmehr sind Körperbilder durch und durch *sozialen Ursprungs*.

Zunächst sei dieser letzte, gesellschaftliche Aspekt von Körperbildern an zwei Zitaten aus dem Interviewmaterial verdeutlicht. Körperbilder können unter dem *sozialen* Gesichtspunkt als normative Vorgaben verstanden werden, auf die das Individuum zur Bewertung des eigenen Körpers zugreift. Als Quellen zeichnen sich hierbei zum einen die Öffentlichkeit und die Medien aus, zum anderen konkrete Bezugspersonen.

> „Ja weil ich hab nicht wirklich n männlich ausgeprägten Körper in dem Sinne. /I: Hmh/ Weil ich hab schon teilweise weibliche Formen." (Rainer, 693ff.)
> „Denk ich mal, wenn dir jemand jeden Tag sagt du musst auf die Waage, du bist zu dick, du bist zu dick, dann bildest du dir letztendlich selber ein, dass du zu dick bist." (Zoé, 126ff.)

In Rainers Aussage, er habe keinen „wirklich männlich ausgeprägten Körper", sondern „teilweise weibliche Formen", kommt implizit zum Ausdruck, dass er eine Vorstellung davon hat, wie männliche und weibliche Körper ‚eigentlich' aussehen. Vor dem Hintergrund dieses Wissens um das Aussehen von Geschlechtskörpern (siehe hierzu auch Kap. 5.2.5) nimmt Rainer seinen eigenen Körper wahr und definiert ihn als eher nicht so männlich. In diesem Körperwissen wiederum spiegeln sich gesellschaftlich vorherrschende, körperbezogene Werte und Normen. So wie die Wahrnehmung des eigenen Körpers als attraktiv, hässlich, schlank, sportlich etc. ist auch die Wahrnehmung als männlich oder weiblich eine wertende Stellungnahme zum eigenen Körper im Rahmen der gesellschaftlich normierten Vorgaben, a) dass es genau zwei Geschlechter gibt und b) wie ein männlicher oder weiblicher Körper auszusehen hat. Dass einige dieser Sollens-Vorstellungen gesellschaftlich höher bewertet werden als andere, liegt in der ‚Natur der Sache', den Werten, mit denen im-

---

[31] Aus psychoanalytischer Perspektive bilden Wünsche und Träume bzw. Phantasien sowie Freuden den Kern des Körperbildes. So meint z.B. Michel Bernard (1980), der sich an Freuds Konzept des „libidinösen Körpers" anlehnt, das heißt, an der Vorstellung vom Körper als Quelle von Verlangen, Lust und Schmerz (ebd.: 28), dass „unser Körperbild nicht nur das Resultat unserer perzeptivmotorischen Erfahrungen ist, sondern auch und vor allem jenes unserer durch die Schwankungen auf Grund von Wünschen, Freuden und Träumen geschärften sexuellen Sensibilität" (ebd.: 66). Weil Träume und „Phantasien, die unsere unbewussten Wünsche heimsuchen", im Zentrum des Körperbilds stehen (ebd.: 73), gelte es, Träume zu erzählen. Denn die Erzählung von Träumen erlaube, „das Leben unseres Körpers zu entziffern" und somit die „archaische Sprache der Phantasien des Körpers jenseits der Rationalisierungen (...) wiederherzustellen" (ebd.: 74).

mer auch eine hierarchisierende Unterscheidung einhergeht (‚schön‘ ist besser als ‚hässlich‘, ‚schlank‘ wird höher bewertet als ‚dick‘ etc.). Welches körperliche Erscheinungsbild und welche körperlichen Eigenschaften oder Merkmale dabei historisch oder kulturell jeweils am angemessensten sind, das vermitteln dem Einzelnen bspw. die Print- und Bildmedien. Vor allem Zeitschriften, Fernsehen und Kino fungieren für das Individuum als Transporteur jener Körper-Botschaften, die als sozialer Maßstab für normal und nicht-normal, schön und hässlich etc. gelten. Dieser gesellschaftlichen Infiltration von Körperbildern kann man sich kaum entziehen. Denn auch wer sich in seinem Körperumgang explizit gegen die gesellschaftlich normierten Körperbilder wendet, tut dies in Auseinandersetzung mit ihnen, steht also nach wie vor in einem – wenn auch distanzierenden – relationalen Verhältnis zu ihnen.

Während es bei Rainer vermutlich der „generalisierte Andere" (Mead) ist – kurz: ‚die‘ Gesellschaft –, der ihm das Bild von ‚männlich‘ und ‚weiblich‘ aussehenden Körpern vermittelt, sind es bei Zoé „signifikante Andere", also konkrete Bezugspersonen, die ihr sagen, dass ihr Körper den normativen Körpervorstellungen des sozialen Feldes ‚Ballett-Tanz‘ nicht genüge. Immer wieder bekommt sie zu hören, „zu dick" für eine Tänzerin zu sein. Nachdem ihr das oft genug gesagt worden ist, glaubt sie das auch. Das heißt, sie entwickelt bzw. übernimmt das ihr von ihren Bezugspersonen (v.a. Trainern und Choreographen) vorgezeichnete Körperbild, eben zu dick für eine Tänzerin zu sein. Auch Zoé bewertet damit, genauso wie Rainer, ihren Körper nicht ‚von sich heraus‘, sondern auf der Grundlage eines sozial normierten Körperbildes. Es sind ihr soziales Umfeld und die in diesem vorherrschenden Vorstellungsmuster und Wertmaßstäbe, die ihr eigenes Körperbild entscheidend prägen (siehe hierzu auch Teil 2, Kap. 3.2).

Genau genommen aber spricht Zoé in dem angeführten Zitat weniger von dem Bild, das sie von ihrem Körper hat, als vielmehr von ihrem *Selbst*bild. Sie sagt: „dann bildest du dir letztendlich selber ein, dass du zu dick bist", wobei sie mit dem Pronomen ‚du‘ sich meint, ‚du‘ m.a.W. für ‚ich‘ steht. Zoé sagt also nicht, ‚mein Körper ist zu dick‘, sondern ‚ich bin zu dick‘. Mit dieser Gleichsetzung von ‚mein Körper‘ mit dem ersten (oder wie hier: zweiten) Personalpronomen steht Zoé nicht allein. Ganz im Gegenteil, handelt es sich hierbei um eine – jedenfalls in unserer Kultur – sehr gebräuchliche Redewendung, die als sprachliche Übersetzung der konkreten, gelebten Ich-Leib-Einheit angesehen werden kann (vgl. Teil 2, Kap. 2.1.1).

Meines Erachtens kann man dieses ‚ich‘ als einen Indikator für die *Gleichbedeutung von Körperbild und Selbstbild* betrachten. Den eigenen Körper als sportlich, ungelenk, sexy, grazil, konditionsstark oder kraftvoll anzusehen und damit nicht zugleich *sich* als Person zu sehen, die diese Eigenschaften hat, erscheint wenig plausibel. Eine wertende Stellungnahme zum eigenen Körper impliziert vielmehr auch eine wertende Stellungnahme zum eigenen Selbst (was vice versa natürlich *nicht* der Fall sein muss, und es oft auch nicht ist). Dies scheint jedenfalls dann der Fall zu sein, wenn man *nicht* zwischen Körper und Selbst trennt, sondern den Körper als Teil des Selbst auffasst. ‚Ich bin unsportlich‘ ist dann eine Aussage, die sich nicht nur auf den eigenen Körper bezieht, sondern auch auf das eigene Selbst. Es ist anzunehmen, dass im Regelfall eine negative Stellungnahme zum eigenen Körper mit einer negativen Selbstbewertung einhergeht. Diese muss natürlich nicht die ‚ganze' Person treffen in dem Sinne, dass, wer das negative Bild von sich hat, zu dick zu sein, sich als Person insgesamt abwertet. Dies schon allein aus dem Umstand, dass das Dicksein keine Stellungnahme zum Körper als Ganzem ist bzw. sein muss. Darüber hinaus ist auch eine negative Beziehung zwischen Körper- und Selbstbild vorstellbar: Eine negative Bewertung des eigenen Körpers kann mit einer positiven Selbstbewertung korrelieren (‚Ich bin nicht schön, aber klug.'). Meine These ist jedoch, dass empirisch die positive Korrelation zwischen Körper- und Selbstbild deutlich häufiger vorliegt, dass also die positive Stellungnahme zum eigenem Körper (bzw. einem Aspekt oder Teil von ihm) mit einer positiven Stellungnahme zum eigenen Selbst (bzw. einem Aspekt oder Teil von ihm) zusammengeht und umgekehrt. Um diese These zu plausibilisieren, seien einige Beispiele zur Körperzufriedenheit – die hier, wie oben gesagt, als Teilaspekt der Kategorie ‚Körperbild' verstanden wird – angeführt.

> „Ich sach mal, an mein Aussehen musste ich mich sicherlich gewöhnen, es war für mich schwierig, ähm mich mit der Tatsache vertraut zu machen, äh dass ich zum Beispiel Haare verliere. Ich mag vor allem bei Frauen äh gerne schönes langes volles Haar. Und äh hab auch selber äh viele Haare gehabt. Und als es dann begann, licht zu werden, und immer lichter zu werden, war das für mich schon ne kleine Krise. (...) das kratzte also irgendwo an mein Selbstbewusstsein (...)." (Pater Michael, 580-603).
> „Aber eine körperliche Schwäche anzuerkennen, denk ich, ja, braucht immer noch sehr viel Energie. Zu sagen ‚Das ist nun mal jetzt einfach so'. /I: Hmh/ Und dann bin ich auch unzufrieden, wenn ich ne körperliche Schwäche hab." (Schwester Pia, 792-796)
> „(...) ich hab von allem n bißchen was. Ich kann gut springen, und äh ich kann auch recht gut drehen und ähm, ja, ich kann auch mein Bein halten wo immer er [der Choreograph] das möchte, oder ähm (2) also ich hab von allem, ne gute Portion bekommen, da kann ich mich nicht beklagen." (Anna, 1034-1041).
> „Also ich mag meinen Körper so wie er ist. Das einzige, worauf ich stolz bin, ist, dass ich nicht so [wie ein Hänfling] aussehe, sondern etwa so [V-förmiger Oberkörper]." (Leopold, 768-770)

Bei dem Aspekt der Körperzufriedenheit geht es um die Frage, ob jemand ein eher positives oder ein eher negatives Bild von seinem Körper hat. Dass es hierbei einen Zusammenhang zwischen der Wertschätzung des eigenen Körpers und einer positiven Selbsteinschätzung bzw. der Nicht-Wertschätzung des Körpers und einem negativen Selbstbild gibt, dürfte offensichtlich sein. Als Kriterien (bzw. Themenfelder) für die Art des Zusammenhangs zwischen Körper- und Selbstbild wurden in den Interviews dabei insbesondere das *Aussehen* bzw. das *ästhetische Erscheinungsbild, Leistungsfähigkeit, Gesundheit* und *Wohlbefinden* sowie der *Vergleich mit anderen* genannt (zu letzterem siehe den nachfolgenden Abschnitt 5.1.2). Bei Pater Michael bspw. ist es das körperliche Erscheinungsbild, mit dem er unzufrieden ist, und das für ihn einer persönlichen Krise gleichkommt. Der Ausfall seiner Haare zerstört nicht nur sein positives Körperbild – seine Wertschätzung voller Haare –, sondern ist für ihn gleichbedeutend mit einem Anschlag auf sein Selbstbewusstsein. Einen ähnlichen Zusammenhang zwischen negativer Körper- und Selbstzufriedenheit formuliert Schwester Pia. Teil ihres positiven Körperbildes scheint ihre körperliche

Leistungsfähigkeit zu sein. Anzuerkennen, dass sie von diesem Körperbild Abstand nehmen und körperliche Schwächen akzeptieren muss, fällt ihr schwer. Die Wahrnehmung ihrer reduzierten körperlichen Leistungsfähigkeit hat entsprechende negative Auswirkungen auf ihre Selbstzufriedenheit: Sie ist mit sich unzufrieden wegen ihrer körperlichen Schwäche. Im Unterschied zu Pater Michael und Schwester Pia zeigt sich in den Schilderungen von Anna und Leopold ein Zusammenhang zwischen positiver Körper- und Selbstzufriedenheit[32]. Anna ist mit sich als Tänzerin zufrieden, weil sie „gut springen", „gut drehen" und ihr Bein schön halten kann. Und Leopold ist stolz auf sich, weil sein Oberkörper eine Form hat, die ihm gefällt. Anna und Leopold ziehen aus der Wertschätzung körperlicher Fähigkeiten und Eigenschaften den Gewinn einer positiven Selbsteinschätzung.

Der Zusammenhang von Körperbild und Selbstbild bzw. Körper- und Selbstzufriedenheit kann selbstredend auch die umgekehrte Richtung aufweisen: Das Körperbild kann auch *Folge* des Selbstbildes sein. So meinte z.B. Pater Florian, „(...) ich gefalle mir dann nicht, wenn ich z.B. äh, wie gesagt, mit mir net zufrieden bin. Da schaue ich mich eher von der Seite an, also jetzt, da hab ich n anderen Blick auf- da schau ich mich auch anders an" (Pater Florian, 2004-2008). Bei Pater Florian, und er steht damit mitnichten alleine, resultiert aus der Unzufriedenheit mit sich selbst – hervorgerufen etwa durch ein unbefriedigendes Arbeitsergebnis – eine kritischere Wahrnehmung seiner selbst, die wiederum zu einer negativen Bewertung seines Körpers führt.

Die Identitätsrelevanz der Kategorie ,Körperbild' zeigt sich, so wurde bisher gesagt, wesentlich daran, dass der (Nicht-) Wertschätzung des eigenen Körpers eine (Nicht-) Wertschätzung des eigenen Selbst korrespondiert. Körperbild und Selbstbild korrelieren. Anhand zweier weiterer Gesichtspunkte lässt sich das konkretisieren. Dies betrifft zum einen das Moment der *sozialen Anerkennung*. Wie das folgende Zitat zeigt, ist die Gleichbedeutung von Körper- und Selbstbild oftmals vermittelt über die Anerkennung von anderen, vor allem von engen Bezugspersonen.

> „Bis jetzt bin ich mit meinem Körper noch relativ- also ne, eigentlich zufrieden. Also ich selber finde und hab mal gesagt, ((lachend)) also zu meinem Partner, dass ich schöne Beine hab. Was er mir niemals gesagt hat. ((lacht)) Ja, aber mir hundert andere Leute gesagt haben. Und ähm, das fand ich immer ganz schrecklich, dass er mich, gar nicht so genau angeguckt hat, ja." (Anna, 1199-1205).

Anna weiß zwar ihre Beine wertzuschätzen, und hat auch schon von anderen Leuten gehört, schöne Beine zu haben, doch fehlt ihr die Anerkennung einer ihrer engsten Bezugspersonen, ihrem Lebenspartner. Offensichtlich ist sie trotz ihres positiven Körperbildes nicht völlig zufrieden mit sich (als Frau), weil ihr diese Anerkennung versagt bleibt. Verallgemeinert man das, lässt sich sagen, das Körperbild bedarf –

---

32 Aus der Zusammenstellung dieser vier Interviewzitate pauschal zu schlussfolgern, dass Ordensangehörige mit sich und ihrem Körper unzufrieden, Ballett-TänzerInnen hingegen zufrieden seien, würde der empirischen Realität widersprechen. Wie die Metaphernanalyse in Kapitel 4 gezeigt hat, ist eher das Gegenteil der Fall.

zumindest von Fall zu Fall – der Bestätigung durch signifikante Andere, um Teil eines ‚rundherum' positiven Selbstbildes zu werden.

Der zweite Gesichtspunkt bezieht sich auf die Frage, welche *subjektive Bedeutung* dem einzelnen Körperbild beigemessen wird. Handlungstheoretisch und als Frage formuliert: Welche Praxis folgt aus dem Körperbild bzw. welche Handlungsprogrammatik verknüpft das Individuum mit seinem Körperbild? Diese Fragen nach der subjektiven und damit auch praktischen Bedeutung von Körperbildern stellen in Rechnung, dass die *Identitätsrelevanz der verschiedenen Körperbilder von unterschiedlichem Gewicht* ist. Denn es ist klar, dass nicht jede wertende Stellungnahme zu einem Aspekt oder einer Eigenschaft des eigenen Körpers per se identitätsrelevant ist, vielmehr divergieren diese Bewertungen in ihrer Bedeutung für die personale Identität. Ob man die eigene Nase als zu groß, zu breit oder nicht ‚klassisch' genug empfindet, und ob das subjektiv bedeutsamer ist als die Selbsteinschätzung, nicht ausdauernd genug zu sein, um einen Marathon zu laufen, oder sportlich zu untalentiert zu sein, um den Arbeitskollegen beim Tennis zu besiegen, das mag die unterschiedlichsten Gründe haben (die bspw. im weiteren biographischen Kontext liegen), nur werden sie eben einen unterschiedlichen subjektiven Stellenwert haben. Wie bedeutsam sie für das Selbstbild sind, kann man dann bspw. daran ablesen, wie das Individuum mit ihnen umgeht. So zeigt sich die Identitätsrelevanz eines Körperbildes etwa darin, ob die Person versucht, es zu *verändern*. Zoé z.B. erzählt von ihrem negativen Körperbild während der Pubertät, ihrer Unzufriedenheit mit sich und von ihren Bemühungen, ihr Aussehen entsprechend ihrem imaginierten positiven Körperbild zu verändern.

> „(...) das ist [in der Pubertät] sehr schwierig, dass man sich nie toll findet, also man ist immer ständig unzufrieden mit sich und seinem Körper. Und so ging's mir och. Was=was ich mich verändert hab, als, ich sag mal 14-Jährige oder sowas, ne. Da hab ich och noch nicht dazu gestanden, wie ich aussehe oder wer ich bin. (...) hab nicht gestanden zu meinem Körper, zu meinem Aussehen oder so. Ich hab mich ständig versucht zu verändern." (Zoé, 1154-1165)

Die Pubertät ist zwar eine sehr spezielle, sich durch vielfache Umbrüche auszeichnende Lebensphase, gleichwohl sind die Momente der Unzufriedenheit mit sich und dem eigenen Körper natürlich nicht auf diese biographische Zeitspanne beschränkt. Zoés Aussage, als 14-Jährige noch nicht zu ihrem Aussehen und ihrem Selbst („wer ich bin") „gestanden" zu haben, ist daher auch verallgemeinerbar. In dieser Aussage kommt nicht nur noch einmal die Gleichbedeutung von Körper- und Selbstbild zum Ausdruck, sondern auch, dass die Unzufriedenheit mit dem eigenen Körper und dem Selbst subjektiv so bedeutsam sein kann, dass dies Veränderungspraktiken zur Folge hat. Zoé jedenfalls sagt, sie hätte versucht, sich, was vermutlich meint: ihren Körper, zu verändern. Durch dieses konkrete Tun gewinnt die Unzufriedenheit mit dem Körper unschwer eine andere subjektive Bedeutung – bzw. drückt eine andere, gewichtigere Bedeutung aus – als dies der Fall wäre, wenn das negative Körperbild nicht durch Handlungen korrigiert würde.

In dem Zitat von Zoé kommt implizit ein Aspekt zur Sprache, auf den ich weiter unten näher eingehen werde, weil er für die mit Körperbildern verbundene Identitätsproblematik besonders wichtig ist: das Verhältnis von Ideal- und Realbild. Gewissermaßen als Hinführung dazu ist der nachfolgende Abschnitt zu verstehen, in dem ein anderer Aspekt vertieft werden soll, der ebenfalls schon ein paar Mal gestreift worden ist: die soziale und biographische Relationalität des Körperbildes.

5.1.2 Die soziale und biographische Relationalität von Körperbildern

Mit dem Aspekt der *Relationalität* soll darauf hingewiesen werden, dass Körperbildern ein *Vergleichs*moment innewohnt. Als einen Indikator dafür kann man den im Zusammenhang mit Körperbildern häufig vorfindbaren Gebrauch der Präposition ‚zu‘ ansehen. Seinen Körper als *zu* alt, *zu* schwach, *zu* stark, *zu* steif, *zu* hässlich etc. zu bewerten bedeutet, sich bewusst oder unbewusst an einem gesellschaftlich normierten Maßstab zu orientieren, den man an den eigenen Körper anlegt. Man setzt sein Körperbild in Relation zu diesen normativen Vorgaben und bewertet in Anlehnung an sie, was bspw. eine dem Alter entsprechende körperliche Leistungsfähigkeit ist. Wie real oder imaginiert der Vergleichsmaßstab auch sein mag, man empfindet sich und seinen Körper als zu alt, zu schwach, zu steif etc. jedenfalls in Relation zu solchen (mehr oder weniger stark internalisierten) sozialen Leitbildern. Körperbilder sind somit keine Essentialismen, sondern konstituieren sich als Relationen. Diese Relationalität des Körperbildes kann nun auf zwei Ebenen stattfinden, nämlich auf einer *horizontalen* und einer *vertikalen* Ebene, wobei erstere auf einen *sozialen* bzw. intersubjektiven Vergleich abzielt, zweitere auf einen *biographischen* Vergleich. Aus identitätstheoretischer Perspektive geht es hier damit um den Aspekt, dass sich *Identität qua Differenzerfahrungen* herausbildet.

Den *sozial-horizontalen Vergleich* kann das Individuum am generalisierten Anderen in einem weiteren (Werbung, Film) und engeren Sinne (sozialen Gruppen) sowie an signifikanten Anderen (konkreten Bezugspersonen) vollziehen. Für das Selbstbild und die Identität scheinen dabei die Abgrenzungsbemühungen zu anderen sozialen Gruppen und zu Personen, die man kennt, von besonderer Bedeutung zu sein.

> „Ich hab wahrscheinlich ein engeres Verhältnis als manch andere Leute zu ihrem Körper, als irgend n normaler Mensch, der ne andere Arbeit hat, der sich nicht körperlich betätigt. /I:Hmh/ Allein weil ich mich schon tausendmal am Tag im Spiegel beobachte durch dieses Training." (Stefanie, 318-323)
> „Also Tänzer berühren sich auch im Privatleben viel öfter. Man drückt sich öfter, man hat einfach ne ganz andere Beziehung man ist lockerer, sag ich mal." (Stefanie, 654-657)
> „(...) weil ich weiß, dass ich eigentlich viel zu dünn bin fürs normale Leben, ja also, /I:Hmh/ würde mir jeder sagen." (Anna, 1273-1276)
> „Aber heute sag ich mal, hab ich ne ähm normale Konstitution. /I: Hmh/ Also wenn ich mich mit anderen vergleiche, wie häufig die erkältet sind, oder verspannt sind, oder weiß der Kuckuck was, dann denk ich mir, dann bin ich noch sehr gut." (Pater Michael, 1118-1122)

In den ersten drei Zitaten verbalisieren Stefanie und Anna ihre Abgrenzung zu den „normalen" Menschen, womit sie NichttänzerInnen meinen. Diese Abgrenzung dürfte weniger einem absichtsvollen Hervorheben oder Besserstellen gleichkommen, als vielmehr der von Bourdieu so genannten „Logik der Distinktion" (vgl. Teil 2, Kap. 3.3) entsprechen, der zufolge jedes Handeln distinktiv im Sinne von Unterscheidungen setzend ist. Folgt man den Interviewausschnitten, sind Stefanie und Anna der Ansicht, dass sie schlicht auf Grund ihres Berufes – ihrem täglichen Training, der Kontrolle im Spiegel und ihres Gewichts – sich von NichttänzerInnen unterscheiden. Ihr Körper- und Selbstbild, z.B. „lockerer" im Umgang mit anderen Menschen und dünner als der ‚Normalmensch' zu sein, resultiert aus dieser distinktiven Relation zu den anderen. (Ob dieses Selbstbild sich mit dem Fremdbild deckt, Annas und Stefanies Haltungen m.a.W. zutreffend sind, ist damit natürlich noch nicht gesagt.) Zumindest für ihre Tänzerinnen-Identität scheint diese Differenz zu der sozialen Gruppe der NichttänzerInnen von Bedeutung zu sein. Im Unterschied zu Anna und Stefanie scheint Pater Michael konkrete Personen vor Augen zu haben, von denen er sich abgrenzt. Er vergleicht seine physische Konstitution und vor allem seine Anfälligkeit für kleinere Krankheiten mit anderen Personen, die er kennt, und resümiert diesen Vergleich in Form einer positiven Selbstbewertung: „dann bin ich noch sehr gut". Dass Pater Michael hier das erste Personalpronomen ‚ich' verwendet, obwohl er davor von seinem Körper gesprochen hatte und es daher nahe gelegen hätte zu sagen, ‚mein körperlicher Zustand ist verglichen mit anderen sehr gut' o.Ä., weist einmal mehr darauf hin, dass Körper- und Selbstbild gleichbedeutend sind.

Dieses Phänomen, dass sich die Identität bzw. hier: das Selbstbild über Differenzerfahrungen herausbildet, trifft nicht nur auf Abgrenzungen zu anderen Personen(gruppen) zu, sondern auch zur eigenen Person. Im *biographisch-vertikalen Vergleich* entwirft das Individuum sein aktuales Körper- und Selbstbild in Differenz zu einem vergangenen Körper- und Selbstbild (wobei es sich bei zweiterem um ein in die Vergangenheit projiziertes, post hoc konstruiertes Körper- und Selbstbild handelt). Der biographisch-vertikale Vergleich kann sich zwar auch in die zukünftige Biographie erstrecken, bspw. als Wunsch, Hoffnung, Ängste. In den Interviews war diese Zukunftsbezogenheit allerdings nur sehr sporadisch Thema, z.B. als Wunsch, gesund bleiben zu wollen; hier wurden hauptsächlich Vergleiche mit früheren Körper- und Selbstbildern angestellt.

> „Ich merk, ich war auch schon mal fitter, ich war schon einmal- hab mehr Energie gehabt, so, das spür ich." (Pater Florian, 808f.)
> „Was ich schon sagen muss, dass damals war ich einfach auch noch sehr steif und hab mir das [das Tanzen] nicht zugetraut." (Schwester Pia, 713f.)
> „Es wird ja alles zierlich gehalten und det muss alles irgendwie fein sein. Meiner is es sowieso nie gewesen aber, der hat sich am Theater durch die Individualität einfach total verändert irgendwie. Also was heißt total verändert. Die Basis is in ihm drin, der weß och immer noch was ich will von ihm. Aber äh (2) ich seh jetzt ganz anders aus als vorher, also ich bin noch, noch kräftiger geworden hab ne andere Struktur, die Muskelstruktur is fast die gleiche aber, is intensiver geworden. Also ich bin keen Püppchen mehr." (Adrian, 922-930)

Pater Florian bewertet seine gegenwärtige körperliche Leistungsfähigkeit im Vergleich mit jener in jüngeren Jahren als weniger ‚fit' und ‚energiegeladen'; Schwester Pia hat das Bild von sich, verglichen mit heute in ihrer Jugend weniger beweglich gewesen zu sein; und Adrians Vergleich zwischen seinem momentanen körperlichen

Zustand und Aussehen mit seinem Zustand und Aussehen zur Zeit seiner Ausbildung mündet in die Stellungnahme, kein „Püppchen" mehr zu sein. Das Bild, das Pater Florian, Schwester Pia und Adrian derzeit von sich bzw. ihrem Körper (Leistungsfähigkeit, Disziplin, Aussehen) haben, gestaltet sich offensichtlich also in Relation zu dem Körper- und Selbstbild, das sie biographisch-rückblickend von sich selbst entwerfen.

Für die Ausbildung bzw. Aufrechterhaltung der personalen Identität spielen diese beiden Varianten der Relationalität von Körperbildern, der biographisch-vertikale und der sozial-horizontale Vergleich, eine wichtige Rolle obendrein unter einem speziellen Gesichtspunkt. Diese Vergleiche nämlich können zu einem Identitäts*problem* für das Individuum werden, wenn sich gewünschtes Körperbild und tatsächlicher Körper nicht decken, wenn m.a.W. Idealbild und Realbild auseinander fallen.

5.1.3 Idealbild versus Realbild

Vermutlich haben die meisten Personen mehr oder weniger konkrete Wünsche oder Bedürfnisse, wie ihr Körper aussehen, wie er sein oder was er können sollte. Vollkommen zufrieden sind wohl die wenigsten mit dem eigenen Körper. Dies hat seinen Grund, wie eben ausgeführt, in den sozialen und/oder biographischen Vergleichen mit anderen bzw. dem eigenen Körper. Der Relationalität des Körperbildes korrespondiert dabei oftmals der Vergleich zwischen einem *realistischen* und einem *idealistischen* Körperbild, der aber keineswegs bewusst erfolgen muss. Wer einigermaßen aufrichtig zu sich selbst ist, gewinnt durch den Vergleich ein Realbild vom eigenen Körper, das er/sie in aller Regel – auf Grund der vielfältigen normativen Vorgaben – mit einem Idealbild (unbewusst) abgleicht[33]. Je größer dabei die Distanz zwischen Real- und Idealbild ist, desto wahrscheinlicher ist es, dass die betroffene Person ein *Identitätsproblem* damit hat. Wer immer nur einem Idealbild hinterher jagt, wird schwerlich mit seinem Körper und damit mit sich selbst zufrieden sein (und Selbstzufriedenheit ist ein wichtiger Aspekt von Identität). Ein solches starres Fixiertsein auf ein Idealbild mag zwar empirisch eher die Ausnahme sein, gleichwohl scheint die Orientierung an Idealbildern, die ja – dem Wortsinne entsprechend – nicht zu erreichen sind, weit verbreitet zu sein. So meint Karl Haußer, dass „Menschen (..) offenbar allgemein dazu (neigen), ihre idealen Standards im Selbstkonzept und Selbstwertgefühl jeweils immer *ausreichend anspruchsvoll* zu setzen, um sie

---

33 Ich gehe davon aus, dass Individuen die Gegenüberstellung von Ideal- und Realbild im Normalfall (wenn auch unbewusst) vornehmen. Als nicht zum Normalfall zugehörig kann man bspw. magersüchtige Frauen zählen. Für magersüchtige Frauen entfällt der Konflikt zwischen Ideal- und Realbild, insofern sie kein Realbild von ihrem Körper besitzen. Während ihr Idealbild der (androgyne/geschlechtslose) Kinderkörper darstellt, ist ihre eigene Körperwahrnehmung in einem Maße verzerrt, dass ihnen jede realistische Einschätzung ihres Körpers abhanden gekommen ist. Das kann sich dann etwa in der Weise äußern, dass eine 30 Kilogramm schwere erwachsene Frau das Bild von sich hat, fett zu sein. Das Identitätsproblem magersüchtiger Frauen besteht unter dem hier angesprochenen Gesichtspunkt im Fixiert- und Orientiertsein am Idealbild des kindlichen Körpers (vgl. Gerlinghoff/Backmund 2001).

mit dem realisierten Standard *nicht* voll einzuholen" (Haußer 1995: 52; Herv.: R.G.). Haußer geht es zwar nicht um Körperbilder, doch kann man seine Einschätzung sicherlich auch auf den Körper beziehen: Menschen neigen dazu, ein ideales Körperbild zu entwerfen, das sie realistischerweise nicht einholen können. Für die Identität kann das in zweierlei Weise bedeutsam sein: Die Orientierung an einem Idealbild kann einen *positiven* Identitätseffekt haben, wenn sie als Motivation angesehen wird, sich an ein bestimmtes Ziel anzunähern, ohne es unbedingt erreichen zu müssen; sie kann aber auch einen *negativen* Identitätseffekt haben, wenn das Idealbild gerade nicht als Ideal sondern als Ziel, das erreicht werden kann und muss, betrachtet wird. Da das Scheitern in diesem Fall garantiert ist, wird dies wohl zu Identitätsproblemen führen.

In den Interviews zeigte sich diese Diskrepanz zwischen Ideal- und Realbild des Öfteren. Zur Illustration ein paar Beispiele.

> „Ich gefall mir dann nicht, wenn ich sag, zum Beispiel, jetzt merk ich aber ‚Hast zugenommen. Müsstest eigentlich schlanker sein'. Ich möchte es eigentlich, aber es waren n paar Kilo zu viel. Ich merk das belastet mich auch, is eigentlich eher ne Belastung. (...) Gut, ich trink's [das Bier.] halt einfach weil's schmeckt und ‚brauch noch was zur Beruhigung heute' oder so. Da is- das gefällt mir dann net. Aber gut, das nehm ich dann in Kauf. " (Pater Florian, 1991-2003)
> „Ähm also ich hab das [an andere Opernhäuser zu wechseln] ja schon probiert. Und natürlich je mehr Häuser schließen um so schwerer wird es n Job zu kriegen /I: Hmh/ is ja klar. /I: Hmh/ Dazu kommt noch, dass ich nich unbedingt für nen klassischen Tänzer die ideale Größe habe. Also ich bin eigentlich schon zu groß." (Rainer, 227-231)
> „(...) das war schon für mich eine schwierige Zeit [als die Haare auszufallen begannen] und ist es eigentlich heute auch noch. Wenn ich andere seh in meinem Alter, wo ich manchmal auch ein bisschen neidisch bin, wo ich denke ‚Mensch nochmal, das möchte auch noch gerne haben', aber es ist nicht so. ((lacht)) also sich damit zu arrangieren ist sehr schwer." (Pater Michael, 605-611)
> „Ich hab mir zum Beispiel immer vorgestellt, ich hätt n Reißverschluss und wenn ich den- also der fängt hier oben an am Scheitel und geht bis runter und wenn ich den zieh, dann komm ich kommt mein wahres also kommt mein wahrer Körper raus, also is alles nur Folie. /I:Hmh/ So. Und ja äh das is es aber leider nich, ne." (Adrian, 1168-1173)

In den beiden ersten Zitaten von Pater Florian und Rainer kommt das Verhältnis von Ideal- und Realbild zur Sprache, ohne dass dies explizit auf ein Identitätsproblem hinweisen würde. Pater Florian realisiert, wenn er an Gewicht zugenommen hat, und dass dies nicht unbedingt seinem Idealbild entspricht: eigentlich müsste er schlanker sein. Es stimmt Pater Florian zwar nicht besonders zufrieden, er findet es sogar belastend, zu viel zu wiegen, aber ein größeres persönliches Problem scheint das für ihn nicht zu sein. Pater Florian hat zum einen eine plausible Erklärung parat, warum er abends sich gern ein „gutes Weizen" gönnt (es beruhigt ihn), zum anderen scheint er in dieser Hinsicht großzügig mit sich selbst zu sein: Wenn das Essen und das Bier „schmeckt", dann nimmt er die Gewichtszunahme schon „in Kauf". Sein Idealbild besitzt für ihn offensichtlich keine so große subjektive Bedeutsamkeit, als dass eine Abweichung davon ein Identitätsproblem auslösen würde. Nicht viel anders stellt sich die Situation bei Rainer dar. Er wäre zwar gern an ein anderes Opernhaus gewechselt, hatte das auch probiert, weiß aber, dass sein Körper nicht dem Idealbild eines Tänzers des klassischen Balletts entspricht, weshalb er sich selbst geringe Chancen ausrechnet, an einem anderen Haus engagiert zu werden. Sein Körperbild ist realistisch genug, um es an dem im sozialen Feld ‚Klassisches Ballett' vorherrschenden Idealbild abzugleichen, ohne darunter zu leiden. Bei Rainer hat dies damit zu tun, dass er mit dem Choreographen seines Opernhauses sehr zufrieden ist, weil der ihm die Rollen zu tanzen gibt, die zu seinem „speziellen Typ" passen.

Was bei Pater Florian und Rainer deutlich wird, ist, dass das Gegenüber von Ideal- und Realbild nicht per se mit einem Identitätsproblem verknüpft sein muss. Ob z.B. das Selbstwertgefühl oder die Selbstzufriedenheit unter dieser Diskrepanz leidet, hängt allein von der *subjektiven Bedeutung* ab, die der Einzelne seinem Idealbild beimisst. Für manche Männer mögen Geheimratsecken oder gar eine Glatze zwar nicht unbedingt ihrem Idealbild entsprechen, letztlich aber unbedeutend sein. Für Pater Michael hingegen ist der Ausfall seiner Haare durchaus subjektiv bedeutsam. Sein Hinweis, dass es ihm schwer falle, sich mit seinem Haarausfall „zu arrangieren", oder, wie er im gleichen Kontext äußerte, dass es „schwierig" für ihn sei, „mich mit der Tatsache vertraut zu machen, dass ich Haare verliere", was für ihn „schon ne kleine Krise" war, deutet die Identitätsproblematik an. Pater Michaels körperorientiertes Selbstbild scheint auf Grund der subjektiv empfundenen großen Kluft zwischen Ideal- und Realbild beeinträchtigt zu sein. Eine ähnlich große Distanz zwischen Ideal- und Realbild scheint bei Adrian vorzuliegen. Mit seiner Reißverschluss-Metapher bringt Adrian zum Ausdruck, dass sein sichtbarer, realer Körper seinen „wahren", idealen Körper verdeckt. Er hat ein Idealbild eines Tänzer-Körpers, gleichzeitig aber auch das Realbild seines Körpers vor Augen – Adrian wäre gern größer und hätte lieber einen nicht ganz so sportlich-athletischen Körper, sondern z.B. längere und schlankere Beine. Dieses Idealbild sieht er in den Körpern seiner Kollegen realisiert, wie er auch sieht, welche tänzerischen Vorteile sie dadurch haben. Obwohl Adrian trotz dieser ungünstigeren körperlichen Voraussetzungen regelmäßig Solo-Rollen tanzen darf, ist er mit seinem Realbild unzufrieden. Wenn er sagt, dass es „leider nicht" möglich sei, aus seinem realen Körper heraus- und in seinen idealen Körper hineinzuschlüpfen, dann deutet das eine Unzufriedenheit mit seinem realen Körper an. Sein Realbild erscheint ihm mangelhaft im Vergleich zu seinem Idealbild, und dass dies nicht unbedingt identitätsförderlich ist, liegt auf der Hand. Hinzu kommt, dass Adrians Handlungsspielraum zur Heranführung seines Realbildes ans Idealbild naturbedingt sehr begrenzt ist – seinen athletischen Körper kann er nicht in einen grazilen Körper umwandeln. Dies unterscheidet ihn bspw. von Anna, die in Form einer Brustoperation (s.u.) auf eine denkbar radikale Weise versucht hatte, ihr Realbild an ihr Idealbild anzugleichen.

Mit dem Verhältnis von Ideal- und Realbild wurde in diesem Abschnitt explizit ein *subjektives* Moment der Kategorie Körperbild hervorgehoben. Zum Abschluss dieses Kapitels soll darum explizit auf einen *kollektiven* Aspekt eingegangen werden, nämlich die milieuspezifische Prägung von Körperbildern.

5.1.4 Milieuspezifische Körperbilder

Wenn von milieuspezifischen Körperbildern die Rede ist, dann heißt das, dass sich diese Bilder in mehreren Interviews wiederfanden, gleichwohl nicht notwendiger- weise in allen. Auch wenn sich mit anderen InterviewpartnerInnen vermutlich ande- re Körperbilder hätten finden lassen, so können die im Folgenden genannten Kör- perbilder dennoch als typisch (im Sinne der qualitativen Sozialforschung) für die beiden Untersuchungsgruppen angesehen werden, und nicht als bloße Idiosynkrasi- en. (Dies gilt auch für die milieuspezifische Prägung der drei noch folgenden Kate- gorien.)

Aus den Interviews mit den *Ballett-TänzerInnen* lassen sich zwei Aspekte rekon- struieren, die den milieuspezifischen Einfluss auf ihr Körperbild verdeutlichen. Für Ballettänzerinnen und –Tänzer ist zum einen die berufsbedingte regelmäßige Selbst- beobachtung im *Spiegel*[34]des Ballettsaals bedeutsam für die Bewertung ihres Kör- pers.

> „Das ist- ja aber das ist dann wahrscheinlich auch die Eitelkeit, die einfach, wenn man jeden Tag vor dem Spiegel arbeitet und sieht welche, Stellen einfach überhaupt nicht gehen. Wo man viel, äh Ko- stüm drüber machen müsste ((lacht)) ähm dass man selbst zufrieden ist. Dann, dann kann man, glaub ich, nich sagen, dass man seinen Körper so richtig mag." (Rainer, 398-404)
> „Und manchmal ist das eben frustrierend. Du stehst in so nem Saal, da hängt so n riesen Spiegel, und das is n super Gefühl, wenn du dich in einem beschissenen Zustand irgendwie, dahin stellst ((la- chend)), es klappt was nich und du siehst dich auch noch dabei. Und du weßt, du hast diese Sache schon hundertmal gemacht irgendwie, und heute klappt's wieder nich und, und du siehst dich dann so. Und da is irgendwas was grade kacke aussieht an dir, ob nu das Hemd n bisschen rüberhängt und du denkst ‚Oh Gott, is das ne Fettrolle' ((lacht)) oder sonst irgendwas. Und dann, dann könntest du rausgehen und auf dich eindreschen irgendwie ((lacht)). Also so geht's mir." (Adrian, 1121-1132)

Ballett-TänzerInnen überprüfen durch den Blick in den Spiegel ihr Aussehen und insbesondere ihre Bewegungen. Wie diese beiden Interviewausschnitte zeigen, kor- respondiert dem Blick in den Ballettsaalspiegel dabei vor allem ein negatives Kör- perbild. Dies hat vermutlich damit zu tun, dass – verallgemeinert – Ballett- TänzerInnen den Spiegel als Erwartungshaltung und Kontrollinstanz der Gesell- schaft symbolisieren. Konkret sind es die Erwartungen von Trainern und Choreo- graphen (neben den eigenen), die von ihnen gewusst und durch den Blick in den Spiegel auf ihre Umsetzung hin überprüft werden. Mit dieser ständigen Selbstkon- trolle geht offenbar eine kritische Selbsteinschätzung einher. Zwar äußerten sich manch Ballett-TänzerInnen auch positiv über die Funktion des Spiegels, etwa in der Weise, dass er zu einem (im Vergleich zu NichttänzerInnen) besonders engen Kör- perverhältnis beitrage. Doch größtenteils wurde vom Spiegel so wie in den beiden angeführten Zitaten gesprochen: Der Blick in den Spiegel führe fast zwangsläufig dazu, unzufrieden mit dem eigenen Körper zu sein, weil sich immer etwas finden lasse, das nicht passt oder gefällt. Wie an dem Zitat von Adrian deutlich wird, geht mit dieser negativen Körperbewertung auch ein negatives Selbstbild einher. Da sich

---

34 Der Spiegel im Ballettsaal spielt auch für die Kategorie ‚Körperkontrolle' eine wichtige Rolle (vgl. Kapitel 5.3.2).

Ballett-TänzerInnen ,naturgemäß' über ihren Körper identifizieren, liegt es auf der Hand, dass ihr negatives Körperbild mit einem negativen Selbstbild zusammenfällt (wie dies selbstredend auch für den umgekehrten Fall gilt, etwa einer tänzerisch gelungenen Vorstellung, die das Selbstwertgefühl hebt).

Der zweite Aspekt des für Ballett-TänzerInnen spezifischen Körperbildes, der sich in den Interviews finden ließ, betrifft die *Differenziertheit* ihres Körperbildes. Eine differenzierte Stellungnahme zum eigenen Körper zeigte sich insbesondere in ihren Antworten auf meine Frage, was sie an ihrem Körper mögen oder schätzen oder was ihnen an ihm gefällt. Beispielhaft dazu folgendes Zitat von Rainer.

> „Ich mag Teile von meinem Körper, ich kann mit meinem Körper leben, ich liebe sogar Teile von meinem Körper, aber mögen, das is immer so- ja, wahrscheinlich doch schon irgendwo, weil sonst wär ich wahrscheinlich- hätt ich irgendwo aufgehört mit Tanzen wenn ich ihn nicht mögen würde. Aber so richtig bewusst, dass ich sagen kann ,Ja ich mag meinen Körper'. Ja der is da, ich kann's nicht ändern. Also ich hass ihn nicht, ich kann damit leben. So richtig mögen im ganzen tu ich ihn nicht. Das Ganze so. (Rainer, 229-237) „Also ich mag meine Beine, besonders äh meine Füße. Also meine Füße liebe ich. Also meine Nase mag ich auch, aber das is ja was anderes. Ähm was ich nicht mag sind mein Becken und mein linkes Knie, weil's immer anschwillt. So, also das sind die schlimm- also das ist das Schlimmste. /I: Hmh/ Und dann mag ich noch nicht, dass ich so viel äh unnützes Bindegewebe in der Körpermitte habe, dass man meine Bauchmuskeln nicht sieht." (Rainer, 407-414)

Von Rainer ist zu erfahren, dass er seinen Körper „als ganzen" nicht so sehr mag, zumindest weniger, als er dies hinsichtlich einzelner Körperteile sagen kann. Er listet einige Körperteile auf, zu denen er eine positive Haltung hat, aber auch solche, die er negativ bewertet. Ähnlich wie Rainer äußerten sich andere seiner KollegInnen in solch einer differenzierten Form zu ihrem Körper. Zum Teil führte diese Differenzierung bis in medizinisch-physiologische Fachgebiete, etwa wenn von bestimmten Muskelgruppen die Rede war. Dieses differenzierte Körperbild ist Ausdruck der Sozialisation in dem sozialen Feld ,Ballett-Tanz'. Wie Rudolf zur Lippe gezeigt hat, ist für den Ballett-Tanz der „geometrisierte" und „parzellierte Körper" die Leitvorstellung (zur Lippe 1974, 1988). Der Körper wird für die jeweiligen Choreographien in einzelne Segmente, Bewegungen, Gesten ,zerlegt'. Diese Parzellierung bzw. Differenzierung lernt jede/r angehende Ballett-TänzerIn in einer mehrjährigen Ausbildung in Theorie und Praxis, und sie setzt sich fort im Berufsalltag. Diese Prägung führt dann eben dazu, dass die Frage nach der Bewertung des eigenen Körpers als zu undifferenziert zurückgewiesen und auf einzelne Körperpartien eingegangen wird. Die sozialisatorische Prägung zeigt sich in dem Zitat von Rainer u.a. auch daran, dass er die positive Wertschätzung seiner Nase sofort einschränkt, indem er sagt, das sei „ja was anderes". Etwas „anderes" ist seine Nase für ihn vermutlich deshalb, weil sie nichts oder nichts Primäres mit dem Tanzen zu tun hat. Das heißt, die Differenzierung, die Rainer hier offenbar vornimmt, ist die zwischen seinem Berufskörper und seinem Privatkörper. Er hatte meine Frage als an ihn als Tänzer adressiert verstanden und darum wohl gemeint, seine Nase tue hier nichts zur Sache.

Im Unterschied zu Rainer und den anderen Ballett-Tänzerinnen und –Tänzern formulierten die *Ordensschwestern und –brüder* keine solch differenzierten, auf Füße, Nase, Hände, Finger, Knie, Bauchmuskeln, Bindegewebe u.a. eingehenden Körperbilder. Sie sprachen eher vom ‚ganzen‘ Körper, was möglicherweise mit ihrem religiös motivierten, ganzheitlicheren Menschenbild zu tun hat. Ihre religiöse Lebensorientierung ist vermutlich auch ein Grund für ihr eher allgemeines Reden über den Körper. Selbst auf Fragen, was sie konkret an ihrem Körper mögen oder schätzen würden, was oder wie und warum ihnen ihr Körper gefalle oder in welcher Hinsicht sie unzufrieden mit ihm seien, ‚verpackten‘ die Ordensangehörigen ihre Antworten oftmals in Äußerungen über Körper/Leib im Allgemeinen. Dies scheint dem eingangs formulierten Verständnis, wonach Körperbilder wertende Stellungnahmen zum *eigenen* Körper bezeichnen, zu widersprechen. Meines Erachtens muss es jedoch kein Widerspruch sein, in allgemeiner Form über Leib/Körper zu sprechen, jedoch den eigenen Leib/Körper damit zu meinen. So mag der von den Ordensangehörigen vorgenommenen generalisierten Verbalisierung von Körperbildern bspw. zu Grunde liegen, dass sie (im Vergleich zu den TänzerInnen) es nur nicht gewohnt sind, ihre Körperbilder zu äußern, noch dazu einer fremden Person gegenüber; es könnte aber auch daran liegen, dass die Prägekraft der klösterlichen Sozialisation so stark ist, dass die klösterlichen Körperbilder in der Tat zu ihren persönlichen geworden sind. Die Interviews legen diesen Schluss jedenfalls nahe. Denn als durchgängiges, typisches Körperbild von Ordensschwestern und –brüdern erwies sich der *Bezug zu Gott*.

> „(...) in letzter Zeit- wir haben eine neue: Gruppe hier im Haus, das sind Osteopathen und die sind natürlich sehr: körperorientiert natürlich. Und die begeistern mich weil, für die der Körper is so offensichlich etwas, ich sag das mit Bewusstsein jetzt, etwas Heiliges und Nicht- ähm (2) Nichtwiederbringliches eigentlich sondern etwas was uns geschenkt ist und worauf wir aufpassen sollen. Das begeistert mich wirklich.“ (Schwester Regina, 609-613)
> „Ich denke mir Gott hat mir, diesen Leib gegeben damit ich auch die Schönheit mit- sinnenfällig erfahre, das das die Schönheit der Welt auch sinnenfällig erfahren kann. Dass ich mit meinen Augen eben jetzt Frühling Sommer, die Jahreszeiten erlebe und bewusst wahrnehme. /I: Hmh/ Dass ich Musik hören darf dass ich auch im Gespräch jemand verstehen kann oder-. Das alles is ja nicht selbstverständlich dass Gott uns so einen Leib ausstattet mit unseren Sinnen mit unseren- allen Möglichkeiten der der Beweglichkeit unsere Gelenkschaniere. Äh wir wir wissen ja gar nicht wie vielfältig- wir denken im Alltag nicht daran wie vielfältig und wie‘s auch in der Schrift heißt äh ähm ‚So kostbar‘ oder wie heißt‘s da mal ja also ‚So so schöngestaltig er uns gemacht hat‘, und welche Geheimnisse in unserm Leib verborgen sind.“ (Schwester Hildegard, 485-494)
> „Also ich denke mal, meine Körperlichkeit steht sehr in Be- auf jeden Fall in starker Beziehung zu Gott einfach. Also je tiefer ich Gott erfahre, desto mehr erfahre ich meinen Körper und umgekehrt. Also das is, das hängt schon irgendwo zusammen. Je mehr ich auch meinen Körper bejahe als etwas, das positiv und negativ sein kann. /I: Ja/ Aber es hat halt damit zu tun, wenn ich den Körper verneine, dann kann ich auch mich selbst nicht ganz annehmen, dann kann ich auch Gott nicht ganz annehmen. Das ist meine These so.“ (Schwester Pia, 680-689)

In den drei hier angeführten Zitaten nimmt der Allgemeinheitsgrad der Körperbilder von oben nach unten ab. Von Schwester Regina ist zu erfahren, dass sie vom Körper das Bild hat, er sei etwas „Heiliges“, „Unwiederbringliches“ bzw. ein „Geschenk“. Mit diesen positiven Attribuierungen steht Schwester Regina keineswegs allein, vielmehr handelt es sich hierbei (vor allem bezüglich der Ausdrücke „heilig“ und

„Geschenk") um für Ordensangehörige typische Bezeichnungen für den Körper (vgl. Kap. 4.2). An einer Stelle im Interview ‚übersetzt‘ Schwester Regina diese generellen positiven Werthaltungen, in denen das aus ihrer religiösen Sicht Einzigartige, Besondere des Körpers zum Ausdruck kommt, in eine persönliche Wertschätzung ihrem Körper gegenüber, indem sie sagt: „Wobei mein Körper eine Lady ist" (580). Eine Lady ist zwar weder heilig noch unwiederbringlich noch ein Geschenk, doch konnotiert das Wort Lady durchwegs mit positiven Eigenschaften. Vom eigenen Körper als einer Lady zu sprechen, vermittelt ein positives Körper- und Selbstbild.

Im Vergleich zu Schwester Regina benennt Schwester Hildegard ihre auf ihren Körper bezogenen positiven Eigenschaftszuschreibungen. Ihre positive Wertschätzung rührt z.B. daher, dass es ihr nur auf Grund ihrer körperlichen Ausstattung, konkret: ihren Sinnen, möglich ist, sich und die Welt um sie herum zu erfahren. Schwester Hildegard hat das Bild von ihrem Körper als etwas ‚Kostbares‘, und dies nicht zuletzt deshalb, weil er es ihr ermöglicht, die „Schönheit" der Natur wahrzunehmen oder mit Menschen in Kontakt zu treten. Und sie ist der Überzeugung, dass dies „nicht selbstverständlich" ist. Aus diesem Grund dankt sie Gott, der sie mit diesen besonderen Fähigkeiten und Eigenheiten geschaffen hat.

Auf diesen in Hinblick auf die Wertschätzung des eigenen Körpers engen Bezug zu Gott geht Schwester Pia noch expliziter ein. Sie hat das Bild, dass es ein wechselseitiges Bedingungsverhältnis zwischen ihrer Leiberfahrung und ihrer Gotteserfahrung gibt. Die Art und Tiefe ihrer Leiberfahrung korrespondiere mit der Art und Tiefe ihrer Gotteserfahrung und vice versa. Darüber hinaus sieht sie einen unaufhebbaren Zusammenhang zwischen ihrem Selbst-, Körper- und Gottesbild: Eine negative Haltung ihrem Körper gegenüber führe dazu, dass sie auch sich selbst sowie Gott gegenüber eine negative Haltung einnehme. Für Schwester Pia lassen sich diese drei Aspekte nicht trennen. Interessant scheint mir dabei zu sein, dass, ihren Schilderungen zufolge, Gott nicht bloß Ursache oder Quelle ihres Körper- und Selbstbildes ist, sondern umgekehrt ihr Gottesbild auch von ihrem Körper- und Selbstbild abhängt. Dass die Beziehung zu Gott Bedingung *und* Konsequenz des Körper- und Selbstbildes ist, wie im Falle von Schwester Pia, verweist damit nicht nur auf den größtmöglichen Einfluss eines religiösen Milieus auf Körper- und Selbstbild, sondern auch auf die besondere Rolle, die der *Körper* – hier in seiner evaluativen Dimension – für die Identität spielt. Verallgemeinert: Wenn die wertende Stellungnahme zum eigenen Körper (Körperbild), wie eingangs ausgeführt, gleichbedeutend ist mit einer wertenden Stellungnahme zum eigenen Selbst (Selbstbild), und wenn das Körperbild darüber hinaus die wertende Stellungnahme zur Welt prägt (hier: das Gottesbild), dann verweist dieses zirkuläre, am Körper ansetzende Verhältnis von Körper-, Selbst- und Weltbild eben auf diese besondere Rolle des Körpers für die personale Identität. Vermutlich zeigt sich die Zirkularität von Körper-, Selbst- und Weltbild und ihre Identitätsrelevanz gerade in solchen sozialen Milieus, wie etwa einem klösterlichen, in denen die in ihnen gültigen Werte eine lange Tradition aufweisen und/oder gezielt durch spezielle Sozialisationsinstanzen den Individuen vermittelt werden.

Zum Schluss dieses Kapitels sei noch auf einen Unterschied zwischen dem Ballett-TänzerInnen- und dem Klostermilieu hingewiesen. Der Unterschied macht sich an der Kategorie ‚Natürlichkeit‘ fest, genauer gesagt am Körper-als-Natur. Er lässt sich zusammenfassend auf den Punkt bringen, dass Ballett-Tänzerinnen und –Tänzer von ihrem Körper das Bild einer *künstlichen Natürlichkeit* haben, während Ordensschwestern und Ordensbrüder das Bild vom Körper als einer *religiösen Natürlichkeit* teilen. Diese Gegenüberstellung ‚hinkt‘ ein klein wenig, weil die Zitate, die sich als Belege für das Körperbild der religiösen Natürlichkeit von Ordensangehörigen finden ließen, primär nicht auf den prägenden Einfluss des klösterlichen Milieus hinweisen, sondern den des Elternhauses. Wie die nachfolgenden Interviewausschnitte zeigen, wurde das Fundament des Körperbildes der religiösen Natürlichkeit von Schwester Larissa und Schwester Hildegard im Elternhaus gelegt, endgültig gefestigt wurde es dann allerdings im Orden. Von daher halte ich es für angebracht, diese Schieflage des Vergleichs nicht als Widerlegung der These von der Milieuspezifik von Körperbildern zu verstehen, sondern als eine Ergänzung zu ihr: Am Beispiel des Körperbildes ‚religiöse Natürlichkeit‘ zeigt sich, dass eine im Elternhaus erworbene wertende Stellungnahme (nicht nur) zum Körper unter Umständen erst dann zu einem feststehenden, überzeugten Bild wird, wenn die Sekundär- oder Tertiärsozialisation in einem sozialen Feld erfolgt, in denen die Werte der Primärsozialisation geteilt werden.

„Ich bin ja auf dem Land geboren /I: Hmh/ und in einer Gegend da war noch kein fließendes Wasser und keine Elektrizität. Das wurde von draußen geholt und wenn wir gebadet wurden dann wurde Wasser heiß gemacht und dann kam einer nach dem anderen äh in in so eine Wanne und wurde gebadet also da war gar kein- (...) Dass ich da auch mit meinen Brüdern dass man da irgendwie konfrontiert worden is oder dass meine Mutter gesagt hat ‚Geh Du jetzt mal raus, jetzt kommt der dran.‘ oder so. Da kann mich- nur wenn wir Wäsche gewechselt äh haben oder zumindestens äh- das kann ich von mir sagen, dann äh sagte meine Mutter mal ‚Äh jetzt musst Du erst ein Kreuzzeichen machen.‘ Das haben wir auch getan. Wie ich später dann- dann fragte ich sie ‚Ja warum soll ich das machen?‘ /I: Hmh/ ‚Ja damit Du Deine Reinheit bewahrst.‘ hat meine Mutter dann gesagt, wie ich gefragt hab. Und das hab ich mir sehr gut gemerkt.“ (Schwester Larissa, 224-239)

„Ja also, da, war, immer eine große Natürlichkeit da. Ich kann mich noch erinnern wie meine Mutter mir gesagt hat dass jetzt noch ein Geschwisterchen kommt. Und dann hab ich gefragt ‚Wo ist denn das jetzt?‘ Dann hat se gesagt ‚Komm her.‘ und hat mich umarmt und hat gesagt ‚Schau jetzt umarmen wir‘s beide, und in mir wächst es und Du darfst dafür beten.‘ Und wenn, wenn wir dann eine Frau gesehen haben die eben auch, ein Kind erwartet hat dann hat se gesagt ‚Schau her da is auch ein Kindlein in der Frau. Ähm da sagt man die is guter Hoffnung und da musst Du eben nur auch zu Gott sagen ‚Beschütze die Frau und ihr Kind das in ihr wächst‘.‘ So hat mich meine Mutter aufge- es war eigentlich da- der Leib war auch etwas Heiliges, wenn ich so sagen kann. /I: Hmh/ Es war da eine Natürlichkeit, nicht - bin nicht prüde aufgewachsen.“ (Schwester Hildegard, 380-394)

„Erst in den letzten zwei Jahren meiner Ausbildung mit=mit Jazz und äh, na ja, dem modernen Tanz viel in Berührung gekommen, und da war ich dann aber halt schon so weit gefestigt, äh dass für mich, dass ich halt n klassisches Körpergefühl habe. /I: Und was heißt das?/ Halt vom Körpergefühl her, also ((sich selbst ironisierend, murmelnd)) ‚klassisches Körpergefühl‘, dass ich äh, mich also, da fühl ich mich zu Hause. Ich bin beim klassischen Tanz einfach zu Hause. (2) Und (2) ja das ist zwar irgendwie so ne kalte Designerwohnung, aber ich fühl mich da einfach zu Hause. (2) Weil also- is eigentlich hoch stilisiert, is halt nichts Natürliches mehr. Is schon irgendwie wie ne Designerwohnung ne, mit Chrommöbeln, also wo nichts Natur is. Äh, das is mein Zuhause. (...) Aber äh: is ja grade das, eben was mich immer noch daran reizt, jetzt diesem Kalten halt Wärme zu geben.“ (Rainer, 833-851)

Sowohl Schwester Larissa als auch Schwester Hildegard berichten von Erfahrungen aus ihrer Kindheit, die sie zusammen mit ihren Müttern gemacht haben, welche beide offensichtlich religiös waren. So bekam Schwester Larissa von ihrer Mutter vermittelt, auf körperliche Sauberkeit und Reinlichkeit (frische Wäsche) zu achten, weil diese ihre Reinheit betreffe. Die frische Wäsche symbolisierte für Schwester Larissas Mutter offenbar die Reinheit der Person, was sie durch das religiöse Symbol des Kreuzzeichens zum Ausdruck brachte. Die Natürlichkeit des Körpers – seine Unsauberkeit, gegen die es etwas zu tun gilt – wurde so für Schwester Larissa bereits in ihrer Kindheit religiös-symbolisch überhöht, und zwar mit prägendem Erfolg: „Das habe ich mir sehr gut gemerkt", sagt Schwester Larissa. Ähnlich lässt sich die Schilderung von Schwester Hildegard interpretieren. Ihre Mutter überhöhte die Natürlichkeit der Geburt religiös-symbolisch, indem sie ihre Tochter lehrte, für schwangere Frauen zu Gott zu beten, dass er diese Frauen und ihr Ungeborenes beschütze. Schwester Larissa vermittelten diese (und vermutlich ähnliche) Worte ihrer Mutter den Eindruck, der Körper sei etwas Heiliges. Diese religiöse Wertschätzung dem Körper gegenüber hat Schwester Larissa, wie auch Schwester Hildegard, seit ihrem Ordenseintritt konserviert und zu einem generellen Körperbild verfestigt.

Im Unterschied zu der religiösen Natürlichkeit von Schwester Larissa und Schwester Hildegard lässt sich Rainers Körperbild, wie er es in dem angeführten Zitat entwirft, als künstliche Natürlichkeit bezeichnen. Hierbei handelt es sich mit großer Wahrscheinlichkeit um ein explizit milieuspezifisch geprägtes Körperbild, da man wohl davon ausgehen kann, dass Rainers Eltern ihrem Sohn nicht das Bild vom Körper vermittelt hatten, der Körper sei eine „kalte Designerwohnung", die er durch Bewegung (Tanz) mit „Wärme" zu füllen habe. Wie Rainer sagt, habe er ein „klassisches Körpergefühl", das heißt, ein Körpergefühl, das durch das klassische Ballett geprägt ist. Dieses Bild ‚klassisches Körpergefühl‘ umschreibt Rainer mit den Worten, so wie er tanze, das sei alles „hoch stilisiert" und „nichts Natürliches" mehr. Der Ordo des klassischen Balletts, so könnte man sagen, habe aus seinem Tänzerkörper eine „kalte Designerwohnung" gemacht, die er, als Person, als Tänzerpersönlichkeit, mit „Wärme" zu füllen habe. Rainer ist sich also der durch den Ballett-Tanz erfolgten Transformation seines ‚natürlichen‘ Körpers in einen künstlichen Körper durchaus bewusst. Er bewertet dies offensichtlich keineswegs negativ. Insofern er nämlich sagt, *sich* in seiner künstlichen Natürlichkeit „zu Hause" zu fühlen, und die Metapher vom „Zuhause" positiv konnotiert ist, kann man wohl auch davon ausgehen, dass er damit ein positives Körper- und Selbstbild verknüpft.

5.2 Leiblich-körperliche Grenzerfahrung

5.2.1 Leiblich-körperliche Grenzerfahrung als Selbsterfahrung

Der Identitätsaspekt, der mit der Kategorie *leiblich-körperliche Grenzerfahrung* angesprochen ist, ist die *Selbsterfahrung*. Leiblich-körperliche Grenzerfahrungen sind immer auch Momente der Selbsterfahrung und als solche von besonderer Bedeutung für den Prozess der Identitätsbildung. Um diese These zu plausibilisieren, ist es zunächst notwendig zu klären, was genau mit *Grenz*erfahrung gemeint ist.

Bei dem Ausdruck ‚Grenze' handelt es sich um eine Metapher. Zum Kontext dieser Metapher gehört die Trennung zwischen innen und außen, diesseits und jenseits (vgl. Kap. 1). Entsprechend dieser Metaphernsemantik müssen auch Grenzerfahrungen leibräumlich in ein Innen und Außen differenzierbar sein. Dass dem auf einer sehr konkreten Ebene so ist, wird deutlich, wenn man den Leibbegriff von Merleau-Ponty oder Schmitz heranzieht (vgl. Teil 2, Kap. 2.1.1 und 2.2.1). Mit Merleau-Ponty und Schmitz lässt sich sagen, dass Erfahrungen, die das Individuum selbst macht[35], immer leiblich sind, und dass die Grenze des Leibes nicht deckungsgleich ist mit der Grenze des Körpers, sondern über diese hinausreichen kann. Der *leibliche Raum*[36] kann sich für eine blinde Person z.B. bis zur Spitze ihres Blindenstocks erstrecken, insofern sie damit Weghindernisse ‚erfühlt'. Der eigene Leibraum wird für den Einzelnen auch in der Weise spürbar, dass andere ihm nur bis auf eine bestimmte Entfernung oder auf eine bestimmte Weise nahe kommen dürfen; überschreiten sie diese Grenze, fühlt er sich körperlich bedroht, unangenehm berührt, eingeengt o.Ä.. Alltagssprachlich wird dieser leibliche Raum als Privatsphäre bezeichnet. Die Privatsphäre stellt für das Individuum einen den eigenen Körper unmittelbar umgebenden persönlichen Raum – im Sinne Goffmans (1983) „Territorien des Selbst" – dar, der durch eine unsichtbare Grenze geschützt ist. Ein Überschreiten dieser Grenze gestattet der Einzelne in aller Regel nur wenigen, vertrauten Personen. Wird diese Grenze verletzt, dringt also jemand oder etwas (z.B. Regen oder ein Ball, von dem man unbeabsichtigt getroffen wird) unerlaubterweise in die Privatsphäre ein, kommt dies für das Individuum einer leiblich-körperlichen Grenzerfahrung gleich. Der *körperliche* Aspekt einer solchen Grenzerfahrung besteht darin, dass es die körperliche Präsenz einer anderen Person oder der Kontakt eines Gegenstandes mit dem eigenen Körper ist, die bzw. der wahrgenommen wird; *leiblich* ist die Grenzerfahrung deshalb, weil die Nähe oder der Kontakt vom Individuum gespürt wird. Durch die Grenzverletzung drängt sich ihm der eigene Leib als Widerstand auf, etwa als Gefühl der Enge oder der Schwere.

Zu leiblich-körperlichen Grenzerfahrungen kommt es aber nicht nur im Falle des Eindringens in den persönlichen Leibraum. Dies wird deutlich, wenn man zwischen *individuell* und *intersubjektiv* zu Stande gekommenen Grenzerfahrungen unterscheidet. Betreffen letztere das Eindringen von etwas oder jemand anderem in die Privatsphäre, meint eine individuell hervorgerufene Grenzerfahrung die Wahrnehmung der eigenen Leiblichkeit ohne Zutun anderer, wie etwa im Schmerz, der Müdigkeit oder der Erfahrung körperlicher Leistungsgrenzen. Um leiblich-körperliche *Grenz*erfahrungen handelt es sich bei solchen individuellen Erfahrungen deshalb, weil auch

---

35 Neben den selbst gemachten Erfahrungen, den Selbsterfahrungen, hat der Einzelne selbstverständlich auch Teil an Erfahrungen, die nicht seine eigenen sind, ihm aber bspw. über die Medien vermittelt werden. Diese so genannten Fremd- oder Sekundärerfahrungen haben im Vergleich zu den Selbst- oder Primärerfahrungen in Gesellschaften, die sich als Informations-, Kommunikations- oder Wissensgesellschaften verstehen, deutlich an Bedeutung gewonnen.

36 Zum leiblichen Raum bzw. zum Verhältnis von Leib, Raum und Person siehe z.B. Fuchs (2000).

hier die Person die *Widerständigkeit ihres Leibes* wahrnimmt. Wenn das Bein schmerzt, man sich schlapp und ausgelaugt fühlt oder die Erfahrung macht, ein in jungen Jahren übliches Arbeitspensum nicht mehr leisten zu können, heißt das nichts anderes, als dass man seinen Leib als schmerzenden, müden oder reduziert leistungsfähigen Widerstand spürt. In diesen und ähnlichen Fällen stößt man spürbar an Grenzen.

Die Beispiele, die bisher für leiblich-körperliche Grenzerfahrungen angeführt wurden, weisen zwei Gemeinsamkeiten auf. Zum einen thematisierten sie den Leib als spürbaren Widerstand, zum anderen waren es Erfahrungen, die von den meisten vermutlich als negativ bewertet werden: Verletzung des persönlichen Leibraums, Schmerzen, Müdigkeit, Belastung. Abgesehen davon aber, dass es Personen geben wird, die solchen leiblichen Regungen auch etwas Positives abgewinnen können (bspw. Teilnehmer sado-masochistischer Rituale hinsichtlich von Schmerzerfahrungen), gibt es auch Grenzerfahrungen, denen ein positiver Wert zugeschrieben wird. In den Interviews bezogen sich positive Grenzerfahrungen auf die Themenfelder Tanz, Sport, Gotteserfahrung, Begegnungen mit anderen, Berührungen und sexuelle Regungen; Berührungen und sexuelle Regungen wurden teilweise auch als negative Grenzerfahrungen beschrieben. Als eindeutig negativ wurden Erfahrungen wie Schmerz und Krankheit, An- und Überforderungen durch Arbeit, Müdigkeit, die Wahrnehmung körperlicher Leistungsgrenzen sowie das Älterwerden geschildert. Die Unterscheidung in negative und positive Grenzerfahrungen ist subjektiv zwar sicherlich bedeutsam, identitätstheoretisch allerdings zweitrangig. Für die in dieser Arbeit anvisierte Leib-Körper-orientierte Identitätstheorie ist entscheidender, dass es sich jeweils um *Grenz*erfahrungen handelt: Im negativ bewerteten Fall äußert sich der Leib spürbar als (z.B. schwerer oder drückender) Widerstand, im positiv bewerteten Fall (etwa der Lust oder Freude) als Weitung oder Leichtigkeit. *Gemeinsam ist den Grenzerfahrungen die leiblich-affektive Betroffenheit.*

Die Identitätsrelevanz leiblich-körperlicher Grenzerfahrungen ergibt sich nun daraus, dass sie gleichbedeutend sind mit der *Erfahrung des eigenen Selbst.* Denn die im unmittelbaren und ungestörten Erleben gegebene Ich-Leib-Einheit löst sich im Falle einer Grenzerfahrung auf, und das Ich bzw. Selbst wird sich seiner Leiblichkeit spürbar bewusst. Es wird gewissermaßen mit sich selbst konfrontiert, indem es seine Leiblichkeit realisiert. Es erfährt *sich* selbst. Im Schmerz, der Begierde oder Überanstrengung handelt es sich um eine *reflexive*, selbstkonfontative Erfahrung, durch die sich das Individuum seiner selbst gewahr wird. Diese Selbsterfahrung (oder Selbstkonfrontation, Selbstthematisierung) kann dabei von unterschiedlichem Gehalt sein: Von der Selbstinfragestellung bis zur Selbstbestätigung jedenfalls reicht die Bandbreite der Selbsterfahrungen, die den in den Interviews geäußerten leiblichkörperlichen Grenzerfahrungen korrespondieren. Die Bedeutung, die einer Grenzerfahrung zugewiesen wird, ist hierbei keine rein subjektive Angelegenheit, sondern immer auch Ausdruck gesellschaftlich-kultureller Zugehörigkeit. So stellen bspw. körperliche Berührungen für Klosterangehörige eine andere Form von Selbsterfahrung dar als dies für Mitglieder eines Tanzensembles der Fall ist, da sich die diesbezüglichen feldspezifischen Normen unterscheiden (s.u., Kap. 5.2.4). Das heißt, die

Art und Weise sowie die Intensität der Auseinandersetzung mit solchen Selbsterfahrungen, die darüber entscheiden, welche Identitätsrelevanz eine leiblich-körperliche Grenzerfahrung erhält, sind auch geprägt von der Feldzugehörigkeit des Individuums.

5.2.2 Die Zeichenträchtigkeit des Körpers

In den Interviews sprachen die Befragten immer wieder davon, dass ihnen ihr Körper deutlich wahrnehmbare *Zeichen* gebe. Die Themenfelder, auf die bezogen Ordensangehörige und Ballett-TänzerInnen die Wahrnehmung von Zeichen ihres Körpers äußerten, waren insbesondere *Alter, Schmerzen* und *Krankheit.* Solche Momente, in denen sich der eigene Körper in seiner Zeichenträchtigkeit präsentiert, können aus der Sicht des betroffenen Individuums als Grenzerfahrung verstanden werden. Durch Zeichen nämlich wie etwa dem altersbedingten Spüren des Wetterumschwungs, Knieschmerzen nach dem Tanzen, der Wahrnehmung von muskulären Verspannungen, Kopf- oder Brustschmerzen etc. wird sich das Subjekt seiner Leiblichkeit bewusst, indem es auf körpereigenen Widerstand stößt und Grenzen der Belastbarkeit erfährt. Im Moment der Wahrnehmung entsprechen solche Zeichen einer Selbstkonfrontation, die das Individuum mehr oder weniger dazu zwingt, sich mit dieser leiblich-körperlichen Grenzerfahrung auseinander zu setzen. So meint z.B. Rainer, „dass ich durchaus mitbekomme, was mein Körper mir sagt und was ich ignorieren kann und was nicht" (Rainer, 285-288). Je nachdem, welche Bedeutung er dem oder den Zeichen zuweist, reagiert er darauf oder auch nicht. Bei weitem nicht jedem Schmerz wird von Ballett-Tänzerinnen und -Tänzern eine Bedeutung beigemessen, die eine Reaktion nach sich zieht (vgl. dazu auch Kap. 5.3.2). Rainer z.B. wird zwar „durchaus hellhörig, wenn ne neue Form von Schmerz sich an ner bestimmten Körperstelle etabliert" (Rainer, 1095-1097), ‚altbekannte' Schmerzen werden dagegen in aller Regel ohne viel Aufhebens und Aktionismus lediglich registriert. Das heißt, es gibt zwar durchaus Zeichen, denen keine Bedeutung beigemessen und auf die bezogen entsprechend nicht reagiert wird, was sicherlich nicht nur auf Ballett-TänzerInnen und deren alltägliche Schmerzerfahrungen zutrifft. Doch können solche Zeichen selbst wohl kaum ignoriert und als Momente der Selbsterfahrung, zu denen das Individuum in irgendeiner Weise Stellung beziehen muss, übergangen werden. Verallgemeinert und thesenhaft formuliert heißt das, der phänomenale (Erfahrungs-) Charakter spürbarer Zeichen ist in seiner Evidenz nicht zu hintergehen, der evaluative (Bewertungs-) Charakter ist abhängig von persönlichen Vorerfahrungen wie auch von sozio-kulturellen Lernerfahrungen, und ihr aktionistischer (Handlungs-) Charakter zudem situationsabhängig.

Abgesehen von den eben angesprochenen Schmerzerfahrungen der Ballett-TänzerInnen meinten die InterviewpartnerInnen beider Untersuchungsgruppen jedoch, dass sie sich mit den Zeichen, die sie verspüren, sehr wohl auseinander setzen würden. So z.B. Pater Florian, der sagt, dass er spüre, wie er jetzt, mit 40 Jahren, körperlich nicht mehr so fit sei wie noch vor 15 Jahren, was ihm bspw. bei Fahrradtouren mit jüngeren Leuten auffalle, genauso wie ihm auffalle, dass er inzwischen schneller ermüde als in jungen Jahren:

> „Aber ich ((lacht)) glaub nicht, dass ich da [beim Radfahren mit jungen Leuten] zu alt bin, aber plötzlich spür ich schon n gewissen Abstand. Körperlich merk ich dann z.B., wenn ich jetzt zu viel Termine habe oder zu viel unterwegs bin, zu viel vorbereiten muss, merk ich dann schon manchmal, dass ich müde bin" (Pater Florian, 799-803).

Pater Florian spürt sein Alter, indem er im aktuellen Vergleich mit jüngeren Leuten einen sportlichen Leistungsabstand feststellt und im Vergleich mit seinem Arbeitspensum als junger Mann erkennt, dass er früher belastbarer gewesen ist, das heißt, weniger schnell ermüdete. Pater Florian gibt diese Entwicklung zu denken. Im Interview betonte Pater Florian immer wieder, „Ich gehe jetzt halt auf die 40 zu". Es beschäftigt ihn, dass sein Körper Ermüdungserscheinungen zeigt und ihm das Gefühl gibt, nicht mehr so voller „Energie" zu sein wie früher. Das spürbare Älterwerden bedeutet für ihn, an körperliche Grenzen zu stoßen. Dadurch wird sein Selbstbild, jung und voller Energie zu sein, in Frage gestellt (s.o., Kap. 5.1.3). Die Grenzerfahrungen, die er mit seinem Alter macht, führen bei Pater Florian scheinbar nicht so sehr oder zumindest nicht primär zu einer Auseinandersetzung mit seinem Körper, als vielmehr zu einer Auseinandersetzung mit sich selbst. Er hinterfragt weniger seine körperliche Leistungsfähigkeit, sondern sich selbst als Person. Diese Gleichzeitigkeit bzw. Gleichsetzung von leiblich-körperlichen Grenzerfahrungen mit der Thematisierung des eigenen Selbst (hier: der Selbstinfragestellung) war ein in den Interviews durchgängig feststellbares, nicht nur auf den Aspekt Alter bezogenes Argumentationsmuster sowohl bei den Ordensangehörigen als auch bei den Ballett-TänzerInnen. Vor dem Hintergrund, dass Ich und Leib/Körper im „ungehinderten Lebensvollzug" (Plessner) eine Einheit bilden, ist das auch wenig überraschend. Leiblich-körperliche Grenzerfahrungen entsprechen auf Grund der Ich-Leib/Körper-Einheit Selbsterfahrungen, die in aller Regel dann Anlass geben, über sie und das eigene Selbst zu reflektieren, wenn der ungehinderte Lebensvollzug nicht mehr möglich ist, der Leib m.a.W. in seiner Widerständigkeit erfahren wird.

Im Moment der Wahrnehmung sind spürbare Zeichen Teil der Selbsterfahrung. Ihre Identitätsrelevanz erhalten solche Zeichen vor allem auf Grund ihrer *übersituativen und überdauernden Bedeutung*. Dies ist der Fall, wenn sich die als Zeichen bemerkbar machenden Grenzerfahrungen wiederholt einstellen. Realisiert das Individuum nämlich wiederholt dieselben Zeichen unter denselben oder ähnlichen situativen Bedingungen, wird es diese Zeichen vermutlich auch auf ähnliche Weise interpretieren. Das heißt, es wird den Zeichen eine mehr oder weniger identische subjektive Bedeutung zuweisen und als Bestandteil in das eigene Selbstbild integrieren. Das Beispiel von Pater Florian deutete das bereits an, denn Pater Florian interpretierte seine nachlassende Fitness und sein schnelleres Ermüden als Zeichen des Älterwerdens, und die Auseinandersetzung mit dem Älterwerden ist Teil der Konstruktion seines Selbstbildes. Die übersituative, identitätsrelevante Bedeutung leiblich-körperlicher Grenzerfahrungen lässt sich auch aus dem folgenden Zitat von Anna rekonstruieren.

„Und dadurch [durch das Wissen um die Herzrhythmusstörungen] höre ich immer in meinen Körper rein, aber nicht zu meinem Körper, sondern immer zu meinem Herzen. Und fühle und höre es eigentlich stets und ständig und fühle sofort, wenn es irgendwie- also ich merk's sofort, wenn's nicht ganz okay ist, sofort. (...) Ja, und das lässt mich nicht mehr los. /I: Ja/ Also das ist ganz klar, man denkt immer daran." (Anna, 1538-1547)

Anna verspürte vor einigen Jahren Zeichen in ihrer Herzgegend. Sie ging deshalb zum Arzt. Dieser bezeichnete ihr wahrgenommen Phänomen als Herzrhythmusstörung. Auf Grund dieses (vom Arzt vermittelten) Wissens, Herzrhythmusstörungen zu haben, beobachtet Anna ihren Körper bzw., wie sie differenzierend meint, ihr Herz genauer. Sie ist sensibler geworden für Zeichen, die sie in ihrer Herzgegend spürt. Sie registriert „stets und ständig", wenn etwas nicht in Ordnung ist, was heißt, dass sie ihren Leib als Widerstand wahrnimmt, denn so lange in der Herzgegend ‚alles in Ordnung' ist, spürt sie diese Körperregion – Leibesinsel im Schmitzschen Sinne – nicht. Da sie einmal eine problematische Erfahrung mit ihrem Herz gemacht hat und diese Erfahrung reflektiert und als Wissen vergegenständlicht worden ist, nimmt Anna neuerliche Erfahrungen vor diesem Wissenshintergrund wahr und interpretiert sie dementsprechend. Auf Grund dieser Dialektik von Erfahrung und Reflexion bzw. Wissen (vgl. Teil 2, Kap. 2.1.3) sind die Herzrhythmusstörungen für Anna zu einer dauerhaften Erfahrung geworden, die sie „nicht mehr los lässt" und woran sie „immer denkt". Das Wissen um die Bedeutung der Zeichen, die sie in ihrer Herzgegend spürt, hat also gerade dazu geführt, dass sie immer wieder etwas wahrnimmt. Auf Grund dieser wiederholten Erfahrung sind diese Zeichen für Anna zu nicht mehr bloß vereinzelt und situativ auftretenden, sondern überdauernden Merkmalen geworden. Einmal akzeptiert, hat sie sie als Teil in ihr Selbstbild, eine Person mit Herzrhythmusstörungen zu sein[37], integriert.

Damit heißt es nun für Anna wie für jede andere Person, die ihre wiederholten Grenz- und Selbsterfahrungen als einen Identitätsaspekt verfestigt hat, umzugehen. Dieses Umgehen mit leiblich-körperlichen Grenzerfahrungen setzt dabei in aller Regel einen Lernprozess voraus.

5.2.3 Grenzerfahrungen als Lernaufgabe

Für die Identität einer Person ist es von großer Bedeutung, die Grenzen ihres leiblich-körperlichen Leistungs- und Belastungsvermögens zu kennen. Zu wissen, wo die eigenen körperlichen Grenzen etwa in der Arbeit oder im Sport liegen oder wann die Grenze leiblich-affektiver Zumutbarkeit bspw. in ängstigenden oder erregenden Situationen erreicht ist, ist für den Einzelnen wichtig, weil es dabei natürlich nicht nur um seinen Körper und seine Leiblichkeit geht, sondern um ihn selbst als Person. Leiblich-körperliche Grenzerfahrungen sind schließlich Selbsterfahrungen. Die ei-

---

37 Zum Zusammenhang von Körperwahrnehmung und Selbsttheorie aus persönlichkeitspsychologischer Perspektive siehe Paulus (1986: 10ff.).

genen Grenzen kennen zu lernen, heißt insofern nichts anderes, als *sich selbst* kennen zu lernen, heißt zu wissen: Das oder so bin ich.

Das Wissen um die eigenen leiblich-körperlichen Grenzen und die korrespondierende Selbst(er)kenntnis sind nun freilich keine Besitztümer, die man so einfach hat, vielmehr sind sie Resultate von Erfahrungs- und Lernprozessen, die sich mitunter über die gesamte Lebensgeschichte erstrecken. Man erwirbt diese Körper- und Selbstkenntnisse aus dem eben schon angesprochenen dialektischen Zusammenspiel von Erfahrung und Reflexion. Dazu gehört z.B., die eigenen Grenzen auszutesten. So meinte etwa Pater Paulus im Interview, dass er sonntags nachmittags gelegentlich zu einer Kapelle gehe, die sich auf einem kleinen Berg befindet, und dass er dabei seinen Puls kontrolliere:

> „Da schau ich immer wieder nach ((lacht)), wie hoch ist jetzt der Puls? (...) Und wie schnell geht er wieder auf normale Frequenz zurück. /I: Aha/ Ja, das teste, teste ich schon aus ja. Gelegentlich ((lacht)). /I: Ja/ Ja, weil man das manchmal wissen will, was ist drin, was ist los" (Pater Paulus, 518-524).

Pater Paulus will wissen, welches Leistungspotential sein Körper (noch) hat. Aus diesem Grund überprüft er während des Fußmarsches seine Herzschlagfrequenz, indem er seinen Puls kontrolliert. Dadurch erfährt er nicht nur etwas über seine körperliche Leistungsfähigkeit, sondern gewinnt auch eine Selbsterkenntnis in dem Sinne, dass er erfährt, wie ausdauernd und fit *er* ist. Indem er mal schneller und mal langsamer geht, testet Pater Paulus *sich* in seiner körperlichen Fitness bzw. lotet die Grenzen seiner Belastbarkeit aus. Sollte er diesen Fußmarsch zur Kapelle hinauf inklusive der Überprüfung seiner Herzschlagfrequenz regelmäßig absolvieren, würde Pater Paulus nicht nur sich und seine leiblich-körperlichen Grenzen besser kennen lernen, sondern nebenbei auch seine Leistungsgrenzen hinausschieben. Die Grenzen leiblich-körperlicher Selbsterfahrungen sind also keineswegs starr – „da kann ich dann eben halt über meine Grenzen noch ein Stückchen weiter hinausgehen", meinte z.B. Leopold hinsichtlich seines Umgangs mit einer leichten Krankheit, wenn er am selben Abend einen Auftritt hat (Leopold, 367) –, weshalb sie, insofern dieses Hinausschieben reflektiert wird, immer wieder zum Gegenstand von Prozessen der Selbsterkenntnis werden können.

Wie das Beispiel von Pater Paulus zeigt, geht im Umgang mit leiblich-körperlichen Grenzerfahrungen dem Erkenntnisprozess ein Lernprozess voraus. Genauer gesagt, präsentieren sich dem Individuum leiblich-körperliche Grenzerfahrungen als zu bewältigende Lern*aufgaben*, zumindest dann, wenn es sich um (potenziell) identitätsrelevante Grenzerfahrungen handelt. Denn es ist klar, dass sich Grenzerfahrungen in ihrer Bedeutsamkeit für die Identität eines Individuums unterscheiden, genauso wie es Grenzerfahrungen gibt, deren Identitätsrelevanz der Person zum Zeitpunkt der Erfahrung – und möglicherweise selbst nach wiederholter Erfahrung – nicht bewusst ist (weshalb man vom potenziellen Wert für die personale Identität sprechen kann). Vermutlich jedoch weiß oder ahnt zumindest jeder, welche Grenzerfahrungen für ihn besonders bedeutsam sind. So ist sich etwa Anna, wie im vorigen Abschnitt dargestellt, der Relevanz ihrer Herzrhythmusstörungen für ihr Leben sehr wohl bewusst[38], und zwar wahrscheinlich nicht zuletzt deshalb, weil sie lernen musste, damit umzugehen. Und so wie es für Anna eine Aufgabe darstellt, ihre Krankheit in ihr Leben und damit als Teil ihres Selbst zu integrieren, stellt es bspw. für Ordensangehörige eine Aufgabe dar, den für sie richtigen Umgang mit ihrer Sexualität zu lernen. Dies war jedenfalls der durchgängige Tenor in den Interviews mit Ordensschwestern und Ordensbrüdern (siehe hierzu auch Kap. 5.2.4). Sexuelle Regungen bedeuten für Ordensleute eine leiblich-körperliche Grenzerfahrung, insofern sie sich mit dem Keuschheitsgelübde zur sexuellen Enthaltsamkeit verpflichtet haben, gleichwohl aber, wie jeder andere Mensch auch, sexuelle Regungen verspüren. Damit umzugehen, so kann man ihr Argumentationsmuster zusammenfassen, sei zwar nicht immer leicht, doch mache es auch keinen Sinn, diese Regungen zu leugnen oder „krampfhaft dagegen anzugehen" (Pater Michael, 1046). Stattdessen müsse jeder lernen, einen Umgang mit seiner Sexualität zu finden, der zu ihm/ihr „passt", was heißt, sie „so zu integrieren, dass es einfach stimmt" (Pater Ludwig, 1012).

Der Hinweis von Ordensangehörigen, dass es nicht immer leicht sei, mit sexuellen Empfindungen umzugehen, verweist auf einen Aspekt der Auseinandersetzung mit leiblich-körperlichen Grenzerfahrungen, der mehrfach in beiden Untersuchungsgruppen und hinsichtlich verschiedener thematischer Bereiche deutlich wurde: der *Konflikt zwischen Ich und Leib/Körper*. Ist es für Grenzerfahrungen geradezu konstitutiv, dass die Einheit von Ich und Leib/Körper zerbricht, so äußern sie sich als Lernaufgabe darüber hinaus als konflikthaftes, quasi-agonales Verhältnis zwischen Ich und Leib. Konkret erfahrbar wird das für das Individuum als Kampf zwischen seinem Willen und dem spürbaren Widerstand seines Körpers. Sowohl die Ordensangehörigen als auch die Ballett-TänzerInnen berichteten von zahlreichen alltäglichen Erfahrungen, in denen sich ihnen ihr Körper als spürbares Hindernis darstellt, das sie, um ihr angestrebtes Handlungsziel zu realisieren, ‚aus dem Weg schaffen' müssen. Der ermüdete Körper wird mit einer Willensanstrengung bekämpft, um der Arbeit nachgehen zu können; die mit dem Älterwerden verbundene Verringerung der körperlichen Leistungsfähigkeit wird versucht, durch erhöhten Willenseinsatz auszugleichen; Anzeichen einer anrückenden Krankheit werden bewusst und willentlich ausgeschaltet; Begehren und Lust, Unsicherheiten und Ängste werden im Falle ihres Unerwünschtseins mit Willenskraft unterdrückt. Pater Florian bspw. musste es lernen, seine Unsicherheiten bei öffentlichen Auftritten zu bekämpfen, um selbstsicher eine Predigt halten zu können. Die inneren Kämpfe, die ihn lange Zeit vor und während einer Predigt begleiteten, sind inzwischen erfolgreich ausgefochten – Pater Florian ist aus der Auseinandersetzung zwischen seinem Ich (seinem Willen und seinen Wünschen) und seinem Leib (seiner leiblich-affektiven Befangenheit) als selbstsicherer Sieger hervorgegangen. Verallgemeinert man dieses Beispiel, dann zeigt sich hier eine Identitätsrelevanz des Kampfes zwischen Ich und Leib/Körper:

---

38 Dass Anna nicht von der Identitätsrelevanz ihrer Krankheit, geschweige denn von leiblich-körperlichen Grenzerfahrungen spricht, widerlegt nicht diese These, sondern spiegelt lediglich den Unterschied von Alltags- und Wissenschaftssprache wider. Substanziell dürfte keine Differenz vorliegen.

Im negativen, den leiblich-körperlichen Anforderungen ‚unterlegenen' Fall wird das Selbstwertgefühl oder die Selbsteinschätzung des Individuums wohl geschwächt bzw. verschlechtert, hingegen wird das Individuum im positiven, ‚siegreichen' Fall an Selbstsicherheit gewinnen und ein positives Selbstwertgefühl und Selbstbild entwickeln.

Abgesehen von solchen als negativ oder positiv erfahrenen Kämpfen zwischen dem Ich und dem Leib/Körper kann der Ich-Leib/Körper-Konflikt auch in anderer Form zu Selbsterkenntnissen führen. Wenn Leib und Körper dem Ich wiederholt als Widerpart gegenübertreten, wie das für Ballet-Tänzerinnen und -Tänzer eine nahezu alltägliche Erfahrung ist (vgl. Kap. 4.1), dann wird das Ich daraus unweigerlich irgendwann Schlüsse ziehen und sie ins entsprechende Handlungsprogramm integrieren. So lernen Ballett-Tänzerinnen und -Tänzer, wie in den Interviews immer wieder gesagt wurde, im Zuge des Älterwerdens nicht nur ihre Grenzen körperlicher Leistungsfähigkeit besser kennen, sondern auch, bewusster mit dem eigenen Körper umzugehen. Sie wissen, dass sie ihrem Körper nicht mehr so viel zumuten können wie noch in jungen Jahren, wo sie z.T. „spontan Dinge" gemacht haben, „die würde man sich als Erwachsener nie wieder trauen, (...) weil man das Resultat kennt von ner unbedachten Bewegung" (Zoé, 396-399). Was eine „unbedachte Bewegung" ist, hat nicht nur Zoé mehrfach schmerzhaft erfahren. Inzwischen aber kennt sie ihren Körper gut genug und weiß, welche Bewegungen sie wann und wie ausführen kann, um die täglichen Kämpfe mit ihrem Körper erfolgreich zu bestehen. Durch wiederholte Grenzerfahrungen hat sie die Selbsterkenntnis gewonnen, wie sie mit ihrem Körper umzugehen hat, um ihn weiterhin leistungsfähig zu halten. Das dialektische Zusammenspiel von leiblich-körperlichen Grenzerfahrungen und der Reflexion über sie hat (nicht nur) bei ihr zu einem bewussteren, ‚vernünftigeren' Körperumgang geführt.

Ein bewusster und vernünftiger Körperumgang ist für eine Personengruppe, die täglich mit und am eigenen Körper arbeitet, zwar besonders wichtig, gilt selbstverständlich aber auch für weniger explizit körperorientierte Tätigkeitsgruppen. Die Unterschiede sind hier eher graduell. Nichtsdestotrotz gibt es leiblich-körperliche Grenzerfahrungen und Umgangsweisen mit ihnen, die spezifisch für ein soziokulturelles Milieu sind. Auf solche Milieueinflüsse sei nun im Folgenden eingegangen.

5.2.4 Milieuspezifische leiblich-körperliche Grenzerfahrungen

Die milieuspezifische Prägung leiblich-körperlicher Grenzerfahrungen bei *Ordensschwestern und Ordensbrüdern* sei an Beispielen aus den Erfahrungsbereichen *Religion* und *Sexualität* dargestellt.

Eine der bedeutungsvollsten religiösen Erfahrungen, die eine Person machen kann, besteht darin zu erkennen, für ein religiöses Leben berufen zu sein. Dass es sich bei einem religiösen *Berufungserlebnis* um eine leiblich-körperliche Grenz- und Selbsterfahrung handelt, lässt sich an einem Zitat von Schwester Larissa veranschaulichen. Schwester Larissa erzählt auf die Frage, wie es bei ihr zum Ordenseintritt gekommen sei, von ihrem ersten Besuch im Kloster, der ihrem jüngeren Bruder galt, sowie von den Empfindungen, die das von ihr wahrgenommene Klosterleben bei ihr auslösten.

> „(...) bei mir war es so dass ich sagen kann also es war Liebe auf den ersten Blick. Ich äh - bei einem Besuch lernte ich äh, den Orden in dem ich mich befinde >Ordensname< kennen. Und ich habe ganz plötzlich, gewusst ‚Hier muss ich hin und nirgends wo anders.‘ (...) [Dieser Besuch] hat das tiefste Innere berührt (...) Also ich wusste ich muss hier zu dieser Gemeinschaft und mich hat alles äh angezogen und ich war von allem begeistert, aber das kam wirklich von innen heraus (...) Es war, wie wenn ein Mensch etwas gefunden hat, was ihm ganz viel Freude - in ihm auslöst, und das auch ausfüllt, also das hat mich so gepackt, also dass ich gedacht hab, also etwas Schöneres gibt es nicht.“
> (Schwester Larissa, 10-135)

Für Schwester Larissa stand nach diesem Besuch ihr Eintritt ins Kloster fest. Das, was sie im Kloster wahrnahm, löste bei ihr Empfindungen aus, die sie weder vorher kannte noch erwartet hatte. Auf Nachfrage von mir konnte sie selbst nicht erklären, wie es zu diesem Gefühlsausbruch kam. Sie bezeichnete sich bis zu diesem Erlebnis als „normal religiös“ und hatte keinen Gedanken daran verschwendet, in einen Orden einzutreten. Mit diesem Besuch änderte sich jedoch ihr Leben. Sie hatte plötzlich die Gewissheit, ihren Platz im Leben gefunden zu haben. Und diese Gewissheit war eine leiblich fundierte, *spürbare Gewissheit* (vgl. hierzu Teil 2, Kap. 2.2.3). Im „tiefsten Inneren berührt“ zu werden, von etwas „begeistert“ und voll und ganz „ausgefüllt“ zu sein, von etwas „gepackt“ zu werden, „ganz viel Freude“ und sogar „Liebe auf den ersten Blick“ zu empfinden, all das sind Ausdrücke, die auf spürbare Regungen hinweisen. Es handelt sich hierbei vor allem um ganzheitliche leibliche Regungen (Schmitz), die spontan auftreten, den ganzen Körper durchziehen und Schwester Larissa leiblich-affektiv betroffen machten. In diesem Sinne entspricht das Berufungserlebnis einer Grenzerfahrung: Wie aus heiterem Himmel überkam Schwester Larissa das tiefe Empfinden der Bedeutung, die das Klosterleben und die dahinterstehende religiöse Idee für sie hatte, ohne dass sie bis dato davon gewusst hatte. Erst der unmittelbare, leiblich wahrgenommene Kontakt mit der Klosteratmosphäre machte ihr schlagartig klar, was sie vorher bestenfalls geahnt hatte, nun aber Gewissheit war: für das Ordensleben berufen zu sein[39].

Von religiösen Erfahrungen einer ganz besonderen Art erzählte Schwester Pia. Was sie schildert, kommt dem gleich, was der amerikanische Philosoph und Psychologe William James eine *mystische Erfahrung* nennt[40]. Schwester Pia antwortet

---

39 Dass Schwester Larissa im Interview dieses Erlebnis rationalisiert und als Berufungserlebnis interpretiert, darf nicht darüber hinweg täuschen, dass dieser kognitive Akt der Bewertung in einen spontanen, unmittelbaren leiblich-affektiven Umwelt-Bezug eingebettet ist, wie es bei Plessner heißt. Ihr Wissen basiert auf ihrem leiblichen *Zur*-Welt-sein (Merleau-Ponty).

40 James zufolge zeichnet sich eine religiös-mystische Erfahrung durch vier Merkmale aus: 1. Die betroffene Person erklärt sofort, dass es ihr nahezu unmöglich ist, den Inhalt der Erfahrung verbal angemessen wiederzugeben (Nichtmitteilbarkeit); 2. handelt es sich um eine sinnliche Erkenntnis einer tieferen Wahrheit, nämlich der, dass Gott existiert (Noetische Qualität); 3. mystische Erfahrungen sind von kurzer Dauer, können sich aber wiederholen (Flüchtigkeit); und 4. das Auftreten eines my-

in dem folgenden Zitat auf meine Frage, ob sie die zu einem früheren Zeitpunkt im Interview gemachte Äußerung, dass sie ihre intensivsten geistigen Erlebnisse in der Körpererfahrung hatte, genauer beschreiben könnte.

> „Ja, (2) hm schwierig (3), also für mich is das so dass ich davon ausgehe, meine Beziehung zu Gott is eine ganz persönliche Beziehung, wie zu andern Menschen. Und in dieser Beziehung kann ich mit, ich kann mit einem Menschen reden ich kann mit Gott reden und da kann viel passieren, ähm ich hab auch erfahren dass Gott einfach zärtlich ist. Und, wie soll ich sagen, ich kann nur sagen ich hab immer wieder im Gebet dasselbe Gefühl als wenn mich zum Beispiel jemand streichelt. Da spür ich nicht dass mich jemand streichelt aber das Gefühl is dann da. Und, in dieser Erfahrung zu wissen Gott is da, da is einer da der mich gern hat, der hat mich lieb, is dann in Augenblicken einfach am tiefsten und am gegenwärtigsten gewesen wenn ich einfach meinen Körper eingesetzt habe und mit dem ganzen Körper zu Gott gesprochen habe. Also da war er dann wirklich, ja, das is jetzt nich nur Gefühlssache also jetzt nich nur Gefühlsduselei, sondern einfach dieses innere Wissen (...)." (Schwester Pia, 459-472)

Schwester Pia fällt es offensichtlich nicht leicht, mir zu vermitteln, wie sich ihre Gottesbeziehung für sie bemerkbar macht; darauf deutet der zögerliche Anfang dieses Erzählsegments hin. Sie beginnt mit der Aussage, dass ihre Beziehung zu Gott eine „ganz persönliche Beziehung" sei, und insofern, wie jede persönliche Beziehung, affektiv durchdrungen sein dürfte. Was sie dann beschreibt, ist ihr Einssein mit Gott. Sie gebraucht dafür das Bild des „Streichelns", das, wie die zahlreichen Beispiele bei James (1997) zeigen, eine im Zusammenhang mit mystischen Erfahrungen geradezu inflationär gebrauchte Metapher ist. Für Schwester Pia fühlt sich Gott „zärtlich" an, es fühlt sich so an, als würde sie von Gott gestreichelt werden. Mit einem Begriff von Merleau-Ponty kann man hier von einer „Doppelempfindung" (Merleau-Ponty 1966: 118f.) sprechen. Damit ist gemeint, dass sie *Gott* spürbar wahrnimmt, und in dieser Wahrnehmung Gottes nimmt sie auch *sich selbst* wahr. Es ist, wie Merleau-Ponty sagt, die „dialektische Struktur des Leibes" (Merlau-Ponty 1967: 16ff.), zugleich wahrnehmend und wahrnehmbar zu sein, die die Grenzziehung zwischen Objekt und Subjekt oder Innen und Außen aufhebt. Im Fall von Schwester Pia heißt das: Sie erfährt Gott und *zugleich* sich selbst und damit hebt sich die Differenz zwischen ihr und Gott auf. In diesem Sinne ist ihre mystische Erfahrung auch eine Grenzerfahrung[41].

---

stischen Zustandes erweckt bei der betroffenen Person das Gefühl, von der höheren Macht ergriffen oder überwältigt zu werden (Passivität) (James 1997: 384-405).

41 Schwester Pia meinte außerdem, in dem Moment der Gotteserfahrung wisse sie, dass Gott real sei. Er „ist da", wie sie sagt, weil bzw. indem sie ihn spürt. Es ist offensichtlich die Evidenz des leiblich-affektiven Betroffenseins, die Schwester Pia die Gewissheit von der Realität Gottes gibt. James spricht in diesem Zusammenhang von einem „Realitätsempfinden", das von einer religiösen Vorstellung herrühre und das nicht auf dem üblichen sinnlichen Wahrnehmungsweg gewonnen werde (James 1997: 87ff.). Es sei ein spezieller Sinn, der für die Erfahrung Gottes als einer Realität kenntlich zeichnet. Mit Max Weber könnte man diesen Meta-Sinn als „religiöse Musikalität" bezeichnen. Religiöse Musikalität ist für Weber das Kennzeichen, durch das sich die von ihm so genannten „religiösen Virtuosen" von der religiös „unmusikalischen" Masse unterscheiden (Weber 1973: 423). Ordensschwestern und Ordensbrüder sind solche religiöse Virtuosen. (Von Nonnen als religiösen Virtuosinnen spricht auch Lau 1993.)

Ein zweiter Bereich, in dem es für Ordensangehörige oftmals zu Grenzerfahrungen kommt, ist die Sexualität. Sexuelle Empfindungen werden von Ordensangehörigen als etwas völlig Normales bezeichnet, die, so Schwester Larissa, „genauso da sind wie bei einem anderen Menschen". Aus ihrer religiösen Perspektive, so fügt sie hinzu, sehe sie den Menschen „als Krone der Schöpfung und als Tempel des Heiligen Geistes (...), ohne jetzt irgendwelche Regungen des Körpers oder des Leibes zu tabuisieren oder wegzudenken, die gehören dazu" (Schwester Larissa, 199-212). Trotz der Normalität sexueller Regungen meinte nicht nur Schwester Larissa, dass sie sie mitunter auch als Belastung empfinde. Sexuelle Regungen bedeuten für Ordensangehörige mithin eine Grenzerfahrung, da sie ihre Leiblichkeit als Last oder Widerstand wahrnehmen. Die Belastung hängt auch damit zusammen, dass der Umgang mit der eigenen Sexualität für Ordensangehörige sehr stark sozial reglementiert ist. Das Keuschheitsgelübde verpflichtet Ordensschwestern und –brüder, auf sexuelle Kontakte mit anderen Menschen zu verzichten, und Selbstbefriedigung gilt als Sünde. Gerade auf Grund dieser starken Regulierung der Sexualität ist es für Ordensleute wichtig, eine positive Haltung zur Sexualität zu entwickeln. Wie die Metaphernanalyse gezeigt hat, heißt das für Ordensschwestern und –brüder, Sexualität als ein Geschenk Gottes anzusehen – und ein Geschenk Gottes gilt es selbstverständlich anzunehmen (vgl. Kap. 4.2).

In Hinblick auf die personale Identität ist es wichtig, wie die eigene Sexualität interpretiert und ins Selbstbild integriert wird. Ordensschwestern- und brüder folgen bei der Bewertung sexueller Regungen scheinbar einem *normierten* Erklärungsmuster, zumindest fanden sich diesbezügliche Äußerungen sinngleich in mehreren Interviews wieder.

> „(...) Und ich meine es hat dann dieses Unbefriedigtsein sexuell denk ich hat, einfach auch andere Gründe. Wenn ich dann sexuell unbefriedigt bin, glaub ich nicht, dass ich so auch zufrieden bin. (2) Da gibt es für mich dann schon einen engen Zusammenhang. Wenn ich mich nach sexueller Befriedigung sehne, sehne ich mich im Grunde eigentlich nach was anderem." (Schwester Pia, 778-783)
> „Dass ich lerne, ähm ja wie Sexualität zusammenhängt mit meinem, (2) ja, wie ich mit meiner Freizeit umgehe oder wieviel ich arbeite, wenn ich sehr- mich selber unter Druck setze sehr unter Druck bin ähm ist meine, meine Sexualität anders als wenn ich einfach ganz gemächlich meinen Rhythmus hab und so im Lot bin. Oder ja: Essen wirkt sich auch aus, wenn ich (...) mich ordentlich voll haue oder ja ein bissl zu viel trinke merk ich dann, ist das auch anders. /I: Hmh/ Also dass Sexualität dann ein Ventil ist um irgendeine Spannung abzubauen oder, oder das was ich woanders vielleicht nicht schaffe, wo ich sag ‚Mit der Arbeit, wird ein bissl viel' oder so, oder ‚Ich schieb da was vor mir her', dass dann solche Formen ähm eine Lösung sind." (Pater Ludwig, 1060-1073)

Das Argumentationsmuster dürfte leicht zu erkennen sein: Die Art und Weise, in der sich die Sexualität für den Einzelnen bemerkbar macht, hängt ab von seiner/ihrer Lebensführung, z.B. von der Arbeit und den Stress, den man mit ihr hat, vom Essen oder vom Trinken. Sexuelle Bedürfnisse bzw. die Sehnsucht nach sexueller Befriedigung wird als Ausdruck einer ungestillten Sehnsucht nach etwas anderem bezeichnet. Sexuelle Befriedigung gilt entsprechend als Ersatzbefriedigung für eine Anspannung anderer Art, als Ersatzhandlung für ein ‚eigentliches' Bedürfnis. Dieses eigentliche Bedürfnis muss erkannt werden, um ihm Abhilfe verschaffen und damit auf Selbstbefriedigung verzichten zu können. Das heißt also, die leiblich-körperliche

Grenzerfahrung des sexuellen Bedürfnisses wird von Ordensangehörigen rationalisiert, kognitiv überformt, und der Leib damit in den Status eines bloßen Symptomträgers gehoben. Dies geschieht offenbar vor dem Hintergrund einer impliziten Unterscheidung, nämlich der Differenzierung zwischen sexuellem Empfinden und dem Bedürfnis nach sexueller Befriedigung. Sexuelle Regungen zu haben, gilt als normal, der Wunsch, sie zu befriedigen, hingegen als unangemessen, weil er bei richtiger Lebensführung gar nicht erst entstehen würde. Dieses Erklärungsmuster scheint zum festen Bestand tradierten klösterlichen Wissens zu gehören. Weil es sich auch in der einschlägigen Ordensliteratur wiederfindet (vgl. z.B. Grün 1989) und man davon ausgehen kann, dass diese von den Ordensangehörigen zur Kenntnis genommen wird[42], kann man von einem sozio-kulturell geprägten, über klösterliche Sozialisationsprozesse angeeigneten normierten Erklärungsmuster sprechen, das Ordensangehörige zur Selbstintegration ihrer Sexualität verwenden.

Eine typische Art leiblich-körperlicher Grenzerfahrungen, von denen die *Balletttänzerinnen und –Tänzer* in den Interviews berichteten, sind *Schmerzerfahrungen*. Ihren Schmerzerfahrungen gegenüber scheinen Ballett-TänzerInnen ein ambivalentes Verhältnis zu haben. Einerseits, wie weiter oben ausgeführt, verdrängen Ballett-Tänzerinnen und -Tänzer viele ihrer Schmerzen, vor allem solche, die sie schon kennen, weil sie wiederholt auftauchen, oder wenn sie auf der Bühne stehen. Schmerzen gelte es zu akzeptieren und zu ertragen, zumindest „bis zu einem bestimmten Punkt, und diesen Punkt muss ich erst erreichen, bevor ich zum Arzt gehe" (Zoé, 1099-1101). Der als Schmerz wahrgenommenen Widerständigkeit des Körpers wird so lange wie möglich Paroli geboten und ihr sich erst dann gebeugt (und z.B. ein Arzt aufgesucht), wenn der Widerstand zu belastend wird (siehe auch Kap. 5.3.2). Andererseits scheinen Ballett-TänzerInnen aber auch eine besondere Sensitivität hinsichtlich bislang unbekannter Schmerzen zu besitzen. Ihre Selbstwahrnehmung ist offensichtlich auf Grund der täglichen Auseinandersetzung mit dem eigenen Körper so geschärft, dass sie selbst kleinste spürbare Zeichen wahrnehmen.

> „(...) also das Körperempfinden ist einfach so, du merkst jeden Scheiß. Also ich mein in der Vorstellung nicht unbedingt, weil da bist du auf andere Sachen konzentriert, aber selbst da merkst du manchmal, wenn dich n Schmerz durchzuckt." (Adrian, 664-668)
> „Aber das kann auch nerven, also weil du manchmal- also das hat jetzt nichts mit Wehwehchen oder so zu tun aber, äh weil du manchmal eben auch allen Dreck merkst, den vielleicht andere Leute nicht so merken." (Adrian, 717-720)

Die besondere Empfindsamkeit wird von Adrian nicht nur positiv bewertet. Meinte er an anderer Stelle im Interview, stolz darauf zu sein, seinen Körper sehr gut zu kennen, besser vor allem als die meisten anderen Menschen (Sportler ausgenommen), so drückt er in dem zweiten Zitat auch sein Unbehagen aus, über eine beson-

---

42 Eine der von mir interviewten Ordensschwestern teilte mir jedenfalls mit, dass die Bücher aus dem Vier-Türme-Verlag Münsterschwarzach, in dem bspw. auch das Buch von Grün (1989) erschienen ist, von Ordensleuten sehr gern gelesen werden, weil sie nicht allzu umfangreich, verständlich geschrieben und zum Teil lebenspraktisch ausgerichtet seien.

dere ‚Lesefähigkeit' seiner leiblichen Zeichen zu verfügen. Auf Grund dieser besonderen – durch Ausbildung und Arbeit geschulten – Wahrnehmungskompetenz ist
Adrian immer wieder veranlasst, sich selbst hinterfragen zu müssen, woher diese
Zeichen rühren und was sie zu bedeuten haben. Durch seine Sensitivität für spürbare
Zeichen ist ihm damit möglicherweise die Fähigkeit abhanden gekommen, unbe-
schwert im Sinne von nicht dauernd reflektierend mit sich und seinem Körper umzugehen. Der sozialisatorisch erworbenen Fähigkeit, eigenleibliche Zeichen besonders wahrzunehmen, korrespondiert bei Ballett-TänzerInnen m.a.W. die Unumgänglichkeit, diese Zeichen und damit: sich selbst besonders (oft oder ausgehend) zu
thematisieren.

Eine andere Art leiblich-körperlicher Grenzerfahrungen, die für eine körperakti-
ve Berufsgruppe wie Ballett-Tänzerinnen und –Tänzer typisch zu sein scheint, ergibt
sich für sie aus einer Situation des Nicht-Bewegung-Könnens oder -Dürfens. Mehrfach wurde in den Interviews angedeutet, dass der *Urlaub* in der Sommerpause eine
„schreckliche Zeit" sei, weil die tägliche Arbeit am und mit dem Körper fehle, und
die Selbstmotivation, dies durch Eigenaktivität auszugleichen, oftmals nicht groß
genug bzw. nur schwer aufzubringen sei.

> „Und wenn du [im Sommerurlaub] nur in die Disco gehst, das is ja schon Bewegung, /I: Ja/ und da
> dich frei tanzt, das is schon Bewegung und- und dann kommt der Drang aber auch wieder hoch rich-
> tig zu trainieren, was zu machen. Weil man sich einfach dann auch wieder gut fühlt." (Stefanie, 872-
> 876)
> „Ich denke, dadurch dass ich immer noch in Bewegung bin und körperlich meinen Kreislauf in An-
> spannung bringe, dass er dadurch noch fit bleibt und mitspielt. Ich kann mir z.B. nicht vorstellen,
> dass ich irgendwann mich ganz zur Ruhe setze und das Tänzerische aufgebe, weil ich das einfach halt
> brauch, körperlich. (...) Ich merk es [die Kreislaufprobleme] ja schon in sechs Wochen Sommerur-
> laub, ja also das ist es ganz schrecklich. /I: Warum?/ Und obwohl ich- na konditionell, weil man stets
> und ständig müde is. Weil man nie den Kreislauf in Schwung bringt. Also man müsste eigentlich
> trainieren ne. /I: Aber Sie sind zu faul, wie sie sagten./ Ja genau." (Anna, 1574-1606)

Der Urlaub kommt für Ballett-TänzerInnen offensichtlich einer Phase des Nichts-
tuns gleich, durch die ihr Bewegungsbedürfnis nicht ausreichend gestillt wird. Für
Stefanie scheint diese Zeit einem Gefängnis zu entsprechen, aus dem zu befreien ihr
ansatzweise gelingt, wenn sie zum Tanzen in eine Diskothek geht. Das sich „frei
Tanzen" kann man mit Schmitz (vgl. Teil 2, Kap. 2.2.1) als eine Flucht aus der
spürbaren Enge, die das Nichtstun auslöst, in ein wohltuendes Weitegefühl interpretieren. Ihren Bewegungsdrang befriedigt das aber, wie Stefanie andeutet, noch nicht.
Diese innere, wiederum als Engegefühl erfahrbare Anspannung, als die der Bewegungsdrang sich bemerkbar macht, ist erst dann abgebaut, wenn sie wieder „richtig
zu trainieren" begonnen hat. Bei Anna kommt noch hinzu, dass sich durch das feh-
lende Training ihre Kreislaufbeschwerden besonders bemerkbar machen. So lange
sie im Training ist, hält sie ihren Kreislauf in Schwung, und es geht ihr gut. Im Urlaub jedoch, wo sie trotz ihres Bewegungsbedürfnisses („weil ich das halt brauch,
körperlich") scheinbar deutlich weniger aktiv ist, nehmen ihre Kreislaufprobleme
und ihre Müdigkeit zu. Der Urlaub bedeutet für Anna insofern also eine leiblich-
körperliche Grenzerfahrung, da sie ihren Körper als schwächliche, schlappe, müde

Widerständigkeit wahrnimmt. Anna spitzt diese Erfahrung, die sie seit mehreren Jahren macht, angesichts ihrer altersbedingten, bevorstehenden letzten Spielzeit zu einer radikalen Selbstinterpretation zu: „Und dadurch, dass ich eben halt nur noch n Jahr tanze, also es ist jetzt meine letzte Spielzeit, glaub ich dass ich dann noch n Jahr durchhalte und dann- das is sone Macke von mir ((lachend)) sterbe" (Anna, 1580-1585). So drastisch diese Selbstbeschreibung von Anna ist, sie verdeutlicht doch ‚nur' die in diesem Kapitel aufgeworfene These, dass leiblich-körperliche Grenzerfahrungen auch eine Form von Selbstthematisierung sind, die bei wiederholtem Auftreten zu einem fixen Teil des Selbstbildes werden können.

Das Phänomen des Urlaubs als leiblich-körperliche Grenzerfahrung trifft vermutlich nicht auf alle Ballett-TänzerInnen zu[43]. Für durchaus beachtenswert halte ich jedoch das Faktum, dass leiblich-körperliche Grenzerfahrung ganz offensichtlich auch aus dem Nichtstun resultieren können, und nicht bloß, wie man vielleicht vermuten könnte, allein durch Aktivitäten, die anstrengen, ermüden, belasten, anspannen, begeistern o.Ä.

Abschließend sei noch an dem Beispiel *Körperkontakt* aufgezeigt, wie ein und dieselbe leiblich-körperliche Grenzerfahrung je nach feldspezifischer Zugehörigkeit eine unterschiedliche subjektive Bedeutung erhalten kann. Im Körperkontakt wird die Haut als Körpergrenze[44] zum Gegenstand leiblicher Erfahrung. Ballett-Tänzerinnen und –Tänzer erleben diese Art von Grenzerfahrung in ihrem Beruf tagtäglich. Im Training, den Proben und Aufführungen berühren sie sich ständig, Körperkontakt mit anderen Tänzerinnen und Tänzern ist für sie normal und selbstverständlich. Den regelmäßigen und mitunter auch intimen Berührungen messen sie nun allerdings kaum eine persönliche Bedeutung bei. Berührungen sind „berufsbedingter Kontakt, ist einfach Arbeit. Also da ist gar nichts" (Rainer, 591-594). Im Vordergrund steht eindeutig die technische Ausführung. Gefühle werden durch die Konzentration auf die perfekte Technik von vornherein ausgeklammert, erotische Empfindungen z.B. „gibt's nich mal bei Leuten, wo man sich das wünscht. Nee, is einfach Arbeit" (Rainer, 605f.). Verallgemeinert könnte man sagen, bei Ballett-Tänzerinnen und -Tänzern korrespondiert der intensiven Körpernähe eine ausgesprochene Leibferne (wenn man letztere als geringes Maß leiblich-affektiver Betroffenheit versteht) – Körperkontakt ist Arbeit[45].

Die Bewertung körperlicher Berührungen im Berufsalltag fällt bei Ordensangehörigen ganz anders aus. Sie leben in einem sozialen Milieu, das zum Thema Kör-

---

43 Interessant wäre hier auch ein Vergleich mit anderen, sich ebenfalls durch hohen Körpereinsatz auszeichnenden Berufsgruppen, wie bspw. Bauarbeiter, Schmied oder Maurer. Ich würde vermuten, dass es hier Parallelen zu den Ballett-Tänzerinnen und -Tänzern gibt, dass es also bspw. auch für einen Bauarbeiter schwer zu ertragen wäre, in seinem mehrwöchigen Urlaub körperlich nichts zu tun.

44 Wenn hier von der Haut als Körpergrenze die Rede ist, darf das nicht mit dem Begriff des „Haut-Ichs" von Didier Anzieu gleichgesetzt werden. Mit dem Begriff des Haut-Ichs zielt Anzieu auf eine psychische Aktivität (Bild, Vorstellung) des Kleinkindes, die auf den biologischen Funktionen der Haut aufsitzt, und durch die das Kind während seiner frühen Entwicklungsphasen „eine Vorstellung von sich selbst entwickelt als Ich" (Anzieu 1991: 60).

45 Diese Haltung betrifft selbstverständlich nur den *beruflichen*, nicht den privaten Körperkontakt.

perkontakt traditionell eine distanzierte Haltung einnimmt. Umarmungen, Küsse etc. waren und sind im Klosterleben ungewöhnliche und (im Regelfall) negativ bewertete Formen zwischenmenschlicher Interaktion. Obwohl es in den letzten Jahrzehnten zu einer Lockerung der Bewertung körperlicher Kontakte gekommen ist[46] – und man obendrein zwischen der Vielzahl an Ordensgemeinschaften differenzieren müsste, und zwar sowohl zwischen kontemplativen und weltlich ausgerichteten Orden als auch innerhalb dieser beiden Gruppen –, bleibt doch festzuhalten, dass Körperkontakt mit anderen in Ordensgemeinschaften nach wie vor keine Selbstverständlichkeit ist. Gerade das aber scheint die Bedingung für eine besondere Wertschätzung von Berührungen im Alltag zu sein. Während es für Ballett-TänzerInnen normal ist, von jedem Ensemblemitglied angefasst zu werden, meint z.B. Schwester Regina, dass sie sehr sorgfältig auswähle, wer in ihre „Privatsphäre" eindringen dürfe: „Ich würde sagen, ich bin auch heute noch sehr wählerisch, was körperlichen Ausdruck anbelangt. /I: Hmh/ Ich leide es nicht gern, wenn mich jemand anfasst. (...) Ich bin sehr empfindlich, was meine Privatsphäre anbelangt. Und wenn jemand ungebeten diese Privatsphäre betritt, der würde sehr klar mitbekommen, dass mir das nicht angenehm ist" (Schwester Regina, 507-539). Berührungen und Umarmungen werden nicht nur von Schwester Regina als eine besondere Form körperlichen Ausdrucks angesehen, die man nicht jeder Person gestattet. Ihnen wird eine besondere subjektive Bedeutung anscheinend deshalb zugesprochen, eben weil sie keine ‚normalen', unbedeutenden Gesten sind. Offensichtlich bedingt also – im Unterschied zu den Ballett-TänzerInnen – die durch traditionelle Normen festgelegte Körperferne eine positiv bewertete Leibnähe, zumindest solange der Körperkontakt gestattet ist bzw. gewünscht wird. Als Beispiel für solch einen als positive Selbsterfahrung empfundenen Körperkontakt sei Pater Florian zitiert: „Es gibt immer auch junge Leute heut, die wieder begeistert sind [für das Ordensleben], die gehen auch auf einen zu, packen einen, umarmen dich und sagen ‚Hallo, grüß Dich!' und so. /I: Wie geht's Ihnen dabei?/ Das is, ha, ja, taugt mir schon, ehrlich ((lachend)), find ich gut" (Pater Florian, 1470-1476).

Zum Abschluss dieses Kapitels zu leiblich-körperlichen Grenzerfahrungen soll nun auf einen besonders wichtigen Aspekt eingegangen werden: den Geschlechtskörper.

---

46 Diese Auflockerung des Körperumgangs hängt v.a. damit zusammen, dass es in vielen Ordensgemeinschaften im Anschluss an das Zweite Vatikanische Konzil zu einem verstärkten internationalen Austausch von Ordensangehörigen gekommen ist. Ordensschwestern, die seit langer Zeit im Kloster leben, stehen diesen ordensinternen Veränderungen im Körperumgang oftmals jedoch skeptisch gegenüber. So meinte z.B. Schwester Pia: „Es ist zwar so, dass die älteren Schwestern das nich unbedingt verstehen können, wenn man sich umarmt, aber es gibt auch ältere Schwestern, die das tun. Und die Grenzen, die es da gibt, werden dann schon immer wieder diskutiert. Also wenn sich zwei länger in den Armen liegen, dann könnte das in den Augen der älteren Generation ((schnippisch gesprochen)) schon ein bisschen viel sein. /I: Hmh/ Aber es ist auch nicht so, dass das ne Katastrophe ist." (Schwester Pia, 977-984)

5.2.5 Geschlecht als leiblich-körperliche Grenzerfahrung

Die Behauptung, dass die geschlechtsspezifische Ausprägung des Körpers eine besondere Identitätsrelevanz besitzt, dürfte kaum überraschen. Es ist das Verdienst feministischer Studien, immer wieder darauf aufmerksam gemacht zu haben, dass der Geschlechtskörper eine besondere Rolle für die Identität von Frauen und Männern spielt. Oftmals wird dabei jedoch die Bedeutung des Geschlechtskörpers nicht allein für die Geschlechtsidentität aufgezeigt, sondern der Geschlechtskörper als grundlegend für die ‚Gesamt'-Identität ausgewiesen. Da jeder Mensch von Geburt an ein bestimmtes – wenn auch sozial konstruiertes – Geschlecht habe, wird argumentiert, sei das Geschlecht grundlegend für jede Art von Welt- und Selbsterfahrung. Und daraus folge, dass sich die Identität von Männern und Frauen nur auf der Basis des Geschlechts, was immer auch heißt: des geschlechtsspezifischen Körpers, herausbilden könne. Diese totalisierende, den Geschlechtskörper als fundamentales Konzept personaler Identität auffassende Haltung teile ich nicht. Geschlecht, Geschlechtskörper, Geschlechtsidentität und personale Identität mehr oder weniger synonym zu setzen, scheint mir unangemessen, weil damit andere, für die personale Identität ebenso wichtige Aspekte und „Definitionsräume" (Frey/Haußer) unterbelichtet bleiben. Aus diesem Grund wird der Geschlechtskörper hier auch nicht als eigenständige oder gar einzige Identitätskategorie gehandelt, sondern unter die Kategorie ‚leiblich-körperliche Grenzerfahrung' subsumiert. Damit soll nun aber nicht behauptet werden, es gäbe keine geschlechtsspezifischen leiblichen Erfahrungen, Umgangsweisen mit dem Körper oder normativen Zuschreibungen bezüglich des Körpers. All das ist sicherlich der Fall: Männer bspw. haben keine Menstruationserfahrungen, Frauen kennen nicht die Erfahrung des erigierten Penis' (vgl. Villa 2000: 192-206), beide jeweils verschiedene Erfahrungen sozialer Ungleichheit (vgl. Kreckel 1992: 212-284) etc. Da es in dieser Arbeit jedoch um die Ausarbeitung *formaler* leiblich-körperlicher Identitätskategorien geht, werden solche *konkreten* Erfahrungsmomente unter das geschlechtsneutrale Konzept ‚leiblich-körperliche Grenzerfahrung' eingeordnet[47].

Inwiefern aber handelt es sich beim Geschlecht um eine leiblich-körperliche Grenzerfahrung, und worin liegt ihre Identitätsrelevanz? Um mit der zweiten Frage zuerst zu beginnen: Bei leiblich-körperlichen Grenzerfahrungen, die das Geschlecht betreffen, handelt es sich um Phänomene, in denen sich die *Selbsterfahrung, Mann bzw. Frau zu sein*, realisiert. Anders und als These formuliert: Das Kriterium mit der größten Evidenz für die Geschlechtsidentität ist die *spürbare* Erfahrung, Mann bzw. Frau zu sein. Die Erfahrung, dass man ein Mann oder eine Frau ist, wird jeder vermutlich in anderer Weise machen und auch keineswegs immer mit seinem Leib und Körper in Verbindung bringen. Doch zu einer unleugbaren Wirklichkeit wird das eigene Geschlecht genau dann, wenn es sich für das Individuum leiblich-affektiv

---

47   Damit schließe ich mich an die Leibtheorie von Schmitz an, der in seinem Kategoriensystem des Leiblichen ebenfalls die Kategorie ‚Geschlecht' ausklammert, weil er davon ausgeht, dass die *Struktur* leiblichen Befindens geschlechtsneutral ist (vgl. Teil 2, Kap. 2.2.1).

bemerkbar macht. Ein Geschlecht zu sein, heißt m.a.W. in entscheidendem Maße, die spürbare Gewissheit zu haben, Mann oder Frau zu sein. Bevor ich diese These anhand von Interviewpassagen zu plausibilisieren versuche, sei ein kurzer Exkurs zu Gesa Lindemann vorangestellt, da ich mich in dieser These auf ihre Arbeiten zur Transsexualität stütze.

Exkurs: Gesa Lindemann

Gesa Lindemann untersucht in ihren Arbeiten zur Transsexualität die Frage, wie die binär strukturierte Geschlechterordnung alltäglich reproduziert und damit auf Dauer gestellt wird (Lindemann 1992, 1993, 1994). In ihrer Kritik an der (v.a. ethnomethodologischen) Mikrosoziologie versucht sie, deren Erkenntnis, dass das Geschlecht immer wieder in sozialen Interaktionen hergestellt werden müsse, zu reformulieren, indem sie Leiblichkeit und Affektivität als soziologische Basiskategorien einführt. Auf dieser Grundlage betrachtet sie dann einerseits Leiberfahrungen, wie in der Mikrosoziologie üblich, als sozial konstruiert, andererseits – und damit über die Mikrosoziologie hinausgehend – „Leiblichkeit als Konstituens von Sozialität" (1993: 21). Die Stabilität der dichotomen Geschlechterordnung als eine Form von Sozialität basiert Lindemann zufolge damit nicht bloß auf ihrer diskursiv oder interaktiv her- und dargestellten Konstruktion, sondern ist in dem leiblich-affektiven Empfinden der Individuen verwurzelt, eines der beiden Geschlechter zu sein.

Zur Untermauerung ihrer These von der leiblich-affektiven Dimension der Geschlechterkonstruktion greift Lindemann auf Plessners Begriff der „exzentrischen Positionalität" zurück (den sie um die Leibtheorie von Schmitz ergänzt), das heißt auf die Verschränkung von Körperhaben und Leibsein. Körperhaben versteht sie hierbei als das kulturell geprägte Wissen vom Körper, Leibsein als das subjektive Erleben dieses Wissens: Der „Körper ist ein Gefühls- und Verhaltensprogramm" (ebd.: 59), das festlegt, „wie der körperliche Leib zu spüren ist" (ebd.: 60). Bezogen auf das Geschlecht heißt das zum einen, es gibt ein kulturell normiertes Wissen darüber, dass bestimmte Körperformen genau ein Geschlecht bedeuten (Penis = Mann, Vagina, Busen = Frau). „Der sichtbare Körper, der das Geschlecht symbolisiert, wird so gesehen, dass der Körper als Bedeutungsträger und das Geschlecht als Bedeutung nicht voneinander unterschieden werden" (1992: 337). Es gibt also einen zeichentheoretischen Zusammenhang zwischen dem sichtbaren Körper als Signifikat und dem Geschlecht als Signifikant. Zum anderen impliziert das Körperwissen, dass der „Körper von der Grundannahme der Zweigeschlechtlichkeit her gesehen" wird (ebd.). Weil man andere Personen vor diesem Hintergrundwissen wahrnimmt, dass es zwei und nur zwei Geschlechter gibt, wird die Zweigeschlechtlichkeit reproduziert und stabilisiert.

Für eine Geschlechtsidentität ist es nun Bedingung, so Lindemann, dass man dieses „objektivierte Geschlecht" (1993: 37) – das Wissen um den Geschlechtskörper – auch subjektiv ist. Eine Person erfasst sich selbst dann als Geschlecht, insofern „sie den geschlechtlich signifikant gemachten Körper als die leiblich-affektive Wirklichkeit erlebt, die sie ist, das heißt, diese liefert in der Verschränkung von Körper und Leib eine unleugbare Evidenz des eigenen Geschlechts" (1992: 344). Geschlechtsidentität gewinnt eine Person also dadurch, dass eine Übereinstimmung zu Stande kommt zwischen einerseits dem von anderen sowie von ihr selbst geschlechtlich wahrgenommenen Körper und andererseits ihrer leiblich-affektiven Selbstwahrnehmung.[48]

Im Zentrum der Aufmerksamkeit ihrer Untersuchung von Transsexuellen hatte Lindemann leiblich-affektive Erfahrungen gestellt. Eine gute Möglichkeit, diese passiven Leiberfahrungen zu untersuchen, so Lindemann, „boten die *leiblichen Irritationen*, denen sich Transsexuelle und ihre InteraktionspartnerInnen im Prozess der transsexuellen Geschlechtsveränderung ausgesetzt sehen" (Lindemann 1992: 330;

---

48 Eine kritische Auseinandersetzung mit der phänomenologischen Mikrosoziologie Lindemanns und insbesondere ihrer zentralen These, dass die Geschlechterdifferenz ihre soziale Realität als leiblich-affektives Empfinden entfalte, liefert Villa (2000: 179-222).

Herv.: R.G.). Was Lindemann „leibliche Irritationen" nennt, entspricht ziemlich genau dem, was hier als leiblich-körperliche Grenzerfahrung des Geschlechtseins bezeichnet wird. Damit sind Erfahrungen gemeint, in denen das Individuum auf einen spürbaren inneren Widerstand auf Grund seines Mann- bzw. Frauseins stößt. An dem folgenden Interviewausschnitt sei dies verdeutlicht.

> „Hm, ich sach mal, so n Prickeln geht da durch den Körper. Also wo dann so bestimmte Dinge angekratzt werden, sach ich mal. Also so wo ich äh es genieße, äh es lebt noch vieles in mir, Gott sei Dank. Und wo ich, ich sach mal, nicht nur mein Menschsein sondern, ja vielleicht auch mein Mannsein spüre. Also so einfach wenn ich so durch die Straßen geh, oder so bestimmte Begegnungen einfach, äh wo ich mich schon glaube, meine mich selbst zu spüren. (...) Also ich nehme sehr wohl äh schöne Menschen wahr, und auch erotische Frauen. Oder ich sag mal Frauen. Ähm also davor die Augen zu verschließen, äh da würd ich mich selber um etwas beschneiden, ähm, was es gibt, und würde auch nicht akzeptieren, was Gott mir geschenkt hat. Ja und dieses Mannsein spüren ist sicherlich, dass äh so Phantasien einfach da sind oder bestimmte Körperregungen einfach, wo ich merke, ja, das lebt in mir (2) und (2) äh, ja (2) was äh manchmal auch ne Last sein kann, aber manchmal auch äh etwas Schönes einfach. Oder wo ich es einfach auch nur genieße, wenn ich ne schöne Frau sehe (2) die, ja, mir gefällt. Oder so, was mich so auf den ersten Blick dann natürlich anspricht." (Pater Michael, 952–998)

In diesem Zitat von Pater Michael sind die wichtigsten Aspekte enthalten, die das Geschlecht als eine leiblich-körperliche Grenzerfahrung erscheinen lassen. Aus diesem Grund sei es ein wenig ausführlicher interpretiert. Die Aussage von Pater Michael fällt im Kontext meiner Frage, ob es für ihn typische Situationen gäbe, in denen er sich spürt. Zunächst meinte er, das sei in Situationen der Fall, in denen er Menschen begegne, die ganz anders seien als er und die ihn sehr interessierten. Auf meine Nachfrage, was oder wie er dabei empfinde, antwortet er mit dem angeführten Zitat. Pater Michael kommt also von sich aus auf das Mannsein zu sprechen, ohne dass es von mir als Thema vorgegeben gewesen wäre. Wie er sagt, sind es Begegnungen mit Menschen, die ihn interessieren, und er meint damit Frauen. Wenn er Frauen begegnet, könne das dazu führen, dass ein „Prickeln" durch seinen Körper gehe und „bestimmte Dinge angekratzt" würden. Dann spüre er nicht nur sein „Menschsein", sondern auch sein „Mannsein". Aus einer phänomenologisch-soziologischen Perspektive heißt das folgendes: Pater Michael begibt sich in eine soziale Situation, in der ihm bekleidete Körper begegnen. Diese Körper kann er auf Grund ihrer sichtbaren Gestalt, ihren Bewegungen und evtl. ihrer Mimik unterscheiden. Da er über das kulturell normierte Wissen der Zweigeschlechtlichkeit verfügt, differenziert er die ihm begegnenden Körper in die Kategorien Männer und Frauen. Denn die körperlichen Zeichen, die er in Form von Körpergröße, Figur, Bewegungen, Gesten und Mimik wahrnimmt, bedeuten für ihn (vermutlich) eindeutig Mann oder Frau. Diese Begegnungen lösen etwas in ihm aus, er meint, „mich selbst zu spüren". Er spürt sich selbst, wenn er „schönen" oder „erotischen" Frauen begegnet, und zwar spürt er sich in solchen Momenten als Mann. Warum? Warum spürt sich Pater Michael in seinem Mannsein gerade dann, wenn er auf eine attraktive Frau trifft (oder sie in seiner Phantasie imaginiert)?

Mit Bezug auf die Theorie der exzentrischen Positionalität lässt sich diese Frage plausibel beantworten. Wie die Ausführungen in Teil 2, Kapitel 1.2 gezeigt haben, handelt es sich beim Leib-Umwelt-Verhältnis von Menschen um eine wechselsinnige Relation: Der Leib ist auf die Umwelt gerichtet, und die Umwelt auf den Leib. Exzentrisch ist die Umweltpositionierung des Menschen dabei insofern, als der Mensch nicht nur seinen Umweltbezug erlebt, sondern zugleich auch sich selbst in seiner Zuständlichkeit erfährt. „Bezogen auf die interaktive Hervorbringung des Geschlechts heißt das, dass es nicht nur ein Geschlecht für andere gibt, sondern dass sich eine Person auch als ein Geschlecht erlebt, wenn sie sich auf die Umwelt bezieht und andere als Geschlecht wahrnimmt" (Lindemann 1993: 41). Vor dem Hintergrund der Zweigeschlechtlichkeit bedeutet das, Pater Michael erfährt sich leiblich als Mann, *weil* er eine attraktive Frau wahrnimmt. Hierbei spielt das Adjektiv ‚attraktiv' eine bedeutsame Rolle. Pater Michael spricht von schönen, erotischen Frauen, von Frauen, die ihm gefallen und ihn „auf den ersten Blick natürlich ansprechen". Es dürfte wohl nicht überinterpretiert sein, dies als eine Art von *Begehren* zu bezeichnen. Er spürt sich ja als Mann vermutlich nicht bei jeder Wahrnehmung von Frauen, insofern muss es ein Qualitätskriterium geben, das ausschlaggebend ist für sein Geschlechtsempfinden in der Wahrnehmung (oder Phantasie) von Frauen. Dieses Kriterium dürfte das sexuelle Begehren sein. Da das Begehren in unserer Kultur binär strukturiert ist – wir unterscheiden zwischen homo- und heterosexuellem Begehren –, genauso wie das Geschlechterverhältnis binär (in Mann und Frau) strukturiert ist, heißt das für einen heterosexuellen Mann, dass sich sein Begehren auf Frauen richtet. Umgekehrt lässt sich dann z.B. von dem geschilderten Begehren Pater Michaels schließen, dass es sich bei ihm um einen heterosexuellen Mann handelt. Er selbst realisiert sein Geschlecht ganz offensichtlich in Situationen, in denen er eine Frau wahrnimmt, die er begehrt. Verallgemeinert man dies, kann man sagen, dass sich „sexuelles Begehren, Evidenz des eigenen Geschlechts und die Wahrnehmung des Geschlechts anderer (..) einander wechselseitig (bedingen)" (Lindemann 1992: 340).

Identitätstheoretisch lassen sich die bisherigen Ausführungen wie folgt auf den Punkt bringen: Ein Individuum wird sich seines Geschlechts am deutlichsten gewahr, wenn es davon leiblich-affektiv betroffen ist. Geschlechtsein meint in diesem Sinne Geschlechtsempfinden. Dabei ist das Mann- bzw. Frausein in einem entscheidenden Maße eine relationale Erfahrung: Heterosexuelle[49] Frauen und Männer spüren sich als Geschlecht in Relation zum anderen Geschlecht, wofür vor allem das sexuelle Begehren kenntlich zeichnet. *Geschlechtsidentität* realisiert sich von daher als *Differenzerfahrung*. Damit bestätigt sich die These, dass sich Identität nur aus der Abgrenzung zu anderen herausbilden kann, auch auf das Geschlecht bezogen.

Während diese Erkenntnis, dass die spürbare Identifizierung mit dem eigenen Geschlecht aus der Differenz zum anderen Geschlecht resultiert, sich aus mehreren

---

49 Bei homosexuellen Frauen und Männern ist das Prinzip dasselbe: Sie verfügen über denselben kulturellen Bezugsrahmen hinsichtlich der Strukturierung des Begehrens, also über das Wissen der Differenzierung zwischen Homo- und Heterosexualität. Entsprechend fungiert dieses Wissen zur „Strukturierung von Leibesinseln und der davon ausgehenden leiblichen Erfahrungen. Anders gesagt: je nachdem, wie jemand in der Sexualität angerufen/angesprochen/angefasst wird, wird sich dieser Jemand geschlechtlich erleben" (Villa 2000: 197).

Interviews gewinnen ließ, war in einem Interview von einer weiteren für das Geschlechtsempfinden bedeutsamen Differenzerfahrung die Rede, nämlich von der Differenz zwischen (erwachsenem) Mann und Kind. So meinte Leopold, dass er sich nur in solchen Situationen als Mann empfinde, wenn er mit Kindern zusammen sei: „(...) da fühl ich mich schon als Mann, um das Kind zu beschützen" (Leopold, 875). Nimmt man diese Äußerung Leopolds wörtlich, dann realisiert sich seine Geschlechtsidentität auf Grund einer spezifischen Verschränkung von Körper(wissen) und Leib(empfinden): Leopold hat die Norm verinnerlicht, dass Männer in unserer Kultur stark zu sein haben und Frauen und Kinder beschützen sollen; dieses Wissen strukturiert in Situationen, in denen er mit Kindern zusammen ist, sein Leibempfinden dergestalt, dass er sich als Mann wahrnimmt. Während Leopold explizit die Bedeutung der Abgrenzung zu Kindern für sein Geschlechtsein anspricht, tauchte diese Relation in zwei Interviews mit Ordensschwestern implizit auf. Dies in der Weise, dass sie sagten, Frausein bedeute für sie, ihre mütterliche Seite zu leben. Da dies von Frauen geäußert wurde, die keine eigenen Kinder haben, kann man wohl davon ausgehen, dass diese Art des Geschlechtsempfindens-qua-Differenzerfahrung auch auf viele jener Frauen zutrifft, die eigene Kinder haben[50].

In dem Interviewausschnitt von Pater Michael fällt eine Bemerkung, die als Hinweis darauf gelesen werden kann, dass es bestimmte Leibesinseln gibt, die für die Erfahrung des eigenen Geschlechts besonders signifikant sind. Pater Michael sagt, dass das Mannsein für ihn bedeute, „bestimmte Körperregungen" wahrzunehmen. Er konkretisiert zwar nicht, welche Körperregungen er damit meint, doch scheint es mir nicht allzu weit hergeholt, wenn man unterstellt, dass Pater Michael auf Regungen im Genitalbereich anspielt. Selbst wenn das nicht der Fall sein sollte, was mir aber auf Grund seiner davor gemachten Äußerungen unwahrscheinlich erscheint, hätte diese Bemerkung noch einen heuristischen Wert. Denn sie thematisiert eine für Männer typische leibliche Erfahrung: Mit Merleau-Ponty gesprochen ist der (hier:) männliche Leib das „Vermögen", den Anblick einer attraktiven Frau so wahrzunehmen, dass er sich in eine erotische Situation einfügt, auf die der Leib mit einem entsprechenden Verhalten reagiert (vgl. Teil 2, Kap. 2.1.2); und diese leibliche Antwort besteht in einer Regung im Genitalbereich. Für Männer ist der Genitalbereich, konkret: Penis und Hoden, eine „geschlechtlich signifikante Körperform" (Lindemann 1993: 196ff.) bzw. - als Binnenerlebnis - eine geschlechtlich signifikante Leibesinsel. Die Erfahrung, ein Mann zu sein, weist den höchsten Grad an Evidenz auf, wenn Penis und/oder Hoden gespürt werden - Frauen können diese Erfahrung nicht machen. Wie an dem Zitat von Pater Michael außerdem deutlich wird, handelt es sich bei diesen „bestimmten Körperregungen" um eine leiblich-körperliche Grenzerfahrung. Denn sowohl als Last wie auch als Genuss, von denen Pater Michael spricht, bedeuten diese leiblichen Regungen ein Herauslösen aus dem

---

50 Wenn ich es recht sehe, spielt in den Arbeiten von Lindemann oder bspw. auch von Villa dieser Aspekt, die Geschlechtsidentität über die Differenzerfahrung zu Kindern zu thematisieren, keine Rolle. Könnte es sein, dass es sich hierbei um einen blinden Fleck in der feministischen Geschlechterforschung handelt?

nur diffus wahrgenommenen Erlebnisstrom, in dem sich Pater Michael – wie jeder andere auch – in seinem normalen, „ungehinderten Lebensvollzug" (Plessner) befindet. In der erotischen Wahrnehmung wird Pater Michael spürbar mit sich selbst konfrontiert.

Selbstverständlich haben nicht nur Männer geschlechtlich signifikante Körperformen bzw. Leibesinseln, sondern auch Frauen. Folgt man Gesa Lindemann, dann sind das Busen und Vagina (Lindemann 1993: 197)[51]. Was den Busen betrifft, bestätigt dies ein Zitat aus dem Interview mit Anna. Anna erzählt in dieser Passage von den Problemen mit ihren großen Brüsten. Diese Probleme bezogen sich zwar primär aufs Tanzen – sie meinte, ihre Brust sei zu groß für eine Ballett-Tänzerin –, übertrug sich im Laufe der Zeit aber auch auf ihr Verhältnis zu Männern:

> „Und ich hab eigentlich jeden Mann gehasst, der zuerst dort [auf ihre Brüste] hinguckte. Was auch draußen dann [außerhalb der Oper] der Fall war. Und da hab ich gedacht, na ja so, man muss mich doch lieben so wie ich bin, und nicht weil ich eben halt riesen Brüste hab oder son Quatsch. /I: Ja/ Und es hat mich schon belastet, ja" (Anna, 1050-1057).

Anna verfügt natürlich über das kulturell normierte Körperwissen, dass Brüste signifikante weibliche Körperformen sind. Daher dürfte davon auszugehen sein, dass, wenn ihre Brüste in einer leiblichen Kommunikation angesprochen werden, sie sich als Frau wahrnimmt. In dem hier geschilderten Fall findet die leibliche Kommunikation durch *Blicke*[52] statt. Die Blicke der Männer auf ihre Brüste machen Anna in hohem Maße leiblich-affektiv betroffen: Sie hasst diese Männer, wie sie sagt. Dieser Hass auf die Männer scheint mir das Indiz dafür zu sein, dass sich Anna hier als Frau und nicht etwa als Tänzerin oder Mutter, die sie auch ist, empfindet. Das hat mit dem Aspekt ‚Macht' zu tun, und zwar in zweifacher Hinsicht: Zum einen sind Blicke soziale Machtkämpfe, die auf leiblichem Terrain ausgefochten werden; zum anderen kann das Geschlechterverhältnis, wie die Geschlechterforschung vielfach gezeigt hat, als eine Machtrelation verstanden werden, wobei auf der Machthierarchie üblicherweise Männer oben und Frauen unten platziert werden. Wenn man jetzt noch in Rechnung stellt, dass Anna die Selbstverständlichkeit der binär strukturierten Geschlechterordnung internalisiert hat, kann man ihre Aussage wie folgt interpretieren: Anna gerät in eine soziale Situation, in der sie durch Blicke des anderen, aus der Perspektive sozialer Macht ‚starken' Geschlechts leiblich angegriffen wird.

---

51 Von den signifikanten unterscheidet Lindemann „insignifikante Körperformen", womit sie Vulva/Klitoris, Männerbrust und den Innenraum des männlichen Körpers meint (Lindemann 1993: 196-212). Kritisch hierzu siehe Villa (2000: 211f., 219ff.).

52 Auch aus dem Zitat von Pater Michael kann geschlossen werden, dass Blicken die Qualität eignet, das eigene Geschlecht leiblich-affektiv anzusprechen. Pater Michael hatte erzählt, dass er schöne Frauen wahrnimmt. Diesbezüglich sagt er im Schlusssatz dieses Zitats: „was mich so auf den ersten Blick dann 'natürlich anspricht". Die Wahrnehmung schöner Frauen „spricht" ihn „natürlich" „auf den ersten Blick" „an". Dieses „Ansprechen" kann man als Teil einer leiblichen Kommunikation (vgl. Teil 2, Kap. 2.2.5) verstehen, in der das Erblicken der Frau der Absender, die Bewertung ‚schöne Frau' die Information, und die leibliche Empfindung im Moment des Angesprochenwerdens der Empfänger dieses kommunikativen Aktes sind. Indem Pater Michael beim Anblick einer schönen Frau spontan etwas empfindet, realisiert er sich als Mann.

Ihre ‚natürliche' – gleichwohl kulturell erworbene – Abwehrhaltung besteht in einer leiblich-affektiven Reaktion, dem Gefühl von Hass. Hass ist eine Empfindung, die als Ursache oftmals ein Ohnmachtsgefühl hat. In Annas Fall heißt das, sie ist den Blicken der Männer auf ihre Brüste ohnmächtig ausgeliefert. Sie weiß, dass ihre Brüste ins Blickfeld von Männern nur darum geraten, weil sie ihr weibliches Geschlecht bedeuten und dieses mit einer hohen Evidenz auch anzeigen. Wenn Männer auf ihre Brüste blicken, dann deshalb, weil sie das untrügliche Symbol für ‚Frau' sind. Dieses in das Machtverhältnis zwischen Mann und Frau eingefügte Körperwissen, dass Brüste ‚Frau' bedeuten, strukturiert somit Annas leibliches Empfinden, nämlich eine Frau zu sein.

Wie das letzte Beispiel noch einmal zeigte, ist die Verschränkung von Körperwissen und Leibempfinden konstitutiv für die Erfahrung, genau ein Geschlecht zu sein. Das deckt sich mit der im Anschluss an Plessner aufgestellten These, dass Identität aus dem Zusammenspiel von Körperhaben und Leibsein resultiert (vgl. Teil 2, Kap. 1.2). Umgekehrt kann man daraus schließen, dass es zu *Identitätsproblemen* kommen kann, wenn diese Verschränkung von Körper(wissen) und Leib(empfinden) nicht gelingt. Dies sei anhand eines Zitats von Adrian illustriert.

> „(...) irgendwo hat doch auch der Körper was damit zu tun, wie du dich fühlst, ne. Und und wenn ich aussehe wie n Bär, und mich dann aber fühle wie ne Frau, da is irgendwas nich in Ordnung, ne." (Adrian, 1019-1022)

Dieser Aussage von Adrian liegt die Annahme bzw. das Wissen zugrunde, dass Männer und Frauen deutlich erkennbare unterschiedliche Körperformen haben. Wie ein „Bär" aussehen, das tun im Verständnis von Adrian nur Männer. Diesem Aussehen müsse seiner Ansicht nach ein bestimmtes Empfinden korrespondieren, weil sonst „etwas nicht in Ordnung" sei. Aussehen wie ein Mann und fühlen wie eine Frau, das passt nicht zusammen. Bringt man dieses „irgendwas nicht in Ordnung" mit dem Pronomen „ich" in Zusammenhang, das Adrian in diesem Satz gebraucht, dann lässt sich diese Bemerkung wie folgt verallgemeinert interpretieren: Jede Person in unserer Gesellschaft teilt ein kulturell normiertes Wissen, wie Männer- und Frauenkörper im ‚Normalfall' auszusehen haben. Printmedien, Werbung, Kino, Musikvideos etc. sorgen dafür, dass sich niemand diesen Normierungen entziehen kann. Wenn nun aber eine Person einen Körper hat, der diesen Geschlechtsnormierungen nicht entspricht, sie sich jedoch ihrem biologischen Geschlecht zugehörig empfindet, oder umgekehrt eine Person zwar den normierten Körperbildern entspricht, sich aber in ihrem Körper ‚nicht zu Hause' fühlt, kann das für diese Person mit Identitätsproblemen verbunden sein. Das muss nicht der Fall sein[53], doch scheint es min-

---

53 So meinte z.B. Rainer: „Ja, ich hab nicht wirklich nen männlich ausgeprägten Körper in dem Sinne. /I: Hmh/ Weil ich hab schon teilweise weibliche Formen. Also deshalb hab ich mich auch nie so zu ner körperlichen Definition hinreißen lassen." (Rainer, 693-697). Die „körperliche Definition", die Rainer nicht abzugeben willens war, bezog sich auf die Frage, was Mannsein für ihn bedeute. Er weiß, dass er keinen im Sinne der gesellschaftlichen Geschlechternorm männlichen Körper hat, doch ist das für ihn kein Problem, vermutlich weil er sein Personsein nicht mit seinem Geschlechtsein identifiziert.

destens so plausibel, dass im Falle der nicht gelungenen Verschränkung zwischen dem sozial bedeutsamen, sicht- und tastbaren Körper (Körperhaben) und dem eigenleiblichen Spüren (Leibsein) Identitätsprobleme für das Individuum entstehen. Nicht zuletzt die zahlreichen ‚Fälle' in den Untersuchungen zur Transsexualität belegen jedenfalls diese Annahme.

In diesem Abschnitt sollte gezeigt werden, dass und wie das Geschlecht eine leiblich-körperliche Grenzerfahrung ist. Möglicherweise ist hierbei der Eindruck entstanden, als würde hier die These vertreten, Geschlecht sei immer oder ausschließlich eine leiblich-körperliche Grenzerfahrung. Sollte dem so sein, wäre das contra-intuitiv. Was hier lediglich beabsichtigt war, ist der Nachweis, dass das Geschlechtsein *auch* eine leiblich-körperliche Grenzerfahrung ist, bzw. dass die Geschlechtsidentität als Grenzerfahrung die größte Evidenz für das Individuum besitzt. Im Sinne von Lindemann: Wirklich ist das Geschlecht für Individuen dann, wenn sie ihr Geschlecht „je situativ als das erfahren (..), was sie hinnehmen müssen, dem sie sich nicht entziehen können" (Lindemann 1994: 140).

5.3 Leib- und Körperkontrolle

5.3.1 Leib- und Körperkontrolle als Selbstkontrolle

Identität, so wurde an früherer Stelle gesagt, stellt sich für den Menschen als eine unabwendbare Aufgabe dar, insofern es ihm auf Grund seiner „exzentrischen Positioniertheit" existenziell auferlegt ist, sein Leben „zu führen", zu gestalten und damit auch sich selbst zu verwirklichen (vgl. Teil 2, Kap. 1.2). Es ist der Doppelaspekt von Leibsein und Körperhaben, in dem sich der Mensch unaufhörlich befindet, der ihn dazu zwingt, wie Plessner sagt, „sich zu dem, was er schon ist, erst (zu) machen" (Plessner 1975: 309). Damit ist gemeint, dass der Mensch zwar von Geburt an leiblich ist (ein biologisches, Naturgesetzen unterworfenes Wesen), es aber lernen muss, sich seine leibliche Existenz anzueignen und sie damit zu „haben"; erst dadurch wird er zu einem Selbst. Dieser Aspekt des Körperhabens soll jetzt im Mittelpunkt stehen, und zwar – übersetzt in einen sozialwissenschaftlichen Terminus – als *Körperkontrolle*. Im Anschluss an Plessner ist mit Körperkontrolle der instrumentelle oder expressive Gebrauch des Körpers gemeint (vgl. auch Honneth/Joas 1980: 76f.). In Hinblick auf die Frage nach der Identitätsrelevanz des Körpers heißt das, Körperkontrolle zielt auf die konkrete Körper*praxis*, auf Umgangsweisen des Selbst mit seinem Körper, in denen das Selbst seinen Körper bestimmten Sollensvorstellungen unterwirft. Wie jede Form von Kontrolle eine Bindung an Normen impliziert, impliziert auch Körperkontrolle eine *normative* Orientierung. Körperkontrolle findet auf der Folie von Verhaltenserwartungen statt, die nicht notwendigerweise explizit formuliert sein müssen (vermutlich es meistens auch nicht sind), und aus denen eine bestimmte Körperpraxis folgt. So sollen Ballett-TänzerInnen bspw. schlank und grazil sein, Ordensleute sich „nicht fahrig bewegen" (Pater Paulus) und ein ordentliches Erscheinungsbild abgeben (s.u.). Beide Personengruppen orientieren sich in ihrer

Körperpraxis entsprechend solcher normativen Erwartungen, indem sie Kontrolle über ihren Körper ausüben.

In diesem normativ-praktischen Sinne impliziert die Kategorie Körperkontrolle per se weder eine pejorative (i.S.v. Unterdrückung, Unterwerfung des Körpers) noch eine affirmative (i.S.v. künstlerischer Darstellung, Akrobatik) Wertung. Die konkrete Körperkontrolle bewegt sich vielmehr auf einer Art Kontinuum zwischen diesen beiden Polen der ‚Bejahung' und ‚Verneinung' des Körpers. Dazu ein Zitat von Plessner, bei dem man sich fragen kann, ob er, als er es niederschrieb, Tänzer und Ordensleute ‚im Hinterkopf' hatte:

> „Das Ziel der Beherrschung, entweder im Dienst der Bejahung körperlichen Daseins und dann bald auf Spitzenleistung, bald auf völlige Entspanntheit, d.h. Grazie gerichtet, oder aber im Dienst der Körperverneinung, der Askese und Weltflucht, ist dem Menschen durch seine physische Existenz gestellt: *als Leib im Körper*" (Plessner 1982: 238a; Herv. im Orig.)[54].

Die Kontrolle des Körpers ist zwar auf Grund ihrer anthropologischen Fundierung ein universelles Identitätsmerkmal, gleichwohl weist sie natürlich gesellschafts- und kulturspezifische Variationen auf. Jede Gesellschaft und entsprechend jedes gesellschaftliche Subsystem oder soziale Feld zeichnen sich durch spezifische Normen und Wertvorstellungen aus, die den Umgang mit dem Körper regeln. Gesellschaftliche Institutionen entwickeln, wie es bei Foucault (1976) heißt, „Disziplinartechnologien", mittels derer der Körper kontrolliert, zu einem „fügsamen" Objekt geformt und zur Erlangung konkreter Ziele und Interessen instrumentalisiert wird (Foucault 1976: 177; vgl. auch Dreyfus/Rabinow 1987: 183). Vor allem die ‚Zerlegung' des Körpers in einzelne Bewegungen, Körperhaltungen und Funktionen ist Foucault zufolge eine der kennzeichnendsten Formen der sozialen Disziplinierung des Körpers[55]. In den beiden hier untersuchten gesellschaftlichen Bereichen, dem Kloster und dem Ballett, waren solche Phänomene der Körperdisziplinierung in vielfältiger Weise zu beobachten. Vom langsamen Schreiten der Ordensleute innerhalb der Klostermauern, dem Habit als Uniform, mit der die Kleiderwahl diszipliniert wird, den Geboten der Körperhaltung beim Essen oder Gebet, bis hin zu informellen Vorschriften des Körperkontakts und der Disziplinierung der Sexualität in Form des Keuschheitsgelübdes wird der Körper von Ordensangehörigen den Regeln ihres so-

---

54 Wie die Interviews mit den Ballett-TänzerInnen und Ordensangehörigen gezeigt haben, lässt sich der kontrollierte Umgang mit dem eigenen Körper in der Tat auf einer Art Kontinuum mit den beiden Polen Körper-Bejahung und –Verneinung platzieren. Allerdings sind Zweifel angebracht, ob, wie Plessner es andeutet, die Gleichsetzung von körperlicher „Spitzenleistung" mit Bejahung so einfach vorzunehmen ist. Wie sich noch zeigen wird, ‚erkaufen' nämlich Ballett-Tänzerinnen und -Tänzer ihre körperliche Perfektion bspw. mit dem kontinuierlichen Verdrängen von Schmerzen, das man wohl kaum als Körper-Bejahung bezeichnen kann.

55 Foucault zufolge hat die Zahl der Institutionen, welche außer dem Gefängnis – dessen historische Genese als nunmehr zeitgemäßer Straf- und Machttypus er in seinem Buch *Überwachen und Strafen* aufzeigt – den Körper zu disziplinieren trachten, in einem Maße zugenommen, dass es seine exemplarische Funktion verloren habe und die Gesellschaft selbst zur körperlichen Kontroll- und Sanktionsinstanz geworden sei. Foucault spricht aus diesem Grund auch von der „Disziplinargesellschaft" (vgl. hierzu sowie zu einer kritischen Auseinandersetzung mit der „Disziplinargesellschaft" Breuer 1987).

zialen Feldes entsprechend kontrolliert. Nicht anders ist es bei Ballett-Tänzerinnen und –Tänzern. Deren Bewegungen im Tanz werden z.T. bis in kleinste Gesten zerlegt, ihre tägliche Arbeit am Körper übt eine disziplinierende Macht auch über die Arbeit hinaus aus (was man bspw. am entenähnlichen ‚Watschelgang‘ – den gespreizten Füßen – erkennen kann), sie unterwerfen sich Disziplinierungen in Gestalt einer kontinuierlichen Beobachtung ihres Körpergewichts oder der Missachtung bzw. Unterdrückung von Schmerzen etc. Der Ordo des jeweiligen sozialen Feldes (hier: dessen normative Ordnung) übt somit einen disziplinierenden Effekt auf den Körper aus. Dabei ist es offenkundig, dass mit der Dauer des Eingebundenseins in eine soziale Institution die Ablagerung der in ihr vorherrschenden Normen und Werte als Habitualisierungen im und am Körper zunimmt.

Feldspezifische körperliche Habitusformen zeigten sich in den Interviews sehr augenfällig etwa in der Situation des Interviews. So saßen die Ordensschwestern und –brüder auf ihrem Stuhl typischerweise[56] mit aufrechtem Oberkörper, die Unterarme auf den Oberschenkeln abgelegt, die Hände ineinander gelegt oder gefaltet und die Beine parallel nebeneinander gestellt. Ihre Bewegungen waren spärlich und langsam, ihre Stimmen ruhig, das Redetempo bedächtig. Im Unterschied dazu verhielten sich die Ballett-TänzerInnen im Interview wesentlich lebhafter, gestenreicher, sie sprachen schneller und auch ihr mimischer Ausdruck war umfangreicher. Etwas vereinfacht könnte man diesen Unterschied als die Differenz zwischen einer starken und einer lockeren Körperkontrolle bezeichnen; sie spiegelt die an die milieuspezifischen Normen orientierte körperdisziplinierende Praxis wider (s.u.). In Hinblick auf den Prozess der Identitätsbildung ist hier allerdings nicht so sehr der Einfluss des sozialen Feldes auf den kontrollierten Umgang mit dem Körper von Interesse, als vielmehr das Verhältnis von Körperkontrolle und Selbstkontrolle. Meine diesbezügliche *These* lautet: *Körperkontrolle ist identisch mit Selbstkontrolle.* Zur Plausibilisierung dieser These möchte ich einen Vorfall aus dem Interview mit Schwester Larissa schildern.

> Als Schwester Larissa und ich im Interview beim Thema Ordenskleid angelangt waren, erzählte sie mir, dass sie ihren Habit immer trage. Da sie zu einem früheren Zeitpunkt erwähnt hatte, dass sie gelegentlich zum Schwimmen gehe, und ich von einer anderen Ordensschwester gesagt bekommen habe, früher sei es für Ordensschwestern durchaus üblich gewesen, mit dem Habit schwimmen zu gehen, fragte ich Schwester Larissa, ob sie zum Schwimmen ihr Ordenskleid anlasse. Während ich ihr die Frage stellte, saß Schwester Larissa relativ bewegungslos mit aufrechtem Oberkörper an der Vorderkante ihres Stuhls und blickte mich ruhig an. In dem Moment, als ich meine Frage zu Ende formuliert hatte, lachte Schwester Larissa lautstark auf, ließ ihren Oberkörper zurück in die Stuhllehne und ihren Kopf nach hinten in den Nacken fallen. Offensichtlich fand Schwester Larissa meine Frage so komisch, dass sie nicht mehr an sich halten konnte und in ein herzhaftes Lachen ausbrach. Aber sie hatte kaum zu lachen begonnen, als sie scheinbar selbst über ihre Reaktion erschrak, denn ruckar-

---

56 Aus dem Rahmen dieses Verhaltensmusters fiel nur Schwester Regina. Sie war, verglichen mit den anderen Ordensleuten, sehr bewegungsfreudig, gestikulierte fiel, stand während des Interviews mehrfach auf und nahm einmal meine Hand, um mir eine Gebetsgeste zu zeigen. Ihre Bewegungsaktivität lässt sich vielleicht darauf zurückführen, dass Schwester Regina erst mit 40 Jahren in den Orden eingetreten ist und von daher die klösterliche Sozialisation keine so tiefen Körperspuren hinterlassen konnte wie dies bei Ordensleuten der Fall zu sein scheint, die früher eingetreten sind und länger im Kloster leben.

tig legte sie ihre rechte Hand auf ihren Mund und entschuldigte sich für ihr Lachen, noch bevor sie zu Ende gelacht hatte. (Sie meinte dann noch, dass sie mich keinesfalls auslachen wollte und natürlich beim Schwimmen den Habit aus- und einen Badeanzug anziehe.)

Der Lachanfall von Schwester Larissa und ihre darauf folgende Spontanreaktion (das Verdecken ihres Lachens und die Entschuldigung) indizieren einen Verlust der Körperkontrolle. Im Lachen, so heißt es bei Plessner, emanzipiert sich der Körper von der Person (vgl. Teil 2, Kap. 1.4); der Körper löst sich aus seiner untergeordneten, beherrschten Rolle und wird selbst zum Akteur. Im Moment des Lachanfalls „ist" Schwester Larissa nur noch Leib, aber sie „hat" im Sinne von: kontrolliert ihren Körper nicht mehr – im Gegenteil, jetzt „hat" im Sinne von: beherrscht ihr Körper sie selbst. Nachdem sie den Kontrollverlust über ihren Körper nicht verhindern konnte, bemühte sich Schwester Larissa, ihn sofort rückgängig zu machen: zuerst durch eine körperliche, dann durch eine sprachliche Äußerung. Mit diesen beiden Antworten auf ihr unwillkürliches Lachen versuchte sie, so kann man sagen, ihr verloren gegangenes Körper-Selbstverhältnis wieder ins Gleichgewicht zu bringen. Genauer gesagt, versuchte sie, ihrem Selbst die Herrschaft über ihren Körper zurückzugeben. Das heißt verallgemeinert: Da der Körper sich nicht gemäß den gewünschten normativen Erwartungen verhielt, versucht das Selbst, den Kontrollverlust über den Körper wettzumachen. Insofern zeigt dieses Beispiel ex negativo, dass es sich beim *unbeabsichtigten* Verlust der Körperkontrolle immer auch um einen Verlust der Selbstkontrolle handelt[57]. Auf Grund des Verlusts der Selbstkontrolle, so würde ich vermuten, reagiert Schwester Larissa nämlich mit der Geste des Mundbedeckens und der verbalen Entschuldigung. Wäre es in ihrem religiösen Milieu üblich, in einer sozialen Interaktion wie der eines Interviews lautstark und Schenkel klopfend aufzulachen, hätte Schwester Larissa sich vermutlich nicht bemüht, die „Emanzipation" (Plessner) ihres Körpers schlagartig zu unterbinden. Dabei empfindet sie den Kontrollverlust über ihren Körper möglicherweise gerade deshalb als unangemessen, weil sie ihn als einen Kontrollverlust *ihrer selbst* als Ordensfrau einschätzt. In diesem Sinne drückt die misslungene Körperkontrolle in dem Beispiel ein spezifisches Selbstverhältnis aus, nämlich die misslungene Selbstkontrolle. Eine Verallgemeinerung dieses Falls legt entsprechend den Schluss nahe, dass Körper- und Selbstkontrolle identisch sind.

Das Beispiel von Schwester Larissa hat in erster Linie gezeigt, dass mit der Körperkontrolle eine Selbstkontrolle einhergeht. Aber gilt das auch vice versa? Ist Selbstkontrolle m.a.W. identisch mit Körperkontrolle? Ich denke schon, wobei – gemäß der theoretischen Differenzierung zwischen Leib und Körper im Theorie-Teil dieser Arbeit (vgl. Teil 2, Kap. 4.1) – hier korrekterweise von Leibkontrolle gesprochen werden muss. Dass die *Selbstkontrolle zugleich eine Kontrolle des leiblich-affektiven Befindens* ist, sei durch einen kurzen Exkurs in die Theorie der Zivilisation von Norbert Elias verdeutlicht.

---

57 Anders ist es in den (weniger häufig vorkommenden) Fällen, wo die Körperkontrolle *absichtsvoll* aufgegeben wird, bspw. beim Bungee-Jumping oder beim ausgelassenen Tanzen. Hier kommt der Verlust der Körperkontrolle eher einer Selbstbestätigung denn einem Selbstverlust gleich.

Exkurs: Norbert Elias

Elias (1976 I und II) zufolge zeichnet sich – vereinfacht gesagt – die Entwicklung westlicher Gesellschaften vom Mittelalter bis zur Moderne durch eine fortschreitende funktionale Ausdifferenzierung und, damit zusammenhängend, die Zunahme wechselseitiger Abhängigkeiten der
Menschen voneinander aus. Diesem gesellschaftsstrukturellen Prozess (der „Soziogenese") korrespondiere das stetige Zurückdrängen des spontanen, affekt- und triebgeleiteten Verhaltens (die
„Psychogenese"). Mit der zunehmenden gesellschaftlichen Differenzierung und Integration muss
die Spontaneität des trieb- und affektbestimmten Verhaltens reguliert und kanalisiert werden,
damit das soziale Miteinander funktionieren kann. Fand die Regulierung leiblicher Regungen
und Emotionen zunächst von ‚außen' durch gesellschaftliche Sanktionen und Verbote statt,
m.a.W. durch „Fremdzwänge", so verlagerte sich diese Kontrolle des leiblich-affektiven Verhaltens mit der Ausweitung der „Interdependenzketten" nach ‚innen' und wurde durch
„Selbstzwänge" ersetzt. Erst diese Umwandlung der Fremd- in Selbstzwänge, die „automatisch
und blind", losgelöst von situationsabhängigen Sanktionen wirksam sind (Elias 1976 II: 317),
gewährleiste eine dauerhafte affekt- und triebgeleitete Verhaltenskontrolle. Den Prozess, in dem
diese Regulierung leiblicher Regungen und Emotionen ansozialisiert werden, nennt Elias „Konditionierung auf den bestehenden gesellschaftlichen Standard", wobei diese Konditionierung
durch die Ausbildung einer psychischen Apparatur erfolge, die er im Anschluss an Freud als
„Über-Ich" bezeichnet (Elias 1976 I: 329). Das Über-Ich entspricht einer im Individuum arbei-
tenden Selbstkontrollapparatur, welche die leiblich-affektiven Regungen „automatisch und
blind" überwache. Die im „zivilisierten" Menschen wirkenden Selbstzwänge haben damit nicht
nur die Form einer bewussten Selbstbeherrschung, sondern nehmen auch die Gestalt „automatisch funktionierender Gewohnheiten" an (Elias 1976 II: 331). Fremdzwänge sind in der modernen Gesellschaft Elias zufolge zwar nicht vollkommen verschwunden, doch sind es in einem
immer umfassenderen Sinne Selbstzwänge, welche das gesamte Trieb- und Affektleben der
Menschen regulieren und kontrollieren. Die „stetige Selbstkontrolle" (ebd.: 328), die das psychische Korrelat der gesellschaftlichen Entwicklung – insbesondere der Monopolisierung der körperlichen Gewalt (ebd.: 320) – ist, hat m.a.W. dazu geführt, dass leibliche Regungen und Gefühle einer kontinuierlichen, verinnerlichten und den gesellschaftlichen Strukturen entsprechenden Kontrolle unterworfen werden.[58]

Folgt man den Ausführungen von Elias zum Zivilisationsprozess westlicher Gesellschaften, dann korrespondiert also der Selbstkontrolle die Kontrolle des leiblich-
affektiven Befindens (bzw. die Leibkontrolle). Wer *sich* selbst kontrolliert, sein
Verhalten bewusst oder unbewusst (in Form verinnerlichter gesellschaftlicher Erwartungen) reguliert, der kontrolliert damit auch bewusst oder unbewusst seinen
Leib.

Für die Gleichzeitigkeit von Körper-, Leib- und Selbstkontrolle lieferten die InterviewpartnerInnen weitere sichtbare Beispiele. So konnte ich bei einem Ordensbruder beobachten, wie er sich ständig an sein Ohrläppchen fasste und es drückte,
bei einem anderen, wie er in kurzen zeitlichen Abständen seinen Bart streichelte,
und bei einer Ordensschwester, wie sie wiederholt und für jeweils längere Dauer ihren Ring am Finger drehte; eine Tänzerin spielte während des Interviews fast die gesamte Zeit mit ihrer Haarspange, und ein Tänzer strich immer wieder mit beiden
Händen über seine beiden Oberschenkel entlang. In Hinblick auf die Identitätsfrage
sind diese und ähnliche unscheinbaren Verhaltensformen zunächst einmal deshalb
von Interesse, weil sie (in aller Regel jedenfalls) unbewusst vollzogen werden. Es
sind dies körperliche Äußerungen, die nicht-intendiert, also nicht bewusst kontrol-

---

58 Diese Ansicht Elias' ist nicht unkritisiert geblieben. Als Hauptkritiker der Zivilisationstheorie von
    Elias zeichnet sich im deutschen Sprachraum nach wie vor Hans-Peter Duerr aus (vgl. Duerr 1988,
    1990, 1995).

liert erfolgen und gerade darum besonders geeignet sind, etwas über die Identität dieser Person auszusagen: Das Unwillkürliche solcher Verhaltensformen kann als Zeichen der Authentizität des Individuums interpretiert werden.

Die hier beispielhaft genannten Gesten gelten in unserer Kultur gemeinhin als Zeichen der Nervosität und/oder Unsicherheit. Unsicherheit/Nervosität sind psychologische Interpretationen eines bestimmten Typus sichtbaren körperlichen Verhaltens. Mit Merleau-Ponty kann man dieser psychologischen Interpretation eine leibphänomenologische Deutung zur Seite stellen und diese Gesten als „Doppelempfindungen" bezeichnen (vgl. Teil 2, Kap. 2.1.3). Um eine Doppelempfindung handelt es sich, insofern der Leib zugleich als wahrnehmender und wahrnehmbarer Leib fungiert: Der Ordensbruder, der mit seiner Hand seinen Bart streichelt, spürt in dieser Aktion sowohl seine Hand (= wahrnehmender Leib) als auch seinen Bart (= wahrgenommener Leib); das gleiche gilt entsprechend für die anderen Beispiele. Die identitätsrelevante Funktion dieser Doppelempfindung besteht nun darin, so meine These, dass sie *Sicherheit* im Sinne einer *Selbstvergewisserung* herstellt. Situationen, die sich für das Individuum spürbar z.B. als Unsicherheit oder Nervosität bemerkbar machen, drängen es oftmals dazu, diese leiblich-affektiven Zustände zu verbergen, um die intendierte Präsentation seiner Identität nicht zu gefährden. Die *Selbstdarstellung bedarf der Kontrolle des Körpers* (s.u., Kap. 5.3.3), sie gelingt jedoch nicht immer und auch nicht gleich gut: „Am besten unter Kontrolle haben wir normalerweise unser Gesicht (deshalb können wir damit auch am besten ‚lügen'). Weniger gut können wir bereits Handhaltungen und Handbewegungen kontrollieren, während Beine und Füße wohl zu unseren verräterischsten, zu den am wenigsten kontrollierten Körperpartien zählen" (Hitzler 1997: 36). Während für einen Beobachter diese unkontrollierten Körperbewegungen etwas über das leiblich-affektive Befinden des Individuums „verraten", haben sie für das Individuum eine selbstvergewissernde Bedeutung: Das Bartstreicheln, Drehen des Rings, Drücken des Ohrläppchens oder Streicheln der Oberschenkel sind Phänomene des Körperkontakts[59],

---

59 Beim Wippen mit dem Fuß handelt es sich, phänomenologisch streng genommen, nicht um einen Körper-, sondern um einen Leibkontakt: Der wippende Fuß berührt gewissermaßen nur ‚sich selbst', indem er durch seine Bewegung eine eigenleibliche Regung bewirkt. Hermann Schmitz spricht in Bezug auf diese und ähnliche Phänomene – z.B. das ‚Festhalten' an einer Zigarette oder an einem Glas Wein, das Spielen mit einem Bleistift etc. – auch von „einseitiger Einleibung" (vgl. Teil 2, Kap. .2.2.5). Hier gibt es im übrigen eine interessante Nähe zur Neurophysiologie. In neurophysiologischer Terminologie werden die hier angesprochenen Phänomene eigenleiblicher Wahrnehmung als „Propriozeption" (Eigenwahrnehmung) bezeichnet. Oliver Sacks weist in seinem Buch *Der Mann, der seine Frau mit einem Hut verwechselte* darauf hin, dass die Propriozeption „für die Wahrnehmung *unserer selbst* unerlässlich ist. Nur durch die Eigenwahrnehmung sind wir nämlich in der Lage, unseren Körper als zu uns gehörig, als unser ‚Eigen-tum', als uns selbst zu erleben (Sherrington 1906, 1940)" (Sacks 1997: 69f.; Herv. im Orig.). An zahlreichen, für den Leser z.T. sehr skurrilen und deshalb mitunter auch komischen ‚Fällen' zeigt Sacks, dass mit einer propriozeptorischen Störung eine Störung der Körper-Identität einhergeht. So berichtet er von einer Frau, die an einer sensorischen Polyneuropathie leidet und deshalb keine ihrer Körperbewegungen mehr verspürt: „Sie hat mit ihrer Eigenwahrnehmung auch die grundlegende, organische Verankerung der Identität verloren – jedenfalls die der körperlichen Identität, des ‚Körper-Ichs', das für Freud die Grundlage des Selbst war: ‚Das Ich ist vor allem ein körperliches'." (ebd.: 80). (Um möglichen Missverständnissen vorzubeugen: Der Wahrnehmungsverlust der eigenen Körperhaltung, des Muskeltonus und der Körperbewe-

denen eine beruhigende Wirkung innewohnt. Dies deshalb, weil sie zugleich Phänomene eines leiblich erfahrbaren *Selbst*kontakts sind. Die leibliche Selbsterfahrung im eigenen Körperkontakt vermittelt dem Individuum ein (nicht notwendigerweise bewusstes) Empfinden, das man umschreiben könnte als ‚ganz bei sich sein‘, ‚sich selbst ganz nahe sein‘, ‚hier und jetzt sein‘, oder im Sinne von Schmitz: „gegenwärtig" sein. Wer ‚ganz bei sich ist‘, sichert sich damit ein mehr oder weniger großes Stück Kontrolle über seine Wirklichkeit, gerade weil er/sie sie als unkontrollierbar erlebt. In Form von Selbstkontakten bietet sich der Körper mit anderen Worten als selbstvergewisserndes Medium an, da er „in besonderer Weise dazu geeignet ist, Sicherheit zu konkretisieren" (Bette 1989: 31)[60]. Personale Sicherheit und Kontrolle erfolgen aus dem spürbaren Körper – dem Leib – somit paradoxerweise scheinbar gerade in solchen sozialen Situationen, in denen der sichtbare Körper Unsicherheit und Kontrollverlust symbolisiert. Obwohl die Person ihren Körper nicht „hat", gewinnt sie Halt in der bzw. Kontrolle über die Situation, da sie ihr Leib „ist". Zugespitzt gesagt: Das Leibsein sichert das Selbstsein trotz des körperlichen Nichthabens.

5.3.2 Milieuspezifische Prägung der Körperkontrolle

Die bisherigen Ausführungen zur Körperkontrolle fußen auf teilnehmenden Beobachtungen in den beiden hier untersuchten sozialen Feldern. Diese Identitäts-Dimension ließ sich jedoch auch in den Interviews selbst rekonstruieren. Dabei hat sich gezeigt, dass die formale Kategorie Körperkontrolle je nach sozialem Feld mit unterschiedlichem Inhalt gefüllt wird. So wurden von den *Ordensschwestern und – brüdern* in den Interviews vor allem die Themen *Ordentlichkeit, Sauberkeit und Pflege* hinsichtlich der Kategorie Körperkontrolle angesprochen. Dazu zunächst ein paar Beispiele.

> „Der Körper ist im Grunde genommen für mich etwas sehr Positives, der auch eine Pflege braucht, damit die Seele auch leben kann" (Pater Michael, 1071-1073).
> „Da sag ich, ich möchte da nicht jetzt einfach, wie soll ich sagen, ich möchte schon einigermaßen gepflegt sein" (Pater Florian, 1823-1825).
> „Also jeder möchte dem Bräutigam gefallen, und aus Liebe zu ihm mache ich mich schön. Also ich schau, dass ich adrett bin, dass ich sauber bin, dass ich ordentlich bin" (Schwester Larissa, 691-695).
> „Ich möchte ihm auch die Pflege angedeihen lassen, die er braucht, auch rein – rein körperliche Pflege. /I: Hmh/ Dass es mir nicht egal ist, ob ich jetzt ins Bad gehen kann, oder, ja jetzt auch, na, eine leichte Kosmetik gebrauch oder nicht. (...) also ich möchte es so sehen als eine Normalität zum Körper" (Schwester Larissa, 338-344).

---

gungen – also der Propriozeption – ist *nicht* per se gleichbedeutend mit dem Verlust der personalen Identität.)

60 Die *selbst*vergewissernde Funktion des eigenleiblichen Körperkontakts zeigt sich in besonders dramatischer Form bei Personen mit autoaggressivem Verhalten. So ist z.B. von sog. borderline-Patienten bekannt, dass sie sich selbst physische Verletzungen (Brennen, Schneiden, Schaben) zufügen, um ihre psychischen Schmerzen zu neutralisieren und dadurch sich ihrer selbst zu vergewissern und Selbstkontrolle zu gewinnen. Beziehungsweise, sie fügen sich diese Verletzungen zu, um sich überhaupt zu spüren und das Gefühl zu haben, noch lebendig zu sein (vgl. Wenglein et al. 1996).

„(...) kann ich sagen, ich hab immer darauf geschaut, dass da keine Schlamperei einreißt, dass man sich selber gegenüber nicht schlampig ist, sondern sauber, korrekt" (Pater Paulus, 432-435).

Dass für *Orden*sangehörige *Orden*tlichkeit (und damit zusammenhängend Sauberkeit und Körperpflege) ein wichtiges Moment im Körperumgang ist, legt schon der identische Wortstamm dieser beiden Begriffe nahe: Etymologisch gesehen leitet sich das Adjektiv ‚ordentlich' von dem Substantiv ‚Orden' ab (Der Duden 1997: 501f.). Weniger sprachanalytisch, sondern stärker sozialwissenschaftlich interpretiert lässt sich mit Mary Douglas sagen, dass in dem hohen Stellenwert, den Ordensleute der Ordentlichkeit, Sauberkeit und Pflege in ihrem Körperumgang beimessen, die Korrespondenz von gesellschaftlichem und physischem Körper zum Ausdruck kommt (vgl. Douglas 1974: 99-123): Ordensleute führen ein auf religiösen Werten basierendes, streng geregeltes, ‚geordnetes' Leben; die sozial-moralische Struktur impliziert eine bestimmte, das individuelle und soziale Verhalten reglementierende soziale Kontrolle, und der sozialen Kontrolle wiederum korrespondiert die Kontrolle des Körpers[61]. Die Ordnung des klösterlichen Lebens determiniert so gesehen die Ordnung im Körperumgang. Da es sich bei der „Körperkontrolle um einen Ausdruck der sozialen Kontrolle" (ebd.: 106) handelt, ist es entsprechend auch kaum vorstellbar, dass sich im Kloster Formen der Körperkontrolle durchsetzen, die nicht mit dessen sozial-moralischer Struktur übereinstimmen[62], sondern bspw. mit jener eines künstlerischen Feldes.

Die im hohen Stellenwert von Sauberkeit und Ordentlichkeit zum Ausdruck kommende Körperkontrolle zeigt bei Ordensangehörigen eine spezifische normative Orientierung und Bindung. Damit ist zum einen gemeint, dass Körperkontrolle für Ordensschwestern und –brüder einer *religiösen Verpflichtung* gleichkommt. Dies ist wenig überraschend vor dem Hintergrund, dass Ordensangehörige ihren Körper als ein Geschenk Gottes sehen (vgl. Kap. 4.2). Ein Geschenk Gottes nicht anzunehmen,

---

61 So heißt es bei Douglas: „Der Körper als soziales Gebilde steuert die Art und Weise, wie der Körper als physisches Gebilde wahrgenommen wird; und andererseits wird in der (durch soziale Kategorien modifizierten) physischen Wahrnehmung des Körpers eine bestimmte Gesellschaftsauffassung manifest. (...) Infolge dieser beständigen Interaktion ist der Körper ein hochgradig restringiertes Ausdrucksmedium. In den ihm eigenen Formen der Ruhe und Bewegung kommt der soziale Druck auf mannigfaltige Weise zum Ausdruck. Die Sorgfalt, die auf seine Pflege verwendet wird, die Regeln der Nahrungsaufnahme und der Therapie, die Theorien über das Schlaf- und Bewegungsbedürfnis, über die normalen körperlichen Entwicklungsstadien, über die Erträglichkeitsgrenze bei Schmerzen, die normale Lebensspanne – kurz, all die kulturell geprägten Kategorien, die die Wahrnehmung des Körpers determinieren, müssen den Kategorien, in denen die Gesellschaft wahrgenommen wird, eng korrespondieren, weil und insofern auch diese sich aus den kulturell verarbeiteten Körpervorstellungen ableiten" (Douglas 1974: 99).

62 Mitunter können selbst ordensinterne Veränderungen der sozialen Körperkontrolle zu Irritationen und Problemen bei Ordensangehörigen führen. So berichtet Gertrud Hüwelmeier von den Auswirkungen des Zweiten Vatikanischen Konzils im Frauenorden der „Armen Dienstmägde Jesu Christi" (ADJC) auf die Weiblichkeitskonstruktionen dieser Ordensschwestern. Auf der Grundlage des II. Vatikanums entschloss sich die Ordensleitung des ADJC, nach knapp 150 Jahren Ordensgeschichte den Habit- und Schleierzwang aufzuheben. Seit einigen Jahren ist es den Ordensschwestern erlaubt, selbst innerhalb der Klostermauern ‚zivile' Kleidung zu tragen. Diese Lockerung der Kleiderzwangs führte bei einigen, vor allem den älteren Ordensschwestern zu neuartigen Selbstreflexionen über Aussehen, Kleidung und Erscheinungsbild (Hüwelmeier 1999, 2000).

indem es ignoriert oder vernachlässigt würde, das geht schlicht und einfach nicht. Da ihnen ihr Körper von Gott anvertraut worden ist, sind sie im Gegenteil dazu „verpflichtet, ja ich sag mal, seinem Körper auch eine gewisse Prägung zu geben" (Pater Michael, 383). Die religiöse Verpflichtung dem Körper gegenüber besteht außerdem darin, ihm das zu geben, „was er nötig hat, damit er gesund bleibt (...), denn ohne ihn können wir nicht unser Dasein als Menschen und als Ebenbilder Gottes hier zur Wirkung bringen", was insbesondere den „Einsatz für den Nächsten" betrifft (Schwester Larissa, 953-957). Den Körper zu pflegen und gesund zu halten, damit er in den Dienst an anderen gestellt werden kann, erscheint so als eine der religiös motivierten sozialen Funktionen der Körperkontrolle von Ordensleuten. Eine zweite besteht darin, das körperliche Erscheinungsbild auf Grund der *sozialen Verpflichtung* gegenüber der eigenen Ordensgemeinschaft zu kontrollieren. Während die religiös motivierte Körperkontrolle eher einer verinnerlichten Fremdkontrolle gleichkommt und in Selbstkontrolle übergegangen ist, scheint bezüglich der sozialen Verpflichtung die Fremdkontrolle noch eine größere Rolle zu spielen. In den Interviews jedenfalls war immer wieder die Rede davon, dass die soziale Wahrnehmung von Laien eine wichtige Rolle im öffentlichen Umgang mit dem eigenen Körper spiele.

> „Bei der Messe, man zelebriert, da muss man ja achten auf sein Äußeres. Oder man steht da vor Leuten, man wird beobachtet /I: Hmh/, auch von älteren Damen, die dann alles sehen wollen, obwohl sie nicht so gut sehen /I: ((lacht))/, aber das merkt man. Man wird beobachtet, das ist schon ein Kriterium, sich zu pflegen, oder, oder einfach zu schauen – dies ist eigentlich mein Hauptkriterium, dass man beobachtet wird, oder dass man einfach sagt, ich vertrete ja auch eine Gemeinschaft. (..) Und wenn ich sag, ich komme jetzt z.B. ungepflegt daher, das wirkt ja auch auf die Gemeinschaft zurück." (Pater Florian, 1813-1844).
> „Ich spreche da manchmal Mitbrüder an und sag ,Du, da musst Du aufpassen'. (3) /I: Hmh/ Dass er nicht schlampig geht, oder dass er schlürft oder dahinschleicht. /I: Ja/ Ich sag ((lachend)), ,Du wirst beobachtet'". (Pater Paulus, 299-303)

Der Zugehörigkeit zu einer religiösen Gemeinschaft korreliert das Empfinden, außerhalb dieser Gemeinschaft deren sozialer Repräsentant zu sein, an den bestimmte Verhaltenserwartungen gerichtet sind. Ordensangehörigen sind diese Erwartungen, die sich eben auch auf ihren körperlichen Habitus richten, keinesfalls gleichgültig. Auch wenn sie sich gegen die, wie sie meinen, weit verbreitete Einschätzung wehren, „Exoten" zu sein, stellen sie in einer durch und durch säkularisierten Gesellschaft als Angehörige einer traditionalen religiösen Lebensgemeinschaft doch eine ganz besondere Sozietät dar. Aus der Sicht jener, die im Kloster leben, zeigt sich diese Besonderheit in einer ausgeprägten Gemeinschaftsorientierung. Für alle der von mir interviewten Ordensschwestern und –brüder war dies ein wesentlicher Grund, in den Orden einzutreten und nicht eine andere Form religiösen Lebens zu wählen. Entsprechend nahe liegend ist es, dass das Verpflichtungsgefühl der eigenen Gemeinschaft gegenüber sehr hoch ist. Und ebenso nahe liegend ist es dann, sich so zu verhalten, dass durch individuelles Verhalten kein ,schlechtes Licht' auf die Gemeinschaft fällt – fahrige Bewegungen und schlampiges Aussehen sind eben nicht repräsentativ für eine/n Ordensangehörige/n.

Im Vergleich zu Ordensschwestern und –brüdern äußerten die *Ballett-Tänzerinnen und -Tänzer* andere normative Orientierungsmuster und thematische Schwerpunktsetzungen. So sprachen die von mir interviewten Ballett-TänzerInnen den Aspekt der Körperkontrolle insbesondere unter zwei Gesichtspunkten an: *Figur/Gewicht* einerseits, *Schmerzen* andererseits. Auf ihr Gewicht achten zu müssen, betonten alle TänzerInnen. Korrespondierend dazu, sozusagen die Kehrseite der Medaille, sind Essen und Rauchen ebenfalls wichtige Themen: Nahezu alle Ballett-Tänzerinnen und -Tänzer rauchen, weil es helfe, wenig(er) zu essen. Mit dem Essen stellt sich für sie neben dem Problem, nicht zu viel essen zu dürfen, die Schwierigkeit, auf Grund der Arbeitszeitstruktur[63] eigentlich erst gegen 22.00 Uhr Zeit zum Essen zu finden, also zu spät unter dem Gesichtspunkt eines gesunden Essverhaltens. Die enorme Bedeutung des Gewichts und der Figur spiegelt sich unter anderem auch in der Radikalität der Wortwahl, die sie in Hinblick auf die Reduzierung ihres Gewichts treffen: Ballett-Tänzerinnen und -Tänzer gebrauchen hierfür gelegentlich das Verb ‚hungern'. ‚Hungern' indiziert m.E. ein bedingungs- und schonungsloseres Körper- und Selbstverhältnis, als dies bei Ausdrücken wie ‚abnehmen', ‚fasten' oder ‚Diät halten' der Fall ist. In einer Wohlstandsgesellschaft wie der unseren absichtsvoll zu hungern, dürfte eine der radikalsten Optionen des Körperhabens und der Selbstthematisierung sein[64].

> „Also zum Beispiel bei uns ist ja das alte Lied mit der Figur. Du musst ja immer dünn sein, du darfst nicht zu schwer werden für deinen Partner und solltest auch nicht, also dick sein, dass du einfach nicht aussiehst wie ne Presswurst" (Stefanie, 238-246).
> „Wie gesagt, ich habe dort angefangen und habe gesehen (...) es war schon ein gewisses Körpergewicht drauf. Ich war bestimmt 70 Kilo, naja, jetzt wiege ich 65 (...) und da habe ich bewusst gehungert, da habe ich nicht mehr so viel gegessen. /I: Ja/ Und da habe ich innerhalb eines Sommers abgenommen" (Leopold, 948-959).
> „Zum Beispiel dürfte ich nicht schamlos durch die Gegend fressen oder so, was ich auch nicht mache, aber ich hab so nen fürchterlichen Essrhythmus irgendwie und da muss ich – ich muss also figürlich sowieso aufpassen, weil das bei mir auch ganz schnell geht" (Adrian, 1401-1405).
> „Ich hoffe, dass es [dick zu werden] niemals passieren wird. Ich würde sonst wahnsinnig hungern müssen" (Anna, 1216f.).

Eine wichtige Kontrollinstanz für Ballett-Tänzerinnen und -Tänzer hinsichtlich ihres Gewichts und vor allem ihrer Figur ist der *Spiegel* im Ballettsaal[65]. Mit dem Spiegel kontrollieren sie ihre Bewegungen, ihr Aussehen und ihre Figur. Durch den Blick in den Spiegel thematisieren sie ihre leiblich-körperliche Existenz und damit ihr Selbst. Dabei handelt es sich hauptsächlich um eine kritische oder gar negative Selbstthematisierung. Durch die tägliche Beobachtung und Kontrolle im Spiegel scheint es für TänzerInnen nahezu unmöglich zu sein, zu einer rundum positiven Körperbe-

---

63 Ein normaler Arbeitstag enthält für Ballett-TänzerInnen zwei Trainings- und Probeeinheiten, nämlich von 10.00 bis 14.00 Uhr und von 18.00 bis 22.00 Uhr.

64 Man kann sich das bspw. auch an Menschen mit Essstörungen verdeutlichen, die, so Feistner (1997), versuchen, gegen ihren *und* mit Hilfe ihres Körpers ihre Identität zu finden. Für bulimische und magersüchtige Frauen besteht dabei ein, vielleicht sogar das zentrale Identitätsziel darin, „ihren Körper unter totaler Kontrolle zu haben" (ebd.: 525).

65 Zur Bedeutung des Spiegels für Bodybuilder vgl. Honer (1985: 133f.).

wertung zu gelangen. Irgend etwas, so ein Tänzer, lasse sich immer finden, das „stört". Der Spiegel erscheint so als Medium fortgesetzter Selbstinfragestellung. Es hat den Anschein, als sei der Spiegel die Symbolisierung einer verinnerlichten ‚Autoritätsperson' – einer Über-Ich-Instanz –, der sich Ballett-TänzerInnen bedingungslos unterwerfen. Diesen Eindruck, dass der Spiegel die schlechthin autorisierte (weil als Selbstzwang wirksam werdende) Institution zur Überwachung der im sozialen Feld ‚Ballett-Tanz' geltenden Körpergebote ist, vermittelt bspw. Adrian. Wie das nachfolgende, etwas längere Zitat zeigt, kann die dem Spiegel übertragene Machtfülle so groß sein, dass sie identitätsbedrohend wirkt.

> „Und manchmal ist das eben frustrierend. du stehst in so nem Saal, da hängt son riesen Spiegel, und das isn super Gefühl, wenn du dich in einem beschissenen Zustand irgendwie dahinstellst ((lachend)), es klappt was nicht, und du siehst dich auch noch dabei. Und du weißt, du hast diese Sache schon 100 mal gemacht irgendwie und heute klappt es wieder nicht, und du siehst dich dann da so. Und da is irgendwas was gerade Kacke aussieht an dir, ob nun das Hemd n bisschen rüberhängt und du denkst ‚Oh Gott, ist das ne Fettrolle ((lacht)) oder sonst irgendwas.' Und dann, dann könntest du rausgehen und auf dich eindreschen irgendwie ((lacht)), also so geht mir das. Äh ja und - ja ich hab auch ne Zeit gehabt wo ich gar nicht in den Spiegel geguckt habe, weil äh, mich das n bisschen angekotzt hat, was ich da sehe. Weil, das funktioniert bei mir - also bei jedem anders und bei mir eben nicht so wie bei manchen Leuten die da vor mir stehen oder so ne. Die eben so schöne schlanke Beine haben und da sitzt die Muskulatur eben richtig irgendwie und die können das alles, äh weiß ich nicht, äh schön drehen und schön hochnehmen und machen und tun. Und bei mir klappt es eben nicht im Ansatz und da braucht eben bloß da, weiß ich nicht, ein Muskel nicht angespannt zu sein und der Fuß n bißchen Richtung Boden zeigen oder so. Und da könnt ich schon alles hinwerfen irgendwie. Deswegen hab ich mal ne Zeitlang überhaupt nicht in den Spiegel geguckt. Und da hat ich an der Ballettschule auch schlimm- richtig schlimme Probleme irgendwie mit mir selbst. Also weil das, na ja, halt das ist frustrierend, wenn du siehst, dass andere Leute wachsen z.B. und äh das immer geschmeidiger wird alles bei denen - der Körper kann das leichter umsetzen weil er die besseren Voraussetzungen hat als meiner z.B. ne. /I: Hmh/ Und ja was machst du da? Als erstes bist du auf deinen Körper und auf dich sauer. Und dann, dann sagst du irgendwann mal, entweder ich höre auf mit der Sache oder äh (2) oder ich muss mir das jetzt weiter antun, aber dann guck ich nicht in Spiegel. Und das hab ich gemacht, ich muss mir das jetzt antun. Natürlich hab ich auch ne Zeitlang sone schlimme Depression gehabt, dass ich gar nicht zum Unterricht gekommen bin irgendwie. Und gesagt habe, äh klipp und klar irgendwie, weiß ich nicht, ‚Ich muss halt zum Arzt' oder sowas. Und, und mich dann irgendwo draußen rumgetrieben habe 4 Stunden. Ja, bis ich denn böse erwischt wurde, und dann musste sich die ganze Sache irgendwie aufklären, aber ich hab nie gesagt warum /I: Hmh/ direkt, weil äh, na ja, das ist ja irgendwie- das nimmt dir doch keiner ab so richtig. Wenn du sagst, dass du mit deinem Körper nicht zurecht kommst." (Adrian, 837-871)

Dieses Zitat verdeutlicht außer der Selbstgefährdung noch einmal die Gleichzeitigkeit von Körper- und Selbstthematisierung, die hier über den Spiegel hergestellt wird. Der Blick in den Spiegel macht Adrian in mehrerer Hinsicht leiblich-affektiv betroffen: Er sieht, dass sich sein Körper nicht so entwickelt, wie sich ein Tänzerkörper entwickeln sollte; er beobachtet seine Bewegungen, die trotz mehrfacher Wiederholung nicht funktionieren; er befürchtet, „Fettrollen" auf der Hüfte entdeckt zu haben. All das führt dazu, dass er frustriert ist und schließlich, als sei es eine Selbstverständlichkeit, eine Depression hat. Die Probleme, die er mit seinem Körper hat und die ihm der Spiegel nur zu deutlich vor Augen führt, lösen einen Hass auf seinen Körper und damit auf sich selbst aus. Wie er mit dieser Situation umgeht, erscheint mir insgesamt charakteristisch zu sein für Ballett-Tänzerinnen und -Tänzer: Adrian zieht sich in sich selbst zurück, versucht zumindest eine Zeit lang, seine

Körperprobleme mit sich allein zu lösen. Diese Innenorientierung erscheint mir deshalb als typisch, da sie als strukturell angelegtes Handlungskorrelat der sozial-moralischen Bindung in einem Ballettensemble angesehen werden kann. Das Leben in der Gemeinschaft an einem Theater scheint wesentlich individualistischer und der Grad der sozialen Bindung und Verpflichtung deutlich niedriger zu sein als bei Ordensangehörigen. Der Einzelkämpfer-Mythos ist, auch wenn er immer wieder beklagt wird, weit verbreitet[66]. Diese individualistische, selbstbezügliche Haltung findet ihren Niederschlag eben auch in der Art und Weise, wie mit körperlichen Problemen umgegangen wird. Gleichwohl jede Ballett-Tänzerin und jeder Ballett-Tänzer weiß, dass die KollegInnen ähnliche Probleme haben, werden sie in aller Regel nicht mitgeteilt, sondern es wird versucht, sie im Alleingang zu lösen.

Das gilt ganz besonders für ein Problem, das alle Ballett-TänzerInnen kennen, weil es die tägliche Arbeit begleitet: *Schmerzen* (siehe auch Kap. 5.2.4). Gerade weil jeder Schmerzen kennt und weiß, dass der/die andere ebenfalls welche hat, sind sie unter Ballett-Tänzerinnen und -Tänzer ein Tabuthema. Ihr Umgang mit Schmerzen erweist sich dabei als höchster Grad an Körperkontrolle. Die ständige Präsenz von mehr oder weniger starken Schmerzen habe dazu geführt, so Rainer, „dass man als Tänzer perfekt im Ignorieren" von Schmerzen ist (Rainer, 750). Rainer zufolge sind alle Tänzer „irgendwo auch Masochisten", die sich des unnatürlichen und mitunter schmerzhaften Umgangs mit dem eigenen Körper sowie insbesondere der Schäden, die ihm zugefügt werden, zwar sehr wohl bewusst sind, nichtsdestotrotz sich aber täglich aufs Neue auf das ‚Herr (Selbst) – Sklave (Körper) – Spiel' einlassen – und zwar durchaus mit Lust. Die Lust kommt zumindest dann ins Spiel, wenn dieses auf der Bühne stattfindet. Der Umgang mit Schmerzen und körperlichen Beschwerden auf der Bühne wird von Ballett-Tänzerinnen und -Tänzern um noch ein Stück rücksichtsloser dem Körper gegenüber dargestellt, als er es in der täglichen Arbeit ohnehin ist.

> „Wenn ich von der Bühne komme, ja da geht's dann wieder los. Aber sobald ich auf der Bühne stand, weil vielleicht die Psyche sagt ‚Ich bin jetzt jemand anders, ich muss jetzt jemand anders sein', dass die Krankheit irgendwie dann weg ist. /I: Hmh/ Das kann auch damit zusammenhängen, dass man den Körper soweit beherrschen kann, für ein Maß, also für ein Zeitmaß, /I: Ja/ dass man eben so ne Krankheit auch mal für ein paar Minuten oder paar Stunden also in den Griff kriegt, ne." (Zoé, 1127-1135)

---

66 Dazu mag z.B. beitragen, dass das Engagement von Ballett-TänzerInnen in einem festen Ensemble immer nur auf ein Jahr befristet ist. Im Normalfall wird der Einjahresvertrag automatisch verlängert, zumindest an kleineren Opernhäusern, aber Garantie gibt es dafür keine. Die von mir interviewten Ballett-Tänzerinnen und -Tänzer beklagten obendrein, dass seit 1989 die Konkurrenz auf dem Tänzermarkt deutlich härter geworden sei, da auf ihn zunehmend TänzerInnen aus den osteuropäischen Ländern drängen, von denen einige bekanntermaßen zu den Hochburgen des klassischen Balletts zählen. Das Leben in einer Ordensgemeinschaft stellt sich unter diesen Gesichtspunkten der Konkurrenz und Zukunftssicherheit gänzlich anders dar.

Zoé erklärt sich dieses Phänomen, dass auf der Bühne eine Krankheit wie weggeblasen sein kann[67], mit dem dabei vorgenommenen Rollenwechsel. Die Identifikation mit der Rolle, die sie auf der Bühne tanzt, ist offenbar so total, dass es ihr gelingt, ihr eigenes Selbst inklusive seiner leiblichen ‚Komponente‘ abzulegen. Durch die völlige Konzentration auf die Rolle verschwindet die Person Zoé mitsamt ihrem Leib. Sie ist gewissermaßen nur noch verkleideter, agierender Körper ohne leibliches, spürendes Personsein. Das ist möglicherweise eine etwas zugespitzte Interpretation der Schilderung Zoés, dennoch dürfte sie den Kern der Körper-Selbstkontrolle von Ballett-TänzerInnen auf der Bühne treffen. In Anlehnung an Goffman (1973) könnte man die Bühne nämlich auch als eine „totale Institution" bezeichnen, die eine solch umfassende Kontrolle auf Ballett-TänzerInnen ausübt, dass sie sie bis auf ihr (im Schmitzschen Sinne) leibliches Fundament entpersonalisiert. Grippe, Mattigkeit, Menstruationsbeschwerden, ja selbst ein Knöchelbruch, wie im Falle Leopolds, werden für die Zeit der Vorstellung nicht mehr gespürt[68]. Auf der Bühne dominiert das Körperhaben über das Leibsein – aber eben nur so lange die Aufführung andauert. Danach sorgen die Schmerzen in aller Regel dafür, dass das Verhältnis von Körperhaben und Leibsein wieder ins Gleichgewicht kommt.

5.3.3 Selbstdarstellung bedarf der Körperkontrolle

In den bisherigen Ausführungen wurde mehrfach ein spezielles Moment der Identitätsrelevanz der Kategorie Körperkontrolle thematisiert, ohne dass dies explizit hervorgehoben worden wäre. Gemeint ist die Bedeutung der Körperkontrolle in sozialen Interaktionen. Die *Selbstdarstellung*, so hieß es weiter oben, *bedarf in sozialen Interaktionen der Kontrolle des Körpers*. Dies hat damit zu tun, dass jeder Teilnehmer einer Interaktionssituation vor der Aufgabe steht, seine Identität zu präsentieren. Die Fähigkeit, seine Identität im sozialen Miteinander zu präsentieren, „ist Voraussetzung und Folge der Ich-Identität zugleich" (Krappmann 1969: 168). Wie insbesondere Goffman in zahlreichen seiner Arbeiten gezeigt hat, können die Akteure für ihre öffentliche Selbstdarstellung auf eine Unmenge an Praktiken und Techniken zurückgreifen (vgl. z.B. Goffman 1975, 1980, 1983). Fokus dieser Techniken des Identitäts-Managements ist dabei vor allem der eigene Körper. Durch Gesten, Mimik, Kleidung, Tonfall, Lautstärke der Stimme, Körperhaltung, Schritttempo etc. versucht jeder Interaktionsteilnehmer, sein Selbst auf eine bestimmte Weise zu präsentieren. Um als diese oder jene Person von den anderen wahrgenommen zu wer-

---

67   Sie meint, auch schon mit einer Bronchitis und 40 Grad Fieber getanzt zu haben. Diese vollkommene Körperkontrolle auf der Bühne findet sie selbst ein wenig merkwürdig. „Komischerweise ist das auch so, dass man auf der Bühne auch nie hustet oder niest (...). Aber so dass ich einen Hustenanfall gekriegt habe oder so auf der Bühne, ist noch nie passiert." (Zoé, 1120-1125).

68   Leopolds Unfall passierte im ersten Teil einer Vorstellung, in der er die Hauptrolle tanzte. In der Pause wollte er sich seinen Knöchel zwar vom Arzt untersuchen lassen, die Vorstellung aber dann fortsetzen. Erst die Diagnose des Arztes machte ihm das Ausmaß seiner Verletzung klar. Die Vorstellung wurde daraufhin abgebrochen.

den, inszeniert der sozial Handelnde seine Rolle in Form symbolischer Maskierungen seiner leiblichen Existenz (vgl. Hitzler 1997)[69]. Durch seinen Habitus präsentiert das Individuum einen Stil der Selbstdarstellung, und der Körper wird zum Medium der sozialen Distinktion (vgl. Teil 2, Kap. 3.3). Wenn, wie oben ausgeführt, Ordensschwestern und Ordensbrüder in der Interviewsituation eine eher starke Körperkontrolle zeigen, dann tun sie das womöglich auch aus dem Grund, um vom Interviewer in ihrer Rolle als Ordensangehörige wahrgenommen zu werden. Denn mit der sozialen Rolle ‚Ordensangehörige/r‘ sind bestimmte „Identitätsnormen" (Goffman 1975: 161) – normative Erwartungen, die an eine bestimmte soziale Rollen geknüpft sind – verbunden, welche eben auch ein bestimmtes Körperverhalten erwarten lassen. Indem sie die von anderen erwartete Körperpraxis erfüllen, realisieren sie sich in ihrem sozialen Selbst.

Dasselbe gilt natürlich auch für die soziale Rolle ‚Ballett-TänzerIn‘. So präsentierten sich die Ballett-Tänzerinnen und -Tänzer in den Interviews in einer Weise, die man als eher lockere Körperkontrolle bezeichnen könnte. Ihre Gesten waren schnell und raumgreifend, ihre Körperhaltung ungezwungen, bequem. Eine Tänzerin meinte im Interview, sie genieße es, zu Hause auch mal einen „Buckel machen" zu dürfen und nicht ständig mit geradem Rücken dasitzen zu müssen. Sie wechselten häufig ihre Körperhaltung und unterstrichen damit das, was die meisten von ihnen in den Interviews als einen Grund genannt hatten, mit dem Tanzen begonnen zu haben, nämlich ihren Bewegungsdrang. Sie sprachen zumeist schnell und lebhaft, und unterstützten das, was sie sagten, gestenreich. Auffällig war die spezielle Körperhaltung zweier Tänzerinnen. Beide saßen mir im Interview frontal gegenüber, ohne dass ein Tisch oder sonst etwas zwischen uns gestanden hätte. Die Beinstellung beider war dabei zeitweise so, dass ihre Oberschenkel einen stumpfen Winkel von deutlich über 90° bildeten – also in einem Maße geöffnet, wie es den sozialen Konventionen zufolge selbst für Männer, die diesbezüglich einen größeren Spielraum glauben in Anspruch nehmen zu dürfen, nicht gerade als vornehm gilt. Anna und Stefanie erweckten hierbei den Eindruck, als sei dies eine ganz natürliche Körperhaltung für sie – und vermutlich ist sie das auch. Durch ihre mehrjährige Ausbildung und Berufsausübung haben sie sich einen körperlichen Habitus angeeignet – die Struktur ihres sozialen Feldes inkorporiert (vgl. Teil 2, Kap. 3.1) –, der ihnen inzwischen ‚in Fleisch und Blut übergegangen‘ und insofern zur „zweiten Natur" (Bourdieu) geworden ist. Die lockere, ungezwungene Körperkontrolle in einer Interaktionssituation ist mithin Resultat einer langjährigen feldspezifischen Sozialisation, und sie deckt sich mit den Identitätsnormen, die an die soziale Rolle ‚Ballett-TänzerIn‘ gebunden sind.

---

69 Auf die Alltäglichkeit von Selbstinszenierungen, ‚schauspielerischer‘ Rollenübernahmen und ihrer Distanznahme, kurz: auf das Leben als ein alltägliches Drama hat insbesondere Ronald Hitzler hingewiesen (vgl. z.B. Hitzler 1992, 1993).

5.4 Körperbiographie

5.4.1 Körperbiographie als Selbstbiographie

Mit der Kategorie ‚Körperbiographie' soll nun die Bedeutung von Leib und Körper für die personale Identität explizit unter einer zeitlichen Perspektive in den Blick genommen werden. Thematisierten die vorherigen Kategorien vorrangig aktuale und situationale Leib-Körper-Dimensionen personaler Identität, so soll jetzt der lebensgeschichtliche Horizont von Leib, Körper und Identität aufgezeigt werden. Worum es in diesem Kapitel also gehen wird, ist die Integration des Körpers in das Konzept der ‚biographischen Identität', und zwar dergestalt, dass ersichtlich wird, wie die Geschichte des eigenen Körpers, die Körperbiographie[70], gleichbedeutend ist mit der Geschichte des eigenen Selbst, der Selbstbiographie. Die These, die ich im Folgenden ausführen möchte, lautet: *Das lebensgeschichtliche Werden und Gewordensein des Körpers fällt zusammen mit dem lebensgeschichtlichen Werden und Gewordensein des eigenen Selbst*[71].

Der Aspekt des körperlichen *Werdens* verweist auf den *Prozess*, in dessen zeitlichem Verlauf das Individuum seinen Körper kennen lernt, ein Verhältnis zu ihm entwickelt und sich so mit ihm – mehr oder weniger stark – identifiziert. Durch biographische Selbstnarrationen entwickelt das Individuum einen Bezug zu seinem Körper und konstruiert sich so seine Körperidentität. Es steht dabei vor der Aufgabe, mit Entwicklungen und Veränderungen, die der Körper durchmacht, umzugehen. Um all die Umbrüche in der Körperbiographie zu einer konsistenten Körperidentität integrieren zu können, muss die Person ihre körperlichen ‚Diskontinuitäten' (z.B. sexuelle Reifung, Alterserfahrungen) und ‚Brüche' (z.B. Unfälle, schwere Krankheiten) in eine subjektiv stimmige Geschichte zusammenfügen können. Im geglückten Fall konstruiert sich die Person so eine kontinuierliche Körperbiographie und damit eine gelungene Körperidentität. Dass dies oftmals nicht gelingt, kann man bspw. an der rasant zunehmenden Zahl essgestörter Frauen und Männer sehen, denen es offensichtlich nicht gelingt, ihre zumeist in früher Kindheit und Jugend erfahrenen negativen körperlich-psychischen Erlebnisse in eine subjektiv-bejahende Kör-

---

70 Ich gebrauche die beiden Begriffe ‚Biographie' und ‚Geschichte' mehr oder weniger synonym, lediglich mit einer kleinen Schwerpunktsetzung. Während ‚Biographie' eher die selektive Vergegenwärtigung der eigenen Geschichte sowie ein reflexives, sich-selbst-thematisierendes Moment bezeichnet, also das geschichtliche Werden, verweist ‚Geschichte' eher auf das Moment des geschichtlichen Gewordenseins. Damit unterscheiden sich beide Begriffe von dem des ‚Lebenslaufs', der auf eine Chronologie von Lebensdaten abzielt (zum Unterschied von Biographie und Lebenslauf siehe Hahn 1991).

71 Diese These mag dem einen oder der anderen möglicherweise als trivial erscheinen. Dass sie es nicht ist, darauf hat in jüngster Zeit etwa die Sektion ‚Biographieforschung' der Deutschen Gesellschaft für Soziologie auf dem von ihr veranstalteten Workshop „Biographie und Leib" hingewiesen (vgl. Alheit et al. 1999). Wie Fischer-Rosenthal (1999) in seinem programmatischen Aufsatz zu dieser Tagung schreibt, hat der Cartesianismus in den Wissenschaften (inklusive Soziologie und Psychologie) dazu geführt, dass Selbstbiographie einerseits, Leib und Körper andererseits bislang in aller Regel getrennt voneinander behandelt wurden (ebd.: 17). Für die biographische Identitätsforschung bzw. für jene Identitätsmodelle, die sich mit der Dimension ‚Kontinuität' befassen, gilt dasselbe (vgl. Teil 1).

perbiographie zu integrieren (vgl. bspw. Benson 1997; Bilden 1994; Giddens 1991: 103ff.). Gerade am Beispiel solch missglückter Versuche der Herstellung einer konsistenten Körperbiographie wird deutlich, dass die Biographie des eigenen Körpers mit der Biographie des eigenen Selbst zusammenfällt, oder anders gesagt, dass Körperidentität und Selbstidentität untrennbar miteinander verbunden sind.

Der Aspekt des lebensgeschichtlichen Werdens des Körpers impliziert neben der *narrativen* Konstruktion der Körperbiographie auch ein *praktisches* Moment. Damit sind die Handlungsstrategien von Individuen gemeint, die sie wählen, um ihren Körper nach ihren eigenen oder von anderen übernommenen Vorstellungen zu gestalten. Körpergeschichte wird gemacht. Dies zeigt sich besonders an Personengruppen, die sich kontinuierlich einer intensiven Körperschulung unterziehen, wie z.B. Ballett-TänzerInnen. (Dass auch Ordensangehörige einer Körperschulung unterliegen, werde ich weiter unten zeigen.) Darüber hinaus hat die in Form von konkreten Praktiken vorgenommene Konstruktion der eigenen Körperbiographie gerade in westlich-modernen Gegenwartsgesellschaften weite Bevölkerungskreise erfasst, da seit geraumer Zeit der Körper als Medium gesellschaftlich hochgeschätzter Werte fungiert. Da der Körper in seiner Machbarkeit nunmehr erkannt worden ist, diese mitunter sozial aber auch verlangt wird, und die technischen, pharmazeutischen, kosmetischen und infrastrukturellen Optionen vielfältig sind, verliert der Körper seine Schicksalsträchtigkeit immer mehr. Stattdessen wird die Körpergeschichte zunehmend zu einem reflexiven Projekt (vgl. Gugutzer 1998a: 36f.). Dass vor allem der Körper-als-Projekt eine signifikante Identitätsrelevanz besitzt, Körperarbeit m.a.W. einer Identitätsarbeit gleichkommt (vgl. Teil 2, Kap. 3.3), sollte unmittelbar eingängig sein.

Der Gesichtspunkt des körpergeschichtlichen Werdens thematisiert eine *konstruktive* Ebene, auf der der Körper für die personale Identität von Bedeutung ist. Zum einen handelt es sich hierbei, wie gesagt, um eine *narrative* Konstruktion, wenn die Körperbiographie durch biographische Selbsterzählungen hergestellt wird, zum anderen um eine *praktische* Konstruktion, wenn die Körperbiographie durch konkretes Handeln gemacht wird. Diese ‚aktive‘ Seite der Körperbiographie – sie wird im Vordergrund der folgenden Ausführungen stehen –, lässt sich um eine ‚passive‘ Seite ergänzen. Durch sie rückt das geschichtliche *Gewordensein* des Körpers in den Mittelpunkt. Damit ist gemeint, dass der Körper *Resultat* gesellschaftlicher und kultureller Normen, Erwartungen, Zwänge, Disziplinierungen etc. ist. Mit Barbara Duden könnte man sagen, die Körper- und Leibgeschichte ist identisch mit der Lebensgeschichte (Duden 1991: 173; siehe auch List 1997), da es „nur Personen (gibt), die bis in ihr innerstes Fleisch in die sozialen Bezüge eingebunden sind" (Duden 1991: 168). Diese Ansicht Dudens deckt sich mit Bourdieus Habitus-Begriff, insofern er unter Habitus auch die Einverleibung und Verkörperung von Geschichte versteht (vgl. Teil 2, Kap. 3.1). Wie die nachfolgenden Ausführungen verdeutlichen

werden, zeigt sich der prägende Einfluss des sozialen Feldes gerade unter dem Gesichtspunkt des körpergeschichtlichen Gewordenseins explizit und permanent.[72]

5.4.2 Körperbiographie als Kennenlern- und Entwicklungsprozess

Um sich mit dem eigenen Körper identifizieren zu können, ist es unabdingbar, ihn
zu kennen, was heißt, ihn *kennen zu lernen*. Man ist zwar sein Leib, aber man hat
ihn nicht von Geburt an, wie es bei Plessner heißt (vgl. Teil 2, Kap. 1.2 und 1.4).
Das Körperhaben impliziert, dass man lernt, mit dem eigenen Körper umzugehen,
ihn einzusetzen, die Vorgänge im und am eigenen Körper einzuschätzen und zu verstehen, sowie neue leiblich-körperliche Erfahrungen zu verarbeiten und in die eigene
Körperbiographie zu integrieren. Dass dieser Kennenlernprozess ein Leben lang andauert, liegt in der ‚Natur der Sache‘: Der lebendige Körper ist kontinuierlichen
biologischen Veränderungen sowie persönlichen und sozialen Erfahrungen ausgesetzt, so dass er sich dem Individuum in jedem Lebensalter und in jeder Lebensphase immer wieder als neues ‚Thema‘ präsentiert. In den Worten von Schwester Pia
heißt das: „Also ich seh es [ihr Verhältnis zu ihrem Körper] jetzt noch nicht abgeschlossen, also ich glaub das ist- ich hoff dass ich noch viel körperliche Erfahrungen
machen darf mit meinem Körper. /I:Hmh/ Ich denk is nich abgeschlossen, kann ich
nich sagen dass ich körperlich alles erfahren hab" (Schwester Pia, 1180ff.). Wie man
aus dem Zitat von Schwester Pia folgern kann, sind es insbesondere die fortdauern-
den Erfahrungen, die man mit seinem Körper macht, welche die persönliche Körperbiographie zu einem offenen Projekt, einem nie endenden Prozess machen.

Den eigenen Körper kennen lernen kann verschiedenes bedeuten. Es kann z.B.
heißen, ihn überhaupt erst einmal wahrzunehmen, also zu realisieren, dass man nicht
nur ein geistiges, denkendes Wesen ist, sondern dass man aus Fleisch und Blut besteht und ein fühlender, empfindender Mensch ist. Dies war, nahe liegender Weise,
in den Interviews mit den Ordensangehörigen öfters ein Thema als in jenen mit den
Ballett-TänzerInnen, da diese allesamt schon seit ihrer Kindheit körperlich aktiv waren. Eine für Ordensangehörige typische Aussage bezüglich der Wahrnehmung des
eigenen Körpers macht bspw. Schwester Pia:

> „Ich bin eigentlich ja aufgewachsen mehr als Kopfmensch, bin immer noch mehr ein Kopfmensch.
> Und erfahre das deswegen als Ausgleich einfach den Körper, ja bewusst zu erleben. Das hab ich ein-
> fach erst lernen müssen." (Schwester Pia, 522-526)

So ähnlich wie Schwester Pia äußerten sich auch andere Ordensangehörige. Sie
meinten, sie seien eher „vergeistigt“, „verkopft“ oder „kranial“ (Schwester Regina)
und hätten es erst lernen müssen, ihren Körper wahrzunehmen. Interessanterweise
scheint ihnen das innerhalb der Klostermauern besser zu gelingen als zu der Zeit vor

---

72 Körpergeschichte meint hier also nicht eine Geschichte *des* Körpers, wie sie in historischen Arbeiten
    etwa von Duden (1991), Imhof (1983), Laqueur (1992), Sarasin (2001) oder auch Elias (1976) und
    Foucault (1976) vorgelegt worden ist.

ihrem Ordenseintritt, was womöglich auch mit den ordensinternen Übungsangeboten zur Körperwahrnehmung (v.a. Eutonie) zu tun hat.

Eine andere, wichtige Phase des Kennenlernens des eigenen Körpers ist zweifellos die Pubertät. Der Prozess der sexuellen Reifung stellt für Jugendliche einen leiblich-körperlichen Umbruch dar, der für viele mit Unsicherheiten, offenen Fragen oder auch Ängsten einhergeht. Wie das folgende Zitat von Pater Michael zeigt, ist diese neue Erfahrung gleichbedeutend mit der Aufgabe, sich selbst und seine leiblich-körperlichen Vorgänge zu reflektieren und mit ihnen umzugehen.

> „Und ähm es is so dass ich es eigentlich erst lernen musste, ähm vieles auch ja durchaus positiv zu sehen oder einfach zu merken, ähm in dir stecken viele Vitalitäten äh die auch gelebt werden möchten. Ähm also es war im Grunde genommen so ne Phase da, äh wo ich es lernen musste, meinen Körper zu verstehen, äh und äh auch ihn zu akzeptieren." (Pater Michael, 532-538)

Den eigenen Körper kennen lernen impliziert – was natürlich nicht nur für die Phase der sexuellen Reifung gilt –, ihn „verstehen", „akzeptieren" oder „positiv sehen" zu lernen. Zumindest dürfte das die Voraussetzung dafür sein, dass der Körper zu einem positiven Bestandteil des eigenen Selbst wird. Wer seinen Körper nicht kennt, ihn nicht versteht, geschweige denn akzeptiert, wird wohl nicht nur ein negatives Körperverhältnis, sondern auch ein negatives Selbstverhältnis entwickeln. Anders gesagt: Die Integration leib- und körpergeschichtlicher Erfahrungen in eine subjektiv konsistente und stimmige Körperbiographie ist eine wichtige Bedingung für die Entwicklung einer gelungenen biographischen Selbst-Identität.

Die leib- und körperbiographischen Erfahrungen setzen selbstredend nicht erst mit der sexuellen Reifung ein, vielmehr gilt es von klein auf, das ‚ABC des Körpers' kennen zu lernen und mit ihm eben diese konsistente Körperbiographie zu ‚schreiben'. Die Metapher vom ‚ABC des Körpers' entlehne ich einem Zitat von Zoé, obwohl sie sie in einem engeren, auf ihre Tanzausbildung bezogenen Sinne gebraucht. Zoé spricht davon, dass sie es durch ihre seit ihrem zehnten Lebensjahr erhaltene Körperschulung gelernt habe, so zu gehen und sich so zu bewegen, wie sie es jetzt quasi-natürlich tue: „Ich hab ja mit zehn Jahren angefangen, das war dann für mich dann so, ich hab's gelernt bekommen, wie's Alphabet" (Zoé, 833-835). Im Unterschied zu Zoé, die durch eine explizite Körperschulung gelernt hat, sich wie eine Tänzerin zu bewegen, lernen die meisten Menschen wohl eher implizit, den eigenen Körper bestimmter sozialer Rollen entsprechend zu bewegen. Die bedeutsamsten weil am frühzeitigsten einsetzenden Rollenanforderungen dürften dabei das Geschlecht sowie das soziale Herkunftsmilieu betreffen: Mädchen lernen in aller Regel sich anders zu bewegen als Jungen, genauso wie vermutlich ein Arbeiterkind andere Körperpraktiken lernt als ein Kind aus einer großbürgerlichen Familie. Der Prozess des Kennen- und Umgehenlernens mit dem eigenen Körper setzt sich über die Lebensgeschichte hinweg fort bis ins hohe Alter. Mit zunehmenden Alter sind es meistens körperliche Beschwerden oder Krankheiten, mit denen sich für das Individuum immer wieder die Aufgabe stellt, seinen Körper aufs Neue kennen zu lernen und sich mitunter neue Umgangsweisen anzueignen. Dabei können die alters- bzw. beschwerdebedingten Lern- und Umstellungsprozesse natürlich unterschiedlich früh einsetzen, bspw. in Abhängigkeit davon, welchen körperlichen Belastungen der Einzelne von früh auf ausgesetzt war. Die nachfolgenden Zitate von Leopold (30 Jahre) einerseits, Schwester Larissa (65 Jahre) und Schwester Hildegard (67 Jahre) andererseits verdeutlichen dies.

> „Nee is einfach (...) man geht mit sich selber bewusster um. /I: Ja/ Weil man wird auch sehr schnell müde jetzt. /I: Hmh/ Und wenn man schon elf Jahre in dem Beruf steckt- wenn man jetzt noch jung und engagiert ist und- ich meine wir sind genauso noch engagiert, aber nich mehr so, weil die Erfahrung is da und früher war es so, dass du die Erfahrung erst sammeln musstest. /I: Hmh/ Und da is man ehrgeiziger und da konnte man bis um drei oder bis um vier aufbleiben und du warst früh um acht putzmunter. /I: Hmh/ Was jetzt nicht mehr so ist. Wenn man jetzt bis um drei aufbleibt und muss um acht aufstehen, hat man schon Mühe aufzustehen. (...) Das war vor zehn Jahren noch nicht." (Leopold, 657-670) „Das is eben das Leid das man jetzt hat, dass man eben da noch mehr drauf achten muss, was man als Jugendlicher eben halt nicht hatte." (Leopold, 1011-1013)
> „Und in mir selber spür ich jetzt zusehends manchmal eine Ermüdung. Also, wenn viel los ist, dass ich das- ich merke meine Kräfte sind nicht mehr- haben nicht mehr diese Spannkraft wie früher." (Schwester Hildegard, 717-720)
> „Ich fange jetzt an, dass ich merke dass ich etwas älter werde und /I: Ja/ meine Knie wollen nicht mehr so wie ich das will. Oder dass ich äh von mir dasselbe verlang, dieselbe Arbeit und äh es nicht mehr geht. /I: Hmh/ Ich ermüde viel schneller." (Schwester Larissa, 403-408)

Das Altern ist ein Beispiel für einen körperlichen *Entwicklungsprozess*, den das Individuum situativ als leiblich-affektive Erfahrung (z.B. als Müdigkeit, Beschwerden) realisiert. Ein solcher körperlicher Entwicklungsprozess gewinnt eine biographische Identitätsrelevanz insbesondere dann, wenn er bewusst wahrgenommen wird und zu Selbstthematisierungen sowie Verhaltensumstellungen führt. Denn es ist klar, dass nicht jeder körperlichen Veränderung die gleiche Aufmerksamkeit gewidmet wird. Mit der Bedeutung aber, die einer leiblich-körperlichen Entwicklung beigemessen wird, variiert entsprechend auch ihre Identitätsrelevanz. Aus den Zitaten von Schwester Hildegard und Larissa ist zwar nicht genau zu erfahren, welche Bedeutung sie dem Altern bzw. den mit diesem Prozess verbundenen Leiberfahrungen zuschreiben, dennoch legen ihre Äußerungen es nahe – vor allem vor dem Hintergrund, dass beide Äbtissin in ihrem Kloster sind –, dass sie über den altersbedingten Leistungsabbau nicht allzu glücklich sind, weil er sie daran hindert, ihr übliches und gewünschtes Arbeitspensum zu verrichten. Offensichtlicher ist die Identitätsrelevanz des Älterwerdens bei Leopold, und dies unter zwei Gesichtspunkten. Zum einen äußert Leopold seine Unzufriedenheit mit dieser biographischen Erfahrung: Es ist für ihn ein „Leid", dass er mittlerweile mehr auf seinen Körper „achten", ihm mehr Ruhe und Schlaf gönnen muss. Der Zuwachs an beruflicher Erfahrung scheint diese Unzufriedenheit mit seinem Körper nicht wettmachen zu können. Zum anderen verbindet sich für Leopold mit der Wahrnehmung, dass er seinen Körper nicht mehr so beanspruchen kann wie in jungen Jahren, die Notwendigkeit, „mit sich selber bewusster um(zugehen)". Das heißt, für Leopold stellt sich mit dem Älterwerden die Aufgabe, die Umgangsweisen mit seinem Körper zu verändern. Genau genommen hat er aber nicht ‚bloß' seinen Körperumgang zu verändern, sondern seine Lebensweise insgesamt. Im Unterschied zu seiner Zeit als Jugendlicher kann er es sich jetzt nicht mehr erlauben, sich die Nächte um die Ohren zu schlagen, weil

seine tänzerische Leistung darunter leiden würde; er muss also seine Lebensge-
wohnheiten umstellen. Generalisiert man dieses Beispiel, dann lässt es sich als Beleg für die weiter oben gemachte Feststellung lesen, dass die Lebensgeschichte (das
biographische Selbst) gleichzusetzen ist mit der Körper- und Leibgeschichte (der
Körper- und Leibbiographie): Veränderte Umstände in der Leib-Körperbiographie
(Alter, Leistungsabbau) bedingen einen Wandel in der aktualen Lebensgeschichte,
der Lebensführung (früheres Zu-Bett-Gehen), und/oder umgekehrt: die Lebensgeschichte (spätes Zu-Bett-Gehen) beeinflusst die Körperbiographie (Raubbau am
Körper).

Körperliche Lern- und Entwicklungsprozesse führen zur Thematisierung des
Selbst insbesondere dann, wie das letzte Beispiel gezeigt hat, wenn mit ihnen die
Notwendigkeit einhergeht, den Umgang mit dem eigenen Körper zu verändern. Diese Notwendigkeit der *Modifikation habitualisierter Körperpraktiken* war in den Interviews mehrfach Gegenstand der Selbstnarrationen. So etwa bei Schwester Regina, die davon erzählte, dass sie gelernt habe, dass „ich meinem Körper Gutes tun
kann, wenn ich faste. Ich mein, nicht immer, aber es ist gut" (Schwester Regina,
588-591). Vor allem aber habe sie gelernt, durch regelmäßiges Fasten ihrer Arthritis
entgegenwirken zu können. Dementsprechend stellte sie sich darauf ein: „Oder
wenn ich dann Schmerzen in den Fingern bekomme, in den Gelenken, dann sag ich
,Okay, jetzt faste ich. Das tut sicher gut.' /I: Hmh/ Ähm man kann es nicht- es gibt
verschiedene Möglichkeiten, aber wenn man seinen Körper kennen lernt, dann weiß
man ,was tut mir gut'" (Schwester Regina, 625-630). Anna wiederum veränderte
den Umgang mit ihrem Körper, als sie nach dem Abstillen ihres Kindes mit dem
Aussehen ihrer Brust nicht mehr zufrieden war:

> „Nen Nachteil hatte es natürlich, als dann das Kind da war. Weil ja dann die Milch weggeht und der-
> die Brust erschlafft und eben halt nicht mehr diese wunderschöne pralle Form hat, die se haben sollte.
> /I: Ja/ Es war im ersten Moment, n bißchen n Problem. Aber äh man kann so was durch die Pille wie-
> der ausgleichen" (Anna, 473-478).

Anna versuchte durch die Einnahme der Anti-Baby-Pille ihre Brust wieder in die
gewünschte Form zu bringen. Diese Handlungsstrategie setzt voraus, dass Anna
über das Wissen verfügt, dass die Einnahme der Pille genau diese Wirkung herbei-
führt. Möglicherweise hat sie dieses *Körperwissen* auf Grund eigener Erfahrungen
erworben, ähnlich wie auch Schwester Regina ihr Körperwissen, ihre Arthritis durch
Fastenkuren zu behandeln, aus Primärerfahrungen gewonnen hatte. Es waren also
vermutlich Lernerfahrungen bzw. Lernprozesse, auf Grund derer Anna und Schwester Regina ihr jeweiliges Körperwissen erworben haben. Diese Relation von Lernprozess und Körperwissen verweist auf einen weiteren Aspekt der Identitätsrelevanz
der Körperbiographie. Er besteht darin, dass das aus Lernprozessen resultierende
Körperwissen in *künftige* Umgangsformen mit dem Körper eingeht. Das durch
Lernprozesse erworbene Körperwissen strukturiert zukünftiges körperbezogenes
Handeln. Als leiblich (durch Erfahrungen) oder kognitiv (durch Reflexion) erworbene Disposition ist das Körperwissen Teil des *Habitus* und wird vom Individuum im
Bedarfsfall aufgerufen, das heißt, in der *Praxis* eingesetzt. In die Körperbiographie

fließen so neben den konkreten Leiberfahrungen und Körperprozessen auch kognitive Elemente ein, was als weiterer Beleg dafür angesehen werden kann, dass Körper- und Selbstbiographie die zwei Seiten ein und derselben Medaille sind: der personalen Identität.

War bei Anna ein bestimmter Körperwunsch Grund der Umstellung ihres Körperverhaltens, so bei Schwester Regina eine gesundheitliche Notwendigkeit. Diese Notwendigkeit, habitualisierte Körperpraktiken zu modifizieren, stellt sich, verallgemeinert gesagt, vor allem dann, wenn es zu sogenannten Brüchen oder Diskontinuitäten in der Körperbiographie kommt. Anstelle der in der sozialwissenschaftlichen Identitätsforschung gebräuchlichen und nicht ganz unproblematischen Termini ‚biographischer Bruch‘ oder ‚Diskontinuität‘ möchte ich die damit gemeinten Phänomene lieber als *leib-körperbiographische Schlüsselerlebnisse* bezeichnen. Ein leib-körperbiographisches Schlüsselerlebnis stellt für das Individuum einen bedeutsamen Einschnitt in seine Leib-Körperbiographie dar, der zu Selbstreflexionen und einem veränderten Körperumgang Anlass gibt. In aller Regel handelt es sich bei solchen prägenden biographischen Erlebnissen um negative Erfahrungen (Krankheiten, Unfälle, Gewalterfahrungen). Eine schwere Krankheit oder einen schweren Unfall einfach ‚abzuhaken‘, nachdem er überstanden ist, mag zwar eine Handlungsstrategie sein, vermutlich aber eine wenig Erfolg versprechende. Außerdem setzt dies einen Interpretations- und Handlungsfreiraum voraus, der oftmals nicht gegeben ist. Wer als Kind sexuell missbraucht worden ist oder bei einem Verkehrsunfall ein Bein verliert, kommt kaum umhin, sich mit diesem Schlüsselerlebnis auseinander zu setzen. Umgekehrt kann eine Person aber auch jedem anderen, weniger existentiellen Ereignis die Qualität eines Schlüsselerlebnisses zuweisen. Es muss hierfür ‚nur‘ ausreichend subjektiv bedeutsam sein. Als Beispiel sei ein Zitat von Leopold angeführt, in dem er von seinem Unfall während einer Tanzvorstellung erzählt.

> „Ja in der Vorstellung, während der Vorstellung. /I: Während der Vorstellung?/ mit Romeo. ((lacht)) /I: Ach Gott./ Meine Hauptrolle und dann, das war gleich am Anfang, gleich beim ersten Auftritt. War eben, war ganz, war noch nich mal ((lacht)) was Gefährliches, gleich beim ersten Auftritt und dann hab ich mir nur gedacht, ‚O.k. jetzt hast du dir irgendwas getan.‘ Aber ich wusste nich was. Und da hab ich noch bis zur Pause durchgetanzt, und hab bloß Bescheid gesagt die solln mal n Arzt rufen das is sicherlich bloß ne Prellung oder- so da hat ich natürlich dann Pech. Weil das keene Prellung war, und da: wurde mir erstma richtig bewusst ‚Mein Gott jetzt musst du 6 Wochen aussetzen, jetzt hast du dir diesen scheiß Fuß gebrochen für nichts.‘ Wenn's wenigstens was Kompliziertes gewesen wär oder n komplizierter Sprung gewesen wär aber bei so was Einfachem, da hab ich mir och gedacht ‚Sag mal so blöd kann man nich sein.‘ Und da, is mir erstmal bewusst geworden, dass es eigentlich, (2) dass dir der Körper eigentlich wichtig is. /I: Hmh./ Und da hab ich n erstma zum ersten Mal wahrgenommen. Seit dem Augenblick hab ich ganz anders gearbeitet, da hat ich viel viel mehr Angst. /I: Ja./ Um meinen Körper, vorher überhaupt nich, da war mir das, egal wie ich schon gesagt hatte." (Leopold, 903-922)

Um den Vorfall von Leopold richtig einschätzen zu können, muss man wissen, dass Leopold nur eine dreijährige Tanzausbildung durchlaufen hatte, also nicht, wie üblich, acht Jahre. Vor diesem Hintergrund war es für ihn etwas ganz Besonderes, wie er im Interview betonte, die Hauptrolle in „Romeo und Julia" tanzen zu dürfen, etwas, das ihn mit Stolz erfüllte. Und ausgerechnet hierbei, und noch dazu bei einer

„einfachen" Bewegung, bricht er sich während der Vorstellung den Fuß. Dieser beruflich Kontext hat vermutlich mit dazu beigetragen, dass Leopold diesen Vorfall nicht als großes Ärgernis abgehakt, sondern sich über seinen Körper erstmals Gedanken gemacht hat. Ein körperbiographisches Schlüsselerlebnis war der Unfall für Leopold insofern, als er seinen Körper dadurch „zum ersten Mal wahrgenommen" hat, vor allem aber, weil er „seit dem Augenblick" „ganz anders" mit ihm arbeitet und besorgter um ihn ist. Sein Körperumgang ist seitdem bewusster, seine Körper- und Selbstreflexivität ausgeprägter.

Wie das Beispiel von Leopold andeutet, kann ein negatives leib-körperbiographisches Schlüsselerlebnis auch einen positiven Identitätseffekt haben. Dies zumindest dann, wenn es dem Individuum gelingt, das Erlebnis bewusst in die eigene Körperbiographie zu integrieren, was heißt, es kognitiv zu verarbeiten und in eine veränderte Körperpraxis umzusetzen. Dazu noch ein Zitat von Schwester Pia, das den positiven Identitätseffekt eines als negativ erfahrenen Schlüsselerlebnisses aufzeigt.

> „Also ich war im Koma und wusst man nicht ob ich durchkomm oder nicht. /I: Hmh/ Hab da also auch ne Todeserfahrung gemacht einfach. Von dem her hat das Leben auch ne neue Qualität bekommen, und von dem her hab ich auch zu mir ne andere Beziehung bekommen. Hab dann zu meinem Körper auch wieder ne andere Beziehung bekommen ((lacht)). (...) Und ich muss natürlich jetzt auch aufpassen Diät halten auch auf jedes Zeichen schauen und so weiter. Und von dem her war ich gezwungen eigentlich streng auf den Körper zu schauen und- (3) Ja es war eigentlich ne Zeit ziemlich schlimm für mich, da immer nur dieses strenge Schauen und das Disziplinhalten mit dem Körper. War aber wahrscheinlich für mich gut weil ich für mich dann auch meinen Weg gefunden hab da, ihn auch leichter zu ertragen oder auch mal nicht so eng zu sehen oder weiterhin nicht nur so engstirnig durch die Welt zu laufen. Seh ich nicht nur negativ /I: Hmh/ hat mir sicherlich auch viel geholfen. Auch zu sagen, ‚es is gut dass ich überhaupt meinen Körper hab'." (Schwester Pia, 752-764)

Schwester Pia ist seit ihrem 17. Lebensjahr zuckerkrank. Es war für sie ein Schlüsselerlebnis, als sie wegen ihrer Zuckerkrankheit ins Koma fiel und fast gestorben wäre. Ihre „Todeserfahrung" hat ihr Leben und das heißt auch: die Einstellung zu und den Umgang mit ihrem Körper radikal verändert; beides hat, wie sie sagt, eine „neue Qualität" gewonnen. Zunächst waren für Schwester Pia ihre Krankheit und vor allem die damit verbundenen Handlungsfolgen ein ausgesprochen negatives Erlebnis, weil sie seitdem mehr auf ihren Körper achten und disziplinierter mit ihm umgehen muss. Vor allem die veränderte, aufmerksamere Körperpraxis machte ihr zu schaffen. Nach einer gewissen Zeit aber gelang es ihr, diese negativen Erfahrungen positiv umzudeuten. Auch die notwendig gewordene Modifikation ihrer Körperpraxis hatte sie irgendwann akzeptiert. Offensichtlich gelang es Schwester Pia also, narrativ-praktisch eine subjektiv konsistente Körperbiographie zu konstruieren: Schwester Pia nutzte den ‚Bruch' in ihrer Körpergeschichte zur Selbstreflexion über ihr Körperverhältnis. Die notwendig gewordene Arbeit an ihrer Körperbiographie (in Form der Modifikation habitualisierter Körperroutinen) verknüpfte sie mit der Arbeit an ihrem biographischen Selbst, ihrem Verhältnis zu sich und ihrem Leben. Da sie mit dem Resultat dieser biographischen Körper- und Selbstarbeit zufrieden zu

sein scheint, hat ihr dramatisches Erlebnis ganz offenbar einen positiven Identitätseffekt gehabt.

5.4.3 Körperbiographie als gestalt- und machbares Projekt

Im Mittelpunkt des vorangegangenen Abschnitts stand die Modifikation habitualisierter Körperpraktiken und –routinen als Folge von Lern- und Entwicklungsprozes-
sen. Solcherart Umstellungen in den Umgangsweisen mit dem eigenen Körper
könnte man als ‚passive' Thematisierung der Körperbiographie bezeichnen, insofern
die jeweilige Modifikation der Körperpraxis dem Individuum gewissermaßen ‚von
außen' auferlegt ist. Der sexuellen Reifung, dem Älterwerden, einem Beinbruch
oder einer schweren Krankheit kann man sich schwerlich widersetzen; vielmehr ist
man gezwungen, sich damit (mehr oder weniger) reflexiv auseinanderzusetzen und
die notwendige Körperarbeit zu leisten. Dieser ‚passiven' Körperthematisierung
steht nun eine Thematisierung der Körperbiographie gegenüber, die man ‚aktiv'
nennen könnte. Damit ist eine Praxis gemeint, durch die der Körper vom Individuum
absichtsvoll, bewusst, reflektiert gestaltet wird. Dieser ‚aktive' Aspekt der Körperbiographie verweist auf den Projektcharakter des Körpers, auf seine Offenheit, Mo-
dellier- und Formbarkeit, auf seine Plan-, Erzieh- und Entwerfbarkeit.

   Unter dem Gesichtspunkt der *Körperbiographie als gestalt- und machbares
Projekt* wird die Gleichzeitigkeit von Körper- und Selbstbiographie besonders evident. Es zeigt sich hier nämlich, wie man mit Giddens (1991) zumindest in Bezug
auf „hochmoderne" Gesellschaften sagen kann, dass der Körper nicht mehr als etwas
Gegebenes und Unveränderliches anzusehen ist, sondern als ein lebenslanges „reflexives Projekt", das mit dem reflexiven Projekt des Selbst verschmilzt: „In conditions
of high modernity, the body is actually far less docile than ever before in relation to
the self, since the two become intimately coordinated within the project of self-
identity. The body itself – as mobilised in praxis – becomes more immediately relevant to the identity the individual promotes" (Giddens 1991: 218; siehe auch Teil 1,
Kap. 4 und Teil 2, Kap. 3.3). Leibliche Empfindungen und körperliche Verhaltensweisen werden in fortgeschrittenen modernen Gesellschaften offen für eine kontinuierliche reflexive Aufmerksamkeit, werden diskursiv und zum integralen Bestandteil der eigenen Lebensführung und Lebensplanung. Für die Identitätsbildung
bedeutet dies, dass „the body is not just a physical entity which we ‚possess', it is an
action-system, a mode of praxis, and its practical immersion in the interactions of
day-to-day life is an essential part of the sustaining of a coherent sense of-self-
identity" (ebd.: 99).

   Körperbiographie als eine alltägliche „Form von Praxis" kann sich selbstverständlich auf unterschiedlichste Körperprojekte beziehen. Individuen orientierten ihr
bewusst gewähltes körperliches Werden dabei oftmals an gesellschaftlich vorgegebenen Verhaltensprogrammen, die man, wiederum in Anlehnung an Giddens, als
„body-regimes" bezeichnen kann (ebd.: 61f., 100ff.; siehe auch Shilling 1993:
180ff.). Unter body-regimes versteht Giddens institutionalisierte Verhaltenspro-

gramme, die den Körper im weitesten Sinne thematisieren und explizit auf Expertenwissen aufbauen; Beispiele hierfür sind der Fitness-, Gesundheits-, Ernährungs- oder Schönheits-‚Boom'. Giddens zufolge nehmen solche body-regimes in hochmodernen Gesellschaften einen immer breiter werdenden, lebensstilprägenden Raum ein[73], und gewinnen deshalb zusehends an Bedeutung für den Aufbau einer reflexiven Identität. Durch den Zugriff auf solche body-regimes verändert das Individuum seine Körperbiographie gewissermaßen ‚im Kleinen', wenn man an Praktiken denkt wie den Gebrauch von Kosmetika, die Informationsbeschaffung für gesundes Ernähren, das Auswendiglernen von Kalorientabellen, das Austesten des individuell richtigen Joggingschuhs im Fachgeschäft mittels sportmedizinischer Apparaturen, die Aufnahme von Energy-Drinks und Vitamintabletten im Fitness-Studio etc. Daneben gibt es Eingriffsmöglichkeiten in die Körperbiographie (sozusagen ‚im Großen'), die die Gestaltbarkeit des Körpers in seiner expliziten, direkten, unter Umständen auch schwer revidierbaren Form zeigen. Tätowierungen (Fritscher 1996), Schönheitsoperationen (Plake 1992) oder Bodybuilding (Honer 1986, 1989) zählen hierzu genauso wie all jene Praktiken, die den Körper einer ausdrücklichen Sozialisation unterziehen (s.u. Kap. 5.4.4). Ballett-Tänzerinnen und –Tänzer bspw. stellen eine Personengruppe dar, die eine solche, ihre Körpergeschichte entscheidend prägende Körpersozialisation erfahren haben. Man kann sich das an einem Zitat von Anna vor Augen führen, in dem sie von ihren schlechten Trainingserfahrungen erzählt. In diesem Interviewausschnitt ist zu erkennen, dass das Training für eine Tänzerin einer Körpererziehung und der Körper einem Gestaltungsprojekt gleichkommt. „Schlechtes Training" bedeutet demnach eine mangelhafte Körpererziehung: Der Körper „baut ab" in seiner Leistungsfähigkeit, wenn die „kontinuierliche" Trainings- bzw. Körperarbeit fehlt. Dieser körperliche Abbau entspricht einem Eingriff in die Körperbiographie, da er der kontinuierlichen Körperaufbauarbeit zuwiderläuft. Weil für Anna die fortdauernde, ihr tänzerisches Können weiter entwickelnde Körperarbeit subjektiv bedeutsam ist, führt bei ihr das schlechte Training entsprechend zu „Frustrationen", also zur Selbstunzufriedenheit.

> „Und wir hatten die letzten zwei Jahre n schlechtes Training. Ähm wir hatten n schlechten Trainingsmeister. Is meine persönliche Meinung, ja. ((lachend)) Ähm wir hatten kaum ne vernünftige Pianistin, also die dann für uns Klaviermusik spielt /I: Ja/ zu der wir trainieren. Und dadurch hat mein Körper n bisschen nachgelassen, und auch abgebaut. Ich war oft frustriert und bin frustriert aus dem Training gegangen /I: Ja/ weil alles nicht mehr so hinhaute. Und dann war der Trainingsmeister krank, dann haben wir Selbststudium machen müssen beim Training. Dann war (2) dann hat irgend ein Tänzer mal Training gegeben, was ja dann auch nie kontinuierlich und aufbauend sein kann weil's immer irgend jemand anders macht. Und, äh ich denke dass, also dass ich in den zwei Jahren auf alle Fälle körperlich abgebaut habe." (Anna, 750-764)

Verglichen mit den Ballett-Tänzerinnen und -Tänzern scheinen die Ordensschwestern und -brüder einer weniger prägenden Körperschulung ausgesetzt zu sein. Wie

---

73 Ian Burkitt kritisiert dies und meint, unter Rückgriff auf die historischen Arbeiten von Foucault und Elias, dass solche „body regimes and disciplines are part of the cultural and personal regulation of the body through which agency is produced in many, if not all, societies. Body regimes (...) are not peculiar to modernity" (Burkitt 1999: 140).

im nachfolgenden Abschnitt zu sehen sein wird, trifft dies nur zum Teil zu. Eher hat
es den Anschein, dass die Körpersozialisation von Ordensangehörigen zwar weniger
offensichtlich, sicherlich auch weniger ausdrücklich, zumindest über einen längeren
Zeitraum gesehen, letzten Endes aber wohl doch ‚nur' graduell verschieden ist von
jener von TänzerInnen. Der milieuspezifische Einfluss auf die individuelle Körpergeschichte dürfte vielmehr von einer durchgängigen Präsenz sein, die sich zwar von
sozialem Milieu zu sozialem Milieu qualitativ unterscheidet, der sich aber keine Person entziehen kann – jedenfalls dann nicht, wenn sie ihr soziales Selbst glaubhaft für
die anderen Angehörigen ihres Milieus präsentieren und selbst Mitglied ihres Milieus bleiben will. Wer sein soziales Selbst als TänzerIn, Nonne, Mönch, oder als
Vorstandsvorsitzender einer Großbank, Politiker im Deutschen Bundestag, HipHop-
oder Techno-Jugendlicher etc. definiert und dies von anderen – z.B. aus Gründen
der Selbstbestätigung oder der Selbstakzeptanz – anerkannt haben will, muss sich
eben auch in einem entsprechenden, milieuadäquaten körperlichen Habitus darstellen.

5.4.4 Milieuspezifische Körperbiographie

Durch die bisherigen Ausführungen müsste bereits deutlich geworden sein, dass das
körperbiographische Werden – die narrative und praktische Konstruktion der Körperbiographie – beeinflusst ist vom sozialen und kulturellen Lebenskontext. Die Aneignung von Körperpraktiken und –routinen, ihre Modifikation bspw. auf Grund von
leib-körperbiographischen Schlüsselerlebnissen oder die reflexive Gestaltung des
eigenen Körpers etwa durch den Rückgriff auf gesellschaftlich vorgegebene Körper-
programme („body-regimes") erweisen sich als abhängig von den vorherrschenden
Diskursen und Praktiken des für das Individuum dominanten sozialen Feldes. Noch
offensichtlicher wird die Prägekraft des sozialen Feldes möglicherweise in Bezug
auf das *körpergeschichtliche Gewordensein*. Dies u.a. deshalb, weil es sich als
sichtbarer körperlicher Habitus präsentiert. Dieser Aspekt, der im Bourdieuschen
Sinne auf die Verkörperung sozialer Strukturen verweist, steht zusammen mit einer
zweiten Konnotation des Habitus-Begriffs, der Einverleibung sozialer Strukturen
(vgl. hierzu Teil 2, Kap. 3.1), im Mittelpunkt dieses Abschnitts.

Das im vorangegangenen Abschnitt zuletzt genannte Zitat von Anna illustrierte
bereits ein für *Ballett-Tänzerinnen und –Tänzer* charakteristisches Moment mi-
lieuspezifischer Körperbiographie. Ihr körpergeschichtliches Gewordensein ist ent-
scheidend geprägt von der expliziten *Körpersozialisation*, die sie seit der Zeit ihrer
Tanzausbildung erfahren haben. Ein Resultat der frühzeitig einsetzenden und im
Gruppenunterricht erfahrenen Körperschulung ist – im Bourdieuschen Sinne – eine
Art „Klassenkörper", das heißt, ein homologer körperlicher Habitus bei mehreren
Tänzerinnen und Tänzern, die denselben Tanzunterricht erhalten haben.

> „Wenn de so, weß nich, zehn Jungs in einer Klasse hast oder so, die ähneln sich schon. Wenn die
> acht Jahre lang zusammen sind /I: Hmh/ nur so die Körper. (...) Weil der Lehrer ja nicht für jeden
> Einzelnen da ist. Is ja keine individuelle Arbeit. /I: Ja/ Die wird's dann später oder im Repertoireun-
> terricht, also wo du Variationen und äh Ge- Mimerei und und Gestik und alles sowas ganz speziell
> für dich lernst. Oder bestimmte weiß nicht Ausschnitte aus aus diversen Balletten, äh wo sich dann
> hingestellt wird und jeder Arm mit dir geübt wird und der kleenste Finger abgespreizt werden muss.
> Und irgendwas so, das wird dann alles für dich- aber man will dich trotzdem auf eene Linie bringen."
> (Adrian, 230-239)

Im Laufe der achtjährigen Ausbildung werde der Körper der TänzerInnen so auf
„eine Linie" gebracht, so Adrian, dass sie sich in ihrem Tanzstil ähnlich sind. Die
individuelle Formung des Klassenkörpers beginne dagegen so eigentlich erst nach
der Ausbildung, wenn die Ballett-Tänzerinnen und -Tänzer an ein Opernhaus kommen. Dort erfahren sie von Trainingsmeistern und Choreographen eine stärker individuelle Schulung ihrer Bewegungen, Gestik und Mimik. In dem folgenden Interviewausschnitt verdeutlicht Adrian die Beziehung von Ausbildung und Opernenga-
gement mit Hilfe einer Puppen-Metapher.

> „Und die Leute die von der Schule kommen sind meistens Püppis, also die sind, äh weß nich also. Ja
> die sehen eben aus wie Rohmaterial ne. /I: Hmh/ Also die müssen erstmal geschliffen werden. Wie so
> n Holz- Holzblock. Diese Holzpuppen die man so biegen kann und machen kann so. /I: Hmh/ Aber
> man kann ja auch noch n paar schöne Knie reinschnitzen oder sonst irgendwas. Ja, ja und da verän-
> dert sich natürlich och och die die ganze Sache zu deinem Körper, wenn de siehst dass der sich ver-
> ändert." (Adrian, 922-930)

Nach der Schule und dem individuellen Schliff verändert sich das Verhältnis zum
eigenen Körper und damit zugleich das Selbstverhältnis. Dies deshalb, weil das Ich
bzw. das Selbst in einem relationalen Verhältnis zum Körper steht, und daher mit
einem Wandel des einen Verhältnisses immer zugleich ein Wandel des anderen einhergeht. Die Arbeit an der Körperbiographie ist zugleich eine Arbeit an der Selbstbiographie.

Dass der körpersozialisatorische Effekt in einem explizit körperorientierten sozialen Feld wie dem Ballett-Tanz besonders ausgeprägt und augenfällig ist, ist sicherlich wenig überraschend. Körpersozialisation findet jedoch auch in sozialen
Feldern statt, die einen im Vergleich zum Ballett-Tanz weniger offensichtlichen
Körperbezug haben; sie unterscheidet sich mithin nur graduell hinsichtlich ihrer
Extensität und Intensität. Die Körperschulung vollzieht sich dort vermutlich eher
beiläufig, z.B. über mimetisches Lernen, was bezüglich der Auswirkungen auf den
gruppenspezifischen körperlichen Habitus keinesfalls weniger prägend sein muss.
Dessen ungeachtet findet bspw. aber auch in einem *Kloster* eine explizite Körpersozialisation statt. So berichtete Pater Paulus (335f.) im Interview, dass er in seiner
Funktion als Abt seines Klosters schon mal einem seiner Mitbrüder „empfiehlt":
„Du, es gibt Angebote für Sprecherziehung", weil es für das Predigen wichtig sei,
klar und verständlich zu sprechen. Von mehreren Ordensschwestern und –brüdern
wurde zudem auf das *Gebet* als ein besonderer Ort körpersozialisatorischer Bemühungen verwiesen. Die Körperhaltung im Gebet unterscheidet sich zwischen einzel-

nen Orden, da z.B. je nach Orden einzelne Gesten mit einer speziellen Bedeutung versehen sind.

> „Er [der Körper] spielt eigenartigerweise bei uns im >Ordensname< auf jeden Fall in der Liturgie, ei-
> ne Rolle. Unser Gebet ist ein Gebet wirklich mit Körper, Seele und Geist. /I: Hmh/ Ähm, wir stehen
> auf wir sitzen wir knien wir verbeugen uns. Wir haben in der Vesper ein, ein Moment das is- wirk-
> lich, wenn Leute die das nicht kennen, es is einfach äh - die bekommen richtig einen Schock. Weil
> wir das Vaterunser so beten- ((steht auf und macht die Gebetshaltung vor: stehend, mit zum Boden
> zeigenden überkreuzten Armen, die Hände zur Faust geballt)) und wenn man diese diese Position
> einnimmt und wenn man weiß weswegen man sie einnimmt, es soll gebundene Hände Christi vor
> Pilatus darstellen. /I: Hmh/ Das is natürlich äh (2) das hat schon ein sehr tiefe ähm,- es macht etwas
> mit mir" (Schwester Regina, 246-255).

Wie von Schwester Regina zu erfahren ist, nehmen sie und ihre Mitschwestern beim Vaterunser eine ganz eigene Körperhaltung ein, mit der ihre Ordensgemeinschaft eine spezielle Bedeutung verknüpft: Die gekreuzten Arme symbolisieren die Gefangennahme Jesu. Das Wissen um den symbolischen Gehalt dieser ansozialisierten Gebetshaltung führe dazu, dass es „etwas mit mir macht", wie Schwester Regina sagt. Man kann dieses „es macht etwas mit mir" als eine leibliche Erfahrung interpretieren, durch die das Gebet zusätzlich zu seiner ordensspezifischen Relevanz eine besondere subjektive Qualität erhält. Was Schwester Regina erlebt, dürfte weder eine rein körperliche, noch eine rein geistige, meditative Angelegenheit sein. Eher ist es so, dass die Verbindung von Gebet (einer kognitiven Leistung) und Gebetshaltung (Körper) Schwester Regina leiblich-affektiv betroffen macht (Leib), wodurch eben das Gebet zu einer besonderen religiösen Erfahrung wird[74]. Auf eine solche Koinzidenz von religiöser Leib- und Selbsterfahrung (vgl. Gugutzer 1998b) kam im Interview auch Pater Ludwig zu sprechen. Wie Pater Ludwig sagt, hat er „ mal eine Fortbildung gemacht, da ging's um Gebetsgebärden, is des was dann Priester tun, Orantenhaltung, Hände überkreuzt, einfach so um das zu spüren was des so, ja ausdrückt" (Pater Ludwig, 480-485). Der Fortbildungskurs -- wenn man will: eine sekundäre oder tertiäre körperbezogene Sozialisationsinstanz – führte bei Pater Ludwig zu einer Modifikation seiner bis dato habitualisierten Gebetshaltungen: Im Anschluss an den Kurs habe er begonnen, sich neue Körperroutinen beim Predigen anzueignen, um so die religiöse Bedeutung von Gebetsgebärden auch spürbar zu realisieren.

Von solchen milieuspezifischen Lernprozessen, die den Umgang mit dem eigenen Körper betreffen, berichteten die Ordensangehörigen bspw. auch hinsichtlich der Praxis des *Umarmens* (siehe hierzu auch Kap. 5.2.4). Ihren Erzählungen zufolge bedurfte es bei einigen von ihnen einer biographischen Körper- und Identitätsarbeit, ehe Umarmungen für sie eine relativ selbstverständliche Praxisform bedeuteten. Vor dem Ordenseintritt war es für manch einen von ihnen ungewohnt oder schwierig, diese Form von Körperkontakt zuzulassen. Das Klosterleben bot ihnen dann die

---

74 Zur Erinnerung: Ich hatte an früherer Stelle betont, dass im unmittelbaren Lebensvollzug die carte-
    sianische Trennung zwischen Körper und Geist nicht existiert, sondern im Leib aufgehoben ist (vgl.
    bspw. Teil 2, Kap. 4.1). Das Beten kann somit als weiteres Beispiel für die Verschränkung von Kör-
    per und Geist in der Leiberfahrung angesehen werden.

Möglichkeit, sich diese Körperpraxis anzueignen. Dies nicht zuletzt deshalb, wie das nachfolgende Zitat von Pater Ludwig andeutet, weil Umarmungen auch Bestandteil des *ritualisierten* Miteinanderumgehens in der Ordensgemeinschaft sind. Der anschließende Interviewausschnitt von Schwester Hildegard zeigt zudem, dass eine Körperpraxis wie die Umarmung einem ordensinternen Lernprozess unterworfen sein kann. Resultat eines solchen kollektiven Lernprozesses ist dann u.U. die Modifikation dieser habitualisierten körperlichen Umgangsweise.

> „Des is ja bei uns so, ähm gehört bei uns fast dazu, wenn man sich begrüßt, Brüder untereinander, dass man sich umarmt. Und auch Leute die jetzt, in der >Name des Ordens< Gemeinschaft sind, werden auch umarmt. Also, Dinge, die ich vorher nicht so unbedingt kannte, vorher, jemand so zu umarmen." (Pater Ludwig, 1157-1160)
>
> „Das sagt jetzt nicht dass wir uns nicht auch mal herzlich umarmen. Ja das haben wir von unseren brasilianischen Schwestern gelernt, die kommen und da gibt's so n Brasso ((?)), und da umarmt jede jeden. Und wir Deutsche sind manchmal n bisschen ‚Muss das sein?' und so, aber wir sagen dann ‚Wir lernen schon auch noch'." (Schwester Hildegard, 664-669)

Ein exklusiv ordensspezifisches Beispiel für die Einverleibung und Verkörperung sozialer Strukturen ist jene leib- und körperbiographische Erfahrung, die Ordensangehörige mit dem *Habit* machen. Der Habit ist nicht nur auf Grund seines symbolischen Gehalts für jede Ordensschwester und jeden Ordensbruder etwas ganz Besonderes[75], sondern auch wegen der Umstellungen, die er hinsichtlich eigenleiblicher Wahrnehmungen und körperlicher Bewegungen mit sich bringt. An das Tragen der Ordenstracht, das damit einhergehende Körpergefühl sowie die Möglichkeiten und Begrenzungen im körperlichen Ausdruck müssen sich Ordensangehörige erst gewöhnen.

> „Kann ich schon sagen, also das erste Mal äh sich darin zu bewegen und die Ordenskleidung zu tragen, war schon was Besonderes, ähm und auch gewöhnungsbedürftig. /I: Hmh/ Also sich darin natürlich zu bewegen äh und damit ((schmunzelt)) im normalen Alltag umgehen zu lernen, das war für mich schon sehr gewöhnungsbedürftig." (Pater Michael, 795-801)

Die „Gewöhnungsbedürftigkeit" des Habits, von der Pater Michael spricht, verweist auf die biographische Leib-, Körper- und Identitätsarbeit, die Ordensangehörige hier zu leisten haben. Die leibbiographische Arbeit besteht darin, die durch das Tragen

---

75 Zum Beispiel meinte Schwester Pia, ihre Entscheidung für einen Ordenseintritt hätte auch damit zu tun gehabt, dass sie durch das Ordenskleid ihren Entschluss für das Leben in einer religiösen Gemeinschaft für andere sichtbar machen konnte: „Also für mich war wie gesagt schon wichtig dass ich, in eine Gemeinschaft gehe die ein Ordenskleid hat. (...) Also für mich is eben dieses ‚Ich gebe Zeugnis ab durch das was ich anhabe, dass ich ganz Gott gehöre'- es war für mich eigentlich die Motivation, also was ich vorhin eben erzählt habe mit der U-Bahn dass mich die Leute da ansprechen, zeigt mir einfach dass die Leute das Zeichen auch ernst nehmen. Deswegen is es mir auch wichtig." (Schwester Pia, 938-945). Für Schwester Pia symbolisiert das Ordenskleid einen religiösen „Sinn" außerdem in der Hinsicht, dass sie beim Tragen ihres Habits die „Weite" Christus spürbar realisiert: „Aber, irgen- irgendwo is für mich dieses Weite des Ordenskleides was Schöneres. Also Christus is genauso weit da hat viel Platz drunter, also ich könnt mir z.B. nicht vorstellen n enges Ordenskleid anzuhaben. /I: Hmh/ Das würde mich, viel mehr behindern. /I: Hmh/ Rein vom Praktischen her aber auch einfach vom Sinn her." (Schwester Pia, 991-994)

des Habits ausgelösten neuen leiblichen Empfindungen und Gefühle[76] kennen- und mit ihnen umgehen zu lernen. Die körperbiographische Arbeit impliziert v.a. das Lernen der Bewegungen, die mit dem Habit möglich bzw. nicht mehr möglich sind, es impliziert aber auch, einschätzen und damit umgehen zu lernen, dass und wie so genannte Laien auf den Anblick eines Ordenskleides reagieren. Die Identitätsarbeit schließlich ergibt sich quasi-automatisch aus der leib- und körperbiographischen Arbeit, da diese nur auf Grund der sozialen Rolle ‚Ordensschwester/-bruder' zu leisten sind. Nur *weil* sie Ordensschwester bzw. Ordensbruder *sind*, sich mit dieser sozialen Rolle identifizieren, müssen die Ordensangehörigen *diese* leib- und körperbiographische Arbeit erbringen.

Der Habit stellt ein religiöses Symbol dar, dessen Bedeutung die Ordensangehörigen selbstverständlich kennen. Unter diesem Gesichtspunkt handelt es sich beim Prozess der leiblichen und körperlichen Gewöhnung an den Habit um eine *Einverleibung* sozialer Strukturen. Das Leben in einem Kloster führt zudem zu einer *Verkörperung* sozialer Strukturen (oder, wie es bei Bourdieu auch heißt: von Geschichte)[77]. Damit ist gemeint, dass die Art der Lebensführung in einem Kloster wahrnehmbare Spuren in der Gestik, Mimik, Stimme, dem Rede- oder Schrittempo o.Ä. hinterlässt oder zumindest hinterlassen kann. Der sicht- oder hörbare, durch das Leben im Kloster geprägte Habitus kann mitunter zur sozialen Fremdidentifizierung führen, selbst wenn ein Ordensangehöriger ‚in Zivil' – ohne Habit – außerhalb der Klostermauern unterwegs ist. Dazu ein Zitat von Pater Paulus:

> „Bin der Meinung, dass unser Leben, auch geistliches Leben einen prägt. Und dass das auch, ja, irgendwie (3) am Erscheinungsbild, auch am Gesicht (2) ablesbar ist. (...) Ist wohl verschieden, manchmal ja (3) da hat der Gesichtsausdruck gewisse ernste, auch mal strenge Züge, aber sehr oft auch, ja (2) gütige Züge. (2) Auch etwas was den anderen ermutigt einen anzusprechen. (2) /I: Hmh/ (6) Im Gesicht ist ja auch etwas da, was wir- hm (3) ja vielleicht nicht ganz leicht äh zu beschreiben ist. Dass eben auch das geistliche Leben (3) wirklich intensive Beschäftigung mit geistlichen, Dingen, den Menschen, den ganzen Menschen prägt, und damit auch, ja, auch das Gesicht." (Pater Paulus, 680-694)

Pater Paulus erzählte, es sei ihm ein paar Mal passiert, dass er, als er ohne seine Ordenstracht unterwegs gewesen ist, von fremden Menschen gefragt worden ist, ob er „ein Pater" sei. Er erklärt sich das damit, dass sein „Erscheinungsbild" etwas Geistliches an sich habe. Offenbar „prägt" ihn das geistliche Leben als Ordensbruder so sehr, dass es seinen sichtbaren Niederschlag in seiner Ausstrahlung findet. Im Anschluss an Bourdieu (SS: 107) könnte man Pater Paulus als leibgewordene Institution bezeichnen – als die an seinem Habitus ablesbare Verkörperung seines Ordens, welche zur sozialen Identifizierung beiträgt. Sein körpergeschichtliches Gewordensein ist somit sichtbarer Teil seiner sozialen Identität.

---

76 Beispielhaft für solche, mit dem Tragen des Habits verbundene leibliche Empfindungen, ein Interviewausschnitt von Schwester Regina: „Und ich habe, gesagt wie ich mich (1) behütet fühle. /I: Ja/ Es war als ob ich wirklich, (2) umhüllt war von einer Liebe. (...) Es war einfach dieses freudige Gefühl, ‚Jetzt gehöre ich hier her, ich trage, sozusagen eine Uniform'." (Schwester Regina, 766-773).

77 Dass der Habit selbst eine Art Verkörperung sozialer Strukturen ist, deutet allein schon die begriffliche Nähe von Habitus (=Verköperung sozialer Strukturen) und Habit an.

Dieser letzte Aspekt, demzufolge das körpergeschichtliche Gewordensein Teil der sozialen Identität ist und daher zur sozialen Fremdidentifizierung eignet, trifft auch auf *Ballett-TänzerInnen* zu. Eine typische Äußerung in den Interviews mit ihnen betraf ihr Körperselbstbild, einen „Watschelgang" zu haben. An den nach außen gedrehten Füßen erkennen nicht nur sie selbst sofort andere TänzerInnen, sondern ihrer Ansicht nach würden auch Nicht-Tänzer sie auf Grund dieses charakteristischen Tänzer-Habitus sozial identifizieren können. In diesem Sinne ist sich z.B. Rainer des wahrnehmbaren Effekts seiner langjährigen Körperschulung bewusst: „Also ich denke, einfach durch die Art wie ich gehe in der Freizeit. >Ja wie ich gehe.< Also ich mein ich bin ja geschult und wir laufen ja nicht äh wie jeder normale Mensch ((lacht))" (Rainer, 376ff.). Rainer weiß um seinen speziellen körperlichen Habitus, wie er auch um dessen Geschichte und seine soziale Identifizierbarkeit weiß. Aus seiner Aussage „laufen nicht wie jeder normale Mensch" lässt sich außerdem schließen, dass auch für seine Selbstidentifizierung als Ballett-Tänzer das Wissen um die Andersartigkeit seines habitualisierten Gehens eine Rolle spielt. Jedenfalls war nicht nur von ihm zu erfahren, dass es gerade die ansozialisierte „Unnatürlichkeit" im Bewegungsablauf sei, durch welche er sich von Nichttänzern unterscheidet, die ihn auch mit Stolz erfülle.

Die milieuspezifische Prägung der Körpergeschichte von Ballett-TänzerInnen zeigt sich schließlich an einem Aspekt, der besonders für Personengruppen mit expliziter Körperorientierung bedeutsam ist: dem *Leibgedächtnis*. Das Leibgedächtnis bildet sich bei Ballett-Tänzerinnen und -Tänzern als Folge ihrer Tanzausbildung aus. Es enthält Lernerfahrungen, die ihnen ‚in Fleisch und Blut' übergegangen sind. Sie sind ihnen zu einer leiblichen Disposition (vgl. Teil 2, Kap. 2.2.2) geworden, so dass sie einzelne Bewegungen ‚instinktiv', ohne einen vorgeschalteten Reflexionsakt ausführen können (siehe hierzu auch Teil 2, Kap. 3.1). Im Leibgedächtnis haben die Ballett-Tänzerinnen und -Tänzer ihr Können abgespeichert, das sie je nach Situationsbedarf abzurufen in der Lage sind, ohne darüber nachdenken zu müssen, wie die aktuelle Bewegung auszuführen sei. Kennzeichnend für das Leibgedächtnis ist nämlich, wie Thomas Fuchs (2000) ausgeführt hat, dass man „vergessen" hat, wie die Bewegung vollzogen wird, und noch viel mehr, wie sie erlernt worden ist. Fuchs nennt das Leibgedächtnis deshalb auch „implizites" Gedächtnis bzw. „implizites Wissen", und grenzt es vom „expliziten", bewussten Wissen ab (ebd.: 316f.): „Das ‚Können' besteht also gerade darin, das explizite Wissen wieder zu vergessen, d.h. es in das implizite leibliche Gedächtnis eingehen zu lassen. Vergessen kann also paradoxerweise gerade eine Form des Behaltens sein, nämlich als Implikation oder Einschmelzung von Erlebtem und Gewusstem in die unbewusste Leiblichkeit" (ebd.: 317; Herv. weggel.)[78]. Indem Ballett-TänzerInnen ihre mühsam und bewusst erlern-

---

[78] Am Beispiel des Schreibmaschineschreibens weist Fuchs darauf hin, dass das Leibgedächtnis „auch auf der physiologischen Ebene nicht im Gehirn lokalisiert werden (kann), da es das Erlernte ohne die Gegenwart des Körpers nie mehr aktivieren könnte; es gehört vielmehr dem gesamten Organismus an" (Fuchs 2000: 392, Fn. 3). Wenn das Leibgedächtnis nicht im Gehirn sitzt, dann möglicherweise im Bauch bzw. den Eingeweiden, da sich dort, jüngsten neurophysiologischen Ergebnissen zufolge, ein dem ‚Kopfhirn' funktional gleichwertiges Gedächtnis befinde (vgl. Luczak 2000).

ten mechanischen Bewegungen „vergessen", lagern sie sie im Leibgedächtnis ab und „behalten" sie eben dadurch als ihr tänzerisches Können.

Das Können von Ballett-TänzerInnen ist eine körperliche Fertigkeit, die explizit gelernt worden ist. Es unterscheidet sich damit von körperlichen Fähigkeiten und Gewohnheiten[79], die eher nebenbei gelernt werden, wie das aufrechte Gehen oder das Sprechen. Auf Grund seines expliziten, willentlichen Ursprungs bedarf das Leibgedächtnis von TänzerInnen einer kontinuierlichen Gedächtnisarbeit. Zur Beschreibung dieser Gedächtnisarbeit griff Adrian im Interview gelegentlich auf die Computer-Metapher zurück (vgl. auch Kap. 4.1). So meinte er, „da musst du ja immer wieder äh speichern dass er [der Körper] die und die Bewegung behält, die er vorher noch nicht gemacht hat oder nich in der Art" (Adrian, 960-962). Um eine Bewegung zu behalten, sie also im Leibgedächtnis greifbar zu haben, muss sie immer wieder ‚abgespeichert' werden. Das Speichern erfolgt dabei durch fortgesetztes Wiederholen der Bewegungen: durch das tägliche Training. Nur dadurch ist gewährleistet, dass die ansozialisierten sensomotorischen Fertigkeiten nicht endgültig aus dem Leibgedächtnis gelöscht werden. Dazu noch einmal Adrian:

> „Also is nich so dass du ausgebildet wirst der Körper merkt sich dit ganze Zeug oder das Gehirn merkt sich das. Und äh das funktioniert immer perfekt alles zusammen. Und du kannst jeder Zeit irgendwie (...) einfach mal was vergessen haben. Also der speichert ja nicht nur der löscht och solche Sachen. /I: Hmh/ Wenn de nich ständig dran denkst und dran arbeitest dann- oder schlecht arbeitest äh und die falschen Dinge dir anerziehst, dann haste danach oder was weß ich also irgendwann n Dreck. Und darfst das alles wieder korrigieren." (Adrian, 245-255)

Das von Adrian angesprochene „Vergessen" meint – im Unterschied zu dem oben angesprochenen Behalten durch Vergessen – ein endgültiges Vergessen, vergleichbar dem Löschen einer Computer-Festplatte. In diesem Sinne spricht auch Rainer davon, dass mit dem Beginn der Tanzausbildung der Körper seine bis dato gelernten Bewegungen zu vergessen habe. Am Anfang der Ausbildung gehe es nämlich z.B. darum, „dass man dem Ballen sagt ‚Also das ist nicht das was du gelernt hast, das kannste vergessen. Es gibt nun ne ganz neue Art zu gehen und ne ganz neue Art zu stehen und sich zu bewegen, zu drehen und alles was dazu gehört'" (Rainer, 183-186). Das Leibgedächtnis erweist sich somit als ein nach zwei Seiten geöffneter ‚Ort', insofern es sowohl neue Bewegungen aufnehmen als auch einzelne motorische Gewohnheiten wieder vergessen kann. Die Offenheit des Leibgedächtnisses wiederum verweist auf die Gleichzeitigkeit von (Lern-) Prozess und (Körper-) Geschichte, die dem Leibgedächtnis eigen ist. Mit Fuchs kann man auch sagen, dass das Leibgedächtnis aus „*gewachsenen* Strukturen" besteht, „womit das Allmähliche und Kontinuierliche ihrer Entwicklung aus dem jeweils Gewordenen heraus angesprochen ist" (Fuchs 2000: 326; Herv. im Orig.).

Die Identitätsrelevanz des Leibgedächtnisses zeigt sich besonders darin, dass es Anschluss- und Routinehandlungen ermöglicht. Man könnte auch sagen, dass das

---

79 Fuchs zufolge ist die „Gewohnheit (..) die grundlegende zeitliche Struktur des Leibes. Sie bezeichnet die sensomotorischen Vollzüge, die durch Wiederholung und Übung ‚in Fleisch und Blut' übergegangen sind, sich also dem Leib als Dispositionen eingebildet haben" (Fuchs 2000: 326).

Leibgedächtnis für Handlungsentlastung durch Komplexitätsreduktion sorgt. Es fungiert für Ballett-TänzerInnen als ein *leibliches Wissen*, das diese entsprechend den situativen Erwartungen und Anforderungen beim Tanz in präreflexives Handeln umsetzen[80]. Die regelmäßigen Wiederholungen im Training, in Proben und Aufführungen haben sich im Leibgedächtnis zu einem habituellen Bewegungs- und Verhaltensmuster verdichtet. Dadurch verfügen TänzerInnen über ein implizites, leibliches Wissen ihres Körpers. Es umfasst – auf einer unbewussten Ebene – die Kenntnis des eigenen Körpers und enthält außerdem eine Art Korrekturfunktion, die spürbar wird, wenn sich der Körper situationsunangemessen verhält. Dazu abschließend ein Zitat von Adrian:

> „Aber ich weß was an meinem Körper funktioniert und /I: Hmh/ was ich einschalten muss um die und die Bewegung zu machen. /I: Hmh/ Und merke och was ich nicht gemacht habe wenn ich äh irgendne Bewegung vollziehe. /: Ja/ Weil das is so n- dir wird dieses Gefühl irgendwie- das is- du lernst deinen Körper so kennen dass du irgendwann auch weßt, was er falsch gemacht hat ne.“(Adrian, 198-205)

Das Wissen über das Funktionieren seines Körpers, von dem Adrian erzählt, ist in der Interviewsituation zwar ein explizites Wissen, in der Tanzsituation aber ein implizites, eben leibliches Wissen. Darauf weist auch sein Ausdruck „dieses Gefühl" hin. Adrian hat seinen Körper so „kennen gelernt", dass er einerseits weiß, „was ich einschalten muss, um die und die Bewegung zu machen". Die Selbstverständlichkeit und auch Selbstgewissheit, die sich in dieser Aussage ausdrückt, lässt sich als Resultat der Aneignung habitualisierter Körperpraktiken verstehen. Der zur „zweiten Natur" (Bourdieu) gewordene TänzerInnen-Körper ermöglicht es eben, jederzeit im Leibgedächtnis abgespeicherte Bewegungen abzurufen bzw. „einzuschalten". Andererseits kennt Adrian seinen Körper so gut, dass er „merkt", wann sein Körper etwas „falsch" gemacht hat. Ich würde diese Aussage so interpretieren, dass sich das im Leibgedächtnis verankerte leibliche Wissen als spürbarer Widerstand bemerkbar macht, sobald Adrian beim Tanzen eine Bewegung ausführt, die nicht situationsangemessen ist. Der Leib als leibliches Wissen fungiert hier als Bewegungskorrektiv, insofern er sich als das „Gefühl" äußert, diese oder jene Bewegung ist „falsch". In einer konkreten Situation kann dem Leibgedächtnis bzw. dem leiblichen Wissen damit u.U. die wichtige Handlungsfunktion zukommen, korrigierend in den Bewegungsablauf einzugreifen und so die Tanzhandlung erfolgreich fortzusetzen.

---

80 Hier zeigt sich noch einmal Merleau-Pontys zutreffende Bezeichnung des Leibes als „Situationsräumlichkeit": Der Leib stellt eine Räumlichkeit dar, die durch die Orientierung auf eine situationsspezifische Aufgabe hin existiert. Insofern ist der Leib das Mittel zur Welthabe (vgl. Teil 2, Kap. 2.1.1).

5.5 Zusammenfassung

In diesem Kapitel wurde der Versuch unternommen, formale Leib-Körper-Dimensionen personaler Identität herauszuarbeiten. Dies geschah auf der Grundlage von Interviews mit Ballett-TänzerInnen und Ordensangehörigen. Es handelt sich hier somit – im Sinne der „grounded theory" (vgl. Kap. 2.1) – um empirisch gewonnene theoretische Kategorien: Die vier Leib-Körper-Dimensionen ‚Körperbild‘, ‚leiblich-körperliche Grenzerfahrung‘, ‚Leib-Körper-Kontrolle‘ und ‚Körperbiographie‘ bezeichnen die zentralen Kategorien, die sich aus dem empirischen Material rekonstruieren ließen[81]. Das aber wirft die Frage auf, ob dies die einzigen Dimensionen sind, welche die Bedeutung von Leib und Körper für die Identität des Individuums zum Ausdruck bringen. Sind nicht auch andere Kategorien vorstellbar, wie etwa ‚Körperzufriedenheit‘, ‚Körperbewusstsein‘, ‚Körperkonzept‘ oder ‚Körpervorstellung‘? Und wenn dem so sein sollte, worin besteht dann der Gewinn der hier vorgenommenen Analyse? Diesen Fragen bzw. Einwänden kann folgendes entgegen gehalten werden: Sicherlich handelt es sich bei den vier Kategorien dieser Arbeit nicht um die einzig möglichen Leib-Körper-Dimensionen personaler Identität; die genannten anderen Kategorien zeigen ja an, dass es alternative Kategorien gibt. Dennoch beanspruche ich, mit ihnen mehr als vier relativ willkürliche, weil an eine bestimmte Empirie gebundene Dimensionen benannt zu haben. Dies zum einen auf Grund des induktiv-deduktiven Vorgehens bei der Dateninterpretation (vgl. Kap. 2.2.2), also dem Hand-in-Hand-Gehen von empirischer Erhebung und theoretischer Reflexion: Theoretische Überlegungen strukturierten nicht nur die Datenerhebung, sondern gingen auch in den Interpretationsprozess des empirischen Materials ein, was wiederum in der weiteren Datenerhebung Berücksichtigung fand. Insofern stellen die Kategorien keine ‚bloß‘ empirischen, lediglich auf Ordensleute und Ballett-TänzerInnen beschränkte Dimensionen dar, sondern gehen über sie hinaus, sind mithin gruppenübergreifend. Erst dieses Wechselspiel von Empirie und Theorie erlaubt die hier vorgenommenen Verallgemeinerungen. Zum Zweiten ist der Generalisierungsgrad der vier Kategorien hoch genug, um zumindest einige der ‚alternativen‘ Körper-Kategorien zu integrieren. Bspw. sind die Konzepte ‚Körpereinstellung‘ und ‚Körperzufriedenheit‘ Teile der Kategorie ‚Körperbild‘. Andere Konzepte, wie etwa ‚Körperbewusstsein‘, erscheinen mir hingegen als zu unspezifisch und in der Literatur zu uneindeutig verwandt, als dass sie von theoretischer Seite her hätten berücksichtigt werden müssen. Da sie sich außerdem aus der Empirie heraus nicht gewinnen ließen, spielen sie hier keine Rolle.

Das übergreifende identitätstheoretische Ziel dieses Kapitels wie der gesamten Arbeit bestand darin, den kategorialen Ausschluß von Leib und Körper aus den gängigen sozialwissenschaftlichen Identitätstheorien als ungerechtfertigt aufzuzeigen. Dies wurde in der Weise versucht, dass die Gleichzeitigkeit von Leib-Körper

---

81 Dass diese Kategorien, die hinsichtlich einer Theorie personaler Identität einen analytischen Stellenwert haben, in der Alltagserfahrung des Individuums ineinander spielen, sollte unmittelbar evident sein.

(Leib/Körper-Dimensionen) und Teilaspekten von Identität (Identitätsdimensionen) hervorgehoben wurde. Leib und Körper sind hier also nicht bloß als Medium für die Identitätsbildung angesehen worden, sondern auch als unmittelbar identitätsrelevant. Im Zentrum stand somit nicht primär Leib und Körper als Mittel für z.B. Individualität, Authentizität oder soziale Anerkennung, sondern die Gleichbedeutung bzw. Gleichursprünglichkeit von Leib/Körper und (Teil-) Identität (vgl. Tabelle 4). Die nachfolgenden Ausführungen fassen die wichtigsten identitätstheoretischen Aspekte noch einmal zusammen. Da das primäre Erkenntnisinteresse dieses Kapitels den formalen, gruppenübergreifenden Kategorien galt, verzichte ich auf ein Resümee ihrer milieuspezifischen (inhaltlichen) Ausprägungen (siehe hierzu Teil 4, Kap. 2.2).

Ebenen	Leib-Körper-Dimensionen	Identitäts-Dimensionen	Aspekte der leib-körperl. Dimensionen personaler Identität
Kognitiv-evaluativ	**Körperbild**	Selbstbild	- Körpereinstellung und -bewertung - Körper(un)zufriedenheit - Biographischer und sozialer Körpervergleich - Ideal- vs. Realbild
Leiblich-affektiv	**Leiblich-Körperliche Grenzerfahrung**	Selbsterfahrung	- Leib als spürbarer Widerstand: Ich-Leib-Kampf - Zeichen- und Bedeutungsträchtigkeit des Körpers - Grenzerfahrung als Lernaufgabe: Dialektik von Leiberfahrung und Körperwissen - Geschlecht als subjektive Wirklichkeit
Normativ-praktisch	**Leib-Körper-Kontrolle**	Selbstkontrolle	- Normative Bindungen und Orientierungen in der Körperpraxis - Leib-Körper-Kontrolle in sozialen Interaktionen: Selbstdarstellung - Kontrollverlust und leiblich-personale Sicherheit
Narrativ-praktisch	**Körperbiographie**	Selbstbiographie	- Kennenlern- und Entwicklungsprozess des Körpers - Konstruktion der Körperidentität - Körper als Gestaltungsprojekt - Leib-körperbiographische Schlüsselerlebnisse - Leibgedächtnis und leibliches Wissen

Tabelle 4: Leib-Körper-Dimensionen personaler Identität

1) Die Kategorie *Körperbild* thematisiert den Körper auf einer *kognitiv-evaluativen* Ebene. Damit sind Wahrnehmungen, Vorstellungen und Einstellungen zum eigenen Körper gemeint (der kognitive Aspekt), sowie Bewertungen des eigenen Körpers (der evaluative Aspekt). Die Bewertungen resultieren insbesondere aus den Merkmals- oder Eigenschaftszuschreibungen (dick, dünn, stark, grazil, sexy, alt, ungelenk, leistungsfähig etc.), die das Individuum bezüglich seines Körpers vornimmt. Ein – leiblich erfahrbares – Resultat der kognitiv-evaluativen Stellungnahme zum eigenen Körper ist die (Un-) Zufriedenheit mit dem eigenen Körper, also ein positives oder negatives Körperbild. An dem Aspekt der Körper(un)zufriedenheit wird vielleicht am deutlichsten sichtbar, dass ein *spezifisches Körperbild gleichbedeutend ist mit einem Selbstbild*: Wer mit seinem Körper unzufrieden ist, also ein negatives Körperbild hat, ist bezogen auf den bewerteten Körperaspekt vermutlich auch mit sich selbst unzufrieden, und umgekehrt wird, wer ein positives Körperbild hat, auch ein positives Selbstbild (Selbstwertschätzung, Selbstakzeptanz) haben. Die Korrelation zwischen Körper- und Selbstbild ist dabei wechselseitig, denn die wertende Haltung zum eigenen Körper kann sowohl Ursache als auch Folge für die Bewertung des eigenen Selbst sein. Eine positive Korrelation zwischen Körper- und Selbstbild dürfte vermutlich nur bei solchen Personen nicht vorliegen, die radikal zwischen ihrem Körper und ihrem Selbst trennen, wie z.B. Magersüchtige.

Die Identitätsrelevanz des Körperbildes resultiert darüber hinaus aus dem Umstand, dass es sich nur relational, über Vergleiche herausbildet. Durch biographische Vergleiche stellt das Individuum einen Bezug zur eigenen Körperbiographie her, durch intersubjektive Vergleiche eine Relation zu den Körpern von anderen. Damit geht es in beiden Fällen um Identitätsbildung durch Differenzsetzung. Je nachdem, wie die Bewertung des aktualen Körperbildes in diesen Differenzsetzungen ausfällt, wird das Individuum hieraus positive oder negative Identitätseffekte ziehen. Identitätsprobleme ergeben sich für den Einzelnen durch diese Vergleiche vor allem dann, wenn sich das gewünschte Körperbild mit dem realen Körper nicht deckt, wenn m.a.W. Idealbild und Realbild auseinanderfallen. Die Orientierung an einem Idealbild hat einen negativen Identitätseffekt zumeist dann, wenn das Idealbild gerade nicht als Ideal betrachtet wird, sondern als ein unbedingt zu erreichendes und auch erreichbares Ziel vorgestellt wird. Wird das Idealbild hingegen als Motivation angesehen, sich an ein bestimmtes Körperbild anzunähern, ohne dieses Ziel unbedingt erreichen zu müssen, kann die Orientierung an einem Idealbild auch einen positiven Identitätseffekt haben.

2) Die Kategorie *leiblich-körperliche Grenzerfahrung* thematisiert Leib und Körper auf einer *leiblich-affektiven* Ebene. Grenzerfahrungen machen sich für das Individuum als leiblich-affektives Betroffensein bemerkbar. Dies kann dadurch geschehen, dass die Grenze des persönlichen Leibraums ,von außen' verletzt wird, bspw. durch eine Berührung oder einen Blick, oder sie kann dadurch hervorgerufen werden, dass die Grenze des Leibraums ,von innen' berührt wird, etwa wenn in der lustvollen Erregung der Leib so sehr anschwillt, dass er kurz vor dem Zerbersten zu stehen scheint. Die Identitätsrelevanz solcher Grenzerfahrungen ergibt sich daraus, dass sie gleichbedeutend sind mit der *Erfahrung des eigenen Selbst*. Grenzerfahrun-

gen sind Erfahrungen, in denen sich das Individuum seiner selbst gewahr wird. Die im unmittelbaren und ungestörten Erleben gegebene Ich-Leib-Einheit löst sich im Falle einer Grenzerfahrung auf, und das Selbst wird sich seiner Leiblichkeit spürbar bewusst. Es wird mit sich selbst konfrontiert, indem es seine Leiblichkeit als spürbaren Widerstand realisiert. Die Selbsterfahrung qua Grenzerfahrung – selbstverständlich ist nicht jede Selbsterfahrung eine Grenzerfahrung – entspricht einer Selbstkonfrontation, deren Bedeutung für das Individuum zwischen Selbstinfragestellung und Selbstbestätigung variiert.

Eine besondere Bedeutung für die personale Identität gewinnen Grenzerfahrungen in der Hinsicht, dass sie sich als Konflikt zwischen Ich und Leib bemerkbar machen. Konkret erfahrbar wird dieser Konflikt für das Individuum als Kampf zwischen seinem Willen und der spürbaren Widerständigkeit seines Leibes. Die Identitätsrelevanz dieses agonalen Verhältnisses zwischen Wille und Leib zeigt sich bspw. darin, dass, wenn der Wille den leiblich-körperlichen Anforderungen ‚unterliegt‘ (z.B. das gewünschte Arbeitspensum auf Grund von Müdigkeit nicht zu schaffen ist), die Selbsteinschätzung oder das Selbstwertgefühl des Individuums beeinträchtigt sein kann; im umgekehrten Fall, wenn der Wille über den Leib ‚siegt‘ (eine Leistung trotz bzw. wegen der damit verbundenen Anstrengungen und Mühen vollbracht wird), wird dies das Selbstwertgefühl steigern oder zu Selbstsicherheit führen. Identitätsrelevant können Grenzerfahrungen des Weiteren auch auf Grund ihrer Zeichenträchtigkeit werden. Durch spürbare Zeichen wird sich das Individuum seiner Leiblichkeit bewusst, indem es auf körpereigenen Widerstand stößt und bspw. Grenzen der Belastbarkeit erfährt. Im Moment der Wahrnehmung entsprechen solche Zeichen einer Selbstkonfrontation, die das Individuum mehr oder weniger dazu zwingen, die Grenzerfahrung und damit sich selbst zu thematisieren. Dabei ergibt sich die Identitätsbedeutung solcher Zeichen insbesondere dann, wenn sie wiederholt auftreten und so eine übersituative und überdauernde Bedeutung erhalten. Die Person wird wiederholt erfahrbaren Zeichen eine ähnliche Bedeutung zuweisen und sie so z.B. in ihr Selbstbild integrieren.

Leiblich-körperlichen Grenzerfahrungen kommt eine wichtige Rolle im Prozess der Identitätsbildung auch in der Hinsicht zu, dass sie zu Reflexionen Anlass geben und zu neuen Körperkenntnissen, neuem Körperwissen und damit u.U. zur Modifikation von Körperpraktiken führen. Das Zusammenspiel von Leiberfahrung und Körperwissen – sowie der daraus möglicherweise resultierende, veränderte Körperumgang – weist darauf hin, dass Grenzerfahrungen für das Individuum mithin eine Lernaufgabe darstellen. Als Lernaufgabe tragen Grenzerfahrungen zur reflexiven Körper- und Selbstthematisierung bei.

Schließlich kommt leiblich-körperlichen Grenzerfahrungen in Hinblick auf die Geschlechtsidentität eine besondere Bedeutung zu. Ein Individuum realisiert sein Geschlecht am eindeutigsten, wenn es davon leiblich-affektiv betroffen ist. Eine Grenzerfahrung ist das Geschlechtsein in solchen Momenten, in denen das Individuum auf einen spürbaren inneren Widerstand auf Grund seines Mann- bzw. Frauseins stößt. In diesen Momenten macht sich das Geschlechtsein als Geschlechtsempfinden bemerkbar, als eine subjektive Wirklichkeit, deren Evidenz nicht geleugnet werden kann, weil es unmöglich ist, sich des situativen Betroffenseins in der Grenzerfahrung zu entziehen. Dabei erweist sich das Mann- bzw. Frausein als eine relationale Erfahrung: Heterosexuelle Frauen und Männer spüren sich als Geschlecht in Relation zum anderen Geschlecht, wofür sich vor allem das sexuelle Begehren kenntlich zeichnet. Geschlechtsidentität realisiert sich von daher als Differenzerfahrung.

3) Die Kategorie *Leib-Körper-Kontrolle* thematisiert Leib und Körper auf einer *normativ-praktischen* Ebene. Die Kontrolle von Leib und Körper ist eine anthropologische Notwendigkeit, die je nach den in einer Gesellschaft vorherrschenden Werten und Normen eine spezielle Ausprägung erfährt. Der kontrollierende oder disziplinierende, beherrschende Umgang mit Leib und Körper erfolgt im Rahmen normativer Bindungen und Orientierungen, die eine bestimmte Körperpraxis ermöglichen bzw. erzwingen.

Die Identitätsrelevanz der Kontrolle von Leib und Körper ergibt sich daraus, dass mit ihr eine *Selbstkontrolle* verbunden ist. So impliziert einerseits die Körperkontrolle eine Selbstkontrolle dergestalt, dass mit dem instrumentellen und/oder expressiven Gebrauch des Körpers zugleich eine Selbstbeherrschung oder Selbstdisziplinierung einhergeht – es ist die Person selbst, die sich im kontrollierten Körperumgang kontrolliert verhält. Andererseits impliziert die Selbstkontrolle eine Leibkontrolle, also eine Kontrolle des leiblich-affektiven Befindens. Wer sich selbst kontrolliert, sein Verhalten bewusst oder unbewusst (in Form verinnerlichter gesellschaftlicher Erwartungen) reguliert, kontrolliert damit auch bewusst oder unbewusst seinen leiblich-affektiven Zustand.

Eine besonders wichtige Rolle für die Identität spielt die Leib-Körper-Kontrolle in sozialen Interaktionen. Da jeder Teilnehmer einer sozialen Interaktion vor der Aufgabe steht, seine Identität zu präsentieren, steht er zugleich vor der Aufgabe, seinen Leib und seinen Körper zu präsentieren. Die Selbstdarstellung bedarf in sozialen Interaktionen der Kontrolle von Leib und Körper. Dies hat vor allem damit zu tun, dass an soziale Rollen spezifische „Identitätsnormen" (Goffman) gebunden sind, also normative Erwartungen, die sich eben auch auf ein bestimmtes Körperverhalten beziehen. Dabei kann das Individuum, um sein bestmögliches Selbst zu präsentieren, auf eine Vielzahl an Körperpraktiken und –techniken zurückgreifen. Dennoch kann es vorkommen, dass die Leib-Körper-Kontrolle und somit die Selbstdarstellung nicht völlig gelingt, obwohl sie intendiert ist. In solch einem Fall, in dem das Selbst die Kontrolle über Leib und Körper verliert, droht dem Individuum möglicherweise das Ausbleiben sozialer Anerkennung. Zugleich aber verweisen gerade solche unbeabsichtigten körperlichen Äußerungen (z.B. eine unbedachte Geste, ‚rot' werden) auf einen Identitätsaspekt dieser Person: Das Unwillkürliche solcher nicht-intendierten Körperäußerungen kann als Zeichen der Authentizität interpretiert werden. Die Person selbst wiederum sichert sich möglicherweise gerade mittels solcher unscheinbarer Gesten – wie etwa dem gedankenlosen Spielen mit den eigenen Haaren – seine Identität: In einer sozialen Situation, in der die Körperkontrolle nicht in der intendierten Weise gelingt, bietet sich der Körper in Form von Selbstkontakten als psychische Sicherheit gewährendes Medium an, da er durch diese „Doppelempfindung" (Merleau-Ponty) zur Selbstvergewisserung beiträgt.

4) Die Kategorie *Körperbiographie* thematisiert den Körper auf einer *narrativ-praktischen* Ebene. Unter dem narrativen Gesichtspunkt stellt sich die Körperge-schichte als Produkt bzw. Konstruktion biographischer Selbsterzählungen dar. Die Veränderungen des eigenen Körpers und die Erfahrungen, die man mit ihm macht, werden durch Selbstnarrationen in eine subjektiv stimmige, konsistente Körperbio-graphie integriert. Das Individuum konstruiert sich so in lebensgeschichtlicher Hin-sicht seine Körperidentität. Vor dieser Aufgabe steht die Person allein deshalb, weil sie – im Sinne Plessners – ihren Körper von Geburt an nicht ‚hat‘, sondern lediglich ihr Leib ‚ist‘. Das Körperhaben impliziert vielmehr einen Entwicklungs- und Ken-nenlernprozess. Jede Person muss lernen, mit dem eigenen Körper umzugehen, ihn einzusetzen, die Vorgänge im und am Körper zu verstehen, zu verarbeiten und in die eigene Körperbiographie zu integrieren. Die Integration leib- und körperbiographi-scher Erfahrungen in eine subjektiv konsistente Körperbiographie erstreckt sich über die gesamte Lebensgeschichte und führt im positiven Fall nicht nur zu einer gelun-genen Körperidentität, sondern ebenso zu einer gelungenen biographischen Selbsti-dentität. Die biographische Körperarbeit geht mit der biographischen Arbeit am Selbst einher, *Körperbiographie* ist *gleichbedeutend mit Selbstbiographie*. Dies zeigt sich besonders an der Identitätsrelevanz leib-körperbiographischer Schlüsse-lerlebnisse. Leib-körperbiographische Schlüsselerlebnisse stellen für das Individuum einen bedeutsamen Einschnitt (‚Bruch‘, ‚Diskontinuität‘) dar, der zu Selbstreflexio-nen und Selbstnarrationen sowie einer veränderten Körperpraxis Anlass gibt bzw. dazu zwingt. In den meisten Fällen handelt es sich bei solchen prägenden biographi-schen Erlebnissen um negative Erfahrungen. Gelingt es dem Individuum, solch ein negatives Erlebnis kognitiv zu verarbeiten und die notwendig gewordene Modifika-tion der Körperpraxis zu akzeptieren, das Erlebnis also bewusst in die eigene Kör-perbiographie zu integrieren, kann es hieraus sogar einen positiven Identitätseffekt ziehen.

Die ‚praktische‘ Seite der Konstruktion der Körperbiographie bezieht sich zum einen auf die Modifikation habitualisierter Umgangsformen mit dem eigenen Kör-per. Zum anderen zielt sie auch auf die absichtsvolle Gestaltung des Körpers, das heißt, auf Handlungsstrategien, die das Individuum wählt, um den Körper nach ei-genen oder von anderen übernommenen Vorstellungen zu gestalten. Körperge-schichte wird in diesem konkreten Sinne gemacht. Unter dem Gesichtspunkt der Körpergeschichte als gestalt- und machbares Projekt wird die Gleichzeitigkeit von Körper- und Selbstbiographie besonders evident. Es zeigt sich hier nämlich, dass der Körper – zumindest in sog. spät- oder postmodernen Gesellschaften – nicht mehr nur etwas biologisch Gegebenes und Unveränderliches ist, sondern ein lebenslanges, reflexives Projekt, das mit dem reflexiven Projekt des Selbst verschmilzt.

Dem lebensgeschichtlichen Gewordensein des Körpers wohnt ein Identitätsmo-ment schließlich auch in der Hinsicht inne, dass es vergangene Erfahrungen im Leibgedächtnis abspeichert, die vom Individuum als leibliches Wissen situativ ge-nutzt werden können. Im Leibgedächtnis sind körperliche Fertigkeiten (Können, Ge-schicklichkeit) aufbewahrt genauso wie z.B. das Gespür für Situationen oder Stim-mungen. Im Falle der Fertigkeiten und des Könnens liegt die Identitätsrelevanz des leiblichen Wissens darin, Routinehandlungen anzuleiten und damit für psychische Entlastung zu sorgen. Im Falle des Gespürs für die Situation ist das im Leibgedächtnis aufbewahrte leibliche Wissen für die Identität bedeutsam, insofern es wegen seines präreflexiven Charakters dazu beiträgt, auf zeitliche, sachliche und/oder soziale Erfordernisse und Zwänge mit einem angemessenen Handeln zu antworten. Dadurch kann es etwa für soziale Anerkennung und folglich für eine positive Selbstwertschätzung sorgen.

Teil 4: Theoretische und empirische Schlussfolgerungen

Die vorliegende Arbeit ist an einem Punkt angelangt, an dem es angebracht ist, das bisher Erarbeitete zu resümieren, einer kritischen Selbstreflexion zu unterziehen und weiterführende Fragen zu stellen bzw. Optionen aufzuzeigen. Deshalb werden zunächst die identitätstheoretischen Ergebnisse der Untersuchung – die Leib-Körper-Kategorien personaler Identität – zusammengefasst (Kap. 1). Sie werden ergänzt um die Auseinandersetzung mit einer Fragestellung, die während der gesamten Arbeit latent präsent war, der bislang jedoch nicht näher nachgegangen wurde: Wie wird in dieser Arbeit das Verhältnis von Natur und Gesellschaft/Kultur bzw. von Anthropologie und Soziologie gesehen? Nachdem diese Frage geklärt ist, folgt eine Art Rechenschaftsbericht über das theoretische, empirische und methodische Vorgehen dieser Arbeit (Kap. 2). Damit wird zum einem dem unangenehmen Umstand Rechnung getragen, dass man am Ende einer Arbeit immer besser weiß, was man hätte anders machen können, sollen oder müssen. Zum anderen sollen die selbstkritischen Reflexionen aber auch die Vorzüge der gewählten Vorgehensweise sowie Anschlussmöglichkeiten für weiterführende Forschungsarbeiten hervorheben. Sind die ersten beiden Kapitel vorwiegend retrospektiv angelegt, so hat das abschließende Kapitel 3 einen prospektiven Charakter. Aus einer modernisierungssoziologischen Perspektive werden hier Überlegungen angestellt, was es heißt, am Beginn des 21. Jahrhunderts eine personale Identität konstruieren zu müssen und welche Rolle dabei Leib und Körper spielen. Das entsprechende Konzept soll als ‚reflexive Leiblichkeit' bezeichnet werden.

1. Ein identitätstheoretisches Fazit

Das identitätstheoretische Ziel dieser Arbeit bestand in der Beantwortung der Frage, worin die Bedeutung von Leib und Körper für die Identität des Individuums liegt. Diesem Vorhaben lag die Absicht zu Grunde, die sozial-kognitive Verengung sozialwissenschaftlicher Identitätstheorien zu korrigieren. Dazu wurden auf der Grundlage der Diskussion philosophisch-anthropologischer, phänomenologischer und soziologischer Leib- und Körpertheorien sowie einer empirischen Studie Kategorien entwickelt, die zusammengenommen ein alternatives Modell personaler Identität ergeben. Ausgangspunkt hierfür war die auf Helmuth Plessner zurückgehende Unterscheidung zwischen *Leibsein* und *Körperhaben*[1]. Dem Menschen, so wurde gesagt,

---

1   In aller Regel wurde in dieser Arbeit anstelle von Leibsein und Körperhaben ‚nur' von Leib und Körper gesprochen. Wo dies der Fall war, waren die Konzepte des Leib*seins* und Körper*habens* jedoch implizit enthalten. Für eine Theorie personaler Identität ist nämlich die Differenz zwischen Sein und Haben die eigentlich bedeutungsvolle: Personale Identität ist das Resultat der vom Individuum

stellt sich auf Grund seiner biologischen Ausstattung die Aufgabe, sein Leben zu „führen", was heißt, einen Ausgleich herzustellen zwischen seinem Leibsein und seinem Körperhaben: „In allen seinen Daseinsäußerungen ist der Mensch gezwungen, zugleich aus seinem Leib heraus zu leben und über seinen Körper zu verfügen" (Honneth/Joas 1980: 76). Bezeichnet Leibsein das zuständliche, spürbare Hier-Jetzt-Sein, so das Körperhaben die Fähigkeit, den Körper expressiv und/oder instrumentell einzusetzen, wozu auch die Selbstreflexion zählt. Vor dem Hintergrund dieser begrifflichen Grundunterscheidung und als Resultat der theoretischen und empirischen Arbeit ließen sich acht zentrale Kategorien gewinnen: *leibliche Disposition, leibliche Erinnerung, Spürsinn, spürbare Selbstgewissheit, Körperbild, leiblich-körperliche Grenzerfahrung, Leib-Körper-Köntrolle* und *Körperbiographie*. Sie seien abschließend noch einmal kurz zusammengefasst (ausführlichere Zusammenfassungen finden sich in Teil 2, Kapitel 4 und Teil 3, Kapitel 5.5):

- *Leibliche Disposition*: Mit leiblicher Disposition ist die basale leiblich-affektive Anlage einer Person gemeint. Die Identitätsrelevanz dieser leiblich-affektiven Grundstimmung resultiert daraus, dass personale Identität das temporäre Resultat des Umgangs mit Erfahrungen bezeichnet, und die leibliche Disposition die Art und Weise prägt, in der das Individuum seine Erfahrungen macht und verarbeitet. Für die soziale Identität ist die leibliche Disposition in der Hinsicht bedeutsam, dass sie ihren symbolischen Niederschlag in gewohnheitsmäßigen Verhaltensweisen – im Habitus – findet, und daher die Möglichkeitsbedingung der persönlichen und/oder sozialen Identifizierung (im Sinne Goffmans) ist.
- *Leibliche Erinnerung*: Die Erinnerung an vergangene Erfahrungen und Erlebnisse ist das Medium, mit dem das Individuum seine Lebensgeschichte in eine narrative Ordnung bringt und sich so eine biographische Identität konstruiert. Mittels der Erinnerung sichert sich das Individuum sein Kontinuitätsempfinden, das heißt, das Gefühl, mit sich selbst über die eigene Lebenszeit hinweg identisch zu sein. Die Erinnerung ist dabei in zweifacher Weise an den Leib gebunden: Zum einen meint leibliche Erinnerung die Erinnerung an ein Ereignis, von dem die Person in der damaligen Situation leiblich-affektiv betroffen gewesen ist, zum anderen das leiblich-affektive Betroffensein im Moment der Erinnerung. Je intensiver diese zwei Aspekte leiblicher Erinnerung erfahren wurden bzw. werden, desto bedeutsamer dürfte das Erlebnis für die personale Identität sein.
- *Spürsinn*: Der Spürsinn ist eine Art leiblichen Wissens, ein leiblich-praktischer Sinn, der sozial strukturiert ist und handlungsleitend wirkt. Als leibliches Wissen sichert der Spürsinn die Bewältigung von Situationen, in denen spontan bzw. vorreflexiv gehandelt werden muss. Die Identitätsrelevanz des Spürsinns

---

geleisteten Aufgabe, einen Ausgleich herzustellen zwischen dem Leib, der es *ist*, und dem Körper, den es *hat*. Die Kombination von Leib mit Sein sowie von Körper mit Haben wurde hier vor allem aus Gründen der begrifflichen Stringenz gewählt – eine Stringenz, die Helmuth Plessner selbst nicht eingehalten hat (vgl. Barkhaus et al. 1996: 121).

besteht darin, dass er einerseits als Orientierungsinstanz situationsangemessenes Handeln anleitet, andererseits Routinehandlungen ermöglicht und dadurch für psychische Entlastung sorgt.

- *Spürbare Selbstgewissheit*: Die narrative Konstruktion von Identität ist eine notwendige, aber keine hinreichende Bedingung für eine aus der Sicht des Individuums gelungene Selbstidentifikation. Eine echte, authentische Selbstidentifikation liegt erst dann vor, wenn die narrativ konstruierte Kontinuität der Lebensgeschichte und der Konsistenz sozialer Rollen und persönlicher Eigenschaften auch empfunden wird, wenn sie eine spürbare Stützung erfährt. Das entscheidende Kriterium, sicher zu sein, dass man zeitlich und sozial-räumlich dieselbe Person ist, ist m.a.W. das Selbstempfinden, welches für die Person leiblich-affektiv erfahrbar ist als spürbare Selbstgewissheit. Die aus dem Zusammenspiel von Selbstnarration und spürender Stützung resultierende spürbare Selbstgewissheit erfährt das Individuum als das sichere Gefühl, eine glaubwürdige, stimmige oder passende Selbstidentifikation vorgenommen zu haben.[2]

- *Körperbild*: Das Körperbild umfasst die Bewertungen und Einstellungen zum eigenen Körper. Seine Identitätsrelevanz ergibt sich zum einen daraus, dass mit der Bewertung des Körpers zugleich eine Selbstbewertung einhergeht. Zum anderen impliziert das Körperbild biographische und intersubjektive Vergleiche sowie eine Gegenüberstellung zwischen Ideal- und Realbild; dieses komparative Moment des Körperbilds weist darauf hin, dass hier Identität qua Differenz konstituiert wird.

- *Leiblich-körperliche Grenzerfahrung*: Leiblich-körperliche Grenzerfahrungen sind Erfahrungen, in denen das Individuum seine Leiblichkeit als innerer Widerstand spürbar realisiert. Solche Selbsterfahrungen treten im Konflikt zwischen Ich und Leib, im Geschlechtsempfinden und als spürbare Zeichen des

---

2   Die vier eben noch einmal zusammengefassten Kategorien wurden insbesondere auf der theoretischen Grundlage der Leibphänomenologie entwickelt. Wer gern mehr über das ‚materielle Substrat‘ der leiblichen Disposition und Erinnerung, des Spürsinns und der spürbaren Selbstgewissheit wüsste, sei auf jüngste Ergebnisse aus der Neurophysiologie verwiesen. So finden sich bspw. in den Arbeiten des amerikanischen Neurologen Antonio R. Damasio (1994, 2000) zahlreiche Belege für die biologische Grundlage des Bewusstseins, der Gefühle und des Selbst. Und folgt man jenem Zweig der Neurologie, der sich nicht so sehr, wie etwa Damasio, mit dem ‚Gehirn im Kopf‘, sondern mit dem so genannten „zweiten Gehirn“ befasst, das sich im Bauch bzw. dem Darm befindet und daher auch als „Bauch“- oder „Darmhirn“ bezeichnet wird (Luczak 2000), dann liegen in den Eingeweiden die neuronalen Grundlagen für Entscheidungsfindung, Erinnerung und Persönlichkeit. Das Darmhirn bzw. das „enterische Nervensystem“ wird nämlich als ein eigenständiges integratives Nervensystem bezeichnet, das unabhängig vom ‚Kopfhirn‘ funktioniere, fühlen und denken könne, weshalb eine Redewendung wie ‚aus dem Bauch heraus entscheiden‘ – der Spürsinn – keine Metapher sei, sondern wörtlich genommen werden müsse. Auch gilt das Darmhirn als der Ort, an dem in entscheidendem Maße das leiblich-affektive Befinden gesteuert werde (es produziert den Nervenbotenstoff Serotonin), und das ein dem Kopfhirn funktional vergleichbares Gedächtnis habe. Und da sich im Bauchhirn Erfahrungen in Form von Erinnerungen ablagerten, sei es auch für die Persönlichkeit eines Menschen bedeutsam. „Frühe ‚Erfahrungen‘ des Darms können so die ‚Persönlichkeit‘ beider Gehirne beeinflussen. Exzessive oder lang anhaltende Furcht hinterlässt Spuren nicht nur im Kopf, sondern auch im Intestinaltrakt“ (ebd.). Aus diesen neurologischen Befunden scheint geschlossen werden zu können, dass der Bauch bzw. die Eingeweide nicht weniger wichtig für die personale Identität sind als es das ‚Gehirn im Kopf‘ ist.

Körpers auf. Für die Identität sind leiblich-körperliche Grenzerfahrungen von Bedeutung, insofern sie zu Reflexionen Anlass geben und zu neuem Körperwissen sowie gegebenenfalls zur Modifikation von Körperpraktiken führen.

- *Leib-Körper-Kontrolle*: Die Identitätsrelevanz von Leib-Körper-Kontrollen ergibt sich daraus, dass mit ihnen eine Selbstkontrolle einhergeht: Der Kontrolle des instrumentellen und/oder expressiven Gebrauchs des Körpers sowie des leiblich-affektiven Befindens korreliert die Kontrolle des Selbst. Besonders bedeutsam ist dies in sozialen Interaktionen, da es hier gilt, entsprechend den vorgegebenen Identitätsnormen das eigene Selbst und damit auch seinen Körper zu präsentieren.

- *Körperbiographie*: Mit Körperbiographie ist zum einen gemeint, dass das Individuum die Erfahrungen mit dem eigenen Körper, die es im Laufe seines Kennenlern- und Entwicklungsprozesses macht, durch Selbstnarrationen in eine subjektiv stimmige Körperbiographie integriert; Resultat hiervon ist die Körperidentität. Zum anderen hat die Körperbiographie eine praktische Seite, vor allem die absichtsvolle, reflexive Gestaltung des eigenen Körpers. Die narrative und die praktische Arbeit an der Körperbiographie sind gleichbedeutend mit der Arbeit am biographischen Selbst. Das zeigt sich besonders an Leib-Körper-biographischen Schlüsselerlebnissen und den damit notwendig werdenden Modifikationen habitualisierter Umgangsformen mit Leib und Körper.

Wenn man, wie hier geschehen, Leib und Körper zum zentralen Gegenstand identitätstheoretischer Überlegungen nimmt und dieses Vorhaben an der organischen Ausstattung des Menschen ansetzt, dann könnte das den Anschein erwecken, als ob hier ein biologistisches Identitätsmodell entworfen wird. Auch dass in diesen Überlegungen der Leib eine so zentrale Rolle spielt, und der Leib mithin als die „Natur, die wir selbst sind" (Böhme 1992), bezeichnet wird, mag den Verdacht eines naturalistischen Identitätskonzepts nahe legen. Die gesellschaftlichen und kulturellen Bedingungen der Identitätsbildung scheinen dabei vernachlässigt zu werden. Genauso scheint damit die Auffassung eines Großteils soziologischer und sozialpsychologischer Identitätstheorien ignoriert zu werden, denen zufolge Identität ein spezifisch modernes Phänomen sei, da ihre Entwicklung und Aufrechterhaltung in keiner anderen Epoche so problematisch gewesen sei wie in modernen Gesellschaften (vgl. Bauman 1994: 389; Kellner 1994: 214; Keupp et al. 1999: 70f.). Als selbstkritische Frage formuliert: Wie hält es das in dieser Arbeit vorgestellte Identitätsmodell mit der Natur bzw. mit dem *Verhältnis von Natur/Anthropologie und Kultur/Soziologie?*

Personale Identität, so wie sie in dieser Arbeit konzipiert worden ist, verweigert sich der Zuordnung zu *entweder* Natur/Anthropologie *oder* Kultur/Soziologie. Personale Identität ist nicht als Gegensatz von anthropologischen und gesellschaftlichen Bedingungen personaler Identität zu verstehen, sondern als ein *sowohl-als-auch*. Bruno Latours These, dass moderne Gesellschaften eine künstliche Trennung ursprünglich gemischter Kategorien vorgenommen hätten, wie z.B. die „große Trennung" zwischen Natur und Gesellschaft/Kultur (Latour 1995), lässt sich auf die sozialwissenschaftliche Identitätstheorie übertragen: Die theoretische wie alltägliche

Thematisierung von Identität ist ein modernes Phänomen, ‚Identität' selbst ein modernes Konzept; Teil dessen ist die theoretische Differenzierung zwischen natürlichen und kulturellen, anthropologischen und soziologischen Bedingungen personaler Identität. Diese Gegenüberstellung aber macht wenig Sinn, versteht man den Menschen, wie es in der philosophischen Anthropologie heißt, als ein von Natur aus kulturelles Wesen, als ein Wesen, das sein Selbstsein ausschließlich im Spannungsfeld seiner „natürlichen Künstlichkeit" (Plessner) entwickeln kann. Das eigene Selbstsein bzw. die eigene Identität zu schaffen ist zuallererst aber keine Frage des Könnens, sondern des Müssens. Das spezifische Umwelt-Verhältnis des Menschen, exzentrisch positioniert zu sein, bedingt es, dass für ihn die Konstruktion seiner Identität eine unabwendbare Aufgabe darstellt. Der Mensch kommt nicht umhin, sich mit seinem „Doppelaspekt" von Leibsein und Körperhaben, von spürbarer Zuständlichkeit und sich-selbst-objektivierender Gegenständlichkeit auseinanderzusetzen. In dieser Auseinandersetzung erschafft der Mensch das, was in unserer Kultur als Selbst oder Identität bezeichnet wird, und wofür es in anderen Kulturen Äquivalente geben wird. Diese terminologischen Unterschiede in Rechnung gestellt, kann gesagt werden, dass Identität eine anthropologische Aufgabe darstellt, die entsprechend universell und zeitlos ist (vgl. Keupp et al. 1999: 69f.).

Sozialwissenschaftliche Identitätstheorien befassen sich in aller Regel nicht mit den anthropologischen Bedingungen personaler Identität. Ähnlich wie Hans Joas der soziologischen Theorie ein anthropologisches Defizit vorwirft (Joas 1992: 251), kann man auch den sozialwissenschaftlichen Identitätstheorien einen Mangel an anthropologischen Reflexionen ankreiden. Dieser Mangel hat vermutlich damit zu tun, dass Anthropologie immer noch dem pauschalen Verdacht unterliegt, „ahistorischem Denken Vorschub zu leisten, in ethnozentrischen Perspektiven befangen zu bleiben und ein ideales Mittel konservativer Argumentation gegen progressiven Veränderungswillen zu sein" (Honneth/Joas 1980: 9). Dass diese Vorwürfe unbegründet sind, zeigt sich in Ansätzen, die den Menschen als ein von Natur aus kulturelles Wesen verstehen. Solche Ansätze – wie etwa der vorliegende – implizieren, dass die anthropologisch bedingte Identitätsfrage je nach Kultur und Zeit unterschiedlich beantwortet wird. Identität-als-Aufgabe ist zwar ein universelles Phänomen, selbstverständlich aber hängt die Lösung dieser Aufgabe von den gesellschaftlichen Rahmenbedingungen ab, innerhalb derer die Individuen leben. Daher ist es auch kein Widerspruch, Identität als *universelle* Aufgabe und zugleich die Suche nach Identität als ein spezifisch *modernes* Problem zu bezeichnen. Dass Identität in der Moderne problematisch oder krisenhaft wird, hat eben mit den gesellschaftlichen und kulturellen Anforderungen, Erwartungen, Zwängen, Möglichkeiten und Chancen der Moderne zu tun; davon unbeeinträchtigt bleibt jedoch Identität als anthropologisch bedingte Aufgabe.

Die hier vorgestellten Leib-Körper-Kategorien personaler Identität sind in diesem Kontext zu sehen: Leibliche Disposition, leibliche Erinnerung, Spürsinn, spürbare Selbstgewissheit, Körperbild, leiblich-körperliche Grenzerfahrung, Leib-Körper-Kontrolle und Körpergeschichte stellen universelle Identitätsdimensionen dar, die je nach Kultur und Zeit unterschiedlich realisiert werden. Das muss an dieser Stelle notgedrungen eine These bleiben. Um sie zu überprüfen, wäre eine empirische Untersuchung von Angehörigen unterschiedlichster Kulturen notwendig. Der in dieser Arbeit vorgenommene intrakulturelle Vergleich zwischen Ordensangehörigen und Ballett-TänzerInnen kann diese These lediglich eingeschränkt plausibilisieren. Zwar konnte der universelle Aspekt nicht aufgezeigt werden, aber durch den Milieuvergleich sollte die kulturspezifische Variabilität dieser Kategorien deutlich geworden sein.

Die Frage nach dem Verhältnis von Natur/Anthropologie und Kultur/Soziologie bezüglich der Konzeption von Identität lässt sich auch von der Leib-Körper-Seite her stellen: Wenn, wie gesagt, das Individuum seine Identität auf der Grundlage des Doppelaspekts von Leibsein und Körperhaben konstruiert, wie hängen dann Leibsein und Körperhaben mit Natur und Kultur, Anthropologie und Soziologie zusammen? Die kürzeste mögliche Antwort auf diese Frage lautet: *Leib bezeichnet die Natur, die man selbst ist, Körper deren soziale Konstruktion*, und da *Leib und Körper ineinander verschränkt* sind, sind auch *Natur und Kultur ineinander verschränkt*, wobei dieses ineinander Verschränktsein *dialektischer* Art ist.

Natürlich ist der Leib insofern, als er als unmittelbares, das heißt, vorbegriffliches bzw. vorreflexives Betroffensein erfahrbar ist. Atembeschwerden, Kopfschmerzen, Hunger oder Durst, Bewegungsdrang und Bewegungsfreude, Angst, Wut, Lust, all das sind leibliche Erfahrungen, die unmittelbar nahe gehen und die eigene Natürlichkeit oder, wie man auch sagen könnte, „Kreatürlichkeit" (Böhme 1992: 77) spürbar werden lässt, ohne dass dies ein Ich voraussetzte, welches über diese Leiberfahrungen reflektiert. „'Natur selbst sein' heißt, am eigenen Leibe die Natürlichkeit zu spüren bekommen" (ebd.: 84). Dass die Erfahrung des Leibes als eigene Natur abhängig ist von gesellschaftlichen Bedingungen, ist selbstverständlich; genauso selbstverständlich ist, dass der Ausdruck und die Bewertung solcher Erfahrungen sowie die ihnen zugewiesene Bedeutung kulturell variiert. In *dieser* Hinsicht sind Leiberfahrungen und Gefühle sozial konstruiert: Die Umstände, Ausdrucksformen, Bedeutungszuschreibungen und Umgangsweisen mit leiblich-affektiven Erfahrungen sind sozial und kulturell geprägt, das unmittelbare Betroffensein von ihnen ist hingegen universell. Sozial konstruiert – und damit Kultur – ist also nicht das Leibsein, sondern das Körperhaben. Die Arten und Weisen, in denen man den eigenen Körper *hat* – als bloßes Ding oder Objekt, als Medium oder als Wissen über ihn – variieren je nach Zeit und Kultur. Entsprechend ist auch die dialektische Verschränkung von Leibsein und Körperhaben gesellschaftlich-kulturell geprägt. Die Dialektik von Leibsein und Körperhaben zeigt sich etwa darin, wie mit körperlichen Schmerzen umgegangen wird: Wer einen Schmerz verspürt, setzt in aller Regel sein Wissen über seine Erfahrungen mit körperlichen Schmerzen ein oder holt sich, sollte das eigene Körperwissen nicht ausreichen, von Experten Rat, um eine Handlungsmöglichkeit gegen den Schmerz zu finden. Die leiblich-affektive Betroffenheit durch den Schmerz ist in solch einem Fall der Auslöser einer Reflexion und des Einsatzes von Körperwissen, was wiederum Auswirkungen auf die Leiberfahrung hat. Verallgemeinert lässt sich mit Gernot Böhme, der sich hier auf Hermann Schmitz stützt, sagen: „Mit der Emanzipation der Person setzt die Dialektik von Leibsein und Leibhaben, Natursein und Naturhaben ein, und das Selbst konstituiert sich jenseits und gegen die Verfallenheit an den Leib" (ebd.: 85).

Aus der Feststellung, dass sich das Selbst in der dialektischen Verschränkung von natürlichem Leibsein und kulturellem Körperhaben konstituiert, folgt für eine zeitgemäße sozialwissenschaftliche Identitätstheorie, dass sie die gesellschaftlichen und kulturellen Entwicklungen in den Blick nehmen muss, welche gegenwärtig Ein- und Auswirkungen – einerlei ob in Form von Belastungen, Erfordernissen, Risiken oder Chancen – auf Leib und Körper haben. Dabei kann es aus theoretischen Gründen sinnvoll sein, zunächst analytisch vorzugehen und die beiden Seiten getrennt voneinander zu untersuchen. So können zum einen schwerpunktmäßig die sozialen, politischen, ökonomischen, ökologischen, medizinischen oder technologischen Einflüsse auf den Körper in den Blick genommen werden, zum anderen vorrangig die Bedürfnisse oder Betroffenheitsmomente des Leibes. Sofern es um die Identität von Individuen geht, muss die Verschränkung – die Synthese – der beiden Aspekte jedoch immer vollzogen werden. Denn, wer bspw. auf seinen Körper in Form von Diäten und Fitnessaktivitäten einwirkt, um ein gesellschaftlich hoch geschätztes Körperideal zu realisieren, wirkt damit zugleich auf sein leibliches Befinden ein; und genauso wird, wer auf Grund von Umweltbelastungen an Allergien, Hautreizungen oder Asthma leidet, diese körperlichen Beeinträchtigungen spürbar am eigenen Leib erfahren. Die damit verbundene Identitätsfrage ergibt sich aus der Verschränkung von Leib und Körper: ‚Wer will ich sein?' – Eine schlanke, attraktive, auf Grund meines körperlichen Erscheinungsbildes anerkannte Person! Beziehungsweise ‚Wer bin ich?' – Eine gesundheitlich und damit in meinen Handlungsmöglichkeiten beeinträchtige Person! Im ersten Fall stellt *sich* das Individuum die Identitätsfrage, im zweiten stellt sich die Identitätsfrage *für* das Individuum jeweils in Abhängigkeit von seiner gesellschaftlichen und kulturellen Zugehörigkeit. Ob aktiv oder passiv gewählt, das Gemeinsame und identitätstheoretisch Relevante der beiden Beispiele ist, dass sich Identität dem Individuum als *Frage* aufdrängt. Identität ist nichts Selbstverständliches weil gesellschaftlich Vorgegebenes mehr, sondern etwas, womit sich das Individuum auseinandersetzen muss.

Dass Identität eine Frage ist, gilt in der Identitätsforschung gemeinhin als spezifisch moderne Erscheinung. In der fortgeschrittenen Moderne, die, je nach Autor, als spät-, post- oder reflexiv modern bezeichnet wird, ist das nicht anders: Identität als anthropologisch begründete Aufgabe erweist sich in der fortgeschrittenen Moderne als kulturell unumgängliche Frage. Entsprechend der kulturellen Pluralisierung gibt es auf die spät-moderne Identitätsfrage unterschiedlichste Antworten[3]. Im abschließenden Kapitel 3 soll ein Vorschlag unterbreitet werden, wie die Identitätsfrage am Beginn des 21. Jahrhunderts werden kann. Die Antwort wird darauf hinauslaufen, Identität als *reflexive Leiblichkeit* zu konzipieren. Bevor jedoch dieser modernisie-

---

3   Identität ist also zugleich Frage und Antwort bzw. Problem und Lösung: „Identität ist ein ewiges und universelles Problem, das heute in nie dagewesener Schärfe und Verbreitung besteht. Identität ist der Name für ein Problem sowohl des Alltagsmenschen wie auch der diesen Alltag reflektierenden Wissenschaft. Identität ist sowohl der Name für den Lösungsprozess des gleichnamigen Problems wie auch der Name für die temporären Lösungen des Problems" (Keupp et al. 1999: 70).

rungssoziologische Ausblick gewagt wird, soll das bisherige Vorgehen einer kritischen Selbstreflexion unterzogen werden.

2. Kritische und weiterführende Reflexionen zur Vorgehensweise

2.1 Der theoretische Zugang

Im Untertitel dieser Arbeit ist deren theoretische Stoßrichtung festgehalten: Es handelt sich um eine *phänomenologisch-soziologische* Untersuchung personaler Identität. Dass hier eine Kombination aus Phänomenologie, genauer: Leibphänomenologie und (Kultur-) Soziologie gewählt wurde, hatte mehrere Gründe. Auf die *Phänomenologie* wurde zugegriffen, weil in ihrem Zentrum der Begriff der Erfahrung steht, und Erfahrung als Grundlage personaler Identität gilt. Mit der *Leib*phänomenologie sollte zudem gezeigt werden, dass Erfahrungen immer leiblich – im Sinne der Verschränkung von Körper und Geist – sind. Die Leibphänomenologie hatte obendrein die Funktion, das Spüren als ein für die personale Identität wesentliches Phänomen begrifflich fassbar zu machen. Denn sowohl die nicht-phänomenologische Philosophie als auch die Psychologie und erst recht die Soziologie tun sich ausgesprochen schwer, über Empfindungen, Gefühle oder Affekte zu sprechen, wenn es darum geht, deren Leibgebundenheit mit in den Blick zu nehmen (und nicht nur z.B. deren evaluative Komponenten). Die *(Kultur-) Soziologie* wiederum wurde gewählt, um der gesellschaftlichen und kulturellen Prägung von Leib und Körper ebenso Rechnung zu tragen wie der Bedeutung des gesellschaftlichen und kulturellen Rahmens für Identitätskonstruktionen. Die Fruchtbarkeit dieses theoretischen Zugangs – allein die begriffliche Unterscheidung zwischen Leib und Körper – sollte im Laufe der Arbeit offensichtlich geworden sein.

Die Reflexionen in diesem Abschnitt sollen nun das Verhältnis von Leibphänomenologie und Soziologie und insbesondere den (potenziellen) *Nutzen der Leibphänomenologie für die Soziologie* zum Gegenstand haben. Damit ist die Intention verbunden, die Brauchbarkeit der Leibphänomenologie nicht nur bezogen auf einen thematisch begrenzten Bereich, wie den der personalen Identität, aufzuzeigen, sondern darüber hinausgehend ihre Vorzüge für jene Wissenschaften anzudeuten, in deren Mittelpunkt das Handeln und Interagieren von Menschen steht. Beispielhaft wird hierfür die Soziologie gewählt. Die Ausführungen werden dabei notgedrungen skizzenhaften Charakter haben und sind deshalb primär als zukünftige Forschungsaufgaben zu verstehen.

Die Soziologie ist, folgt man der klassischen Definition von Max Weber, die Wissenschaft vom sozialen Handeln (Weber 1980: 1). Weber war der erste Soziologe, der „dieser Disziplin eine systematische *handlungstheoretische* Grundlage" gab (Luckmann 1992: 14; Herv. im Orig.). Aber auch andere Klassiker der Soziologie, etwa Talcott Parsons, oder die auf George H. Mead und Alfred Schütz zurückgehenden Schulen des Symbolischen Interaktionismus und der ‚phänomenologischen Soziologie"[4] sowie neuere Ansätze wie die ökonomischen Modelle rationalen Handelns, Jürgen Habermas' Theorie des kommunikativen Handelns, Anthony Giddens' Theorie der Strukturierung oder Hans Joas' Theorie der Kreativität des Handelns basieren auf einem handlungstheoretischen Fundament[5] (vgl. Joas 1992: 12f.). Ein Charakteristikum soziologischer Handlungstheorien war und ist dabei ihre – unterschiedlich starke – Konzentration auf das rationale und das normativ orientierte Handeln menschlicher Akteure (ebd.: 15). Was dadurch von Beginn an vernachlässigt, zum Großteil sogar völlig ausgeklammert wurde, ist die Berücksichtigung der anthropologischen Tatsache, dass handelnde menschliche Akteure immer leiblich sind und einen Körper haben. Zwar haben sich einzelne SoziologInnen mit dem Körper und den Gefühlen als sozialen Phänomenen befasst, doch eine soziologische Handlungstheorie, die Leib, Körper und Gefühl im Mittelpunkt stehen hätte, lässt sich nicht ausmachen. Ich würde jedoch behaupten, so lange soziologische Handlungstheorien sich darauf beschränken, Individuen als soziale Akteure zu verstehen, deren Handeln primär bewusstseinsmäßig, vernunftgeleitet, zielgerichtet und an Normen orientiert erfolgt, so lange ist jede Handlungstheorie notwendig unvollständig konzipiert. Menschliches und damit auch soziales Handeln ist durch und durch leiblich und körperlich, und dies zu ignorieren, darf sich eigentlich selbst eine Handlungstheorie nicht leisten, die ihre Schwerpunkte letztlich auf die rationalen, kognitiven oder normativen Aspekte menschlichen Handelns richtet. Von daher scheint eine leibphänomenologische Ergänzung[6] der soziologischen Handlungstheorie eine dringliche Aufgabe. An dieser Stelle müssen drei Thesen genügen, um anzudeuten, in welche Richtung eine leibphänomenologisch-soziologische Handlungstheorie grundsätzlich gehen müsste.

1. Soziales Handeln ist leibliches Handeln. Arnold Gehlen und anderen Vertretern der philosophischen Anthropologie zufolge sind Menschen primär handelnde Wesen (Gehlen 1993a: 17). Diese Auffassung ist in der Soziologie auch unstrittig. Leibphänomenologisch kann dieses Verständnis erweitert werden zur Aussage, dass

---

4 Folgt man Thomas Luckmann (1979b), dann ist die Bezeichnung „phänomenologische Soziologie" ein begrifflicher Widerspruch. Die Phänomenologie ist seiner Ansicht nach eine „Proto-Soziologie", aber keine Soziologie. „So ist die Phänomenologie mit der Soziologie auf zweierlei Weise verbunden. Zum einen bietet sie eine systematische Aussage über die theoretische Aktivität und damit eine allgemeine Philosophie der Logik und der Wissenschaft. Zum anderen ist sie die Philosophie, die menschliche Erfahrung als Grundlage der Gesellschaftstheorie wieder entdeckte. Genauer gesagt konstituiert die Phänomenologie der invarianten Strukturen des Alltagsleben das, was ich eine Proto-Soziologie nennen möchte" (Luckmann 1979b: 205; sinngleich: Hitzler 1988: 27). Im Gegensatz zu Luckmann hält Ilja Srubar an dem Begriff „phänomenologische Soziologie" als einem theoretischen Paradigma innerhalb der Soziologie fest (Srubar 1991).

5 Mit dem Strukturalismus und insbesondere der Systemtheorie gibt es innerhalb der Soziologie auch Ansätze, die ihr kein handlungstheoretisches Fundament zu Grunde legen und statt Handlung als Grundbegriff der Gesellschaftstheorie, z.B. bei Niklas Luhmann, Kommunikation bestimmen (vgl. Luhmann 1984).

6 Alternativ zur Leibphänomenologie könnte die Psychoanalyse herangezogen werden, zumindest um die affektiven und unbewussten Anteile sozialen Handelns begrifflich-konzeptionell auszuarbeiten (vgl. z.B. Schülein 1998). Allerdings scheint mir die Leibphänomenologie in ihren Möglichkeiten, die Leiblichkeit und Körperlichkeit sozialen Handelns differenziert zu beschreiben, der Psychoanalyse überlegen zu sein, wie ich auch ihren Handlungsbegriff für elaborierter halte.

handelnde Menschen immer leiblich handelnde Menschen sind. Oder, um es in den Worten von Charles Taylor zu sagen, der sich diesbezüglich auf Merleau-Ponty stützt, menschliche Subjekte sind handelnde Subjekte, handelnde Subjekt sind leibliche Subjekte, woraus folgt: „Das Subjekt ist wesentlich ein leiblich Handelnder" (Taylor 1986: 196). Ein leiblich Handelnder ist das Subjekt vermittels seiner sinnlichen Wahrnehmungen. Leibliches Handeln meint, dass Wahrnehmung durch die Verleiblichung (Leibsein im Sinne Plessners) des Subjekts konstituiert wird, und da ohne Wahrnehmung kein Handeln möglich ist, ist Handeln immer leiblich (ebd.: 202). Durch leibliches Handeln (Wahrnehmen) wiederum wird dem Subjekt der Zugang zur Welt möglich (vgl. Teil 2, Kap. 2.1.2). Da die Welt von Geburt an eine soziale „Mitwelt" (Plessner) ist, ist das leibliche Handeln auch ein auf Mitmenschen hin orientiertes Handeln, m.a.W. ein soziales Handeln. Leibliches Handeln ist zwar nicht in jedem Fall soziales Handeln, umgekehrt aber ist soziales Handeln immer ein leibliches Handeln, da soziales Handeln die Wahrnehmung anderer voraussetzt. Allein vor diesem Hintergrund müsste es sich die soziologische Handlungstheorie zur Aufgabe machen, soziales Handeln stärker als bislang geschehen als leibliches Handeln zu fassen.

In der phänomenologisch orientierten Soziologie gibt es hierfür auch Anschlussmöglichkeiten. Dies sei an einem Beispiel angedeutet. Handeln im Allgemeinen und soziales Handeln im Besonderen findet, wie Thomas Luckmann im Anschluss an Alfred Schütz schreibt, innerhalb eines Bereichs von „Wirkungsmöglichkeiten" statt, der für jeden Menschen als grundsätzlicher „Unterschied zwischen dem Erleiden von Auferlegtem und dem Bewirken von Verfügbarem" erfahrbar wird (Luckmann 1992: 28). Bei Luckmann bzw. bei Schütz wird dieses Verständnis vom Handeln als subjektive und/oder soziale Wirklichkeitsveränderung allerdings nicht durch den Bezug auf die Leiblichkeit des Handelnden konkretisiert. Dies deshalb, weil es sich auf Grund des engen Bezugs zur Phänomenologie Husserls hier um eine bewusstseinsphilosophisch und nicht um eine leibphilosophisch fundierte Soziologie handelt. Beide Ansätze ließen sich meines Erachtens aber leicht verknüpfen, wenn man etwa das obige Zitat Luckmanns um die Aussage von Taylor ergänzt, wonach „ich als leiblich Handelnder nicht nur auf Dinge ein(wirke), sondern diese wirken auch auf mich ein" (Taylor 1986: 199). So wie das „Einwirken auf Dinge" bei Taylor dem „Bewirken von Verfügbarem" bei Luckmann gleichgesetzt werden kann, entspricht auch das ‚Einwirken der Dinge auf mich' dem „Erleiden von Auferlegtem". Während bei Taylor aber die Leiblichkeit handelnder Akteure expliziert ist, ist sie bei Luckmann bestenfalls impliziert. Die Leiblichkeit der erleidenden und der handelnden Auseinandersetzung mit der Umwelt auszuarbeiten, sollte jedoch kein großes Problem sein, kann hier allerdings nicht mehr ausgeführt werden. Es muss statt dessen ein Zitat von Luckmann genügen, wobei es entscheidend darauf ankommt, beim Verb „erfahren" mit zu bedenken, dass Erfahrungen immer leiblich sind: „Unabänderlich Auferlegtes erleiden und erfahren wir, Veränderbares erfahren wir nicht nur, sondern wir wirken auf es ein – sofern wir eine bestimmte Veränderung herbeiführen wollen" (Luckmann 1992: 26).

2. Intersubjektivität ist Interleiblichkeit. Soziales Handeln ist ein sinnhaft auf das wahrgenommene oder erwartete Verhalten anderer Akteure gerichtetes Handeln. Soziales Handeln findet zwischen mindestens zwei Subjekten statt, ist m.a.W. ein inter-subjektives Handeln. In soziologischen Handlungstheorien wird Intersubjektivität entsprechend als die Form der Sozialität aufgefasst, in der sich zwei Akteure über den Sinn ihres Handelns verständigen (Coenen 1985: 200ff.). Oder anders gesagt, Sozialität resultiert in soziologischen Handlungstheorien aus der Begegnung zweier subjektiv-sinnhaft handelnder Subjekte – der Inter-Subjektivität. Aus leibphänomenologischer Perspektive ist diese Auffassung ergänzungsbedürftig. Wie Merleau-Ponty nämlich gezeigt hat, vollzieht sich „Intersubjektivität im Medium der Leiblichkeit" (List 1993: 261). Dies ist, wie ich in Teil 2, Kap. 2.1.4 ausgeführt hatte, der Zweideutigkeit des leiblichen Empfindens geschuldet, nämlich dem Phänomen, dass der Leib zugleich wahrnehmender und wahrnehmbarer Leib ist. Die leibliche Erfahrung des Anderen fällt so zusammen mit der leiblichen Erfahrung des Selbst, Inter-Subjektivität ist in diesem Sinne zu allererst Inter-Leiblichkeit.

Dies deckt sich mit den Ausführungen in Teil 2, Kap. 2.2.5, die im Anschluss an Schmitz Intersubjektivität als „leibliche Kommunikation" bzw. als „wechselseitige Einleibung" darstellten. Gemeint ist damit, dass in sozialen Begegnungen die Interaktionspartner das, was sie vom Anderen am eigenen Leib spüren, auf irgendeine Weise in ihr Handeln aufnehmen. Intersubjektivität im Schmitzschen Sinne verweist auf die spürende Wahrnehmung der Verhaltenserwartung anderer – was ich leiblichen Perspektivenwechsel genannt hatte –, die dem betroffenen Subjekt nicht notwendigerweise zu Bewusstsein kommen muss.

Intersubjektivität als Interleiblichkeit zu verstehen, ist in der Soziologie bislang nicht üblich. Inwiefern ein solcher Zugang zur Intersubjektivitätsproblematik jedoch für die Soziologie von Nutzen sein kann, hat bspw. Nick Crossley (1995) gezeigt. Crossley hat Goffmans Studien zum Verhalten im öffentlichen Raum um Merleau-Pontys Konzept der Zwischenleiblichkeit ergänzt und dabei herausgearbeitet, wie Handlung und Wahrnehmung in sozialen Situationen untrennbar miteinander verknüpft sind. Handeln bei Goffman, so Crossley, leitet seinen Sinn durch die Teilnahme der Akteure an gemeinsamen sozialen Situationen ab. Soziale Situationen sind dabei als ein Wahrnehmungsfeld zu verstehen, das intersubjektiv geteilt ist (= Interleiblichkeit). Das heißt, soziale Akteure sind aufgrund ihrer Verkörperung wahrnehmbare-wahrnehmende („sentient-sensible") Wesen, und erst durch diese Verkörperung kann Verhalten in sozialen Situationen bedeutungsvoll werden. So meint Crossley, „that Goffman's studies of meaningful behaviour do not subordinate the body to the mind or social symbolism but rather demonstrates how bodies are active in the production and conveyance of intersubjective (because intercorporeal) meanings and symbols; and that he identifies the roots of social life in carnal interchange: face-to-face, body-to-body, seen-seer: an intertwining, a chiasm" (Crossley 1995: 145). Eine solche leibphänomenologische Ergänzung von Goffmans Handlungskonzept hat den Vorteil, soziales Handeln nicht nur als körperliche Praxis zu begreifen – womit Goffman ja bereits über den Großteil soziologischer Handlungstheorien hinausgeht –, geschweige denn als rein mentalistisches Handeln, sondern als ein entscheidend von Wahrnehmungen und Empfindungen geprägtes Handeln. Der Nutzen der Leibphänomenologie für die Soziologie ist entsprechend darin zu sehen, die Verwobenheit von leiblichem Handeln, körperlicher Praxis und sozialer Welt aufzeigen zu können. Dies hätte nicht zuletzt den Vorteil, den in soziologischen Handlungstheorien nach wie vor weit verbreiteten Körper-Geist/Seele-Dualismus zu überwinden.

3. Der Leib ist ein Medium der Konstitution sozialer Ordnung. Erving Goffmans mikrosoziologische Studien sind vielleicht – neben der ‚phänomenologischen Soziologie' – der beste Ausgangspunkt für die Ausarbeitung einer leibphänomenologisch-soziologischen Handlungstheorie. Da in seinen Arbeiten der Körper als Medium sozialen Handelns bereits eine zentrale Rolle einnimmt, müssten diese ‚nur' noch um den Aspekt des Leibseins erweitert werden. Das könnte bspw. in der Weise geschehen, dass Goffmans Überlegungen zur „Interaktionsordnung" (zusammenfassend in: Goffman 1994) leibphänomenologisch ergänzt werden. Dadurch könnte gezeigt werden, dass und wie der Leib als Medium der Konstitution sozialer Ordnung, hier: der Interaktionsordnung fungiert. Einige wenige Stichpunkte müssen hier genügen, um anzudeuten, was das im Genauen heißen könnte.

Unter „Interaktionsordnung" versteht Goffman die „Sphäre der unmittelbaren Interaktionen". Die Interaktionsordnung stellt für ihn einen soziologischen Gegenstand „in eigenem Recht" dar (Goffman 1994: 55). Eines ihrer Grundmerkmale ist die körperliche Präsenz mindestens zweier Akteure, die wechselseitig aufeinander reagieren können. Im Mittelpunkt der Interaktionsordnung steht so „die wechselseitige Verstricktheit der Teilnehmer und ihre gemeinsame Beteiligung (und sei es auch nur in Form von Aufmerksamkeit) am Geschehen; die dabei wichtigen kognitiven Zustände können nicht über längere Ruhepausen hinweg aufrechterhalten werden oder gar erzwungene Auszeiten und Unterbrechungen lange überdauern. Gefühle, Stimmungen, Wissen, Körperstellungen und Muskelbewegungen sind im sozialen Handeln innig miteinander verknüpft und verleihen ihm unvermeidbar einen psychobiologischen Charakter. Behagen und Unbehagen, Unbefangenheit und Wachsamkeit stehen im Mittelpunkt" (ebd.: 57). Und an anderer Stelle heißt es bei Goffman: „Im Kern des interaktiven Lebens steht unsere kognitive Bezugnahme auf jene, die wir vor uns haben: Ohne diese Beziehung könnten unsere Aktivitäten, seien sie nonverbal oder sprachlich, nicht sinnvoll organisiert werden" (ebd.: 63). Diesen beiden Zitaten ist zu entnehmen, dass sozial situiertes Handeln sowohl einen engen körperlichen als auch einen engen leiblichen Bezug (Stimmungen, Gefühle, Psychobiologie) aufweist. Mit letzterem setzt sich Goffman allerdings kaum auseinander. Hinzu kommt, dass er die wechselseitige Bezugnahme der Akteure hauptsächlich als einen kognitiven Akt versteht. In Hinblick auf eine terminologisch sauber ausgearbeitete Handlungstheorie wären das zwei Punkte, an denen eine leibphänomenologische Konkretisierung erfolgen müsste. Was den zweiten Punkt betrifft, könnte dies unter Zuhilfenahme der Konzepte der „Zwischenleiblichkeit" (Merleau-Ponty) oder der „wechselseitigen Einleibung" (Schmitz) geschehen (s.o., 2. These). Für den ersten Punkt böte sich die Gefühlstheorie von Schmitz an. Gefühle sind für Schmitz Atmosphären, in die das Individuum hineingerät (vgl. Teil 2, Kap. 2.2.1). Sie können als räumlich ergossene Stimmungen verstanden werden, die als „diffuse Hintergründe von Handlungen wirksam" sind (Soentgen 1998: 69). Sie haben Einfluss auf Handlungen, eröffnen Handlungsspielräume und beeinflussen den Ablauf sozialer Interaktionen. Bei Goffman bleiben solche und ähnliche Momente sozialen Handelns ausgeblendet, mit Schmitz ließen sie sich in die Handlungstheorie integrieren.

Es ließen sich noch viele weitere Ansatzpunkte finden, an denen gezeigt werden kann, wo die Interaktionsordnung leibphänomenologisch untermauert werden müsste, um ein breiteres handlungstheoretisches Gerüst zu erstellen. Zu denken ist hier etwa an die Leiblichkeit von „Begegnungen" – einem wichtigen Begriff in Goffmans Konzept der Interaktionsordnung (ebd.: 69) –, von Blicken und den damit zusammenhängenden Machtaspekten sozialer Interaktion (vgl. SP III,2: 378ff.), der „anhaltende(n), eng synchronisierte(n) Koordinierung von Handlungen" (Goffman 1994: 59) oder von alltäglichen Routinen, feierlichen sozialen Anlässen (ebd.: 70) und „Ritualen unmittelbarer Begegnungen" (ebd.: 82).

Auch müsste die leibliche Situiertheit von Formen sozialen Zusammenlebens näher in den Blick genommen werden. Goffman zufolge spielen sich nämlich „durch die beständige Wiederholung Formen des unmittelbaren Zusammenlebens ein(), denn obwohl die daran Beteiligten heterogen zusammengesetzt sind, müssen sie doch auf schnellstem Wege zu einer vernünftigen, funktionierenden Verständigung finden. (...) Die unmittelbaren Formen selbst sind in subjektiven Gefühlen verankert und verleihen deswegen der Empathie eine beachtenswerte Rolle" (ebd.: 77). Dies erinnert an die „Ökonomie der Praxis" und der Rolle des Habitus' als leiblich-praktischer Sinn bei Bourdieu (vgl. Teil 2, Kap. 3.2), kann aber leibphänomenologisch so erweitert werden, dass die Bedeutung passiver Leiberfahrung für die Konstitution sozialer Ordnung evident wird. Man kann sich das am Beispiel der Geschlechterordnung vor Augen führen. Die Geschlechterordnung kann als eine durch soziale Konventionen und wiederholten Interaktionen institutionalisierte „Form des unmittelbaren Zusammenlebens" verstanden werden. Außerdem ist sie, im Goffmanschen Sinne, eine Form von Interaktionsordnung, die „in subjektiven Gefühlen verankert" ist. Leibphänomenologisch lässt sich diese eher diffuse Behauptung Goffmans differenzierter beschreiben, und zwar indem man zeigt, dass und wie in der unmittelbaren Leiberfahrung Individuen die Geschlechterordnung erfahren. Ich bin darauf an früherer Stelle eingegangen (vgl. Teil 3, Kap. 5.2.5), und belasse es deshalb hier mit einem Zitat von Gesa Lindemann: „Da die Erfahrung der einzelnen, ein Geschlecht zu sein, wesentlich die Stabilität der Geschlechterordnung garantiert, liegt allgemein die Bedeutung der zuständlichen Leiberfahrung für die Beständigkeit sozialer Ordnung darin, dass sie diese den einzelnen als das präsentiert, was sie unmittelbar sind. Der Leib bildet in diesem Konzept also – wie bei Bourdieu – das Bindeglied zwischen Individuum und objektivierbarer Struktur" (Lindemann 1992: 345; vgl. hierzu auch Gugutzer 2001).

So viel zu dem Versuch, den Nutzen der Leibphänomenologie für die Soziologie, insbesondere die soziologische Handlungstheorie zu plausibilisieren. Es sollte offensichtlich geworden sein, dass die passive Leiberfahrung ein wesentliches Moment sozialen Handelns ist und deshalb integraler Bestandteil einer soziologischen

Handlungstheorie sein muss. Um dies gründlich darzulegen, bedarf es allerdings weiterer Forschungsarbeit.

Mit diesen Ausführungen bin ich nun weit über das Thema der vorliegenden Arbeit hinausgegangen. Die beiden folgenden Abschnitten sollen darum wieder stärker eine Art Rechenschaftsbericht über das in dieser Arbeit Geleistete sein.

2.2 Auswahl und Ergebnisse der Empirie

Gegenstand der empirischen Untersuchung waren Interviews mit Ordensangehörigen und Ballett-TänzerInnen. Die Auswahl dieser Untersuchungsgruppen wurde methodologisch in Anlehnung an Uwe Flick (1995, 1996) begründet. Danach sollte die theoretisch angeleitete Vorabfestlegung zweier Personengruppen, die sich möglichst stark in ihren Körpereinstellungen und –umgangsweisen voneinander unterscheiden, zum einen den Milieubezug der Körpereinstellungen und –praktiken in Form von Gruppenunterschieden aufzeigen, sowie zum anderen zu gruppenübergreifenden, verallgemeinerbaren Erkenntnissen führen. Zusammen mit den theoretisch gewonnenen Kategorien sollten die empirischen Generalisierungen grundlegende Leib-Körper-Dimensionen personaler Identität definieren.

Die Ergebnisse der empirischen Untersuchung belegen die milieuspezifische Prägung von Leib und Körper eindeutig. Zur Erinnerung seien die zentralen Resultate noch einmal zusammengefasst.

So konnte gezeigt werden, dass Ordensschwestern und Ordensbrüder im Reden über den Körper andere metaphorische Konzepte benutzen, als dies Ballett-Tänzerinnen und Ballett-Tänzer tun, und dass dies vom jeweiligen sozialen Feld abhängt. *Angehörige eines Klosters* sehen ihren Körper als ein ‚Geschenk Gottes‘ und als ‚Leben‘. Vor dem Hintergrund dieser Kernmetaphern sehen sie ihn zum einen als etwas Positives, nämlich als ‚Lebenspartner‘, als ‚Energie‘ und als Möglichkeit, ein seelisch-körperliches ‚Gleichgewicht‘ herzustellen. Eine negative Haltung haben sie dem Körper gegenüber in der Hinsicht, dass mit dem Altern ein ‚Energieverlust‘ verbunden ist, er immer wieder eine ‚Last‘ darstellt und die Auseinandersetzungen mit ihm zum Teil die Form eines ‚Kampfes‘ annehmen. Die beiden letzteren Haltungen beziehen sich dabei hauptsächlich auf die Bereiche Müdigkeit und Sexualität. *Mitglieder eines Ballettensembles* haben demgegenüber zweierlei Grundeinstellungen zum Körper: Sie sehen ihn zum einen als ‚technisches Ding‘, zum anderen als eine ‚wenig geliebte Person‘. Ersteres verbalisieren Ballett-TänzerInnen in metaphorischen Konzepten, die den Körper als ‚Bauwerk‘, ‚Maschine‘, ‚Gebrauchsgegenstand‘, ‚Werkzeug‘ und ‚Arbeitsmaterial‘ erscheinen lassen. Als eine wenig geliebte Person beschreiben sie ihren Körper in der Weise, dass sie ihn als ‚Gegner‘ bzw. ‚Feind‘ sowie als ‚Opfer von Zwängen‘ bezeichnen und von ihm als ihr ‚widerspenstiges Alter Ego‘ sprechen.

Milieuspezifische Unterschiede ergaben sich auch bei der inhaltsanalytischen Ausarbeitung formaler Leib- und Körper-Kategorien. Der milieuspezifische Einfluss zeigte sich bei der Kategorie ‚Körperbild‘ in der Weise, dass *Ordensangehörige* ein ganzheitliches Körper- und Menschenbild formulieren, tradierte klösterliche Körperbilder als ihre ganz persönlichen ausgeben (z.B. sexuelle Bedürfnisse seien Ausdruck einer ungestillten Sehnsucht nach etwas Anderem), und einen engen Bezug zu Gott wählen, wenn sie ihre Werthaltung dem eigenen Körper gegenüber ausdrücken wollen (‚der Körper ist etwas Heiliges‘, ‚ein Geschenk Gottes‘). Der Bezug zu Gott impliziert außerdem ein Körperbild religiöser Natürlichkeit: Der Körper ist etwas Natürliches, und alles Natürliche ist von Gott geschaffen. *Ballett-TänzerInnen* haben demgegenüber ein Bild von ihrem Körper als künstliche Natürlichkeit: Die Natur des Körpers wurde durch Ausbildung und Training kunstvoll manipuliert. Im Unterschied zu Ordensangehörigen haben Ballett-TänzerInnen und ein deutlich differenzierteres Bild von ihrem Körper hinsichtlich seiner Anatomie, Mechanik und Physiologie. Vergleichbar mit der Bedeutung der Autorität Gottes für Ordensangehörige ist für Ballett-TänzerInnen die Bedeutung des Spiegels im Ballettsaal: Der Spiegel symbolisiert eine Autorität, die von den Ballett-TänzerInnen verinnerlicht worden ist und als Selbstkontrollinstanz fungiert. Und so, wie mit dem positiven Bezug zu Gott bei Ordensschwestern und –brüdern ein – bezogen auf meine Annahmen vor der Datenerhebung – erstaunlich positives Körperbild zusammenhängt, korrespondiert der Hassliebe dem Spiegel gegenüber bei Ballett-TänzerInnen ein eher unzufriedenes Körperbild, das auf eine Hassliebe zum eigenen Körper schließen lässt.

Der Zugehörigkeit zum jeweiligen sozialen Feld sind auch die Unterschiede hinsichtlich der Kategorie ‚leiblich-körperliche Grenzerfahrung‘ geschuldet. Von Grenzerfahrungen sprechen *Ordensangehörige* vor allem bezogen auf die Themen Religion und Sexualität. Religiöse Grenzerfahrungen stellen sich für sie in Form von Berufungserlebnissen und mystischen Erfahrungen ein, sexuelle Grenzerfahrungen aufgrund des stark reglementierten Umgangs mit Sexualität (Keuschheitsgelübde) als spürbare Belastung und Widerständigkeit. *Ballett-Tänzer und -Tänzerinnen* äußerten Grenzerfahrungen insbesondere bezogen auf Schmerzen. Auch der Urlaub ist für sie eine Quelle von Grenzerfahrungen, da ihr Körper an Bewegung und Anstrengung gewöhnt ist und sich entsprechend bei Nichtbelastung in Form von Kreislaufproblemen, Unruhe oder Müdigkeit bemerkbar macht. Eine Differenz zwischen Ordens- und Klosterangehörigen zeigte sich in ihrer Bewertung von körperlichem Kontakt. *Ordensangehörige* haben aufgrund ihrer tradierten religiösen Normen wenig Körperkontakt (‚Körperferne‘), und scheinen sie deshalb besonders positiv zu bewerten, wenn die Berührung erwünscht oder gestattet ist (‚Leibnähe‘). Umgekehrt korrespondiert bei *Ballettangehörigen* den berufsbedingten häufigen Berührungen (‚Körpernähe‘) eine ausgesprochen indifferente Haltung (‚Leibferne‘) den beruflichen Berührungen gegenüber.

Die milieuspezifischen Unterschiede hinsichtlich der Kategorie ‚Leib-Körper-Kontrolle‘ zeigen sich an den Themen, die die Interviewten der beiden Untersuchungsgruppen hierfür anführen. Körperkontrolle thematisieren *Ordensschwestern und Ordensbrüder* vor allem in Bezug auf Ordentlichkeit und Sauberkeit sowie Körperpflege. Dies steht vermutlich in engem Zusammenhang mit zwei Formen normativer Bindung: Zum einen kommt Körperkontrolle bei Ordensangehörigen einer religiösen Verpflichtung gleich, die darin besteht, den Körper als ein Geschenk

Gottes zu pflegen und gesund zu halten, um ihn in den Dienst an anderen Menschen
stellen zu können; zum anderen eine soziale Verpflichtung der eigenen Gemeinschaft gegenüber, die es dem Einzelnen auferlegt, ,nach außen' ein körperliches Erscheinungsbild abzugeben, das ordensgemäß ist. *Ballett-TänzerInnen* thematisieren
den Aspekt der Körperkontrolle dagegen insbesondere hinsichtlich ihres Gewichts
bzw. ihrer Figur sowie bezogen auf Schmerzen. Eine wichtige Kontrollinstanz für
Gewicht bzw. Figur nimmt der Spiegel im Ballettsaal ein. Da er ihnen wiederholt
den Eindruck vermittelt, nicht perfekt zu sein, wird der Spiegel zu einem Medium
fortgesetzter Selbstinfragestellung. Ein Höchstmaß an Körperkontrolle zeigen Ballett-TänzerInnen, wenn es darum geht, trotz Krankheit und Schmerzen auf der Bühne zu stehen und die Vorführung zu tanzen. Ihr genereller Umgang mit Schmerzen
ist geprägt durch eine selbstbezügliche normative Verpflichtung: Ballett-
TänzerInnen machen ihren Schmerz mit sich selbst aus, gehen sehr individualistisch
mit ihm um. Dies scheint das Handlungskorrelat zum Leben in einer Gemeinschaft
zu sein, das deutlich individualistischere Züge und ein geringeres Maß an sozialer
Einbindung und Verpflichtung aufweist, als dies in einem Orden der Fall ist.

Schließlich zeigten sich auch Milieuunterschiede in Bezug auf die Kategorie
,Körperbiographie'. Von einer Einverleibung sozialer Strukturen lässt sich bei *Ordensschwestern und –brüdern* in der Weise sprechen, dass sie in klösterlichen So-
zialisationsprozessen Gebetshaltungen und –gebärden lernen, die ihnen nach einer
gewissen Zeit ,in Fleisch und Blut' übergehen. Dasselbe gilt für die Gewöhnung an
den Habit, genauer an das sich-in-ihm-Bewegen gemäß seiner religiös-symbolischen
Bedeutung. Andere milieuspezifische Lernprozesse betreffen z.B. den Umgang mit
Umarmungen oder explizite Körperschulungen wie das Erlernen des für einen Priester ,richtigen' Sprechens. Eine sichtbare Verkörperung des klösterlichen Lebens
zeigt sich darin, dass das Leben im Kloster wahrnehmbare Spuren in der Gestik,
Mimik, dem Rede- oder Schrittempo, kurz: dem körperlichen Habitus hinterlässt,
der zur Fremdidentifizierung außerhalb des Klosters selbst ohne das Tragen des Habits eignet. Bei *Ballett-Tänzerinnen und –Tänzern* ist das körpergeschichtliche Gewordensein entscheidend von der Körperschulung geprägt, die sie seit ihrer Tanzausbildung erfahren haben. Das zeigt sich besonders bei Ballett-TänzerInnen, die bei
denselben Lehrern ausgebildet worden sind und bei Abschluss der Schule eine Art
,Klassenkörper', das heißt, einen homologen Tänzer-Habitus haben. Aus dem expliziten Lernen körperlicher Fertigkeiten resultiert bei Ballett-Tänzerinnen und –Tänzern auch ein spezifisches Leibgedächtnis. In ihm sind die Lernerfahrungen und ist
das tänzerische Können abgespeichert, das als einverleibtes Wissen jederzeit abruf-
bar ist. Dieser Einverleibung sozialer Sozialisationserfahrungen korrespondiert deren Verkörperung im Tänzer-Habitus. Durch ihn, wie etwa dem typischen ,Wat-
schelgang', sind Ballett-TänzerInnen auch für Nicht-TänzerInnen sozial identifizierbar.

Der kontrastierende Vergleich von Ordensangehörigen und Ballett-TänzerInnen
hat, zusammengefasst, den sozio-kulturellen Einfluss auf Körpereinstellungen und
Umgangsweisen mit dem Körper klar aufgezeigt. Interessanterweise haben sich dabei einige der Vorannahmen bei der Festlegung der Untersuchungsgruppen als *nicht*

zutreffend erwiesen. So muss im Nachhinein die Vermutung, bei Ordensangehörigen handele es sich um eine ‚körperdistanzierte' und bei Ballett-TänzerInnen um eine ‚körpernahe' Personengruppe (vgl. Teil 3, Kap. 2.1), teilweise revidiert werden. Wie die Metaphernanalyse ergeben hat, scheint eher das Gegenteil der Fall zu sein, nämlich eine positive Körpereinstellung bei Ordensschwestern und -brüdern und eine eher negative Körpereinstellung bei Ballett-Tänzerinnen und –Tänzern. Ein solches *contra-intuitives* Ergebnis verweist auf das aufklärerische Potenzial qualitativer Sozialforschung, hier der Metaphernanalyse: Insofern die Metaphernanalyse, ein in der empirischen Sozialforschung noch kaum benutztes Instrumentarium, alltagsweltliche Vorannahmen als irrig aufgedeckt hat, hat sie zusätzliches Wissen produziert und damit einen Beitrag zum besseren Verständnis zweier kultureller Lebensformen geleistet.

Zu bedenken ist hier allerdings, dass die empirischen Ergebnisse auf der Grundlage von vierzehn Interviews erzielt worden sind. Allein schon die geringe Fallzahl gebietet es, Verallgemeinerungen vorsichtig vorzunehmen. Hinzu kommt der Aspekt der Auswahl der InterviewpartnerInnen, was besonders für jene aus dem Klostermilieu gilt. Über den eigenen Körper mit einer fremden Person zu reden, ist für Ordensangehörige sicherlich nichts Alltägliches. Für manche scheint es auch ein nicht ganz einfaches Thema zu sein, zumindest bin ich in einigen Vorgesprächen mit meinem Anliegen zu einem Interview über den Umgang mit dem eigenen Körper auf deutliche Ablehnung gestoßen. Umgekehrt dürften einige der Ordensschwestern und –brüder, die sich dann zu einem Interview bereit erklärten, einen besonderen Bezug zur Interviewthematik gehabt haben. Bei manchen war dies offensichtlich, etwa bei den Ordensschwestern, die vor ihrem Ordenseintritt als Sportlehrerinnen tätig waren, bei anderen, die sich sehr fürs Tanzen interessierten, und wieder bei anderen, die sich intellektuell mit Körper und Sexualität auseinandersetzten. Es könnte also sein, dass unter den von mir interviewten Ordensangehörigen ein (verglichen mit anderen Ordensangehörigen) überdurchschnittlich positives Interesse am Körper vorlag, was die positiven Einstellungen zum Körper erklären mag.

Sollte dem so sein, würde das dennoch nicht die Ergebnisse der empirischen Studie relativieren. Zum einen, weil die milieuspezifische Prägung von Körpereinstellungen und –praktiken auch mit den verfügbaren InterviewpartnerInnen nachgewiesen werden konnte. Zum anderen, weil ja keine repräsentative Umfrage unter Ordensangehörigen und Ballett-TänzerInnen beabsichtigt war, sondern das Ziel dieser Arbeit in der Formulierung gruppen*übergreifender* bzw. gruppen*unabhängiger* Leib- und Körper-Kategorien personaler Identität bestand. Die Untersuchungsgruppen hatten, auch das sei noch einmal betont, eine primär heuristische Funktion. Die vorliegende Arbeit hätte durchaus auch mit anderen, in Bezug auf die Fragestellung kontrastierenden, Personengruppen durchgeführt werden können.

Hier zeigen sich denn auch Anschlussmöglichkeiten für weitere Forschungsarbeiten. Für den Fall, dass das primäre Erkenntnisinteresse der sozio-kulturellen Konstruktion von Leib und Körper gilt, bietet es sich an, zusätzlich zu dem hier vorgenommenen intrakulturellen einen *interkulturellen Vergleich* durchzuführen. Auch wäre es interessant, bspw. innerhalb der hier gewählten Untersuchungsgruppen Vergleiche anzustellen, etwa zwischen Ballett-TänzerInnen und Mitgliedern eines modern dance-Ensembles, oder bspw. zwischen Franziskanermönchen und buddhistischen Mönchen. Zielt das Erkenntnisinteresse dagegen schwerpunktmäßig auf die alltäglichen Identitätskonstruktionen und welche Rolle hierfür Leib und Körper spielen, dann wäre es naheliegend, ein Vorgehen zu wählen, das methodisch noch enger als in der vorliegenden Arbeit an der „grounded theory" angelehnt ist. Soll heißen, das „theoretical sampling", das hier innerhalb der beiden Personengruppen vorgenommen wurde, könnte auch *zwischen* möglichst verschiedenen Personen(gruppen) stattfinden. Das hätte den Vorteil, durch eine Vielzahl kontrastierender Vergleiche die Basis für generalisierende Interpretationen zu vergrößern und die Kontextgebundenheit der Daten leichter aufgeben zu können.

2.3 Methodische Vorgehensweise

Das eben angesprochene Problem der *Generalisierbarkeit* ist ein Aspekt der Geltungsbegründung qualitativer Sozialforschung (vgl. Lamnek 1993; Steinke 1999). Es ist ein Gütekriterium qualitativer Sozialforschung, die aus der Analyse konkreter Fälle gewonnenen Ergebnisse so zu verallgemeinern, dass sie auch außerhalb ihres Kontextes Gültigkeit beanspruchen können. Auf die vorliegende Arbeit bezogen folgt daraus die Aufgabe zu begründen, dass und wie aus der Untersuchung von Ordensangehörigen und Ballett-TänzerInnen Generalisierungen vorgenommen wurden, die beanspruchen können, nicht auf diese beiden Personengruppen beschränkt zu sein.

Bei den Generalisierungen handelt es sich um die in Teil 3, Kap. 5 entwickelten Leib-Körper-Kategorien inklusive ihrer Subkategorien. Welcher Grad an Generalisierbarkeit aber war hier eigentlich anvisiert? Dies offenzulegen ist wichtig, weil sich hieran die Ergebnisse der Arbeit messen lassen müssen. Um es kurz zu sagen: Der angestrebte Allgemeinheitsgrad dieser Studie war sehr hoch. Bereits in der Einleitung hatte ich angekündigt, empirisch begründete Kategorien herausarbeiten zu wollen, die die Bedeutung von Leib und Körper für die personale Identität möglichst umfassend, das heißt, individuen- sowie gruppenübergreifend bezeichnen. Ob dieses Ziel erreicht worden ist, kann jeder Leser und jede Leserin am einfachsten dadurch überprüfen, dass er/sie sich fragt, ob die entwickelten Kategorien auf ihn/sie selbst angewandt Sinn machen. (Wobei ich hier stillschweigend unterstelle, dass es sich bei der Leserschaft *nicht* um Ordensangehörige und Ballett-TänzerInnen handelt.)

Methodisch scheint mir die Generalisierbarkeit der vorliegenden Ergebnisse durch zwei Arten von Vergleichen sichergestellt zu sein (vgl. hierzu Flick 1995: 254f.). In der Datenerhebung wurde das Vergleichsmoment in Form der theoretisch begründeten Vorabfestlegung der beiden Untersuchungsgruppen realisiert (vgl. Teil 3, Kap. 2.1). Durch den kontrastierenden Fallvergleich konnten sehr heterogene strukturelle Bedingungen, Lebenskontexte, biographische Erfahrungen und Verhaltensmuster analysiert und gewissermaßen ‚von den Extremen her' zu allgemeineren Konzepten und Kategorien verdichtet werden. In der Datenauswertung wiederum erfolgte ein systematischer Vergleich des erhobenen Materials in Form einer Computer-unterstützten Kategorienanalyse (vgl. Teil 3, Kap. 2.2.2). Im gesamten Auswertungsprozess wurden laufend die bereits bestehenden Konzepte und Kategorien zu neuen Kategorien zusammengefasst, einzelne Kategorien unter eine bereits existierende subsumiert und umgekehrt bestehende Kategorien in Subkategorien ausdifferenziert. Die Zusammenfügungen, Subsumptionen und Ausdifferenzierungen wurden solange vorgenommen, bis sich aus dem Interpretationsprozess vier zentrale, sehr allgemeine Kategorien (= Leib-Körper-Dimensionen personaler Identität) inklusive ihrer Subkategorien herauskristallisiert hatten. Teil dieses Weges von den einzelnen Interviews zu den Kategorien war außerdem das – in der „grounded theory" geforderte – Hand-in-Hand-Gehen von theoretischer Reflexion und empirischer Erhebung. Auf Grund dieser methodischen Vorgehensweise sollte der eingangs erhobene Anspruch auf individuen- und gruppenübergreifende Kategorien als eingelöst bezeichnet werden können. Entsprechend müsste auch das Kriterium der Generalisierung erfüllt sein.

Auch wenn die vorgenommenen Verallgemeinerungen in Form von Kategorien und Subkatgeorien überzeugen sollten, so bleibt dennoch selbstkritisch anzumerken, dass sich die Interpretationen und hermeneutischen Rekonstruktionen des empirischen Materials oftmals mit dem Anspruch auf Plausibilität bescheiden mussten. Berücksichtigt man die auch in diesem Fall natürlich nicht abzustreitende ‚interpretative Variabilität', wird wieder einmal klar, dass qualitative Sozialforschung idealiter so aussähe, dass mehrere ForscherInnen kontinuierlich am Interpretationsprozess teilnehmen, um sich so durch den Ausschluss sehr wahrscheinlich unzutreffender Interpretationen der letztlich plausibelsten anzunähern[7]. Solche idealen Kontextbedingungen hatte ich nur ansatzweise. Zwar gab mir die Einbindung in zwei Forschungskontexte[8] wiederholt Gelegenheit, eigene Interpretationen zu diskutieren und andere Interpretationen einzuholen, dennoch war die vorliegende Arbeit letztlich ein Ein-Mann-Projekt. Entscheidend ist, dass die formalen Kategorien intersubjektiv nachvollziehbar herausgearbeitet worden sind. Denn das Kriterium der *intersubjektiven Nachvollziehbarkeit* ist neben dem der Generalisierbarkeit ein zweites, wichtiges Gütekriterium qualitativer Sozialforschung. Insofern ich Wert darauf gelegt hatte, mein eigenes Vorverständnis und meine theoretischen Vorannahmen offenzulegen, die Auswahl der Untersuchungsgruppen, Erhebungs- und Interpretationsmethoden zu begründen und die Vorgehensweise bei der Datenerhebung und –auswertung zu erläutern (vgl. Teil 3, Kap. 2), sollte das Kriterium der intersubjektiven Nachvollziehbarkeit ebenfalls erfüllt sein.

Der Gesichtspunkt der Geltungsbegründung spielte in dieser Arbeit schließlich auch in der Hinsicht eine Rolle, dass hier *zwei Methoden* der Dateninterpretation verwendet wurden: die Metaphernanalyse und die an der qualitativen Inhaltsanalyse

---

7   Vor dem Hintergrund (sozial-) konstruktivistischer und pragmatistischer Epistemologien dürfte eigentlich niemand mehr glauben, die eine, einzig wahre Interpretation liefern zu können.

8   Hierbei handelt es sich um das Graduiertenkolleg „Identitätsforschung" an der Universität Halle-Wittenberg sowie um das Doktorandenkolloquium von Prof. Keupp an der Universität München.

angelehnte Kategorienanalyse. Die dahinterstehende Intention war, durch die Kombination bzw. Triangulation[9] zweier Auswertungsmethoden zu Erkenntnissen zu gelangen, die in Breite, Tiefe und/oder Konsequenz Erkenntnissen überlegen sind, welche mit nur einer Auswertungsmethode gewonnen werden (vgl. Flick 1995: 249ff., 2000). Ist der in die Triangulation gesetzte Anspruch eingelöst worden?

Unstrittig sollte sein, dass die Ergebnisse, die jeweils mit den beiden Methoden gesondert erzielt worden sind, einen hohen Erkenntniswert besitzen. Mit der Metaphernanalyse konnten die in zwei Lebens- und damit auch Sprachgemeinschaften verankerten Einstellungen zum Körper rekonstruiert werden. Es konnte der systematische Zusammenhang kollektiv geteilter metaphorischer Konzepte gezeigt werden, und wie diese Konzepte von den Angehörigen der jeweiligen Sprachgemeinschaft unbewusst zur Verbalisierung ihrer Körpereinstellungen genutzt werden. Aus soziologischer Sicht ist zudem von Interesse, dass die Metaphernanalyse als eine Operationalisierung der Habitus-Theorie von Bourdieu verstanden werden kann, da konzeptuelle Metaphern kollektiv verankert („strukturierte Struktur") sind und individuell verwendet werden („strukturierende Struktur"). Mittels der Kategorienanalyse wiederum konnten vor allem die verbalisierten Umgangsweisen mit dem Körper sowie biographische Selbst- und Körperbezüge der InterviewpartnerInnen herausgearbeitet und zu Kategorien verdichtet werden. Insofern die Kategorienanalyse auf Handlungs- und biographische Aspekte und die Metaphernanalyse primär auf kognitive Aspekte abzielen, ergänzen sich beide Ansätze sehr gut (siehe hierzu auch Schmitt 1995: 248-257). In dieser Hinsicht dürften die erzielten Ergebnisse breiter und tiefer sein, als mit nur einer Methode zu erreichen gewesen wäre.

Für eine Methoden-Triangulation im *engen* Sinne finden sich in dieser Arbeit hingegen nur wenige Anhaltspunkte. So z.B. bezüglich der Kategorie ‚Körperbild‘, die den Körper auf einer kognitiv-evaluativen Ebene thematisiert und sich daher mit der auf kognitive Konzepte abzielenden Metaphernanalyse gut verknüpfen lässt. Das zeigt sich bspw. daran, dass mit beiden Methoden teilweise identische Ergebnisse erzielt wurden: Mittels beider Methoden konnte ein eher positives Körperbild bei den Ordensangehörigen und ein eher negatives Körperbild bei den Ballett-TänzerInnen rekonstruiert werden. Dies ist ein Beispiel dafür, wie sich Metaphern- und Kategorienanalyse verbinden und sich die mit ihrer Hilfe gewonnenen Erkenntnisse wechselseitig stützen. Solche Verknüpfungen wären sicherlich noch vielfältig herzustellen gewesen. Hätte es sich in dieser Arbeit primär um das Bemühen gehandelt, die Methodendiskussion innerhalb der qualitativen Sozialforschung voranzutreiben, wäre dies auch unabdingbar gewesen. Da das aber nicht der Fall ist, sollte die hier praktizierte Triangulation im *weiten* Sinne auch nicht die erzielten Erkenntnisgewinne schmälern.

Das gewählte methodische Vorgehen bietet für weitere Forschungsarbeiten in dem hier 'bearbeiteten Themenfeld mehrere Anschlussmöglichkeiten. Neben der

---

9 Von einer Triangulation kann auch hinsichtlich der in Teil 4, Kap. 1 zusammengefassten Leib-Körper-Kategorien personaler Identität gesprochen werden, da es sich hierbei um die Kombination theoretisch und empirisch gewonnener Kategorien handelt.

schon erwähnten engeren Triangulation von Metaphern- und inhaltsanalytisch ori-
entierter Kategorienanalyse drängen sich – unterschieden nach Erkenntnisinteresse –
zwei Methoden auf. Gilt das Erkenntnisinteresse der interaktiven Herstellung von
Leib, Körper und Identität, dann wäre es sinnvoll, Studien in Form von *teilnehmenden Beobachtungen* in den beiden sozialen Feldern durchzuführen. Die Methode der
teilnehmenden Beobachtung wurde in dieser Arbeit zwar auch angewandt, allerdings
hatte sie hier lediglich den Status eines Kontextwissens, das zur Ergänzung oder
Korrektur der auf der Grundlage der Interviews vorgenommenen Interpretationen
diente. Mit einer teilnehmenden Beobachtung böte sich die Möglichkeit, stärker das
‚doing body and identity‘, also die konkrete Praxis der alltäglichen Körper- und
Identitätskonstruktionen anstatt das Reden über den Körper zu analysieren. Gilt das
Erkenntnisinteresse weniger der praktischen und mehr der kognitiven Konstruktion
von Leib, Körper und Identität, dann wäre es sinnvoll, *hermeneutische Methoden* der
empirischen Sozialforschung zu nutzen (vgl. Hitzler/Honer 1997). Das könnte auf
eine Rekonstruktion unterschiedlicher Leib-Körper-bezogener Identitätstypen hinauslaufen. Dabei hätte eine Typenbildung bspw. gegenüber der Metaphernanalyse
den Vorteil, ein in der empirischen Sozialforschung fest institutionalisiertes und an-
erkanntes Instrumentarium zu sein.

3. Reflexive Leiblichkeit – Identität im 21. Jahrhundert

Nachdem mit den beiden letzten Kapiteln ein Rückblick auf das bisher Geleistete
unternommen wurde, soll nun mit einem modernisierungssoziologischen Ausblick
diese Arbeit abgeschlossen werden.

Identität, so wurde hier gesagt, stellt eine anthropologisch bedingte, gleichwohl
in Abhängigkeit des gesellschaftlichen und kulturellen Kontextes zu bewältigende
Aufgabe für den Einzelnen dar. Für die Lösung dieser Aufgabe, so wurde ebenfalls
gesagt, spielt die leibliche Verfasstheit des Menschen eine wesentliche Rolle. Daran
anknüpfend drängt sich die Frage auf, wie Individuen unter den sozio-kulturellen
Bedingungen des beginnenden 21. Jahrhunderts ihre alltägliche Identitätsarbeit leisten (müssen) und welche Bedeutung hierbei Leib und Körper zukommt. Welche
Möglichkeiten bieten spätmoderne Gesellschaften den Individuen zur Konstruktion
ihrer personalen Identität, und welche Erschwernisse bereiten sie ihnen? Welche
Rolle spielen dabei Empfindungen, Affekte, Körperpraktiken oder -techniken? Welchen Einfluss haben die spätmodernen Lebensbedingungen auf das Identitätspotenzial von Leib und Körper? Diesen und ähnlichen Fragen soll nun nachgegangen und
sie sollen zumindest annäherungsweise beantwortet werden. Dazu wird ein modernisierungssoziologischer Zugang gewählt, in dessen Mittelpunkt die *Philosophie der
Lebenskunst* von Wilhelm Schmid (1999) steht. Der Rückgriff auf Schmid erfolgt
zum einen aus dem Grund, dass sich mit ihm an die philosophische Anthropologie
Helmut Plessners, die ja auch Ausgangspunkt der identitätstheoretischen Überlegungen dieser Arbeit war, anschließen lässt; zum Zweiten deckt sich die *Philosophie
der Lebenskunst* mit zentralen Thesen aktueller Modernisierungssoziologien, allen

voran jenen von Beck (1986, 1993), Giddens (1990, 1991) und Z. Bauman (1992); vor diesem Hintergrund enthält – zum Dritten – das von Schmid entwickelte Identitätskonzept auch die zentralen Kategorien, die in spätmodernen Gesellschaften für die Beantwortung der Frage ‚Wer bin ich?‘ entscheidend sein dürften. In Anlehnung an Schmid und unter Rückgriff auf die theoretischen und empirischen Ergebnisse aus den Teilen 2 und 3 lässt sich das spätmoderne Identitätsmodell dann auf einen Begriff bringen, der da lautet: *reflexive Leiblichkeit.*[10]

Mit Identität als reflexiver Leiblichkeit ist als Erstes die Notwendigkeit der Überwindung des Gegensatzes von Fühlen und Denken, Leib und Vernunft, Erfahrung und Reflexion bezeichnet. Identität ist eine Konstruktionsleistung des Individuums, in der diese Dualismen realiter immer schon aufgehoben sind. Der Ausdruck *reflexive Leiblichkeit* soll verdeutlichen, dass sich die Entwicklung und Aufrechterhaltung einer Identität, wie an früherer Stelle ausgeführt, im Wechselspiel von (leiblicher) Erfahrung und (kognitiver) Reflexion, von narrativer Konstruktion und spürbarer Stützung vollzieht (vgl. zusammenfassend Teil 2, Kap. 4). Jeder Reduktionismus, der einseitig auf entweder Vernunft/Denken oder Leib/Körper abhebt, ist ungeeignet, den Prozess der Identitätsbildung konzeptionell wie auch empirisch angemessen zu erfassen. In diesem Sinne deckt sich das Konzept der reflexiven Leiblichkeit mit dem der „reflexiven Sinnlichkeit" von Hans-Peter Dreitzel (1992). Reflexive Leiblichkeit bzw. Sinnlichkeit verweist auf die *Einheit von Denken, Empfinden/Spüren und Körper.*

> „Jeder Gedanke ist auch ein körperlicher Prozess, jede Emotion hat auch kognitive Aspekte, und die Möglichkeiten und Grenzen unserer Körperlichkeit wirken ein auf unsere geistige und psychische Verfassung, wie umgekehrt unser Denken und Fühlen nicht ohne Einfluss auf unseren Körper ist" (Dreitzel 1998: 42).

Unter Bezugnahme auf die Gestalttherapie hat Dreitzel aufgezeigt, dass sinnliche Wahrnehmung und emotionales Engagiertsein einerseits, innere Aufmerksamkeit, reflexive Distanznahme zu sich und der „reflexive Gebrauch der Sinnlichkeit" (1998: 36) andererseits integriert sein müssen, damit das Individuum psychisch gesund bleibe. Im Laufe des abendländischen Modernisierungs- und Zivilisationsprozesses wurde diese Integration jedoch auf Kosten der Sinnlichkeit – um das Mindeste zu sagen – vernachlässigt. Der moderne und erst recht der spätmoderne Mensch hat es verlernt, das Lebens- und Identitätspotenzial seiner Leiblichkeit zu erkennen und zu nutzen. Inzwischen scheinen allerdings immer mehr Menschen die Nachteile dieses Mangels an Sinnlichkeit in ihrem und für ihr Leben selbst realisiert zu haben oder von Therapeuten darauf hingewiesen zu werden. Die große Nachfrage nach psycho- und körpertherapeutischen Ansätzen, in deren Mittelpunkt die „Arbeit an der Wiederbelebung der Sinne" (ebd.: 19) steht, dürfte hierfür ein Beleg sein. Das

---

10 Das Konzept ‚Identität als reflexive Leiblichkeit‘ hat einen engen empirischen Bezug, ist gleichwohl in mancherlei Hinsicht normativ angelegt. Das heißt, es umfasst jene Aspekte, die eine sozialwissenschaftliche Konzeption von Identität angesichts der in spätmodernen Gesellschaften gegebenen sozio-kulturellen Bedingungen m.E. berücksichtigen *sollte.*

Bedürfnis nach der Wiederaneignung der eigenen Leiblichkeit und Sinnlichkeit erscheint so als Folge des modernen Rationalisierungs- und Selbstdisziplinierungsprozesses[11]. Für die Entwicklung einer personalen Identität sind solche Wiederaneignungsversuche zweifelsohne von enormer Bedeutung (s.u.). So meint auch Dreitzel, nicht zuletzt auf seine langjährige Erfahrung als Gestalttherapeut gestützt, dass es „einen Verstärkereffekt im Verhältnis von reflexiver Sinnlichkeit und Entfaltung des Selbst (gibt): Je intensiver das Selbst sich selbst erlebt, desto voller entfaltet es sich" (ebd.: 53). Anders gesagt: Für das Gelingen[12] des Projekts ,Identität' ist es von großem Vorteil (wenn nicht gar unabdingbar), in einem reflexiv-leiblichen Selbstver-

---

11 Auch die Ordensbrüder und –schwestern betonten in den Interviews des Öfteren die Wichtigkeit, sich die eigene Sinnlichkeit und Emotionalität (wieder) anzueignen. So sprach bspw. Pater Ludwig selbstkritisch davon, dass „die Gefahr is schon, bei, na ja in der Sparte der Theologen, bei mir auch, dass das bissl verkopft is". Um dieser „Gefahr des Verkopftseins" entgegenzuwirken, versucht Pater Ludwig dem Genießen und der Sinnlichkeit mehr Aufmerksamkeit zu schenken. Dies betrifft vor allem die Bereiche Essen und Musik. „Ja, war mir früher nicht so wichtig, da hab ich halt gegessen um satt zu sein oder so schon auch weil's mir geschmeckt hat. Vielleicht auch in >Stadtname<, hab ich auch manche Einladungen ghabt, also auch nach, Taufen Hochzeiten und so, ja kommt des auch dazu so n bissl, vornehm zu speisen, /I: Hmh/ und dann auch, ja Weine, hab ich früher auch net viel getrunken und dann eher die süßeren lieblichen Weine. Und jetzt geht so die Richtung mehr zu, mitten drin oder auch äh eher die trockneren Weine. Also dass ich merke dafür, erstmal ein Sensus entwickelt zu haben. /I: Hmh/ Das gehört auch dazu oder dann, daneben merk ich Musik spielt wieder, spielt eine größere Rolle. Ich hab bei Blasmusik mitgespielt, und jetzt, konnt ich mir früher gar net vorstellen dass mir mal so Opern oder so Dinge, gefallen würden. Also immer das, Text versteht man net und das ganze Gesinge da, war für mich völlig fremd. Also eher Instrumentalmusik und, ja das einfach jetzt Klassik bestimmte Sachen mir wichtiger geworden, war ich auch in, etlichen Konzerten in >Stadtname<." Auf Grund solcher Umstellungen in seinem Verhalten sowie der Teilnahme an ordensinternen, psychologischen Fortbildungskursen, in denen die Bedeutung von Gefühlen auch und gerade für ein religiöses Leben vermittelt wird, gewinnt Pater Ludwig „ den Eindruck, des wächst so allmählich zusammen. /I: Was wächst zusammen?/ Glaube ich. Ja so das, ähm: geistige, kognitive Er- Erkenntnisse und, die Erfahrung die ich jetzt mehr hab und, ja auch konkret, Erfahrungen mit meinem Leib Körper."

12 Wenn vom ,Gelingen des Projekts Identität' die Rede ist, wie dies im Laufe dieser Arbeit immer wieder der Fall war, dann zum einen in dem Bewusstsein, dass es sich hierbei um eine normative Vorstellung handelt; zum anderen vor dem Hintergrund der Annahme, dass es Menschen geben dürfte, die *keine* gelungene Identität haben. Bedeutet Mit-sich-identisch-Sein, Sicherheit für und Orientierung im eigenen Leben zu haben, zu den eigenen Ansichten, Interessen, Wünschen und Bedürfnissen stehen und sich mit der eigenen Lebensgeschichte identifizieren zu können, ohne andauernde (insbesondere existenzielle) Ängste und Selbstzweifel zu leben, stattdessen mit einem sicheren Selbstwertgefühl und dem Empfinden, sich selbst vertrauen zu können, die Fähigkeit zu besitzen, an inneren Widersprüchen und an Anforderungen von außen nicht zu zerbrechen, allgemein gesagt: das Gefühl zu haben, seinen Platz im Leben und der Gesellschaft gefunden zu haben oder dabei zu sein, ihn zu finden, wenn all das bedeutet, eine gelungene Identität zu haben, dann dürften z.B. Personen mit so genannten psychopathologischen Störungen (z.B. affektiver und schizophrener Psychose, Borderline- oder multipler Persönlichkeitsstörung) keine gelungene Identität haben. Wenn es aber Menschen ohne gelungene Identität gibt, folgt daraus im Umkehrschluss, dass es auch welche mit gelungener Identität gibt. Die gelungene Identität stellt sich selbstverständlich konkret von Person zu Person anders dar und verändert sich auch für die einzelne Person im Laufe ihres Lebens. Auch muss, wer mit sich identisch ist, sich dessen keineswegs bewusst sein. Was zu Bewusstsein kommt, ist wohl eher die nicht gelungene, problematische Identität. Wer am eigenen Leben und dem eigenen Selbst leidet, wird – jedenfalls wenn es sich um ein Leiden in einem engen, leiblich-affektiv sehr realen Sinne handelt – sich seiner selbst bewusst. Ähnlich der Gesundheit weiß man um die eigene Identität scheinbar insbesondere dann, wenn sie als Widerständigkeit und damit als nicht vorhanden erfahrbar wird.

hältnis zu leben. Die strukturellen und kulturellen Bedingungen spätmoderner Gesellschaften scheinen die Notwendigkeit der Entwicklung eines solchen, reflexiv-
leiblichen Selbstverhältnisses ohnehin nahezulegen.

Folgt man soziologischen Zeitdiagnosen, schreitet im Zuge fortschreitender Modernisierung unter anderem die Enttraditionalisierung sozialer Lebenslagen und Lebensformen, das Verblassen traditionaler Sicherheiten und Sinn vermittelnder Gewissheiten sowie der Wandel von Biographie- und Lebensführungsmustern fort.
Heißt es in Plessners „erstem anthropologischen Grundgesetz", dass der Mensch nur
lebt, „indem er ein Leben führt" (SOM: 309), der Mensch mithin ein Leben *führen*
muss, so lässt sich das entsprechend modernisierunssoziologisch übersetzen in den
Imperativ: Das spätmoderne Individuum muss sein *eigenes* Leben führen! (Beck
1986; Beck et al. 1995). Ein eigenes Leben zu führen, impliziert dabei einerseits die
Chance, die Vielzahl moderner Freiheiten in individuelle Handlungsprogramme umzusetzen, es bedeutet andererseits aber auch und vor allem die Notwendigkeit, dies
tun zu müssen, womit zwangsläufig Risiken des Scheiterns verknüpft sind. Das eigene Leben zu führen, ist ein gesellschaftlich und kulturell bedingter „Zwang zum
eigenen Leben" (Beck et al. 1995) und erweist sich für das Individuum als „riskante
Chance" (Keupp 1990a,b) bzw. als „riskante Freiheit" (Beck/Beck-Gernsheim
1994). Um unter diesen Umständen ein reflexiv-leibliches Selbstverhältnis zu entwickeln, bedarf das Individuum offensichtlich einer bestimmten Lebensführungs-
und Selbstgestaltungskompetenz. Diese strukturell notwendig gewordene Kompetenz zur eigenen Lebensführung und Selbstgestaltung kann man im Anschluss an
Schmid (1999) als „Lebenskunst" bezeichnen. Was ist damit gemeint?

Unter Lebenskunst versteht Schmid „grundsätzlich die Möglichkeit und die Anstrengung (..), das Leben auf reflektierte Weise zu führen und es nicht unbewusst
einfach nur dahingehen zu lassen" (ebd.: 10). Lebenskunst meint, das eigene Leben
bewusst zu leben, ihm und dem eigenen Selbst durch fortwährende Arbeit eine Gestalt zu verleihen:

> „Diese Arbeit der Gestaltung kann als *Kunst* bezeichnet werden, und zwar sowohl bezogen auf das
> Selbst, das zunächst nur das zufällig gegebene Konglomerat dessen ist, was es an Stoff des Lebens
> auf sich selbst vereinigt und was nun, auf Grund seiner bewussten Wahl, Form bekommen soll
> (*Selbstgestaltung*), als auch bezogen auf das Leben dieses Selbst mit sich und in der Vernetzung mit
> anderen, das Leben in Gesellschaft, in sozialen und ökologischen Zusammenhängen, in denen das
> Selbst sein Leben nun auf reflektierte Weise führt (*Lebensgestaltung*)" (ebd.: 72; Herv. im Orig.).

Die praktische Aneignung des eigenen Lebens bzw. die Ausübung von Lebenskunst
sei in der „anderen Moderne", wie Schmid in Anlehnung an Ulrich Beck[13] und in

---

13 Ebenfalls im Anschluss an Beck nennt Schmid die andere Moderne auch „reflexive Moderne", aller-
     dings dabei Beck missverstehend oder zumindest vereinfachend. So meint Schmid, dass die andere
     Moderne „schon bei ihrer Begriffsprägung (...) mit einer ‚reflexiven Modernisierung' in Verbindung
     gebracht (wird), die von der vormaligen ‚einfachen Modernisierung' zu unterscheiden ist. Konzep-
     tualisiert bedeutet dies, an den Errungenschaften der Moderne, namentlich ihren Freiheiten in den
     verschiedensten Bereichen festzuhalten, sie aber auf reflektierte Weise zu gebrauchen" (ebd.: 103).
     So „konzeptualisiert", setzt Schmid ‚reflexiv' offenbar mit ‚reflektiert' synonym. Das aber ist nicht
     Becks Verständnis von reflexiv. Der Begriff ‚reflexive Modernisierung' meint bei Beck „empirisch-

Abgrenzung von einfach- und post-modernen Ansätzen sagt, dadurch gekennzeichnet, dass sie vom Individuum als „ernsthafte Aufgabe" betrachtet werde (ebd.: 103). Insofern die Lebens- und Selbstgestaltung ernst genommen wird, „erhebt sich für das Subjekt der Lebenskunst die grundsätzliche Frage: *Wie kann ich mein Leben führen?*" (ebd.: 89; Herv. im Orig.). Damit ist Schmid zufolge die Frage verknüpft, wie es dem Individuum gelingt, mit den „inneren Widersprüchen der Moderne" umzugehen. Wie schafft es das Individuum, anders gesagt, die riskanten Freiheiten der Moderne auszuhalten und an ihren Ambivalenzen nicht zu zerbrechen? Schmid formuliert weitere grundlegende Fragen, mit denen sich das Subjekt der Lebenskunst auseinander zu setzen habe: Wie kann es die strukturellen Bedingungen und Machtverhältnisse, innerhalb derer es lebt, so gestalten, dass es sich gut leben lässt? Welches Verständnis vom eigenen Leben hat das Individuum, wie kann es dem eigenen Leben Sinn und Bedeutung geben (ebd.: 90f.)? Vor allem aber: Wie gelingt es dem Subjekt der Lebenskunst, eine Balance zu finden zwischen den Wahlmöglichkeiten, die es hat, und den Wahlzwängen, denen es ausgesetzt ist (ebd.: 188ff.)? Die Wahl ist der „Kern der Selbstmächtigkeit" (ebd.: 192), sie „ist die zentrale Frage der Lebenskunst" (ebd.: 193), und das Subjekt der Lebenskunst sollte fähig sein, kluge und reflektierte Wahlen zu treffen. Schließlich, so Schmid, stellt sich für das Individuum auch die Frage nach der eigenen Identität bzw. – denn Schmid verabschiedet den Identitätsbegriff und ersetzt ihn durch den Kohärenzbegriff – nach der Kohärenz seines multiplen Selbst (ebd.: 250ff.). Als Antwort schlägt Schmid vor, dass sich das Subjekt der Lebenskunst mit der eigenen Selbstorganisation und Selbstgestaltung unter dem Gesichtspunkt der klugen, reflektierten „Selbstsorge" zu befassen habe, womit vor allem eine aufmerksame und achtsame Selbstdistanz, eine kritische Selbstreflexion und eine kunstvolle Selbstgestaltung gemeint sei (ebd.: 245ff.). Eine kluge und reflektierte Selbstsorge schließe außerdem mit ein, spezifische „Übungen und Techniken" anzuwenden, die dazu beitragen, dem eigenen Leben und Selbst Form zu geben (ebd.: 92).

Wie die letzten Ausführungen deutlich machen, lässt sich das Konzept der Lebenskunst, das derzeit wohl eher noch ein normatives und in die Zukunft weisendes Modell ist denn bereits breite empirische Gültigkeit beanspruchen kann, auch auf die Identitätsproblematik anwenden. Versteht man Identität als Aufgabe und temporäres Resultat „alltäglicher Identitätsarbeit" (Straus/Höfer 1997), so steht die Identitätsproblematik gar im Zentrum einer als Lebenskunst aufgefassten Lebensführung. Allerdings ist es notwendig, in Hinblick auf das hier vertretene Konzept der personalen Identität als reflexive Leiblichkeit in einer Hinsicht von Schmids Überlegungen abzuweichen und in einer zweiten seinen Ansatz zu ergänzen.

---

analytisch verstanden, *nicht* (wie das Adjektiv ‚reflexiv' nahe zu legen scheint) *Reflexion*, sondern *Selbstkonfrontation*: Der Übergang von der Industrie- zur Risikoepoche der Moderne vollzieht sich *ungewollt, ungesehen, zwanghaft* im Zuge der verselbständigten Modernisierungsdynamiken nach dem Muster der latenten Nebenfolgen" (Beck 1993: 36; Herv. im Orig.). Reflexiv ist bei Beck also im Sinne von „*reflex*artig" und „Reflexivität" gemeint, und nicht, wie etwa bei Giddens (1991), als Reflexion (ebd.: 37; Herv. im Orig.).

Eine Abweichung nehme ich insofern vor, als ich im Gegensatz zu Schmid am Identitätsbegriff festhalte. Das hat seinen Grund darin, dass dieser Arbeit ein *sozialwissenschaftliches* und kein philosophisches Verständnis von personaler Identität zu Grunde lag und liegt. Das bedeutet, Identität wurde und wird hier nicht als „vollkommene Übereinstimmung" mit sich selbst, als „Gleichheit in allen Hinsichten" (Schmid 1999: 250) oder im Sinne der logischen Identität ‚A = A' aufgefasst, sondern als subjektives Empfinden, diese und nur diese Person trotz aller biographischen Veränderungen, innerer Widersprüche und der Inanspruchnahme unterschiedlichster sozialer Rollen zu sein. Personale Identität meint also alles andere als einen rigiden Zwang zur Einheit und auch nicht „dieses fixe ‚Sich-selbst-gleich-Bleiben" (ebd.: 251), sondern eine wandelbare Einheit-in-der-Vielheit bzw. eine, um einen Ausdruck von Walter Bühl abzuwandeln[14], Identitätsstabilität durch Identitätsvariablität. Entscheidend für die personale Identität ist schlussendlich jedoch die „Gewissheit", wie Nunner-Winkler anknüpfend an Shoemaker sagt, „dass ich das gemeinsame Subjekt bestimmter aufeinander folgender oder gleichzeitiger Erfahrungen bin" (Nunner-Winkler 1985: 480) – wobei ich hinzufügen möchte, dass es sich hierbei um eine *spürbare* Gewissheit des Selbst handelt (vgl. Teil 2, Kap. 2.2.3).

Ergänzt werden soll Schmids Ansatz um Leib und Körper. Schmids Fokus ist primär auf die reflexive Seite der Lebensführung und Selbstgestaltung gerichtet, deren leibliche und körperliche Aspekte bleiben im Vergleich dazu eher unterbelichtet. Mit Schmid lässt sich zeigen, dass die Chancen für das spätmoderne Subjekt steigen, eine aus seiner Sicht als stimmig empfundene Identität zu entwickeln, wenn es ihm gelingt, klug, kompetent und reflektiert die strukturellen und kulturellen Bedingungen für die eigene Lebens- und Selbstgestaltung zu nutzen. Für das Verständnis von personaler Identität als reflexive Leiblichkeit ist das zu einseitig. Daher sei nun, zumindest andeutungsweise, gezeigt, welche Bedeutung Leib und Körper für einen – im Sinne Schmids – lebenskünstlerischen Entwurf personaler Identität zukommt. Dies geschieht entlang der fünf zentralen Aspekte aus Schmids *Philosophie der Lebenskunst*: Kohärenz, Ambivalenz, Wahl, Selbstsorge und Asketik.

Schmid ist in der Hinsicht zuzustimmen, dass Identität unter den Bedingungen spätmoderner Gesellschaften kaum mehr als unveränderliche, stabile und eindeutige Gestalt entworfen werden kann. Identität entspricht eher der Konstruktion eines *kohärenten* Ganzen, in dem die vielen, oft widersprüchlichen Seiten des Subjekts so-

---

14 Bühl gebraucht in seiner systemtheoretischen Konzeption des Kulturbegriffs die Formulierung, dass sich Kulturen – „als Ganzes und über einen langen Zeitraum gesehen" – durch eine erstaunliche Stabilität auszeichnen, wobei dies auf dem „Prinzip der ‚*Makrostabilität durch Mikrovariablität*'" beruhe (Bühl 1987: 71; Herv.: R.G.). Nimmt man das folgende Zitat und tut so, als spräche Bühl nicht von Kulturen sondern von personaler Identität, dann hat man einen systemtheoretischen Identitätsbegriff zur Hand, der sich inhaltlich kaum unterscheidet von einem Kohärenzbegriff, wie ihn etwa Schmid verwendet: „(...) gerade dadurch nämlich, dass es keine zentrale Kontrolle gibt, sondern viele interagierende, sich nur ökologisch kontrollierende Teileinheiten, die sich leicht umgruppieren und sich anders assoziieren können, kann die globale Stabilität des Gesamtsystems durch zahlreiche kleine und lokale Ausgleichsbewegungen gewahrt werden. Systeme hoher Komplexität mit großer Fluktuation können geradezu ‚metastabil' genannt werden" (ebd.). Was Bühl „metastabil" nennt, kann als Ausdruck dessen verstanden werden, was der von Schmid so genannte „Kernbereich" der Kohärenz leistet (Schmid 1999: 254).

wie seine Beziehungen zu anderen und anderem zu einer subjektiv stimmigen Gestalt integriert sind. Die Herstellung der Kohärenz des Selbst erfolgt, so Schmid, „in der Lebenskunst bewusst und reflektiert (..), um das Selbst zum Werk zu machen: Nicht nur in der Arbeit an der Veränderung des Selbst besteht die Selbstgestaltung, sondern, grundlegender noch, in dessen Zusammenfügung" (Schmid 1999: 252). Schmid zufolge ist die Konstruktion von Kohärenz ein reflexiver und narrativer (ebd.: 255) Akt des Individuums. Dabei kristallisiere sich zum einen ein „Kernbereich" der Kohärenz heraus, in dem sich das „Eigenste() des Selbst (...), sein ‚Charakter' findet" (ebd.: 254), zum anderen innere und äußere „Peripherien, in denen eine wachsende Fluktuation möglich ist. Es ist der Kern, der inmitten aller Veränderlichkeit und auch Widersprüchlichkeit eine relative Beständigkeit garantiert, und es sind die Peripherien, die die Osmose mit anderen und anderem erleichtern" (ebd.)[15].

Eine solche, allein auf Reflexion und Narration beschränkte Konzeption übergeht nun allerdings die enorme Bedeutung des *Leibes* für die Kohärenz. Eine entscheidende Frage scheint doch zu sein, *wie* das Individuum seine Kohärenz erfährt. Wie garantiert der Kohärenzkern im Schmidschen Sinne dem Individuum seine „relative Beständigkeit"? In welcher Weise gewinnt das Individuum die Sicherheit, trotz widersprüchlicher Erfahrungen, trotz unvereinbarer Erwartungshaltungen seitens anderer, trotz seiner biographischen Veränderungen immer noch es selbst zu sein? Die Antwort auf diese Fragen muss m.E. lauten: Das Individuum gewinnt seine Selbstsicherheit, indem es seine Kohärenz leiblich-affektiv erfährt. Kohärenz ist zuvorderst ein Empfinden, und zwar ein Empfinden, das sich bemerkbar macht, wenn die Organisation von Erfahrungen zu einem subjektiv stimmigen Ganzen gelungen ist. Die Organisation von Erfahrungen oder das Zusammenfügen der multiplen Selbste erfolgt zwar reflexiv, doch bedarf diese Selbstreflexion der leiblichen Verankerung, um identitätsvergewissernd zu wirken. Erst ein solchermaßen reflexiv-leibliches Selbstverhältnis vermag dem Individuum sein Kohärenzempfinden sicherzustellen. Identität als reflexive Leiblichkeit impliziert daher sinnvollerweise die Aufgabe, gegenüber dem Kohärenz*empfinden* eine stärkere Achtsamkeit zu entwikkeln. Wer auf seinen Spürsinn als einen wesentlichen Indikator für die Kohärenz oder Inkohärenz des eigenen Selbst vertraut, erweitert sein identitätsvergewisserndes Potenzial im Vergleich zu einer Person, die sich darauf verlässt, ihre Identität rein rational gestalten und absichern zu können.

Die Notwendigkeit, dem Aspekt der Kohärenz im Prozess der Identitätsbildung einen zentralen Stellenwert einzuräumen, resultiert vorrangig aus der Vielzahl und Widersprüchlichkeit von Wahlmöglichkeiten und Wahlzwängen. Regelmäßig steht der spätmoderne Mensch vor der Aufgabe, im Kleinen wie im Großen, Entscheidungen zu treffen, zu überdenken, gegebenenfalls zu revidieren und sich für eine mehr oder weniger begrenzte Zeit erneut festzulegen; ein Leben lang gültige Ent-

---

15 Das Kohärenz-Konzept von Schmid ist nicht frei von Widersprüchen: So spät- oder postmodern es angelegt ist, erweist es sich mit der Kern-Metapher und dem Verständnis vom Charakter als dem Eigensten des Selbst an zentraler Stelle als ausgesprochen klassisch einfach-modern.

scheidungen gibt es dagegen immer seltener. In spätmodernen Gesellschaften scheint m.a.W. das Leben in *Ambivalenzen* zur allumfassenden Normalität geworden zu sein. Für Zygmunt Bauman ist die Unvermeidlichkeit von Ambivalenzen das Signum der von ihm so genannten Postmoderne schlechthin. Sah die einfache Moderne ihre zentrale Aufgabe darin, so Bauman, Ambivalenzen zu beseitigen, so zeichne sich die Postmoderne durch die Anerkennung der Unumgänglichkeit von Ambivalenzen aus (Bauman 1992: 127). Als ein spezifisch postmodernes Charakteristikum bezeichnet Bauman zudem die „Privatisierung der Ambivalenz":

> „Ambivalenz ist aus der öffentlichen Sphäre in die private übergegangen, seit keine weltliche Macht mehr die Neigung zeigt, sie auszulöschen. Sie ist jetzt im Großen und Ganzen eine persönliche Angelegenheit. Wie so viele andere global-gesellschaftliche Probleme muss dieses jetzt individuell angepackt und, wenn überhaupt, mit individuellen Mitteln gelöst werden. Die Erlangung von Klarheit der Absicht und Bedeutung ist zu einer individuellen Aufgabe und persönlichen Verantwortung geworden. Die Anstrengung ist etwas Persönliches. Und ebenso das Scheitern der Anstrengung. Und der Vorwurf für das Scheitern. Und das Schuldgefühl, das der Vorwurf mit sich bringt" (ebd.: 239).

Ambivalenz als „persönliche Angelegenheit" impliziert nun in verschiedener Hinsicht den *Leib*. So ist erstens die situative Erfahrung von Ambivalenz eine leibliche Erfahrung. Die Uneindeutigkeit einer Situation oder einer Aufgabe drängt sich dem Individuum als spürbares Hin-und-Her-Geworfensein auf. Sie macht sich bemerkbar als Weitegefühl (Schwellung), wenn die Lösung der Aufgabe greifbar nahe zu sein scheint, und als Engegefühl (Spannung), wenn die Verzweiflung oder Angst ob der vermeintlichen Unlösbarkeit der Aufgabe die Oberhand gewinnt. Ambivalente Situationen konfrontieren das Individuum zweitens grundsätzlich mit der Aufgabe, die Widersprüchlichkeit und damit verbundene Unsicherheiten und Ungewissheiten – beides leiblich-affektive Zustände – aushalten und mit ihnen umgehen zu müssen. An dieser Aufgabe scheitern jedoch nicht wenige. Um sie zu meistern, ist eine Fähigkeit erforderlich, dank derer es gelingt, die inneren und äußeren Ambivalenzen auszuhalten und sie im Idealfall positiv zu nutzen. Psychologisch kann man eine solche Fähigkeit zum Aushalten von Ambivalenzen als Ambiguitätstoleranz bezeichnen, phänomenologisch gesehen stellt es das leibliche Vermögen dar, den Spannungszustand widersprüchlicher Situationen als positiven Zustand der Betroffenheit hinnehmen und umsetzen zu können. Als Technik zum Aushalten von Widersprüchen schlägt Schmid mit der Ironie (Schmid 1999: 375ff.) eine innere Haltung vor, in der leibliches Befinden und Reflexion zusammentreffen und sich als reflexiv-leibliche Distanz gegenüber der Widersprüchlichkeit äußern[16].

Die Ambivalenz aufzuheben, ist drittens, wie Bauman sagt, mit „Anstrengung" verbunden, einem spürbaren Korrelat des Denkens. Ob die Anstrengung Erfolg hat, ist dabei natürlich keineswegs gesagt, sie kann genauso gut auch „scheitern". Auch das gilt es anzuerkennen: Zur Ambivalenz des Lebens gehört das Misslingen ebenso

---

16 Dass es sich bei der Ironie um einen leiblich-affektiven Zustand handelt, vermittelt auch das folgende Zitat von Beda Allemann: „Das Ironische löst so die Enge eines gebannten Hinblicks, der wohl schon keinen Ausweg mehr sieht, in die Weite eines Spielraums, in welchem sich atmen lässt" (Allemann, zit. in Schmid 1999: 376f.).

wie das Gelingen (Schmid 1999: 77). Wer sein Leben bewusst unter das Primat des Gelingens stellt, wird daran zwangsläufig scheitern müssen, mindestens sich aber unter einen Erfolgszwang setzen, der dem leiblichen Selbstbefinden wohl kaum zuträglich ist (vgl. ebd.: 78). Sinnvoller dürfte es sein, sich weniger auf ein bewusst herzustellendes gelungenes Leben zu konzentrieren, als viertens das Selbstvertrauen zu entwickeln, mit den Ambivalenzen, Unsicherheiten und Ungewissheiten des Lebens klarzukommen. Vertrauen – zu sich selbst, zu anderen Menschen und in abstrakte Systeme – gilt jedenfalls unter Soziologen wie Bauman (1992: 242) oder Giddens (1990) als eine der spätmodernen Schlüsselkompetenzen, die das Individuum notwendigerweise zu entwickeln habe, um Sicherheit für und Orientierung in seinem Leben zu finden. Ähnlich dem Glauben, auf dem das Vertrauen basiert (vgl. Giddens 1990: 33), ist es für den Einzelnen als spürbare Gewissheit erfahrbar, dieses oder jenes zu können, zu schaffen, zu erhalten. Erweist sich das Vertrauen in den Lösungsversuch eines ambivalenten Problems als erfolgreich, führt das fünftens beim Individuum vermutlich zu Stolz, Freude oder anderen positiven Gefühlen. Hat es sich hingegen als trügerisch erwiesen, mag daraus möglicherweise jenes „Schuldgefühl" resultieren, von dem Bauman hinsichtlich des Vorwurfs spricht, den das Individuum für sein Scheitern erhält. Beide Lösungsvarianten gehen dem Individuum damit als leiblich-affektive Betroffenheit nahe und verweisen auf das reflexiv-leibliche Selbstverhältnis, in dem es lebt.

Eng mit dem Aspekt der Ambivalenz ist jener der *Wahl* verknüpft, da mit den Ambivalenzen des eigenen Lebens zwangsläufig die Notwendigkeit verbunden ist, immer wieder zwischen verschiedenen Optionen wählen zu müssen. Die „Multioptionsgesellschaft" (Peter Gross) eröffnet dem Individuum nämlich nicht nur eine historisch noch nicht dagewesene Menge an Wahlmöglichkeiten, zugleich nötigt sie dem Einzelnen auch permanent Wahlen ab – selbst das Nichtwählen stellt mittlerweile eine Wahl dar (Schmid 1999: 190). Zugespitzt könnte man sagen, der Mensch der Spätmoderne ist zur „Wahl seiner Möglichkeiten, zum „homo optionis" (Beck/Beck-Gernsheim 1994a: 16) geworden. Entsprechend, so Schmid, beruht „die Lebenskunst, wie immer sie inhaltlich ausgestaltet sein mag, (..) gänzlich auf der Wahl, die das Subjekt der Lebenskunst selbst trifft" (Schmid 1999: 90). Damit ist auch Identität zu einer Frage der Wahl geworden: Wer oder wie ich sein will, ist immer weniger von außen – dem sozialen Stand, der Klasse, dem Herkunftsmilieu, traditionellen Normen – vorgegeben, sondern liegt zunehmend allein im eigenen Verantwortungsbereich. Ich bin meine Wahl, ich muss aber auch meine Wahl sein. Dabei unterscheiden sich selbstverständlich die individuellen Wahlmöglichkeiten und –zwänge. Nach wie vor gibt es soziale Gruppen, deren Wahlmöglichkeiten aufs Engste begrenzt sind, während andere vor lauter Optionsvielfalt nicht wissen, wofür sie sich entscheiden sollen. Unter identitätstheoretischen Gesichtspunkten aber ist entscheidend, dass Wahlen für alle sozialen Gruppen quantitativ und damit auch qualitativ an Bedeutung gewonnen haben. In spätmodernen Gesellschaften ist der

Mensch, um einen Ausdruck Sartres abzuwandeln, dazu „verurteilt" zu wählen[17]. Leib und Körper bzw. der reflexiven Leiblichkeit kommt dabei eine wesentliche Rolle zu.

Dem *Leib* wächst diese Rolle in Form des Spürsinns zu (vgl. Teil 2, Kap. 2.2 und 3.2). Mit *Spürsinn* ist der zweite Aspekt reflexiver Leiblichkeit benannt. Im Unterschied zum ersten, der auf die Einheit von Denken und Empfinden, Reflexion und Leiberfahrung verweist, meint der Spürsinn, wie man im Anschluss an Nietzsche sagen könnte, eine Vernunft im Leib[18]. Das meint, dass dem Leib die Fähigkeit innewohnt, vernünftige Wahlen zu treffen. Es ist das praktische Vermögen (vgl. Teil 2, Kap. 2.1), entsprechend dem situativen Kontext die subjektiv richtige Entscheidung zu finden. Dieses praktische Vermögen resultiert aus den Erfahrungen, die im Leibgedächtnis (vgl. Teil 3, Kap. 5.4.4) abgespeichert sind. Der Spürsinn speist sich aus den im Leibgedächtnis abgelagerten leiblichen Wissensbeständen, und er realisiert sich als situationsangemessene Wahl.

Der als Spürsinn verstandenen reflexiven Leiblichkeit zu vertrauen, dürfte für den Einzelnen allein schon aus dem Grund von Vorteil sein, da die Quantität der tagtäglich zu fällenden Entscheidungen es unmöglich macht, jede Wahl nach langer und reiflicher Überlegung zu treffen. Auch gibt es zahlreiche Situationen, in denen eine rationale Wahl schlechterdings nicht möglich ist, weil bspw. die dafür notwendigen Informationen fehlen. Außerdem scheint es, dass gerade die wirklich wichtigen oder ‚großen' Entscheidungen im Leben – hinsichtlich des Berufs, Wohnorts, Lebenspartners, Kinder – ihren letzten Grund weniger in einer rationalen Wahl finden, als im Vertrauen in die Autorität des eigenleiblichen Spürens. Dies wiederum hängt möglicherweise damit zusammen, wie Schmid sagt, dass die ‚Gesetzmäßigkeit' des Lebens „mit der Logik des rationalen Denkens nur unzureichend zu erfassen" ist. Schmid zufolge ist es vielmehr die „leibliche Intelligenz des Gespürs", die „allein der Logik des Lebens Rechnung tragen kann" (Schmid 1999: 199). Eine kluge Wahl zu treffen, in der die Selbstmächtigkeit des Subjekts zum Ausdruck kommt, bedeutet also nicht notwendigerweise, eine durch Nachdenken begründete Wahl zu treffen, sondern kann auch heißen, dem Spürsinn zu vertrauen. Als reflexive Leiblichkeit ‚entdeckt' der Spürsinn das den Situationen Zugrundeliegende, erahnt strukturelle Zusammenhänge und Bedingungen, spürt Möglichkeiten auf und trägt so dazu bei, für eine anstehende Wahl zu sensibilisieren oder unmittelbar die Wahlentscheidung anzuleiten. Ein Vertrauen in den eigenen Spürsinn zu entwickeln, kann daher daran mitwirken, selbstsicherer das eigene Leben zu führen, als dies der Fall ist, wenn das Leben allein gemäß dem Primat der Ratio geführt wird.

Der *Körper* wiederum scheint in der Spätmoderne zum bevorzugten Wahlgegenstand der Selbstgestaltung avanciert zu sein. War er als „Träger des Selbst" (Field

---

17   Bei Sartre bezieht sich die existenzielle Verdammnis bekanntermaßen auf die Freiheit: „Der Mensch ist verurteilt, frei zu sein", so Sartres berühmtes Diktum (Sartre 1993: 16).

18   Für Nietzsche ist „der Leib (..) eine große Vernunft" und der Geist „die kleine Vernunft" (Nietzsche 1994: 119). Daraus folgert Nietzsche unter anderem: „Es ist mehr Vernunft in deinem Leibe, als in deiner besten Weisheit" (ebd.: 120).

1978) von je her prädestiniert, zur Selbstgestaltung herangezogen zu werden, so ist er nun endgültig vom Fatum des Unveränderlichen, Hinzunehmenden befreit und zum reflexiven Projekt erklärt worden. Hierin kommt ein weiterer Aspekt reflexiver Leiblichkeit zum Ausdruck: Der spätmoderne Mensch begibt sich zunehmend und absichtsvoll in ein *reflexives Leibverhältnis*, das heißt, er reflektiert über seinen Körper, um sodann gestaltend auf ihn einzuwirken. Ein reflexives Leibverhältnis nimmt das Individuum mithin ein, wenn es den eigenen Körper bewusst manipuliert und so aktiv die eigene Körper-Geschichte macht (vgl. Teil 3, Kap. 5.4.3).

Die sozio-kulturelle Palette an Wahlmöglichkeiten, den eigenen Körper und damit das eigene Selbst zu konstruieren, ist inzwischen kaum mehr zu überblicken. Als jüngste und für die Zukunft vermutlich folgenreichste Option erweisen sich dabei die biotechnologischen Eingriffsmöglichkeiten. Gentherapie, gentechnologische Eingriffe in das Erbgut oder das Klonen repräsentieren Wahlmöglichkeiten, die nicht mehr bloß den Körper in den Bereich der technischen Manipulierbarkeit rücken, sondern die Kategorien ‚Mensch‘, ‚Person‘ und ‚personale Identität‘ in ihren Grundfesten erschüttern. Mit den bio- und gentechnologischen Möglichkeiten steht die Natur des Menschen zur Disposition, und damit auch die bis vor kurzem noch fraglos gegebene organische Basis personaler Identität (vgl. Strathern 1995). Insofern der Mensch die Natur, die er selbst ist, zum technischen Manipulationsobjekt macht, erhält, so Fuchs, die „Dialektik von gelebtem Leib und verfügbarem Körper, von ‚Leib-Sein‘ und ‚Körper-Haben‘ (...) eine neue, ungeahnte Aktualität (..). Das instrumentelle Verhältnis zum Körper erhält auch genetisch den Primat vor dem unwillkürlichen Sein-im-Leib" (Fuchs 2000: 18)[19]. Welche neuartigen Identitätsprobleme sich hieraus in Zukunft ergeben können und werden, ist derzeit gar nicht abzusehen. Nicht auszuschließen ist allerdings, dass sich dann Fragen nach der personalen Identität überhaupt nicht mehr stellen, oder zumindest losgelöst von Leib und Körper. Denn sollte es möglich werden, mittels Klonen zwei genetisch vollkommen identische Menschen herzustellen (!), welche Rolle spielen dann noch Leib und Körper für die *personale* Identität? Im Moment mag das als eine utopische und daher unnötige Frage erscheinen. Es scheint mir aber durchaus denkbar, dass sie am Ende des 21. Jahrhunderts in Form einer neuen Anthropologie beantwortet werden muss. Und falls nicht am Ende des 21., so wird der Entwurf einer neuen Anthropologie möglicherweise im darauf folgenden Jahrhundert zur Aufgabe – und zwar dann, wenn ein Leben (?) im cyberspace als cyberbody Realität (was immer das dann heißen mag) sein sollte und sich damit die ‚erste‘ anthropologische Konstante auflöste, nämlich dass der Mensch ein *leiblich* verfasstes Wesen ist.

Doch zurück zur Gegenwart. Angesichts der zahlreichen Optionen und Ambivalenzen, die das spätmoderne Leben aufweist und dem Subjekt eine reflexiv-leibliche Lebensführung nahe legen, um eine als gelungen empfundene Identität zu entwikkeln bzw. aufrechtzuerhalten, bedarf das Individuum einer bestimmten Lebensfüh-

---

19 Ähnlich spricht auch Habermas in seinem jüngsten Buch davon, dass es den Menschen durch die biotechnologischen Eingriffe existenziell zugemutet werde, das (unverfügbare) Leibsein dem (instrumentellen) Körperhaben unter- bzw. nachzuordnen (Habermas 2001).

rungskompetenz. Im Anschluss an Schmid kann man sie als die Kunst zur *„Selbstsorge"* bezeichnen. Die Selbstsorge und die mit ihr verknüpften Kunstgriffe verweisen auf die praktische Aneignung des spätmodernen Lebens und somit auf die praktische Gestaltung des eigenen Selbst. Mit Selbstsorge sei nicht ein egoistisches Kümmern um sich selbst gemeint, genauso wenig ein ängstliches Besorgtsein um sich – obwohl dieses Ausgangspunkt für das Eigeninteresse des Selbst ist (Schmid 1999: 245) –, sondern eine reflektierte Haltung sich selbst gegenüber sowie ein kluges, vorausschauendes Verhalten, das andere und die Gesellschaft mit einbeziehe (ebd.: 86). Die Kunst der Selbstsorge bestehe darin, das eigene Leben und Selbst autonom und reflektiert, achtsam und aufmerksam zu einem subjektiv als gelungen empfundenen Werk zu gestalten, wobei es sich hier um ein „work in progress" (ebd.: 73) und nicht um ein abgeschlossenes Werk handele. Für die Selbstsorge stehen dem Subjekt der Lebenskunst einige Kunstgriffe bzw. Übungen und Techniken – Schmid fasst sie unter dem Begriff der *„Asketik"* zusammen (ebd.: 325) – zur Verfügung, die in unterschiedlicher Weise Leib und Körper implizieren. Die Selbstsorge wird so zu einer Möglichkeitsbedingung eines reflexiv-leiblichen Selbstverhältnisses.

Bezogen auf den *Körper* gilt eine solche Asketik primär der Sorge um die eigene Gesundheit. Ein gesunder Körper ist eine wesentliche Bedingung dafür, das eigene Leben autonom und selbstmächtig zu gestalten. Eine Beeinträchtigung körperlicher (wie natürlich auch psychischer) Gesundheit engt zumindest die Wahlmöglichkeiten hinsichtlich der Lebens- und Selbstgestaltung ein. Der Einzelne ist deshalb gut beraten, gegenüber seiner Gesundheit aufmerksam und achtsam zu sein. Das kann z.B. heißen, dem Körper eine angemessene Für-Sorge zukommen zu lassen, ihn einer ärztlichen oder sonstigen Vor-Sorge und Nach-Sorge zu unterziehen, ihn entsprechend seinen Bedürfnissen zu ver-sorgen oder ihn behutsam zu um-sorgen. Gesundheit und das mit ihr eng zusammenhängende Wohlbefinden sind jedenfalls nichts Selbstverständliches, sondern müssen vom Individuum selbstverantwortlich hergestellt werden – Gesundheit und Wohlbefinden sind Resultat eines reflexiv-leiblichen Selbstverhältnisses. Zwar gibt es institutionalisierte, auf Expertenwissen basierende Verhaltensprogramme – im Sinne Giddens (1991): „body regimes" –, die für den Einzelnen hierbei hilfreich sein können, doch entlasten ihn diese nicht von der Aufgabe, selbstreflexiv sich seiner Gesunderhaltung zuzuwenden. Dass es sich bei der Selbstsorge um die körperliche Gesundheit um eine gesellschaftlich bedingte Notwendigkeit handelt, dürfte, wie etwa die Bezeichnung ‚Zivilisationskrankheit' als Sammelbegriff für zahlreiche moderne Krankheiten (bspw. Allergien oder Stresssymptome) andeutet, offensichtlich sein. Als Zivilisationskrankheit kann man im weiteren Sinne auch all die Nebenfolgen verstehen, die aus der Entkörperlichung der modernen Lebensführung resultieren; dazu zählen z.B. der Mangel an körperlicher Bewegung und Tätigkeit, die Computerisierung der Arbeitswelt oder die Mechanisierung und Medikalisierung des Körpers. Selbstsorge dem eigenen Körper gegenüber kann vor dem Hintergrund solcher Formen der Entkörperlichung nur heißen, ein reflexiv-leibliches Selbstverhältnis zu entwickeln und die Wiederaneignung des eigenen Körpers sicherzustellen. Spätmoderne Gesellschaften bieten auch dafür zahlreiche Optionen. Aber auch hier steht das Individuum vor der Aufgabe, eine kluge und autonome Wahl zu treffen, die seinem Können und Wollen angemessen ist, denn nicht für jeden ist ein 14-tägiges Survival-Camp die richtige Art der Körperaneignung.

So wie der Entfremdung des Körpers eine sorgsame Wiederaneignung des Körpers als Identitätsaufgabe korrespondiert, korreliert der Entfremdung des *Leibes* ebenfalls die Notwendigkeit seiner Wiederaneignung – jedenfalls dann, wenn das Individuum zur Lebens- und Selbstgestaltung die Fülle des Lebens heranziehen möchte. Zur Aneignung der Fülle des Lebens zählt bspw., der durch die Medialisierung, Rationalisierung, Disziplinierung bewirkten Entsinnlichung des modernen Lebens gegenzusteuern und den Sinnen die ihnen gebührende Wertschätzung und Aufmerksamkeit zukommen zu lassen. Von dem Gewinn einer solchermaßen reflexiven Sinnlichkeit war bereits weiter oben die Rede. Zusätzlich kann nun gesagt werden, dass der Wiederaneignung der Sinne aus der Identitätsperspektive die Funktion eignet, der reflektierten Selbstsorge eine Auszeit zu gönnen, um neue Kräfte zu sammeln und sie so erneut zu ermöglichen. Identität als reflexive Leiblichkeit meint unter diesem Gesichtspunkt, dass das Individuum bewusst Sorge dafür trägt, sich von der Selbstsorge spürbar zu erholen. Es sucht sich dazu klugerweise Situationen, in denen es sich die Gegenwart bewusst zur Entspannung und zum Genuss aneignet. Hermann Schmitz zufolge bietet insbesondere der Tanz eine solche Möglichkeit des "Sichfindens im Leiblichen und der Selbstverwirklichung" im Gegenwärtigen (Schmitz 1972, zit. in: Soentgen 1998: 10). Schmid wiederum spricht hinsichtlich der Fähigkeit zum Genießen und zur Entspannung von der "Aufhebung der Sorge" durch den "Gebrauch der Lüste" (Schmid 1999: 333). Er verweist hierbei auch auf die besondere Identitätsrelevanz dieser Technik:

> "Über die zeitweilige Aufhebung der Sorge hinaus geht es jedoch beim Gebrauch der Lüste in der reflektierten Lebenskunst um die *Aufhebung des Selbst*, die die Voraussetzung für eine Neukonstituierung darstellt: Die Sorge sorgt für jene Selbstvergessenheit, in der das Selbst seine Kohärenz verliert und auf spielerische Weise neu konstituiert. Daher ist es klug, die Lüste zu nähren, denn sie treiben das Selbst über sich hinaus und bestärken nicht etwa seine Kohärenz, sondern stellen sie auf den Kopf und lösen sie auf, um sie neu zusammenzufügen. Wenn es darauf ankommt, die allzu starr gewordene Form des Selbst wieder in Bewegung zu bringen und zu sprengen, ist auf die Erfahrung der Lüste Verlass: Ihr Genuss öffnet das verschlossene Selbst und sorgt für das ,eigentliche Erleben des Ich', von dem Lévinas spricht, um den Genuss zu beschreiben" (ebd.: 333f.; Herv. im Orig.).

Die "Aufhebung des Selbst" in der Sinnenlust und im Genuss bedeutet, die Selbstbeherrschung, die immer auch eine Beherrschung der eigenen Leiblichkeit ist (vgl. Teil 3, Kap. 5.3), für eine begrenzte Zeit absichtsvoll aufzugeben und der leiblichen Seite des Daseins Raum zu geben. Das Individuum sollte deshalb bemüht sein, der Sinnlichkeit und dem Genuss ausreichend Platz im eigenen Leben einzuräumen und einen reflexiven, sorg- und aufmerksamen Umgang mit den Sinnen und Affekten zu pflegen. Dreitzel (1998) spricht vom "emotionalen Gewahrsein" und verweist damit auf diesen Sachverhalt, durch innere Achtsamkeit ein sinnlich-emotionales Selbstverhältnis zu kultivieren. Der Gebrauch der Lüste und der Sinne beschränkt sich dabei nicht auf die sexuelle Lust und die erotische Sinnlichkeit, sondern sollte oder kann sich auf eine weites Feld der Lust erstrecken: neben den Lüsten der Sinne, also des Sehens, Hörens, Riechens, Schmeckens, Tastens und Spürens, bspw. die Lust der Phantasie und der Träume, des Denkens und der Reflexion, der Erinnerung und des Gesprächs, des Lachens und der Geselligkeit etc. Das Individuum, das seine Identität entsprechend dem Konzept der reflexiven Leiblichkeit entwirft, wird jedenfalls den Zugang zu den vielfältigen Formen leiblicher Erfahrung suchen, sie mit Sorgsamkeit leben und damit der reflexiven Lebens- und Selbstgestaltung „die Farbigkeit und die Tiefe des menschlichen Lebens" (Soentgen 1998: 12) als erkenntnismäßige Basis zu Grunde legen.

Identität als reflexive Leiblichkeit verstanden impliziert den Leib schließlich auch in der Weise, dass er als Kriterium für die allein vom Subjekt vorzunehmende Bewertung fungiert, ob die eigene Lebens- und Selbstgestaltung gelungen ist. Schmid zufolge ist nämlich die Beantwortung der Frage, ob das Individuum die „Haltung der Gelassenheit" einnehmen kann, maßgebend für das „Einsetzen der Lebenskunst" (Schmid 1999: 393), in meinem Sinne also für das Empfinden, mit sich identisch zu sein – und Gelassenheit ist ein leiblich-affektiver Zustand.

> „Die Gelassenheit kann, angelehnt an ihre antike Gestalt, zum Signum der Lebenskunst in einer anderen Moderne werden, zum wertvollen, unverzichtbaren Einsatz im Spiel von Freiheit und Macht. Das in sich ruhende, ausgeglichene Selbst ist das eigentlich freie Subjekt, denn es ist am ehesten in der Lage, sich der Macht anderer oder anonymer Verhältnisse nicht auszuliefern, sondern ‚über sich selbst die größte Macht zu haben' und sich selbst zu eigen zu sein (...)" (ebd.).

Gelassenheit ist ein leiblich-affektives Befinden, eine sozial erworbene Disposition, die die leibliche Grundlage abgibt, auf der das Individuum selbstmächtig sein Leben sich aneignen und es gestalten kann. Gelassenheit ist erfahrbar als ganzheitliches Weitegefühl, als entspannter Befindenszustand, oder, ex negativo formuliert, als Abwesenheit spürbarer Aufgeregtheit, Nervosität, Unruhe oder Angst. Die Fähigkeit, eine gelassene Haltung dem Leben und sich selbst gegenüber einzunehmen, bedeutet nicht, dem Leben und Selbst gleichgültig oder nachlässig gegenüberzustehen. Vielmehr äußert sich die Gelassenheit in einer Einstellung zum Leben, die dessen Ereignishaftigkeit, Wandelbarkeit, Widersprüchlichkeit und Unvorhersagbarkeit anerkennt und zum selbstsicheren und souveränen Umgang mit ihnen befähigt. Ähnlich der Ironie, die als Technik zur erfolgreichen Praxis mit Widersprüchen aufgefasst werden kann, ist die Gelassenheit eine leibliche Kompetenz, die es dem Einzelnen ermöglicht, mit der Freiheit und dem Zwang zur Wahl klarzukommen und die Ambivalenzen des Lebens auszuhalten. Als Ausdruck einer selbstdistanzierten Haltung ermöglicht es die Gelassenheit außerdem, ein sachlich angemessenes Maß im Umgang mit negativen Erfahrungen, persönlichen Rückschlägen und inneren Konflikten zu finden, und so auch die damit verbundene leiblich-affektive Betroffenheit in aushaltbaren und handhabbaren Grenzen zu halten. Vermutlich leistet die Gelassenheit damit auch einen Beitrag zur persönlichen Gesunderhaltung. Um die Gelassenheit zu erwerben und sich selbst zu finden, sind jedenfalls Auseinandersetzungen mit solchen negativen Erfahrungen und inneren Konflikten alles andere als unbedeutend. Generell kann man sagen, dass die Gelassenheit aus dem Zusammenspiel von Lebens- und Selbsterfahrung sowie der Fähigkeit resultiert, diese Erfahrungen reflexiv zu einem als stimmig und kohärent empfundenen Selbst zu organisieren. In dieser Hinsicht ist die Gelassenheit ein konkreter und für die personale Identität entsprechend bedeutsamer Ausdruck reflexiver Leiblichkeit.

Die Identitätsrelevanz einer gelassenen Haltung ergibt sich dabei, um das Zitat von Schmid noch einmal aufzugreifen, insbesondere daraus, dass sie zur eigenen Selbstmächtigkeit beiträgt bzw. diese gewissermaßen verkörpert. In der Gelassenheit scheint es am ehesten möglich, sich strukturellen Zwängen und äußeren Mächten zu widersetzen. Sicherlich sind die Chancen und Möglichkeiten für ein gelassenes, reflexiv-leibliches Selbstverhältnis sozial ungleich verteilt. Das aber widerspricht nicht der Annahme, dass die Gelassenheit eine reflexiv-leibliche Kompetenz darstellt, die es dem Individuum zumindest erleichtert, zwischen all den Chancen und Risiken, Möglichkeiten und Zwängen, Freudens- und Leidensmomenten spätmoderner Gesellschaften hindurch einen Weg zu finden, der es zu einem gelungenen Selbst führt.

Ob es dieses Ziel erreicht hat, kann nur jedes Individuum für sich selbst beantworten. Die gesellschaftlichen und kulturellen Bedingungen zu Beginn des 21. Jahrhunderts scheinen jedenfalls dergestalt zu sein, so kann zusammenfassend gesagt werden, dass der Weg zu diesem Ziel auf reflexiv-leibliche Weise gegangen werden sollte. Für das Gelingen des ein Leben lang andauernden Projekts ‚Identität' dürfte es für das Individuum zumindest von Vorteil, wenn nicht gar eine Notwendigkeit sein, in einem reflexiv-leiblichen Selbstverhältnis zu leben. In der reflexiven Leiblichkeit, das heißt, in der Überwindung des Gegensatzes von Denken und Fühlen, Reflexion und Leiberfahrung, im Vertrauen auf die leibliche Intelligenz des Spürsinns und im reflexiven, klugen Umgang mit den eigenen Sinnen, Empfindungen und dem eigenen Körper, spiegelt sich ein Identitätspotenzial, das bei weitem noch nicht ausgereizt ist und zudem den spätmodernen Anforderungen und Möglichkeiten auf ideale Weise entgegenkommt. Im Sinne Schimanks (1985) bezeichnet reflexive Leiblichkeit damit jene Identitätsform, die der spätmodernen Gesellschaftsform am treffendsten „entspricht". Identität als reflexive Leiblichkeit weist darauf hin, dass sich Individuen unter den gegebenen sozio-kulturellen Lebensbedingungen sowohl auf ihre reflexive Kompetenz wie auch und vor allem auf ihre leiblichen und körperlichen Fähigkeiten und Fertigkeiten verlassen sollten, um jene Sicherheit, Orientierung und jenen Halt im Leben zu finden, die gemeinhin als Ausdruck von personaler Identität bezeichnet werden. Oder, um es in den Worten von Schwester Hildegard zu sagen, die es nur ins Weltliche zu übersetzen gilt:

> „Das ist etwas was mich ungeheuer glücklich macht (...) dass das irgendwo auch heute anerkannt wird, dass Leib Seele Geist eine Einheit sind und dass man nicht äh äh über die Spiritualität und die Geistigkeit und, eben das äh das Leben des nach den äh Regeln und Gelübden äh so hoch ansetzt dass man darüber den Leib vergisst. Sondern dass auch der Leib eben seine Rolle spielt in unserem geistigen und spiritualem Leben."

Literatur

A. Verzeichnis der abgekürzten Schriften

Helmuth Plessner
CH =   (1964). Conditio humana. Pfullingen: Neske.
LuW =   (1982a). Lachen und Weinen. Eine Untersuchung der Grenzen menschlichen Verhaltens. In H. Plessner, Gesammelte Schriften VII: Ausdruck und menschliche Natur (S. 201-387). Frankfurt a.M.: Suhrkamp.
SOM =   (1975). Die Stufen des Organischen und der Mensch. Berlin/New York: de Gruyter.

Maurice Merleau-Ponty
PdW =   (1966). Phänomenologie der Wahrnehmung. Berlin: de Gruyter.

Hermann Schmitz
SP I =   (1964). System der Philosophie, Band 1: Die Gegenwart. Bonn: Bouvier.
SP II,1 =   (1965). System der Philosophie. Band 2, Teil 1: Der Leib. Bonn: Bouvier.
SP II,2 =   (1966). System der Philosophie. Band 2, Teil 2: Der Leib im Spiegel der Kunst. Bonn: Bouvier.
SP III,1 = (1967). System der Philosophie, Band 3, Teil 1: Der leibliche Raum. Bonn: Bouvier.
SP III,2 = (1969). System der Philosophie, Band 3, Teil 2: Der Gefühlsraum. Bonn: Bouvier.
SP III,5 = (1978). System der Philosophie, Band 3, Teil 5: Die Wahrnehmung. Bonn: Bouvier.
SP IV =   (1980a). System der Philosophie, Band 4: Die Person. Bonn: Bouvier.
SP V =   (1980b). System der Philosophie, Band 5: Die Aufhebung der Gegenwart. Bonn: Bouvier.

Pierre Bourdieu
FU =   (1982). Die feinen Unterschiede. Kritik der gesellschaftlichen Urteilskraft. Frankfurt a.M.: Suhrkamp.
SRK =   (1985). Sozialer Raum und ‚Klassen'. Lecon sur la Lecon. Zwei Vorlesungen. Frankfurt a.M.: Suhrkamp.
SS =   (1987). Sozialer Sinn. Kritik der theoretischen Vernunft. Frankfurt a.M.: Suhrkamp.
TdP =   (1976). Entwurf einer Theorie der Praxis auf der ethnologischen Grundlage der kabylischen Gesellschaft. Frankfurt a.M.: Suhrkamp.

B. Literatur in alphabetischer Reihenfolge

Abrams, D., & Hogg, M. A. (Ed.) (1990). Social Identity Theory: Constructive and Critical Advances. New York: Harper.

Ahbe, Th. (1997). Ressourcen - Transformation - Identität. In H. Keupp & R. Höfer (Hg.), Identitätsarbeit heute. Klassische und aktuelle Perspektiven der Identitätsforschung (S. 207-226). Frankfurt a.M.: Suhrkamp.

Alheit, P., Dausien, B., Fischer-Rosenthal, W., Hanses, A., & Keil, A. (Hg.) (1999). Biographie und Leib. Gießen: Psychosozial-Verlag.

Angerer, M.-L. (Hg.) (1995). The Body of Gender - Körper. Geschlechter. Identitäten. Wien: Passagen.

Anzieu, D. (1991). Das Haut-Ich. Frankfurt a.M.: Suhrkamp.

Apraku, E., & Nelles, St. (1988). Körperkult. Reportagen. Frankfurt/Berlin: Ullstein.

Baldauf, Ch. (1997). Metapher und Kognition: Grundlagen einer neuen Theorie der Alltagsmetapher. Frankfurt a.M. et al.: Peter Lang.

Barkhaus, A., Mayer, M., Roughly, N. & Thürnau, D. (Hg.) (1996). Identität, Leiblichkeit, Normativität. Neue Horizonte anthropologischen Denkens. Frankfurt a.M.: Suhrkamp.

Baumann, S. (1986). Die Orientierung am und im eigenen Körper. Das Körperschema im engeren Sinne. In J. Bielfeld (Hg.), Körpererfahrung. Grundlagen menschlichen Bewegungsverhaltens (S. 161-185). Göttingen et al.: Hogrefe.

Bauman, Z. (1992). Moderne und Ambivalenz. Das Ende der Eindeutigkeit. Hamburg: Junius.

Bauman, Z. (1994). Vom Pilger zum Touristen. Das Argument, 36. Jg., Heft 3, 389-408.

Bauman, Z. (1995). Identitätsprobleme in der Postmoderne (Aus dem Englischen ins Deutsche übertragen von P. Holler und J. Hohl). München: Unveröffentlichtes Manuskript eines Vortrags, gehalten an der Universität München, Mai 1995.

Bauman, Z. (1999). Unbehagen in der Postmoderne. Hamburg: Hamburger Edition.

Beck, U. (1986). Risikogesellschaft. Auf dem Weg in eine andere Moderne. Frankfurt a.M.: Suhrkamp.

Beck, U. (1993). Die Erfindung des Politischen. Zu einer Theorie reflexiver Modernisierung. Frankfurt a.M.: Suhrkamp.

Beck, U., Vossenkuhl, W., & Ziegler, U. E. (Hrsg.) (1995). Eigenes Leben. Ausflüge in die unbekannte Gesellschaft, in der wir leben. München: Beck.

Beck, U., & Beck-Gernsheim, E. (Hg.) (1994). Riskante Freiheiten. Individualisierung in modernen Gesellschaften. Frankfurt a.M.: Suhrkamp.

Beck, U., & Beck-Gernsheim, E. (1994a). Individualisierung in modernen Gesellschaften - Perspektiven und Kontroversen einer subjektorientierten Soziologie. In dies. (Hg.), Riskante Freiheiten. Individualisierung in modernen Gesellschaften (S. 10-39). Frankfurt a.M.: Suhrkamp.

Belgrad, J. (1992). Identität als Spiel. Eine Kritik des Identitätskonzeptes von Jürgen Habermas. Opladen: Westdeutscher Verlag.

Benson, S. (1997). The body, health and eating disorders. In K. Woodward (Ed.), Identity and Difference (p. 121-181). London: Sage.

Berger, P. L., Berger, B., & Kellner, H. (1975). Das Unbehagen in der Modernität. Frankfurt a.M./New York: Campus.

Berger, P. L. & Luckmann, Th. (1969). Die gesellschaftliche Konstruktion der Wirklichkeit. Eine Theorie der Wissenssoziologie. Frankfurt a.M.: S. Fischer.

Bernard, M. (1980). Der menschliche Körper und seine gesellschaftliche Bedeutung. Phänomen, Phantasma, Mythos. Bad Homburg: Limpert.

Berzonsky, M. D. (1988). Self-theorists, identity status, and social cognition. In D. K. Lapsley & F. C. Power (Hg.), Self, Ego, and Identity. Integrative Approaches (S. 243-262). New York/Berlin/Heidelberg: Springer.

Berzonsky, M. D. (1990). Self-construction over the life-span: a process perspective on identity formation. In G. J. Neimeyer & R. A. Neimeyer Ed.), Advances in Personal Construct Psychology. A Research Annual (Vol. 1, p. 155-186). Greenwich, CO: Jai Press.

Bette, K. (1989). Körperspuren. Zur Semantik und Paradoxie moderner Körperlichkeit. Berlin/New York: de Gruyter.

Bielefeld, J. (1986). Zur Begrifflichkeit und Strukturierung der Auseinandersetzung mit dem eigenen Körper. In ders. (Hg.), Körpererfahrung. Grundlage menschlichen Bewegungsverhaltens (S. 3-33). Göttingen et. al.: Verlag für Psychologie.

Bilden, H. (1994). Feministische Perspektiven in der Sozialpsychologie am Beispiel der Bulimie. In H. Keupp (Hg.), Zugänge zum Subjekt. Perspektiven einer reflexiven Sozialpsychologie (S. 147-185). Frankfurt a.M.: Suhrkamp.

Bilden, H. (1997). Das Individuum - ein dynamisches System vielfältiger Teil-Selbste. Zur Pluralität in Individuum und Gesellschaft. In H. Keupp & R. Höfer (Hg.), Identitätsarbeit heute. Klassische und aktuelle Perspektiven der Identitätsforschung (S. 227-250). Frankfurt a.M.: Suhrkamp.

Black, M. (1983a). Die Metapher. In A. Haverkamp (Hg.), Theorie der Metapher (S. 55-79). Darmstadt: Wissenschaftliche Buchgesellschaft.

Black, M. (1983b). Mehr über die Metapher. In A. Haverkamp (Hg.), Theorie der Metapher (S. 379-413). Darmstadt: Wissenschaftliche Buchgesellschaft.

Böhme, G. (1992). Leib: Die Natur, die wir selbst sind. In ders. (Hg.), Natürlich Natur. Über Natur im technischen Zeitalter ihrer Reproduzierbarkeit (S. 77-93). Frankfurt a.M.: Suhrkamp.

Böhme, H., & Böhme, G. (1983). Das Andere der Vernunft. Zur Entwicklung von Rationalitätsstrukturen am Beispiel Kants. Frankfurt a.M.: Suhrkamp.

Bohleber, W. (1992). Identität und Selbst. Die Bedeutung der neueren Entwicklungsforschung für die psychoanalytische Theorie des Selbst. Psyche, Jg. XLVI, Heft 4, 336-365.

Bohleber, W. (1997). Zur Bedeutung der neueren Säuglingsforschung für die psychoanalytische Theorie der Identität. In H. Keupp & R. Höfer (Hg.), Identitätsarbeit heute. Klassische und aktuelle Perspektiven der Identitätsforschung (S. 93-119). Frankfurt a.M.: Suhrkamp.

Bohleber, W. (1999). Psychoanalyse, Adoleszenz und das Problem der Identität. Psyche, Jg. LIII, Heft 6, 507-528.

Bohn, C. (1991). Habitus und Kontext. Ein kritischer Beitrag zur Sozialtheorie Bourdieus (Mit einem Vorwort von Alois Hahn). Opladen: Westdeutscher Verlag.

Bolay, E., & Trieb, B. (1988). Verkehrte Subjektivität: Kritik der individuellen Ich-Identität. Frankfurt a.M./New York: Campus.

Bourdieu, P. (1976). Entwurf einer Theorie der Praxis auf der ethnologischen Grundlage der kabylischen Gesellschaft. Frankfurt a.M.: Suhrkamp.

Bourdieu, P. (1982). Die feinen Unterschiede. Kritik der gesellschaftlichen Urteilskraft. Frankfurt a.M.: Suhrkamp.

Bourdieu, P. (1983). Ökonomisches Kapital, kulturelles Kapital, soziales Kapital. In R. Kreckel (Hg.), Soziale Ungleichheiten (Soziale Welt Sonderband 2) (S. 183-193). Göttingen: Schwarz.

Bourdieu, P. (1985). Sozialer Raum und 'Klassen'. Lecon sur la Lecon. Zwei Vorlesungen. Frankfurt a.M.: Suhrkamp.

Bourdieu, P. (1987). Sozialer Sinn. Kritik der theoretischen Vernunft. Frankfurt a.M.: Suhrkamp.

Bourdieu, P. (1989). Antworten auf einige Einwände. In K. Eder (Hg.), Klassenlage, Lebensstil und kulturelle Praxis. Theoretische und empirische Beiträge zu einer Auseinandersetzung mit Pierre Bourdieus Klassentheorie (S. 395-410). Frankfurt a.M.: Suhrkamp.

Bourdieu, P., & Waquant L. J. D. (1996). Reflexive Anthropologie. Frankfurt a.M.: Suhrkamp.

Breakwell, G. M. (Hg.) (1992). Social Psychology of Identity and the Self Concept. London et al.: Surrey University Press.

Breuer, St. (1987). Foucaults Theorie der Disziplinargesellschaft. Eine Zwischenbilanz. Leviathan, Jg. 15, Heft 3, 319-337.

Buchholz, M. B. (1996). Metaphern der "Kur". Studien zum therapeutischen Prozess. Opladen: Westdeutscher Verlag.

Buchholz, M. B., & von Kleist, C. (1997). Szenarien des Kontakts. Eine metaphernanalytische Untersuchung stationärer Psychotherapie. Gießen: Psychosozial-Verlag.

Bühl, W. L. (1987). Kulturwandel. Für eine dynamische Kultursoziologie. Darmstadt: Wissenschaftliche Buchgesellschaft.

Burkitt, I. (1999). Bodies of Thought. Embodiment, Identity and Mordernity. London et al.: Sage.

Burr, V. (1995). An Introduction to Social Constructionism. London/New York: Routledge.

Butler, J. (1990). Gender Trouble. Feminism and the Subversion of Identity. London/New York: Routledge.

Coenen, H. (1985). Leiblichkeit und Sozialität. Ein Grundproblem der phänomenologischen Soziologie. In H. Petzold (Hg.). Leiblichkeit: Philosophische, gesellschaftliche und therapeutische Perspektiven (S. 197-228). Paderborn: Junfermann.

Cohen, S., & Taylor, L. (1977). Ausbruchsversuche. Identität und Widerstand in der modernen Lebenswelt. Frankfurt a.M.: Suhrkamp.

Craib, I. (1999). Experiencing Identity. London: Sage.
Crossley, N. (1994). The Politics of Subjectivity. Between Foucault and Merleau-Ponty. Aldershot: Avebury.
Crossley, N. (1995). Body technics, agency and intercorporeality: On Goffman's „Relation in Public". In Sociology, Vol. 29, No.1, 133-149.
Crossley, N. (1996). Intersubjectivity. The Fabric of Social Becoming. London: Sage.

Damasio, A. R. (1994). Descartes' Irrtum. Fühlen, Denken und das menschliche Gehirn. München: List.
Damasio, A. R. (2000). Ich fühle, also bin ich. Die Entschlüsselung des Bewusstseins. München: List.
Daniel, C. (1981). Theorien der Subjektivität. Einführung in die Soziologie des Individuums. Frankfurt a.M./New York: Campus.
Davis, K. (Ed.) (1997). Embodied Practices. Feminist Perspectives on the Body. London: Sage.
de Levita, D. J. (1971). Der Begriff der Identität. Frankfurt a.M.: Suhrkamp.
Der Duden (1988). Stilwörterbuch der deutschen Sprache. Die Verwendung der Wörter im Satz. (Bd. 2). (7. Aufl.). Mannheim et al.: Dudenverlag.
Der Duden (1997). Das Herkunftswörterbuch. Etymologie der deutschen Sprache. (Bd. 7). Mannheim et al.: Dudenverlag.
Döbert, R., Habermas, J., & Nunner-Winkler, G. (1980). Einleitung. In dies. (Hg.), Entwicklung des Ichs (S. 9-30). Köln: Verlagsgruppe Athenäum, Hain, Scriptor, Hanstein.
Döbert, R., & Nunner-Winkler, G. (1975). Adoleszenzkrise und Identitätsbildung. Frankfurt a.M.: Suhrkamp.
Douglas, M. (1974). Ritual, Tabu und Körpersymbolik. Sozialanthropologische Studien in Industriegesellschaft und Stammeskultur. Frankfurt a.M.: Fischer.
Dreitzel, H.-P. (1992). Reflexive Sinnlichkeit. Mensch - Umwelt - Gestalttherapie. Köln: Edition Humanistische Psychologie.
Dreitzel, H.-P. (1998). Emotionales Gewahrsein. Psychologische und gesellschaftliche Perspektiven der Gestalttherapie. München: dtv.
Dreyfus, H., & Rabinow, P. (1987). Michel Foucault. Jenseits von Strukturalismus und Hermeneutik. Frankfurt a.M.: Athenäum.
Duden, B. (1991). Geschichte unter der Haut. Ein Eisenacher Arzt und seine Patientinnen um 1730. Stuttgart: Klett-Cotta.
Duerr, H.-P. (1988). Nacktheit und Scham. Der Mythos vom Zivilisationsprozess (Bd. 1). Frankfurt a.M.: Suhrkamp.
Duerr, H.-P. (1990). Intimität. Der Mythos vom Zivilisationsprozess (Bd. 2). Frankfurt a.M.: Suhrkamp.
Duerr, H.-P. (1995). Obszönität und Gewalt. Der Mythos vom Zivilisationsprozess (Bd. 3). Frankfurt a.M.: Suhrkamp.
Durkheim, E. (1994). Die elementaren Formen des religiösen Lebens. Frankfurt a.M.: Suhrkamp.

Elias, N. (1976). Über den Prozess der Zivilisation. Soziogenetische und psychogenetische Untersuchungen, Bd. I und II. Frankfurt a.M.: Suhrkamp.
Erazo, N. (1997). Entwicklungen des Selbstempfindens. Verschmelzung, Identität und Wir-Erleben. Stuttgart: Kohlhammer.
Erikson, E. H. (1965). Kindheit und Gesellschaft. (2. Aufl.). Stuttgart: Klett.
Erikson, E. H. (1973). Identität und Lebenszyklus. Drei Aufsätze. Frankfurt a.M.: Suhrkamp.
Erikson, E. H. (1973a). Ich-Entwicklung und geschichtlicher Wandel. In ders. (Hg.), Identität und Lebenszyklus (S. 11-54). Frankfurt a.M.: Suhrkamp.
Erikson, E. H. (1973b). Wachstum und Krisen der gesunden Persönlichkeit. In ders. (Hg.), Identität und Lebenszyklus (S. 55-122). Frankfurt a.M.: Suhrkamp.
Erikson, E. H. (1973c). Das Problem der Ich-Identität. In ders. (Hg.), Identität und Lebenszyklus (S. 123-212). Frankfurt a.M.: Suhrkamp.
Erikson, E. H. (1981). Jugend und Krise. Die Psychodynamik im sozialen Wandel. Stuttgart: Klett-Cotta.

Falk, P. (1994). The Consuming Body. London: Sage.
Featherstone, M., Hepworth, M., & Turner, B. S. (Hg.) (1991). The Body. Social Process and Cultural Theory. London: Sage.
Feistner, R. (1997). Körper und Identität am Beispiel der Essstörungen. Verhaltenstherapie & psychosoziale Praxis, 29 (4), 513-536.
Filipp, S.-H. (Hg.) (1979). Selbstkonzept-Forschung. Stuttgart: Klett-Cotta.

Fischer-Rosenthal, W. (1999). Biographie und Leiblichkeit. Zur biographischen Arbeit und Artikulation des Körpers. In P. Alheit et al. (Hg.), Biographie und Leib (S. 15-43). Gießen: Psychosozial-Verlag.

Flick, U. (1995). Qualitative Forschung. Theorie, Methoden, Anwendung in Psychologie und Sozialwissenschaften. Reinbek: Rowohlt.

Flick, U. (1996). Psychologie des technisierten Alltags. Soziale Konstruktion und Repräsentation technischen Wandels in verschiedenen kulturellen Kontexten. Opladen: Westdeutscher Verlag.

Flick, U. (2000). Triangulation in der qualitativen Forschung. In U. Flick, E. von Kardorff & I. Steinke (Hg.), Qualitative Forschung. Ein Handbuch (S. 309-318). Reinbek: Rowohlt.

Flick, U., von Kardorff, E., & Steinke, I. (2000). Qualitative Forschung. Ein Handbuch. Reinbek: Rowohlt.

Foucault, M. (1976). Überwachen und Strafen. Die Geburt des Gefängnisses. Frankfurt a.M.: Suhrkamp.

Foucault, M. (1983). Der Wille zum Wissen. Sexualität und Wahrheit 1. Frankfurt a.M.: Suhrkamp.

Freud, S. (1992a). Formulierungen über die zwei Prinzipien des psychischen Geschehens. In S. Freud (Hg.), Das Ich und das Es. Metapsychologische Schriften (Mit einer Einleitung von Axel Holder) (S. 31-38). Frankfurt a.M.: Fischer.

Freud, S. (1992b). Triebe und Triebschicksale. In S. Freud (Hg.), Das Ich und das Es. Metapsychologische Schriften (Mit einer Einleitung von Axel Holder) (S. 81-101). Frankfurt a.M.: Fischer.

Freud, S. (1992c). Die Verdrängung. In S. Freud (Hg.), Das Ich und das Es. Metapsychologische Schriften (Mit einer Einleitung von Axel Holder) (S. 105-116). Frankfurt a.M.: Fischer.

Freud, S. (1992d). Das Ich und das Es. In S. Freud (Hg.), Das Ich und das Es. Metapsychologische Schriften (Mit einer Einleitung von Axel Holder) (S. 253-295). Frankfurt a.M.: Fischer.

Freud, S. (1994). Das Unbehagen in der Kultur. In S. Freud (Hg.), Das Unbehagen in der Kultur. Und andere kulturtheoretische Schriften (Mit einer Einleitung von A. Lorenzer und B. Görlich) (S. 29-108). Frankfurt a.M.: Fischer.

Frey, H.-P., & Haußer, K. (1987). Entwicklungslinien sozialwissenschaftlicher Identitätsforschung. In dies. (Hg.), Identität. Entwicklungen psychologischer und soziologischer Forschung (S. 3-26). Stuttgart: Enke.

Fritscher, W. (1996). (Post)moderne Tätowierungen. Zur Individualisierung einer unrevidierbaren „Selbststigmatisierung". Kultursoziologie, Jg. 5, Heft 2, 17-37.

Fuchs, Th. (2000). Leib, Person, Raum. Entwurf einer phänomenologischen Anthropologie. Stuttgart: Klett-Cotta.

Gehlen, A. (1986). Urmensch und Spätkultur. Philosophische Ergebnisse und Aussagen. (5. Aufl.). Wiesbaden: Aula.

Gehlen, A. (1993a). Zur Geschichte der Anthropologie. In ders. (Hg.), Anthropologische und sozialpsychologische Untersuchungen (Mit einem Nachwort von Herbert Schnädelbach) (S. 7-25). Reinbek: Rowohlt.

Gehlen, A. (1993b). Ein Bild vom Menschen. In ders. (Hg.), Anthropologische und sozialpsychologische Untersuchungen (Mit einem Nachwort von Herbert Schnädelbach) (S. 44-54). Reinbek: Rowohlt.

Gehlen, A. (1993c). Über Kultur, Natur und Natürlichkeit. In ders. (Hg.), Anthropologische und sozialpsychologische Untersuchungen (Mit einem Nachwort von Herbert Schnädelbach) (S. 78-92). Reinbek: Rowohlt.

Geißler, P., & Rückert, K. (Hg.) (1998). Psychoanalyse und Körper (= psychosozial Nr. 74). Baden-Baden: Nomos.

Gendlin, E. T. (1993). Die umfassende Rolle des Körpergefühls im Denken und Sprechen. Deutsche Zeitschrift für Philosophie, Jg. 41, Heft 4, 693-706.

Gergen, K. J. (1994). Sinn ist nur als Ergebnis von Beziehungen denkbar. Psychologie Heute, Heft 10, 34-38.

Gergen, K. J. (1996). Das übersättigte Selbst. Identitätsprobleme im heutigen Leben. Heidelberg: Auer.

Gergen, K. J., & Gergen, M. M. (1988). Narrative and the self as relationship. In L. Berkowicz (Ed.), Advances in Experimental Social Psychology (p. 17-56). New York: Academic Press.

Gerlinghoff, M. & Backmund, H. (2001). Magersucht. Anstöße zur Krankheitsbewältigung. (4. Aufl.). München: dtv.

Giddens, A. (1990). The Consequences of Modernity. Cambridge: Polity Press.

Giddens, A. (1991). Modernity and Self-Identity. Self and Society in the Late Modern Age. Cambridge: Polity Press.

Giddens, A. (1992). Die Konstitution der Gesellschaft. Grundzüge einer Theorie der Strukturierung (Mit einer Einführung von Hans Joas). Frankfurt a.M./New York: Campus.

Giddens, A. (1993). Wandel der Intimität. Sexualität, Liebe und Erotik in modernen Gesellschaften. Frankfurt a.M.: Fischer.

Glaser, B. (1978). Theoretical Sensitivity. Mill Valley, CA: Sociology Press.

Glaser, B. G., & Strauss, A. L. (1967). The Discovery of Grounded Theory. Strategies for Qualitative Research. Chicago: Aldine.

Glaser, B. G., & Strauss, A. L. (1974). Interaktion mit Sterbenden. Beobachtungen für Ärzte, Schwestern, Seelsorger und Angehörige. Göttingen: Vandenhoeck.

Glass, J. M. (1993). Shattered Selves. Multiple Personality in a Postmodern World. Ithaca: Cornell University Press.

Görlitz, G. (2001). Körper und Gefühl in der Psychotherapie. Basisübungen. Stuttgart: Klett-Cotta.

Goffman, E. (1973). Asyle. Über die soziale Situation psychiatrischer Patienten und anderer Insassen. Frankfurt a.M.: Suhrkamp.

Goffman, E. (1974). Das Individuum im öffentlichen Austausch. Mikrostudien zur öffentlichen Ordnung. Frankfurt a.M.: Suhrkamp.

Goffman, E. (1975). Stigma. Über Techniken der Bewältigung beschädigter Identität. Frankfurt a.M.: Suhrkamp.

Goffman, E. (1980). Rahmen-Analyse. Ein Versuch über die Organisation von Alltagserfahrungen. Frankfurt a.M.: Suhrkamp.

Goffman, E. (1983). Wir alle spielen Theater. Die Selbstdarstellung im Alltag. München/Zürich: Piper.

Goffman, E. (1994). Die Interaktionsordnung. In ders., Interaktion und Geschlecht (Hrsg. und eingeleitet von H.A. Knoblauch. Mit einem Nachwort von H. Kotthoff) (S. 50-104). Frankfurt a.M./New York: Campus.

Greenwood, J. D. (1994). Realism, Identity and Emotion. Reclaiming Social Psychology. London et al.: Sage.

Grosz, E. (1994). Volatile Bodies. Towards a Corporeal Feminism. Bloomington, Ind.: Indiana University Press.

Grün, A. OSB (1989). Ehelos - des Lebens wegen. In Mönche der Abtei Münsterschwarzach (Hg.), Münsterschwarzacher Kleinschriften (Bd. 58). Münsterschwarzach: Vier-Türme.

Grupe, O. (1984). Grundlagen der Sportpädagogik. Körperlichkeit, Bewegung und Erfahrung im Sport. Schorndorf: Hofmann.

Gugutzer, R. (1998a). Zur Körperthematisierung in einer individualisierenden Gesellschaft. Kultursoziologie, Jg. 7, Heft 2, 33-54.

Gugutzer, R. (1998b). Der Leib der Nonne. Selbsterfahrung als Leiberfahrung in einem religiösen Milieu. Vortrag auf dem Workshop „Selbstthematisierung und Sozialtheorie" im Graduiertenkolleg „Identitätsforschung", Universität Halle-Wittenberg, 19./20.11.1998.

Gugutzer, R. (1999). Leib, Körper und die soziologische Relevanz des Spürens. Illustriert an Interviews mit Nonnen. Vortrag auf dem Workshop "Der Körper als Forschungsproblem" des Arbeitskreises "Soziologie des Körpers", Dortmund, 19./20.2.99.

Gugutzer, R. (2001). Der Leib, die Nonne und der Mönch. Zur leiblich-affektiven Konstruktion religiöser Wirklichkeit. In K. Hahn & M. Meuser (Hg.), Körperrepräsentationen in der Ordnung des Sozialen. Konstanz: UVK (i. D.)

Habermas, J. (1976a). Einleitung: Historischer Materialismus und die Entwicklung normativer Strukturen. In ders. (Hg.), Zur Rekonstruktion des Historischen Materialismus (S. 9-48). Frankfurt a.M.: Suhrkamp.

Habermas, J. (1976b). Moralentwicklung und Ich-Identität. In ders. (Hg.), Zur Rekonstruktion des Historischen Materialismus (S. 63-91). Frankfurt a.M.: Suhrkamp.

Habermas, J. (1976c). Können komplexe Gesellschaften eine vernünftige Identität ausbilden? In ders. (Hg.), Zur Rekonstruktion des Historischen Materialismus (S. 92-126). Frankfurt a.M.: Suhrkamp.

Habermas, J. (1981). Theorie des kommunikativen Handelns, Bd. I und II. Frankfurt a.M.: Suhrkamp.

Habermas, J. (1988). Individuierung durch Vergesellschaftung. Zu G.H. Meads Theorie der Subjektivität. In ders. (Hg.), Nachmetaphysisches Denken. Philosophische Aufsätze (S. 187-241) (2. Aufl.). Frankfurt a.M.: Suhrkamp.

Habermas, J. (2001). Die Zukunft der menschlichen Natur. Auf dem Weg zu einer liberalen Eugenik? Frankfurt a.M.: Suhrkamp.

Hage, J., & Powers, Ch. H. (1992). Post-Industrial Lives. Roles and Relationships in the 21st Century. Newbury Park: Sage.

Hahn, A. (1991). Biographie und Lebenslauf. In H.-R. Vetter (Hg.), Muster moderner Lebensführung. Ansätze und Perspektiven (S. 315-334). Weinheim/München: Juventa.

Haneberg, B. (1995). Leib und Identität. Die Bedeutung der Leiblichkeit für die Bildung der sozialen Identität. Würzburg: Ergon.

Harré, R. (1983). Personal Being. A Theory of Individual Psychology. Oxford: Blackwell.

Harré, R. (1989). Language games and texts of identity. In J. Shotter & K. Gergen (Ed.), Texts of Identity (p. 20-35). London/Newbury Park/New Delhi: Sage.

Haußer, K. (1995). Identitätspsychologie. Berlin et al.: Springer.

Haußer, K. (1997). Identitätsentwicklung - vom Phasenuniversalismus zur Erfahrungsverarbeitung. In H. Keupp & R. Höfer (Hg.), Identitätsarbeit heute. Klassische und aktuelle Perspektiven der Identitätsforschung (S. 120-134). Frankfurt a.M.: Suhrkamp.

Hausmann, B., & Neddermeyer, R. (1995). Bewegt sein. Integrative Bewegungs- und Leibtherapie in der Praxis. Paderborn: Junfermann.

Helsper, W. (1989). Selbstkrise und Individuationsprozess. Subjekt- und sozialisationstheoretische Entwürfe zum imaginären Selbst der Moderne. Opladen: Westdeutscher Verlag.

Henrich, D. (1979). "Identität" - Begriffe, Probleme, Grenzen. In O. Marquard & K. Stierle (Hg.), Identität (Poetik und Hermeneutik VIII) (S. 133-186). München:

Hewitt, J. P. (1989). Dilemmas of the American Self. Philadelphia: Temple University Press.

Hirschauer, St. (1993). Die soziale Konstruktion der Transsexualität. Über die Medizin und den Geschlechtswechsel. Frankfurt a.M.:

Hirschberger, J. (2000). Geschichte der Philosophie. Band I: Altertum und Mittelalter. (12. Aufl.). Frankfurt a.M.: Zweitausendeins.

Hitzler, R. (1988). Sinnwelten. Ein Beitrag zum Verstehen von Kultur. Opladen: Westdeutscher Verlag.

Hitzler, R. (1991). Der banale Proteus. Eine „postmoderne" Metapher? In H. Kuzmics & I. Mörth (Hg.), Der unendliche Prozeß der Zivilisation. Zur Kultursoziologie der Moderne nach Norbert Elias (S. 219-228). Frankfurt a.M./New York: Campus.

Hitzler, R. (1992). Der Goffmensch. Überlegungen zu einer dramatologischen Anthropologie. Soziale Welt, Jg. 43, Heft 4, 449-461.

Hitzler, R. (1993). Der gemeine Machiavellismus. Zur dramatologischen Rekonstruktion erfolgsorientierten Alltagshandelns. Sociologica Internationalis, Heft 2, 133-147.

Hitzler, R. (1997). Die Rolle des Körpers des Spielers. Universitas, Jg. 52, H. 1, 34-41.

Hitzler, R., & Honer, A. (Hrsg.) (1997). Sozialwissenschaftliche Hermeneutik. Eine Einführung. Opladen: Leske + Budrich.

Höfer, R. (1999). Jugend, Gesundheit und Identität. Studien zum Kohärenzgefühl. Opladen: Leske + Budrich.

Honer, A. (1985). Beschreibung einer Lebenswelt. Zur Empirie des Bodybuilding. Zeitschrift für Soziologie, Jg. 14, Heft 2, 131-139.

Honer, A. (1986). Die maschinelle Konstruktion des Körpers. Zur Leiblichkeit im Bodybuilding. Österreichische Zeitschrift für Soziologie, Jg. 11, Heft 4, 44-51.

Honer, A. (1989). Körperträume und Traumkörper. Vom anderen Selbst-Verständnis des Bodybuilders. In K. Dietrich & K. Heinemann (Hg.), Der nicht-sportliche Sport (S. 64-71). Schondorf: Hofmann.

Honneth, A., & Joas, H. (1980). Soziales Handeln und menschliche Natur. Anthropologische Grundlagen der Sozialwissenschaften. Frankfurt a.M./New York: Campus.

Hopf, Ch. (1978). Die Pseudo-Exploration. Überlegungen zur Technik qualitativer Interviews in der Sozialforschung. Zeitschrift für Soziologie, Jg. 7, 97-115.

Hopf, Ch. (1991). Nichtstandarisierte Erhebungsverfahren in der Sozialforschung - Überlegungen zum Forschungsstand. In M. Kaase & M. Küchler (Hg.), Herausforderungen der empirischen Sozialforschung (S. 86-108). Mannheim: ZUMA.

Hüwelmeier, G. (1999a). Vom Dienstmädchen zur Dienstmagd Christi - Weiblichkeitskonstruktionen in einer katholischen Ordensgemeinschaft. In Ch. Wolf et al. (Hg.), Geschlechterverhältnis und Religion (S. 1-9). Opladen: Leske + Budrich.

Hüwelmeier, G. (2000). Die Macht der Ordenstracht. Transformationen von Körpergrenzen. In C. Koppetsch (Hg.). Körper und Status. Zur Soziologie der Attraktivität (S. 189-209). Konstanz: UVK.

Husserl, E. (1993). Arbeit an den Phänomenen. Ausgewählte Schriften (Herausgegeben und mit einem Nachwort versehen von B. Waldenfels). Frankfurt a.M.: Fischer.

Imhof, A. E. (Hrsg.) (1983). Der Mensch und sein Körper. Von der Antike bis heute. München: C.H. Beck.

Israel, J. (1990). Sprache und Erkenntnis. Zur logischen Tiefenstruktur der Alltagssprache. Frankfurt a.M./New York: Campus.

James, W. (1997). Die Vielfalt religiöser Erfahrung. Eine Studie über die menschliche Natur (Mit einem Vorwort von Peter Sloterdijk). Frankfurt a.M./Leipzig: Insel.

Janning, F. (1991). Pierre Bourdieus Theorie der Praxis. Analyse und Kritik der konzeptionellen Grundlegung einer praxeologischen Soziologie. Opladen: Westdeutscher Verlag.

Joas, H. (1992). Die Kreativität des Handelns. Frankfurt a.M.: Suhrkamp.

Joas, H. (1996). Kreativität und Autonomie. Die soziologische Identitätskonzeption und ihre postmoderne Herausforderung. In A. Barkhaus, M. Mayer, N. Roughley & D. Thürnau (Hg.), Identität, Leiblichkeit, Normativität. Neue Horizonte anthropologischen Denkens (S. 357-369). Frankfurt a.M.: Suhrkamp.

Johnson, M. (1987). The Body in the Mind. The Bodily Basis of Meaning, Imagination, and Reason. Chicago/London: The University of Chicago Press.

Johnson, M. (1991). Knowing through the body. Philosophical Psychology, Vol. 4, No. 1, 3-18.

Kamper, D., & Wulf, Ch. (Hg.) (1982). Die Wiederkehr des Körpers. Frankfurt a.M.: Suhrkamp.

Kegan, R. (1986). Die Entwicklungsstufen des Selbst. Fortschritte und Krisen im menschlichen Leben. München: Kindt.

Kellner, D. (1994). Populäre Kultur und die Konstruktion postmoderner Identitäten. In A. Kuhlmann (Hg.), Philosophische Ansichten der Kultur der Moderne (S. 214-237). Frankfurt a.M.: Fischer.

Kempen, H. J. G. (1996). Mind as body moving in space. Bringing the body back into self-psychology. Theory & Psychology, 6 (4), 715-731.

Keupp, H. (1988). Auf der Suche nach der verlorenen Identität? In ders. (Hg.), Riskante Chancen. Das Subjekt zwischen Psychokultur und Selbstorganisation (S. 131-151). Heidelberg: Asanger.

Keupp, H. (1990a). Riskante Chancen. Das Subjekt im gesellschaftlichen Wandel. Universitas, 838-851.

Keupp, H. (1990b). Verunsicherungen - Risiken und Chancen des modernen Subjekts. liberal, Jg. 32, Heft 4, 9-20.

Keupp, H. (1997). Diskursarena Identität: Lernprozesse in der Identitätsforschung. In H. Keupp & R. Höfer (Hg.), Identitätsarbeit heute. Klassische und aktuelle Perspektiven der Identitätsforschung (S. 11-39). Frankfurt a.M.: Suhrkamp.

Keupp, H. (2000). Identität in Bewegung - und die illusionäre Hoffnung auf den Körper. Motorik. Zeitschrift für Motopädagogik und Mototherapie, Jg. 23, H. 3; 113-123.

Keupp, H., & Höfer, R. (Hrsg.) (1997). Identitätsarbeit heute. Klassische und aktuelle Perspektiven der Identitätsforschung. Frankfurt a.M.: Suhrkamp.

Keupp, H., Ahbe, Th., Gmür, W., Höfer, R., Mitzscherlich, B., Kraus, W., & Straus, F. (1999). Identitätskonstruktionen. Das Patchwork der Identitäten in der Spätmoderne. Reinbek: Rowohlt.

Kleining, G. (1994). Qualitativ-heuristische Sozialforschung. Schriften zur Theorie und Praxis. Hamburg-Harvestehude: Rolf Fechner-Verlag.

Kleist, C. von (1987). Zur Verwendung von Metaphern in den Selbstdarstellungen von Psychotherapieklienten. In J. B. Bergold & U. Flick (Hg.), Ein-Sichten. Zugänge zur Sicht des Subjekts mittels qualitativer Forschung (S. 115-124). Tübingen: DGVT.

Kohli, M. (1978). „Offenes" und „geschlossenes" Interview. Neue Argument zu einer alten Kontroverse. Soziale Welt, Jg. 29, Heft 1, 1-25.

Kohlmann, Th, & Raspe, H.-H. (1992). Deskriptive Epidemiologie chronischer Schmerzen. In E. Geissner & G. Jungnitsch (Hg.), Psychologie des Schmerzes. Diagnose und Therapie (S. 11-23). Weinheim: Psychologie-Verl.-Union.

Krais, B. (1989). Soziales Feld, Macht und kulturelle Praxis. Die Untersuchungen Pierre Bourdieus über die verschiedenen Fraktionen der „herrschenden" Klasse in Frankreich. In K. Eder (Hg.), Klassenlage, Lebensstil und kulturelle Praxis. Theoretische und empirische Beiträge zu einer Auseinandersetzung mit Pierre Bourdieus Klassentheorie (S. 47-70). Frankfurt a.M.: Suhrkamp.

Krappmann, L. (1969). Soziologische Dimensionen der Identität. Strukturelle Bedingungen für die Teilnahme an Interaktionsprozessen. Stuttgart: Enke.

Krappmann, L. (1997). Die Identitätsproblematik nach Erikson aus einer interaktionistischen Sicht. In H. Keupp & R. Höfer (Hg.), Identitätsarbeit heute. Klassische und aktuelle Perspektiven der Identitätsforschung (S. 66-92). Frankfurt a.M.: Suhrkamp.

Kraus, W. (1996). Das erzählte Selbst. Die narrative Konstruktion von Identität in der Spätmoderne. Pfaffenweiler: Centaurus.

Kraus, W., & Mitzscherlich, B. (1997). Abschied vom Großprojekt. Normative Grundlagen der empirischen Identitätsforschung in der Tradition von James E. Marcia und die Notwendigkeit ihrer Reformulierung. In H. Keupp & R. Höfer (Hg.), Identitätsarbeit heute. Klassische und aktuelle Perspektiven der Identitätsforschung (S. 149-173). Frankfurt a.M.: Suhrkamp.

Kreckel, R. (1992). Politische Soziologie der sozialen Ungleichheit. Frankfurt a.M./New York: Campus.

Küchenhoff, J. (1992). Körper und Sprache. Theoretische und klinische Beiträge zur Psychopathologie und Psychosomatik von Körpersymptomen. Heidelberg: Asanger.

Lacan, J. (1975). Das Spiegelstadium als Bildner der Ich-Funktion, wie sie uns in der psychoanalytischen Erfahrung erscheint. In ders. (Hg.), Schriften I (S. 61-70). Frankfurt a.M.: Suhrkamp.

Lacrosse, J.-M. (1978). Bemerkungen über die sozialen Bedingungen für das Gelingen von 'Parties'. In K. Hammerich & M. Klein (Hg.), Materialien zur Soziologie des Alltags (Sonderheft 20 der Kölner Zeitschrift für Soziologie und Sozialpsychologie) (S. 376-388). Opladen: Westdeutscher Verlag.

Lakoff, G. (1987). Women, Fire, and Dangerous Things. What Categories Reveal about the Mind. Chicago/London: The University of Chicago Press.

Lakoff, G., & Johnson, M. (1980). Metaphors We Live By. Chicago/London: University of Chicago Press.

Lamnek, S. (1989). Qualitative Sozialforschung. Band 2: Methoden und Techniken. München/Weinheim: Psychologie-Verlags-Union.

Lamnek, S. (1993). Qualitative Sozialforschung. Band 1: Methodologie. (2. Aufl.). München/Weinheim: Psychologie-Verlags-Union.

Lanczkowski, J. (1997). Lexikon des Mönchtums und der Orden. Wiesbaden: VMA.

Laqueur, Th. (1992). Auf den Leib geschrieben. Die Inszenierung der Geschlechter von der Antike bis zu Freud. Frankfurt a.M./New York: Campus.

Latour, B. (1995). Wir sind nie modern gewesen. Berlin: Akademie-Verlag.

Lau, E. E. (1993). Religiöse Virtuosen: Nonnen. In J. Bergmann, A. Hahn & Th. Luckmann (Hg.), Religion und Kultur (Sonderheft 33 der Kölner Zeitschrift für Soziologie und Sozialpsychologie) (S. 206-217). Opladen: Westdeutscher Verlag.

Lifton, R. J. (1993). The Protean Self. Human Resilience in an Age of Fragmentation. Basic Books.

Lindemann, G. (1992). Die leiblich-affektive Konstruktion des Geschlechts. Für eine Mikrosoziologie des Geschlechts unter der Haut. Zeitschrift für Soziologie, Jg. 21, Heft 5, 330-346.

Lindemann, G. (1993). Das paradoxe Geschlecht. Transsexualität im Spannungsfeld von Körper, Leib und Gefühl. Frankfurt a.M.: Fischer.

Lindemann, G. (1994). Die Konstruktion der Wirklichkeit und die Wirklichkeit der Konstruktion. In Th. Wobbe & G. Lindemann (Hg.), Denkachsen. Zur theoretischen und institutionellen Rede von Geschlecht (S. 115-146). Frankfurt a.M.: Suhrkamp.

Lindemann, G. (1996). Zeichentheoretische Überlegungen zum Verhältnis von Körper und Leib. In A. Barkhaus, M. Mayer, N. Roughley & D. Thürnau (Hg.), Identität, Leiblichkeit, Normativität. Neue Horizonte anthropologischen Denkens (S. 146-175). Frankfurt a.M.: Suhrkamp.

Lippe, R. zur (1974). Naturbeherrschung am Menschen II. Geometrisierung des Menschen und Repräsentation des Privaten im französischen Absolutismus. Frankfurt a.M.: Suhrkamp.

Lippe, R. zur (1988). Vom Leib zum Körper. Naturbeherrschung am Menschen in der Renaissance. Reinbek: Rowohlt.

List, E. (1993). Leiblichkeit, Sozialität, Intersubjektivität. Husserls Ansatz – Ein Problembestand für Schütz. In A. Bäumer & M. Benedikt (Hg). Gelehrtenrepublik – Lebenswelt. Edmund Husserl und Alfred Schütz in der Krisis der phänomenologischen Forschung (S. 257-272). Wien: Passagen.

List, E. (1997). Der Körper (in) der Geschichte. Theoretische Fragen an einen Paradigmenwechsel. Österreichische Zeitschrift für Geschichtswissenschaften (ÖZG), Jg. 8, Heft 2, 167-185.

Lohauß, P. (1995). Moderne Identität und Gesellschaft. Theorien und Konzepte. Opladen: Leske + Budrich.

Luckmann, Th. (1979a). Persönliche Identität, soziale Rolle und Rollendistanz. In O. Marquard & K. Stierle (Hg.), Identität (S. 293-313). München: Fink.

Luckmann, Th. (1979b). Phänomenologie und Soziologie. In. W.A. Sprondel & R. Grathoff (Hg.). Alfred Schütz und die Idee des Alltags in den Sozialwissenschaften (S. 196-205). Stuttgart: Enke.

Luckmann, Th. (1992). Theorie des sozialen Handelns. Berlin/New York: de Gruyter.

Luczak, H. (2000). Signale aus dem Reich der Mitte. Das „zweite Gehirn" (S.136-162). In GEO, Heft 11.

Lüders, Ch. (1991). Deutungsmusteranalyse. Annäherung an ein risikoreiches Konzept. In D. Garz & K. Kraimer (Hg.), Qualitativ-empirische Sozialforschung (S. 377-408). Opladen: Westdeutscher Verlag.

Lüders, Ch., & Meuser, M. (1997). Deutungsmusteranalyse. In R. Hitzler & A. Honer (Hg.), Sozialwissenschaftliche Hermeneutik. Eine Einführung (S. 57-79). Opladen: Leske + Budrich.

Luhmann, N. (1984). Soziale Systeme. Grundriss einer allgemeinen Theorie. Frankfurt a.M.: Suhrkamp.

Lupton, D. (1998). The Emotional Self. Ao Sociocultural Exploration. London et al.: Sage.

Maier, W. (1964). Das Problem der Leiblichkeit bei Jean-Paul Sartre und Maurice Merleau-Ponty. Tübingen: Niemeyer.

Maraun, H.-K. (1983). Erfahrung als didaktische Kategorie. In Annäherungen, Versuche, Betrachtungen. Bewegung zwischen Erfahrung und Erkenntnis (Sonderheft der Zeitschrift "Sportpädagogik") (S. 26-31). Seelze: E. Friedrich.

Marcia, J. E. (1966). Developement and validation of ego-identity-status. Journal of Personality and Social Psychology, Vol. 3, No. 5, 551-558.

Marcia, J. E. (1993a). The ego identity status approach to ego identity. In J. E. Marcia, A. S. Waterman, D. R. Matteson, S. L. Archer & J. L Orlofsky (Ed.), Ego Identity. A Handbook for Psychosocial Research (p. 3-21). New York et al.: Springer.

Marcia, J. E. (1993b). The status of the statuses: research review. In J. E. Marcia, A. S. Waterman, D. R. Matteson, S. L. Archer & J. L Orlofsky (Ed.), Ego Identity. A Handbook for Psychosocial Research (p. 22-41). New York et al.: Springer.

Mayer, E. A. (Ed.) (2000). The Biological Basis for Mind Body Interactions. Amsterdam: Elsevier.

Mayring, Ph. (1990). Qualitative Inhaltsanalyse. Grundlagen und Techniken. (2. Aufl.). Weinheim: Psychologie.-Verl.-Union.

Mayring, Ph. (1993). Einführung in die qualitative Sozialforschung. Eine Anleitung zu qualitativem Denken. (2. Aufl.). Weinheim: Psychologie-Verlags-Union.

Mayring, Ph. (2000). Qualitative Inhaltsanalyse. In U. Flick, E. von Kardorff & I. Steinke (Hg.), Qualitative Forschung. Ein Handbuch (S. 468-474). Reinbek: Rowohlt.

Mead, G. H. (1988). Geist, Identität und Gesellschaft. Aus der Sicht des Sozialbehaviorismus (Mit einer Einleitung herausgegeben von Cahrles W. Morris). (7. Aufl.). Frankfurt a.M.: Suhrkamp.

Meinberg, E. (1986). Die Körperkonjunktur und ihre anthropologischen Wurzeln. Sportwissenschaft, Jg. 16, H. 2, 129-147.

Melucci, A. (1996). The Playing Self. Person and Meaning in the Planetary Society. Cambridge: Cambridge University Press.

Merleau-Ponty, M. (1966). Phänomenologie der Wahrnehmung. Berlin: de Gruyter.

Merleau-Ponty, M. (1967). Das Auge und der Geist. Philosophische Essays (hrsg. von Hans Werner Arndt). Reinbek: Rowohlt.

Merleau-Ponty, M. (1967a). Das Auge und der Geist. In M. Merleau-Ponty (Hg.), Das Auge und der Geist (S. 13-43). Reinbek: Rowohlt.

Merleau-Ponty, M. (1967b). Der Philosoph und sein Schatten. In M. Merleau-Ponty (Hg.), Das Auge und der Geist (S. 45-67). Reinbek: Rowohlt.

Merleau-Ponty, M. (1967c). Der Mensch und die Widersetzlichkeit der Dinge. In M. Merleau-Ponty (Hg.), Das Auge und der Geist (S. 115-134). Reinbek: Rowohlt.

Merleau-Ponty, M. (1973). Vorlesungen I (Eingeführt durch ein Vorwort von Alexandre Métraux). Berlin/New York: de Gruyter.

Merleau-Ponty, M. (1976). Die Struktur des Verhaltens (Eingeführt durch ein Vorwort von Bernhard Waldenfels). Berlin/New York: de Gruyter.

Merleau-Ponty, M. (1994). Das Sichtbare und das Unsichtbare, gefolgt von Arbeitsnotizen. München: Fink.

Métraux, A. (1976). Über Leiblichkeit und Geschichtlichkeit als Konstituentien der Sozialphilosophie Merleau-Pontys. In R. Grathoff & W. Sprondel (Hg.), Maurice Merleau-Ponty und das Problem der Struktur in den Sozialwissenschaften (S. 139-152). Stuttgart: Enke.

Meyer-Drawe, K. (1984). Leiblichkeit und Sozialität. Phänomenologische Beiträge zu einer pädagogischen Theorie der Intersubjektivität. München: Fink.

Mrazek, J. (1986). Einstellungen zum eigenen Körper. Grundlagen und Befunde. In J. Bielfeld (Hg.), Körpererfahrung. Grundlagen menschlichen Bewegungsverhaltens (S. 223-249). Göttingen et al.: Hogrefe.

Müller, H.-P. (1986). Kultur, Geschmack und Distinktion. Grundzüge der Kultursoziologie P. Bourdieus. In F. Neidhardt, M. R. Lepsius, & J. Weiß (Hg.), Kultur und Gesellschaft (Sonderheft 27 der Kölner Zeitschrift für Soziologie und Sozialpsychologie) (S. 162-190). Opladen: Westdeutscher Verlag.

Müller, K. E. (1987). Das magische Universum der Identität. Elementarformen sozialen Verhaltens. Ein ethnologischer Grundriss. Frankfurt a.M.: Suhrkamp.

Nagel, L. (1998). Pragmatismus. Frankfurt a.M./New York: Campus.

Nietzsche, F. (1994). Also sprach Zarathustra. Und andere Schriften (Werke 2). Köln: Könemann.

Nunner-Winkler, G. (1985). Identität und Individualität. Soziale Welt, Jg. 36, Heft 4, 466-482.

Nunner-Winkler, G. (1987). Identitätskrise ohne Lösung: Wiederholungskrise, Dauerkrise. In H.-P. Frey & K. Haußer (Hg.), Identität (S. 165-178). Stuttgart: Enke.

Nunner-Winkler, G. (1990). Jugend und Identität als pädagogisches Problem. Zeitschrift für Pädagogik, Jg. 36, Heft 5, 671-685.

O'Neill, J. (1986). Der Spiegelleib. Merleau-Ponty und Lacan zum frühkindlichen Verhältnis von Selbst und Anderem. In A. Métraux & B. Waldenfels (Hg.), Leibhaftige Vernunft. Spuren von Merleau-Pontys Denken (S. 236-257). München: Fink.

O'Neill, J. (1990). Die fünf Körper. Medikalisierte Gesellschaft und Vergesellschaftung des Leibes. München: Fink.

Oevermann, U. (1993). Die objektive Hermeneutik als unverzichtbare methodologische Grundlage für die Analyse von Subjektivität. Zugleich eine Kritik der Tiefenhermeneutik. In Th. Jung & St. Müller-Dohm (Hg.), "Wirklichkeit" im Deutungsprozess. Verstehen und Methoden in den Kultur- und Sozialwissenschaften (S. 106-189). Frankfurt a.M.: Suhrkamp.

Oevermann, U., Allert, T., Konau, E., & Krambeck, J. (1979). Die Methodologie einer "objektiven Hermeneutik" und ihre allgemeine forschungslogische Bedeutung in den Sozialwissenschaften. In H.-G. Soeffner (Hg.), Interpretative Verfahren in den Sozial- und Textwissenschaften (S. 352-434). Stuttgart: Enke.

Paulus, P. (1986). Körpererfahrung und Selbsterfahrung in persönlichkeitspsychologischer Sicht. In J. Bielfeld (Hg.), Körpererfahrung. Grundlagen menschlichen Bewegungsverhaltens (S. 87-123). Göttingen et al.: Hogrefe.

Pietrowicz, St. (1992). Helmuth Plessner. Genese und System seines philosophisch-anthropologischen Denkens. Freiburg/München: Alber.

Plake, K. (1992). Die Schönheit des Körpers im Zeitalter der technischen Machbarkeit. In ders. (Hg.), Sinnlichkeit und Ästhetik. Soziale Muster der Wahrnehmung (S. 178-205). Würzburg: Königshausen + Neumann.

Plessner, H. (1964). Conditio humana. Pfullingen: Neske.

Plessner, H. (1975). Die Stufen des Organischen und der Mensch. Berlin/New York: de Gruyter.

Plessner, H. (1982a). Lachen und Weinen. Eine Untersuchung der Grenzen menschlichen Verhaltens. In ders. (Hg.), Gesammelte Schriften VII: Ausdruck und menschliche Natur (S. 201-387). Frankfurt a.M.: Suhrkamp.

Plessner, H. (1982b). Das Lächeln. In ders. (Hg.), Gesammelte Schriften VII: Ausdruck und menschliche Natur (S. 419-434). Frankfurt a.M.: Suhrkamp.

Plessner, H. (1983). Soziale Rolle und menschliche Natur. In ders. (Hg.), Gesammelte Schriften X: Schriften zur Soziologie und Sozialphilosophie (S. 227-249). Frankfurt a.M.: Suhrkamp.

Plügge, H. (1967a). Über den menschlichen Raum. In ders. (Hg.), Der Mensch und sein Leib (S. 1-47). Tübingen: Niemeyer.

Plügge, H. (1967b). Über das Verhältnis des Ichs zum eigenen Leib. In ders. (Hg.), Der Mensch und sein Leib (S. 69-94). Tübingen: Niemeyer.

Polenz, S. von (1994). Und er bewegt sich doch. Ketzerisches zur Körperabstinenz der Psychoanalyse. Frankfurt a.M.: Suhrkamp.

Pothast, U. (1998). Lebendige Vernünftigkeit. Zur Vorbereitung eines menschenangemessenen Konzepts. Frankfurt a.M.: Suhrkamp.

Potter, J., & Wetherell, M. (1987). Discourse and Social Psychology. Beyond Attitudes and Behavior. London: Sage.

Radley, A. (1991). The Body and Social Psychology. New York/Berlin et al.: Springer.

Radley, A. (1996). Displays and fragments: embodiment and the configuration of social worlds. Theory & Psychology, 6 (4), 559-576.

Rattner, J. & Danzer, G. (2000). Grundbegriffe der Tiefenpsychologie und Psychotherapie. Darmstadt: Wissenschaftliche Buchgesellschaft.

Reay, D. (2000). A useful extension of Bourdieu's conceptual framework? Emotional capital as a way of understanding mothers' involvement in theri children's education? The Sociological Review, Vol. 48 (4), 568-585.

Reck, S. (1981). Identität, Rationalität und Verantwortung. Grundbegriffe und Grundlage einer soziologischen Identitätstheorie. Frankfurt a.M.: Suhrkamp.

Redeker, H. (1993). Helmuth Plessner oder Die verkörperte Philosophie. Berlin: Duncker und Humblot.

Rehberg, K.-S. (1985). Die Theorie der Intersubjektivität als eine Lehre vom Menschen. George Herbert Mead und die deutsche Tradition der "Philosophischen Anthropologie". In H. Joas (Hg.), Das Problem der Intersubjektivität. Neuere Beiträge zum Werk George Herbert Meads (S. 60-92). Frankfurt a.M.: Suhrkamp.

Rittner, V. (1984). Geschmack und Natürlichkeit. Besprechungsessay zu Pierre Bourdieu: Die feinen Unterschiede. Kölner Zeitschrift für Soziologie und Sozialpsychologie, Jg. 36, Heft 2, 372-378.

Rittner, V. (1989). Körperbezug, Sport und Ästhetik. Zum Funktionswandel der Sportästhetik in komplexen Gesellschaften. Sportwissenschaft, Jg. 19, Heft 4, 359-377.

Rittner, V., & Mrazek, J. (1986). Neues Glück aus dem Körper. Psychologie heute, 11, 54-63.

Sacks, O. (1997). Der Mann, der seine Frau mit einem Hut verwechselte. Reinbek: Rowohlt.

Sampson, E. E. (1985). The decentralization of identity. Toward a revised concept of personel and social order. American Psychologist, Vol. 40, No. 11, 1203-1211.

Sampson, E. E. (1989). The deconstruction of the self. In J. Shotter & K. J. Gergen (Ed.), Texts of Identity (p. 1-19). London et al.: Sage.

Sampson, E. E. (1996). Establishing embodiment in psychology. Theory & Psychology, 6 (4), 601-624.

Sarasin, Ph. (2001). Reizbare Maschinen. Eine Geschichte des Körpers. Frankfurt a.M.: Suhrkamp.

Sarbin, T. R. (1986). The narrative as a root metaphor for psychology. In T. R. Sarbin (Ed.), Narrative Psychology. The Storied Nature of Human Conduct (p. 3-21). New York: Praeger.

Sartre, J.-P. (1973). Ist der Existentialismus ein Humanismus? In ders. (Hg.), Drei Essays (Mit einem Nachwort von W. Schmiele) (S. 7-51). Frankfurt a.M. et al.: Ullstein.

Sartre, J.-P. (1993). Das Sein und das Nichts. Reinbek: Rowohlt.

Schimank, U. (1985). Funktionale Differenzierung und reflexiver Subjektivismus. Zum Entsprechungsverhältnis von Gesellschafts- und Identitätsform. Soziale Welt, 36, Heft 4, 447-465.

Schmid, W. (1999). Philosophie der Lebenskunst. Eine Grundlegung. (3. Aufl.). Frankfurt a.M.: Suhrkamp.

Schmitt, R. (1995). Metaphern des Helfens. Weinheim: Beltz.

Schmitz, H. (1964). System der Philosophie, Band 1: Die Gegenwart. Bonn: Bouvier.

Schmitz, H. (1965). System der Philosophie. Band 2, Teil 1: Der Leib. Bonn: Bouvier.

Schmitz, H. (1966). System der Philosophie. Band 2, Teil 2: Der Leib im Spiegel der Kunst. Bonn: Bouvier.

Schmitz, H. (1967). System der Philosophie, Band 3, Teil 1: Der leibliche Raum. Bonn: Bouvier.

Schmitz, H. (1968). Subjektivität. Beiträge zur Phänomenologie und Logik. Bonn: Bouvier.

Schmitz, H. (1969). System der Philosophie, Band 3, Teil 2: Der Gefühlsraum. Bonn: Bouvier.

Schmitz, H. (1978). System der Philosophie, Band 3, Teil 5: Die Wahrnehmung. Bonn: Bouvier.

Schmitz, H. (1980a). System der Philosophie, Band 4: Die Person. Bonn: Bouvier.

Schmitz, H. (1980b). System der Philosophie, Band 5: Die Aufhebung der Gegenwart. Bonn: Bouvier.

Schmitz, H. (1980c). Neue Phänomenologie. Bonn: Bouvier.

Schmitz, H. (1985). Phänomenologie der Leiblichkeit. In H. Petzold (Hg.), Leiblichkeit. Philosophische, gesellschaftliche und therapeutische Perspektiven (S. 71-106). Paderborn: Junfermann.

Schmitz, H. (1992). Leib und Gefühl. Materialien zu einer philosophischen Therapeutik (Herausgegeben von Hermann Gausebeck und Gerhard Risch). (2. Aufl.). Paderborn: Junfermann.

Schmitz, H. (1992a). Das leibliche Befinden und die Gefühle. In ders. (Hg.), Leib und Gefühl. Materialien zu einer philosophischen Therapeutik (S. 107-123) (2. Aufl.). Paderborn: Junfermann.

Schmitz, H. (1992b). Über leibliche Kommunikation. In ders. (Hg.), Leib und Gefühl. Materialien zu einer philosophischen Therapeutik (S. 175-217) (2. Aufl.). Paderborn: Junfermann.

Schmitz, H. (1992c). Der Leib und das Persönliche der Erinnerung. In ders. (Hg.), Leib und Gefühl. Materialien zu einer philosophischen Therapeutik (S. 219-237) (2. Aufl.). Paderborn: Junfermann.

Schmitz, H. (1992d). Leibliche und personale Konkurrenz im Selbstbewusstsein. In ders. (Hg.), Leib und Gefühl. Materialien zu einer philosophischen Therapeutik (S. 239-254) (2. Aufl.). Paderborn: Junfermann.

Schmitz, H. (1992e). Zusammenhang in der Geschichte. In ders. (Hg.), Leib und Gefühl. Materialien zu einer philosophischen Therapeutik (S. 317-331) (2. Aufl.). Paderborn: Junfermann.

Schmitz, H. (1992f). Spontaneität und Motivation in der Zeitgeschichte. In ders. (Hg.), Leib und Gefühl. Materialien zu einer philosophischen Therapeutik (S. 333-352) (2. Aufl.). Paderborn: Junfermann.

Schmitz, H. (1997). Höhlengänge. Über die gegenwärtige Aufgabe der Philosophie. Berlin: Akademie Verlag.

Schneider, N. (1998). Erkenntnistheorie im 20. Jahrhundert. Klassische Positionen. Stuttgart: Reclam.

Schülein, J. A. (1998). Handlungstheorie und Psychoanalyse. In A. Balog & M. Gabriel (Hg.), Soziologische Handlungstheorie. Einheit oder Vielfalt (Österreichische Zeitschrift für Soziologie, Sonderband 4) (S. 285-314). Opladen: Westdeutscher Verlag.

Schütz, A., & Luckmann, Th. (1979). Strukturen der Lebenswelt. (Bd. 1). Frankfurt a.M.: Suhrkamp.

Schwingel, M. (1993). Analytik der Kämpfe. Macht und Herrschaft in der Soziologie Bourdieus. Hamburg: Argumente-Verlag.

Shilling, Ch. (1993). The Body and Social Theory. London: Sage.

Shilling, Ch. (1997). The body and difference. In K. Woodward (Ed.), Identity and Difference (p. 63-120). London: Sage.

Shotter, J., & Gergen, K. J. (Hg.) (1989). Texts of Identity. London: Sage.

Simmel, G. (1992). Exkurs über den Adel. In ders. (Hg.), Soziologie. Untersuchungen über die Formen der Vergesellschaftung (S. 861-831). Frankfurt a.M.: Suhrkamp.

Soeffner, H.-G., & Hitzler, R. (1994). Qualitatives Vorgehen - "Interpretation". In C. F. Graumann (Hg.), Enzyklopädie der Psychologie. Methodologische Grundlagen der Psychologie - Forschungsmethoden der Psychologie (S. 98-136). Göttingen: Hogrefe.

Soentgen, J. (1998). Die verdeckte Wirklichkeit. Einführung in die Neue Phänomenologie von Hermann Schmitz. Bonn: Bouvier.

Srubar, I. (1991). „Phänomenologische Soziologie" als Theorie und Forschung. In M. Herzog & C.F. Graumann (Hg.), Sinn und Erfahrung. Phänomenologische Methoden in den Humanwissenschaften (S. 169-182). Heidelberg: Asanger.

Starobinski, J. (1987). Kleine Geschichte des Körpergefühls. Konstanz: Universitätsverlag Konstanz.

Steinke, I. (1999). Kriterien qualitativer Forschung. Ansätze zur Bewertung qualitativ-empirischer Sozialforschung. München: Juventa.

Stern, D. (1992). Die Lebenserfahrung des Säuglings. Stuttgart: Klett-Cotta.

Stopczyk, A. (1998). Sophias Leib - Entfesselung der Weisheit. Ein philosophischer Aufbruch. Heidelberg: Carl-Auer-Systeme.

Strathern, M. (1995). Enabling identity? Biology, choice and the new reproductive technologies. In S. Hall & P. du Gay (Eds.), Questions of Cultural Identity (p. 37-52). London et. al.: Sage.

Straub, J. (1991). Identitätstheorie im Übergang? Über Identitätsforschung, den Begriff der Identität und die zunehmende Beachtung des Nicht-Identischen in subjekttheoretischen Diskursen. Sozialwissenschaftliche Literatur-Rundschau, Heft 23, 49-71.

Straub, J. (1998). Personale und kollektive Identität. Zur Analyse eines theoretischen Begriffs. In A. Assmann & H. Friese (Hg.), Identitäten. Erinnerung, Geschichte, Identität 3 (S. 73-104). Frankfurt a.M.: Suhrkamp.

Straus, F., & Höfer, R. (1997). Entwicklungslinien alltäglicher Identitätsarbeit. In H. Keupp & R. Höfer (Hg.), Identitätsarbeit heute. Klassische und aktuelle Perspektiven der Identitätsforschung (S. 270-307). Frankfurt a.M.: Suhrkamp.

Strauss, A. L. (1991). Grundlagen qualitativer Sozialforschung. Datenanalyse und Theoriebildung in der empirischen soziologischen Forschung (Mit einem Vorwort von B. Hildebrand). München: Fink.

Strauss, A., & Corbin, J. (1996). Grounded Theory: Grundlagen qualitativer Sozialforschung (Mit einem Vorwort von Heiner Legewie). Weinheim: Beltz.

Synnott, A. (1993). The Body Social. Symbolism, Self and Society. London: Routledge.

Tajfel, H. (1982). Gruppenkonflikt und Vorurteil. Entstehung und Funktion sozialer Stereotype. Bern: Huber.

Taylor, Ch. (1986). Leibliches Handeln. In A. Métraux & B. Waldenfels (Hg.), Leibhaftige Vernunft. Spuren von Merleau-Pontys Denken (S. 194-217). München: Fink.

Thomas, Ph. (1996). Selbst-Natur-sein. Leibphänomenologie als Naturphilosophie. Berlin: Akademie-Verlag.

Turner, B. S. (1991). Recent developments in the theory of the body. In M. Featherstone & M. Hepworth & B. S. Turner (Ed.), The Body. Social Process and Cultural Theory (p. 1-35). London: Sage.

Turner, B. S. (1991). The discourse of diet. In M. Featherstone, M. Hepworth & B. S. Turner (Ed.), The Body. Social Process and Cultural Theory (p. 157-169). London: Sage.

Turner, B. S. (1996). The Body & Society. Explorations in Social Theory. (2. Aufl.). London: Sage.

Vaassen, B. (1996). Die narrative Gestalt(ung) der Wirklichkeit. Grundlinien einer postmodern orientierten Epistemologie der Sozialwissenschaften. Braunschweig/Wiesbaden: Vieweg.

Vester, H.-G. (1984). Die Thematisierung des Selbst in der postmodernen Gesellschaft. Bonn: Bouvier.

Villa, P.-I. (2000). Sexy Bodies. Eine soziologische Reise durch den Geschlechtskörper. Opladen: Leske + Budrich.

Wacquant, L. J. D. (1996). Auf dem Weg zu einer Sozialpraxeologie. Struktur und Logik der Soziologie Pierre Bourdieus. In P. Bourdieu & L. J. D. Wacquant (Hg.), Refelxive Anthropologie (S. 17-94). Frankfurt a.M.: Suhrkamp.

Wagner, P. (1998). Fest-Stellungen. Beobachtungen zur sozialwissenschaftlichen Diskussion über Identität. In A. Assmann & H. Friese (Hg.), Identitäten. Erinnerung, Geschichte, Identität 3 (S. 44-72). Frankfurt a.M.: Suhrkamp.

Waldenfels, B. (1976). Vorwort des Übersetzers. In M. Merleau-Ponty, Die Struktur des Verhaltens (S. V-XXI). Berlin/New York: de Gruyter.

Waldenfels, B. (1983). Phänomenologie in Frankreich. Frankfurt a.M.: Suhrkamp.

Waldenfels, B. (1985). Das Problem der Leiblichkeit bei Merleau-Ponty. In H. Petzold (Hg.), Leiblichkeit. Philosophische, gesellschaftliche und therapeutische Perspektiven (S. 149-172). Paderborn: Junfermann.

Waldenfels, B. (1993). Husserls Verstrickung in die Erfahrung. In E. Husserl (Herausgegeben und mit einem Nachwort versehen von B. Waldenfels) Arbeit an den Phänomenen. Ausgewählte Schriften (S. 263-277). Frankfurt a.M.: Suhrkamp.

Waldenfels, B. (1997). Topographie des Fremden. Studien zur Phänomenologie des Fremden I. Frankfurt a.M.: Suhrkamp.

Waldenfels, B. (1998). Grenzen der Normalisierung. Studien zur Phänomenologie des Fremden II. Frankfurt a.M.: Suhrkamp.

Waldenfels, B. (2000). Das leibliche Selbst. Vorlesungen zur Phänomenologie des Leibes (Herausgegeben von Regula Giuliani). Frankfurt a.M.: Suhrkamp.

Weber, M. (1973). Einleitung in die Wirtschaftsethik der Weltreligionen. Soziologie - Universalgeschichtliche Analysen - Politik (hrsg. und erläutert von J. Winckelmann, mit einer Einleitung von E. Baumgarten) (S. 398-440). Stuttgart: Kröner.

Weber, M. (1980). Wirtschaft und Gesellschaft. Grundriss der verstehenden Soziologie. (5. Aufl.). Tübingen: Mohr.

Weigert, A. J., Teitge, J. S., & Teitge, D. W. (1986). Society and Identity. Toward a Sociological Psychology. Cambridge: Cambridge University Press.

Wellmer, A. (1985). Adorno, Anwalt des Nicht-Identischen. Eine Einführung. In ders. (Hg.), Zur Dialektik von Moderne und Postmoderne. Vernunftkritik nach Adorno (S. 135-166). Frankfurt a.M.: Suhrkamp.

Welsch, W. (1993). Identität im Übergang. Philosophische Überlegungen zur aktuellen Affinität von Kunst, Psychiatrie und Gesellschaft. In ders. (Hg.), Ästhetisches Denken (S. 168-200) (3. Aufl.). Stuttgart: Reclam.

Wenglein, E., Hellwig, A., & Schoof, M. (Hg.) (1996). Selbstvernichtung. Psychodynamik und Psychotherapie bei autodestruktivem Verhalten, Göttingen/Zürich: Vandenhoeck & Ruprecht.

Wenzel, H. (1995). Gibt es ein postmodernes Selbst? Neuere Theorien und Diagnosen der Identität in fortgeschrittenen Gesellschaften. Berliner Journal für Soziologie, Heft 1, 113-131.

Wetherell, M., & Maybin, J. (1996). The distributed self. A social constructionist perspective. In R. Stevens (Ed.), Understanding the Self (p. 220-275). London: Sage.

Wheeler, C. J. (1987). The magic of metaphor: A perspective on reality construction. Metaphor and Symbolic Activity, 2 (4), 223-237.

Willems, H. (1997). Rahmen und Habitus. Zum theoretischen und methodischen Ansatz Erving Goff-
    mans: Vergleiche, Anschlüsse und Anwendungen (Mit einem Vorwort von Alois Hahn). Frankfurt
    a.M.: Suhrkamp.
Williams, S. J., & Bendelow, G. (1998). The Lived Body. Sociological Themes, Embodied Issues. Lon-
    don/New York: Routledge.
Witzel, A. (1985). Das problemzentrierte Interview. In G. Jüttemann (Hg.), Qualitative Forschung in der
    Psychologie (S. 227-255). Winheim: Beltz.
Woodward, K. (Ed.) (1997). Identity and Difference. London: Sage.
Woodward, K. (1997a). Concepts of identity and difference. In dies. (Ed.), Identity and Difference (p. 7-
    61). London: Sage.

Yuasa, S.-ichi (1976). Der Leib. Studien zu einer Phänomenologie des Leibes. Köln: Phil. Diss., Univ.
    Köln.

Zaner, R. M. (1964). The Problem of Embodiment. Some Contributions to a Phenomenology of the Body.
    The Hague: Martinus Nijhoff.

Werner Fuchs-Heinritz, Rüdiger Lautmann, Otthein Rammstedt,
Hanns Wienold (Hrsg.)

Lexikon zur Soziologie
3., völlig neubearb. u. erw. Aufl. 1994. 763 S. Br. € 41,00
ISBN 3-531-11417-4

Das Lexikon zur Soziologie ist das umfassendste Nachschlagewerk für die
sozialwissenschaftliche Fachsprache. Es bietet aktuelle, zuverlässige
Erklärungen von Begriffen aus der Soziologie sowie aus Sozialphilosophie,
Politikwissenschaft und Politischer Ökonomie, Sozialpsychologie, Psychoanalyse und allgemeiner Psychologie, Anthropologie und Verhaltensfor-
schung, Wissenschaftstheorie und Statistik.

Rainer Geißler

Die Sozialstruktur Deutschlands
Zur gesellschaftlichen Entwicklung mit einer Zwischenbilanz
zur Vereinigung. Mit einem Beitrag von Thomas Meyer
2., neubearb. und erw. Aufl. 1996. 421 S. Br. € 22,00
ISBN 3-531-12923-6

Der Autor bietet einem umfassenden Überblick über die sozialstrukturelle
Entwicklung und die Perspektiven des sozialen Wandels im Deutschland
vor und nach der Wiedervereinigung. Durch vergleichende Gegenüberstellung der Verhältnisse in DDR und Bundesrepublik bzw. neuen und
alten Bundesländern werden dabei Unterschiede und Gemeinsamkeiten
herausgearbeitet.

Richard Alba, Peter Schmidt, Martina Wasmer (Hrsg.)

**Deutsche und Ausländer: Freunde, Fremde
oder Feinde?**
Empirische Befunde und theoretische Erklärungen.
Blickpunkt Gesellschaft 5
2000. 539 S. mit 50 Abb. Br. € 59,00
ISBN 3-531-13491-4

Der fünfte Band der Reihe 'Blickpunkt Gesellschaft' widmet sich dem Thema
'Ethnische Gruppen in Deutschland'. Im Mittelpunkt stehen Ergebnisse der
Allgemeinen Bevölkerungsumfrage der Sozialwissenschaften (ALLBUS) zur
Verbreitung und Erklärung ausländerfeindlicher und antisemitischer Einstellungen in der deutschen Bevölkerung. Die in Deutschland lebenden Ausländer sind nicht nur als Einstellungsobjekte Gegenstand dieses Buches. Es
werden verschiedene Datenquellen (u.a. das Sozioökonomische Panel und
die Ausländerbefragungen des Instituts MARPLAN) intensiv genutzt, um den
Leser auch über die soziale Struktur von Deutschlands Zuwanderern, über
ihre Lebenssituation und -perspektive sowie über ihre Sicht des Verhältnisses zwischen Deutschen und Ausländern zu informieren.

AUS DEM PROGRAMM

Soziologie

Soziologie

Heinz Abels
Einführung in die Soziologie
Band 1: Der Blick auf die Gesellschaft
2001. 410 S. mit 1 Abb. und 1 Tab.
Hagener Studientexte zur Soziologie, Bd. 7. Br. € 19,00
ISBN 3-531-13610-0

Band 2: Die Individuen in ihrer Gesellschaft
2001. 334 S. mit 1 Abb. und 4 Tab.
Hagener Studientexte zur Soziologie, Bd. 8. Br. € 17,00
ISBN 3-531-13611-9

Was ist Soziologie? Was sind zentrale Themen? Welche theoretischen Erklärungen haben sich zu bestimmten Fragen durchgesetzt? Auf diese Fragen will diese zweibändige Einführung in die Soziologie Antwort geben. Die Sprache ist so gehalten, dass der Anfänger sicher auf abstrakte Themen und Theorien zugeführt wird und der Fortgeschrittene sein Wissen noch einmal in Ruhe rekonstruieren kann.

Werner Fuchs-Heinritz
Biographische Forschung
Eine Einführung in Praxis und Methoden
2., überarb. und erw. Aufl. 2000. 384 S.
Hagener Studientexte zur Soziologie, Bd. 5. Br. € 18,00
ISBN 3-531-33127-2

Dieses Buch führt in die Erhebung und Interpretation von lebensgeschichtlichen Texten ein. Kapitel I begründet die biographische Forschung aus den alltäglichen Formen biographischer Reflexion und Kommunikation. Kapitel II informiert über die Geschichte der biographischen Forschung und über wichtige Kontroversen. Kapitel III folgt den Schritten eines biographischen Forschungsprojekts von der Konzeption bis zur Publikation und diskutiert die jeweils möglichen forschungspraktischen Entscheidungen.

Thomas Brüsemeister
Qualitative Forschung
Ein Überblick
2000. 305 S. mit 1 Abb. und 11 Tab.
Hagener Studientexte zur Soziologie, Bd. 6. Br. € 19,00
ISBN 3-531-13594-5

Dieses Buch stellt Grundzüge von fünf Verfahren der qualitativen Forschung vergleichend vor: qualitative Einzelfallstudien, narratives Interview, Grounded Theory, ethnomethodologische Konversationsanalyse und objektive Hermeneutik. Die Darstellung beginnt mit qualitativen Einzelfallstudien, bei denen Beschreibungen von Daten im Mittelpunkt stehen. Am Ende werden Methoden diskutiert, die ihren Gegenstand stärker theoretisch deuten.

www.westdeutschervlg.de

Erhältlich im Buchhandel oder beim Verlag.
Änderungen vorbehalten. Stand: November 2001.

Abraham-Lincoln-Str. 46
65189 Wiesbaden
Tel. 06 11. 78 78 - 285
Fax. 06 11. 78 78 - 400

Westdeutscher Verlag

Printed by Printforce, the Netherlands